现代果蔬工业系列丛书

现代蔬菜工业

吴茂玉　赵　岩　郑晓冬　主编

中国农业出版社

农村读物出版社

北　京

图书在版编目（CIP）数据

现代蔬菜工业 / 吴茂玉，赵岩，郑晓冬主编. --
北京：中国农业出版社，2024. -- 7. --（现代果蔬工业
系列丛书）. -- ISBN 978-7-109-32230-1

Ⅰ. F326.13

中国国家版本馆 CIP 数据核字第 2024PE2141 号

中国农业出版社出版

地址：北京市朝阳区麦子店街 18 号楼

邮编：100125

责任编辑：丁瑞华　黄　宇

版式设计：杨　婧　责任校对：周丽芳

印刷：北京通州皇家印刷厂

版次：2024 年 7 月第 1 版

印次：2024 年 7 月北京第 1 次印刷

发行：新华书店北京发行所

开本：787mm×1092mm　1/16

印张：25.75　　插页：2

字数：626 千字

定价：299.00 元

作者简介

  吴茂玉，博士，研究员，2008 年入选国务院特殊津贴专家，2009 年入选新世纪百千万人才国家级人选，2015 年和 2020 年两次入选泰山产业领军人才，2018 年入选泉城产业领军人才，2019 年获授中共中央、国务院、中央军委颁发的"庆祝中华人民共和国成立 70 周年"纪念章，2021 年获评第十届山东省优秀科技工作者和第三届"影响济南"科技人物。

  现任中华全国供销合作总社济南果品研究所所长、党委书记，任中国果蔬贮藏加工技术研究中心主任、国家果蔬贮藏加工技术国际联合研究中心主任、国家果蔬及制品流通与安全控制产业技术创新战略联盟理事长、中国苹果产业协会副会长（法定代表人）、中国果品流通协会监事长等职务。

  主要研究领域为果蔬加工、功能成分提取及综合利用，并致力于技术研究与推广工作。先后主持参与包括"十二五"国家科技支撑计划课题"苹果综合加工关键技术研究及产业化示范"、"十三五"国家重点研发计划课题"果蔬采后处理及预冷技术装备研发示范"、"十四五"国家重点研发计划项目"蔬菜产地智能化高效处理技术与装备研发"、泰山产业领军人才项目"山东特色果蔬资源绿色加工产业化与品质提升"和"蔬菜加工废弃物资源梯度利用关键技术研究与产业化"、山东省重点研发计划（重大科技创新工程）"北方代表性水果精深加工关键技术研发与应用"等国家及省部级科研课题 50 余项；获国家及省部级科技奖励 29 项，其中国家科技进步二等奖 1 项（排名第 2 位）、山东省科技进步一、二、三等奖 5 项；在国内外期刊发表学术论文 130 余篇；授权发明专利 10 余项。

  E-mail：wmyu1972@163.com。

现代果蔬工业系列丛书编委会

本书编委会名单

主　　编：吴茂玉　赵　岩　郑晓冬

副 主 编：宋　烨　和法涛　马　超　杨相政　初　乐　张　鑫

　　　　　张　明　闫新焕　刘雪梅　贾连文　东莎莎　陈明均

参编人员（按姓氏笔画排序）：

于素素　马　迪　马艳蕊　马寅斐　马燕平　王　达

王　丽　王　彬　王　震　王一熹　王春燕　王崇队

尤陈浩　田长青　师恩娟　任紫烟　刘光鹏　安　洁

安容慧　许　敏　孙　芳　孙玉玉　孙传恒　孙梦雪

杜文瑜　李　根　李学震　李继兰　杨李益　连　欢

宋　迪　张一鸣　张凯杰　张博华　陆奎荣　陈　卫

陈　悦　陈　静　范　祺　周大森　孟　园　胡付侠

段金秀　姜　迅　姜小刚　晏祖根　倪立颖　高　玲

姬文婧　曹　宁　商义叶　隋文杰　葛邦国　谭梦男

潘少香　魏雯雯

序 一

　　我国既是蔬菜生产大国，也是蔬菜消费大国，2023 年蔬菜产量约 8.38 亿 t，消费量约 8 亿 t。1988 年我国启动"菜篮子"工程，该工程是颇具中国特色的一项民生工程，一头连着农民的"菜园子"，一头连着城镇居民的"菜盘子"，三十多年来，"菜篮子"工程既填满了中国人的"菜盘子"，也丰满了人们的"口袋子"。

　　在蔬菜的资源利用率及经济效益方面，我国蔬菜产业与发达国家相比还有一定差距。发达国家十分重视蔬菜加工产业的发展，已开发出许多较为成熟的生产模式及加工技术，经过商品化加工处理的蔬菜超过 90%，初加工后的蔬菜可增值 30%～60%，经过深加工后甚至可以增值 2～3 倍。但是在国内，蔬菜的采后商品化处理率极低，90% 左右的蔬菜不经加工便出现在市场上，采后损失高达 30%。近年来，国家大力推行冷链物流，助力蔬菜采后加工行业发展，国内蔬菜的商品化程度有所提高，但与发达国家相比还存在较大的差距。

　　目前我国的蔬菜加工业仍处于发展阶段，蔬菜加工产品种类逐渐丰富，有蔬菜汁/浆、蔬菜饮料、干制蔬菜、速冻蔬菜、腌制蔬菜、发酵饮品、蔬菜罐头等。随着经济社会的发展，具有烹饪便捷、出餐快等优势和特点的预制菜、净菜等的消费需求日益旺盛。蔬菜加工工艺、技术、装备在不断升级，但产品市场份额不高，亟待开发口感更丰富、搭配更新潮、营养品质更高的多元化产品。另外，蔬菜在贮藏保鲜、流通贸易、加工消费等采后环节仍有相当大程度的损耗及浪费，其副产物中含有多种化学成分，功能多样，潜力巨大，可作为功能食品、日化用品及药品等产品的重要原料，蔬菜资源的深度开发和综合利用也将成为蔬菜产业高质量发展的新路径。因此，总结和凝练我国现代蔬菜工业的发展现状、存在问题和发展方向，对发挥产业优势、补足短板弱项、促进产业升级、提升产业竞争力具有十分重要的意义。

中华全国供销合作总社济南果品研究所是专业从事果蔬采后工程技术研究开发的国家级科研机构，吴茂玉研究员及其团队多年来围绕蔬菜采后商品化处理、贮藏与流通、精深加工、综合利用、质量控制、标准体系与品牌建设等方面开展了大量的科学研究和成果转化，制定了蔬菜贮藏保鲜、冷链物流、废弃物综合利用等方面的国家、行业、地方相关标准，引领产业品牌化、标准化、高质化发展，为我国蔬菜产业采后技术的发展进步作出贡献。

本书立足我国蔬菜采后产业发展现状，从冷链物流、采后减损、多元化食品开发等角度进行了翔实的整理、总结与凝练，内容丰富，兼具科学性和实用性、科技性与科普性，是一部价值很高的科学论著。

故乐为之序。

中国工程院院士

蔬菜是人们日常饮食中必不可少的食物之一，是人体必需的维生素与矿物质的重要来源。我国是世界蔬菜生产和消费的第一大国，2023年种植面积约为 $2.3 \times 10^7 hm^2$，形成了以种植、加工、贸易为主的蔬菜产业链体系。

进入21世纪以来，我国蔬菜产业发展迅速，蔬菜种植面积逐步增加，蔬菜生产技术和流通体系建设逐步完善，在我国乡村振兴中具有不可替代的作用。为保障"菜篮子"产品供给，政府大力推进以南菜北运基地和黄淮海地区设施蔬菜生产为重点的冬春蔬菜生产基地建设和以高山、高原、高海拔等冷凉地区蔬菜生产为重点的夏秋蔬菜生产基地建设，基本构建起品种互补、档期合理、区域协调的全国蔬菜供应格局。随着新兴信息技术在蔬菜产业领域广泛应用，蔬菜产业逐步向绿色、高效、可追溯的智慧农业模式转变，产业规模化、标准化、智能化、绿色化发展水平不断提升。

"十四五"时期是以高质量发展统揽全局、巩固拓展脱贫攻坚成果同乡村振兴有效衔接、大力推进农业现代化的关键时期，城乡市场都更加注重农产品的安全、营养与健康，对蔬菜及加工制品提出更高的质量要求。蔬菜产业正迎来种类多样化、消费品质化、营销品牌化、生产设施化、产业信息化、商品苗集约化、服务专业化发展的新机遇。

在农产品消费升级的新要求下，我国蔬菜产业还存在一些堵点，主要表现在蔬菜生产规模大，采后流通不畅；采后商品化处理率不足10%，流通损耗高达30%，多元化深加工产品少；产业链相对分散，蔬菜种植、采摘、加工等环节缺乏有效协同和整合，可借鉴的技术经验少；品牌意识不足和打造品牌影响力的经验不足。因此，亟待总结国内外蔬菜产业发展经验，为蔬菜

1

采后保鲜、多元加工利用、质量安全等领域发展提供科技支撑，促进产业链上下游协同创新，助推我国蔬菜全产业链绿色、协调、高质量发展。

吴茂玉研究员立足我国蔬菜产业发展现状和存在的问题，组织科研团队编写本书，总结了来自科研院所、高校、企业的先进技术和经验做法，对蔬菜生产、贮藏、运输、加工、销售、质量、品牌、标准化等全产业链技术作了全面系统的阐述，并提供了典型蔬菜商品化解决方案。本书理论总结系统丰富，实践应用案例翔实，对延伸蔬菜产业链条、拓宽农民增收渠道、带动产业高质量发展具有很高的技术参考价值。

很高兴看到这部蔬菜采后产业的科学著作出版，希望本书总结的理论和经验能够被广大读者借鉴，为我国蔬菜产业高质量发展作出贡献！

故乐为之序。

中国工程院院士 单杨

现代果蔬工业系列丛书

前 言

　　蔬菜是人们日常饮食中必不可少的食物之一，也是人们获得维生素、矿质元素、碳水化合物及其他营养元素的重要来源。合理地摄入蔬菜对人体营养的氮平衡、能量平衡、微量营养素平衡起到十分重要的作用，此外，蔬菜中还含有多种多样的生物活性物质，这些活性成分对维护人体健康、调节机能状态和防治疾病等有重要作用。

　　我国是蔬菜生产大国，2002 年以来，我国蔬菜产业发展迅速，蔬菜种植面积逐步增加，蔬菜生产技术和流通体系建设逐步完善，成为全面推进乡村振兴和农民增收致富的支柱产业。

　　蔬菜品种繁多、产量巨大，但耐贮性差，采后流通腐损率高达 30% 以上，当前我国尚未建立完善的蔬菜商品化处理、贮运、加工、综合利用技术标准体系，亟须研发适配性强的产地预冷保鲜、冷链仓储、初加工和精深加工技术和装备，提升蔬菜品质，降低腐烂损耗，提高产业效益。

　　鉴于我国蔬菜贮运和加工产业发展需求，笔者查阅了大量文献资料，并总结了自主研发和企业产业化的技术经验，系统阐述了蔬菜采后全产业链技术方法、原理，并介绍了标准化与品牌建设、市场贸易的相关进展，由具有丰富经验的科研团队编写，针对蔬菜的贮藏、冷链、加工、综合利用、质量控制、标准化等做了具体论述。本书共十五章，其中第一章为概述，介绍了蔬菜生产概况、分类、品种及基本组成，第二、三章为蔬菜的采后生理与商品化处理；第四章介绍了蔬菜采后贮藏保鲜与冷链运输，第五至十二章介绍了蔬菜各种加工及综合利用技术，第十三章介绍了蔬菜的质量控制，第十四章介绍了蔬菜标准体系与品牌建设，第十五章针对典型蔬菜提出了采后处理方案。编写内容力求全面反映我国及世界蔬菜采后产业发展现状和进展，以期对从事蔬菜采后贮运加工科研、教学、产业经营、组织管理和生产的从业者有一定的参考价值。

在本书编写过程中，得到了中国蔬菜流通协会、中国农业机械化科学研究院集团有限公司、北京市农林科学院信息技术研究中心、哈尔滨商业大学、华东交通大学、天津科技大学食品科学与工程学院、广州达桥食品设备有限公司等相关单位的大力支持，孙宝国、单杨院士在百忙之中为本书作序，特此向关心支持本书出版的各界专家表示由衷的感谢！

尽管作者在编写中竭尽所能，疏漏和不妥之处仍在所难免，敬请读者和同行专家不吝赐教。

编　者

2024 年 5 月

现代果蔬工业系列丛书

目 录

序一
序二
前言

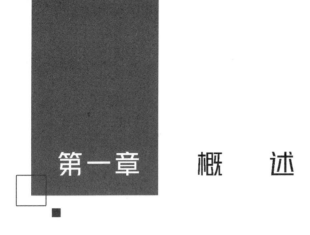

第一章 概 述

第一节 蔬菜生产情况

蔬菜是仅次于粮食的重要农产品，是人们每日每餐必不可少的食物，是人们获得维生素、矿质元素、碳水化合物及其他营养元素的重要来源。近 20 年来，全球蔬菜种植面积和产量均保持增长趋势，中国、印度、美国、荷兰等国家是世界主要的蔬菜生产国。蔬菜产业是农业生产中重要的组成部分，我国蔬菜产业产值约占农林牧渔业总产值的 20%，蔬菜产业已成为全面乡村振兴和农民增收致富的支柱产业。

一、世界蔬菜生产情况

经过 20 多年的发展，全球蔬菜种植面积持续增长，尤其是亚洲地区增速较快。根据联合国粮食及农业组织（FAO）的数据测算，2000—2021 年全球蔬菜种植面积的年均复合增长率为 1.07%，增长主要受到亚洲地区，特别是中国、印度和东南亚国家的推动。这些国家的人口数量众多，对蔬菜的需求量较大。

随着种植技术的进步和种植面积的增加，全球蔬菜产量也在稳步增长。根据 FAO 的数据显示，2021 年全球蔬菜产量达到 13.24 亿 t（图 1-1）。

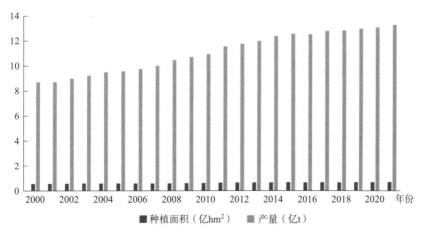

图 1-1 2000—2021 年全球蔬菜种植面积及产量

数据来源：联合国粮食及农业组织（FAO）。

1

1. 世界蔬菜种植主要分布地区 全球蔬菜种植地区主要分布在亚洲、欧洲、非洲和美洲等。其中，亚洲是全球最大的蔬菜生产地区，种植面积占全球的近六成，产量占全球总产量的近七成。中国、印度和日本是亚洲地区的蔬菜主要生产国，美国、荷兰等国家则分别是美洲和欧洲的蔬菜主要生产国（表 1-1）。

表 1-1　2020—2021 年五大洲蔬菜种植面积、产量对比表

类别	大洋洲	非洲	美洲	欧洲	亚洲
2020 年种植面积/万 hm²	20	1 806.7	373.5	660.3	4 002.0
2021 年种植面积/万 hm²	20	1 794.2	373.5	650.0	4 162.1
2020 年产量/万 t	27	1 060.5	660.3	1 100.6	5 842.9
2021 年产量/万 t	27	1 000.5	653.7	1 093.9	5 983.0

数据来源：联合国粮食及农业组织（FAO）。

2. 世界蔬菜主要产区种植模式 随着科技的不断进步，蔬菜种植技术也在不断发展。现代种植技术包括物联网技术、高效灌溉、智慧农业、无土栽培、垂直农业等的应用，这些技术不仅有助于提高蔬菜的产量和品质，同时还会降低对环境的不良影响。此外，基因编辑技术的发展也为蔬菜品种改良提供了新的途径。蔬菜的种植模式主要有以下两种。

（1）露天栽培。这是最常见的种植模式，根据不同地区、不同季节的气候条件种植不同的蔬菜。在温暖季节，可以种植喜温的蔬菜，如番茄、茄子、辣椒等；在凉爽季节，可以种植喜凉的蔬菜，如菠菜、小白菜、萝卜等。近年来，一些新的技术也逐渐在露天栽培上应用，特别是随着物联网技术的应用，以及喷灌、滴灌、水肥一体化等技术的普及，露天栽培的科技含量逐步提高。

（2）保护地栽培。在气候条件不适宜露天种植的地区和时间，可以使用温室、大棚等保护设施进行蔬菜种植。这种模式可以控制温度、湿度、光照等环境因素，提高蔬菜的产量和品质。近二十年来，保护地栽培在世界范围内得到大面积推广，已成为蔬菜供应的重要补充和稳定来源。

3. 世界蔬菜主要品种及产量情况 番茄、马铃薯作为主要的蔬菜作物，其种植面积及产量也达到较高的水平。

近二十几年来，全球番茄的种植面积及产量均呈现增长的趋势。从图 1-2 中可见，产量增幅明显大于种植面积的增幅，说明单产提升速度较快，这离不开科技的发展。随着时间的推移，亚洲的番茄种植面积不断扩大，而欧洲的番茄种植面积在逐渐减少，亚洲逐渐取代欧洲成为世界番茄的主要生产区。到 2020 年，亚洲的番茄种植面积已经占据全球总种植面积的一大部分，而欧洲的番茄种植面积则呈现萎缩趋势。FAO 数据显示，2000—2021 年全球番茄产量的年均复合增长率为 2.53%，种植面积的年均复合增长率为 1.36%。

随着全球人口的不断增长和人们对健康食品需求的增加，全球番茄产量也在不断增长。在过去的二十几年中，全球番茄产量呈现出稳步增长的趋势。然而，不同地区的番茄产量增长情况却不尽相同。在亚洲地区，由于种植面积的不断扩大和种植技术的不断提高，番茄产量增长迅速。而在欧洲地区，由于种植面积的减少和气候变化的影响，番茄产量增长缓慢（表 1-2）。

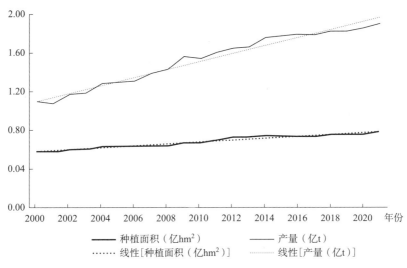

图 1-2 2000—2021 全球番茄种植面积、产量对比

数据来源：联合国粮食及农业组织（FAO）。

表 1-2 2020—2021 年五大洲番茄种植面积、产量对比

类别	大洋洲	非洲	美洲	欧洲	亚洲
2020 年种植面积/万 hm²	0	160.1	40.0	40.0	266.8
2021 年种植面积/万 hm²	0	153.4	40.0	40.0	280.1
2020 年产量/万 t	0	146.7	160.1	153.4	773.7
2021 年产量/万 t	0	140.1	160.1	160.1	793.7

数据来源：联合国粮食及农业组织（FAO）。

到 2020 年，中国的番茄产量已经超过欧洲，成为全球最大的番茄生产国之一。然而，与荷兰等世界农业发达国家相比，中国的番茄单产量还存在一定的差距。荷兰每平方米的番茄产量可达 50.7 kg，而中国每平方米的产量仅为 5.9 kg。

马铃薯是一种重要的农作物，在全球范围内广泛种植，其产量因地区的气候、土壤和生产条件而异。FAO 数据显示，2021 年全球马铃薯种植面积约为 2.72 亿 hm²，产量约为 3.8 亿 t；2000—2021 年全球马铃薯种植面积的年均复合增长率为 -0.41%，产量的年均复合增长率为 0.69%。从图 1-3 中可见，种植面积在减少，但是产量却在增加，可见近些年马铃薯的单产量及品质均呈现明显提升。

中国是全球马铃薯种植面积最大的国家，种植面积和产量均居世界前列。中国马铃薯主要产区包括内蒙古、黑龙江、四川、贵州等省份。这些地区的气候适宜，土壤肥沃，为马铃薯的生长提供了良好的环境。马铃薯在中国被定义为"第四大主粮"，其重要性可见一斑。

由表 1-3 可知，亚洲的马铃薯种植面积及产量均遥遥领先，但是单产量较欧洲却有明显差距。所以当前尽管全球马铃薯种植面积和产量较大，但其利用率并不高。许多国家和地区的马铃薯生产方式较为传统，缺乏现代化的农业技术和设备，导致马铃薯的产量和品质受到限制。因此，提高马铃薯的利用率是当前面临的重要问题。

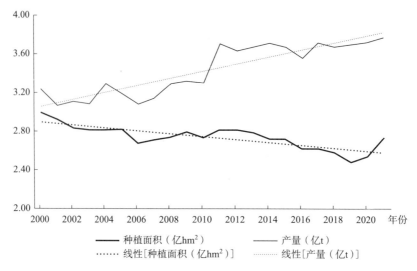

图 1-3　2000—2021 年全球马铃薯种植面积、产量对比

数据来源：联合国粮食及农业组织（FAO）。

表 1-3　2020—2021 年五大洲马铃薯种植面积、产量对比

类别	大洋洲	非洲	美洲	欧洲	亚洲
2020 年种植面积/万 hm²	6.7	186.8	153.4	446.9	893.8
2021 年种植面积/万 hm²	6.7	186.8	160.1	433.5	1 033.9
2020 年产量/万 t	13.4	186.8	306.8	713.7	1 260.6
2021 年产量/万 t	13.4	186.8	306.8	687.0	132.7

数据来源：联合国粮食及农业组织（FAO）。

4. 世界蔬菜主要贸易情况（进出口贸易量及流向）　近二十多年来，全球蔬菜贸易量较大且呈逐年增长趋势。根据联合国粮食及农业组织（FAO）的数据，2016—2020 年全球蔬菜贸易量不断增长，其中 2020 年进出口量均达到最高值，进口量为 0.16 亿 t，出口量为 0.17 亿 t（图 1-4）。

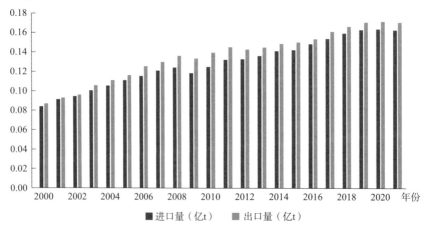

图 1-4　2000—2021 年全球蔬菜进出口对比

数据来源：联合国粮食及农业组织（FAO）。

亚洲是全球最大的蔬菜出口地区之一，其中，中国、印度等是主要的出口国。欧洲和美洲是蔬菜主要进口地区，其中欧洲的进口量较大。这些地区的消费者对蔬菜的需求量较大，尤其是高品质蔬菜和有机蔬菜（表1-4）。

表1-4　2020—2021年五大洲蔬菜进出口量对比表

单位：亿t

类别	大洋洲	非洲	美洲	欧洲	亚洲
2020年进口量	0.003	0.004	0.033	0.082	0.041
2020年出口量	0.001	0.007	0.028	0.081	0.054
2021年进口量	0.003	0.004	0.034	0.082	0.041
2021年出口量	0.002	0.007	0.028	0.082	0.052

数据来源：联合国粮食及农业组织（FAO）。

国际蔬菜进出口贸易的主要品种包括洋葱、大蒜、辣椒、番茄、胡萝卜等。进出口贸易种类主要是新鲜蔬菜、冷冻蔬菜、加工蔬菜等。

二、中国蔬菜生产情况

（一）中国总体种植面积及产量情况

2002年以来，我国蔬菜产业发展迅速，蔬菜种植面积逐步增加，蔬菜生产技术和蔬菜流通体系建设逐步完善，蔬菜产业产值已经超过粮食名列农业产业首位；2023年我国蔬菜种植面积约为2 300万hm²（图1-5）。

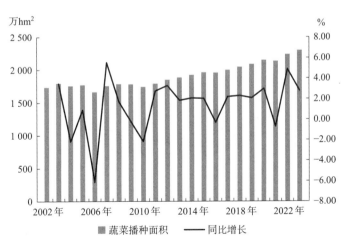

图1-5　我国蔬菜种植面积变化情况

数据来源：国家统计局。

从产量来看，我国蔬菜产业经过四十多年的快速发展，已从短缺发展到现在完全可以满足消费需要，并成为出口创汇的主力军；2023年我国蔬菜产量约为8.38亿t（图1-6）。

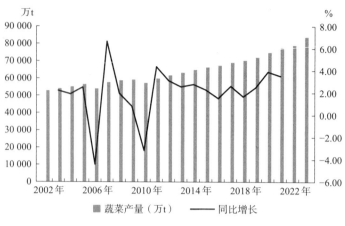

图 1-6　我国蔬菜产量变化情况

数据来源：国家统计局。

（二）中国蔬菜种植主要分布

我国幅员辽阔、南北东西方气候差异较大，经过四十多年来的不断探索和完善，构建了六大蔬菜生产区域，形成了有中国特色的、按照不同地区气候条件和比较优势安排生产、不同纬度梯次衔接上市的蔬菜生产和供应链体系。

（三）中国蔬菜主要产区

我国蔬菜主要产区按大区分为中南地区、华东地区、西南地区、华北地区等。中南地区蔬菜产量占比位居全国首位，达32%；华东地区蔬菜产量占比为31%；西南地区蔬菜产量占比为16%；华北地区蔬菜产量占比10%；其余几个地区蔬菜产量占比在10%以下（图1-7）。

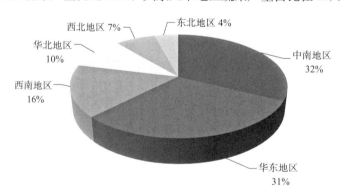

图 1-7　2023 年中国蔬菜主要地区产量占比

我国蔬菜主要产区按省、自治区排前十位的是山东、河南、江苏、河北、四川、湖北、湖南、广西、广东、贵州（图1-8）。

（1）第一名：山东省。山东省是全国蔬菜供应的菜篮子，蔬菜产量一直稳居全国榜首，2021年山东蔬菜产量高达8 801.08 万 t，山东的大蒜、生姜、大葱等蔬菜产量在全国遥遥领先。寿光是闻名全国的蔬菜之乡。

（2）第二名：河南省。河南省不仅是我国重要的粮食生产基地，也是我国重要的蔬菜供应基地。2021年蔬菜产量排名第二位，产量达到7 607.15 万 t。扶沟县、内黄县是河南最大的蔬菜产区之一。

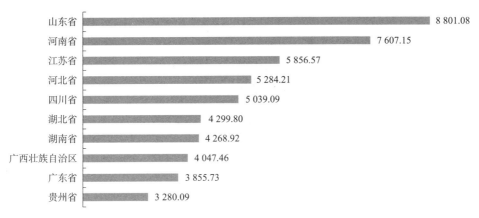

图 1-8 2021 年中国主产省（自治区）蔬菜产量（万 t）情况

（3）第三名：江苏省。江苏素有"鱼米之乡"的美誉，2021 年蔬菜产量 5 856.57 万 t，位居全国第三。连云港、淮安、盐城、徐州等地是江苏主要的蔬菜产区。

（4）第四名：河北省。河北省气候类型复杂多样，是全国少有的可以实现周年蔬菜生产的省份之一，2021 年河北省蔬菜产量 5 284.21 万 t，名列全国第四位。张北县是我国著名的冷凉蔬菜生产基地。

（5）第五名：四川省。四川省冬春露地喜凉蔬菜生产具有得天独厚的优势，是我国传统的南菜北运基地。2021 年四川省蔬菜产量 5 039.09 万 t，名列全国第五位。彭州市、德阳市、攀枝花市等地区是四川省主要的蔬菜产区。

（四）中国蔬菜主要品种及产量情况

近十多年来，我国蔬菜主要品种发生了变化，部分品种种植面积和产量得到了明显的增加，如马铃薯、番茄、黄瓜等产量较 2010 年之前出现了明显的增加。2021 年，中国产量最高的三种蔬菜是马铃薯、番茄、黄瓜。

近年来，我国马铃薯产量呈现先增后减的趋势，2017 年我国马铃薯产量为 1.1 亿 t，达到历史高点，较 2008 年增长 55.68%（图 1-9）。

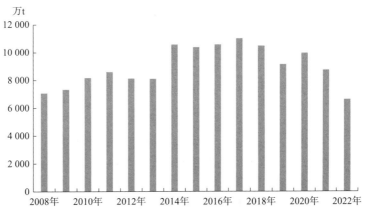

图 1-9 近年来我国马铃薯产量变化

数据来源：国家统计局、卓创资讯。

分产区来看，我国马铃薯种植分布较广，南北方均有种植。其中排名靠前的省份是内蒙古、四川、云南和贵州，占比分别达到 16%、14%、12% 和 10%（图 1-10）。

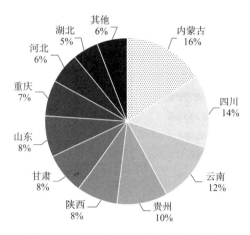

图 1-10 主产区马铃薯产量占比情况

数据来源：国家统计局。

近年来，随着番茄种植规模的持续增长，我国番茄生产产量也在稳步上升，到目前已是全球番茄生产第一大国，常年产量占全球的 1/3 以上。据统计，2020 年我国番茄产量约达 6 515 万 t，同比增长 3.63%。2022 年我国番茄产量约为 6 970 万 t，近十年产量平均增长率达到 3.55%（图 1-11）。

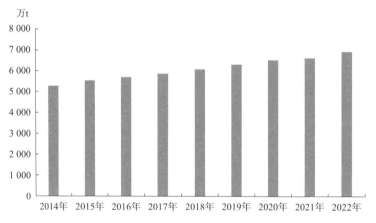

图 1-11 近年来我国番茄产量情况

数据来源：国家统计局、卓创资讯。

番茄品种、设施农业、贮运技术等的发展共同推动了我国番茄生产布局的优化和完善，番茄生产区域不断扩大，适种地区不断增多；逐渐形成了高纬度北部地区、黄淮海流域、长江流域、华南及西南地区、黄土高原地区、云贵高原地区等 6 大优势区域，实现了我国番茄的全年供应。其中产量排名靠前的省份有山东、河南、新疆、河北、江苏等（图 1-12）。

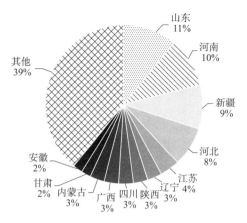

图 1-12　主产区番茄产量分布情况

（五）蔬菜国内贸易概况

从国内市场来看，近年来我国蔬菜交易方式和流通渠道逐步多样化，除传统的农产品批发市场、商超、农贸市场之外，电商、团购、直播电商等成为重要的流通渠道。2022年，我国生鲜零售渠道中，线上渠道占比已接近15%，线下渠道占比为85%，其中线下渠道仍以农批销售为主。

未来几年随着蔬菜种植规模化的提高，大型基地、家庭农场等种植群体对接商超、线上等渠道将明显增多，产地直销占比将明显增加。

（六）蔬菜国际贸易概况

我国是世界最大的蔬菜生产国和消费国，同时也是主要的蔬菜出口国，蔬菜是我国农业出口创汇的主要产业。

1. 我国蔬菜进出口贸易　我国每年进口的蔬菜种类不多，主要是蔬菜种子和一些特殊蔬菜，金额较少，每年进口金额不超过10亿美元，而且进口结构和金额变化不大，我国蔬菜贸易主要是出口贸易。

从出口量来看，如图1-13所示，近年来基本呈现增长趋势。

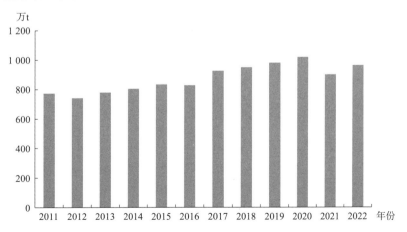

图 1-13　近年来我国蔬菜出口量变化

数据来源：中华人民共和国海关总署。

从出口金额来看，我国蔬菜出口金额呈现逐年增长态势（图1-14）。

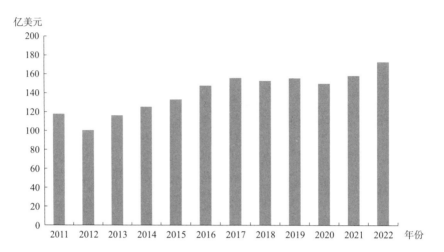

图1-14　近年来我国蔬菜出口金额变化
数据来源：中华人民共和国海关总署。

在我国农产品进出口贸易长期处于逆差的情况下，我国蔬菜进出口贸易一直处于顺差状态，是我国农产品进出口中顺差金额最大的产业（图1-15）。2022年，我国蔬菜出口金额172.2亿美元，进口金额9.6亿美元，贸易顺差162.6亿美元。

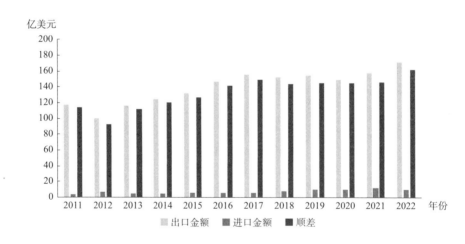

图1-15　2011—2022年我国蔬菜进出口额及顺差情况

2. 我国蔬菜出口的主要国家和地区　我国蔬菜出口的国家和地区，主要集中在东亚和东南亚地区，占比接近60%。2022年出口量前十名的国家和地区依次是日本、越南、韩国、中国香港、马来西亚、俄罗斯、泰国、印度尼西亚、美国、荷兰（图1-16）。

出口金额前十名的国家和地区依次是中国香港、日本、越南、马来西亚、韩国、美国、泰国、印度尼西亚、俄罗斯、菲律宾（图1-17）。

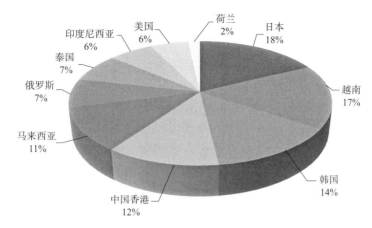

图 1-16 2022 年我国蔬菜出口量排名前十的贸易伙伴

数据来源：中华人民共和国海关总署。

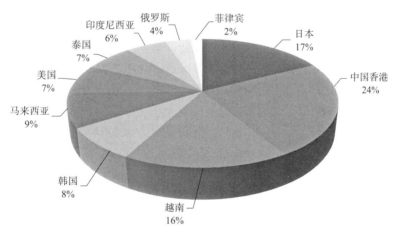

图 1-17 2022 年我国蔬菜出口金额排名前十的贸易伙伴

数据来源：中华人民共和国海关总署。

第二节 蔬菜分类

中国栽培的蔬菜种类有 160 多种，其中原产于中国和引入的各占一半。但随着科技的不断进步和育种技术的不断创新，越来越多的新型蔬菜品种正在被培育和推广，因此蔬菜的种类不断增加。我国蔬菜的分类主要有以下几种方法：

一、根据植物学分类

中国普遍栽培的蔬菜约有 20 多个科，但常见的一些种或变种主要集中在十字花科、伞形科、茄科、葫芦科、豆科、百合科、菊科、藜科等八大科。

（1）十字花科。十字花科蔬菜富含维生素 C、维生素 K、叶酸、钾、钙等以及抗氧化物质，具有清脆爽口的口感，非常适合生食和烹饪。此外，十字花科蔬菜还具有适应性强和生长周期短的特点，可以在不同的气候条件下生长，并且可以在短时间内收获。十字花科蔬菜主要包括芥菜、甘蓝、小白菜、大白菜、紫菜薹、花椰菜、西兰花、大头菜、萝卜、油菜等。

（2）伞形科。伞形科蔬菜是指属于植物界伞形科的一类蔬菜，这类蔬菜的叶子常分裂或多裂，花序排列呈伞形，因此得名伞形科蔬菜。伞形科蔬菜的叶子富含营养，含有丰富的维生素 C、维生素 K、叶酸、钾、钙等以及抗氧化物质。同时叶柄中空，使得它们的口感清脆爽口，非常适合生食。该类蔬菜环境适应性强，可以在不同的气候条件下生长，生长周期比较短，可以在短时间内收获。伞形科蔬菜主要包括芹菜、芫荽、胡萝卜、茴香等。

（3）茄科。茄科蔬菜富含多种维生素和矿物质，如维生素 C、B 族维生素、钾、铁等，具有适应性强、生长周期短的特点，可在不同气候条件下生长，且可在短时间内收获。茄科蔬菜包括番茄、茄子、辣椒、马铃薯等。

（4）葫芦科。葫芦科蔬菜的叶片呈卵圆形，果梗粗壮，有棱和槽，含有丰富的维生素 C、钙、氨基酸等营养物质，果肉通常比较细腻，口感好，且易于消化吸收。葫芦科蔬菜具有适应性强、生长周期短的特点，但储藏性差，通常不宜在低温或常温环境中储存过久，否则会失去原有风味。葫芦科蔬菜主要包括黄瓜、丝瓜、冬瓜、南瓜、西葫芦等。

（5）豆科。豆科蔬菜根系都比较发达，可以通过共生固氮来获取营养，它们与根瘤菌共生，形成特殊的根瘤结构，利用空气中的氮气来合成氨基酸和蛋白质。豆科蔬菜含有丰富的营养成分，如蛋白质、维生素、矿物质和膳食纤维等，环境适应性强，可以在不同的环境下生长，如土壤肥沃、干旱、寒冷等。豆科蔬菜主要包括扁豆、刀豆、豌豆、豇豆、蛇豆、蚕豆等。

（6）百合科。百合科蔬菜富含多种营养物质，如维生素 C、膳食纤维等，具有独特的味道和口感，如洋葱具有辛辣风味，可以作为调味品使用。部分百合科蔬菜在传统药学和现代医学中具有药用价值，如葱具有清热解毒、消肿止痛等功效。环境适应性强，易种植。百合科蔬菜包括葱、洋葱、韭菜、石刁柏（芦笋）等。

（7）菊科。菊科蔬菜富含多种营养物质，如维生素 C、钾等，菊科蔬菜的食用方式多种多样，部分菊科蔬菜具有特殊的香味，如茼蒿，这种香味使得这些蔬菜在烹饪中具有独特的口感和风味。有些菊科蔬菜在传统药学和现代医学中具有药用价值，如苦麦菜具有清热解毒、凉血止血等功效。菊科蔬菜具有适应性强、生长周期短的特点，主要包括苦菜、茼蒿、刺儿菜、马兰、散叶莴苣、莴笋、蒲公英、菊花脑、菊芋等。

（8）藜科。藜科蔬菜富含多种维生素和矿物质，如维生素 C、维生素 K、铁、钙等，具有很高的营养价值。生长速度较快，容易繁殖和养护。藜科蔬菜能够适应不同的土壤和气候条件，在荒漠、盐碱土等恶劣环境下也可以生长。有些藜科蔬菜具有一定的药用价值，如甜菜根可以用于治疗贫血和肝脏疾病等。藜科蔬菜包括苋菜、菠菜、甜菜、灰菜等。

二、根据食用器官分类

根据蔬菜食用器官，主要可分为根菜类、茎菜类、叶菜类、花菜类、果菜类等五大类。

（1）根菜类。这类蔬菜的主要食用部分是植物的根，如胡萝卜、红萝卜、白萝卜、山药、根用芥菜、马铃薯、甘薯、葛薯、芜菁甘蓝等，含有丰富的碳水化合物、纤维素、维生素和矿物质等营养成分，可促进消化、增强免疫力和维持身体健康。

（2）茎菜类。这类蔬菜的主要食用部分是植物的茎，包括芹菜、莴笋、竹笋、莲藕、荸荠、洋葱、茭白、香椿、蒜苗、百合、球茎甘蓝等，富含膳食纤维、维生素和矿物质等营养成分，是我们日常饮食中的重要组成部分。

（3）叶菜类。这类蔬菜的主要食用部分是植物的叶和叶柄，如小白菜、菠菜、芹菜、卷心菜、大白菜、茼蒿、紫甘蓝等。这类蔬菜的营养价值比较高，富含B族维生素、胡萝卜素、钙、磷、铁、钠等营养元素，是我们获取维生素和矿物质的重要来源。

（4）花菜类。这类蔬菜的主要食用部分是植物的花、花冠、花柄等花器官，如金针菜、花椰菜、荷花、食用菊、玉兰花等，花菜类蔬菜具有营养丰富、质体肥厚的特点，富含多种维生素和矿物质。如花椰菜碳水化合物、蛋白质、脂肪、食物纤维、维生素和矿物质含量较高，特别是维生素C含量是大白菜含量的4倍，胡萝卜素含量是大白菜含量的8倍。

（5）果菜类。这类蔬菜的主要食用部分是植物的果实和种子，包括辣椒、茄子、番茄、黄瓜、豌豆、绿豆、蚕豆等，含有丰富的维生素C、维生素K、膳食纤维以及多种矿物质等，是日常饮食中重要的维生素和矿物质来源。

三、根据生物学分类

（1）瓜类。葫芦科中食用部分为瓠果的一类蔬菜。茎为蔓生，雌雄同株异花。要求温暖的气候，不耐寒，生育期要求较高的温度和充足的光照。一般采用种子繁殖。包括黄瓜、南瓜、冬瓜、苦瓜、丝瓜、蛇瓜等。

（2）绿叶类。以幼嫩的绿叶、叶柄、嫩茎为食用部分。这类蔬菜大多生长迅速，植株矮小，对氮肥和水分要求高，适于间、套作，种子繁殖。除芹菜外，一般不育苗移栽。主要包括要求冷凉气候的莴苣、芹菜、菠菜等和耐热的蕹菜、苋菜等。

（3）茄果类。以果实为产品的一年生茄科蔬菜，喜温不耐寒，只能在无霜期生长，根系发达，要求有深厚的土层。对日照长短的要求不严格。种子繁殖。包括番茄、茄子、辣椒等。

（4）白菜类。以柔嫩的叶片、叶球、花薹等为食用产品。为二年生植物，第一年形成产品器官、第二年抽薹开花。生长期间要求温和的气候条件，耐寒但不耐热，要求肥水充足的土壤。均用种子繁殖，可育苗移栽。包括大白菜、小白菜、芥菜等。

（5）块茎类。该蔬菜的内部密度非常高，硬体部分可以作为食材使用。主要包括马铃薯、山药、莲藕、芋头等。

（6）真根类。以肥大的直根为食用部分，均为二年生植物，种子繁殖，不宜移栽。生长期间要求的气候温和，耐寒不耐热，由于产品器官在地下形成，要求土层轻松深厚。包括萝卜、胡萝卜、根用芥菜、根用甜菜等。

（7）葱蒜类。以鳞茎或叶片为食用器官，都属于百合科。生长要求气候温和，但耐寒性和抗热力都很强，对干燥空气的忍耐力强，要求湿润肥沃的土壤，鳞茎形成需长日照条件。一般为二年生植物，种子繁殖或无性繁殖。包括韭菜、洋葱、大葱、大蒜等。

（8）甘蓝类。以柔嫩的叶球、花球、肉质茎等为食用产品。生长特性和对环境条件的要求与白菜类相似。包括甘蓝、花椰菜、西兰花、球茎甘蓝等。

（9）豆荚类。以幼嫩豆荚或种子为食用部位的豆科蔬菜。其中除蚕豆和豌豆耐寒以外，其余都要求温暖的气候条件，一年生植物，根系发达，能充分利用土壤中的水分和养分，因有根瘤菌固氮，所以需氮肥较少。种子繁殖，不耐移植，蔓生种需设支架。包括豇豆、菜豆、豌豆、蚕豆、扁豆、毛豆等。

（10）多年生菜类。繁殖一次可连续收获多年的一类蔬菜。多年生植物，在温暖季节生长，冬季休眠。包括金针菜、芦笋、香椿、竹笋等。

（11）水生菜类。这类蔬菜生长在沼泽地区，为多年生植物，每年在温暖和炎热季节生长，到气候寒冷时，地上部分枯萎。除菱和芡实外，其他都采用营养器官繁殖。包括莲藕、荸荠、茭白、慈姑、菱、水芹、芡实等。

（12）食用菌类。食用菌是一类真菌。有人工栽培的，也有野生或半野生的。包括蘑菇、平菇、香菇、金针菇、木耳、银耳、猴头菇等。

（13）其他类。包括芽苗菜类、甜玉米、朝鲜蓟、黄秋葵以及部分野生植物等。它们分别属于不同的科，对环境条件的要求及食用器官不相同，因此其栽培技术差别也较大。

第三节　蔬菜化学成分

蔬菜是由水和干物质两部分组成，干物质分为可溶性固形物（有机酸、糖类、果胶、单宁和一些能溶于水的矿物质、色素、维生素、含氮物质）和非水溶性物质（纤维素、脂肪以及部分维生素、含氮物质、矿物质）两大类，这些化学成分构成蔬菜的颜色、香味、风味、质地、营养等。伴随着蔬菜的成熟衰老，烹调以及食用，这些化学物质在蔬菜体内发生分解、合成、转化等一系列生理生化变化，食用品质发生改变。

一、基础营养素

（一）水分

蔬菜中含有大量的水分，水是保证和维持蔬菜品质的重要指标。蔬菜中的水分一般以三种状态存在：游离水、物理化学结合水和化学结合水，其中游离水占绝大多数。蔬菜含水量充足则会有鲜嫩多汁的品质，若失去正常的含水量，蔬菜组织的细胞膨压减小，就会使蔬菜变得萎蔫而品质降低，蔬菜很难贮运的原因也与蔬菜的含水量有关，蔬菜含水量大，有利于微生物的生长，较易腐败变质。

一般来说，叶菜类、果菜类含水量在90％以上。其中，大白菜含95％的水分，黄瓜为96.9％，番茄为95.9％，洋葱为88.3％，山药为82.6％，马铃薯为79.9％。

（二）维生素类

维生素是维持人体正常代谢和生理机能所必需的一类化合物，是某些酶和辅酶的重要组成部分。蔬菜中含有丰富的维生素，是人体获得维生素的重要来源。

1. 维生素C　维生素C（抗坏血酸）属于水溶性维生素，是人体需要量最大的一种维生素，其性质极不稳定，易被氧化，易被高温破坏（图1-18）。维生素C在人体内不能积累，所以每天都需要吃适量的蔬菜和水果。维生素C具有保持肌肤滑润，防止衰老和维生素C缺乏病的作用。常见蔬菜的维生素C含量见表1-5。

表 1-5　常见蔬菜的维生素 C 含量

蔬菜	维生素 C 含量/g/100 g
辣椒	73～198
菜花	88
油菜	51
小白菜	40
韭菜	39

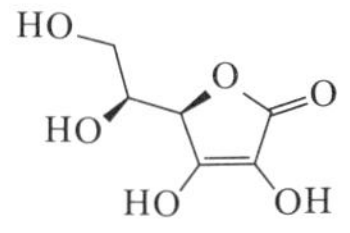

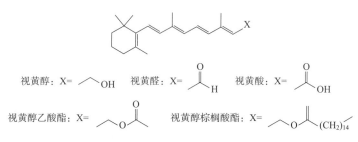

图 1-18　维生素 C 结构式

2. 胡萝卜素　维生素 A（视黄醇）属于脂溶性色素，在蔬菜等植物体内主要以胡萝卜素的形式存在，胡萝卜素在人体内可转化为维生素 A，故又称为维生素 A 原（图 1-19）。胡萝卜素（维生素 A 原）有润滑、强健皮肤的作用，可以防止皮肤干燥，防止糙皮病的发生。

图 1-19　维生素 A 结构式

3. B 族维生素　B 族维生素是一类水溶性小分子化合物，是人体内糖类、脂肪、蛋白质等代谢时不可缺少的物质。维生素 B$_1$ 和维生素 B$_6$ 对防止便秘、安定神经、加强心脏功能有良好的作用。有些蔬菜含 B 族维生素较多，如每 100 g 鲜豌豆含有维生素 B$_1$ 0.54 mg，鲜蚕豆含 0.33 mg，蒜苗含 0.14 mg；每 100 g 油菜含维生素 B$_2$ 0.11 mg，菠菜含 0.13 mg。

4. 维生素 E　维生素 E 是生育酚类物质的总称，具有抗衰老、防止皮肤色素沉积、延缓老年斑出现的作用（图 1-20）。有些蔬菜维生素 E 含量较多，如每 100 g 菠菜含有维生素 E 1.74 mg，卷心菜含 1 mg，芹菜含 1.49 mg。

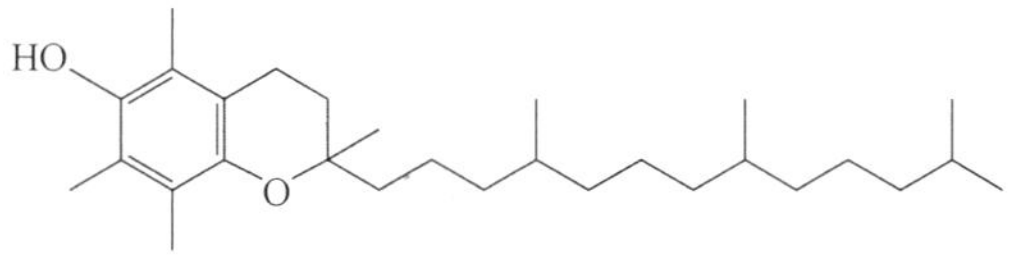

图 1-20　维生素 E 结构式

5. 维生素 K$_1$　维生素 K$_1$ 摄入后可在人体肠道菌群作用下转化为维生素 K$_2$，有助于维持骨骼健康（图 1-21）。含有维生素 K$_1$ 较多的蔬菜有芥蓝（440 μg/100 g）、菠菜（482.9 μg/100 g）、卷心菜（145 μg/100 g）等。

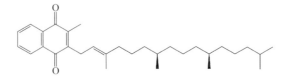

图 1-21 维生素 K_1 结构式

(三)矿质元素

蔬菜中含有钾、钙、磷和其他矿质元素，其中以钾的含量最高，如叶菜类为 0.4%～2.3%，根菜类为 0.6%～1.5%，葱、蒜等为 0.3%～1.3%，瓜类为 0.2%～0.7%，茄果类为 0.4%～0.5%，鲜豆类为 0.6%～1.7%（李睿，2008）。蔬菜中的矿物质具有调节人体生理机能和组成人体各种组织重要成分的作用。钙、铁、钾在人体生理上是碱性物质，可以中和体内的酸性物质，以维持体内酸碱平衡。

1. 钾 钾具有维持机体内环境稳态的作用，膳食中足量的钾可提高机体的应激能力，故多吃蔬菜对改善细胞代谢、增强体质有帮助。有些蔬菜含钾元素较多，如每 100 g 菠菜含有钾元素 346 mg，油菜含有 306 mg，蘑菇含有 260 mg。

2. 钙 钙元素在蔬菜的生长过程中均具有重要的生理功能。钙元素能参与细胞壁生成，对根部和茎部生长点细胞分裂也有促进作用，缺乏钙根系不发达，地上部生长不健壮。钙还是蔬菜植物体内一些酶的活化剂，钙对氮和碳水化合物的代谢有一定的影响，缺钙可导致蔬菜苗白化或绿色减退，或者引起病害。钙还可以参与生物调节活动，抑制乙烯产生，延缓植株衰老，提高果实品质，如果缺少钙则果实品质差，口味差。含钙元素较多的蔬菜，每 100 g 荠菜含有钙元素 290 mg，油菜含 108 mg，芥菜含 108 mg，菠菜含 99 mg。

3. 磷 磷是构成 DNA、RNA 和 ATP 等核酸和能量分子的重要成分，对于植物的根系发育和生长至关重要。充足的磷供应可以促进果蔬的根系生长，增加根系表面积，提高植物吸收水分和养分的能力。含磷元素较多的蔬菜，每 100 g 口蘑含有磷元素 1 655 mg，龙须菜含 620 mg，上海青含 485 mg。

4. 硅 硅元素是植物体组成的重要营养元素，大部分植物体都含有大量硅。作物吸收硅后，形成硅化细胞，提高植物细胞壁强度，株形挺拔，茎叶直立，利于密植，提高叶面的光合作用，有利于通风透光和有机物的积累；硅元素能提高植株叶绿素含量，延长生育期，促进植物生长；硅元素能增强植株基部茎秆强度，使作物导管的刚性增强，增强植物内部通气性，从而增强根系的氧化能力，防止根系早衰与腐烂，增强抗倒伏能力；作物中的硅化细胞能够有效地调节叶面气孔开闭及水分蒸腾。硅元素能减少磷肥在土壤中的固定，同时有活化土壤中的磷及促进磷在植物体内运转作用，从而提高磷肥的利用率和作物的结实率；硅元素能增强花粉活力，增加瓜果类作物的坐果率。

5. 其他矿质元素 天然功能性蔬菜中矿质元素明显高于普通蔬菜。如香椿，其 Zn 含量高达 2 215 mg/kg，慈姑、蚕豆、毛豆等蔬菜的 Zn 平均含量也达 1 312 mg/kg。像大蒜、豌豆等 10 多种蔬菜的 Se 含量都超过 1 010 μg/kg，达到了富硒蔬菜的标准。更重要的是，一种蔬菜可能同时富含多种元素，如香椿同时富含 Zn、Fe 和 P 等，竹笋同时富含 Mn、Fe、Se 和 Zn 等（李睿，2008）。

(四)碳水化合物

碳水化合物是由碳、氢、氧 3 种元素组成的一类多羟基醛或多羟基酮类化合物，而且绝大多数分子中的氢原子是氧原子的 2 倍，与水分子的组成相似，所以称为碳水化合物。蔬菜所含碳水化合物可分为有效碳水化合物（单糖、双糖及多糖中的淀粉、糊精、糖原）和无效碳水化合物（纤维素、半纤维素、木质素和果胶）。

1. 单糖、双糖和淀粉 淀粉是一种多糖，它由许多葡萄糖分子组成。当我们食用含有淀粉的蔬菜时，我们的身体会将其消化成葡萄糖，并将其吸收到血液中。葡萄糖是身体最主要的能量来源之一，它提供肌肉和大脑所需的能量。

含单糖和双糖较多的蔬菜有胡萝卜、番茄、南瓜等，马铃薯、玉米、甘薯等含有较多的淀粉。

2. 纤维素与半纤维素 纤维素是葡萄糖以 β-14-糖苷键相连接的聚合多糖，纤维素是一种无法被人体消化吸收的碳水化合物。尽管纤维素不能直接提供能量，但它在我们的消化系统中发挥着重要的作用。纤维素可以增加食物的体积，促进肠道蠕动，帮助排便。此外，纤维素还可以减缓葡萄糖的吸收速度，有助于稳定血糖水平。

叶菜类和茎菜类的蔬菜中含有较多的纤维素与半纤维素。蔬菜所含纤维素、半纤维素等是膳食纤维的主要来源，其含量在 1%～3% 之间。

3. 果胶 果胶是一类可溶性膳食纤维，广泛存在于植物细胞壁和细胞内层的杂多糖，主要由 D-半乳糖醛酸组成，是植物的一种结构物质，不仅有助于维持植物的结构和硬度，还能调节植物细胞的渗透压和 pH。几乎所有蔬菜中都含有果胶。其含量和组成因植物的种类、品种、成熟度、植物部分、组织和生长条件而异。在蔬菜中，胡萝卜的果胶含量高于青豆、番茄和马铃薯。除此之外，豌豆、红薯和西葫芦中也含有丰富的果胶（蔬菜中的碳水化合物和纤维素及膳食纤维）。每 100 g 番茄含果胶 0.2～0.6 g，红菜渣中含 1 g。

（五）膳食纤维

膳食纤维是一种不被人体消化吸收的多糖物质，但对人体来讲是必不可少的。自然界中大约有千种以上的膳食纤维，如金针菜、黄秋葵、毛豆、牛肝菌中膳食纤维的含量都是较高的（表 1-6）。

在含粗纤维较多的蔬菜中，笋类的膳食纤维含量也很高。其他含纤维素较多的还有黄豆芽、韭菜、绿豆芽、香菜等。在人们的饮食生活习惯中常认为芹菜中的膳食纤维含量较高，其实芹菜中膳食纤维的含量并不算很高，其中比较难嚼的物质主要是植物组织的维管束结构，并不等同于膳食纤维。

表 1-6 常见蔬菜膳食纤维含量

蔬菜	膳食纤维/g/100 g
金针菜	7.7
黄秋葵	4.4
毛豆	4.0
牛肝菌	3.9
彩椒	3.3
香菇	3.3
豌豆	3.0
春笋	2.8
南瓜	2.7

注：均为新鲜蔬菜。

（六）蛋白质

蛋白质是一种人体所必需的营养物质，在细胞和组织的合成过程中起着关键作用，可以帮助维护和修复皮肤、肌肉、骨骼、血液、器官等。并且蛋白质有助于骨骼细胞的生成和修复，维持骨骼的强度和稳定性。相对于肉类、豆类、坚果等高蛋白食物，蔬菜通常含有较低的蛋白质。蔬菜中蛋白质含量相对较高的有蚕豆、豌豆等。常见蔬菜蛋白质含量见表1-7。

表1-7　常见蔬菜蛋白质含量

蔬菜	蛋白质含量/g/100 g
蚕豆	28.2
豌豆	24
大蒜	4.4
黄花菜	2.9
苋菜	2.5
韭菜	2.4
芋头	2.2
菠菜	2

（七）脂肪

脂肪是人体组织的主要构成部分，既能提供热量，也有保温和润滑的作用。蔬菜中脂肪含量极低，如辣椒、韭菜、马齿菜等蔬菜中脂肪含量不超过1%。常见蔬菜脂肪含量见表1-8。

表1-8　常见蔬菜脂肪含量

蔬菜	脂肪含量/g/100 g
黄豆芽	2
辣椒	0.6
韭菜	0.6
马齿菜	0.5
油菜	0.5
黄花菜	0.4
油麦菜	0.4

二、生物活性物质

随着人们对蔬菜功能成分的深入研究，发现除了基础营养素外，蔬菜中还含有一些具有很高生理活性的、生物活性成分，如天然植物色素、有机硫化合物、酚类化合物、萜类化合物、活性多糖等，这些成分是蔬菜具备营养、美味的物质基础。

（一）天然植物色素

1. 叶绿素　蔬菜中的叶绿素（叶绿素a和叶绿素b）主要存在于绿叶蔬菜中。叶绿素为深绿色或墨绿色，叶绿素是一种双羧酸酯，叶绿酸上的两个羟基被叶绿醇和甲醇酯化。

其化学性质很不稳定，对光、热、酸、碱敏感，与酸反应时，镁离子被氢置换，变成脱镁叶绿素。

通常一些蔬菜在低温（一般 4～10 ℃，相对湿度 95%～100%）条件下储藏，且在一周内出售。在此期间，蔬菜会发生生理变化，尤其是叶片色素降解或组织褐变造成的颜色损失，因此通常通过检测叶绿素的变化来监测销售蔬菜的质量和新鲜度。

有些绿叶蔬菜，如菠菜、空心菜、小油菜等，一般叶绿素含量较高，且蔬菜合成营养成分的能力也较强，营养价值较高。叶绿素在烹调过程中变为脱镁叶绿素、焦脱镁叶绿素乃至脱镁叶绿酸，这些物质更有利于人体利用。在人体血液中，叶绿素含量很少，而以脱镁叶绿素和脱镁叶绿酸为主。

2. 花青素　花青素（花色苷）属于水溶性色素，具有多个酚羟基的天然黄酮类多酚化合物，属于典型的类黄酮物质（图 1 - 22）。花青素以配基的形式，与糖苷键结合成糖基后形成稳定的花色苷。花色苷的含量与品种、季节、成熟度等存在较大的关系。花色苷不仅是植物呈色物质，并且作为药理成分而被广泛应用。

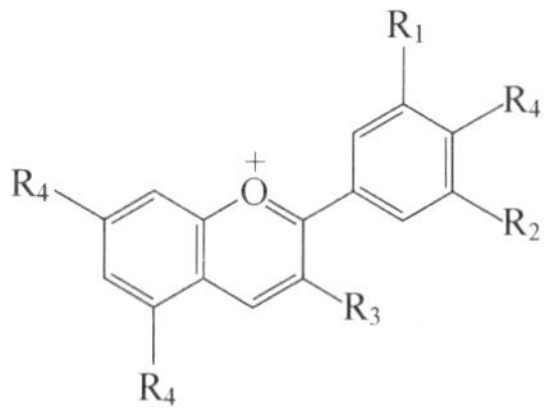

R_1和R_2：H、OH、OCH或R_3：H或糖基　　R_4：OH或糖基

图 1 - 22　花色苷结构式

紫色蔬菜花色苷含量高，其组成及分布在不同品种间有所差别，研究显示矮牵牛苷 3-p-香豆素苷-5-葡萄糖苷和麦芽素 3-阿魏酸苷-5-葡萄糖苷是蓝紫色紫薯块茎组织中的主要花色苷。紫胡萝卜中的花色苷种类有 5 种，主要为花青素-3-木糖基-葡萄糖-半乳糖、花青素-3-木糖基-葡萄糖-半乳糖酸。紫玉米中花色苷种类为 13 种，主要为花青素-3，5-二葡萄糖苷（马蓉，2020）。常见蔬菜花色苷含量见表 1 - 9。

表 1 - 9　常见蔬菜花色苷含量

蔬菜	花色苷含量
紫甘薯/mg/g	119.9±5.4
紫胡萝卜/mg/g	57.7±0.4
紫白菜/µg/g	128.14
紫红色大白菜/µg/g	600.10
紫结球甘蓝/µg/g	264.96

3. 类胡萝卜素　人体自身不能合成类胡萝卜素，所以人体所需类胡萝卜素均需通过食物摄入。

（1）β-胡萝卜素。β-胡萝卜素是自然界中天然存在的脂溶性色素，是类胡萝卜素中含量最多、分布最广的一类，β-胡萝卜素在许多水果和蔬菜中具有较高的含量，如胡萝卜、菠菜、红薯和车前草等。王子昕等（2010）对北京地区常见蔬菜中 β-胡萝卜素的含量进行了测定，研究表明 β-胡萝卜素在深色叶菜中含量较为丰富，且发现熟制后 β-胡萝卜素含量呈上升的趋势。较多研究表明，芥蓝中含有丰富的类胡萝卜素，不同品种芥蓝的类胡萝卜素含量各有差异，早熟品种类胡萝卜素较高，而晚熟、极晚熟品种含量较低。

β-胡萝卜素在促进人体健康方面具有诸多益处（图1-23）。有研究表明，β-胡萝卜素可预防多种疾病，如糖尿病、心血管疾病、肥胖症和代谢综合征等。

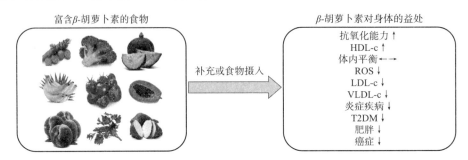

图1-23　β-胡萝卜素在促进人体健康方面的益处

β-胡萝卜素在胡萝卜、南瓜、红椒、番茄等15种蔬菜中的含量见表1-10，不同种类蔬菜间含量差别很大，表皮呈黄色或橘红色的蔬菜含量要高一些。

表1-10　15种蔬菜中 β-胡萝卜素含量

蔬菜	β-胡萝卜素含量/mg/kg	蔬菜	β-胡萝卜素含量/mg/kg
胡萝卜	116.7±2.3	马兰头	7.2±0.1
南瓜	11.2±0.5	青椒	1.3±0.1
红椒	11.0±0.8	黄瓜	1.6±0.1
番茄	9.7±0.3	西兰花	1.1±0.1
芹菜叶	26.6±1.1	刀豆	1.0±0.1
青菜	6.3±0.2	豇豆	2.2±0.07
菠菜	6.8±0.1	豌豆	2.0±0.1
韭菜	6.8±0.2		

（2）番茄红素。番茄红素是一种脂溶性的红色色素，在成熟的番茄果实中大量合成，是决定番茄成熟果实颜色的主要色素。番茄红素是具有11个共轭和2个非共轭双键的多不饱和（多烯）直链分子，同时存在顺式和反式结构（图1-24）。其直链结构有助于渗入人体不同器官，如肝脏、肾上腺和前列腺。反式构型是最常见的异构体，在某些加工条件（包括光、热、氧气和酸）的影响下，反式形式易于异构化，并且在摄入后会在体内部分转化为更具生物活性的顺式形式。

番茄和以番茄为原料的食物占番茄红素所有饮食来源的85%以上。番茄红素是成熟番茄中最丰富的类胡萝卜素，占类胡萝卜素的80%～90%。

（3）叶黄素。叶黄素又称"植物黄体素"，存在于许多常见的水果和蔬菜中。叶黄素在一些深绿色叶菜蔬菜中含量较高，如羽衣甘蓝（21 900 μg/100 g）、菠菜（10 200 μg/100 g）

和芥菜（9 900 μg/100 g）中。在椰菜、羽衣甘蓝、菠菜和莴苣等绿色蔬菜中以游离非酯
化形式存在，而在黄胡萝卜等蔬菜中以脂肪酸酯化形式存在，后者只有水解为游离形式的
叶黄素后才能被吸收。

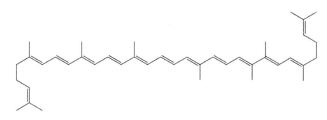

图 1-24 番茄红素结构式

叶黄素具有抗氧化、抗炎、抗癌、保护心血管和保护神经等特性，且在防治慢性疾病
如老年性黄斑变性方面也具有潜在的益处，因此常被人们当成一种营养保健品。

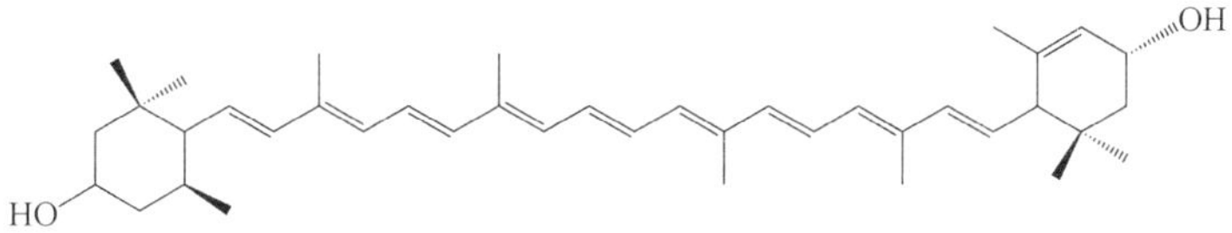

图 1-25 叶黄素结构式

（4）辣椒红色素。辣椒红色素（辣红素），其结构式见图 1-26，主要包括辣椒红素和
辣椒玉红素，其中辣椒红素（$C_{40}H_{56}O_3$）是从成熟红辣椒果实中提取的四萜类天然色素，属
于类胡萝卜素类色素，因其较高的稳定性和无毒无害的特性已被广泛应用于食品工业中。

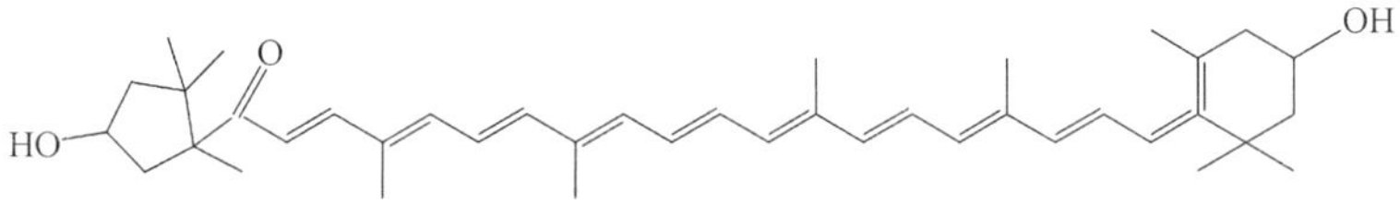

图 1-26 辣椒红素结构式

（二）有机硫化合物

有机硫化合物（organosulfur compound）一般指的是含碳硫键的有机化合物，它们
以不同化学形式存在于蔬菜或水果中，并具有一定的生物活性，是自然界中仅次于含氧或
含氮有机化合物的第三大有机化合物。有机硫化合物可以分为两类：硫代葡萄糖苷（硫
苷）和烯丙基硫化合物。其在植物体内的生理作用包括参与蛋白质和酶的组成，参与氧化
还原反应，是植物体内某些功能性成分的组成部分，能够减轻重金属离子对植物的毒害。
有机硫化合物对人体具有抗癌、杀菌、增强机体免疫力、降血脂、防止脑血栓和冠心病发
生的作用，硫苷结构见图 1-27。

1. 硫代葡萄糖苷 硫代葡萄糖苷也叫芥子油苷，其广泛存在于十字花科植物如结球
甘蓝、花椰菜、西兰花、球茎甘蓝、荠菜、萝卜等中。因硫苷的 R 基团的不同，可将其
分为脂肪族硫苷、芳香族硫苷、吲哚族硫苷三种，其中脂肪族硫苷约占已知硫苷类物质种
类的 50%。硫苷在特殊条件下（如发酵、酶解等）可被分解生成异硫氰酸盐等活性产物，
其中活性最高、最具代表性的是萝卜硫素（莱菔子素），其结构见图 1-28。

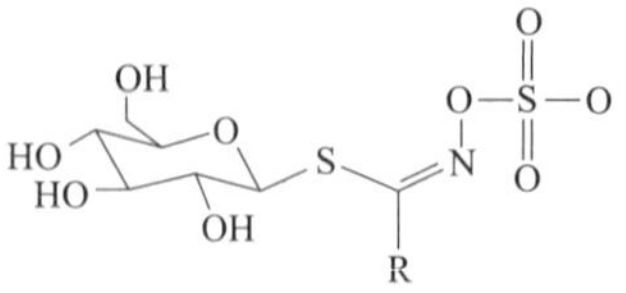

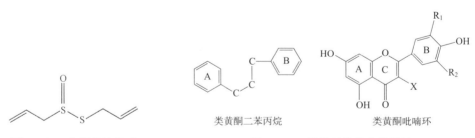

图1-27　硫苷基本结构 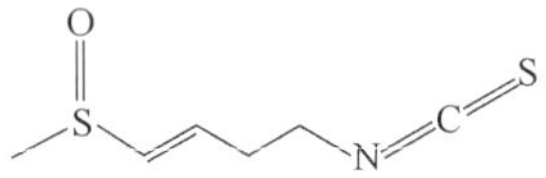　　　　　　　　　　图1-28　萝卜硫素结构式

2. 烯丙基硫化物　烯丙基硫化物是通常存在于葱、蒜等具有辛辣味植物中的含硫活性化合物，其中最被大家熟知的是由蒜氨酸在蒜胺酶的作用下，经一系列转化而得到的大蒜素（二烯丙基三硫醚）。大蒜素可以抑菌消炎，在磺胺类药物、青霉素等抗生素被研发应用之前，就已被广泛应用于流行性感冒、急性胃肠道传染等疾病的防治。现有研究证明，大蒜素具有抗菌、抗肿瘤、降低胆固醇、护肝、预防心血管疾病和降血压等作用，且大蒜素对人体无毒无害、不易产生耐药性、成本低等优点，近年来持续受到研究者关注。大蒜素结构式见图1-29。

（三）酚类化合物

酚类化合物（phenoliccompounds）是一个或多个芳香环与一个或多个羟基结合而成的一类化合物，具有抗氧化、抑菌抗病毒、抗癌、降血脂、降血糖、预防心血管疾病的功能。果蔬中的多酚类化合物在及时清除人体内代谢产生的自由基上有一定的作用，进而阻断自由基损伤人体生物大分子，并可以在一定程度上降低人类慢性病的发病率。多酚类化合物在防治高血脂、高血糖、高血压上起到了一定的作用，临床上已有使用部分黄酮类物质治疗冠心病、心绞痛、脑血管疾病等的报道。

酚类化合物广泛分布在蔬菜中，如茄果类蔬菜（番茄、茄子、辣椒）中没食子酸含量较高，叶菜类蔬菜（芥菜、菠菜、生菜、甜菜等）中咖啡酸含量较高，深色蔬菜（红菜心、紫薯、紫马铃薯、红菜心等）中花色苷含量较高。

根据酚类化合物的化学结构特征，可将其分为酚酸类、二苯乙烯类、类黄酮类、单宁类及其他类化合物，结构式见图1-30。

图1-29　大蒜素结构式　　　　　　图1-30　部分酚类化合物结构

类黄酮二苯丙烷　　类黄酮吡喃环

1. 酚酸类　酚酸类多酚包括苯甲酸类酚酸（如没食子酸、原儿茶酸、龙胆酸、水杨酸、丁香酸等）和肉桂酸类酚酸（如绿原酸、咖啡酸、香豆酸、阿魏酸、芥子酸等）。

2. 二苯乙烯类　二苯乙烯类多酚（包括白藜芦醇及其糖苷顺、反式同分异构体），常见于葡萄皮、葡萄籽、花生中。

3. 类黄酮类　类黄酮类多酚包括黄酮类（如木犀草素、白杨素、芹菜素、黄芩素等）、黄酮醇类（如槲皮素、鼠李素、山奈素、杨梅酮、芦丁等）、黄烷酮类（如圣草酚、橙皮素、柚皮素、芸香柚皮苷等）、黄烷醇类（如儿茶素、表儿茶素、没食子儿茶素、表没食子儿茶素、表儿茶素没食子酸酯、表没食子儿茶素没食子酸酯等）、花色苷类（如天竺葵色素、矢车菊素、花翠素、芍药花苷配基、矮牵牛苷配基及锦葵色素）。

类黄酮含量较高的蔬菜主要分布于百合科、十字花科、藜科、伞形科、菊科、苋科、旋花科等。葱类中的类黄酮一般为槲皮素和山奈黄素在内的黄酮醇类；而大蒜中则以杨梅黄酮、芹菜素为主，槲皮素为辅。

4. 单宁类及其他类化合物　单宁类包括原花色素类（儿茶素及表儿茶素的二聚体、三聚体直至十聚体等）、水解单宁（没食子单宁和鞣花单宁），香豆素（如 7-羟基香豆素、6，7-二羟基香豆素、东莨菪素等），部分酚类物质结构见图 1-31。

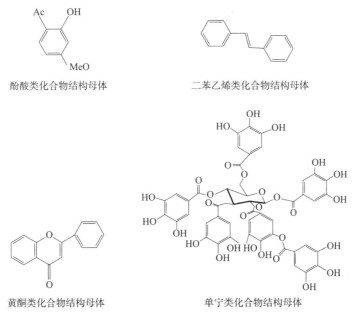

酚酸类化合物结构母体　　　　　　二苯乙烯类化合物结构母体

黄酮类化合物结构母体　　　　　　单宁类化合物结构母体

图 1-31　部分酚类物质结构

（四）萜类化合物

萜类化合物（terpenoids）是指分子式为异戊二烯单位的倍数的烃类化合物及其含氧衍生物。萜类化合物的基本母核为异戊二烯单位，即含有五个异戊二烯单位，部分萜类化合物通常也是有机含硫化合物。萜类化合物具有抗菌、抗氧化、抗肿瘤等作用。在医学上，三萜类化合物常被用作抗菌剂、抗炎药、抗癌剂等。此外，萜类化合物还具有很多其他生物活性，如促进细胞生长、调节细胞周期等。

在萜类化合物中，常含有多个侧链，这些侧链可以是一两个碳原子的直链或支链，也可以是芳基、芳基乙烯、芳基丁二烯等。根据母核与侧链的位置关系，可将萜类化合物分为单萜类（如柠檬烯、薄荷油等）、双萜类（如羊毛脂、角鲨烷等）、三萜类（如熊果酸、蛇麻脂等）、四萜类（如维生素 D_3、甾体皂角等）、多萜类（如岩藻黄质、角鲨烯等）。

萜类化合物常分布在洋葱、大蒜、韭菜、香菜、罗勒、迷迭香等具有辛辣、芳香性质的蔬菜中，最常见的如柠檬苦素类化合物、皂苷类化合物等。柠檬苦素类化合物是存在于芸香科或楝科植物中的三萜类次生代谢物，主要存在于楝科植物中，是目前人类发现的含氧量最高的天然三萜类物质。虽然 D-柠檬烯（图 1-32）是常见的香精等食品工业原料，但因长期接触有疑似致癌的报告，故世界卫生组织国际癌症研究机构在 2017 年将 D-柠檬烯整理列入 3 类致癌物清单中。

皂苷由皂苷元和糖构成，分为甾体皂苷和三萜皂苷，甾体皂苷根据结构的不同，可分为螺甾烷醇型和异螺甾烷醇型（图 1-33），且一般呈中性，分布在薯蓣科、百合科、玄参科、龙舌兰科等植物中；三萜皂苷大部分呈酸性，少部分呈中性，主要分布在五加科、豆科、远志科、葫芦科等植物中，其种类与分布均多于甾体皂苷。

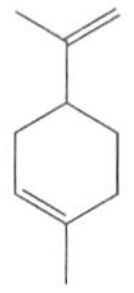

图 1-32　D-柠檬烯结构式

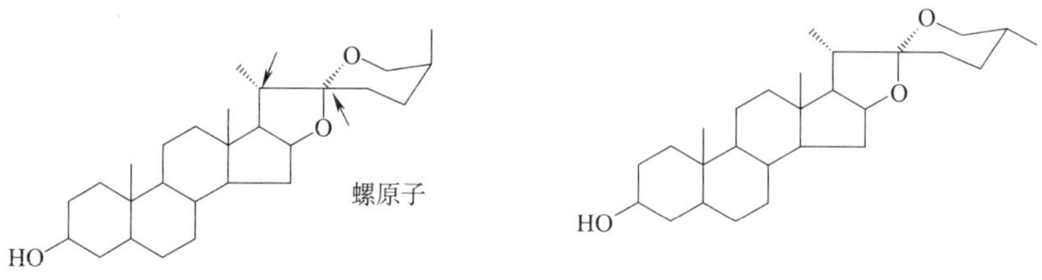

螺甾烷醇型　　　　　　　　　　　　　　　　　异螺甾烷醇型

图 1-33　甾体皂苷结构类型

（五）活性多糖

植物多糖是由多个单糖脱水聚合而成的，其组成中的糖苷键类型和取代基性质决定其物理、化学和生物性质。根据多糖聚合物的不同，可分为纯多糖（由一种单糖组成）、杂多糖（由两种及以上单糖组成）和复合多糖（除多糖链外还含有肽链、脂类等其他成分）；根据其结构组成中的糖苷键类型可分为 α-型、β-型和 γ-型；按其取代基的性质又可分为还原糖和非还原糖。

植物多糖是构成生命的四大基本物质之一，广泛存在于植物和微生物的细胞壁中。植物多糖的安全性高、功能广泛，对生命具有重要且特殊的生理活性。植物多糖一般由醛基和羰基通过苷键连接进而聚合成高分子聚合物，具有明显的细胞活性和生理活性，在植物细胞壁中可以起胶凝作用，使细胞维持一定的形状和强度；同时也可作为信号分子与细胞外基质和其他细胞相互作用，故又被称为"生物应答效应物"。

活性多糖具有提高机体免疫力的能力，不同多糖的作用也不同，具体可分为提高巨噬细胞能力、促进 T 细胞增殖、促进淋巴因子活性、提高 B 细胞活性及增加抗体的分泌、激活补体系统这 5 种作用。部分活性多糖还具有抗凝血、抗病毒、降血脂、降血糖等作用。

黄秋葵黏液中富含丰富的活性多糖，据报道，已发现的黄秋葵多糖结构有 4 种，是由鼠李糖、阿拉伯糖、木糖、甘露糖、半乳糖、葡萄糖按不同比例结合构成的。牛蒡多糖被证实有清除自由基、调节肠道平衡、增强免疫力、抗疲劳、降血脂、预防酒精损伤和抑制癌细胞生长等功效。南瓜多糖是一类由鼠李糖、葡萄糖、半乳糖、阿拉伯糖、木糖、葡萄糖醛酸、甘露糖及氨基糖构成的杂多糖，具有显著的降血糖功效，对糖尿病并发症的预防及治疗具有潜在意义。黄瓜果实富含多糖，含量约为 32.8 mg/g（FW），黄瓜多糖具有抗菌、抗病毒、抗寄生虫、抗肿瘤、抗辐射、抗衰老、抗炎症、降血脂及改善动物生产性能等作用。苦瓜多糖是苦瓜中的重要活性成分之一，苦瓜干粉中的多糖含量约为 6%，属于杂多糖，具有一定的抗氧化、抗炎症、降血糖的功效。大蒜中的碳水化合物主要是大蒜多糖，具有控制血脂、降低血糖、调节人体免疫力、促进矿物质吸收、保肝护肝、抗氧化、抗癌、抗病毒等生物活性。山药特别是铁棍山药中富含丰富的山药多糖，具有降血糖、降血脂、抗氧化、抗衰老、增强免疫力、抗肿瘤等功效。据报道，山药黏液中的多糖含量高达 52%。除此之外，莲藕、茭白、慈姑、豆芽、马齿苋等蔬菜中也富含丰富的活性多糖。

（六）其他活性物质

除以上活性物质外，部分蔬菜中还含有多不饱和脂肪酸、多肽、蒽醌等活性物质，它们一般具有降低胆固醇、抗肿瘤、改善心血管系统、促进人脑发育、抗炎和免疫调节等功能。

1. 多不饱和脂肪酸　多不饱和脂肪酸又叫多烯酸，是指分子结构中含有 2 个或 2 个以上的不饱和双键的脂肪酸，对人体最重要的是 PUFA 和 DHA，俗称"血管清道夫"和"脑黄金"。通常多不饱和脂肪酸来源于高等植物的种子、动物内脏和鱼油，常见的亚油酸、亚麻酸就是多不饱和脂肪酸。富含多不饱和脂肪酸的蔬菜种类较少，仅在葫芦科植物的种子或豆类蔬菜中存在，如南瓜、瓜蒌、豇豆、豆角等。

2. 多肽　多肽是氨基酸以肽键连接在一起而形成的化合物，是蛋白质水解的中间产物，根据氨基酸分子数量的不同分为二肽、三肽、四肽等，由 3 个或 3 个以上氨基酸分子组成的肽叫多肽。植物肽是以大豆、花生、玉米、小麦等植物为原料制备的具有生物活性的小分子肽，因其生理活性高、安全性高、成本低廉，已成为现代食品和药品行业研究和关注的热点。蔬菜中的多肽来源也较少，常见的植物源多肽大部分来源于大豆、豌豆等蛋白质含量较高的植物。

3. 蒽醌　蒽醌是一种醌类化合物及其不同还原程度的产物、二聚物，如蒽酚、氧化蒽酮、二蒽醌、二蒽酮等，同时广义上的蒽醌还包括这些化合物的苷类。蒽醌一般具有止血、抗菌、利尿的作用，一般存在于高等植物和低等植物地衣类和菌类的代谢产物中。百合科芦荟属植物等具有清热作用的蔬菜均是因为蒽醌类物质的作用，但长期接触蒽醌类物质或有增加肠道癌变的可能。

三、天然有毒物质

（一）生物碱

生物碱是一种含氮的碱性有机化合物，有似碱的性质，在自然界中分布广泛（主要存在于植物中，但有的也存在于动物中）。作为植物体内的一种次生代谢产物，具有特殊的生理活性。生物碱具有特殊的生物活性，很多具有苦味。植物的生物碱绝大多数是植物在水分充足和二氧化碳充足条件下光合作用生成的，能维持植物正常的生命活动，在植物对抗病虫害的过程中有重要的调节作用。

自然界中有数千种生物碱存在，他们都是由不同的氨基酸或其衍生物合成的次级代谢物，对生物机体有较强的毒性或生理作用。生物碱大都具有环状结构，难溶于水，可溶于酸并以盐的形式稳定存在于溶液中，具有一定的旋光性和紫外吸收光谱，大多数为味苦的无色结晶状，少数为液体。按照生物碱的基本结构，可将其分为 60 类左右，常见分类及代表物质见表 1-11。

表 1-11　生物碱的常见分类及代表物质

分类	常见生物碱	分类	常见生物碱
有机胺类	麻黄碱、益母草碱、秋水仙碱	吡咯烷类	古豆碱、千里光碱、野百合碱
吡啶类	烟碱、槟榔碱、半边莲碱	异喹啉类	小檗碱、吗啡、粉防己碱
吲哚类	利血平、长春新碱、麦角新碱	莨菪烷类	阿托品、东莨菪碱
咪唑类	毛果芸香碱	喹唑酮类	常山碱
嘌呤类	咖啡碱、茶碱	甾体类	茄碱、浙贝母碱、澳洲茄碱
二萜类	乌头碱、飞燕草碱	其他类	加兰他敏、雷公藤碱

绝大多数生物碱分布于双子叶植物中，如毛茛科、罂粟科、防己科、茄科、夹竹桃科、芸香科、豆科、小檗科等植物（表 1-12）。

表 1-12　部分蔬菜中生物碱种类、中毒剂量及结构式

蔬菜名称	生物碱	中毒剂量	结构式
马铃薯	龙葵素	0.2 g	
茄子			
芥菜	茶碱	2 g	
黄花菜	秋水仙碱	6 mg	

生物碱中毒会表现出恶心、呕吐、腹部绞痛、腹泻、脐周压痛、肠鸣音亢进、脱水等症状,一旦发生类似的食物中毒,需要迅速前往医院进行催吐或者洗胃,以清除进入体内的毒物,然后给病人导泻。根据进食生物碱的类型,给予相应的对症处理,用有效的解毒药物,选择使用特效解毒药,如果没有特效解毒药,只能根据临床症状来进行对症治疗,维持生命体征,严重的还需要进行血液透析治疗。

(二)氰苷类

氰苷类化合物是指由氰醇衍生物的羟基和糖缩合形成的糖苷,属于植物的次生代谢产物,已经在菊科、豆科、亚麻科和蔷薇科等 2 500 多个种属中发现。氰苷类化合物有很多都被人们所熟知,如苦杏仁苷、亚麻苦苷、蜀黍苷等。科研人员研究发现,氰苷类化合物大都由缬氨酸、异亮氨酸、苯丙氨酸等氨基酸转变而来。一个科的植物一般只含有 1 或 2 种氰苷,比如禾本科(蜀黍苷)、菊科(亚麻苦苷)、水龙骨科(野樱苷和蚕豆氰苷)、蔷薇科(苦杏仁苷和野樱苷)。

氰苷类化合物常分布于经济作物中,比如木薯(亚麻苦苷)、高粱属(蜀黍苷)、蔷薇科(苦杏仁苷)、百脉根(百脉根苷)等,这些植物在服用之前如果处理不当,很有可能发生中毒事件。生活中最常见的氰苷类中毒事件大都与木薯或蔷薇科植物的核有关。木薯中的氰苷类主要是百脉根苷和亚麻苦苷,其本身不含毒,但在加工过程中经过酶的作用下可以水解生成糖和对应的羟基腈,羟基腈化合物可以自发或酶的作用生成氢氰酸和醛酮化合物,故氰苷主要通过 HCN(氢氰酸)和醛酮化合物产生毒性。氰化物因其剧烈的毒性,被我国公安系统列入《剧毒化学品名录(2015 年版)》,是受管控的第一类剧毒化学品,人体口服氰化物的急性中毒剂量为 0.5~3.5 mg/kg。含有氰苷类的植物在正常情况下,氰苷和酶存在于的不同细胞中,无法生成氢氰酸,故不存在毒性。当植物被动物采食咀嚼后,植物组织遭到破坏,氰苷与酶接触而产生 HCN,导致动物中毒,是植物的自身防御机制之一。虽然氰苷类植物可以通过灭酶处理防止其产生 HCN,但由于人的肠道细菌中也存在糖苷酶活性,大量摄入氰苷类植物也可能引起氰化物中毒。

氰苷中毒的严重程度和剂量呈正相关,轻度中毒会伴随恶心、呕吐、腹痛的症状;重度中毒会呼吸加快加深、心律不齐、脉搏加快、抽搐昏迷,严重者会丧失意识,呼吸衰竭而亡。在非洲和南美洲等以木薯为主食的地区,常出现热带性弱视、热带神经性共济失调症等氰化物慢性中毒现象。

处理急性氰化物中毒时,首先让病人立刻口服亚硝酸戊酯或亚硝酸盐,在人体中 20%~30% 的血红蛋白先转变为高铁血红蛋白,高铁血红蛋白再与氰基结合生成氰化高铁血红蛋白,从而恢复细胞色素氧化酶活性。但氰化高铁血红蛋白不稳定,容易产生游离氰基,故需迅速给予硫代硫酸盐等解毒剂,使游离氰基转变为低毒的硫氰化物,并经肾脏随尿排出。

(三)植物毒素

植物毒素是植物为了防止被昆虫、食草动物、微生物等吃掉,进化出的一种防御武器,如茄科植物生成的茄碱(龙葵素)、木薯或蔷薇科植物生成的氰苷类化合物、豆类植物中的植物凝集素、十字花科植物中的硫苷类、植物种子中的植酸、绿叶类蔬菜中的草酸、芹菜和胡萝卜中的呋喃香豆素等(表 1-13)。在摄入量适当的情况下,其中的大部分物质属于天然活性物质，但一次性摄入大量或长期接触某一类物质时，会影响人体健康甚至产生中毒反应。

表 1-13 常见植物毒素来源、对人体的影响及规避方式

植物毒素	毒素来源	对人体的影响	规避方式
茄碱/龙葵素	茄子、番茄、马铃薯、甜椒、辣椒、枸杞	头晕、呕吐、恶心；皮肤过敏、起红疹、瘙痒、消化不良或便秘	避免食用发芽的马铃薯和未成熟的番茄
氰苷	杏仁、竹笋、木薯、亚麻籽、苹果核、梨子核、杏子核、樱桃核、西梅核、桃子核、枇杷核等	短时间内血压降低、头晕、精神恍惚、呕吐、昏迷甚至死亡	清水浸泡，并用水彻底煮熟后食用，避免食用蔷薇科植物果核
植物凝集素	黄豆、腰豆、青豆、芸豆、鹰嘴豆、花生等豆类	腹痛、呕吐、腹泻等；长期大量摄入可能导致微量元素缺乏	彻底煮熟，适量食用
硫苷类	小白菜和大白菜、包菜、西兰花、甘蓝和羽衣甘蓝、芥蓝、油菜、花椰菜、白萝卜等十字花科蔬菜	长期大量生吃，干扰甲状腺激素合成，增加甲状腺癌风险	避免大量生食
植酸和草酸	植酸：全谷物、坚果、种子草酸：菠菜、苋菜、番薯叶、甜菜、韭菜、芥蓝等	抑制人体对微量元素的吸收	坚果和种子放在两餐之间食用，粗细粮结合食用，绿叶菜焯水后食用
呋喃香豆素	西柚、柠檬、青柠、橘子、柚子等柑橘类水果胡萝卜、芹菜	部分药物用药期间食用可能导致药物中毒、肝肾损伤；大量食用后暴晒可能导致日光性皮炎	用药期间避免大量摄入，摄入后避免长时间日光暴晒

■本章小结

　　蔬菜种类多，产量高，种植周期短，改变种类、品种结构容易。产品可鲜销、储藏、加工，可内销，也可外销，市场伸缩能力强，潜力大，经济效益丰厚，对增加广大农民的收入、改善农村经济和全面提高我国农业现代化水平都有重要意义。蔬菜中含有目前已知的全部六大类营养素，还含有大量膳食纤维和微量营养素，合理地摄入蔬菜对人体营养的氮平衡、能量平衡、微量营养素平衡起到十分重要的作用。蔬菜中还含有种类繁多的生物活性成分，这些活性成分对维护人体健康、调节机能状态和防治疾病等有重要作用。蔬菜在具有营养价值和药用功效的同时，也含有很多天然有毒物质，通过育种科学的进步、成熟度的合理控制、烹饪方式的科学化等途径，人们可以在避免天然有毒物质对自身影响的同时，摄入蔬菜中的营养和功能成分。因此了解蔬菜的各种化学成分，对合理膳食、改善膳食结构、避免食源性中毒等起着十分重要的作用。

■参考文献

曹宗波，2013. 蔬菜生产 北方本 [M]. 重庆：重庆大学出版社.

蒋先明，2000. 蔬菜栽培学总论 [M]. 北京：中国农业出版社.

李睿，2008. 我国66种蔬菜矿质营养成分的综合评价 [J]. 广东微量元素科学（9）：8-16.

李新峥，2011. 怎样种好高产菜园 北方本 [M]. 北京：化学工业出版社.

李新峥，2011. 怎样种好高产菜园 南方本 [M]. 北京：化学工业出版社.

刘海燕，蔡祥，时文兴，等，2023. 几种常见蔬菜的维生素 C 含量及其加热变化规律 [J]. 上海蔬菜
　　（4）：64-66.

马蓉，2020. 紫色蔬菜中花色苷抗糖功能及抗炎功能的评价 [D]. 西宁：青海大学.

王仁才，2013. 果蔬营养与健康 [M]. 北京：化学工业出版社.

王子昕，林晓明，2010. 北京地区常见蔬菜中叶黄素、玉米黄素和 β-胡萝卜素的测定及其含量 [J]. 营
　　养学报，32（3）：290-294.

佚名，1986. 蔬菜中的各种维生素 [J]. 蔬菜（2）：15.

于广建，2009. 蔬菜栽培 [M]. 北京：中国农业科学技术出版社.

中国绿色食品发展中心，2019. 绿色食品申报指南 蔬菜卷 [M]. 北京：中国农业科学技术出版社.

周明，李常保，2022. 我国番茄种业发展现状及展望 [J]. 蔬菜（5）：6-10.

第二章　蔬菜采后生理

第一节　蔬菜采后基本生理活动

采收后的蔬菜虽然光合作用停止，但仍会进行呼吸作用、蒸腾作用、休眠、激素代谢等生理活动。

一、呼吸作用

呼吸作用是蔬菜收获后主要的生理和代谢活动。它不仅提供了收获后组织生命活动所需的能量，而且是收获后各种有机物质相互转化的关键。呼吸强度与蔬菜组织的生理生化变化以及贮藏寿命密切相关，在保证产品正常呼吸的基础上，降低呼吸是新鲜蔬菜采后贮运的基本原则。

1. 呼吸作用的概念　呼吸作用是指蔬菜中的活细胞经历许多生物氧化还原反应的过程，这些反应涉及多种酶，将复杂的有机物质分解为简单的物质并释放能量。根据氧气的存在与否，蔬菜的呼吸作用可分为两类：有氧呼吸和无氧呼吸。

有氧呼吸是植物细胞在氧气的参与下，通过糖酵解和三羧酸循环，有机物完全分解为二氧化碳和水，同时释放大量能量的过程。有氧呼吸需要从空气中吸收氧气，随着能量的释放，呼吸基质最终被完全氧化分解为二氧化碳和水。

无氧呼吸一般是指活细胞在缺氧条件下将有机物分解为乙醇、乙醛等不完全氧化产物并释放少量能量的过程。无氧呼吸不吸收空气中的氧气，呼吸基质不能完全氧化产生乙醛和酒精等物质。有氧呼吸是蔬菜中主要的呼吸方式。但有时由于包装、涂膜、堆垛等原因会引起果蔬的无氧呼吸。无氧呼吸消耗的底物较多，提供的能量较少，也会引起乙醇、乙醛等有毒物质的积累，对蔬菜的贮藏十分不利。因此，有必要防止蔬菜采后贮运过程中的无氧呼吸。

2. 呼吸跃变　果蔬采后代谢过程中，呼吸强度波动较大，这种呼吸强度的变化趋势称为呼吸跃变。不同蔬菜呼吸跃变曲线变化趋势不同。根据呼吸跃变曲线，可分为呼吸跃变型和非呼吸跃变型两种类型（图 2 - 1）。

一种被称为呼吸跃变型蔬菜，在一类蔬菜的发育、成熟和衰老过程中，果实完全发育之前，呼吸强度持续降低，然后，在果实成熟初期，呼吸强度急剧增加，达到峰值然后下降，直到衰老和死亡，这种被称为呼吸跃变类型，如番茄、花椰菜等。

另一种被称为非呼吸跃变型蔬菜，因为它们的呼吸速率变化不明显，从生长停止到衰老都没有出现呼吸跃变高峰。大多数蔬菜属于非呼吸跃变类型，如黄瓜、莴苣、芦笋等。

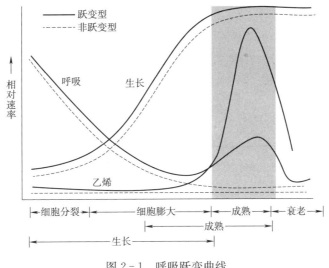

图 2-1 呼吸跃变曲线

呼吸跃变型和非跃变型蔬菜的差异主要体现如下方面:

（1）不同类型的果实产生的内源乙烯量是不一样的。在所有果实的生长过程中，它们都会产生微量的乙烯。然而，在完全成熟阶段，跃变型果实比非跃变型果实产生更多的乙烯。特别是在呼吸跃变前后，跃变型果实内部的乙烯含量会有显著的变化。相反地，非跃变型果实内的内源乙烯水平始终保持在一个较低的状态，不会出现明显的增加。

（2）对于外源乙烯刺激的反应不同。在跃变型果实中，只有在跃变的初期，外源乙烯才会起到作用，它能够引发果实内部生成更多的内源乙烯，并且使得呼吸作用增强。值得注意的是，这种反应一旦开始，就无法逆转，会持续推动果实向成熟状态发展。而对非跃变型果实来说，任何处理都可以随时与外源乙烯发生反应，但是当外源乙烯被移除后，果实的呼吸速率会恢复到处理前的水平，这意味着非跃变型果实的成熟过程未受到持续的影响。

（3）对外源乙烯浓度的反应不同。增加外源乙烯浓度可提前跃变型果实呼吸高峰，但不改变呼吸高峰强度；对于非跃变型果实，外源乙烯的浓度增加可使呼吸强度提高。

（4）乙烯的产生体系不同。呼吸跃变型果实含有系统Ⅰ乙烯和系统Ⅱ乙烯，如图2-2所示。系统Ⅰ乙烯是跃变前果实中低浓度的基础乙烯生成，只起到控制和调节衰老的作用，导致生成的乙烯浓度很低；系统Ⅱ负责在成熟过程中自催化产生大量乙烯，并呈峰形变化，启动果实的后熟。非跃变型果实只有系统Ⅰ乙烯，缺乏系统Ⅱ乙烯。

3. 呼吸对蔬菜贮藏保鲜的影响 呼吸对蔬菜贮藏保鲜的积极作用如图2-3所示。正常的呼吸可以为各种生理活动提供必要的能量，也可以通过各种呼吸中间产物将葡萄糖代谢与脂肪、蛋白质和其他代谢物质结合，协调和平衡不同的反应环节和能量转移，保持产品生命活动的有序进行。呼吸功能可以防止有害的中间代谢产物在组织中的积累，将其氧化或水解为最终产物，并进行自我平衡保护，以防止代谢失调引起的生理紊乱，尤其是在不利条件下表现得更明显。呼吸是蔬菜代谢的中心，中间代谢产物是构成蔬菜的色、香、味的成分，是蔬菜抗病和免疫的中心，产生抗病信号物质和杀菌物质。

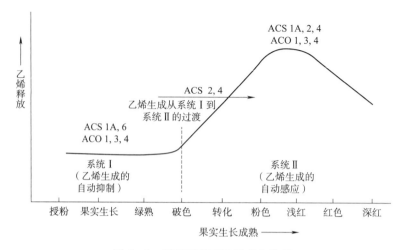

图 2-2 呼吸跃变型乙烯产生体系

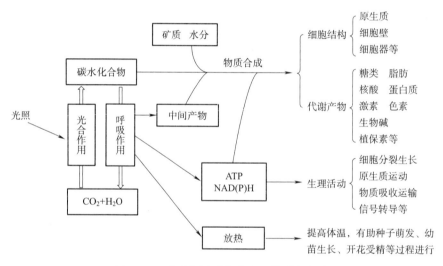

图 2-3 呼吸作用对蔬菜生理代谢的影响

呼吸作用对蔬菜的贮藏保鲜也会有不利的影响。例如，呼吸作用消耗有机物，导致营养和风味成分的损失增加；呼吸作用会产生呼吸热，使蔬菜温度升高，促进呼吸作用，提高环境温度，缩短贮藏寿命；在封闭环境中，呼吸作用引起的 CO_2 积累会引起褐变损伤，开始无氧呼吸，造成酒精伤害。

4. 影响果蔬呼吸作用的因素　影响果蔬呼吸作用的因素包括两大类：内在因素和外在环境因素。外界环境因素主要包括温度、湿度、气体和机械损伤等。

（1）温度。温度是影响植物呼吸作用最关键的因素。在 5～35 ℃的范围内，每升高 10 ℃，蔬菜的呼吸强度会提高 1～1.5 倍。因此，通过保持较低的贮藏温度，可以有效地降低蔬菜的呼吸速率和营养物质消耗。在呼吸跃变型蔬菜中，降温不仅可以降低呼吸强度，还可以延缓呼吸高峰的出现。为了抑制蔬菜在收获后的呼吸，通常需要在低温下贮存，但并不是贮藏温度越低越好。每种蔬菜都有其最合适的贮藏温度，即最佳贮藏温度。在这个温度下，蔬菜固有的贮藏和抗病能力可以得到充分发挥；低于此温度时，可能会导致冷害。另外，在贮藏过程中也应注意保持恒定的温度，因为温度波动会刺激蔬菜中水解酶的活性，引起呼吸作用的剧烈变化，加速蔬菜的衰老。

（2）湿度。新鲜的蔬菜含有大量的水分。贮藏环境湿度过低，蔬菜的蒸腾作用会损失更多的水分，组织中水解酶的活性也会增加。当不溶于水的物质被分解成糖类，会为呼吸过程提供更多的底物，从而增强果蔬的呼吸强度。同时，蔬菜在进行蒸腾作用时会失去大量水分，而组织中的水解酶活性也会增加。如果环境湿度过高，蔬菜的腐败率就会增加，因此根据蔬菜的种类，选择合适的环境湿度是非常重要的。例如，白菜在收获后稍微晾晒，当叶片外层稍干时，有利于降低呼吸强度，便于贮藏。

（3）气体成分。在不干扰组织正常呼吸代谢的前提下，适当降低 O_2 和提高 CO_2 浓度会抑制蔬菜的有氧呼吸，从而延缓蔬菜的后熟和衰老过程。乙烯是一种可以增强呼吸强度的植物激素，在蔬菜采后贮运过程中，由于组织自身代谢可以释放乙烯，较大程度地影响乙烯敏感的产品。

二、蒸腾作用

蒸腾作用是植物体内的水分以水蒸气状态扩散到大气中的过程。蔬菜组织中含水量高，使其呈现新鲜饱满和脆嫩的状态，具有一定的弹性和硬度。收获前可以通过根部从土壤中吸取水分，但收获后无法补偿。蔬菜收获后的水分蒸腾不仅会降低质量和品质，还会扰乱正常的新陈代谢。

（一）蒸腾失水对蔬菜品质影响

1. 失重和失鲜

（1）失重。贮藏过程中由于蒸腾作用和干物质损失所导致的质量减轻。蔬菜通常含有 $65\%\sim96\%$ 的水分，其中黄瓜的含水量高达 98%，高含水量使新鲜蔬菜产品表面光亮且富有弹性，组织坚实而脆嫩。然而，水分散失会导致蔬菜质量减轻（包括水分和干物质的损失），同时也会降低其新鲜度。

（2）失鲜。降低新鲜度是产品质量下降的一种表现。当许多蔬菜失水超过 5% 时，它们的新鲜度会降低，表面光泽减弱，形状变得萎蔫，外观、口感和脆度都会变差，甚至可能失去商品价值。各种产品的新鲜度丧失会以不同的方式显现，例如，叶菜类蔬菜由于脱水容易导致叶片萎蔫、变色和失去光泽；萝卜在失水后虽然可能出现糠心现象，通常不易从外部观察到。相比之下，黄瓜和柿子椒等蔬菜一旦失水，新鲜度下降就会非常明显地体现在外观上。不同蔬菜在贮藏过程中的自然损耗率见表 2-1。

表 2-1 一些蔬菜贮藏中的自然损耗率

单位：%

种类	贮藏 1 d	贮藏 4 d	贮藏 10 d
油菜	14.0	33.0	—
菠菜	24.2	—	—
莴苣	18.7	—	—
黄瓜	4.2	10.5	18.0
茄子	6.7	10.5	—

（续）

种类	贮藏 1 d	贮藏 4 d	贮藏 10 d
番茄	—	6.4	9.2
马铃薯	4.0	4.0	6.0
洋葱	1.0	4.0	4.0
胡萝卜	1.0	9.5	—

2. 破坏正常代谢过程　水分蒸发会导致细胞组织膨胀压力下降、组织萎蔫并改变细胞分布，从而干扰正常的呼吸和生理代谢。过度的水分蒸发还会增强叶绿素酶和果胶酶等水解酶的活性，使蔬菜变得黄软。此外，水分蒸发也会促进蔬菜中乙烯和脱落酸的合成，加快其成熟和衰老。当细胞失水到一定程度时，细胞液浓度会升高，导致一些物质和离子（如氢离子和氨离子）积累至有害水平，引发细胞毒性。

3. 降低耐藏性和抗病性　蒸腾和萎蔫会破坏正常的代谢过程，改善水解过程，并由于细胞膨压降低而改变结构特征，所有这些都会影响蔬菜的耐贮性和抗病性。组织萎蔫和脱水的程度越大，抗病能力下降越大，腐烂就越严重。在不同萎蔫程度的甜菜块根上接种灰霉菌，导致不同处理之间腐烂率的显著差异（表 2-2）。

表 2-2　萎蔫对甜菜腐烂率的影响

萎蔫程度	腐烂率/%
新鲜材料	—
萎蔫 7%	37.2
萎蔫 13%	55.2
萎蔫 17%	65.8
萎蔫 28%	96.0

（二）影响蒸腾作用的因素

产品采后蒸腾受自身因素和环境因素的影响。

1. 蔬菜自身的因素

（1）蔬菜的比表面积。比表面积指产品的表面积与其质量或体积的比例。蒸腾作用的物理过程是水分蒸发，蒸发是在表面进行的。从这个角度来看，如果比表面积大，相同重量的产品具有更大的蒸腾面积，导致更多的水分损失。蔬菜的比表面积越大，蒸发效果越强。叶菜的比表面积最大，是其他器官的数倍，因此叶菜在贮藏和运输过程中最容易脱水和枯萎。在同样的条件下，同样重量的果实，体积越小容易蒸发水分（表 2-3）。

表 2-3　一些蔬菜的比表面积

比表面积	材料
500～1 000	食用叶菜（细胞间隙表面）间隙
50～100	食用叶菜（外露表面）
5～15	较小的软果实

（续）

比表面积	材料
2～5	豆科果实、葱
0.5～1.5	块茎、块根、葫芦类果实（南瓜类除外）、洋葱
0.2～0.5	密植甘蓝、萝卜、山药

（2）蔬菜的种类、品种、成熟度。植物器官和组织的蒸腾作用在很大程度上受表面结构的影响。蔬菜中的水分主要通过表皮层上的气孔、皮孔等自然孔隙进行蒸发，只有少量的水分会直接通过表皮扩散出去。气孔蒸发的速率比表皮蒸发的速率快得多。对于不同类型、品种和成熟度的蔬菜，其气孔、皮孔结构和表皮结构不同，失水率不同。

叶菜类植物的叶片容易枯萎，因为叶子是同化器官，气孔多，对组织的保护作用较弱。在生长过程中，约90%的水分会通过叶片上的气孔蒸发。许多蔬菜的贮藏器官具有皮孔而不含气孔。皮孔是由老化、排列紧密的软木质化表皮细胞形成的狭窄通道，无法关闭。这些皮孔将内部组织与外界直接相连，从而加快了水分的流失。通常，皮孔出现在根部、茎部和果实上，因此其水分蒸发速率取决于皮孔蜡质层的数量、大小等特性。

角质层的结构和化学成分对蒸腾作用有着显著的影响。虽然角质层本身并不容易让水分通过，但其中含有吸水率高的果胶质，并且还存在一些微小的缝隙，使得水分可以通过这些通道渗透出去。角质层中的蒸腾程度与角质层的厚度以及是否存在蜡质层及其厚度有关。在幼嫩的植物器官中，表皮角质层尚未完全发育，因此其透水性较强，容易失去水分。研究显示，在某些情况下，幼叶角质层的蒸腾量可能占到总蒸腾量的1/3～1/2。随着植物成熟，表皮角质层逐渐发育完整，部分角质层表面会覆盖一层致密的蜡质层，这有助于维持组织内部的水分。

与角质层的蒸腾作用相比，气孔蒸腾的量和速度要大得多。叶菜容易脱水和萎蔫的原因不仅与它们的比表面积有关，还与气孔蒸腾在水分损失中的主导作用有关。

（3）细胞持水力。细胞持水力与细胞中可溶性物质和亲水性胶体的含量和性质密切相关。高水平原生质体的亲水性胶体和可溶性固形物含量高的细胞具有高渗透压，这可以防止水渗透到细胞壁和细胞间隙，促进细胞对水的保留。然而，由于细胞间隙大，对水分移动的抵抗力低，它会加速失水。洋葱的含水量通常比马铃薯高，但在0℃条件下贮藏3个月，洋葱质量减少了1.1%，而马铃薯质量减少了2.5%，这与原生质体胶体的保水能力和表面组织结构有关。

（4）新陈代谢。蔬菜的蒸腾作用也受新陈代谢的影响，呼吸强度越高、代谢能力越强的组织失水越快。

2. 贮藏环境因素

（1）空气湿度。贮藏中通常用空气的相对湿度表示环境的湿度。它是指在当时的温度下，空气中实际的水蒸气量（绝对湿度）与空气中饱和水蒸气量的比例（饱和湿度），反映了空气中的水达到饱和的程度。

空气湿度是影响蔬菜表面水分蒸腾的主要因素。采收后的蔬菜，其水分蒸发与其他气体一样，会从高密度区域向低密度区域移动。蔬菜组织内的相对湿度通常超过99%，因此当将它们存放在低于99%相对湿度的环境中时，水蒸气就会从蔬菜组织转移到贮存环境中。在相同的贮藏温度下，如果贮存环境越干燥（即相对湿度更低），水蒸气的流动速度就越快，蔬菜组织中的水分损失也就越快。贮藏环境中的相对湿度高容易导致组织损伤和有害微生物的繁殖，而相对湿度低也会导致蔬菜失水、萎蔫、变色和失去商业价值。

绝对湿度、饱和湿度、饱和差和相对湿度是描述空气湿度的常用参数。当空气中水蒸气含量超过其能保持的最大量（饱和湿度）时，水就会以液态形式凝结出来。温度上升会增加空气所能容纳的水蒸气量，因此饱和湿度也会相应提高。饱和差是指在当前环境下，空气中需要增加多少水蒸气才能达到饱和状态，它等于绝对湿度与饱和湿度之差。饱和差越大，产品水分蒸发的速度就越快。新鲜蔬菜组织内部充满了水分，其蒸汽压力接近饱和水平。如果蔬菜表面的蒸汽压高于周围环境的蒸汽压，水分就会通过蒸腾作用从蔬菜中逸出。蒸腾速度与饱和差成正比关系。所以，在一定的温度下，当绝对湿度或相对湿度较高时，饱和差较小，这意味着蒸腾作用较慢。

（2）环境温度。温度变化会导致湿度变化，从而影响表面蒸腾作用。当环境温度升高时，空气饱和蒸汽压增加，可以容纳更多的水蒸气，导致产品水分损失更多；温度降低时，如果在相同的绝对湿度下，由于饱和湿度较低，水分蒸腾量减少甚至结露。温度升高时，贮藏温度的波动会加快产品的蒸散量，而温度降低时，不仅会减缓产品的蒸散量，而且往往会引起结露，不利于贮藏。因此，在相对湿度相同的两个贮藏库中，产品的蒸发速率也不同，库温高的蒸发蒸腾速率更快。此外，随着温度的升高，分子运动加快，产物代谢强烈，蒸腾作用也加快。产品在光照下会打开气孔，增加局部湿度，促进蒸腾。可见，及时、快速降低采后蔬菜的温度对保持其新鲜度非常重要，也是贮藏前预冷的主要理论依据。不同产品的蒸散速率随温度变化较大（表2-4）。

表2-4 不同种类蔬菜随温度变化的蒸散特性

类型	蒸散特性	蔬菜
A型	随温度的降低蒸散量急剧降低	马铃薯、甘薯、洋葱、南瓜、胡萝卜、甘蓝
B型	随温度的降低蒸散量也降低	萝卜、花椰菜、番茄、豌豆
C型	与温度关系不大蒸散强烈	芹菜、芦笋、茄子、黄瓜、菠菜、蘑菇

（3）空气流速。贮藏环境中的空气流速是影响产品质量损失的一个重要因素。空气流动对相对湿度的主要作用在于改变空气的绝对湿度，带走潮湿的空气，替换为吸湿性强的空气，使产品始终处于相对湿度较低的环境中。在靠近蔬菜产品的空气中，由于蒸散水分含量较高，饱和差小于环境中的饱和差，蒸散较慢；如果空气流速很快，这些水分就会被带走，饱和度差会再次上升并进一步蒸发。在一定风速下，贮藏环境中的湿度越低，气流对产品水分损失的影响就越大。

（4）其他因素。气压在蒸腾过程中起着关键作用。在常规贮藏条件下，空气压力通常处于正常水平，对产品的影响相对较小。然而，在使用真空冷却、真空干燥和减压预冷技术时，由于水的沸点降低且蒸发速度加快，所以需要增加湿度以防止水分流失和蔬菜萎蔫。光照也会影响产品的蒸腾作用，因为光照可以刺激气孔开放，减少气孔阻力，从而促进通过气孔进行的蒸腾作用和水分流失。同时，光照可以提高产品的温度，增加产品组织中的水蒸气气压，增加产品与周围空气之间的水汽压差，从而提高蒸腾速率。

（三）防止采后蒸腾作用的措施

对于易蒸发的产品，可采用多种贮藏方法防止水分散失。生产中常用的措施包括：

1. 贮藏库加湿 在贮藏过程中，可采用洒水、在仓库内悬挂湿帘或使用自动加湿器向仓库内喷洒雾和蒸汽等简单措施来增加环境中的湿度。

2. 防水包装 为了增加产品外部环境的湿度，一种常见且有效的方法是使用塑料薄膜或其他防水材料进行包装。这样，产品自身的水分蒸发会在小环境中提高绝对湿度，从而减少蒸发。如果需要在低温下贮藏用塑料薄膜或塑料袋包装的产品，则应在包装前先将其预冷至接近贮藏温度，然后在低温下进行包装。否则，在高温下包装并在低温下贮藏可能导致结露，并加速产品的腐败。相比未包装的产品，使用蔬菜包装纸包装的产品通常能减少水分散失，并且较少出现结露现象。

3. 低温贮藏 低温贮藏是防止水分流失的重要措施。在低温下，饱和湿度小，饱和差小，产品的蒸腾水分会显著增加环境的相对湿度，水分流失缓慢；另一方面，低温可以抑制代谢，减少水分流失。

4. 包装处理 通过包装处理可以减少蔬菜与空气的接触，从而减缓采后蒸腾的发生。常用的包装材料有塑料薄膜、纸箱等。

（四）结露现象及其危害

在蔬菜贮藏过程中，水珠经常凝结在产品表面，特别是当产品存放在塑料薄膜帐篷或袋中时，帐篷或塑料袋壁上可能会出现严重的凝结现象。这是因为当空气温度下降到露点以下时，空气中多余的水蒸气会以液态形式从空气中析出，并在产品表面凝结成水滴，这就是结露或"出汗"现象。例如，在 1 ℃ 的温度下，空气的相对湿度为 94.2%。如果温度降至 0 ℃，空气湿度达到饱和状态，此时的温度即为露点。若温度继续下降至 −1 ℃，每立方米空气中会释放 0.5 g 水，但相对湿度仍然保持 100%。

对于堆藏的园艺产品，由于其呼吸和其他代谢活动产生的热量，当通风散热条件不佳时，堆内的温度和湿度往往会高于表面的温度和湿度。此时，当堆中的湿热空气移动到表面时，与冷表面接触温度下降，一些水蒸气在表面凝结成液滴，引起结露。在贮藏过程中，温度波动也会导致结露。简单的气调薄膜帐篷用于封闭式贮藏，帐内的温度和湿度高于室外。薄膜本身位于冷热界面，因此一些水滴在薄膜内部凝结。随着内外温差的增大，帐篷内的冷凝水也会增多。冷凝水本身通常呈微酸性，当它附着或滴落在产品表面时，会为病原菌孢子的传播、萌发和感染创造有利条件。因此，结露现象往往会加速产品的腐烂变质。在贮藏过程中，应尽量防止结露，预防的主要方法是尽可能消除或减少温差。

三、休眠作用

（一）休眠的定义和类型

休眠是植物在生长发育过程中为了应对不利条件而采取的一种生存策略，即某些器官会暂时停止生长。例如，一些蔬菜如鳞茎、块茎和根茎类植物就具有这种休眠现象。

根据休眠的原因可分为两类。首先，由于内部原因，园艺产品在合适的发芽条件下不会发芽，被称为"自发"休眠；另一种类型是由于在外部环境条件下的不适，例如在低温干燥条件下不能发芽，一旦达到合适的发芽条件就会发芽，被称为"被动"休眠。

植物的休眠特性是其在漫长进化过程中形成的。当具有休眠特性的园艺产品被收获后，它们会逐渐进入休眠状态。此时，细胞质会出现变化，代谢活动减慢，生长停止，水分蒸发减少，呼吸也变慢，所有的生命活动都进入了相对静止的状态，从而增强植物对不利环境条件的抵抗力。这是植物在进化过程中为适应自身生存条件，在寒冷、炎热、干旱、缺水等恶劣环境条件下生存并保持生命力和繁殖能力而形成的特性，有利于产品的贮藏，对保持产品质量、延长贮藏寿命起着积极的作用。

休眠器官通常是植物的生殖器官。经过一段时间的休眠，这些植物器官会逐渐从休眠状态中恢复过来。当它们处于适宜的环境条件下时，就会迅速发芽并开始生长。在这一过程中，休眠器官内的营养物质会被迅速分解和转移，并在芽的生长过程中被消耗。它们本身萎缩干枯，质量急剧下降，直到不能食用或失去生命。例如，发芽的马铃薯在芽和皮层形成大量有毒的龙葵素，人食用会中毒；洋葱、大蒜和生姜的发芽后变空、变干，失去食用价值。

（二）休眠的生理生化变化

休眠期间，植物体内通常会发生一系列生理生化变化。通过大量的研究，已经对休眠器官的组织结构、代谢机制和物质变化有了深入了解，并从多个角度揭示了休眠的本质。

1. 原生质体变化 在植物细胞进入休眠状态之前，原生质体会经历脱水过程，并积累大量的疏水性胶体。这些变化使原生质体变得难以吸收和膨胀水分，电解质也难以通过。此外，原生质体与细胞壁分离，细胞间丝消失，细胞核也会发生变化。脂肪和脂质物质会聚集在原生质体和液泡的界面，使得水和细胞液很难透过原生质体。这种现象降低了细胞之间以及组织与外界的物质交换，保护了组织，同时也降低了对气体的通透性，使每个细胞成为一个独立的单元。

当细胞从休眠状态中恢复时，原生质体中的疏水性胶体会减少，而亲水性胶体会增加，从而增强对水和氧的渗透性。原生质体会重新吸收水分并恢复正常状态，然后再次附着在细胞壁上。此时，胞间连丝会重新出现，细胞核也会恢复正常功能，这有助于促进细胞内外物质的交换。随着这些生理生化过程的恢复，细胞将开始正常生长和发育。

结果表明，高渗透压的糖溶液处理的细胞在不同休眠阶段产生不同的质壁分离形态。正处于休眠中的细胞形成的质壁分离呈凸形，而在休眠前期和强迫休眠期则是凹形的，正在进入或正在脱离休眠的细胞呈混合型。因此，人工处理可以引起质壁分离，并根据细胞形态区分休眠的生理阶段。

2. 激素平衡与休眠 休眠是植物在长期进化过程中形成的生长发育调节现象，内源生长激素是控制休眠和生长的重要因素。

赤霉素（GA）和细胞分裂素（CTK）能够解除许多植物器官的休眠状态。通过使用赤霉素溶液处理新收获的马铃薯块茎切块，可以促进其发芽。

脱落酸（ABA）和赤霉素的作用正好相反，ABA 是一种很强的生长抑制剂，使一些特定水解酶的合成受阻，并可以抑制 GA 的合成。ABA 处理可使某些植物的芽转化为休眠芽。高浓度的 ABA 和低浓度的 GA 诱导休眠；反之，低浓度的 ABA 和高浓度的 GA 则促进休眠解除。

当 ABA 和各种抑制因子在组织中的作用减弱时，GA 等生长因子会促进水解酶和呼吸酶的合成及活化，为发芽和生长提供物质和能量。内源性激素的动态平衡可以调控与休眠和生长有关的代谢活动，激活或抑制特定的蛋白质合成系统，直接或间接影响呼吸代谢，并在整个机体的物质和能量变化中表现出独特的规律，实现了休眠和生长之间的转变。

3. 物质代谢与休眠 洋葱在休眠期间的呼吸强度最低且保持稳定，经过一段时间后其呼吸强度会逐渐增加，在萌发期进一步增强。在马铃薯和洋葱的休眠期中，维生素 C 的含量通常会逐渐减少。在萌芽期，还原型维生素 C 在活跃生长部位明显积累。当马铃薯和洋葱开始发芽时，观察到洋葱的蔗糖含量以及马铃薯的淀粉含量发生了显著变化。洋葱单糖含量增加；马铃薯赤霉素促进了水解酶的合成，导致其淀粉含量降低，含糖量增加。此外，在休眠结束时，含氮化合物的变化也显示出水解作用的增强。淀粉、脂肪和蛋白质水解产生可溶性易移动的小分子物质并释放能量，为发芽提供所必需的物质和能量。

（三）休眠的调控

蔬菜在休眠期后发芽，产品质量降低，因此，有必要控制休眠，延长贮藏时间。对于园艺产品的休眠期调节，可以从影响休眠的内外因素两个方面进行研究。

1. 不同种类的园艺产品具有不同的休眠期 大蒜的休眠期为 60～80 d，收获后发芽通常开始于 9 月中旬；马铃薯的休眠期为 2～4 个月；洋葱的休眠期为 1.5～2.5 个月；同时，不同品种的蔬菜休眠期长短也不同。例如，我国不同马铃薯品种的休眠期可分为四种情况：黑滨没有休眠期；丰收白的休眠期大约是 1 个月；白头翁的休眠期通常为 2～2.5 个月；而克新 1 号的休眠期则超过 3 个月。

2. 环境条件对休眠的影响 为了延长休眠期并抑制发芽，可以采取低温、低氧、低湿以及适当增加二氧化碳浓度等改变环境条件的措施。相反地，高温、高湿和高氧条件有利于解除休眠，并促进萌发。在生产过程中，应为催芽提供适宜的温度和湿度环境条件。例如，对于马铃薯、大蒜和洋葱来说，高温干燥的环境有助于其保持休眠状态；而板栗则更适合在低温干燥的环境中进行休眠。另外，使用 0～5 ℃ 的低温处理可以帮助洋葱等解除深度休眠。当 O_2 浓度为 5%，CO_2 浓度为 10% 时，一定程度上会抑制洋葱的发芽和蒜薹薹苞膨大。

在贮藏园艺产品时，有必要抑制发芽，防止抽薹并延长贮藏期，从而使休眠蔬菜的器官保持休眠状态。

3. 化学药剂处理有明显的抑芽效果 根据激素平衡调节原理，外源生长抑制激素可用于改变植物体内内源性激素的平衡，从而延长休眠期。

GA、硫脲、2-氯乙醇等对马铃薯块催芽有促进作用，如采前喷施 50 mg/L GA，采后浸泡 5～10 min，防止春薯在短时间内进入生理休眠期并发芽。将秋薯浸泡在 0.5%～1% 的硫脲溶液中 4 h，然后密封 12 h，并在沙子中埋藏 10 d；或者用 1.2% 的 2-氯乙醇浸泡后密封 16～24 h，都对秋薯催芽有明显作用。

此外，在收割前使用马来酰肼（MH）处理洋葱也可以抑制其发芽。根据 MH 的不同剂型，MH-30 的浓度通常为 0.15%～0.25%，而 MH-40 的浓度则为 0.3%～0.4%。MH 对洋葱、大白菜、萝卜和甜菜根的发芽也有抑制作用，并且能够防止根菜糠心腐烂。青鲜素是洋葱、大蒜等蔬菜的抑芽剂。如果在收割前施用 MH，则必须将其喷洒在洋葱或大蒜的叶子上。吸收后，它渗透到芽的分生组织中并传递到生长点，从而抑制芽的生长。一般来说，洋葱在收获前两周具有吸收和运输 MH 的功能；过早施用后，洋葱仍处于快速生长过程中，MH 抑制洋葱膨大影响产量。

4. 辐射处理 辐照处理是防止块茎和鳞茎类蔬菜在贮藏过程中发芽的有效方法，已在世界范围内得到广泛应用。使用 60～150 Gy 的 γ 射线进行辐射处理后，这些蔬菜将无法长时间发芽，并能在贮藏期间保持良好的品质。通过辐射处理，可以抑制马铃薯、洋葱、大蒜和生姜的发芽。例如，对于洋葱来说，推荐的 γ 辐射剂量为 40～100 Gy；而对马铃薯而言，应用剂量通常为 80～100 Gy。

四、生长

（一）生长现象

生长是指蔬菜在收获后，细胞、器官或整个有机体的体积和重量不可逆地增加的过程。

在许多蔬菜的采后贮藏过程中，通常会出现成熟、衰老和再生长同时发生的情况。在衰老的同时，一些组织为新生部位的生长提供贮藏和结构物质。例如，油菜、菠菜等蔬菜在贮藏中叶子的长大；花椰菜和鲜花收获后，花朵仍然生长和开放；蒜薹薹苞的生长发育；芸豆发生膨粒；马铃薯和洋葱的萌芽；结球白菜发生爆球等现象是采后园艺产品成熟衰老过程中一些组织再生长的典型实例。

（二）生长的调控

在大多数情况下，人们不希望园艺产品在收获后生长，因此必须采取措施有效控制。植物生长需要一定的光照、温度、水分、氧气和营养供应等条件，通过控制这些条件可以很好地控制生长。

（1）避光。贮藏在冷库、窖洞、气调库、地沟等避光的场所，可避免人工光线的影响。

（2）低温。适宜的低温可以抑制园艺产品的生长。

（3）控湿。为了防止园艺产品失水，给一些产品的生长提供一个湿度较高的环境是非常有益的。

（4）低氧环境。在气调贮藏中，将氧气含量控制在 5% 左右有助于抑制园艺产品的生长。

（5）其他措施。包括辐照、激素处理等。例如，辐照可以有效地防止大蒜和洋葱的发芽，而激素处理则可以抑制蒜薹薹苞的生长。

第二节　蔬菜采后生理失调

采后生理失调是指由非生物因素引起的蔬菜产品代谢紊乱，组织结构、色泽和风味等发生不正常的变化。不适宜的环境条件如温度、气体或生长期营养不良等都会造成蔬菜采后的生理失调，是蔬菜应对逆境的反应。生理失调的症状大多数表现为：蔬菜内部或表面出现凹陷斑、褐变、产生异味、不能正常后熟等，不同病害症状不同，如低温伤害的症状多为褐变、凹陷斑和不能正常后熟，而气体伤害的症状为褐变、产生异味。

一、低温伤害

适宜的低温可显著抑制蔬菜贮运过程中的呼吸代谢和微生物的繁殖，保持新鲜蔬菜的风味和品质。但是不适宜的低温，会引起蔬菜产品的生理失调，严重时甚至会造成细胞和组织死亡，导致其失去商品价值。根据低温和受害程度，低温伤害可分为冷害和冻害。

（一）冷害

1. 冷害症状 冷害是蔬菜采后冷链贮运期间常见的一种生理代谢紊乱，是指蔬菜在组织冰点以上的不适宜低温造成的伤害，是冷敏蔬菜对低温胁迫的一种不良反应。冷害症状表现为：表皮受损，出现水渍斑、凹陷斑或烫伤状，表皮或内部组织褐变，无法正常着色和后熟，严重时组织崩溃，产生异味、腐烂和变苦，种子丧失发芽力等。冷害症状的严重程度与产品种类、低温的程度和持续时间密切相关。黄瓜作为一种典型的亚热带蔬菜，0 ℃贮藏 3 d 即出现凹陷斑和水渍状斑点。而青椒在 9 ℃冷藏 8 周没有出现冷害，但在 2 ℃贮藏 1 周后，开始出现轻微凹陷斑，5 周后出现大面积凹陷斑或水渍斑。不同蔬菜发生冷害的温度及症状见表 2-5。

表 2-5 部分蔬菜发生冷害的温度及症状

种类	温度/℃	症状
黄瓜	7.2	凹陷，水渍状斑点，颜色变暗，腐败
西葫芦	10~12	表皮凹陷，腐烂，出现轮纹病斑
茄子	7.2	果面凹陷，褐变呈烫伤状，种子褐变
灯笼椒	7.2	有凹陷斑、水渍斑，表皮暗绿，种子褐变
马铃薯	3.3~4.4	褐变，含糖量增加
南瓜	10	腐烂
甘薯	12.8	有凹陷斑，内部变色
成熟番茄	7.2~10	有水渍状斑点，软化，腐烂
未成熟番茄	12.8~13.9	不能正常后熟，腐烂
秋葵	10.0 以下	褐变，凹陷，维生素 C 迅速减少
空心菜	10	叶片和茎颜色变暗
芦笋	0~2	萎蔫，褐变
青豆角	10.0 以下	褐变，凹陷
生姜	10.0 以下	内部变色
芋头	10.0 以下	升温后迅速腐烂

2. 影响冷害发生的因素 影响蔬菜采后冷害的因素主要有蔬菜产品自身内在因素和外界环境因素两方面。

内在因素主要包括蔬菜的种类和品种、原产地、成熟度、组织的生理状况和化学组成、采收期等。如原产于热带或亚热带的番茄、黄瓜、青椒，由于生长环境高温、多湿，形成了对低温敏感的特性，贮运过程中容易发生冷害；相较于成熟果实，未成熟的果实对低温更为敏感，因此，绿熟番茄的适宜贮藏温度为 12 ℃，而红熟番茄的贮藏温度为 7~10 ℃；同一产区的同种蔬菜，夏季采收的蔬菜要比秋季采收的蔬菜对低温更敏感，如 7 月采收的茄子 6 ℃贮藏 6 d 即有明显冷害症状，1 ℃贮藏 3 d 出现冷害；而 10 月采收的茄子，6 ℃贮藏不产生冷害，1 ℃贮藏 5 d 才开始出现伤害。

外在因素环境因素主要包括温度、湿度、气体成分等，其中影响冷害发生的最主要环境因素为温度。在诱发冷害的温度范围内,温度越低,持续时间越长,冷害发生的概率越大,受害程度越严重。对于某些蔬菜产品,提高贮藏期间环境相对湿度,可减轻冷害,如辣椒在 0 ℃,相对湿度 88%～90% 的环境中贮藏 12 d,冷害发生率为 67%,当相对湿度提高到 96%~98% 时,冷害发生率下降至 33%。改变环境中的气体成分也可以减轻冷害的发生,如低浓度 O_2 和高浓度 CO_2 气调贮藏可减轻黄秋葵、西葫芦冷害;但对于黄瓜、芦笋、灯笼椒等,气调贮藏反而会加重冷害。

3. 冷害过程中的生理生化变化

(1) 生物膜的变化。果蔬冷害发生的最初反应为生物膜构象和结构改变。低温胁迫首先损害细胞膜,对于冷敏蔬菜,细胞膜不饱和脂肪酸含量较少,液化程度较差,在低温条件下细胞膜的物理状态发生改变,由柔性的液晶态转变为凝胶态,膜相发生改变,细胞膜的选择透过性被破坏,胞内物质外渗。其次,膜脂固化后,结合在膜上的酶系统与膜外游离的酶系统之间的平衡被打破,乙醛、乙醇等中间产物积累,产生毒害作用。此外,线粒体膜受损,影响呼吸链电子传递,出现氧化磷酸化解偶联作用。

(2) 呼吸代谢失调。菜豆、黄瓜、番茄、甘薯等冷敏蔬菜,遭受低温伤害后常出现呼吸异常增加的现象。蔬菜产品遭受低温伤害后,再转移至正常环境温度下,组织伤害更为严重,呼吸升高更为明显。如黄瓜 5 ℃ 贮藏 4 d,转入 25 ℃ 贮藏,呼吸作用虽异常升高,但短时间内就降低至原来的水平(即未经冷藏的蔬菜在 25 ℃ 环境中的呼吸水平);若 5 ℃ 环境中贮藏 8～10 d,果实出现冷害,再将黄瓜转移至 25 ℃,呼吸作用持续升高,冷害症状严重。

(3) 刺激乙烯生成。低温冷害刺激冷敏型蔬菜乙烯生成量异常增加,其机制在于提高了 ACC 合成酶(ACS)活性,加速 S-腺苷甲硫氨酸(SAM)向 1-氨基环丙烷羧酸(ACC)转化的反应进程。不同蔬菜对低温的反应不相同,可能与乙烯的生成有关。如蜜露甜瓜冷害发生即刺激产生乙烯,而西葫芦和黄瓜,在进入常温货架前,并没有新的乙烯产生,这种差异可能与 ACC 合成酶生成有关。蜜露甜瓜在冷害条件下产生了合成 ACS 的 mRNA,而后者在冷害温度下未完成翻译和合成新的蛋白质,因而在转入常温货架前不会有乙烯产生。

(4) 冷害对其他物质代谢的影响。碳水化合物代谢发生改变,如马铃薯块茎低温贮藏后还原糖含量显著提高;王远(2017)研究认为 1 mmol/L 精胺处理通过抑制蔗糖转化酶(AI)活性的增加和蔗糖磷酸合成酶(SPS)活性的降低,减少蔗糖含量的损失,进而减轻菜豆冷害发生。综上认为蔬菜的抗冷性与可溶性碳水化合物含量有关。可溶性碳水化合物提高抗冷性的机理有三方面:一是提高蔬菜产品细胞的渗透势、降低水势,阻止水分从组织流失;二是碳水化合物直接与组分分子连接,形成糖蛋白、糖脂等,对细胞和酶有稳定作用;三是碳水化合物是蔬菜细胞的能源。冷害还可提高蔬菜体内的多胺水平。多胺参与蔬菜多方面生理活动,影响 DNA 和 RNA 的合成和降解,调节转录作用速率、抑制蛋白酶、核糖核酸酶的活性、稳定蛋白质结构和保持膜的完整性等,因此研究人员认为多胺在减轻蔬菜冷害方面起到一定的作用。

4. 冷害的机理

(1) 膜脂相变假说。Lyons 提出"膜脂相变假说",认为细胞膜构象和结构改变是果蔬冷害的最初反应,低温胁迫首先导致细胞膜上的磷脂分子发生变化,膜脂不饱和脂肪酸含量下降，膜透性增大，膜结构和功能紊乱，电解质泄露，进而引发一系列次级反应（图2-4）。脂类是细胞膜的主要组成部分，提高膜脂中不饱和脂肪酸的比例和膜的流动性可增强蔬菜对低温的适应性。甜椒4℃贮藏15 d，失去商品价值，进一步研究发现，不饱和脂肪酸含量和细胞膜的流动性下降与冷害发生密切相关。

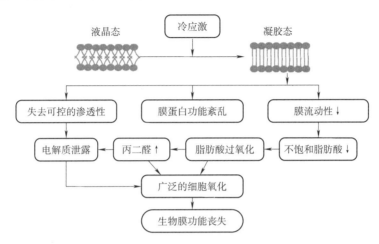

图2-4 低温胁迫下细胞膜的完整性和构象变化的机制

（2）氧化胁迫。冷敏型蔬菜遭受低温胁迫后，体内积累大量ROS，以超氧阴离子（·O_2^-）、羟自由基（·OH）和过氧化氢（H_2O_2）等形式存在，这类物质活性很强。正常情况下，蔬菜体内的活性氧产生和清除处于一种动态平衡状态。逆境胁迫时，平衡系统遭到破坏，诱发氧化胁迫。活性氧首先攻击膜系统，脂质过氧化，干扰生物膜上镶嵌的多种酶的空间构象，细胞膜失去原有的功能，机体处于氧化应激状态，最终导致冷害发生。而超氧化物歧化酶（SOD）、过氧化氢酶（CAT）、过氧化物酶（POD）以及抗坏血酸-谷胱甘肽循环（AsA-GSH循环）等是蔬菜体内活性氧清除系统。Chen（2013）报道，6-BA可明显减轻黄瓜的冷害，其作用机理在于提高了抗氧化酶如SOD、CAT、APX和GR等活性和抗氧化系统，减轻了膜脂过氧化，维持生物膜的完整。

（3）能量代谢。能量是生命活动的基础，三磷酸腺苷（ATP）是维持蔬菜正常生命活动重要的能量库。在正常生命活动中，蔬菜组织能够合成足够的ATP以维持正常代谢，低温胁迫时，蔬菜呼吸链受阻，ATP合成能力下降，能量亏损，细胞结构破坏、生物膜功能损伤，引发细胞凋亡。冷激结合水杨酸处理能显著抑制黄瓜冷害发生，其机制在于提高了Ca^{2+}-ATPase、H^+-ATPase、琥珀酸脱氢酶（SDH）和线粒体细胞色素C氧化酶（CCO）活力，抑制ATP和ADP含量的下降和AMP含量的增加，维持较高的能荷水平。

5. 冷害发生的调控

（1）高湿贮藏。高湿贮藏是将采后蔬菜置于相对湿度为95%～99%的高湿环境中，降低贮藏期质量损失率，维持较高的营养物质，提高蔬菜抗氧化活性，减轻采后冷害发生，该方法在番茄、青椒、茄子、菠菜、黄瓜等蔬菜保鲜中已得到广泛应用。研究发现，高湿贮藏能抑制H_2O_2和·O_2^-积累，保持较高的ROS清除能力和抗氧化活性，进而减轻茄子的冷害指数。

（2）低温预贮。低温预贮是指冷藏前先将蔬菜在略高于冷害临界温度的环境中贮藏一段时间，以提高蔬菜产品抗寒能力的贮藏方式。如西葫芦在 10 ℃或 15 ℃预贮 2 d，可显著抑制 2.5 ℃或 5 ℃贮藏时冷害发生。低温预贮提高蔬菜抗冷性的机制可能是提高蔬菜抗氧化酶活性和诱导基因的表达，降低氧化损伤对蔬菜的影响。Shi 等（2018）研究发现低温预贮提高 POD、CAT 的活性及其编码基因的表达，抑制丙二醛的积累，延缓茄子冷害发生，保持良好的外观品质。

（3）热处理。热处理是将蔬菜置于 30～60 ℃热水或热蒸汽下进行预处理，以杀死或抑制病原菌的活动，改变蔬菜酶活性和表面结构特性，诱导蔬菜的抗冷性。研究认为热处理可通过提高蔬菜产品的抗氧化酶活性，进而抑制冷害的发生。但是，热处理温度过高或时间过长，可能会造成热损伤，导致果皮变色和抗氧化能力下降。因此，利用热处理抑制蔬菜采后冷害发生的关键是适宜的热处理温度和时间。

（4）间歇升温。间歇升温是指贮藏过程中利用一次或多次短暂升温处理来中断蔬菜冷害的方法，西葫芦、黄瓜、番茄、秋葵等间歇升温处理可提高其抗冷性，延长贮藏寿命。闫凯亚等（2017）采用间歇升温提高鲜切甘薯的抗氧化酶活性，减少 MDA 积累，抑制冷害发生。董桂君等（2022）研究认为间歇升温可诱导西葫芦 SOD 和 CAT 等抗氧化酶活性，维持 ROS 代谢平衡，降低细胞膜的损伤，抑制冷害发生。

（5）气调贮藏。气调贮藏是指在冷藏的基础上，适当提高贮藏环境中二氧化碳浓度，降低氧气浓度的一种贮藏方式，研究表明，气调贮藏有利于抑制西葫芦、秋葵、番茄等蔬菜冷害发生，但会加重黄瓜、甜椒、芦笋的冷害。因此，气调贮藏对冷害的调控作用与蔬菜的种类、O_2 和 CO_2 浓度有关，与处理时期、处理的持续时间及贮藏温度也有关系。

（6）化学处理。部分化学物质可通过保持水分、提高抗氧化活性以及改变细胞膜脂类的化学组成来提高蔬菜的抗冷性。贮藏前 $CaCl_2$ 处理可减轻番茄、秋葵的冷害，但不影响成熟。茉莉酸甲酯和水杨酸作为天然的植物激素，在蔬菜采后低温胁迫防御反应中发挥重要作用，能有效延迟、减轻蔬菜的冷害，采用 MeJA 浸泡处理圆椒 10 min，可提高抗氧化酶活性，减轻了 ROS 对细胞膜的损伤，减缓膜脂过氧化，抑制圆椒冷害发生。水杨酸（SA）处理可抑制竹笋 POD 和 PPO 活性，降低细胞膜的渗透、MDA 和总酚含量，进而减轻冷害发生。MeJA 和 SA 的抗冷作用可能不是直接的，而是间接通过诱导某种防卫反应来提高植物的抗冷性。

（二）冻害

冻害是指贮藏环境温度低于细胞液冰点温度，细胞组织内结冰对蔬菜产生的伤害。冻害对蔬菜的影响主要是细胞液结冰而引起的。蔬菜遭受冻害后最初组织出现水渍状，继而变为透明或半透明，蔬菜解冻后常表现为褐变、流汁、腐烂变质。如大白菜冻害，组织内结冰，透明状，解冻后组织像水煮过一样，并有异味。有些蔬菜受冻后发生叶绿素降解，呈现褐色或灰白色。

蔬菜种类不同，对冻害的敏感性也不同，如番茄、黄瓜等蔬菜对低温敏感，冻害后组织完全遭到破坏。有些蔬菜在冰点下贮藏，冻结时未发现伤害，缓慢解冻后，基本能恢复正常生理活动。根据蔬菜对冻害的敏感性，可分为对冻害敏感的蔬菜、中等敏感蔬菜和不敏感蔬菜三类（表 2-6）。

表 2－6 不同蔬菜对冻害的敏感性

对冻害敏感的蔬菜	对冻害中等敏感的蔬菜	对冻害不敏感的蔬菜
芦笋	大白菜（新鲜）	甜菜
黄瓜	胡萝卜	大白菜（外叶萎蔫）
番茄	花椰菜	甘蓝
茄子	芹菜	芜菁
甜椒	洋葱	芜菁甘蓝
马铃薯	豌豆	
夏南瓜	萝卜	
秋葵	冬南瓜	
甘薯	菠菜	
豇豆		

冻害对蔬菜造成的伤害有两种类型：一种是细胞间结冰伤害，冻害温度下细胞间隙及浸润细胞壁的游离水结冰，导致原生质过度脱水，引起蛋白质变性或原生质发生不可逆的凝胶化；一种是细胞内结冰导致机械损害。原生质体是有高度精细结构的组织，冰晶形成以及融化时对质膜与细胞器以及整个细胞质产生破坏作用，影响代谢。蔬菜如果冻结程度不深，注意选择解冻方式，如缓慢升温，不搬动、移动，解冻后就不会出现失水、褐变或异味等冻害症状。若冻害达到胞内结冰，则无论采取何种解冻方式，都将表现出冻害症状。

二、气体伤害

贮藏环境气体条件不适宜，蔬菜正常的呼吸代谢受阻而引起的一种采后生理病害，又叫呼吸代谢失调，可分为低 O_2 伤害和高 CO_2 伤害。

低氧伤害是指贮藏环境中 O_2 过低而引起的生理伤害。当贮藏环境 O_2 浓度低于 2% 时，蔬菜就会进行无氧呼吸，产生大量乙醇、乙醛、甲醛等挥发性代谢产物，毒害组织细胞，产生异味。低氧伤害的症状为表皮组织塌陷、褐变、软化，不能正常后熟，产生酒精味等异味。如马铃薯黑心、番茄表皮凹陷、褐变，蒜薹薹梗由绿变暗发软等。常见蔬菜对低 O_2 和高 CO_2 伤害浓度见表 2－7。

表 2－7 不同蔬菜对高 CO_2 和低 O_2 的忍耐度

单位：%

种类	高 CO_2 忍耐度	低 O_2 忍耐度	种类	高 CO_2 忍耐度	低 O_2 忍耐度
甘蓝	5	2	胡萝卜	4	3
花菜	5	2	茄子	7	3
莴苣	1～2	2	番茄	10	3
青椒	5	3	大蒜	10	1
黄瓜	10	3	洋葱	10	1
芹菜	2	2	蘑菇	20	1

（续）

种类	高 CO_2 忍耐度	低 O_2 忍耐度	种类	高 CO_2 忍耐度	低 O_2 忍耐度
韭菜	15	3	菠菜	20	3
马铃薯	10	10	甜玉米	20	2
甜薯	3	7	豌豆	7	5

当环境中的 CO_2 浓度超过10%时，线粒体中的琥珀酸脱氢酶活性受到抑制，影响三羧酸循环的正常进行，导致乙醇和乙醛等挥发性物质积累，引起组织伤害和风味劣变。高 CO_2 伤害的症状与低氧相似，主要表现为蔬菜表面或内部组织发生褐变、凹陷或组织脱水萎蔫甚至形成空腔。蒜薹贮藏过程中，若 CO_2 浓度长时间高于10%，薹梗出现不规则凹陷斑，变软，褪绿发白，严重时组织坏死呈水渍状腐烂，并伴有浓烈的酒精味。各种蔬菜对 CO_2 的敏感性差异很大，芹菜、菜豆、胡萝卜、结球莴苣等对 CO_2 比较敏感，在1%～2% CO_2 环境中短时间内就可受害；青花菜、洋葱、蒜薹较耐 CO_2，短时间内 CO_2 超过10%也不会受害。此外，CO_2 伤害与处理温度及贮藏天数关系密切（表2-8）。

表2-8　不同温度下部分蔬菜的 CO_2 伤害临界浓度

单位：%

种类	贮藏天数	0 ℃	4 ℃	10 ℃	15 ℃
芹菜	7	50	50	25	25
莴苣	7	13	13	—	—
菜豆	7	30	30	20	18
菠菜	7	30	20	20	20
番茄	7	10	10	10	6

气体伤害会造成蔬菜产品品质劣变，引起较大的经济损失。要防止气体伤害，只需将贮藏环境中的 O_2 和 CO_2 浓度控制在适宜范围内。气调库要经常检测库内气体浓度，自发气调贮藏时选择透气性适宜的保鲜袋，并注意贮藏期间气体管理。

三、其他伤害

（一）营养供给失调

营养元素直接参与细胞的结构和组织功能，因此，营养元素过多或不足都会干扰蔬菜的正常生理代谢而引起病害。蔬菜贮藏期营养失调多因为氮、钙的过多或不足，或比例不合适造成的。大白菜种植过程中氮肥过量会导致细胞膜结构破坏，引发小黑点病，并且氮浓度越大，小黑点病越重；番茄脐腐病、大白菜烧心病、莴苣叶尖灼伤等都与缺钙有关；甜菜缺硼产生黑心、番茄果实缺钾不能正常后熟。因此，要加强田间管理，做到合理灌水、施肥，采前喷营养元素对于防治贮运营养失调也非常重要。

（二）高温障碍

蔬菜采后长时间处于30 ℃以上高温环境中，乙烯释放受阻或对外源乙烯的反应能力显著下降，导致蔬菜产品不能正常后熟，这种生理病害称为高温障碍。采前的高温伤害表现为日灼、日烧和裂口，采后的高温伤害会引起失水萎蔫和呼吸代谢失调。因此，蔬菜采后应遮阴并尽快进行预冷。番茄果实 30 ℃以上环境贮藏，乙烯的生产和释放、番茄红素的形成均受到抑制，从而达到抑制果实成熟衰老的目的。因此可通过 33 ℃高温处理可大大延长番茄在常温下的贮运时间。

第三节　蔬菜采后侵染病害

侵染性病害是由病原菌侵染危害所致，是引起蔬菜采后损失的主要因素。自然界中能够引起蔬菜腐烂变质的微生物主要有真菌、细菌、病毒和原生动物，其中危害最严重、数量最多的为真菌，其次为细菌。

一、真菌病害

真菌是最主要和最流行的病原微生物，真菌病害侵染广、危害大，是造成蔬菜在贮藏运输期间损失的最主要原因。引起蔬菜腐烂的真菌病原菌主要有鞭毛菌亚门、接合菌亚门、子囊菌亚门和半知菌亚门，主要症状表现为霉变、软腐、干腐等。

1. 鞭毛菌亚门　本亚门真菌的特征是营养体是单细胞或无隔膜、多核的菌丝体，孢子和配子或者其中一种是可以游动的。无性繁殖形成孢子囊，有性繁殖形成卵孢子。与蔬菜采后病害密切相关的鞭毛菌亚门真菌有腐霉、疫霉和霜疫霉菌等。

腐霉为典型的土传病害，潮湿环境中易发病。该病菌可穿过果皮入侵，感病初期出现水渍状斑点，后迅速扩大呈黄褐色水渍状大病斑，病斑处出现白色茂密的菌丝，最终导致蔬菜全部腐烂，如西葫芦绵腐病。

疫霉菌属于土传病害，蔬菜表面湿润时可直接穿透健康果皮或通过自然开孔侵入。发病初期出现水渍状斑点，局部变色，然后扩展使整个瓜果腐烂，长出白霉状物，如马铃薯、番茄晚疫病。

霜疫霉属在高温高湿条件下易致病，低温可抑制病害发生。发病时果蒂出现不规则、无明显边缘的褐色病斑，潮湿时长出白色霉层，病斑扩展迅速，全果褐变，果肉发酸成浆，溢出褐水。

2. 接合菌亚门　本亚门真菌绝大多数为腐生菌，少数为弱寄生菌，可引起蔬菜贮藏期间的软腐。引起蔬菜软腐的接合菌亚门真菌有根霉和毛霉。

根霉引起蔬菜采后腐烂极为普遍，番茄、辣椒、孢子甘蓝等均可被根霉危害，引起软腐。症状开始呈水渍状圆形小斑，后变为褐色，病斑表面长出蓬松发达的灰白色菌丝体，有匍匐丝和假根。病部组织软化，易破，有酸味。根霉不能直接穿透寄主的表皮细胞，只能通过伤口或自然开口侵染，低温可抑制病害发生。

毛霉主要通过伤口入侵蔬菜，低温下也可发生，病果表面深褐色、焦干状，病斑下的果肉变为灰白或褐色，逐渐变软和水化，但没有臭味。

3. 子囊菌亚门

本亚门真菌的营养体除酵母菌是单细胞外，一般子囊菌都具有分枝繁茂、有隔的菌丝体。子囊菌中与蔬菜采后关系密切的主要是核盘菌属。

核盘菌属病原菌潜伏期长，低温下仍可发病，并通过腐烂果实接触传染。感病部位出现水渍状褐色病斑，上面长出棉絮状的白色菌丝，并出现黑色的菌核，病部组织变软，汁液外流，无臭味。如十字花科蔬菜的菌核病、黄瓜、辣椒白霉病、板栗黑腐病、萝卜白腐病、芹菜红腐病。

4. 半知菌亚门 本亚门真菌只有无性阶段，可产生分生孢子和分生孢子梗，半知菌都是非专性寄生菌与蔬菜采后病害关系最为密切（表2-9）。

表2-9　常见蔬菜采后真菌性病害

病原菌	病害	寄主
青霉属 　产黄青霉	青霉病	大蒜、蒜薹
链格孢属 　互隔交链孢 　根生链格孢 　甘蓝（芸薹）链格孢	黑斑病 黑腐病 黑斑病	茄果类、豆类、甘蓝、花椰菜、胡萝卜、马铃薯、甘薯、洋葱 胡萝卜 花椰菜、甘蓝
葡萄孢属 　灰葡萄孢	灰霉病	茄果类、瓜类、豆类、大白菜、花椰菜、番茄、甜椒、胡萝卜、蒜薹、马铃薯、绿叶蔬菜
镰刀菌属	干腐病或软腐病 白腐病	茄果类、瓜类、豆类、胡萝卜、马铃薯、大蒜、绿叶蔬菜 甜瓜、绿叶蔬菜、豆类、地下根茎类
地霉属 　白地霉	酸腐病	甜瓜、番茄
刺盘孢属 　葫芦科刺盘孢 　盘长孢状刺盘孢	炭疽病 炭疽病 炭疽病	叶菜、根菜、豆类 瓜类 番茄
单端孢属 　粉红单端孢	粉霉病	番茄、甜瓜
腐霉属	软腐病	茄果类
疫霉属 　致病疫霉 　掘氏疫霉 　辣椒疫霉	晚疫病 疫霉病 疫霉病	马铃薯、番茄 冬瓜 茄子
根霉病 　匍枝根霉	软腐病	番茄、甜瓜
核盘菌属 　向日葵核盘菌	绵腐病（菌核病）	茄果类、瓜类、豆类、绿叶蔬菜、地下根茎类、结球蔬菜类

青霉菌可通过表皮、果皮的裂口、皮孔等侵入组织，0℃低温下仍可缓慢活动。在贮运期能从染病蔬菜向其他健康蔬菜扩展蔓延。青霉病是大蒜贮运中危害极为严重的病害，发病初期外部出现浅黄色病斑、水渍状，后形成灰褐色不规则凹陷斑，潮湿环境中很快长出青绿色霉状物。随着贮藏时间延长，霉状物加厚，呈粉块状，严重时，病菌侵入蒜瓣内部，组织变黄、松软、干腐，通常蒜头上有1个或数个蒜瓣干腐。

链格孢属是一类分布广、适应性强、极为常见的真菌，除少数腐生外，大多数为植物的兼性寄生物或腐生物，能引起多种蔬菜病害。链格孢属通过伤口或自然开孔入侵，潜伏期长。主要引起黑腐病、黑斑病等，病部呈褐色圆斑，稍凹陷，外有淡褐色晕环，逐渐扩大变黑，病斑上有黑褐色霉状物，果肉变黑，坏死，海绵状。

葡萄孢属病菌在田间时入侵，潜伏期长，采后各环节均可侵染，且极耐低温，造成蔬菜腐烂损失严重。该病原菌寄主范围广，可引起茄果类、瓜果及叶菜类蔬菜的灰霉病，染病部位初期呈水渍状浅褐色圆斑，病斑软化，迅速扩展，表面密生霉状物，初为白色，后变为土灰色。

镰刀孢属主要侵染蔬菜和观赏植物，是引起马铃薯干腐病，洋葱和大蒜蒂腐，生姜和甜瓜白霉病的病原菌。病原菌可在不同时期入侵，但发病主要在贮藏期间。低温可控制病菌生长。受害组织开始为浅褐色斑块，上面出现白色的霉菌丝，逐渐变为深褐色的菌丛，病部组织呈海绵软木质状，有粉红色菌丝体和粉红色腐烂组织。

地霉属病原菌从伤口或裂口入侵，高温高湿环境下易发病，低温可抑制病原菌生长。该病原菌可引起番茄果实酸腐病，病部初呈水渍状褐斑，组织软化，逐渐扩大至全果，果皮破裂，病斑表面产生大量白色霉层，果肉腐烂酸臭，溢出酸味水状物。

刺盘孢属病原菌在田间入侵，主要危害成熟蔬菜，贮运期间发病严重。该病原菌可引起瓜类的炭疽病，发病初期果实表面出现浅褐色圆形小斑，迅速扩大，呈深褐色，稍凹陷皱褶，病斑呈同心轮纹排列，湿度大时，溢出粉红色黏液，严重时蔬菜表面产生大量病斑，皮下果肉干腐，引起烂瓜。

二、细菌病害

细菌主要造成叶用蔬菜的腐烂，细菌主要通过自然开口和伤口侵入，症状表现为组织坏死、萎蔫和畸形。引起采后病害的细菌主要涉及欧氏杆菌和假单孢杆菌属（表 2-10），软腐是采后细菌性病害的主要症状，与真菌性软腐最大的区别是发病部位有脓状物溢出，但表面不会出现霉状物。

1. 欧氏杆菌属 菌体为短杆状，不产生芽孢，革兰氏阴性，在有氧或无氧下均能生长。主要引起十字花科蔬菜的心腐、基腐、叶腐，并产生恶臭，为常见的细菌性病害。侵染所致症状基本相同，都是病部先呈半透明水渍状斑点，在适宜条件下病部迅速扩大，内部组织软腐，最后除了表皮和内部维管束外，全部组织溃烂，并产生令人不愉快的气味。

黑茎病杆菌，可引起大多数蔬菜发病，如马铃薯、甘蓝、青花菜的黑茎病、番茄的茎端腐。大白菜软腐病菌，广泛引起各种蔬菜软腐，特别是大白菜的软腐。软腐病菌侵染初期呈小块水渍状斑点，组织变软，在适宜条件下，腐败组织面积迅速扩大，最终引起组织全部软化腐烂，产生令人不愉快的气味。

2. 假单孢菌属 菌体单细胞呈直或微弯杆状，以一至多根极生鞭毛运动，革兰氏阴性，属好气性病原菌。可侵染大多数蔬菜，引起黄瓜、番茄、芹菜、莴苣、马铃薯、胡萝卜等软腐，症状和欧氏杆菌很相似，但令人不愉快的气味相对较弱。所致病害的症状复杂多样，边缘假单孢菌还可以引起生菜组织维管束褐变。引起的病害有番茄细菌性斑点病、黄瓜细菌性角斑病、黄瓜细菌性缘叶枯病。

表 2 - 10　常见蔬菜细菌性病害

病原菌	寄主
欧氏杆菌属	
胡萝卜欧氏杆菌	茄果类、瓜类、豆类、结球蔬菜、绿叶蔬菜、地下根茎类蔬菜
假单胞菌属	茄果类、结球蔬菜、绿叶蔬菜、地下根茎类蔬菜
边缘假单胞菌	大多数蔬菜
菊苣假单胞菌	甘蓝、莴苣
洋葱假单胞菌	洋葱
菜豆荚斑假单胞菌	菜豆
丁香假单胞菌	番茄、黄瓜、西葫芦、芦笋

三、影响发病的因素

果蔬采后侵染性病害的发生与蔬菜自身的抗病性、采前田间潜伏侵染、采后机械损伤、贮藏环境条件等因素有关。

1. 蔬菜自身抗病性　蔬菜的抗病性与种类、品种有关，贮运时应当选择耐贮运的种类品种。蔬菜的抗病性还与成熟度有关，未成熟的蔬菜有较强的抗病性，随着成熟度的增加，抗病性减弱。贮藏环境温度、湿度、气体等可通过影响果蔬的成熟衰老进程来影响蔬菜自身的抗病性。

2. 田间潜伏侵染　田间潜伏侵染是造成多种蔬菜采后病害发生的重要原因。潜伏侵染不仅降低蔬菜的质量，刺激乙烯产生，加速衰老和生理失调，还会导致大量采后腐烂发生。果腐病、灰霉病、软腐病、疫病、绵腐病和炭疽病等田间病害和采后贮藏期病害为同一致病菌，若田间收获时携带病原菌，采后发病的概率大大增加。有的病原菌在田间不引起病害，但在贮藏期会引起蔬菜腐烂，如根霉菌。

3. 机械损伤　几乎所有病原物都会通过机械伤口侵入，伤口是有些病原物侵入体内唯一途径。如根霉、青霉、地霉、欧氏杆菌。因此，采收、采后处理及贮运过程，应注意防止机械损伤。

4. 贮藏环境

(1) 温度。5 ℃以下的低温可抑制大多数病原菌的生长，但是有的低温型病原菌如青霉、交链孢和灰葡萄孢等，在 0 ℃以下环境中仍能生长。灰葡萄孢的最低生长温度为-2 ℃，故 0 ℃贮藏的大白菜、芹菜、胡萝卜、番茄等蔬菜上常见灰霉病。刺盘孢和黑曲霉的菌丝体对低温敏感，其最低生长温度分别为 9 ℃和 11 ℃，多在贮藏温度较高的蔬菜上发病。蔬菜常见病原菌的最低生长温度可参见表 2 - 11。

表 2 - 11　主要采后病原菌最低生长温度

病原菌	最低生长温度/℃
互隔交链孢	-3
黑曲霉	11
可可球二孢菌	8
灰葡萄孢	-2
多主枝孢	-4
盘长孢状刺盘孢	9

（续）

病原菌	最低生长温度/℃
蒂腐色二孢	−2
白地霉	2
指状青霉	3
扩展青霉	−3
意大利青霉	0
匍枝根霉	2

（2）湿度。在一定温度下，病原菌的萌发和生长与环境相对湿度具有显著的相关性。高湿度条件下，蔬菜自然开口张度大，表面组织柔软，愈伤组织形成缓慢，自然孔口及伤口中水分含量较多，真菌孢子易于萌发侵染。因此，高湿虽然可以有效抑制蔬菜贮藏期的水分蒸腾，但往往会增加病原菌侵染的风险。如马铃薯块茎在相对湿度大于95%的低温下贮藏，由皮孔侵染所造成的细菌性软腐病的发生概率就会增加。

（3）气体组成。低 O_2 和高 CO_2 可直接抑制病原菌的孢子萌发、菌丝生长及孢子的形成等。但其抑制效果因 O_2 和 CO_2 浓度、病原菌的种类及其存在的生理状态而异。

低 O_2 主要通过影响呼吸电子传递链而抑制病原菌的生长。O_2 浓度降至5%对真菌的生长没有显著影响，当 O_2 浓度降至4%时，大多数病原菌的菌丝生长可减至一半，若要抑制大多数真菌孢子萌发，O_2 浓度通常需低于1%。

高 CO_2 可改变病原菌细胞膜的功能从而影响营养物质的吸收，还可抑制酶活性或降低酶的反应速率，导致胞内 pH 变化或直接改变菌体蛋白质结构来抑制病原菌的生长。高 CO_2 浓度（10%～20%）可抑制许多采后病害，浓度大于25%时，病菌的生长几乎完全停止，但高 CO_2 浓度下贮藏时间过长会产生毒害，一般可采用高 CO_2 浓度短时处理减轻病害发生。

四、侵染性病害的控制

对采后病害进行控制的前提是要明确病害的种类、病原菌及入侵的时期。如果病原菌的侵染始于采前，应重点控制采前潜伏侵染；如果病原菌是典型的采后侵染，就应以采后控制为主。

1. 采前侵染控制 许多病原菌在田间或生长期就侵入果实，长期潜伏，并不表现症状，直到果实成熟采收和环境条件适宜时才发病，如洋葱灰霉病菌在田间入侵洋葱叶内，随着采收自上而下进入鳞茎，贮藏期大量发病。因此，采收前进行杀菌处理能降低田间携带病原菌，抑制采后病害的发生。如在青椒收获前喷洒适当杀菌剂，可有效减少采后根霉引起的腐烂；番茄采前每隔两周喷一次杀菌剂，连续处理3次，可以抑制田间真菌在死亡或衰老叶子上的繁殖，有效控制番茄采后果腐病的发生。此外，还应加强栽培管理，合理修剪、施肥、灌水、喷药，适时采收，调节控制蔬菜成熟生理过程，尽量推迟进入完熟衰老阶段。

在棚室蔬菜抗逆性方面，有资料表明，硅元素可以使蔬菜植株的机械组织细胞硅质化，在其表皮细胞的外侧细胞壁中，纤维素微团孔隙被硅胶充满，与角质层形成硅脂双层结构，从而增强蔬菜茎叶的硬度，提高植株机械强度。硅经根吸收进入植物细胞后，经木质部运输到地上部分，在没有胁迫的情况下，硅在植物细胞内并没有明显作用，但当植物受病原菌侵染后，硅在病原菌侵入部位大量富集，与病原菌的效应子互作，阻挡效应子作用，降低效应子抑制植物的防御反应，通过上调合成相关碳基防御响应的基因提高植物的生物胁迫抗性。例如，硅添加后被白粉病病原真菌感染的黄瓜叶片中黄酮类化合物和酚酸含量升高，叶色浓绿且病斑少，结瓜期延长，并且这种效应随着硅肥用量的增加而不断增加，病害发生率显著下降。相关试验表明，番茄施用硅肥后青枯病发病指数比未处理植株降低 46.31%～72.23%（Wang et al.，2022）。

2. 采收时侵染控制

大多数蔬菜贮藏期间的病害都与各种伤口紧密相关，因此在采收的过程中要尽量减少机械损伤，采用锋利的剪刀将果柄处剪成平滑的切口，使切口尽快形成愈伤组织。采收过程中及时清除病、虫、伤果，还应注意采收容器、包装物品及器具的清洁卫生，使用前进行杀菌消毒，避免交叉感染。

3. 采收后侵染控制

采后的侵染防控可分为物理防治、化学防治和生物防治。

（1）物理防治。物理防治包括控制贮运环境温度、湿度、气体成分调控、热处理和辐照处理等措施。适宜的微环境温度、湿度和气体可显著抑制病原菌孢子萌发、侵染和致病力，同时还能抑制蔬菜的呼吸和生理代谢，延缓衰老，提高抗性。

热处理是采用 30～60 ℃的热水或热蒸汽预处理，以杀死或抑制病原菌的活动，从而达到防腐保鲜目的的一种物理方法。热处理可钝化病原菌胞外酶，使病原菌蛋白质变性、脂质降解、激素破坏、营养物消耗，体内积累有毒中间产物，引起病原菌代谢失调从而对病原菌致死或半致死，其次热处理还能诱导蔬菜的抗性防御反应。热处理还可以与化学杀菌剂结合，不仅可以缩短热处理的时间，减少化学杀菌剂的用量，还可以增强杀菌剂的活性并提高其渗透速度，具有良好的协调效果。

辐照处理是利用 γ 射线、β 射线、X 射线及电子束对产品进行辐照，目前以^{60}Co 作为辐照源的 γ 射线应用最广。辐照处理通过破坏细胞的遗传物质导致基因突变而引起细胞死亡，同时也对病原菌菌落生长、孢子萌发、芽管伸长和产孢能力产生影响。

（2）化学防治。蔬菜防腐保鲜剂主要用于抑制病原微生物的生长繁殖，同时延缓衰老，保持蔬菜对病原微生物的抗性，在低温条件下使用可有效减轻果蔬采后侵染性病害发生。采后防腐保鲜剂处理因其高效、廉价、方便的优点，仍是采后病害控制的主要手段。目前常用的蔬菜防腐保鲜剂有杀菌剂、乙烯脱除剂、生理调节剂、库房消毒剂、涂膜保鲜剂等。

（3）生物防治。生物防治是利用微生物之间的拮抗作用，选用对寄主无害而能明显抑制病原菌生长的拮抗微生物来防治病害。用于采后病害生物防治的微生物种类较多，涉及原核微生物的细菌及真核微生物的酵母和霉菌两大类。其中细菌主要包括芽孢杆菌属和假单胞菌属中的多种细菌；酵母拮抗菌种类最多，包括假丝酵母、隐球酵母、毕赤酵母、黏红酵母和丝孢酵母等多个属；霉菌主要包括木霉和枝顶孢霉中的几种真菌。

■参考文献

毕阳，2016. 果蔬采后病害：原理与控制［M］. 北京：科学出版社.
曹德玉，郭森，2014. 园艺产品贮藏与加工［M］. 北京：中国质检出版社.
曹婷婷，张萌，程紫薇，等，2021. 高湿贮藏对茄子冷害及抗氧化系统的影响［J］. 核农学报，35（9）：

2075-2082.

董桂君，乔勇进，柳洪入，等，2021．间歇热处理对西葫芦冷害及活性氧代谢的影响［J］．食品与发酵工业，48（12）：160-167.

付安珍，左进华，王清，等，2021．茉莉酸甲酯处理对青圆椒采后冷害生理与营养品质的影响［J］．食品科学，42（15）：213-219.

郝佳诗，王愈，尹建云，等，2018．短波紫外线结合热处理对黄瓜冷害及抗氧化代谢的影响［J］．浙江农林大学学报，35（3）：476-482.

姜玉，张苗，汤静，等，2021．冷激结合水杨酸处理对黄瓜果实冷害及能量和脯氨酸代谢的影响［J］．核农学报，35（1）：128-137.

李家庆，2003．果蔬保鲜手册［M］．北京：中国轻工业出版社.

刘芳，2011．易腐品冷链百科全书［M］．2版．上海：东华大学出版社.

刘魁英，2013．园艺植物的生长发育与调控［M］．北京：中国林业出版社.

罗云波，生吉萍，2010．园艺产品贮藏加工学 贮藏篇［M］．北京：中国农业大学出版社.

彭坚，席嘉宾，2002．果蔬贮藏加工原理与技术 上 果蔬贮藏保鲜原理与技术［M］．北京：中国农业科学技术出版社.

秦文，2012．园艺产品贮藏加工学［M］．北京：科学出版社.

王鸿飞，2014．果蔬贮运加工学［M］．北京：科学出版社.

王育红，陈月英，2016．果蔬贮藏技术［M］．2版．北京：化学工业出版社.

王远，2017．温度与精胺对菜用大豆采后生理及蔗糖代谢的影响［D］．南京：南京农业大学.

烟小霞，康宁波，鲁玲，等，2023．果蔬采后冷害及调控技术的研究进展［J］．食品与发酵工业，49（8）：325-334.

闫凯亚，张洪翠，蔡佳昂，等，2017．间歇热处理对鲜切甘薯贮藏品质的影响［J］．食品与发酵工业，43（9）：226-231.

赵丽芹，2001．园艺产品贮藏加工学［M］．北京：中国轻工业出版社.

赵昱瑄，张敏，姜雪，等，2020．不同贮藏温度结合热处理对黄瓜品质及生理生化指标的影响［J］．安徽农业大学学报，47（6）：8.

赵昱瑄，张敏，姜雪，等，2020．短时热处理对低温逆境下黄瓜不同部位的冷害及活性氧代谢影响［J］．食品与发酵工业，46（7）：180-187.

郑永华，2006．食品贮藏保鲜［M］．北京：中国计量出版社.

GE W，KONG X，ZHAO Y，et al.，2019. Insights into the Metabolism of Membrane Lipid Fatty Acids Associated with Chilling Injury in Post-harvest Bell Peppers［J］. Food Chemistry，295（OCT. 15）：26-35.

CHEN B，YANG H，2013. 6-Benzylaminopurine Alleviates Chilling Injury of Postharvest Cucumber Fruit through Modulating Antioxidant System and Energy Status［J］. Journal of the Science of Food and Agriculture，93（8）：1915-1921.

LUO Z，WU X，XIE Y，et al.，2012. Alleviation of Chilling Injury and Browning of Postharvest Bamboo Shoot by Salicylic Acid Treatment［J］. Food Chemistry，131（2）：456-461.

SHI J Y，ZUO J H，ZHOU F H，et al.，2018. Low-temperature Conditioning Enhances Chilling Tolerance and Reduces Damage in Cold-stored Eggplant（*Solanum melongena* L.）Fruit［J］. Postharvest Biology and Technology，141：33-38.

第三章 蔬菜采后商品化处理

蔬菜采后仍是活的生命有机体,进行着生理代谢活动,导致其极易衰老腐败。商品化处理是蔬菜采收后的重要工作,是指为了保持或改进蔬菜品质,并使其从农产品转化为商品,所采取的一系列再加工再增值措施的总称(刘志雄等,2015)。蔬菜商品化处理包括挑选、清洗、预冷、分级和包装等技术环节。采后通过系列的商品化处理可以减少蔬菜的腐烂损耗,提升产品品质,促进蔬菜产业的提质增效。

第一节 采 收

蔬菜采收是蔬菜商品化处理的初始环节。蔬菜产品采收标准、采收时期和采收方法等环节的确定,与蔬菜产品的耐贮性、产品质量密切相关。采收过早,发育不充分,大小、质量未达到采收标准,营养物质累积不足,达不到鲜食、贮藏及加工的要求,且影响产量;采收过晚,机体衰老,抗逆性差,易受病原菌侵染、机械损伤,不耐贮运。因此,应根据不同的蔬菜种类(叶菜类、果菜类、茎菜类、根菜类、豆荚类、食用菌类等)、地域特点和采后用途(直接上市、贮藏、运输、加工等)确定采收标准。

一、采收期的确定

蔬菜采收期的确定主要取决于食用特性、市场需求、运输距离和销售期长短等。就地销售的产品可在成熟度相对较高时采收,品相好,价格优;需要长期贮藏或远距离销售的产品应在成熟度较低时采收,减少机械损伤和病菌侵染;对于呼吸跃变型产品,应在呼吸高峰来临前采收,延缓生理衰老和品质劣变。常见蔬菜采收期的判断因素有如下几种:

(一)色泽

色泽是评价蔬菜产品外观品质的重要指标,对产品的商品价值具有重要影响。通常来说,表现出某个产品典型色泽的品种往往更具市场吸引力。例如,某些果菜类蔬菜成熟时,体内色素(叶绿素、酚类、花青素等)含量会发生明显改变,导致表皮色泽变化,这些色泽的变化可以作为确定采收期的依据。番茄在成熟过程中颜色变化经历由绿转白,再由白转红阶段,若需长期贮存或长距离运输,番茄应该在绿熟阶段(果皮泛白)采收;若用作鲜食或就地销售,番茄应该在全红或半红时采收,仅果实肩部有残留绿色。茄子采收时,萼片边沿有 1~2 mm 的亮白色环状纹络,果皮明亮有光泽。甜椒绿熟时采收,即选择色深绿、果肉厚而坚硬、果面有光泽的绿熟果。黄瓜采收时表皮呈深绿色。豌豆果皮由暗绿色转为亮绿色、菜豆果皮由绿转白时表示成熟。甘蓝在叶球颜色转为淡绿色、花椰菜在花球白而不发黄时采收(王丽琼,2018)。荸荠在外皮颜色呈深红褐色时采收。平菇在菌盖基本展开、颜色由深灰色转为淡灰色或灰白色时采收。金针菇菇柄颜色呈白色或奶黄色时采收较合适（刘兴华，2001）。

蔬菜产品色泽的变化主要通过目测进行，为方便观察、降低个人主观因素影响，市场上也相继出现了一系列由浅至深、由绿转黄、红的比色卡。分光光度计或色差计则可以精准客观地反映色泽变化。但通过表面色泽来判定产品成熟度的方法并不准确，色泽变化也可能是由于光照、病害等其他因素造成的，在实际操作过程中，应结合其他手段判定采收期。

（二）坚实度

由于蔬菜食用部位不同，对成熟时的组织质地要求也存在差异。如大白菜、甘蓝、花椰菜、南瓜、冬瓜等，应在硬度大时采收，此时果实充分成熟且组织致密紧实，品质好，耐贮运。莴笋、荠菜、芹菜等蔬菜，应在叶片变硬之前采收，此时组织脆嫩，口感较好。黄瓜、甜玉米、豌豆、菜豆等，则应在硬度小时采收，此时果实组织脆嫩，食用口感佳。

（三）主要化学物质含量

蔬菜在成熟过程中，体内各种化学物质含量和组成呈现一定规律的变化，淀粉、糖酸含量的变化常常作为衡量产品品质和采收期的指标。食用部位不同，采收时对组织内部化学物质含量要求不同。番茄、青豌豆、甜玉米等以幼嫩组织为食的产品，应在糖高淀粉少时采收，此时组织幼嫩，食用口感好。马铃薯、芋头、荸荠等根茎类产品，应在淀粉含量高时采收。

（四）生长期

在正常气候条件下，各种类、品种的蔬菜都有一定的生长期，可以通过计算生长周期的方法来确定采收期。如萝卜的生长期为50～70 d。早熟白菜品种，生长期在70 d以下；中熟品种，生长期为75～85 d；晚熟品种，生长期在90 d以上。番茄的生长期和地区气候条件有关，东北和西北地区种植，大约需要110 d采收；华北地区种植，大约需要140 d采收。春油菜的生长周期为85～130 d；冬油菜的生长周期为160～290 d。自然条件下，黄瓜的生长周期为90～120 d。夏丝瓜从播种到初收为35～45 d，采收期为50～60 d。荸荠采收期一般定在地面以上茎叶完全枯黄后的30 d左右。由于各年气候和栽培管理以及土壤、耕作等条件不同，实际生产中可能存在一定误差。

（五）成熟特性

蔬菜采收期因用途不同而有所差异。用作鲜食的豆类产品（菜豆、豌豆等）应在种子膨大硬化前采收，留作种用需豆荚充分成熟。冬瓜、南瓜应在表皮上霜，出现白粉蜡质，表皮硬化时采收。对于一些食用部位在地下的蔬菜，如鳞茎、块茎类（姜、葱、蒜、马铃薯、芋头等），可根据地上植株生长情况作为判定依据。洋葱应在地面植株最下部的1～2片叶片干枯、地上部分开始倒伏时收获为佳。山药在10月中旬至"霜降"前，地上植株全部枯萎时采收。蒜用作腌制糖蒜时，在组织幼嫩时采收口感最佳。根菜类如大头菜在植株基部叶枯黄、叶腋间的侧芽长17～20 cm、叶片卷缩时采收。银耳采收时耳片应全部展开，颜色由透明转白，周围耳片开始变软下垂，无小耳蕊，形如菊花或鸡冠，子实体有一定弹性，直径8～12 cm，散出大量白色孢子（刘兴华，2001）。

成熟度的确定比较复杂，不是某一因素某一种方法就能确定的，在实际应用中要结合具体的果蔬种类、品种、特性、生长情况、气候条件、市场情况、采后用途等多方面综合考虑，确定果蔬成熟度，以实现长期贮存、加工和销售的目的。一些常见蔬菜的成熟指标见表3-1。

表 3-1　常见蔬菜成熟指标（李喜宏，2003）

作物名称	成熟特征
萝卜、胡萝卜	肉质根充分膨大且肉质脆嫩，若多髓则过熟
马铃薯、洋葱和大葱	植株顶部开始变干，下垂
甘薯、生姜	个头够大，若变韧、纤维化则过熟
豇豆、长豇豆、蚕豆、甜豌豆等	豆荚饱满，容易折断
利马豆和秋葵	豆荚饱满，逐渐褪去绿色，长至理想大小，末端容易折断
蛇瓜及丝瓜	长至理想大小，指甲可轻易掐进其肉质，若不能轻易掐进其肉质则过熟
茄子、苦瓜、佛手瓜及黄瓜	长至理想大小，但仍脆嫩，若颜色变淡或改变、种子变硬则过熟
鲜食玉米	指甲按入其果粒时渗出乳液
番茄	切开时种子滑脱，或绿色开始变为粉红色
甜椒	深绿色变淡或变红
花椰菜	花球紧密，若花丛伸长、变松则过熟
青花菜	花丛紧密，若松软则过熟
莴苣	个体够大，未开花
卷心菜	顶部紧密，若顶部裂开则过熟
芹菜	个体较大，未成髓

水生蔬菜采收标准及方法可见《有机蔬菜　水生蔬菜生产技术规程》（DB 42/T 840—2012）。

二、采收方法及技术

蔬菜种类、品种繁多，供食部位各不相同，有的蔬菜需要一次性采收，有的则需分批次采收。合理的采收要求及时、避免损伤，这就对采收方法和技术提出了更为严格的要求。采收不当容易导致产品损伤、腐烂，如韭菜、油菜、荠菜等需多次采收的蔬菜，若采收方法不当，可能引起植株生长失衡，甚至导致采收部位染病。适时采收和恰当的采收技术是实现高产优质的关键。

目前国内大多数蔬菜产品采收仍以人工采收为主。人工采收灵活性强，可以做到轻采轻放，机械损伤少；并且可以根据产品成熟度、形状特点进行适时采收和分类处理。机械采收省时省力，但对产品损伤较严重，贮藏会增加腐烂率，且无法保证采收成熟度一致。目前国内外机械采收主要用于采后即行加工的产品。

（一）采收方法

1. 手摘法　适用于分期开花、结果、收获的蔬菜。鲜食黄瓜、鲜食番茄、茄子、辣椒、爬蔓豆类的采收基本依靠人工完成，莲藕完全依靠人工完成采收。

2. 切割法　主要适用于球类蔬菜、韭菜、芹菜等。

3. 挖取法　主要适用于胡萝卜、萝卜、马铃薯、甜菜、山药、大蒜等根茎类蔬菜，目前已可以实现机械化采收。市场上现有的机械式收获机收获方式主要有两种：一种是夹住茎叶把根菜从土中拔出，然后分离茎叶和土壤；另一种是先切去茎叶，然后将根菜从土中挖出，并清除土壤和杂草（丁宏斌，2020）。

（二）采收技术

1. 叶类菜、花菜类的采收 除菠菜外，一般均需要多次采收。如蕹菜长至 20 cm 时采收，前期采收应在主蔓基部留 2～3 节，促进侧蔓生长；之后宜适当重采，留主蔓基部 1～2 节以抑制侧蔓生长，保证产品品质和营养。甘蓝与大白菜等结球蔬菜在采收时，用刀将叶球从茎盘上割下来，叶球外面留 2～3 片保护叶。芹菜收获时一般自根部切下，去掉黄叶和根，使其叶柄与基部连而不散。花椰菜和青花菜在收获时，用刀将花球割下；花椰菜花球周围的叶应剪短些，青花菜花球的茎应留长些，并带有 2～3 片小叶。多年生的韭菜，收割时叶鞘基部要留 5 cm 左右，不能割得过低，否则会伤害叶鞘的分生组织和幼芽，影响后期产量（周瑞金，2018）。

2. 根茎菜、果菜的采收 萝卜、胡萝卜在采收时，先将土弄松然后拔出，有些萝卜可以带叶出售，但大多将叶去掉。贮藏用胡萝卜，为将损伤降到最低，一般不去须根；鲜销胡萝卜，剪去叶片，在顶部留 2～3 cm 叶柄，以减少水分随叶片散失，去除须根，以保持胡萝卜光洁。地下根茎类蔬菜大多用锄挖刨，注意避免损伤。山药采收时，先将茎蔓从基部 10～15 cm 处剪断，拔架清秧，根据根系分布情况，慢慢将山药撬起，用手捧出，除去泥土，晾晒 4～5 h。荸荠在采收时要先扒掉上层 8～9 cm 的泥土，再接着扒开底下的土层，看到荸荠之后再用手仔细捏出球茎（石庆芬，2014）。采收绿芦笋时，一般采用切割法，用刀具将符合采收标准的芦笋嫩茎齐地下 0.5 cm 处割下，切割时应注意不要伤及周围的嫩茎或母茎，采笋刀要求锋利，不宜太宽，可用市售裁纸刀；采收白芦笋需用铁制尾形铲刀，采笋时，若土垄表面出现裂缝或微拱起，说明有可采收的嫩茎，从土垄一侧轻轻刨开土层至嫩茎露出 5～7 cm，一手抓住嫩茎，一手用采笋刀插入土垄迅速将嫩茎切断并拔出（王迪轩，2010）。果菜类如甜椒、黄瓜、茄子保留果柄 1 cm 或齐果肩剪平柄，番茄要求去除萼片。豇豆摘荚时应留荚的基部 1 cm 左右，免伤花序（周瑞金，2018）。

3. 食用菌类的采收 蘑菇采收时应用手掐住菇柄轻轻旋转，连根拔出。草菇在菌蕾变为卵形、包被未被突破之前或刚破时采收，采收时一手按住菇体生长部位的培养基，一手抓住菇体基部，轻轻成簇取出。银耳采收时用小刀从耳基部割下。平菇采收时无论大小菇均应一次收获完，用刀成簇割取。金针菇采收时应一手压住培养瓶或袋，一手握住菇丛，成丛拔下后再轻轻清除根部的培养基（刘兴华，2001）。

第二节　整理、清洗、愈伤

整理、清洗、愈伤也是实现蔬菜商品化的重要一环，无论是人工或机械采收，在分级、包装前都需要进行整理、清洗，去除产品上的尘垢、泥沙、肥料、残留农药、病虫以及有损伤、腐烂的部分。部分蔬菜因贮藏需求还需进行愈伤处理。整理、清洗与愈伤的先后顺序因蔬菜特性不同而有所差异，其中，整理与清洗可以同时进行。

一、整理

蔬菜整理的主要目的是清除残枝败叶、剔除有机械伤、病虫害及畸形产品，使其符合商品化标准。经整理后的蔬菜，不仅能呈现新鲜脆嫩的外观，还可以减少田间病菌携带量及采后病害。

通过整理后的各类蔬菜应达到以下感官标准：①香料类：葱、蒜、芹菜等，去除黄叶、烂叶，可保留须根；②块根、茎类：芋头、洋芋、姜、芦笋、萝卜等，一般需要剪掉表面植株部分，萝卜可留少量叶柄，芦笋应切割基部木质化部分；③瓜豆类：节瓜、白瓜、青瓜、冬瓜、南瓜、苦瓜、丝瓜、豆角、荷兰豆等，不带茎叶；④叶菜类：白菜、卷心菜、芥菜、茼蒿、生菜、菠菜、苋菜、西洋菜、芥蓝、小白菜等，不带黄叶、不带根、去菜头或根，白菜等需剔除过多的外叶并保留2~3片保护叶；⑤花菜类：菜花、西兰花等，无根、可保留少量叶柄；⑥芽菜类：黄豆芽、绿豆芽等，去豆衣；⑦果菜类：甜椒、茄子、番茄等要求齐肩剪平果柄或只留短柄，番茄去蒂（王迪轩，2010；梁称福，2016）。

二、清洗

清洗是蔬菜商品化的关键环节之一，清洗效果的优劣直接影响果蔬表面品质。清洗可以有效去除蔬菜表面的泥沙、污垢，以及附着在产品表面的一些虫卵、农药等，为后续贮藏、加工或直接食用提供优质菜源（表3-2，表3-3）。

（一）常见清洗设备

目前市场上蔬菜清洗设备众多，根据采用的清洗技术将其划分为传统清洗机和新型清洗机。传统清洗机主要通过物理摩擦作用力去除蔬菜表面的杂质，包括滚筒式清洗机、毛刷式清洗机、气浴式清洗机、水流式清洗机等；新型清洗机主要利用超声波空化作用和臭氧气泡去除蔬菜表面杂质，兼有杀菌、降解残留农药的作用。

表3-2　传统清洗仪器和新型清洗仪器（李佳伟，2017）

类型	原理	适用蔬菜	作用	优缺点
滚筒式	物料间、物料与滚筒间摩擦的耦合作用力	瓜果类、根茎类	除去毛发、泥沙、虫卵	设备结构简单、清洗作用力强、清洗效果好，但清洗过程中物料受损严重
毛刷式	毛刷结合喷淋冲洗的作用力	块根块茎类	除去毛发、泥沙、虫卵	
喷淋式	高压喷淋冲洗的作用力	茄果类、块根块茎类	除去毛发、泥沙、虫卵	清洗方式柔和，物料受损小，但清洗效果差，主要用于切制后的蔬菜清洗
气浴式	水流、气泡等与物料间的耦合作用力	切制后尺寸较小的鲜切蔬菜	除去毛发、泥沙、虫卵	
臭氧清洗机	臭氧气泡和高压水流的作用力	食用菌、叶菜类	除去异物、杀菌	节水节能，清洗速度快
超声波空化式	高频振动产生超声波空化作用	叶菜、根茎类、瓜果类	除去杂质、细菌、残留农药	清洗褶皱和凹坑，清洗速度快，但噪声较大、费用较高

表 3-3 蔬菜清洗常用的杀菌剂

种类	优点	缺点
次氯酸钠	杀菌迅速，价格低廉，应用范围广	有氯化物残留，对健康有危害
二氧化氯	高效，应用范围广，无残留毒性	无
过氧化氢	破坏微生物细胞，抑制其生长和繁殖	对蔬菜外观品质和营养成分有很大破坏
臭氧	安全性高，降低农药残留，抑菌效果好	质量浓度和处理时间不当，会降低蔬菜感官品质
电解水	有效杀灭细菌，降低蔬菜中维生素C损失	有余氯残留，对健康有潜在危害

（二）产业应用——预制菜清洗机

1. 自适应无伤盲刷洗机 如图 3-1 所示，自适应无伤盲刷洗机由进料口、出料口、毛刷辊、推料螺旋、水循环系统、电控箱等六个重要部分组成（表 3-4）。毛刷和推料螺旋带柔性，避免蔬菜在机器内堆积，毛刷间隙和刷洗时间可调，进出料口防撞伤。被洗物料倒入进料口，推料螺旋匀速推动物料向前走，边刷边洗边翻动，出料口出净菜，水循环系统实现水反复过滤使用。该设备确保带垢蔬菜无盲点洗净，又防止损伤。

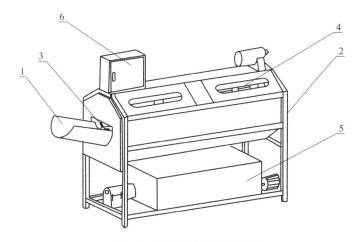

图 3-1 自适应无伤盲刷洗机
1. 进料口 2. 出料口 3. 毛刷辊 4. 推料螺旋 5. 水循环系统 6. 电控箱

表 3-4 自适应无伤盲刷洗机主要技术参数

指标	技术参数
处理量	1~3 t/h
兼容蔬菜	南瓜、芋头、马铃薯、胡萝卜、佛手瓜、荸荠等20余种
功率	3 kW
质量	800 kg
外形尺寸	3 100 mm×1 250 mm×1 800 mm

2. 自适应蔬菜非水清洗机 如图 3-2 所示，机器主要由机架、进料口、出料口、上毛刷辊、下毛刷辊、风机、泥土收集槽等七个重要部分组成。毛刷带柔性，气洗风量、风机速度、上下毛刷辊间距皆可调，以适应蔬菜形状多变和不同洗净度要求。被洗蔬菜倒入

进料口，自动到达上下毛刷辊，边刷边吹边翻滚，从而非水洗净表面泥土。出料口出净菜，收集槽出泥土（表 3 - 5）。主要适用于洋葱、百合、部分食用菌等不适宜水洗的蔬菜。

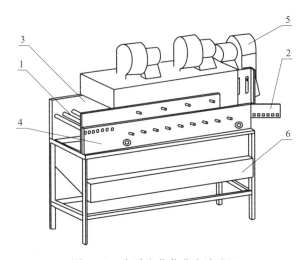

图 3 - 2　自适应蔬菜非水清洗机

1. 进料口　2. 出料口　3. 上毛刷辊　4. 下毛刷辊　5. 风机　6. 泥土收集槽

表 3 - 5　自适应蔬菜非水清洗机主要技术参数

指标	技术参数
处理量	1~3 t/h
兼容蔬菜	洋葱、大蒜、百合、马铃薯、番薯、小芋头等
功率	4.5 kW
质量	950 kg
外形尺寸	2 600 mm×930 mm×2 100 mm

三、愈伤

蔬菜在采收、采后或运输过程中难免出现机械损伤，通过有效的外界介入（包括温湿度、气体、激素等条件），调节伤口部位的苯丙烷代谢、活性氧代谢等途径，提高愈伤相关酶活性和次级代谢物的合成，促进愈伤周皮的快速形成。它是生物适应环境的一种特殊功能，能有效防止水分散失，病原菌侵染，降低采后损失，提高贮藏性能，主要针对块茎类、根茎类和鳞茎类蔬菜。生产实践中愈伤方法包括物理愈伤和化学愈伤两种。

（一）物理愈伤

物理愈伤主要通过调控环境温湿度促进伤口愈合，温度尤为重要，温度低，伤口愈合慢，愈伤效果差；温度过高，则可能加速伤口部位失水皱缩。愈伤温度因蔬菜种类而有所不同。如马铃薯在 21~27 ℃愈伤最快；山药在 38 ℃、95%~100%RH 下愈伤 24 h，可以完全抑制表面真菌的活动和减少内部组织坏死；南瓜在 24~27 ℃愈伤 2 周，可使伤口愈合，延长贮期；红薯的愈伤温度为 32~35 ℃，木栓层在 36 ℃以上或低温下都不能形成。愈伤过程中，在满足温湿度条件下，还需保证环境中氧气充足，通气良好。

（二）化学愈伤

化学愈伤主要是利用外源植物激素或植物激素类似物对产品进行浸泡或喷雾处理，以达到抑制外源病菌侵染、促进愈伤组织形成的目的。常用的诱导剂包括脱落酸（ABA）、苯丙噻重氮（BTH）和水杨酸（SA）等。如 100 mg/L 的 ABA 愈伤处理 3 d，可有效促进甘薯伤口部位木栓组织的形成。ABA、BTH、SA 处理均能促进马铃薯块茎伤口周皮的形成（吕晓龙，2020）。但化学处理可能存在药物残留的问题，影响食品安全，并对环境造成污染，因此实际应用中仍以物理愈伤为主。

第三节　预　　冷

新鲜蔬菜水分含量高，代谢旺盛，易腐损。尤其在高温季节采收的蔬菜携带大量的田间热，呼吸作用和蒸腾作用旺盛，加速后熟和衰老过程，从而缩短保质期。温度对蔬菜的呼吸作用有很大影响，在一定温度范围内，温度越高，呼吸速率越快，产生的热量就越大。当蔬菜温度为 5~35 ℃时，温度每升高 10 ℃，呼吸强度增大 1~1.5 倍（陈乃光，1988）；但超过 35 ℃时，蔬菜呼吸强度会随温度升高而大幅度下降，这是因为高温抑制或破坏了与呼吸作用相关的酶活性。温度是影响蔬菜保质期的重要因素（Paull，1999），在所有延长易腐蔬菜保质期的技术中，降低产品温度是迄今为止最有效的方法（Mercier et al.，2017；Onwude et al.，2020）。低温能有效减缓蔬菜的蒸腾和呼吸速率，抑制微生物的生长繁殖，进而减缓其腐败变质过程，锁住蔬菜的新鲜与风味。因此，蔬菜采后应立即进行预冷处理，这样有利于品质的保持。

一、预冷的作用

作为农产品冷链的"最先一公里"，预冷是全程冷链中最重要、最基础的一个环节。预冷是利用制冷技术使蔬菜从初始温度快速降至适宜贮藏温度的过程，在不产生冷害的前提下可以最大限度地提高预冷速率和均匀度（Duan et al.，2020）。预冷可以及时去除蔬菜的田间热和呼吸热，降低呼吸强度，有效抑制机体内的生理代谢活动和与后熟衰老相关的酶活性，减少营养物质的消耗，还可以抑制微生物生长，进而延长贮运期、延伸销售半径（潘仟仟等，2016；郑恒等，2020）。另外，在预冷过程中使用的冷库和冷藏运输设备具有保持或缓慢降低产品温度的作用。蔬菜经过预冷后进入冷库或冷藏车，不仅能减少流通过程中的损耗和最大限度地保持蔬菜的营养品质，还能降低冷链物流设备的能耗，有利于贮运温度的调控，节约经济成本（Ambaw et al.，2017）。研究表明，即使采用全程冷链流通，如果前端缺少及时预冷处理，蔬菜损耗率仍然高达 15%，而经过预冷处理后的流通腐损率能降至 5%~10%（皮晓芳等，2019；李健等，2012）。经过预冷处理的蔬菜不仅外观新鲜，还能有效保持内部的营养物质。未经预冷处理的蔬菜，虽然销售终端可通过补充水分等方法让蔬菜恢复到表面看似新鲜的状态，但其内部的营养成分已经发生了不可逆的变化，食用价值已大大降低。因此，对于现代蔬菜物流贮运体系而言，预冷已成为保持采后蔬菜品质的关键措施之一。

二、预冷方法及装备

预冷方法对蔬菜的影响较为复杂，不同蔬菜品种的适用预冷方法不尽相同。因此，在选择预冷方法时不仅要考虑蔬菜的组织结构和生理特性，还要结合预冷空间、贮藏方式、流通方式和能耗成本等，综合确定适宜的预冷方法和工艺参数（卢裕亿，2021）。国际上通常采用的预冷方法有冷风预冷、真空预冷、冷水预冷和碎冰预冷等。各种方法优缺点见表3-6。

表3-6 不同预冷方法优缺点比较

预冷方法		优点	缺点
冷风预冷	强制通风预冷 压差预冷	①操作简单易行，成本低廉； ②适用性强，能够对所有蔬菜进行预冷	①冷却速度较慢，效果差； ②易产生干耗； ③冷库利用率低； ④压差需要增加机械设备
真空预冷	降温、减压	①均匀性好； ②降温迅速，品质保持好； ③洁净卫生	①预冷的品种有限，适于表面积大的蔬菜类； ②易导致质量损失，尤其是叶菜类； ③成本较高，真空预冷装置的投资和运转费用较高
冷水预冷	浸泡式 喷淋式 组合式（浸泡式＋喷淋式）	①适用范围广； ②冷却速度快，效率高； ③成本低，装置构造简单，能耗较低； ④可连续生产作业	①冷却水易受微生物的污染，引起蔬菜腐烂； ②不适宜防水性能差的包装，如纸箱
碎冰预冷	碎冰与蔬菜直接接触	①冷却速度较快； ②设备简便	①需冷库采冰或制冰机制冰； ②易破坏蔬菜表面； ③不适于耐水性差的蔬菜

（一）冷风预冷

冷风预冷是通过独立的制冷设备制取冷空气，再通过冷风机将冷风送至蔬菜表面，从而带走蔬菜的热量，达到预冷目的。冷风预冷主要包括强制通风预冷和压差预冷。

1. 强制通风预冷　强制通风预冷又称冷库预冷，是比较传统的预冷方式。该方法是将装有蔬菜的货筐摆放在库中，通过冷库的机械制冷系统制取冷量，在冷风机强制循环的作用下使冷风通过库内，使包装箱周围冷空气与箱内蔬菜外层、内层产生温差，再通过对流和传导逐渐使箱内蔬菜温度降低。一般而言，叶菜类适宜的温度为0～2 ℃，相对湿度95％左右，果菜类适宜温度为8～12 ℃，相对湿度80％～90％。选择适宜的蔬菜包装箱，箱体要求结实、透气、防潮；合理码放蔬菜包装箱，箱体码放时，顺着冷库冷风流向码放成排，排间距不少于20 cm，箱体与墙壁至少留出30 cm的风道，箱体的堆码高度要根据冷库的高度而定，最高不得超过室内吊顶风机底边。图3-3为强制通风冷却的系统原理图。

强制通风预冷在我国应用较为广泛，费用较低，蔬菜冷却所用的库房也可用于贮藏，从而降低了采后处理的要求和成本。但这种预冷方法冷却速度慢、降温均匀性差，一般适用于从田间采摘后不经过包装处理并且不易腐败、贮存时间较长的蔬菜。由于蔬菜包装内的热量是通过传导的方式散出去的，导致蔬菜预冷至适宜的温度所需要的时间较长，最长可达若干天。在寒冷季节收获的蔬菜或自身呼吸作用不旺盛的蔬菜可使用强制通风预冷（李喜宏等，2003）。

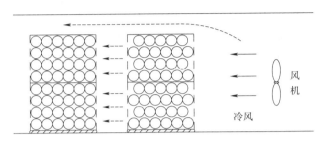

图 3-3　强制通风预冷的系统原理图

2. 压差预冷　压差预冷是在冷库的基础上，将装有蔬菜的货筐有规律地码放在冷风机两侧，货筐中间设计多孔式空气流道。使用苫布盖在货筐上，在压差风机的作用下，两排货筐内侧形成低压、外侧形成高压，促使冷空气自发地由货筐外侧向货筐内侧流动，当冷空气穿过货筐时，便带走了蔬菜的热量（王子安等，2021）。压差预冷是目前使用范围较广的预冷方式，产品冷却无死角，比较均匀，几乎适用于所有种类的蔬菜，且设备投资较低。通常压差预冷时间为 4～6 h，预冷过程失水量可控制在 2% 以下。与冷库预冷相比，两者预冷成本相当，但压差预冷效率可提高 2～6 倍。压差预冷原理见图 3-4。

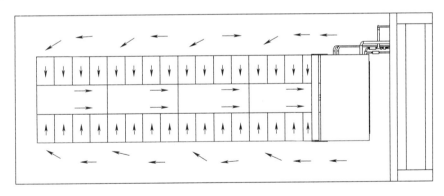

图 3-4　压差预冷原理图

按照是否可移动，压差预冷设备可以分为固定式预冷设备和移动式预冷设备。按照是否自带冷源，可分为基于产地冷源的单元式压差预冷装置和自带制冷机组的压差预冷装置。

移动式预冷设备（图 3-5）通常采用集装箱结构的预冷箱体，可通过产地间的移动实现蔬菜等预冷对象共享使用。

单元式压差预冷装置（图 3-6）可以利用现有产地冷库中的冷源实现压差预冷，解决现有冷库预冷中预冷不均匀、速度慢的问题。压差风机和特定的码垛及包装形式，形成局部的压差通风，实现节能高效的预冷。

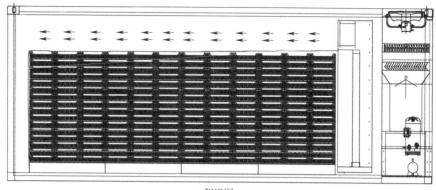

侧视图

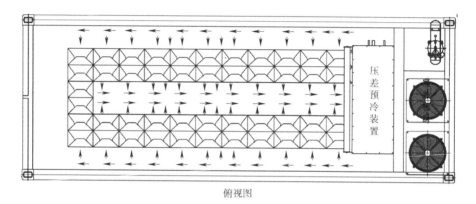

俯视图

图 3 - 5　移动式压差预冷设备图

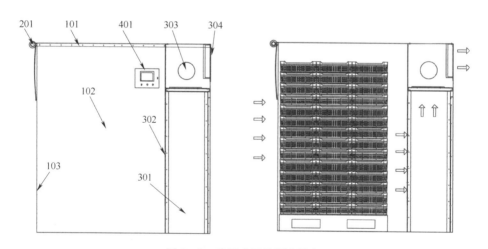

图 3 - 6　单元式压差预冷设备

101. 标准单元式箱体　102. 货物放置区　103. 密封条　201. 卷帘装置　301. 静压箱
302. 多孔板　303. 压力生成装置　304. 格栅出口　401. 控制系统

（二）真空预冷

真空预冷是将蔬菜放在真空室内，快速抽出真空室内的空气达到一定真空度，水在 1
个标准大气压下（101.325 kPa），100 ℃蒸发，随着压力的减小水分的蒸发加快，使蔬菜表面及内部的水分沸点降低而直接汽化，水分汽化吸收了环境及蔬菜的热量，从而使蔬菜快速冷却（罗健生等，2016）。真空预冷的冷却速度快，冷却均匀，在真空环境下，还可以抑制微生物的生长，既环保又方便，而且真空预冷的保鲜效果好，可以最大限度地保持蔬菜原有的品质（梁豪等，2020）。

由于不同种类的蔬菜含水量、比表面积和表皮厚度的不同，影响内部水分的蒸发程度，导致其真空预冷效果差异很大。由于真空预冷会带走蔬菜内部的水分，易造成叶类蔬菜萎蔫，所以在蔬菜预冷前可适量浸泡或喷些水，以降低蔬菜的失重率。一般比表面积大、组织易脱水的叶类蔬菜适合采用真空预冷，如生菜、菠菜、莴苣等。生菜采用真空预冷技术，可在 30 min 左右从 28 ℃下降至 3~8 ℃，包心不紧的生菜仅需要 15 min；还有一些蔬菜如甘蓝、花椰菜、葱、芹菜、蘑菇和甜玉米也可以使用真空预冷，但一些比表面小的蔬菜如根茎类、番茄等蔬菜由于散热慢而不宜采用真空预冷（张玉华等，2018）。由于真空预冷必须具备特殊的真空预冷装置（如图 3-7 所示）才能实施，因此成本高、投资较大。

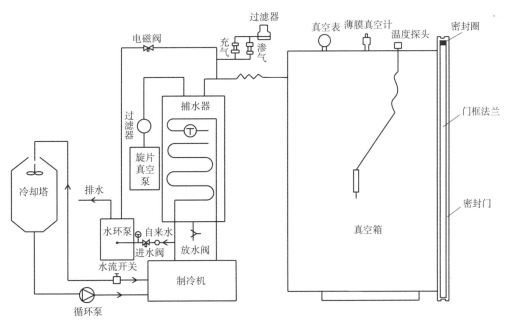

图 3-7 真空预冷设备图

（三）冷水预冷

冷水预冷（在不使蔬菜受到伤害的情况下接近 0 ℃）是将蔬菜浸入装有冷水的浸泡槽中，或将冷却的水喷淋在蔬菜表面，使蔬菜快速降温。由于水的热容量比空气大，所以冷水预冷比通风预冷速度快，而且冷水预冷比较环保，冷却水经过冷却、过滤、杀菌后可以循环使用。但由于冷却水循环使用，可能会有腐败微生物积累，导致蔬菜受到污染，所以必须对冷水施加消毒措施，如加一些次氯酸盐。冷水预冷常见的有浸泡式、喷淋式和组合式等。

1. 浸泡式冷水预冷 将蔬菜直接置于装满冷水的水槽中冷却，待一段时间水槽中蔬菜冷却后再浸泡另一批蔬菜，如此循环操作（王子安等，2021）。适用于体积较大的蔬菜，如黄瓜、西葫芦和卷心菜等。装置原理如图3-8。

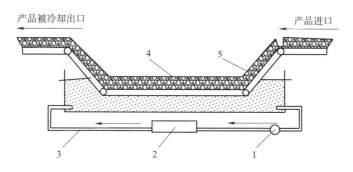

图3-8 浸泡式冷水预冷装置原理示意图
1.泵 2.制冷系统蒸发器 3.循环水系统 4.浸泡槽 5.输送带

2. 喷淋式冷水预冷 将蔬菜均匀地置于传输带上，将其传送至冷却室，利用喷淋器使冷水均匀地淋在蔬菜表面，预冷后由传送带将蔬菜自动输送出冷却室，如此连续运行（吕盛坪等，2013）。适用于体积较小的蔬菜，如青刀豆和胡萝卜等。装置原理如图3-9。

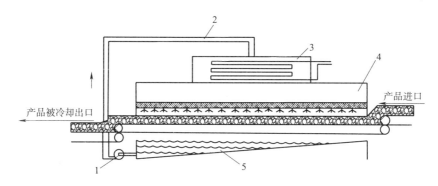

图3-9 喷淋式冷水预冷装置原理示意图
1.水泵 2.循环水系统 3.制冷系统蒸发器 4.喷淋系统 5.水箱

3. 组合式冷水预冷 将浸泡式与喷淋式预冷组合在一个装置中，通过倾斜输送带将蔬菜浸入冷水中保持沉浸，再逐渐将蔬菜从水中捞出，继续进行喷淋式冷却（贺红霞等，2019）。其具有浸泡式与喷淋式预冷的综合优点，适用范围广、结构紧凑、功能齐全、预冷速度快，因此是最快速的水冷方法。

（四）碎冰预冷

碎冰预冷仅需要一台制冰机，通常采用细碎冰块或冰盐混合物和蔬菜按一定的比例、一定的方式放入包装箱或托盘内，或覆盖在托盘上与蔬菜直接接触，一起装在火车或汽车上进行冷却。通过碎冰的融化，吸收蔬菜的热量，从而降低蔬菜的温度，可以保证在运输中蔬菜的新鲜度，同时达到预冷的目的（王强等，2001）。通常蔬菜由35℃降至2℃所需冰的质量为蔬菜质量的38%，因而导致蔬菜货物的整体质量增加，且大量的冰融化后易使蔬菜染菌进而腐烂变质。因此，此预冷方法适用于需要在田间立即进行预冷且与冰接触不易产生伤害的蔬菜，但降低温度和保持蔬菜品质的作用有限，适合作为其他预冷方式的辅助措施。主要适用于部分花菜类和根茎类蔬菜，如胡萝卜、抱子甘蓝、芹菜、花椰菜、葱等。

第四节 分 级

蔬菜分级是不同蔬菜种类根据产品形态、色泽、大小、成熟度、清洁度及损伤程度选择不同规格产品的过程，通常与包装一起进行，是实现长距离运输的基础。分级的意义：①使产品标准化、大小规格一致，有利于产品包装、贮运及销售；②等级分明，便于按质论价，实现优质优价，达到效益最大化；③对于可分期采收的蔬菜，通过分级可使成熟一致的产品放在同一包装，有利于贮藏保鲜。

一、分级标准

目前，国内对于蔬菜分级并无统一的标准，主要根据消费习惯和市场需求决定。我国"七五"期间对一些蔬菜（如大白菜、花椰菜、辣椒、黄瓜、番茄、蒜、芹菜、菜豆和韭菜等）的等级及新鲜蔬菜的通用包装技术制定了国家或行业标准。

蔬菜产品分级因产品种类及食用部分不同而不同。我国一般是在形状、新鲜度、色泽、品质、病虫害及机械损伤等方面符合要求的基础上，再按大小进行分级。形状不规则的产品，如西芹、花椰菜、西兰花等按重量来分级。蒜薹、豇豆、豌豆等按长度进行分级。

蔬菜食用部分不同，成熟标准不一，主要根据坚实度、清洁度、大小、重量、色泽、形状、新鲜度以及病虫感染和机械伤等分级，一般分为三个等级，即特级、一级和二级。特级品质最好，具有本品种的典型特征，不存在影响组织和风味的内部缺点，大小均匀，产品在包装内排列整齐，在数量或重量上允许有5%的误差；一级产品与特级产品有同样的品质，允许在色泽、形状上稍有缺点，外表稍有斑点，但不影响外观和品质，产品不需要整齐地排列在包装箱内，可允许10%的误差；二级产品可以呈现某些内部或外部缺陷，价格低廉，采后适合就地销售或短距离运输（刘兴华，2001）。

根菜类蔬菜等级参考《蔬菜采后处理技术规程 第1部分：根菜类》（DB11/T 867.1—2012）；叶菜类蔬菜等级参考DB11/T 867.2—2012；花菜类蔬菜等级参考DB11/T 867.3—2012；茄果类蔬菜等级参考DB11/T 867.4—2012；瓜类蔬菜等级参考DB11/T 867.5—2012；豆类蔬菜等级参考DB11/T 867.6—2012。

二、分级方法

（一）人工分级

这是目前国内普遍采用的蔬菜分级方法。主要包括两种：一种是单凭人的视觉判断，根据产品颜色、大小将产品分为若干等级。该方法易受个人心理因素的影响，可能出现与真实值偏差较大的结果。另一种是依靠分级工具进行分级，如方形孔通常用于番茄、洋葱的分级；六角形孔用于马铃薯的分级。人工分级能最大限度地减轻果蔬的机械伤害，适用于各种产品，但耗时耗力。

（二）机械分级

机械分级的最大优点是工作效率高，但分级过程中产品易受损，主要适用于不易受伤的产品，如甘薯、马铃薯等。有时为了使分级更加准确，机械分级常与人工分级结合进行。机械分级设备有以下几种：

1. 质量分选装置 根据产品质量进行分选。按被选产品的质量与预先设定的质量进行比较分级，分为机械秤式和电子秤式。机械秤式分选装置主要由固定在传送带上可回转的托盘和设置在不同质量等级分口处的固定秤组成（图 3-10）。将产品单个放进回转托盘，当其移动接触到固定秤，秤上产品的质量达到固定秤的设定质量时，托盘翻转，落下。适用于球状产品，缺点是容易造成产品的损伤，而且噪声很大。

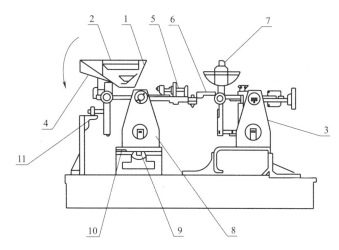

图 3-10　机械秤式重量分选装置

1. 接料箱　2. 料盘　3. 固定秤　4. 喂料台　5. 调整砝码　6. 分离针
7. 砝码　8. 移动秤　9. 辊子链　10. 移动秤轨道　11. 小导轨

电子秤质量分选装置则改变了机械秤式装置每一质量等级都要设秤、噪声大的等缺点。一台电子秤可分选各质量等级的产品，装置大大简化，精度也有提高。重量分选装置多用于番茄、马铃薯等。

2. 形状分选装置 按照被选产品形状大小（直径、长度等）分选，有机械式和光电式等不同类型。机械式形状分选装置多是以缝隙或筛孔的大小将产品分级。适用于洋葱、马铃薯、胡萝卜、慈姑等。

3. 光电式形状分选装置 利用摄像机拍摄，经电子计算机进行图像处理，求出待测产品的面积、直径、高度等。例如黄瓜和茄子的形状分选装置，将其一个个整齐地摆放到传送带的托盘上，当其经过检测装置部位时，安装在传送带上方的黑白摄像机摄取产品的图像，通过计算机处理后可迅速得出其长度、粗度、弯曲程度等，实现大小分级与品质（弯曲、畸形）分级同时进行。光电式形状分选装置克服了机械式分选装置易损伤产品的缺点，适用于黄瓜、茄子、番茄、菜豆等（刘兴华，2001）。

4. 颜色分选装置 根据产品的颜色进行分选。产品的表皮颜色与成熟度和内在品质有密切关系，颜色的分选主要代表了成熟度的分选。例如，利用彩色摄像机和电子计算机处理的红、绿两色型装置可用于番茄分选，可同时判别出颜色、大小以及表皮有无损伤等。当产品随传送带通过检测装置时，由设在传送带两侧的两架摄像机拍摄。产品成熟度根据测定装置所测出的表面反射的红色光与绿色光的相对强度进行判断；表面损伤的判断是将图像分割成若干小单位，根据分割单位反射光的强弱算出损伤的面积，最精确可判别出 0.2～0.3 mm 大小的损伤面；产品大小以最大直径代表（刘兴华，2001）。

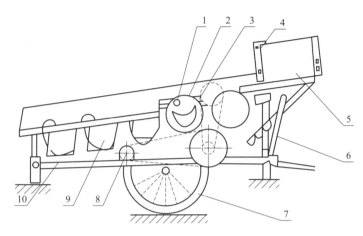

图 3-11 滚筒式分级机

1. 辊轴　2. 分级滚筒　3. 导果槽板　4. 喂入阀门　5. 果箱　6. 手把　7. 车轮
8. 电动机　9. 接果盒　10. 机架

5. 内部品质分选装置　根据不可见的内部、不可见的成分信息进行分选。近红外光谱或者高光谱技术可通过反射或投射原理开展蔬菜内部信息检测分级。超声波传感技术被用于蔬菜内部的质地检测。通过测量超声波在蔬菜组织中的传播速度和衰减情况，可以得知蔬菜的硬度、软嫩度等信息，为质地的评估提供了新的手段。电磁感应技术通过检测蔬菜内部电磁信号的变化，可以获取蔬菜内部成分的信息。这种技术对于探测蔬菜的水分含量、病害情况等具有一定优势。

三、发展趋势

（1）智能化与自动化。随着人工智能和机器学习等技术的不断发展，智能化和自动化将成为蔬菜分级的主要发展方向。未来的分级设备将更加智能化，具有自主学习和优化能力，可以根据市场需求和产品特性进行自适应调整，实现更加精准和高效的分级。

（2）多模态融合。未来的蔬菜分级技术将更加注重多模态信息的融合。除了传统的质量、形状和颜色等传感器信息外，还可以引入声音、纹理、气味等多种传感器信息，综合分析蔬菜的多个特征，提高分级的准确性和全面性。

（3）数据驱动与云端服务。未来的蔬菜分级将更加依赖于数据驱动和云端服务。分级设备将通过互联网实现数据共享和远程监控，实时收集和分析分级过程中的各项数据，为农民和生产者提供更加精准的决策支持和服务。

（4）可持续发展。在未来的蔬菜分级中，可持续发展将成为重要的考虑因素。分级设备将更加注重节能减排和资源循环利用，采用环保材料和技术，降低对环境的影响，实现蔬菜产业的可持续发展。

综上所述，随着科技的不断进步和创新，蔬菜分级技术将不断发展和完善，未来将呈现出智能化、多模态融合、数据驱动和可持续发展的趋势，为蔬菜产业的健康发展和市场竞争力的提升提供强有力的支撑。

第五节　包　　装

新鲜蔬菜在采收、贮藏、运输和销售的过程中，由于缺乏适宜的保鲜包装技术和包装材料，容易产生机械损伤、干瘪、腐烂变质等问题，损耗率达 40% 以上，甚至高达 60%～80%。对采收后的新鲜蔬菜进行合理处理与有效包装，可以有效防止微生物和虫害的侵害，保持蔬菜品质，避免物流过程的机械损伤，延长蔬菜的贮藏期和货架期，促进蔬菜销售。

一、包装方法

根据蔬菜物性特点、包装要求与销售要求的不同，可将蔬菜包装分为三大类：运输包装、贮藏包装和商品包装。

（一）运输包装

运输包装又称外包装、大包装，指为保护商品数量、品质和便于运输、储存而进行的外层包装，包括单件运输包装和集合运输包装两类。

1. 单件运输包装　指在运输过程中作为一个计件单位的包装。按包装造型的不同，单件运输包装主要有：①箱：包括木箱、纸箱、瓦楞纸箱、夹板箱等，为了防潮，一般箱内还衬用防潮的纸或塑料薄膜。纸箱是普遍应用的包装容器，具有轻便、便宜的优点，适用于多种蔬菜的包装；纸箱包装应避免雨淋、浸泡和结霜，不能重复使用，最好选用具有防潮性能的瓦楞纸箱。塑料箱是短途汽车运输比较理想的包装，具有强度高、能堆码一定高度、耐挤压不易损伤、可重复使用的特点，可以较好地保护蔬菜商品质量，适用于各类蔬菜。板条箱适合于运输果菜类蔬菜，物流、搬运和堆码方便，但造价高、不易回收。泡沫箱包装适用于体积较小、价值比较高、需要冷藏的蔬菜，如秋葵等。通过泡沫箱内放置冰瓶等方式进行温度控制，可以保证蔬菜的新鲜度和品质。②袋：包括麻袋、玻璃纤维袋等，一般适用于不怕挤压的根茎类蔬菜，或一些体积小、质量轻的蔬菜，如大蒜头、马铃薯、萝卜和洋葱。塑料袋包装则适用于比较幼嫩的蔬菜，如生菜、菜心、菠菜等。在包装前需将蔬菜洗净并晾干，然后放入塑料袋中排出空气后再封口，以延长保鲜期。③桶：包括木桶、铁桶、纸板桶与塑料桶等类型，主要用于包装流体、半流体、粉状、颗粒状等货物。

2. 集合运输包装　指在单件运输包装的基础上，为适应运输、装卸工作的要求，将若干单件运输包装组合成一件大包装的方式，常用集合运输包装有集装包/袋、托盘和集装箱等。

依据国家标准《新鲜水果、蔬菜包装和冷链运输通用操作规程》（GB/T 33129—2016），蔬菜包装主要有塑料箱、纸箱、板条箱、编织袋和尼龙网袋等类型（表 3-7 所示），各种包装形式需选用不同的包装材料，也具有不同的应用范围。

表 3-7 包装容器种类、材料及适用范围

《新鲜水果、蔬菜包装和冷链运输通用操作规程》（GB/T 33129—2016）

种类	材料	适用范围
塑料箱	高密度聚乙烯	任何蔬菜
纸箱	瓦楞板纸	经过修整后的蔬菜
钙塑瓦楞箱	高密度聚乙烯树脂	任何蔬菜
板条箱	木板条	果菜类
筐	竹子、荆条	任何蔬菜
加固竹筐	筐体竹皮、筐盖木板	任何蔬菜
网、袋	天然纤维或合成纤维	不易擦伤、含水量少的蔬菜
发泡塑料箱	可发性聚乙烯、可发性聚丙乙烯	附加值较高，对温湿度比较敏感，易损伤的蔬菜

（二）贮藏包装

贮藏包装主要用于大宗蔬菜在冷库等仓储空间的使用。由于不同类型的蔬菜在贮藏期间要求的温度、湿度和气体成分不同，所以在包装材料的材质、厚度和透气性的选择上有所区别。大部分蔬菜在贮藏期间可以采用塑料薄膜袋、编织袋包装。

黄瓜、茄子、胡萝卜等块状或条状的蔬菜可采用拉伸强度高、防潮性好的拉伸膜进行包裹，如聚氯乙烯、乙烯-乙酸乙酯共聚物等；葱、姜等蔬菜可采用防潮热封型玻璃纸袋包装；马铃薯、大蒜、洋葱等蔬菜比较耐贮，通常采用网袋包装；冬瓜、南瓜一般不装入薄膜袋中，而是采用泡沫塑料网套单个保护，放置在包装箱内；叶类蔬菜比表面积大，呼吸旺盛，易在包装内结露，特别容易腐烂，但是失水又严重影响商品性，这就要求既要采用薄膜包装，又必须解决失水问题，生产上多采用微孔透湿膜、薄膜覆盖不密闭等方法加以调节。

（三）商品包装

蔬菜的商品包装一般是在产地、批发市场或零售环节中使用。通常使用托盘、塑料薄膜或网袋等；包装设备有蔬菜包装机、蔬菜扎捆机、热风机等。通过商品包装可防止蔬菜水分蒸发，保持蔬菜的外观品质，有助于延长蔬菜的供应期，同时便于消费者携带。蔬菜商品包装应满足以下几点：一是蔬菜的商品品质较好，包装质量准确；二是包装材料透明，能看清内部蔬菜的新鲜程度；三是避免使用有色包装来混淆蔬菜本身的色泽；四是对一些稀有蔬菜应有营养价值和食用方法的说明（严继超等，2015）。

二、包装材料

蔬菜包装主要有塑料、复合包装材料、纸与纸制品包装材料，也可选用竹、荆条筐以及由天然纤维合成的袋、网等。近年来，随着包装需求和技术的发展，功能性保鲜膜（如透气膜）、可食性膜、新型包装纸、活性包装材料等新型包装材料在蔬菜保鲜包装方面逐渐推广应用。

（一）高密度微孔薄膜袋

新鲜蔬菜保鲜，可以根据其生理特性，以及对氧气和二氧化碳浓度的忍耐力，在薄膜袋上加工一定数量的微孔，以加强气体的交换，减少袋内湿度和挥发性代谢产物，保持袋内相对较高的氧气浓度，防止氧气浓度过低导致无氧呼吸而产生乙醇、乙醛等挥发性物质。这类产品有新型微孔保鲜膜、高透明带微孔的聚丙烯（Polypropylene，PP）复合保鲜膜等类型。

新型微孔保鲜膜可以在包装后的 36 h 内使包装袋中氧气的浓度降低、二氧化碳浓度提高，直至达到均衡的气调环境。高透明带微孔的 PP 复合保鲜膜可在里层再复合一层抗潮湿薄膜，减少由于冷凝作用形成的水雾乃至微小水滴，提高保鲜效果。

（二）功能性保鲜膜

功能性保鲜膜材料有多种类型。①阻隔性保鲜膜：以 PP、PE、聚对苯二甲酸乙二醇酯（Polyester，PET）为原料，添加多种无机物粉末，具有阻隔紫外线和红外线的功能，可用来做贮运果蔬瓦楞纸箱的内衬，防止果蔬腐烂。②双向拉伸高密度聚乙烯（High Density Polyethylene Impermeable，HDPE）保鲜膜：纵横强度高、刚性均匀、切割性能好，具有防潮性好、无异臭、可用 γ 射线杀菌、保鲜时间长的优点。③无纺布保鲜袋：在合成纸浆的芯材中，加入吸水性高分子化合物，在包装水分含量较大的果蔬时，可吸收周围的水；当袋内温度与外部产生温差时，又能释放湿气，保持适当湿度，防止果蔬干枯，达到保鲜的目的。④防结露保鲜膜：采用表面活性剂在聚丙烯（Oriented Polypropylene，OPP）薄膜内面进行亲水性处理，具有包装内容物不结露的外观效果，又能防止易在水滴中繁殖的腐败菌类繁殖，防止果蔬腐烂。⑤蛋白质保鲜膜：以农副产品的蛋白质为原料，加入少量维生素 C，可用于新鲜果蔬的包装，不仅能保鲜，而且能有效防止果蔬色泽变褐。

三、包装技术—气调包装

（一）气调包装类型

常用的蔬菜气调包装技术主要有四种类型：自发气调包装（Modified Atmosphere Packaging，MAP）、控制气调包装（Controlled Atmosphere Packaging，CAP）、高氧自发气调包装（High Oxygen Atmosphere Packaging，HOMAP）、活性包装（Active Packaging，AP）。

1. 自发气调包装（MAP） 自发气调包装是被动式气调包装，利用蔬菜呼吸作用消耗氧气、产生二氧化碳，逐渐构成低 O_2、高 CO_2 的气调环境，并通过塑料薄膜与大气之间气体交换维持包装内的气调环境。如果蔬菜的呼吸速度与薄膜的透气率相匹配，包装内将被动地建立一个有利于蔬菜贮藏的气调环境；如果所选择的薄膜透气率不足，包装内必将被动地建立一个有害于蔬菜贮藏的厌氧气调，或有害的高 CO_2 浓度。控制气调包装的保鲜效果取决于塑料薄膜的透气性能。目前，新鲜蔬菜普遍采用这种包装形式，如采用保鲜薄膜包裹塑料浅盘包装的番茄，采用塑料薄膜包装的鲜切蔬菜等。

2. 控制气调包装（CAP） 控制气调包装是主动式气调包装，通过人为地建立有利于蔬菜贮藏的气调环境。自发气调有两种方法：一种是将蔬菜放入包装袋（容器）内，先抽出包装内部空气，再充入适合此种蔬菜气调保鲜的低浓度 O_2、高浓度 CO_2 的混合气体，或充入 N_2 稀释包装内的残氧，从而得到低 O_2 的气调环境。第二种是在包装内封入 O_2、CO_2、乙烯吸附剂或含有吸收剂的功能性塑料薄膜，快速建立低 O_2、高 CO_2 的气调环境，并消除乙烯气体。主动气调包装建立的气调平衡是通过塑料薄膜与大气之间的气体交换来完成，其优点是可根据蔬菜的呼吸特性，充入适合的混合气体，立即建立所需的气调环境；缺点是需要配气装置从而增加包装成本。

3. 高氧自发气调包装（HOMAP） 高氧自发气调包装指包装中 O_2 的体积分数为 $21\%\sim100\%$ 的气调包装。传统的 MAP 内 O_2 体积分数偏低、CO_2 体积分数偏高，导致蔬菜进行无氧呼吸，产生乙醛、乙醇等异味物质累积并滋生细菌，对蔬菜产生毒害并影响其品质。而 HOMAP 能降低蔬菜的呼吸作用，抑制细菌和真菌的繁殖，降低腐烂率，减缓组织褐变。

4. 活性包装（AP） 活性包装是在包装内添加气体（如乙烯、CO_2）吸收剂、释放剂（释放 SO_2 等抑菌气体）、精油或者其他材料，改变包装内的环境条件，延缓蔬菜衰老，保持蔬菜的营养风味。乙烯可促进果实的成熟，在包装膜中或者包装袋内加入降低乙烯含量的物质，比如乙烯抑制剂、乙烯吸收剂、乙烯去除剂等，能够延缓蔬菜衰老，达到保鲜作用。

（二）气调包装机与包装工艺

气调保鲜包装机种类和规格较多，还在不断完善和发展中。虽然机型各不相同，但工作原理基本有两种：一种是半密封状态下工作的冲洗补偿式，另一种是全密封状态下工作的真空置换式。

图 3-12 为气流冲洗补偿的枕式气调包装机。包装工艺过程为包装袋成型→包装物充填→薄膜纵封→混合气体冲洗→横封→切断→袋式包装件。这种类型的包装机是基于传统的枕式包装机改型而成，在新鲜果蔬充填到完成纵封和单端横封的筒状包装袋的同时，混合的气调气体高速冲入筒状包装袋，将包装袋内的空气挤出，形成包装袋内的气调气氛。这种包装机的结构比较简单，价格低，但气体比例控制精度不高，气调气体的浓度不高。

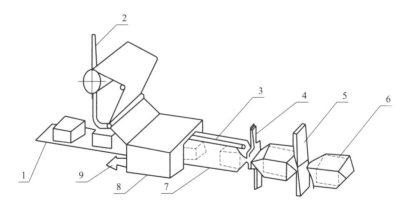

图 3-12 气流冲洗补偿的枕式气调包装机
1. 传送带 2. 充气管 3. 喷嘴 4. 横切刀 5. 横切刀 6. 枕式成品包装件
7. 包装薄膜袋 8. 成型器 9. 空气排出

图 3-13 为真空置换的热成型气调包装机。其包装工艺过程为前盘热吸塑→包装盒成型→包装物充填→柔性膜覆膜→进入工作腔→抽真空→充混合气体→包装盒热封→切断→盒式包件。这种类型的包装机，将抽真空、充混合气体、包装盒热封集中于工作腔一个工位，除氧比较彻底，混合气体的比例控制精度高，结构比较复杂，价格比较贵。

真空置换气调包装机的工艺参数要根据生鲜果蔬物性、包装盒容积和气调包装要求来确定，主要包括抽真空、充混合气体和热封合三个方面。

1. 抽真空 为使包装盒内的氧气浓度降至最低，包装盒应有较大的真空度。一般要求工作腔的真空度为 1～3 kPa。抽真空后，包装盒难以做到绝对无氧。经测定，如果包装盒内剩余氧气的浓度为 2％～5％，则霉菌、酵母的繁殖基本上同在空气中一样。抽真空时间要根据产品对真空度的要求和包装容积，经实验确定。

2. 充混合气体 充填到包装盒的混合气体要有一定的压力，一般以 0.15～0.3 MPa 为宜。压力过小，由于工作腔室较大，充气慢，充气量不足；压力过大，则覆盖在包装盒上的薄膜可能胀破。一般充气后包装盒内的压力以不大于 0.12 MPa 为宜。充气时间也依包装盒的容积而定，以饱满为原则。

3. 热封合 包装盒覆膜的热封合质量是气调包装密封性的重要保证。一般要求热封宽度稍大，这样热封强度较高。热封温度和热封时间要依据包装材料、生产节拍确定。对较高热封温度的复合材料，热封器的温度要升高，热封时间要及时调整。

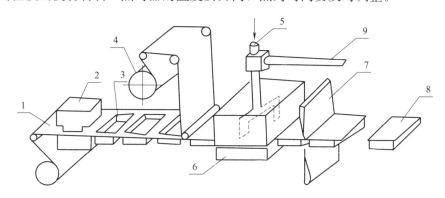

图 3-13 真空置换的热成型气调包装机
1.底板 2.热成型模 3.塑料盒 4.盖膜 5.充气管 6.抽真空-充气-热封腔
7.横切刀 8.气调包装件 9.抽真空管

目前，我国还存在"重采前轻采后"的现象，因为不够重视蔬菜的采后商品化处理，导致商品化处理率不足 10％、流通损耗高达 30％。绝大部分蔬菜没有预冷和包装等其他采后商品化处理，便以原始状态上市，导致蔬菜产品质量参差不齐，再加上贮藏、运输的技术缺乏，相关设施装备不完善，蔬菜不能实现冷链流通等原因，造成蔬菜采后损失严重，长期居高不下。随着人们对食品安全和商品品质的重视，人们也逐渐加强了对蔬菜采后的商品化处理，通过科学的商品化处理可以提升蔬菜的品质，减少采后腐烂损耗，实现旺贮淡供，建立完善的蔬菜商品化供应链是今后蔬菜产业发展的重要任务之一。

■参考文献

陈乃光，1988.果蔬采后呼吸反应动力学的研究 [J].食品科学 (5)：1-4.
丁宏斌，2020.对蔬菜收获机械化技术的探析 [J].当代农机 (9)：54-56.
贺红霞，申江，朱宗升，2019.果蔬预冷技术研究现状与发展趋势 [J].食品科技，44 (2)：46-52.
李佳伟，杜志龙，宋程，等，2017.我国蔬菜清洗技术及设备研究进展 [J].包装与食品机械，35 (3)：46-51.
李健，姜微波，2012.预冷技术在果蔬采后保鲜中的应用研究 [J].北京工商大学学报（自然科学版），30 (3)：65-68.
李磊，陈发河，吴光斌，2010.热激处理对冷藏"解放钟"枇杷果实木质化及相关酶活性的影响 [J].

食品科学，31（16）：286-290.

梁称福，熊丙全，2016. 蔬菜栽培技术［M］. 北京：化学工业出版社.

梁豪，田怀文，杨文哲，2020. 真空预冷技术及其在果蔬方面的应用和发展前景［J］. 科技创新与生产力（11）：75-77.

刘兴华，陈维信，2001. 果品蔬菜贮藏运销学［M］. 北京：中国农业出版社.

刘志雄，邱正明，闵勇，等，2015. 设施蔬菜"三减三增"健康栽培技术［J］. 长江蔬菜（24）：77-78.

卢裕亿，2021. 预冷工艺参数对蔬菜预冷速率及其冷链品质的影响［D］. 上海：上海海洋大学.

罗健生，郑元法，赵建云，等，2016. 果蔬真空预冷机控制系统的设计［J］. 时代农机，43（3）：65-66.

吕晓龙，邓韵弘，王彩霞，等，2020. 采后脱落酸处理促进甘薯块根愈伤木栓组织的形成［J］. 热带作物学报，41（5）：1041-1047.

潘仟仟，张宁，陈学永，2016. 预冷技术在我国果蔬保鲜冷链中的应用研究综述［J］. 冷藏技术（4）：6-11.

皮晓芳，谢如鹤，褚力其，等，2019. 基于外部效应的水果采后预冷节点布局优化研究［J］. 包装工程，40（19）：121-129.

时庆芬，2014. 荸荠的采收与贮藏保鲜技术［J］. 现代园艺（12）：29.

王迪轩，胡为，2010. 芦笋采后处理技术［J］. 中国农机化学报（11）：52.

王丽琼，徐凌，2018. 果蔬保鲜与加工［M］. 北京：中国农业出版社.

王强，刘晓东，2001. 实施蔬菜产地预冷，完善低温冷藏链［J］. 制冷（1）：40-44.

王子安，唐丹萍，蒋培雷，等，2021. 浅谈果蔬的几种预冷方式［J］. 轻工标准与质量（3）：103-106.

严继超，范双喜，刘瑞涵，等，2015. 蔬菜市场营销［M］. 北京：金盾出版社.

张玉华，王国利，2018. 农产品冷链物流技术原理与实践［M］. 北京：中国轻工业出版社.

郑恒，陈大磊，焦中高，2020. 预冷对果蔬的保鲜作用及其影响因素［J］. 安徽农学通报，26（13）：137-139.

周瑞金，2018. 园艺产品贮藏运输［M］. 北京：中国农业出版社.

邹亮亮，刘雪美，苑进，等，2022. 叶菜机械化收获技术与装备研究进展［J］. 中国农机化学报，43（6）：15-23.

AMBAW A，MUKAMA M，OPARA U L，2017. Analysis of the Effects of Package Design on the Rate and Uniformity of Cooling of Stacked Pomegranates：Numerical and Experimental Studies［J］. Computers and Electronics in Agriculture，136：13-24.

ARANCIBIA R A，MAIN J L，CLARK C A，2013. Sweetpotato Tip Rot Incidence is Increased by Preharvest Applications of Ethephon and Reduced by Curing［J］. Horttechnology，23（3）：288-293.

BOSTOCK R，STERMER B A，1989. Perspectives on Wound Healing in Resistance to Pathogens［J］. Annual Review of Phytopathology，27（1）：343-371.

DUAN Y，WANG G B，FAWOLE O A，et al.，2020. Postharvest Precooling of Fruit and Vegetables：A Review［J］. Trends in Food Science and Technology，100：278-291.

MERIER S，VILLENEUVE S，MONDOR M，et al.，2017. Time-temperature Management Along the Food Cold Chain：A Review of Recent Developments［J］. Comprehensive Reviews in Food Science and Food Safety，16（4）：647-667.

ONWUDE D I，CHEN G N，EKE-EMEZIE N，et al.，2020. Recent Advances in Reducing Food Losses in the Supply Chain of Fresh Agricultural Produce［J］. Processes，8：1431.

PAULL R E，1999. Effect of Temperature and Relative Humidity on Fresh Commodity Quality［J］. Postharvest Biology and Technology，15（3）：263-277.

第四章　蔬菜贮藏与流通

　　我国是蔬菜生产大国，种植面积和产量均居世界前列。2022年全国蔬菜播种面积$2.246 \times 10^7 hm^2$，总产量达约8亿t，占世界总产量50%以上。由于蔬菜品种繁多、产量巨大、耐贮性差，采后流通腐损率高达30%以上，当前我国尚未建立完善的蔬菜商品化处理和流通技术标准体系，现有贮藏流通存在装备能耗高、智能化程度低、信息化程度落后等问题。因此亟须研发适配性强的产地预冷保鲜、冷链仓储设施，提升蔬菜品质，降低流通腐烂损耗。

　　目前发达国家，如美国、日本冷链设施建设比较发达，农产品产后冷链流通率高达95%以上，大大降低了流通损失。随着大数据和人工智能（AI）的快速发展，自动化、信息化、智能化、便捷化将是未来蔬菜产业发展升级的方向。美国、日本以及一些欧洲国家从基于5G的冷链信息化技术入手，对农产品全链条质量溯源和供应链智慧管控，通过区块链和物联网平台，实现了收获前到收获后所有环节的自动化管理。

　　我国蔬菜采后现代冷链装备发展较晚，与国外还存在一定的差距。在预冷环节，国外装备机械化、自动化和智能化程度高，且建立了完整的标准化体系。我国蔬菜主要以一家一户小农生产模式为主，现有预冷设备能耗高、适用性差、智能化水平低，缺乏小型化、移动式、智能化的专业预冷装备。如适用于叶菜类蔬菜预冷的低能耗、智能化的真空预冷设备；基于工艺数据融合调控的压差预冷设备都是未来主要的发展方向。蔬菜气调保鲜设备方面，传感器及控制系统还大都依赖进口，造价高，售后服务体系不健全，出现故障时配件更换时间长，较大地影响了使用效率，研发高可靠、多参数、精准可控的气调装置实现国产化替代是下一步发展方向。在蔬菜冷库方面，现有冷库仍以人工管控为主，未来主要是开发贮藏智能管控设施，建立冷库大数据服务平台，实现远程精准管控，其次是开展基于自然工质（氨和二氧化碳）的冷库装备开发，实现贮藏设施的低碳节能。

　　综上所述，目前我国蔬菜采后冷链装备距离国外还有一定的差距，随着冷链物流行业规模的不断扩大，我国蔬菜冷链装备既要借鉴国外的经验，还需充分考虑中国"大国小农"的基本国情，开发小型化、智能化、低碳化的蔬菜冷链装备，实现蔬菜小农生产与现代化大流通有效衔接。

第一节　贮藏保鲜

　　蔬菜贮藏保鲜是为了满足人们在丰收季节储存新鲜蔬菜以备淡季享用的需求。我国从古至今出现了多种贮存保鲜的方法，例如深井贮存设施、冰窖贮存、地窖等。随着科学技术的不断进步，蔬菜的保存技术也在不断提高。由最初的简易贮藏到后来的机械冷藏，再到如今的气调贮藏，贮藏方式经历了一系列的变革。在实际生产中，我们需根据蔬菜种类和当地条件，选择适合的贮藏方法，以实现最佳效果。

一、简易贮藏

（一）地窖

1. 地窖原理及类型 地窖是一种利用土壤和石头等材料修建的贮藏窖穴，常用于蔬菜保鲜。它利用土壤的热惰性，通过吸收土壤中的冷量来维持窖内的低温环境。常根据地下水层的深浅，在地下挖掘一个圆形或方形的洞或坑来建造地窖（李喜宏，2008）。

地窖结构如图4-1所示，一般可根据内部结构分为L型（圆）和一字型（方）两类。L型地窖储物洞的深度通常超过2.5 m，上下通道约4 m；而"一"字型地窖则较浅，需使用木棍和秸秆作为支撑，并在顶部覆盖土壤。"一"字型地窖是半阴半阳的结构，用砖或土坯做墙，最上面则是覆盖秸秆和木棍等材料。

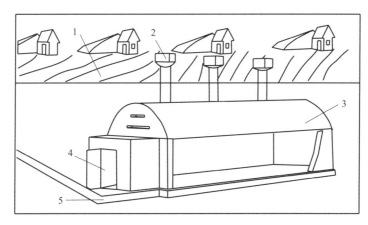

图4-1 地窖结构示意图
1. 地上部分 2. 通风口 3. 地下室 4. 窖门 5. 出入通道

贮藏窖的类型分为半地下和全地下两种，它们距离地面的高度不同。通常，贮藏窖采用砖混结构，窖顶的形式有拱顶和平顶。为防止平顶结构产生的冷凝水滴落到产品上，需要将冷凝水引流至地面。保温处理可以选择覆土或贴上保温材料。窖门需具备保温功能，如在严寒地区，可适当增加保温门板的厚度或使用双层门设计。在连续极端低温的气候条件下，也可以增设使用棉门帘。

选址宜靠近村庄主干道，合理利用地形、优化土地利用，选择地下水位深、排水条件好、基础设施完善的位置。根据存储窖规模和运输方式的不同，科学确定存储窖的进出口位置和装卸场地的大小。窖宽需控制在3 m以内，窖高不宜高于3 m，长度可根据需要控制在30 m内，窖洞上方需保持5 m厚土层为宜，并在窖洞的后壁增设通风孔，通风孔的上端安装排气设备，注意防雨。晚秋和初冬这段时间，窖内温度较外面的大气温度高，为了降低窖内温度，可以打开所有通风孔和门窗。冬季时，为了防寒，可以采取自然制冰或制雪球放入窖洞中，使窖内稳定在适宜的温度，同时增加湿度。春季到来时，大气温度逐渐升高并超过了窖内温度。根据昼夜温差，可以选择性地打开或关闭通风孔，以防止窖内温度过快回升。此外，贮藏窖应建在避开有害物质污染和不良工程地质条件的区域。

2. 地窖贮藏应用 L型和"一"字型适合贮藏耐存储的块茎类蔬菜，如红薯、马铃薯和大姜等。而半阴半阳的结构则适合贮藏时令果蔬，如应季蔬菜和水果。生姜是我国栽培面积广泛的蔬菜作物之一，主要产于山东及长江以南地区。生姜因其独特的辣香味成为人们不可或缺的调味品。在药用方面，它有暖身发热、祛风化痰以及助消化等功效。此外，生姜还可以转化为化工原料，应用于工业生产中。生姜的性质有其独特之处，因此需要控制好贮藏的温度（一般为13～15℃）和湿度（一般为75%～85%）。在建筑形式上，贮存姜的方式通常有井窖、棚窖和坑窖等。井窖一般在山东生姜产区较为常见，坑窖贮藏形式多出现在浙江一带，管理良好的姜窖，贮期可达一年以上。

（二）窑洞

1. 窑洞原理及应用 窑洞贮藏技术是中国西北地区的古老贮藏方式之一，黄土高原地区特有的建筑形式。它能够冬季蓄冷夏季保冷，窑洞内年平均温度与当地外界年平均温度相比，平均低2℃，并且能够持续将0℃保持在百天左右。窑洞主要用于贮藏白菜、马铃薯、甘薯等耐贮蔬菜。当窑温高于外界温度时应及时打开窑门通风，当窑温低于外界温度时应及时关闭窑门。冬季土层具有蓄冷特性，通风时要防止冻害。

2. 窑洞贮藏特点 窑洞贮藏成本低，具有较好的经济效益，另外它具备一定的温湿度调节能力，加之良好的管理及保鲜措施，能够实现与普通商业冷库相当甚至更好的保鲜效果。当然，窑洞的缺点是贮藏的蔬菜种类有限，而且在地域上有一定的局限性。

二、机械冷藏

（一）原理和类型

机械冷藏库（图4-2）是指以机械方法进行制冷的库房，其原理是通过制冷系统维持库内环境的温度和湿度。机械冷藏库根据库房的建筑结构形式可分为土建式和组合式。土建式是以砖混结构为主体，形成具有一定贮藏空间的建筑物，结构需要具有较大的强度和刚度，可承受一定的应力，避免产生缝隙，破坏保温层，形成冷桥，该结构形式建设周期长、投资相对较高。装配式是以钢架结构为主体，形成具有一定贮藏空间的建筑物，其要求与土建式结构相似，该形式具有结构简单、建设周期短、安装方便、拆除性强等特点。

机械冷藏库按使用温度可分为高温保鲜库（0～5℃）和低温冻藏库（-23～-18℃），蔬菜冷藏多采用高温保鲜库。机械冷藏库的优点在于不受时间、地点和运输距离的限制，可以自由调节不同温度，适用于不同种类的蔬菜、食品的储存和运输。机械冷藏库中的制冷机原理有活塞式、螺杆式、涡旋式等，可以根据不同的需求进行选择。机械冷藏可实现不同温度自由调整，因此被广泛应用于冷链物流领域。

（二）贮藏应用

机械冷藏库应根据所贮蔬菜种类调节温湿度环境参数至最适宜状态，在每个贮藏季来临之前需要对冷库、气调库进行贮前准备工作，主要包括设备检修、库房消毒、库房降温等。

1. 温度调节 蔬菜贮藏受温度影响的重要性不可忽视。因为温度会直接影响蔬菜的呼吸强度、酶活性和微生物存活，温度越高，蔬菜的呼吸作用越旺盛，酶活性越强，微生物的繁殖速度也越快，导致蔬菜的贮藏时间缩短。蔬菜采摘后应立即降温，散去田间热，

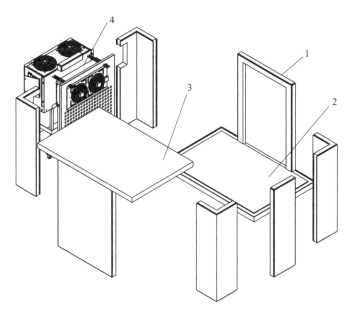

图 4-2 机械冷藏库示意图
1. 库板 2. 底板 3. 顶板 4. 制冷系统

以保持其新鲜度。蔬菜入库时，应确保库温维持在适宜的蔬菜贮藏温度，并在贮藏期间调节至最佳温度，减少温度波动，保持稳定。

作为蔬菜采后品质控制的主要因素之一，温度对品质保持的贡献率达到 70% 以上，温度检测布置点应根据冷库大小在不同位置按照标准要求进行，温度控制应采取小温差设置，实验证明，温度的波动范围越小越有利于品质保持。随着数字化时代的到来，温湿度控制也进入数字时代，可实现远程监控，达到精准控制效果。目前已建有成熟云仓，可与手机 APP 相连，对多个参数自动调节与控制，避免由于误操作引起损失。

温度管理应当注意冷却器的蒸发温度，设计温差应控制在 8 ℃以内，根据库体大小是否需要设置风道，让库内送风均匀，蒸发器应当安装在靠近门口处，以便通风换气及维修方便。

2. 湿度调节 冷库中的相对湿度对产品质量和新鲜度有直接影响，如果相对湿度过低，蔬菜会很快萎蔫。要保持库内适当的相对湿度，必须做到以下几点：首先必须有良好的隔热层减少热量损失；其次蒸发器冷却面积必须足够大，使冷却器蒸发温度与产品贮藏所需温度的温差尽可能缩小，在维持相对湿度上，可以考虑使用除湿装置或者加湿装置，也可根据需求增加外包装。湿度控制采用定时加湿或湿度监测控制，加湿时应当做到风机运转，但不开启制冷机组。

三、气调贮藏

(一)原理和组成

气调库是在冷藏库的基础上通过增设气密层、气调门、安全装置等设施装备使其空间达到一定气密性，并能利用气调设备调节库内微环境气体指标的设施。作为冷藏库发展的新一代设施，气调库除具有冷藏库的制冷系统外，还主要包括制氮机（脱氧机）、二氧化碳脱除机、乙烯脱除机、平衡阀、安全气囊和气体监控等气调系统装置。其系统构成如图 4-3 所示。

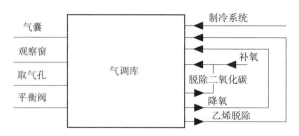

图 4-3 气调库组成及原理

1. 制氮机（脱氧机） 制氮机（脱氧机）指实现贮藏环境内氧气减少的装置，主要原理是通过充注氮气或者吸附氧气降低氧气含量，根据工作原理不同主要分为变压吸附制氮机、中空纤维膜制氮机、脱氧机。

变压吸附制氮机是利用具有 $0.3\sim1$ nm 微孔碳分子筛的吸附原理，将空气中氧分子吸附于分子筛表面制取氮气的装置，该装置一般是由两个装有碳分子筛的独立罐体组成，双罐在不同压力下轮流工作实现碳分子筛的吸附与解吸。

变压吸附制氮机的工艺流程如图 4-4。经过空压机升压并过滤处理的空气通过管道流向装有分子筛的 A 罐，空气中的氧分子被具有表面引力场的分子筛吸附，在罐体另一端流出具有含氧量很少的空气，随着时间延长，吸附于表面的氧分子逐渐增加，以致表面被氧分子覆盖，分子筛失去吸附能力，达到吸附平衡，此时根据设定时间要求进行阀门切换，压缩空气进入 B 罐，B 罐开始工作制取氮气，同时与 A 罐连接的出气阀门关闭，与大气连接的排气阀门打开，吸附饱和的分子筛在瞬间失压的状况下，氧分子从分子筛表面脱离，排入大气，A 罐中的分子筛又重新获得吸附能力，如此循环，可源源不断地制取一定浓度的氮气。

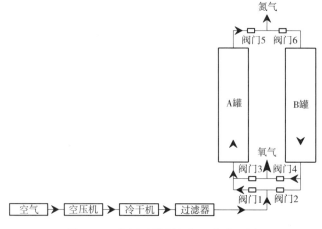

图 4-4 变压吸附制氮机工艺流程图

中空纤维膜制氮机是利用不同气体在中空纤维膜中渗透速率不同的特性，将空气中氧气与氮气进行分离的装置，该装置为数十万根具有相同内外径纤维组成的膜管。

中空纤维膜制氮机的工作流程如图4-5。经过滤干净干燥的无油压缩空气（1.1～1.3 MPa）通过带有控温装置设备经管道、控制阀门流向装有中空纤维膜的膜组，在该压力条件下，空气中的氧气和氮气在中空纤维膜中的渗透速率不同，氧气渗透速率远远大于氮气，因此当空气通过膜组时，氧气被富集在低压侧，而氮气则被富集在高压侧，从而实现气体的分离，获取一定浓度的氮气，膜组工作可实现连续制取氮气，氮气浓度的高低通过气体流量大小来调节。

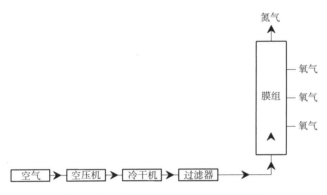

图4-5 中空纤维膜制氮机工艺流程图

脱氧机是利用具有微孔的分子筛吸附原理，将氧分子吸附于分子筛内降低氧气含量的装置，该装置一般由两个装有分子筛的罐体组成，轮流工作实现对气体的吸附与解吸。其工作原理如变压吸附制氮机，不同之处为该设备的工作压力较低，一般控制在30 kPa以下，分子筛的解析依靠真空泵将罐体内抽成一定负压实现，脱氧机的降氧过程为闭路循环，而制氮机的降氧过程为开路循环。工艺流程如图4-6。

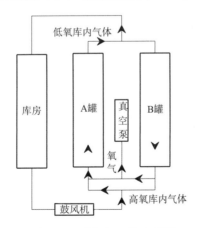

图4-6 脱氧机工艺流程图

2. 二氧化碳脱除机 二氧化碳脱除机是指可实现气调库中二氧化碳浓度降低的一种设备。根据其工作原理不同可分为化学反应法和物理吸附法。

化学反应法是利用二氧化碳与碱性吸附剂发生化学反应来降低气调库内二氧化碳含量的方法，具体操作为将库内气体通过管道与风机、吸附容器连在一起，风机将库内气体引入盛放碱液的容器中，依靠碱液和二氧化碳的化学反应消耗气体中的二氧化碳，降低二氧化碳浓度，此种方式价格低廉，操作非常麻烦、污染严重，并且具有较大危险性。

物理吸附法指利用与二氧化碳分子孔隙一致的活性炭吸附气体中二氧化碳使其浓度降低的方法，该活性炭具有再生功能，可通过二氧化碳含量低的气体对其进行吹洗，使其再次获取吸附能力。物理吸附法二氧化碳脱除机工艺流程如图 4-7 所示。

3. 乙烯脱除机 乙烯脱除机是指可实现气调库中乙烯浓度减少的专用设备，根据其工作原理不同主要有高锰酸钾氧化法和高温催化氧化法。

高锰酸钾氧化法是指利用高锰酸钾的强氧化性将库内的乙烯气体进行氧化，达到降低乙烯浓度的目的。具体操作为将库内气体通过管道将风机、吸附容器连在一起，通过风机将库内气体引入装有高锰酸钾吸附材料的容器中，待库内乙烯气体与高锰酸钾接触时，发生化学反应，将乙烯氧化分解为二氧化碳和水，高锰酸钾吸附材料通过具有吸附功能的多孔材料浸泡高锰酸钾溶液获得，该方法吸附能力受外界环境影响较大，腐蚀性强，污染严重，需经常更换载体，目前主要用于小型气调贮藏保鲜设施中。

高温催化氧化法是利用高温环境将库内的乙烯进行氧化分解达到降低乙烯浓度的目的。具体操作为库内气体通过管道将风机、高温催化氧化室连在一起，通过风机将库内气体引入装有催化剂的高温氧化室内，在高温环境中（260 ℃）采用催化剂将乙烯氧化分解为二氧化碳和水，达到降低其浓度的目的。乙烯脱除装置的设计充分考虑了库内温度的波动，设计结构先进，进出风交替换热，实现出风口温度略高于库温的工艺要求，降低库温波动，减少能耗，该装置在脱除乙烯时还可脱除部分芳香气体和杀灭部分细菌。其工艺流程如图 4-8。

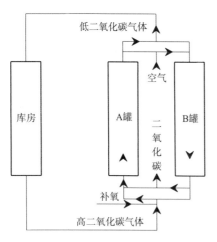

图 4-7 二氧化碳脱除机工作流程图

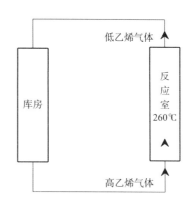

图 4-8 乙烯脱除机工艺流程图

4. 监控系统 气调库气调微环境调控的核心控制单元，为蔬菜的气调贮藏提供可靠的微环境，并实现数据的分析。其主要组成包括微电脑控制单元、氧气传感器、二氧化碳传感器、乙烯传感器、气体分配站、阀门等。

气调库气体采样通过取样管在蠕动泵的作用下送到安装有氧气传感器、二氧化碳传感器、乙烯传感器的装置内，传感器将所检测气体浓度信号送到微电脑控制中心，微电脑检测的数据通过与气体浓度设定值进行比对，根据设定条件控制不同设备的启停，实现对不同气调库气体微环境的调控。

5. 观察窗 气调库检测或取样通道，主要设置在库体风机安装处和气调门中，方便观察蔬菜贮藏质量和维修风机人员进出，其大小要方便工作人员携带防护装备进出，观察窗的设计除具有透明特性外还应做到保温和气密，否则容易形成冷桥在窗的外侧结露。

6. 平衡阀 库体结构安全的保护装置，平衡库内外压力差，在气调库内外压力过大时打开与大气联通的管道，避免引起库体结构、围护结构及其气密层遭破坏，根据其工作原理不同主要分为干式平衡阀和湿式平衡阀两种，平衡压力宜控制在 5 cm 水柱范围，对于湿式安全阀冬季应当考虑保温，防止结冰现象发生。平衡阀需安装在易于观察、方便管理的地方。

7. 平衡气囊 平衡气囊是在库内外压力微小变化时，对库内微环境气体成分进行保护的装置。气调库在运行期间受温度和蔬菜呼吸的影响，库内会出现微量压力失衡，平衡气囊的作用就是当出现微量压力失衡时对其进行消除或缓解，平衡气囊的容积需按气调间建筑体积的 $0.5\%\sim1\%$ 来确定，应选用柔性密封耐氧化材质，安装位置宜选择在库顶或库体一侧，并进行悬挂。

8. 气调门 气调门作为贮藏货物进出的主要通道，其设计及安装具有特殊要求，除具有保温性外，还应具有良好的气密性，气调门上一般设有观察窗用于样品取样及工作人员进出，其侧面应设有锁紧装置用于气调门气密橡胶锁紧，内部应设有应急安全旋钮，方便库门打开。

（二）气调库应用及管理

气调库作为蔬菜贮藏品质保持的先进设施之一，可极大地延长蔬菜贮藏期，调节蔬菜采后供需不平衡，稳定市场及价格。气调库结构复杂，设备繁多，蔬菜贮藏条件极为严苛，管理方面也有独特的工艺要求，比普通冷库严格得多。要想获得较好的贮藏质量，必须做到对气调库相应设施装备的熟练操作，以确保蔬菜气调贮藏质量，满足人民生活需求，提高企业经济效益。

1. 快速制氮降氧运行 首先保证库温为蔬菜贮藏最佳温度，然后迅速封库制造氮气降低氧气浓度，使库内蔬菜进入气调贮藏状态。应该在较短时间内形成设定的气调工况，否则会影响蔬菜贮藏期。考虑蔬菜的呼吸作用，库内的氧气浓度要比设定值高出 $2\%\sim3\%$。利用气调设备快速降氧时，应根据蔬菜入库的先后顺序及时运行。

2. 二氧化碳浓度控制 当库内二氧化碳气体的检测浓度高出设定值时，应采用二氧化碳脱除机对库内二氧化碳进行吸附处理，使库内二氧化碳浓度降至所需范围。若库内二氧化碳浓度低于设定值，应根据要求向气调库内通入二氧化碳气体，以提高库内二氧化碳气体的浓度。

3. 补氧 在气调库中贮藏的蔬菜，由于蔬菜自身的呼吸会消耗氧气，使密闭空间内的氧浓度降低。当库内氧气浓度低于设定范围的下限时，应利用气调系统中的补氧系统向库内补氧，直至达到设定要求。

4. 稳定运行 气调库内达到设置的气调工况后，即进入了稳定状态。贮藏蔬菜的呼吸作用以及库体气密性等均影响库内气调状态，因此库内微环境需保持相对稳定状态才有利于蔬菜贮藏。按照蔬菜气调贮藏技术的要求，气调库参数波动范围详见表 4-1。

表 4-1 气调库参数波动范围

名称	波动范围
温度	±0.5 ℃
氧气浓度	±1%
二氧化碳浓度	±1%
乙烯浓度	小于设定值
相对湿度	±5%

5. 气体成分分析和校正　每个气调间应设有两个取样口，一个供日常测试取样，另一个供校核纠正取样。鉴于气调库的气调微环境时刻变化，为了监测气调库气体成分，每天至少需进行一次检测，每周至少进行一次校正，每年至少进行一次对气调系统所有管线压力测试，以确保检测气调指标的准确性（表 4-2）。

表 4-2　常见蔬菜的气调条件

蔬菜名称	冷藏温度/℃	相对湿度/%	O_2含量/%	CO_2含量/%	储藏期/d
胡萝卜	1	81～90	3	5～7	300
芹菜	1	95	3	5～7	90
黄瓜	14	90～93	5	5	15～20
马铃薯	3	85～90	3～5	2～3	240
香菜	1	95	3	5～7	90
番茄	12	90	4～8	0～4	60
蒜薹	0	85～90	3～5	2～5	200～300

6. 气调贮藏期间蔬菜的质量检测　在蔬菜贮藏期间应做好全过程质量检测，以保证蔬菜品质。质量检测的方式有：一是肉眼观察表面现象，通过观察窗观测或进库检查蔬菜发生的变化；二是取样检测蔬菜内部变化；三是做对照试验，将蔬菜置于常温下观察蔬菜变化情况。在气调库贮藏的初期，可根据贮藏蔬菜特性选择每月（周）进库检查一次，中后期应提高进库检查的频次。

7. 出库处理　出库前应根据蔬菜市场需求做好出库计划并通知相关操作人员，蔬菜出库时，首先打开气调库密封门交换库内外的空气，待库内含氧量回升到 18%～20% 时，工作人员方可进库操作，贮藏的蔬菜最好一次性出库，如果不能一次完成出库，也应快速分批出库。

四、其他技术贮藏

（一）减压贮藏

减压贮藏是一种绿色无污染的蔬菜物理保鲜技术，又称为低压贮藏或负压贮藏，主要优势体现在操作简单、无化学药物残留、食用安全性高等方面。减压贮藏因其作用原理及先进的技术，对于蔬菜的保鲜，相较于冷藏和气调贮藏而言效果显著提升，而其他常规保鲜技术对易腐蔬菜难以达到期望的保鲜效果，因而被一些学者称为"保鲜技术上的第三次革命"，该技术又被称为"世纪保鲜新技术"。

1. 减压贮藏的原理 减压贮藏技术是一种特殊的气调贮藏方式。其基本原理是将蔬菜放在密闭容器内且置于低温环境中，为使容器内部气压下降到一定程度，需将容器内部分空气抽出，与此同时压力调节器不断地将新鲜的高湿空气输送进容器内，促使整个系统不断地进行气体交换，以此来使容器内部压力的动态和湿度环境达到相对平衡与稳定。该系统具有以下两点要求，一是容器须坚固且可承受一定的压力，如曲面的厚钢板材质；二是必须输送达到或接近100%相对湿度的空气（励建荣，2022）。

2. 减压贮藏的作用

（1）减压形成低氧环境。在道尔顿定律所描述的气体特性中提到，空气中各组分气体的分压与总压成正比。即当气体压力降低时，空气中各组分气体的分压也会相应降低。例如当气压降低至原气压的 $1/10$ 时，空气中的 O_2、CO_2、乙烯等组分气体的分压也会相应降至原来的 $1/10$。此时空气中各组分气体的相对比例保持不变，但它们的绝对含量则降为原来的 $1/10$，即 O_2 的含量降低至 2.1%。因此减压贮藏可以通过创造一个低氧的贮藏环境，从而起到与气调贮藏类似的作用。

（2）减压促进果蔬组织中挥发性气体向外扩散。由于蔬菜组织结构内部某些气体向外扩散速度与该气体在组织内外的分压差及其扩散系数成正比，且扩散系数又与外界环境压力成反比，即温度越高或压力越低时，气体扩散系数越大，就越利于及时排除蔬菜贮藏过程中产生的有害气体。因此，减压贮藏在很大程度上可以促进蔬菜组织内挥发性有害气体（如乙烯、乙醇、乙醛）的向外扩散，从而减少由这些有害气体引起的生理病害，并从根本上消除 CO_2 中毒的可能性（吴朝霞等，2010）。

3. 减压贮藏对蔬菜品质的影响 减压贮藏不仅可以推迟蔬菜的完熟过程，还可以保持绿色、预防组织软化、减轻冷害和一些其他贮藏生理病害的影响。在冷害温度下，一些蔬菜组织中的乙醛、乙醇等有毒挥发物的积累对发生冷害有一定影响，通过减压贮藏可以排除这些物质，从而减轻冷害的发生。蔬菜经减压贮藏处理，在解除低压后，由于乙烯的合成及其作用恢复速度缓慢，因此完熟过程相对缓慢，可有效延长货架期。在减压条件下贮藏的蔬菜组织易出现失水干萎现象，因此必须维持一个空气湿度较高的贮藏环境，空气湿度一般维持在95%以上，由于空气湿度过高会加重微生物病害，因此最好使用相应的消毒防腐剂来配合减压贮藏。相对于其他蔬菜采后预处理方式，短时减压处理可有效地增强蔬菜的贮藏保鲜效果，且其设备可用于蔬菜采收后在产地的短时贮藏。

4. 减压贮藏的应用 罗晨等（2021）通过菠菜、西芹、彩椒3种蔬菜的失重率、表面亮度值和叶绿素含量对比研究得到，减压贮藏可以降低蔬菜的蒸腾作用，减少果蔬内部水分的蒸发；减少果蔬贮藏过程中水分和营养物质消耗，并减缓叶绿素的氧化分解速度，延缓蔬菜的劣变过程；可以较好地保持蔬菜的感官品质。春笋采后易衰老腐烂，同时快速木质化，导致风味品质劣变，陈文煊等（2005）研究春笋在（0±0.5）℃、减压条件下的生理生化变化，研究表明，减压贮藏明显利于春笋的贮藏，可降低贮藏期呼吸强度，较好地防止木质化的发生和硬度的上升，有效保持膜的完整性，延缓衰老，可将春笋的贮藏时间由 20 d 延长至 35 d，保鲜效果十分明显。

减压贮藏要求贮藏室能经受 $1.013\,25×10^5\,Pa$ 以上的压力，这对设备结构来说是一个较大的难题，因此也限制了该技术在生产上的推广及应用。目前少数国家将减压系统装设在拖车或集装箱内用于运输。

(二) 电场贮藏

1. 高压静电场 高压静电场保鲜技术属于电磁微能技术的一个方面,是利用电磁场微能源对蔬菜进行高效、节能、高品质处理的过程,相对于现代化的蔬菜贮藏加工技术,诸如冷藏、气调、生理活性物质控制、化学保鲜以及辐射保鲜等技术来说,它具有投资少、能耗低和贮藏品质高的优点 (王愈,2011)。

(1) 高压静电场保鲜。高压静电保鲜的原理是主要利用电场对蔬菜的微观结构进行调整,从而延缓蔬菜的老化和腐败。在处理过程中,将蔬菜置于高压静电场中,静电场通过蔬菜表面的细微凹凸结构和刚柔交错的细胞壁结构,对蔬菜进行微观局部的调整,改善蔬菜的保鲜效果。

此外,高压静电场还能产生微量臭氧及负离子,改变细胞膜的跨膜电位并影响代谢,对呼吸系统的电子传导产生影响,减缓生物体内氧化还原反应。同时,水分子在高压静电中产生同频共振现象,结晶体变得细小均匀,水分子结合方式改变,最大限度地减少了蔬菜细胞壁被锐角冰晶穿刺,以保持蔬菜新鲜度,防止营养成分流失,减少质量损耗。

(2) 高压静电场设备组成及特点。高压静电场保鲜设备主要由高压电源、电场发生器、电极组件和保鲜容器组成。其中,高压电源是用来产生高电压的装置,电场发生器是产生高压静电场的组件,电极组件则是产生电场和电荷分布的关键部件,保鲜容器用于存放需要保鲜的蔬菜。高压静电场保鲜设备具有操作简单、保鲜效果好、安全可靠等特点。同时,这种设备对环境没有污染,也不会对人体健康造成影响。

2. 微波电子保鲜 微波电子蔬菜保鲜机,是在贮存蔬菜的空间内,通过高压放电生成一定浓度的负离子、臭氧和一种全新物质 H_{20},直接作用于蔬菜的基本组成单元高分子,从而达到蔬菜防腐保鲜的一种设备 (唐蓉,2009)。这种微波电子蔬菜保鲜机,可以保持蔬菜原有的营养成分及风味色泽,适用于我国南北方冬季蔬菜的贮藏保鲜。在一般普通房间内使用微波电子蔬菜保鲜机,具有无须恒温冷冻、药剂套袋,无须专人看管,安全高效无残害等特点。

微波电子蔬菜保鲜机主要作用特点:

(1) 通过降低蔬菜的呼吸强度,减少有机物的相对消耗,减弱蔬菜催熟剂乙烯的生成,使其生理活动保持休眠状态。

(2) 对蔬菜产品上携带的病原体进行有效杀灭,可阻止病害的发展。

(3) 使用条件宽泛,可在常温下使用,冷藏环境条件下使用效果更佳。

(4) 可抑制叶绿素及芳香物质的分解,对蔬菜具有护色、保持固有风味的作用。

3. 电场贮藏应用 秀珍菇采收后保持较高的呼吸速率,极易出现失水、衰老、褐变、腐烂等现象,在常温下仅能保存 2～4 d,使其食用价值和商品价值逐渐下降,严重制约了秀珍菇产业的持续健康发展。高压电场对秀珍菇的采后保鲜作用,高压电场 (360 kV/m、110 min) 能显著降低其失重率 (49.3%)、煮失率 (27%)、硬度下降率 (49.3%) 和延缓褐变率 (56%),缓解细胞壁分解所造成的组织自溶现象,维持秀珍菇细胞壁之间的紧密结构,延长货架期约 6 d,高压电场对其他食用菌也有类似的保鲜效果 (林书纬等,2020)。

(三) 磁场保鲜

1. 生物磁效应 生物都具备磁性,其内部包含顺磁性物质与逆磁性物质。无论是内在的、外界的磁场、环境中的磁场还是生物体内部的磁场，它们都会对生物结构以及生命活动产生作用，也就是所谓的磁场的生物效应。磁场生物效应对生物的影响广泛且复杂，其表现形式涵盖了从微观到宏观的所有层面。这些效果主要有临界磁场效应，磁场矢量效应，磁场积累效应，磁场滞后效应，放大效应以及磁场影响生物体的磁水效应等（高山等，2015）。无论是在低至 10 Gs 还是高达 104 Gs 的广阔磁场范围中，都能够观察到显著的生物学效应，而对于各种强度的磁场，它们也可能产生不同的效果。

2. 磁场保鲜原理　食品存在内部磁场，当施加外部磁场时，形成扰动，诱发其内部磁场发生变化，从而影响其生物特性（刘斌等，2021）。当受到外部磁场的干预时，生物体的内部机制将会发生一系列生理甚至遗传方面的变化，出现各种生物磁效应，这种现象的基本理论是：所有生命过程中的能量传递及物质交流都是由细胞内的电子活动所驱动的，因此任何外部的磁场变动都会直接或间接地影响到新陈代谢的过程。磁场已经被证明对延长多种蔬菜的贮藏期有显著效果。使用磁场对蔬菜进行保鲜不仅简单易行且成本低廉，同时也是一种环保的方式，不会给蔬菜带来伤害或者留下有害成分，也不会破坏周围的环境。

3. 磁场贮藏应用　近年来兴起的磁场保鲜技术作为一种非热物理保鲜技术不仅具有操作容易、无毒无害、保鲜效果显著等优点，且对食品的营养成分、风味和色泽不造成任何损害。夏广臻等（2019）研究发现，以 60 Gs（1 T＝10 000 Gs）为界，较低强度的磁场抑制了菠菜呼吸，提升了菠菜的保鲜效果，而高于 60 Gs 强度的磁场促进了菠菜的呼吸，使菠菜营养物质消耗更快，大幅缩短菠菜的保鲜贮藏时间。脉冲磁场保鲜在黄瓜的应用中发现，脉冲磁场处理通过抑制贮藏期间果蔬的呼吸作用、提高抗氧化系统酶活性，减少有害物质积累对细胞膜的损失，从而防止冷害发生，提高贮藏品质，其中磁感应强度为 4 mT 的脉冲磁场联合冷水处理黄瓜时能够达到最好的保鲜效果（张雷，2021）。

（四）辐照贮藏

1. 辐照保鲜原理及特点　食品辐照贮藏是原子能农业应用的重要方面之一。美国于 1905 年公开第一件电离辐射杀灭食品中细菌的专利之后，国际上从此开始了食品辐照贮藏的研究及应用工作。此策略主要基于使用强力渗透性的 ^{60}Co γ 射线来对蔬菜进行辐照贮藏。尽管自 19 世纪末就已经发现过 γ 光束杀死细菌的效果，但是真正将其应用于工业与农产品的研究始于 20 世纪 40 年代初期的原子能源开发工作中，从那时起全球众多国家和地区都对此领域投入大量精力研究并取得显著成果，其中包括马铃薯、洋葱、大蒜等多类蔬菜辐照技术的研究。

2. 辐照贮藏的优点　γ 射线具有很高的穿透性，能在不破坏原包装的前提下进行辐照，并且可以通过调节辐照剂量和工艺来保证物品辐照剂量的均匀性。辐照操作通常是在常温下进行，可以保持商品的新鲜状态，并使其在感官性状、质地及色、香、味等方面同原商品相差无几，尤其是对不适于加热、熏蒸、湿煮的农产品，也能采用射线处理（范家霖等，2004）。

辐照处理农副产品是物理方式，无须加入其他化学成分，也不会造成化工残余和放射污染物。辐射可以消灭害虫和病菌，是一种特别的杀菌方法。

3. 辐照保鲜应用　辐照技术结合了电离辐射对于物体的物理影响、化学反应和生物学效果，可实现蔬菜的冷杀菌，保证其风味和外形质量不变，此外，较低的辐照强度不具有放射性，经过此类处理后的蔬菜可以立刻运送存储或食用。但是辐照贮藏技术并不适用于所有农产品，利用此项技术时应当对农产品进行筛选。另外，相对于青鲜素（MH）等植物生长抑制物质可能会导致蔬菜中的有害残留及对动物和人类的潜在致突变或致癌效应等问题，这项技术在防止休眠状态下的块根和块茎类蔬菜发芽方面的表现更为出色且有广阔的发展空间。此外，关于使用γ射线来控制块茎和鳞茎类蔬菜的发芽问题，这一方法已经进行了长时间的研究并取得了显著的效果。例如，通过这种方式处理马铃薯等根茎类食品以阻止它们产生萌芽现象。许多国家和地区已经允许采用此种方法用于商业用途，并且照射剂量在 5 000～15 000 R 之间。根据上海农业科学院园艺研究所等机构的研究结果显示，生姜经过 2 000 R 的照射就能很好地抑制其发芽，但如果剂量超过这个数值则会引发腐烂。同样地，可以运用γ射线技术来处理储藏的谷物，从而预防因为存储条件不良导致的昆虫侵扰。γ射线也能够成功地降低蘑菇的破裂和开放程度，根据华南农业大学的数据，有效的剂量应设定在 50 000～70 000 kR 范围内，并在接受照射后的 5 d 内不会打开（华中农学院，1981）。这些实验表明，辐射处理的主要目的是通过较低剂量的γ射线影响分生组织的核酸代谢过程，使之无法正常发育。辐射处理后的洋葱内部的嫩芽，其 RNA 和 DNA 含量低于未辐射的对照组；当幼苗开始成长的时候，辐射处理的嫩芽中的可溶性 RNA 合成受到限制，生长受阻（冯双庆，2008）。

对辐射保存食物的卫生状况，全球各国均给予了高度关注。经过大量实证研究证明，辐射食物是安全的且没有危害，然而为保障公众健康，每一类辐射食物都需要分别接受各类测试评估，如需证明其安全无害，需要通过一系列的多代动物试验，只有当这些检测结果显示出食品安全时，才能获得政府授权并正式投入商业化生产。

（五）臭氧贮藏

1. 臭氧保鲜原理 臭氧是氧气的同素异构体，分子式为 O_3，与氧气 O_2 组成元素相同，但是形态却有所不同，化学性质也有所区别。在氧化还原电位上，臭氧仅次于氟，具有强大的氧化性，因此可以利用这种特性进行杀菌、消毒、除臭和保鲜等（王斌等，2005）。

在消毒杀菌方面，臭氧具备强大的氧化能力，能有效地消除各类有害细菌。臭氧的抗菌机制主要是依赖于它的氧化反应对于细胞化合物的处理。在大肠杆菌实验里，细胞表面的硫氢基团被视为臭氧的主要靶标。然而，臭氧对细胞膜造成损伤并导致渗透性改变，是臭氧抗菌的关键路径之一。此外，臭氧的氧化效应可以破坏细胞的不饱和脂肪酸和酶系，把蛋白转化成短肽。臭氧导致的 DNA 分解也成为微生物衰亡的重要推手。Cataldo（2006）的研究显示，当 DNA 与臭氧的摩尔比例达到 2.3 时，DNA 的超分子构造就会完全崩溃。臭氧的抗菌效力受到多项要素的影响，除了臭氧浓度的持续时间和作用时长之外，环境湿度、温度、微生物类型及其 pH 都会对其抗菌效率产生影响。一般而言，臭氧的抗菌范围较为广泛，特别是在针对一些疾病细菌和那些对抗生素有强大抵抗能力的真菌上表现出强烈的抑制功效，并且随着温度降低、湿度增大以及 pH 下降，其抗菌效果会变得更好。

2. 臭氧保鲜应用 通过使用臭氧，可以延长大白菜、番茄等蔬菜的贮藏时间。这些蔬菜在采摘之后仍然保持活性，而它们的主要生理活动就是呼吸代谢。在这个过程中，它们往往会释放出一种名为乙烯的物质，这种化学物质能促进植物更快地成熟，同时也会让其他的蔬菜加快成熟进程，最终使得蔬菜的外皮呈现棕黄色，果肉变得柔软且逐渐腐败。臭氧能够有效地控制这个过程，快速氧化分解乙烯气体，减缓蔬菜的新陈代谢作用，进而降低蔬菜成熟速度（李勤等，2011）。臭氧还能诱导蔬菜缩小表皮的气孔，以减少水分蒸腾和养分消耗。如果我们利用适量的臭氧去处理那些已经采摘下来的蔬菜，也可以让它们外部的气孔闭合，这样一来就可以避免过多的水分散失和营养消耗，同时也调整了蔬菜的后期生物特性。

除了可以分解储存空间内的有害气体外，臭氧还可以对多种类型的饱和或不饱和有机物产生反应并破坏其结构，它也可以打破复杂的高聚合化合物的化学键并且能使简单的单环碳氢化合物失去活性，这有助于减慢蔬菜成熟过程与老化的速度。在蔬菜贮藏库内，用臭氧处理可消除蔬菜呼吸所释放出来的乙烯、乙醇和乙醛等有害气体，从而降低蔬菜的呼吸作用，延缓衰老。

五、蒜薹贮藏实例

蒜薹，有些地方俗称蒜毫或蒜苗，鲜脆细嫩，味道鲜美，营养丰富，每100 g蒜薹含碳水化合物10.0 g、蛋白质1.2 g、脂肪0.3 g、粗纤维1.8 g、钙22.0 mg、磷53.0 mg、铁1.2 mg、抗坏血酸42.0 mg，粗纤维和抗坏血酸含量较高。蒜薹内还含有杀菌力很强的蒜氨酸（通常称为大蒜素），具有较好的医疗保健作用。全国种植大蒜，生产蒜薹的地域比较广，收获期由南到北集中在4—7月，也是许多恒温库贮藏蔬菜的最大种类和品种。

1. 蒜薹的采收及采后处理 各地大蒜品种不一，蒜薹的耐贮性也有差异，多数品种适于长期贮藏保鲜，低温干旱的生长环境比高温多雨的耐贮。收贮蒜薹以成熟度适中、健壮为好，偏嫩、偏老均不适于贮藏，覆盖地膜，使用促进生长的植物激素均影响耐藏性、抗病性。

每个产区的蒜薹，适采期成熟度在3 d以内，尤其3 d中前1~2 d采收的耐贮性最强。适采期遇雨延采，将使蒜薹偏老，降低耐贮性。

蒜薹采收后应立即装入易通风的包装容器中，或捆成捆，集中在地头或集散地。地头或集散地要设有凉棚，尽快使蒜薹降温，避免雨淋、日晒、减少微生物污染。采后尽快将蒜薹运到贮藏地，运输过程中，为减少雨淋、日晒，车上要盖苫布，但要保证通风，以防车内蒜薹温度升高，造成迅速老化。蒜薹宜及时入库，产地贮存，尽量避免长途运输，以免影响其贮藏质量。

蒜薹运至贮藏地后，应根据具体情况，采取如下不同的处理方式：

（1）直接入预冷库（冷库温度事先降至−2~−1 ℃），快速预冷结束后在低温下挑选、加工、捆把、称量、上架、充分冷却后装袋、冷却、扎口。这种方式需要有预冷库和冷藏库，而且要安排充足的加工人员。

（2）在常温或过道走廊加工，然后直接上架，充分冷却后装袋、冷却、扎口，常温下加工需要注意"快速"，最好在凉棚下进行。

（3）直接入库上架、预冷、装袋、冷却、扎口、再分批加工，有的冷库挑选加工工作进行至7—8月。

比较以上三种处理方式，第一种方式最能保证贮藏质量，贮藏的蒜薹薹梢最鲜绿，长霉轻，发霉晚。在正常年份，冷藏加工间内可以适当加湿，这样蒜薹入库期间可以最大限度减少薹梢失水，保持鲜绿，利于贮藏。

常温下蒜薹失水很快，即使经过 1 d 的时间，薹梢也明显萎蔫，因此应尽量避免常温加工。

整理捆把，然后装袋。装袋要整齐、美观，而且装袋时要注意蒜薹方向，不要弯曲，不同等级的蒜薹不可混装。装袋前要注意检查袋子密封性，硅窗口是否剪开，装袋时，薹梢处需多留空间。装袋、摆放时要防止袋子划破，摆放要牢固整齐，袋口需离开货架外沿 10~15 cm（便于扎口，开袋透气等操作）。此时袋口仍需敞开，待库内温度稳定后再扎口，扎口必须紧实，防止漏气。

2. 蒜薹贮藏

（1）贮藏参考指标。蒜薹贮藏环境的控制参数及寿命见表 4-3。

表 4-3　蒜薹贮藏参数

贮藏温度/℃	相对湿度/%	气体成分 O_2/%	气体成分 CO_2/%	冰点/℃	贮藏寿命/d
-0.8~-0.4	90~95	3~4	5~8	-1.2~-0.8	150~300

（2）温度管理。温度是影响蒜薹贮藏质量的最重要因素，其不但影响蒜薹的老化速度，还影响到水分蒸发、病菌发展、色素变化、风味变化等。高温下，蒜薹老化快、失水严重、叶绿素分解及风味变化加快，因此，做好冷藏库温度管理是蒜薹贮藏保鲜工作的关键。

冷藏库应在入贮前 3~5 d 开机制冷，缓慢梯度降温，把库体和库内设施冷却透彻，到蒜薹入贮前将库温维持在 -3~-2 ℃。

入库时，由于蒜薹带有大量的田间热，加上人员进出、运货等原因，入贮前 -3~-2 ℃的库温会迅速上升，为避免温度上升太多对贮藏不利，蒜薹未预冷直接入库时，每日入库量不宜太大，按要求每日入库量不可超过总库容量的 10%。

入库 1~2 d 后降到 4 ℃以下，3~5 d 降到 ±0.3 ℃，越快越好。此后应维持温度在 -0.5~0 ℃，直到全部入完库后的 10~25 d 蒜薹装袋。

蒜薹装袋扎口后，要根据各冷库的不同情况确定最佳贮藏温度。

库内温度管理还应注意以下事项：①防止送风口和冷风机周围的蒜薹受冻。要注意测定这两处的温度，冷风机周围 1.5 m 内不应存放蒜薹，最上层蒜薹距送风口垂直距离不低于 0.5 m，适当调整送风口的风向，防止直接吹到周围蒜薹上。②尽量减小库内不同位置的温差，为减小冷风机周围与最远处的温差，可采取调整部分送风口大小的方法。特别是蒸发器在最里面的大库，库门周围与蒸发器周围温差往往达到 0.8~1.0 ℃，除了采取如上措施外，可通过安装排风扇，加强"冷风死角"处的空气流动。③进出库房，应打开风幕，人离开库时应切断热源，关掉灯光，每次进出库房的人员不宜太多。

（3）蒜薹贮藏期间的气体管理。蒜薹贮藏期间适宜的气体浓度与贮藏方式有关。机械气调贮藏或硅窗袋 MA 贮藏：O_2 浓度应在 3%~4%，CO_2 浓度应在 5%~8%，如 O_2 浓度低于 1%，CO_2 高于 9%，易受气体伤害。普通袋贮藏：前期、中期控制 CO_2 高限 12%，O_2 低限 0.5%；后期 CO_2 高限 10%，O_2 低限 1.0%。

①普通袋贮藏气体管理。普通袋贮藏需根据袋内的气体成分开袋透气。当 CO_2 浓度达到高限值或 O_2 浓度达到低限值即开袋透气。开袋透气时间要依靠科学测定值。特别是在

贮藏初期，透气周期尚未确定时，不同品种、不同年份的蒜薹，贮藏性、呼吸强度是不一样的，开袋透气时间也有所差异。不同厂家的保鲜袋厚薄也不一致，透气性也有差别，需有专人负责测定气体成分并科学记录，建立档案，由技术人员签字同意，方可开袋透气。

②硅窗袋贮藏期间的气体管理。硅窗袋贮藏期间的气体管理比较简单，主要是在贮藏初期跟踪检测袋内气体浓度，及早了解气体成分是否符合蒜薹贮藏要求，硅窗袋内的气体成分在扎口 20~30 d 稳定下来。

③气调库及气调大帐贮藏的气体管理。气调库及气调大帐贮藏蒜薹气体指标依靠设备调整。

（4）其他管理措施。①库房及袋内湿度管理。蒜薹贮藏期间，库房湿度应随贮藏期、蒜薹品质特别是薹梢鲜度灵活掌握，控制相对湿度在 90%~95% 对贮藏是有利的，可有效减轻薹梢失水，保持薹梢鲜度。②库房通风换气。当库内 CO_2 浓度超过 3% 或人有轻微憋气感觉时就需通风换气，换气周期因库房气密性、贮存量而不同。通风换气要在外界温度与库温最接近时间段，且避免与普通袋开袋透气同时进行，以免蒜薹温度波动，引起腐烂变质，每次换气时间 20~30 min。③定期检查。冷库管理人员应经常入库观察蒜薹变化，并组织人员对不同产地、不同存放位置、不同包袋形式的蒜薹进行抽检。

第二节 冷链运输

冷链运输是蔬菜在运输过程中始终保持在适宜的温湿度环境中，是冷链物流中非常重要的环节，冷链运输可以保障蔬菜新鲜度、延长保鲜期。常用的冷链运输方式主要包括公路冷链运输、铁路冷链运输、航空冷链运输、海上冷链运输及多式联运。随着我国冷链运输多式联运的发展，目前冷链运输设备朝着智能化、标准化的方向发展，但目前我国蔬菜冷链运输的短板主要在乡镇运输方面，蔬菜运输具有时效性，保鲜期短，容易变质腐烂，相比于城市完善的冷链运输体系，乡镇在冷链运输方面的基础设施不完善，开发适用于乡镇的贮运一体化保鲜设施，拓展冷链物流服务功能，是下一步的发展方向。

一、冷链运输标准化控制

1. 运输的基本要求

（1）运输周期短。蔬菜在运输过程中受到诸多不良环境因素的影响，例如颠簸、震动、风吹、日晒等，导致蔬菜养分流失和病虫害的损害加剧。因此，运输时间对蔬菜的品质至关重要。

（2）防装卸碰撞。货物的搬运装卸工作主要依赖于人工，但人工搬运存在诸多问题，包括缺乏专业知识和职业素养。装卸的合理性与蔬菜运输的质量息息相关，大多数蔬菜的含水量高达 80%~90%，属于易腐性产品。若装卸方法不当，易导致产品损伤和腐烂。这一问题在当前的运输过程中广泛存在。

（3）防止断链。运输过程中需注意与前后环节的紧密衔接，防止温度波动出现结露导致蔬菜腐烂。从产地冷库装车时，要选择封闭式月台或防护措施，分销和周转要在冷链环境下进行。

2. 运输环境要求

（1）温度条件。蔬菜的品质在很大程度上受温度影响。适当的温度管理对于防止其腐烂至关重要，也是最简单有效的措施之一。总体而言，储运蔬菜产品的环境温度越接近于贮藏特性温度，其保质期就越长。比如，易腐蔬菜芦笋的储运温度应控制在0～2 ℃。研究发现芦笋在运输过程中的温度越高，其品质受损程度也越大。芦笋放入模拟温度20～25 ℃时，芦笋的储存时间缩短至2 d。当温度超过25 ℃时，芦笋会快速出现萎蔫现象。然而，并非所有蔬菜都如此，一些生长在温带、亚热带和热带地区的蔬菜，如番茄、黄瓜和灯笼椒等，对低温环境非常敏感，容易受到损害。这种情况经常发生在低于15 ℃但高于冰冻点的温度条件下［克拉克（Clark）等，2009］。

冷害可能会对植物组织造成永久或不可逆转的伤害。冷害的损伤程度受多种因素影响，包括温度、暴露于低温环境的时间（无论是连续的还是间断的）、农产品的成熟程度以及作物对低温的敏感性。农产品在离开冷藏环境时，并不会立即显现出明显的冷害症状，搁置一段时间后冷害症状才能逐渐展现出来。这些症状包括表面损伤、组织水渍化、内部变色和组织破损等。其中，常见的症状之一是表皮下细胞受损引起的变色腐蚀斑点，腐蚀斑点的产生会受到过度水分流失的加剧影响。此外，冷害还会导致异味和口感变化。因此，不同产品在储存和运输时需要遵守《易腐食品控温运输技术要求》（GB/T 22918—2008）中明确规定的不同温度（表4-4）。

表4-4 新鲜蔬菜在低温运输中的推荐温度（国际冷冻协会）

蔬菜	冷链运输/℃		蔬菜	冷链运输/℃	
	1～2 d	2～3 d		1～2 d	2～3 d
菜豆	5～8	未推荐	芦笋	0～5	0～2
食荚豌豆	0～5	未推荐	花椰菜	0～8	0～4
南瓜	0～5	未推荐	甘蓝	0～10	0～6
番茄（成熟）	4～8	未推荐	蕹菜	0～8	0～4
胡萝卜	0～8	0～5	莴苣	0～6	0～2
洋葱	−1～20	−1～13	菠菜	0～5	未推荐
马铃薯	5～20	5～10	辣椒	7～10	7～8
黄瓜	10～15	10～13			

（2）冷链运输湿度条件。蔬菜大多含有80%～95%的水分，使其外观饱满口感清脆。然而，采收后，由于蒸腾作用，水分迅速蒸发。若冷藏环境设置在推荐温湿度下，则可以有效控制蒸腾速度。相对湿度用来衡量空气的湿度，随着温度升高，空气的含水量也会增加，这意味着在相同的相对湿度下，高温条件下的蒸发速率更快。为了减少产品的水分流失和抑制微生物的过快增长，不同产品使用不同推荐相对湿度值。

一般来说，空气干燥程度越高，蔬菜的水分流失速度就越快。尽管只有3%～6%的水分流失，但已经足以对许多蔬菜的品质造成损害。而对于易腐蔬菜来说，水分流失更可能导致它们的萎蔫和干枯。当一些蔬菜处于不良环境中，蔬菜每天失水率详见表4-5。

表4-5 温度为27℃、相对湿度为81%时不同蔬菜失水率

蔬菜	水分流失率/%	蔬菜	水分流失率/%
芦笋	8.4	甘蓝	3.2
食荚菜豆	4	黄瓜	2.5
去根部的胡萝卜	3.6	去根部的甜菜	3.1
葫芦	2.2	番茄	0.9
笋瓜	0.3		

所以,在蔬菜的运输过程中,需要严格控制相对湿度。然而,由于冷链运输装备通常没有调节湿度的功能,因此蔬菜常常以内包装的方式密封,以增加相对湿度。一般来说,相对湿度应保持在90%以上。

(3)冷链运输的气体成分条件。蔬菜采收后仍会进行呼吸作用,这个过程就是一种能量释放的过程。呼吸强度(也称为呼吸速率)则是生物组织新陈代谢的一个重要指标,可作为评估蔬菜保存时间的参考。环境温度升高,呼吸强度增强,导致蔬菜保存期限缩短。一般而言,蔬菜的呼吸强度越大,易腐程度也越高。详细的蔬菜呼吸强度等级可参考表4-6。

表4-6 常见蔬菜的呼吸强度等级(常温)

呼吸强度/mg/(kg·h)	产品
相当高：$CO_2 > 60$	芦笋、黄秋葵
较高：$40 < CO_2 < 60$	洋蓟、菊苣、蘑菇、豌豆、甜玉米
中等：$20 < CO_2 < 40$	豆芽
低：$CO_2 < 20$	白菜

适度控制贮藏环境中的气体组成,有助于延缓蔬菜的保质期,采用冷藏和气调结合的方法,可以显著延长蔬菜的保鲜时间。表4-7列出了常见蔬菜的气调条件。

表4-7 常见蔬菜的气调条件

蔬菜名称	冷藏温度/℃	相对湿度/%	O_2含量/%	CO_2含量/%	储藏期/d
胡萝卜	1	81~90	3	5~7	300
芹菜	1	95	3	5~7	90
黄瓜	14	90~93	5	5	15~20
马铃薯	3	85~90	3~5	2~3	240
香菜	1	95	3	5~7	90
番茄	12	90	4~8	0~4	60
蒜薹	0	85~90	3~5	5~8	200~300
花椰菜	0	95	2~4	8	60~90

二、冷链运输设施

目前蔬菜冷链运输方式按照有无动力来源可分为机械式冷藏运输和蓄冷式冷藏运输。

1. 机械式冷藏运输装备 机械式冷藏运输是指采用机械制冷技术，将冷藏厢内的热量排出，保持厢内的适宜低温，以便存储食品。机械制冷的原理是利用制冷剂在封闭系统中由液态变为气态时吸收热量的性质，通过相变方式将库内温度降低，从而保持恒定的低温条件，以延长贮藏周期和维持蔬菜品质。

制作冷藏车的厢体可以采用三种不同的方式：①分片拼装的"三明治"板粘接式；②分片拼装的注入发泡式；③整体骨架注入发泡式。一般来说，隔热层会使用硬质聚氨酯发泡材料。在这三种方式中，"三明治"板的内外蒙皮是由玻璃钢板制成，而中间则是隔热材料。一般要求冷藏车的厢体传热系数小于 0.4 W/（m·K），而较先进的冷藏车则可达到 0.35 W/（m·K）。

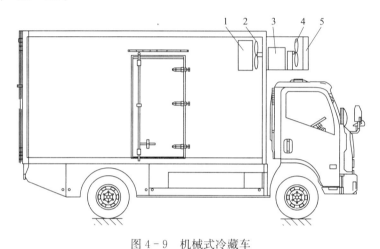

图 4-9 机械式冷藏车

1. 蒸发器 2. 风机 3. 压缩机 4. 冷凝风机 5. 冷凝器

2. 蓄冷式冷链运输装备 蓄冷冷藏运输是 20 世纪 80 年代早期我国借鉴发达国家的一种高效、环保的物流技术。蓄冷式冷藏车利用积存的冷量，通过蓄冷剂的冷冻来进行制冷操作。在进行冷藏车运输之前，需要将冷藏车厢内的冷板进行冷却冻结，在运输过程中，利用蓄冷剂融化吸热的特性，以确保冷藏车厢内的温度始终处于货物的适宜储存温度范围内。按蓄冷板冻结方式可分为换冷式蓄冷保温装备和充冷式蓄冷保温装备，其中充冷式冷藏运输装备主要由充冷装备和蓄冷箱两部分组成。利用制冷机组和载冷剂，在制冷后通过热交换对蓄冷箱进行充冷，蓄冷箱顶部铺设有蓄冷装置，可实现自然释冷，从而满足铁路干线运输、公铁联运等过程中的低温运行，即通过"前置充冷＋无源释冷"，实现恒温恒湿、多式联运。

蓄冷式冷藏车的优点如下：

（1）运输温度恒定。由于蓄冷式冷藏车采用了蓄冷技术，使得箱体内温度波动较小，运输温度恒定。

（2）运输温度低。蓄冷式冷藏车由于采用了低熔点的无机盐混合溶液作为储能材料，可以在较低的温度下释放冷量，使得运输温度更低。

（3）成本较低。蓄冷式冷藏车由于可以在夜间预先储存冷量，从而减少了在白天高用电时段的用电量，减少能耗投资，降低运输成本。

（4）节能环保。蓄冷式冷藏车采用先进的蓄冷技术，可以有效降低能源消耗和排放，对环境友好。

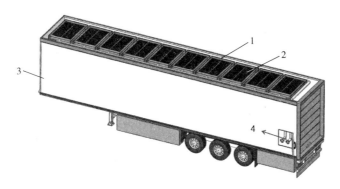

图 4-10 蓄冷式冷藏车
1. 蓄冷剂 2. 蓄冷板 3. 保温箱体 4. 充冷连接口

（5）安全可靠。蓄冷式冷藏车采用高品质的蓄冷设备，具备完善的安全保护措施，确保运输过程的安全可靠。

3. 蓄冷式冷藏运输装备应用 蓄冷式冷藏车近些年在蔬菜"一带一路"跨境运输、国内抗灾救援、干线运输上的应用越来越多，如 2022 年，中车齐车集团石家庄公司 5 台满载 100 多 t 娃娃菜、香菜等新鲜蔬菜的蓄冷式运输车，伴随中老铁路国际货物列车"澜湄快线"奔驰千里顺利抵达泰国达拉泰市场。在 5 d 的蓄冷运输过程中，由于蓄冷式冷藏运输恒温保湿的优点，箱内环境温度波动<1 ℃。

2018 年，中车石家庄车辆有限公司满载 10 t 绿叶菜，完成从昆明到成都采用蓄冷式冷藏运输与传统机械冷藏运输的对比试验，通过对比分析其运行能耗及费用，结果表明蓄冷式冷藏运输在充冷过程中消耗总电量 32 kW·h，电费 35.2 元，而同等条件下，传统机械式冷藏运输使用车载柴油发电机驱动消耗量为 6.6 L，费用为 92.4 元（表 4-8）。由此可得，蓄冷箱运行费用同比机械式冷藏箱下降了 61.9%（童山虎等，2022）。

表 4-8 蓄冷箱与传统冷藏箱的能耗对比

属性	传统柴油驱动	蓄冷式
行驶距离/km	847	
运行时间/h	14	
耗电量/（kW·h）		32
制冷系统柴油消耗量/（L·h^{-1}）	14	0
柴油价格/（元·L^{-1}）	6.6	
电价/（元·kW^{-1}·h^{-1}）	1.1	
柴油费用/元	92.4	0
电费/元	0	35.2
运费降低/%	61.9	

蓄冷式运输装备可以做到"以箱带库"，实现"最后一公里"直达，充分发挥出无动力源、环保优势，以箱代储、落地成库。此外，通过集中制冷，机组效率高，并利用峰谷电价差，可实现节能降本。

三、冷链碳排放估算

冷链碳排放主要是从设备能耗、制冷系统的制冷剂泄露和农产品腐损三个方面估算冷链的碳排放，蔬菜在全程冷链体系内的碳排放包括冷加工、贮藏、运输、销售、冷藏、消费等多个环节。

1. 在能耗方面 通过监测设备用电量，乘以我国单位电量的碳排放系数，获得冷链设备造成的碳排放数值（2023 年为 $0.785\ kg \cdot kW^{-1} \cdot h^{-1}$）。

2. 在制冷剂泄漏方面 通过监测或采用智能算法预测制冷系统的制冷剂泄漏量，乘以单位质量制冷剂（氟利昂）的 GWP 值（全球变暖潜能值）获得制冷剂造成的碳排放数值。

3. 在农产品腐损方面 通过监测或采用智能算法预测蔬菜腐损量，乘以单位质量蔬菜生产需要的碳排放（例如灌溉、化肥等生产过程中的碳排放，约 0.372 kg/kg）获得蔬菜腐损造成的碳排放数值。

通过相关数据统计计算，当前与蔬菜冷链相关的碳排放达到了 2.07 亿 t（田长青等，2023），冷链碳排放估算为我们制定蔬菜冷链节能低碳技术方案提供了科学依据，未来通过采用节能高效的制冷系统、环保型制冷剂、绿色保鲜技术降低蔬菜腐损率等措施降低蔬菜冷链过程中的碳排放，助力国家"双碳"目标。

第三节 蔬菜供应链溯源及智慧管控

农产品质量安全问题给人们身体健康和农产品出口贸易造成不利的影响，而农产品追溯能够从生产到销售的整个供应链过程中对质量安全信息进行记录、存储，从而保障农产品的质量安全管理，为农产品质量安全问题的跟踪与溯源提供依据。结合蔬菜供应链流程，分析蔬菜生产、销售过程中影响农产品质量的关键因素和控制点，综合运用计算机技术和电子信息技术，构建面向监管者蔬菜质量安全监管系统，面向基地操作者的便携式农事信息采集系统，面向生产管理者的蔬菜安全生产管理系统和面向消费者的质量安全追溯系统，为我国蔬菜小农生产和大流通市场高效衔接提供信息支撑。

1. 系统原理 蔬菜安全生产管理及质量追溯系统以蔬菜初级产品为研究对象，以生产企业——销售终端（超市或社区便民服务中心）为基本模式，从生产企业、消费者的不同角度设计该系统，系统包括蔬菜安全生产管理系统和蔬菜质量追溯系统两部分。从图中可以看出，企业端蔬菜安全生产管理系统通过对农户信息、地块信息、生产过程信息、包装信息等的记录形成产品档案，并保存在企业端数据库中，同时各企业端数据定期上传到追溯中心数据库中；在产品包装时，通过一定的编码规则，生成带有产品档案信息的条码；产品进入市场的同时，完整的档案数据已经在追溯中心数据库中形成；消费者买到带有条码的蔬菜产品时，可以通过质量追溯系统中的网站、手机短信、超市扫描机等不同平台输入追溯码，即可实现产品追溯。

2. 系统功能 蔬菜安全生产管理系统功能模块主要包括地块信息管理、生产信息管理、检测信息管理、条码打印、天气预报、通知通告、产品管理、生产资料管理、企业培训、技术规程、专业化防治、报表统计、系统配置等，可实现生产过程记录、库存信息管理、销售信息管理、条码打印、生产预警、短信发送、数据上传、数据统计等功能。蔬菜质量追溯系统将各个生产企业的数据进行汇总，建立统一的安全追溯基础数据库，建立界面友好、功能强大的追溯系统，实现新闻动态、企业展示、安全追溯、放心导购、消费投诉、专家咨询等功能。

3. 系统应用案例

（1）超对接模式下的单个产品追溯。农民专业合作社由合作社社员组成，合作社业务部负责进行业务指导与管理。蔬菜生产的基本管理单元为地块或设施温室，在农民专业合作社模式下由合作社对基本管理单元进行编号，采取统一农资供应与管理的方式，包括种子、农药、肥料等，一个社员一般管理多个单元；合作社社员按技术标准进行生产，记录下施肥、防治病虫害、采收等生产档案，并提交给合作社业务部门；在蔬菜采收时，用专用的容器装采收好的蔬菜，合作社业务部有专门的人员负责运输采收好的产品，一个管理单元分多次采收的现象较为普遍；产品进行统一收购时，先进行产品检测，对于检测合格的产品进行包装；产品包装好后进行销售。

①应用流程。方案的应用流程主要包括温室采收和车间包装两部分（图4-11）。在温室采收环节，当蔬菜成熟采收时，管理人员采用移植有果蔬采收信息采集系统的便携式RFID读写设备对采收信息进行采集，采集时先读取采收筐RFID，再选择或录入基本管理单元（温室）编号、产品名称、采收数量、采收时间、采收管理者等信息，采集完后将数据上传到包装车间的蔬菜生产管理系统中；包装车间移植有蔬菜生产管理系统的主机同时连接着桌面式RFID读写器、农残速测仪和条码打印机，装有产品的采收筐运输到合作社包装车间，先进行检测，检测取样时先读取采收筐RFID，记录下取样的采收筐编号，在检测完毕后录入对应的检测结果；对于检测合格的产品，可以采收批次号为基础，生成追溯标签，并将标签贴制到产品外包装上。

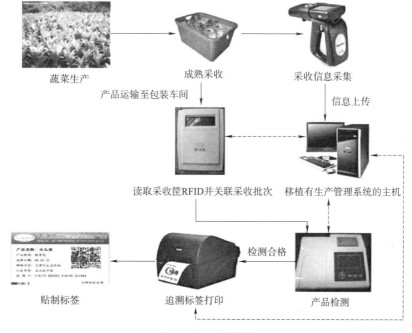

图4-11 应用流程

②应用效果分析。以天津市该蔬菜合作社为例进一步分析本方案的成本效益。在成本方面，系统开发费用主要由政府承担，合作社需一次性投入设备等，主要投入的设备和耗材等（不考虑已有追溯方案需要的电脑、条码打印机等）以目前的市价计算，约为 2 万元人民币；使用本方案还需一个信息采集的技术人员，按现在农业企业技术人员的平均工资测算，每年约增加成本 3 万元人民币。在效益方面，由于检测信息与基本管理单元实现了关联，改变了以前批次混淆后要检测多次的问题，据测算每年可减少检测成本约 1 万元人民币，另一方面由于实现了追溯且与检测进行了关联，该合作社的蔬菜销量扩大、产品竞争力得到了提升，预计每年可增加收入约 10 万元（其中因使用该方案而新增的收入无法准确测算）；虽然在系统使用期间未发生因质量问题而发生召回事件，因此使用本方案的召回成本也不易测算，但由于使用本方案可直接追溯到地块或温室，可减少召回数量，从而大幅降低召回成本。由以上分析可以看出，在该大型合作社中，使用本方案从成本核算来说是具有可行性的。

（2）冷链物流设施运行监测平台建设。

①平台部署。根据农产品保鲜冷链设施功能不同和生产经营主体业务不同，针对不同厂商、不同型号的环境感知设备（温湿度传感器、气体传感器等）、设施状态感知设备（定位设备、门磁设备等）、农产品品质信息感知设备（乙烯传感器、挥发性盐基氮传感器等）和经营过程记录设备（称重设备、条码读写设备等）提供可兼容的数据汇聚接口及统一的采集系统，并为农产品保鲜冷链设施管理人员提供数据融合、边缘计算、智能决策、智能控制、信息服务等业务功能，实现运行现状（如设施数量、位置、品类、容量、等级、出入库、环境信息、能耗等）、运行效率（如正常运行时间与故障时间、低温处理能力与处理量、贮藏能力与贮藏量等）、运行效果（如品质实时监测信息、价格信息、相关农业数据信息、质量安全追溯信息、项目管理信息、金融担保产品信息、科技服务信息等）的一个库监测、一条链管理、一张图分析和一盘棋指挥。

②应用效果。云平台在山东、北京、河北、广东、四川、上海、新疆 7 个省（直辖市、自治区）共 148 个冷库企业示范应用，在线冷库数量 346 个，在线冷藏车数量 147 辆，冷库数据量达到 7 000 万以上，冷藏车数据量达到 460 万以上。通过衔接生产端与销售端，对接市场上主流的冷链监控设备，实现农产品的全程跟踪；实现产品仓储环境与货架期预测关联，针对不同农产品提供不同调控策略，指导企业平衡货品新鲜度与冷链仓储环节节能需求，通过采用该云平台系统，及时决策可减少蔬菜损失 20% 以上，节能 10% 以上。

参考文献

陈文煊，周拥军，陈杭君，等，2005. 春笋减压藏保鲜技术研究［J］. 食品科技（10）：80-83.

范家霖，胡为民，2004. 核技术与农业应用［M］. 西安：西安地图出版社.

冯双庆，2008. 果蔬贮运学［M］. 2 版. 北京：化学工业出版社.

高山，王秀娟，王国泽，2015. 磁场处理在果蔬贮藏保鲜中的应用［J］. 食品研究与开发（20）：177-180.

华中农学院，1981. 蔬菜贮藏加工学［M］. 北京：农业出版社.

克拉克，周水洪，欧阳军，2009. 易腐食品冷链百科全书［M］. 上海：东华大学出版社.

李勤，张萌萌，蒋国玲，等，2011. 臭氧在果蔬贮藏保鲜中的应用研究综述［J］. 中国南方果树（5）：29-32.

李喜宏，2008. 云南名特优果蔬保鲜实用技术［M］. 北京：中国轻工业出版社.

励建荣，2022. 生鲜食品保鲜与加工［M］. 北京：科学出版社.

林书纬，陈柏银，张兆凯，等，2020. 高压电场处理对秀珍菇采后储藏期间品质之影［J］. 台湾农业化学与食品科学，58（1）：35-43.

刘斌，陈爱强，2021. 冷冻冷藏技术领域中物理场量的研究及应用［M］. 天津：天津大学出版社.

罗晨，周晓东，鞠晓晨，等，2021. 减压贮藏保鲜技术对果蔬保鲜效果的研究［J］. 家电科技（S1）：61-65.

唐蓉，2009. 园艺产品商品化技术［M］. 苏州：苏州大学出版社.

田长青，孔繁臣，张海南，等，2023. 中国冷链碳排放及低碳技术减排分析［J］. 制冷学报（4）：68-74.

童山虎，聂彬剑，李子潇，2020. 基于相变蓄冷技术的冷链集装箱性能研究［J］. 储能科学与技术（1）：211-216.

王斌，单公华，2005. 冬枣栽培与贮藏加工新技术［M］. 北京：中国农业出版社.

王愈，2011. 高压电场处理技术在果蔬贮藏与加工中的应用［M］. 北京：中国农业科学技术出版社.

吴朝霞，许春燕，王淑琴，2010. 大枣采后生理变化及减压贮藏技术的研究进展［J］. 农业科技与装备（3）：47-49.

夏广臻，2019. 磁场，静电场辅助制冷分别对食品保鲜及冷冻影响的研究［D］. 青岛：青岛科技大学.

谢如鹤，2013. 冷链运输原理与方法［M］. 北京：化学工业出版社.

张雷，2021. 果蔬采后脉冲磁场辅助低温保鲜的理论与试验研究［D］. 天津：天津大学.

张丽华，2017. 果蔬干制与鲜切加工［M］. 郑州：中原农民出版社.

CATALDO F，2006. DNA Degradation with Ozone［J］. International Journal of Biological Macromolecules，38：248-254.

第五章　蔬菜汁加工技术

以新鲜蔬菜作为原材料，通过直接压榨或者其他制汁工艺获得汁液的方法统称蔬菜制汁。将水、酸和糖等加入蔬菜汁中进行勾调，可以制成以蔬菜汁为基料的、蔬菜汁含量在10％以上的蔬菜汁饮料。蔬菜汁饮料也可由至少两种或者多种蔬菜汁进行调配制成，或者将蔬菜汁与果汁进行调配制成果蔬汁饮料，也可利用蔬菜或蔬菜汁为原料进行发酵蔬菜汁的加工。

蔬菜汁产品在近些年已逐渐被广大消费者接受，并成为国际饮料市场的新亮点。其主要原因是：第一，蔬菜汁保留了蔬菜原有的营养素，可为人体提供矿物质、维生素和膳食纤维等多种营养成分，可以促进消化和胃肠的蠕动，从而预防便秘和其他胃肠道疾病。蔬菜汁也被称为"液体蔬菜"，作为一种碱性食品，可以与畜禽肉或谷物消化后产生的酸相互中和，有利于维持人体的酸碱平衡；第二，与果汁相比，蔬菜含糖量较低，加工成的蔬菜汁具有低糖的特点，是一种低热量饮料，受到肥胖病患者、糖尿病患者、年轻女性以及中老年消费群体的喜爱；第三，蔬菜中所含的一些活性物质具有重要的功能特性，如番茄中的番茄红素、胡萝卜中的胡萝卜素等，具有抑制前列腺癌、消化道癌及冠心病发生的效果，因此将各种蔬菜汁合理搭配和利用，使其营养互补，对于人体健康的促进具有重要作用。

相比于国外蔬菜汁的发展，我国蔬菜汁起步发展较晚。由于国际市场的需求增长，自20世纪80年代末，我国引进浓缩蔬菜汁（和浆）的生产线，开始工业化生产浓缩胡萝卜汁和浓缩番茄浆，生产的产品基本用于出口。自90年代初，我国开始生产胡萝卜等果肉型饮料，并研究酶法液化技术在加工胡萝卜汁中的应用。直到90年代后期，蔬菜汁的工业化生产在我国得到较大程度的发展，超高温短时杀菌、无菌灌装和真空浓缩等高新技术广泛应用于生产加工中，直饮型蔬菜汁产品也拥有了一定的消费市场。

近年来，我国的蔬菜汁市场与加工技术取得了长足的发展，但相较于发达国家仍存在一定的差距。我国蔬菜汁加工技术已经得到了较好的发展，其中高效榨汁技术、高温瞬时灭菌技术和膜分离技术等新型加工技术已经广泛应用于国内蔬菜汁生产中。但与发达国家的蔬菜加工业相比，我国的蔬菜汁加工技术与水平仍较落后，处于发展阶段，发达国家的蔬菜加工业综合处理能力更强，并且更注重高新技术的应用，并向智能化的方向发展。就我国的蔬菜汁产品而言，其加工过程中的褐变、营养损失、稳定性和风味差等问题尚未完全解决，并且存在原料综合利用率低和生产成本高等突出问题，与国外先进加工技术和处理方法制成的产品相比仍存在明显差异。

我国蔬菜汁标准体系仍需健全。近年来，相关产业的行为规范和标准正在逐步加强和完善，但由于缺乏系统性，尚无法满足业内蔬菜加工行业的需求。而发达国家大多已经建立较为完备的质量控制标准和相对规范严谨的产品标准体系，其生产企业普遍通过 ISO 9000 及 HACCP 质量管理体系认证，并利用各项标准来约束生产加工行为，并保证产品的质量和安全。

第一节　蔬菜汁原料及分类

一、蔬菜汁的分类

根据《果蔬汁类及其饮料》（GB/T 31121—2014）。分类要求，蔬菜汁主要包括蔬菜汁（浆）、浓缩蔬菜汁（浆）、蔬菜汁（浆）类饮料这几类产品。目前，市面上常见的蔬菜汁及饮料主要有以下几种：

（一）浓缩蔬菜汁（浆）

浓缩蔬菜汁是采用机械处理的方式加工蔬菜原料，经物理方法将一定比例的水分去除所获得的浓缩液，在加工过程中未发酵，并且不添加糖类、果葡糖浆或其他蔬菜汁等原料。蔬菜汁经浓缩处理可以通过缩小蔬菜汁原有的体积达到降低运输成本的目的。常见的蔬菜浓缩汁主要有浓缩番茄汁、浓缩胡萝卜汁等，由于蔬菜本身的可溶性固形物含量较低，如黄瓜原汁为 3.5 °Brix、番茄原汁为 4.5 °Brix，因此与浓缩果汁相比，浓缩蔬菜汁的产品可溶性固形物含量相对低一些。

（二）蔬菜汁（浆）

蔬菜浆是指去除皮渣后得到的蔬菜浆经过进一步精制打浆后灭菌的产品。鲜榨蔬菜浆，保留了蔬菜中原有的风味、色泽以及营养物质，能最大限度地保证蔬菜的营养成分以及纤维物质。蔬菜浆主要用于生产非浓缩还原汁、100％鲜榨蔬菜浆、蔬菜汁饮料及食品配料等。

（三）NFC 蔬菜汁（浆）

NFC 蔬菜汁，中文为"非浓缩汁还原蔬菜汁"，是通过新鲜蔬菜直接榨取所制得的非浓缩还原植物汁。现如今，传统的浓缩还原型蔬菜汁已经无法满足消费者对营养健康食品的消费需求，NFC 蔬菜汁产品具有新鲜蔬菜的风味、色泽和质构，越来越受到消费者的认可和市场的青睐。像羽衣甘蓝汁、芹菜汁等多种蔬菜汁可进行搭配，可以补充蔬菜中的维生素、纤维等，可满足消费者每天对蔬菜的需求，得到了白领等工作人群的喜爱，除了营养之外，通过复配也可以实现口感的调配，达到美味营养的要求。

（四）蔬菜汁（浆）类饮料

蔬菜汁饮料是以上述的一种或几种浓缩蔬菜汁和蔬菜浆为原料，添加或不添加其他蔬菜汁和（或）配料及食品添加剂，经加工处理制成的产品。浓缩蔬菜汁可直接加适量的水还原为蔬菜汁产品。除了 100％蔬菜汁如胡萝卜汁等外，蔬菜汁饮料也是主要的产品类型之一。

二、常见的蔬菜汁

（一）番茄汁

番茄有"维 C 之王"的美称，其钙、磷、铁等含量也都超过一般水果，是茄科植物番茄的浆果，番茄适于各种人群的食用。在全球蔬菜贸易中，番茄占有重要地位，属于三大世界性贸易蔬菜之一。世界的番茄生产总量及种植规模随着番茄需求量的不断上升而持续扩大，我国同样也是世界番茄产量最大的国家。我国的番茄种植面积正逐年上升，到 2020 年中国番茄种植面积为 110.4 万 hm²，同比上升 1.56%，番茄产量接近全球番茄产量 1/3，约为 6 515 万 t，作为番茄种植生产全球第一的国家，我国的番茄及制品在世界番茄贸易中有举足轻重的地位，对世界番茄贸易的影响力也正在不断提高（张彩霞，2024）。

番茄及其制品富含维生素和矿物质等营养成分以及番茄红素等活性物质，特别是番茄红素具有降低癌风险、缓解前列腺良性增生等生理活性作用，使得番茄及番茄制品受到全社会的广泛关注。在番茄产品中，最主要的产品为鲜番茄，在初加工产品中，最主要的为番茄酱，占番茄产量的 20%，番茄汁加工量比较少，仅能占到 0.4% 左右（周明等，2022）。番茄制品可分为初加工和深加工两大类产品，其中初加工产品大多采用喷淋清洗、冷（热）破碎、真空浓缩、高温瞬时灭菌、冷却和无菌灌装等加工工艺，主要产品包括番茄酱、番茄汁、番茄沙司和去皮番茄等。深加工产品主要用于满足不同消费层次对番茄制品的需求并提高番茄加工的整体利用率，其产品主要包括番茄红素、番茄膳食纤维和番茄发酵饮料等。在产业方面，目前我国较大的番茄汁/酱加工企业集中在中粮屯河、新疆冠农、帝邦番茄、江苏亚克西、新疆宏景等几家企业。研究发现新鲜番茄汁在热加工后，番茄红素可以更好地从食品基质中释放，而且热加工会促使番茄红素的构型由全反式向顺式转变，顺式番茄红素更容易被人体吸收，拥有更高的生理功效（孙永珍等，2023）。

我国番茄酱汁行业市场规模呈持续增长趋势。2021 年，我国番茄酱汁行业市场规模 8.13 亿元，同比 2020 年增长了 0.81 亿元。在出口方面，2021 年我国番茄酱汁进口数量 7 863.9 t，进口金额 1 369.7 万美元；出口数量 4 0687.8 t，出口金额 3 558.4 万美元。我国生产的番茄酱汁出口数量远远高于进口数量（段荣静，2024）。

由于番茄制品加热后易产生异味物质，因此，番茄制品风味研究及调控技术是研究热点。目前番茄及其制品的风味研究主要是利用气相色谱-质谱联用（GC-MS）和气相色谱-嗅闻（GC-O）等技术对其含有的挥发物进行定性和定量分析。研究表明，共有 400 余种挥发物在番茄中被检测到，主要包括醛、醇、酮及含硫物质。Kelebek 等（2018）使用气相色谱-质谱-嗅闻（GC-MS-O）技术评估了新鲜番茄、热破碎番茄酱、冷破碎番茄酱的风味变化，发现己醛是加工前后含量变化最大的化合物。Vallverdu-Queralt 等（2013）使用 SPME-GC-MS 技术研究了有机番茄汁和传统番茄汁的风味差别，发现有机番茄汁更具蔬菜味，且挥发物含量更高。刘媛媛（2022）采用气相色谱-质谱-嗅闻（GC-MS-O）、香气提取物稀释分析（AEDA）结合定量分析鉴定出二甲基硫醚、二甲基三硫醚、3-甲硫基丙醛是导致番茄汁蒸煮味的关键物质。中国农业大学廖小军研究团队针对冷破碎番茄汁风味差、热破碎番茄汁黏度低的问题，研究发现脂肪氧化酶是番茄的主要风味酶，分解脂肪酸成己醛等 C6 醛类物质，形成番茄汁主要风味（廖小军，2010）。

（二）胡萝卜汁

胡萝卜产业是我国重要的蔬菜产业之一。2015—2020 年，我国胡萝卜年均种植面积为 41.14 hm²，平均产量为 1 816.32 万 t，平均单位面积产量为 44.16 万 t/hm²，稳居世界前三，2020 年胡萝卜产量达 2 214 万 t，居世界第一。因此胡萝卜是我国重要的蔬菜资源。

胡萝卜具有很高的营养价值，有"小人参"的美称，富含胡萝卜素等多种活性物质以及维生素、矿物质（钙、钾、钠）和膳食纤维等营养成分。类胡萝卜素是胡萝卜最主要的营养成分，其中含量最高的是β-胡萝卜素，约占胡萝卜素含量的80%，除此以外，胡萝卜还含有α-胡萝卜素和黄体素等多种胡萝卜素。胡萝卜汁是以新鲜胡萝卜为主要原料，经压榨离心而制成的一种蔬菜汁。浓缩胡萝卜汁（浆）产品富集了胡萝卜所含有的营养成分，具有高浓度的β-胡萝卜素，具有体积小易贮藏运输的优点，具有广阔的市场前景。这类产品广泛应用于食品工业，作为食品配料、营养强化剂和增补剂，也可作为自由基清除剂、抗氧化剂和维生素 A 源等广泛应用于医药保健品和化妆品工业中。

近几年，"牵手"（北京）、"喜奥"（河北）、"神内"（新疆）、"汇源"（北京）等胡萝卜饮品在不断地推广下，已成为一种受消费者喜爱的饮品，制造商们也在不断地改进和调整口味，研制出了胡萝卜橙汁、胡萝卜苹果汁、胡萝卜桃汁、胡萝卜枸杞汁等果蔬复合汁（胡萝卜果蔬汁）。这几种产品已有一定的市场份额。为消费者的蔬菜制品消费提供了良好的导向。

（三）姜汁

我国是全球生姜生产、出口、消费第一大国，2020 年我国生姜种植面积为 31 万 hm^2，产量达到 919 万 t。生姜在我国南北地区均有种植，其主产地有山东、湖南、贵州、广西、四川、河南、湖北和陕西八大种植区，其中山东是北方最主要的生姜产区，2019—2020年山东生姜种植面积占国内的 36.1%，山东省安丘市是我国生姜主产区之一。

生姜，属于姜科、姜属，是多年生植物的根茎，是一种药食同源的植物，其味道辛辣，含有多种营养物质，例如维生素、蛋白质、脂质和微量元素等，除此以外还有姜辣素、生姜多糖和姜精油等多种活性物质。据《生药学和植物疗法杂志》记载，生姜能强健脾胃并防治肠胃炎，还具有调节血管收缩和强心的功效，并起到保护心肌、降血脂和抗动脉粥样硬化等作用。

我国的生姜目前主要以鲜食为主，鲜食在生姜消费当中的比重达到 68.7%。加工仅占生姜产量的 8.7%。消费者常将生姜与养生保健功能相联系，如面向女性消费者的生姜红糖水，生姜防脱发、祛斑的功效可能更受中老年人关注；此外，促进血液循环、温热驱寒也是其老少咸宜的功能。除了功能性，生姜味道也是其一大亮点，具有特殊的刺激性和芳香性。

目前国内的生姜加工产品还停留在初级阶段，包括固体饮料、液体饮料、干制姜片、腌渍姜片等产品。生姜固体饮料一般以可冲泡的姜粉和姜茶居多，这类产品便于运输和贮藏，方便卫生易于冲泡，深受广大消费者的喜爱。生姜固体饮料主要以生姜为原料，通过干燥工艺处理或通过榨汁浓缩干燥处理制成，生姜原有的营养保健价值得到较大程度地保留，还可以将红糖和红枣等原料与生姜复配制成姜茶饮料，这类产品的消费群体多以女性为主。生姜还出现在各类汽水、苏打水和果汁中，这与消费者追求天然健康的趋势相符合。可口可乐公司在 2020 年曾推出了一款针对中国市场研发的热饮产品"可口可乐生姜"汽水，对我国消费者而言是一款体验独特且口味亲切的暖冬饮料，同年维他奶赶在了新年之前推出了暖姜豆奶，大大带动了国内姜汁产品的发展，其他像柠檬姜汁、姜汁苏打水等新产品也不断丰富姜汁系列产品。谷歌发布的《2017 年饮料趋势报告》中就指出，生姜饮料的年搜索量（包括美国、英国、西班牙、墨西哥 4 个地区）增长率为 32%，包括姜茶、姜啤和生姜汽水，生姜水、姜汁等类别的搜索量增长率为79％。芬美意公司宣布生姜和柚子为2021年度最佳风味，其中生姜的受欢迎程度在过去十年中稳步增长。

廖尚炬（2019）研究了生姜浓缩汁的加工工艺，与常压浓缩的生姜汁相对比，经真空浓缩的生姜汁，其总黄酮、总糖和姜黄素的含量均有所提高，褐变程度有所降低；生姜原汁中的挥发性成分经GC-MS分析，主要为醇类和烯类物质，而浓缩生姜汁的挥发性成分为烯类物质，经真空浓缩处理的生姜汁，其挥发性物质的种类多于常压处理的生姜浓缩汁。

由于生姜暖胃等功效，姜汁除了开发姜汁饮料如姜汁可乐、柠檬姜汁等系列产品外，姜汁常作为配料用于黄酒、啤酒中，一方面可增加姜汁风味，另一方面带入生姜的保健价值，也逐渐成为市面上的新品。杨雷鹏（2020）研究了鲜姜汁经微生物发酵后抗氧化活性的变化以及对混菌发酵生姜黄酒进行了条件优化，确定了最适宜酿酒酵母 *Saccharomyces cerevisiae* J12-7、米根霉 *Rhizopus oryaze* MG1 和米曲霉 *Aspergillus oryzae* 的培养条件，此外在传统黄酒发酵过程，利用这三类微生物制备成液体菌剂可以研制特型生姜黄酒。赵前等（2022）研究了姜汁啤酒菌种的筛选与加工工艺，经过研究筛选出啤酒酵母A、B，确定了姜汁啤酒的最适酿造工艺条件为姜汁添加量10.90％、酵母接种量8.80％，酵母发酵温度23.92℃，发酵后具有特有的姜汁及麦芽香味。

第二节　主要技术与设备

一、清洗

清洗果蔬原料的目的是去除杂质，降低微生物含量。某些蔬菜如根菜类和叶菜类，由于会有泥土附着，其含有的微生物数量会非常多，清洗处理可以将微生物的数量降低到初始微生物数量的2.5％～5％。

清洗处理的效果主要由清洗时间、温度、机械力的作用方式、清洗水的pH和矿物质含量等因素决定。

（一）鼓风清洗机

鼓风清洗机又名鼓泡清洗机，主要用途是对悬浮物或漂浮物进行清洗。设备主要特点是利用漩涡气泵产生的气体，对水进行吹鼓，使得水面产生比较大的波动，从而使得悬浮物或漂浮物在水中不停翻滚，以达到清洗作用。鼓风清洗机可与提升机、输送管道等设备组合使用。设备的主要组成包括提供气源的旋涡气泵、喷口组件、放水阀、斜型槽以及传输管路（图5-1）。设备的主要原理：在清洗槽底部安装管道，在管道上钻一定数量的小孔，利用漩涡气泵产生的高压气体对水进行鼓吹从而产生高压气泡，蔬菜在水中被高压气泡剧烈搅拌，不断翻滚，可以将物料表面黏着的污染物加速脱离。由于物料是在水中剧烈翻滚相互摩擦，因此在清洗过程中损伤较小，最适合果蔬原料清洗。

（二）桨叶搅拌清洗

桨叶搅拌清洗机是由机架、洗槽、桨叶、多孔筛底、传动装置等部分组成。原料在清洗槽浸泡的同时不断被桨叶翻转搅拌，使原料始终处于水平运动和上下交替运动之间，使物料与物料、洗槽壁和桨叶之间相互摩擦，在上述各种机械力的作用下，附着在原料表面污物附力减弱，最后脱离原料表面。洗脱的污物通过多孔筛筛落到洗槽底部，通过定期打开排污口闸门排出污物。由于桨叶呈螺旋形排列，在桨叶翻动原料的同时推动原料向前运动，使清洗机内原料从进料口向卸料槽口方向移动，最后从卸料口排出。桨叶搅拌清洗机结构见图5-2所示。

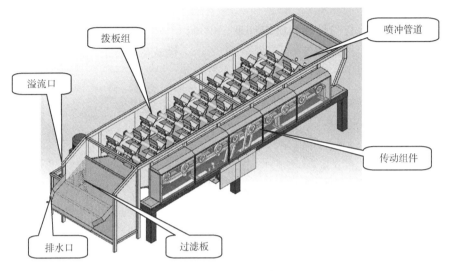

图5-1 鼓泡清洗机结构图

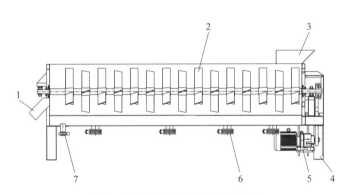

图5-2 桨叶搅拌清洗机结构图
1. 卸料槽 2. 桨叶 3. 装料斗 4. 机架 5. 传动装置 6. 舱口 7. 闸门

二、破碎

多数蔬菜原料在榨汁前都会进行破碎，破坏蔬菜原料组织，一定程度的破碎效果可以有效地提高后续榨汁加工的出汁率，但是如果破碎程度过高，导致部分纤维过于细小反而会对后续榨汁工序带来不良影响，如出汁率降低，蔬菜汁中浑浊物含量增大，造成澄清成本增加等。一般破碎后的蔬菜浆泥的粒度为3~9 mm，破碎粒度均匀。适宜的蔬菜浆破碎粒度，有助于在压榨过程中蔬菜浆泥内形成一个有利于排出蔬菜原汁的排汁系统，选择合适的破碎机对于产品加工异常重要。

（一）锤式破碎机

锤式破碎机的工作原理是将需要破碎的物料通过喂料机的进料口喂入破碎室，物料在锤片高速旋转的打击和筛板摩擦作用下被逐渐粉碎，破碎后的物料通过离心力和重力的作用穿过筛孔并从底座的出料口排出。设备可根据加工原料特性和产品要求更换不同规格的筛网。

锤式破碎机不仅适合脆性物料破碎处理，也可以粉碎韧性物料甚至纤维性物料，因此被称为万能破碎机，结构如图 5-3、图 5-4 所示。锤式破碎机结构主要包括壳体、进料口和出料口、电机、转子、锤片、筛板等几个部分。

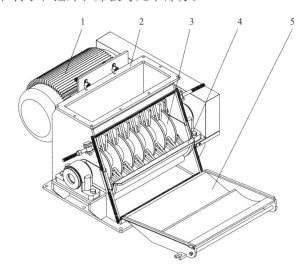

图 5-3　锤式破碎机内部结构图

1. 电机　2. 破碎机机座　3. 破碎机主轴　4. 筛网　5. 旋转门

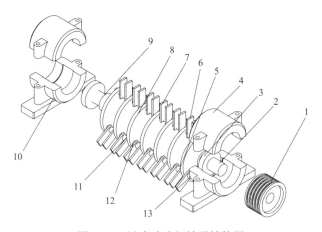

图 5-4　锤式破碎机转子结构图

1. 皮带轮　2. 主轴　3. 轴承　4. 轴承座上盖　5. 端头螺母　6. 锤片　7. 锤片
8. 锤架板　9. 隔套　10. 轴承和座下　11. 小隔套　12. 小隔套　13. 销轴

1. 壳体　是物料破碎的空间场所，所有的破碎均是在破碎机的壳体内完成的；同时也是破碎机构成的支架，它将破碎机的各个部件，包括转子、筛板、进料口和出料口有机整合形成整体。

2. 锤片 锤片作为锤式破碎机的主要部件，有许多种形状，其中最常用的是矩形锤片。矩形锤片上、下两端有对称销孔，一端销孔铰接在与转动主轴固接在一起的圆盘（或三角盘上），锤片在圆盘（或三角盘上）由轴套间隔定位分布，以上零件组合称为转子组件。锤片完成安装后，在使用前需要对装好的部件进行动、静平衡试验。

3. 筛网 在破碎机的底部装有出料筛板，采用不锈钢托架固定。筛板的孔径规格可根据生产需要来确定，筛板孔径大小直接决定着物料破碎粒度的大小。若需要调整破碎物料粒径规格，可根据需要更换相对应孔径的筛网。通常，筛网的孔径为 10～20 mm，锤片与筛网之间的径向间隙为 5～10 mm。

锤式破碎机特点是生产率高，遇刚性杂物（如石头等）可被推起而不易损坏设备。锤式破碎机的破碎过程是没有选择性的，对蔬菜颗粒的大小是无法控制，因此蔬菜的破碎程度主要取决于筛网的孔径。

（二）齿式破碎机

齿式破碎机的结构（图 5-5）包括以下部分：

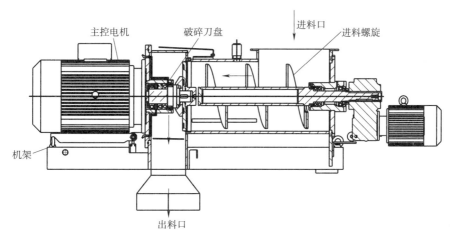

图 5-5 齿式破碎机结构图

1. 外壳 壳体及壳体框架均为不锈钢结构。入口及出口都装配有连接法兰。在壳体背部有一半封底的进料漏斗。圆柱体的中部与壳体的背部在前端相连，这样漏斗的出口直接与壳体的低端相连接。在研磨区还连有一个管螺纹接头，用于连接水清洗。在产品排出壳体的下部装配有一侧锁盖用于关闭排出开口。转动点及活动机构位于壳体的右手一侧。

2. 供料螺旋 螺旋推进器位于法兰的一侧，位于壳体终端壁的后面。轴承座与连接法兰焊接在一起。轴承的润滑由润滑油壶来供给。

3. 供料螺旋驱动的机构 螺旋驱动减速机与螺旋轴通过键来传输扭矩，与螺旋轴以螺母相连。减速箱在支撑上组装有两个减震件，支撑座螺栓连接在机壳法兰上。

4. 破碎机的启动 电机在壳体前沿终端壁与驱动法兰以螺丝相连，通过倾斜连杆机构，它可以向上旋转与壳体分离，检测磨碎机构，并且方便更换齿状刀片。

5. 破碎产品机构 破碎产品部分主要包括齿状刀片及刀片的星形排布，它还包括一可调机械结构，使得破碎区齿状刀片与壳体之间的距离可调。

6. 支撑连杆机构　借助于支撑连杆机构，破碎机构及与其相连的电机可以与壳体分离并且向上旋转90°。锯齿状刀片即可水平安置在刀盘上，这样可以轻松检查及置换刀片，同时也可以轻易地进行清洗，去除石头及其他杂物。

齿式破碎机的工作原理：待破碎的产品从一个封闭的漏斗，通过进料口进入喂料区，由螺旋经升压区移送至破碎区，然后到达旋转破碎机构，再由齿状刀片进行研磨。菜浆通过一预设的狭缝出口排离壳体（图5-6）。

破碎机的供料是在关闭的料斗供料设施预开关下完成的。依据破碎机的型号不同，经破碎后的菜浆直接从开启的出口进入菜浆罐，或者由一个中转罐经菜浆泵转移走，做下一步处理。

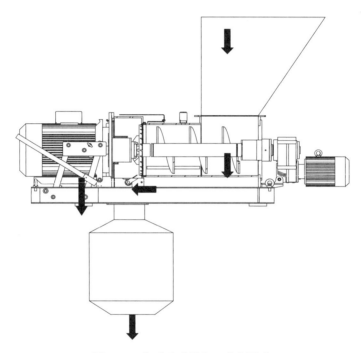

图5-6　齿式破碎机加工物料流向

三、榨汁

（一）带式榨汁机

主要由机架、驱动电机、L型转动辊筒、多组压榨辊、布料辊、压滤带张紧装置、加压装置、自动纠偏装置、蔬菜汁收集槽构件等部分组成。带式榨汁机压榨作业是连续的，因此也称连续榨汁机。这类榨汁机早期由德国福乐伟（Flottweg）、贝尔玛（Bellmer）公司生产。随着国产化进程的加快，江苏楷益智能科技有限公司等多家国内企业均可制造带式榨汁机，并且在结构和性能方面也有良好的表现。榨汁机的辅助设备有滤带、滤带清洗系统、蔬菜汁收集容器和输送系统等。带式榨汁机结构见图5-7所示。

1. 滤带　每台榨汁机上都装配两条合成纤维（聚酯）压滤带，压滤带是最重要的汁液分离元件，同时又是蔬菜汁过滤和蔬菜浆（渣）输送的载体。值得注意的是，带式榨汁机上、下两条压滤带的长度是不同的，且不可相互替换；应按运行方向标示正确安装，切不可将压滤带的正反面颠倒使用，不正确的安装将会导致滤带清洗不干净，甚至造成严重的汁液损失。

2. 滤带清洗系统 在蔬菜浆压榨过程中，压榨机上、下压滤带每进行一次压榨循环都会粘有蔬菜渣，残渣会堵塞履带网孔而影响蔬菜汁流出，造成蔬菜汁流失。所以，压滤带在每一次压榨完成后都要进行一次清洗。滤带清洗系统是由高压清洗泵、清洗水过滤筛、高压清洗刷及清洗刷旋转手柄等部件组成。这些部件由管线、管件连接构成了压滤带清洗装置和清洗水循环系统。

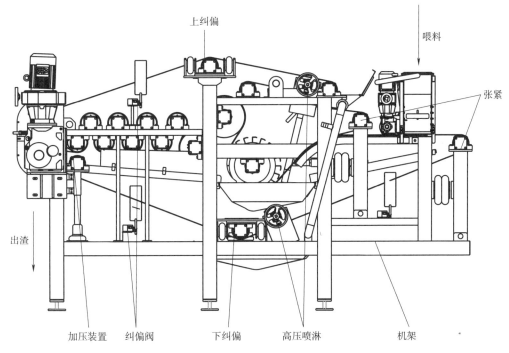

图 5-7 带式榨汁机结构图

滤带清洗过程：在榨汁机上、下压滤带的适当位置各自横向安装一组高压清洗刷，清洗刷带有特制的高压喷嘴，喷射出强力的雾状水柱穿透压滤带，将压滤带缝隙中的菜渣带走，保持滤带清洁。通过旋转清洗刷旋转手柄，改变冲洗水喷射旋转钢丝刷角度，清除高压清洗喷嘴堵塞物，以此保证高压喷嘴保持较高的清洗压力。清洗工艺要求清洗刷喷嘴喷出的水柱呈扇面状分布，清洗喷嘴沿清洗刷长度方向排布，分布间距为 70~80 mm，清洗水泵保持清洗水压在 1.8 MPa 以上。

3. 压辊及传动系统 压辊传动系统是由电机、减速机、主动辊和若干从动辊等组成。所有辊轮安装在榨汁机的机架上，在电机及减速机的带动下，主动辊以适当的速度转动，并带动环状压滤带向前运行。上、下两条压榨滤带运行带动其他从动辊运转。保持榨汁机上、下压滤带同步移动是榨汁机能够正常运行的重点，即两条压滤带的线速度必须高度保持一致。否则上、下压滤带出现差速运动，在上、下压滤带之间产生相对运动，压滤带之间巨大摩擦力将导致压滤带损坏，甚至损坏设备。

为了保证榨汁机上、下压滤带能够同步运行，榨汁机在设计上采用了专用的蜗杆减速箱，该减速箱是在主动轴上设有旋向相反，其他参数一致的两个蜗杆，两个蜗杆分别啮合两个蜗轮，每个蜗轮带动一个输出轴。减速箱由一根主动轴输入，经减速后产生两个旋向相反、旋转速度一致的输出轴，从而带动两个主动辊，两个主动辊再分别带动上、下两条压滤带同步运动。

4. 张紧装置 带式榨汁机的张紧装置，是利用压缩空气为动力，由张紧气囊、张紧辊和张紧摇臂构成。在榨汁作业时，张紧气囊充气并保持 0.5 MPa 左右压力，摇臂张开使张紧辊将滤带张紧，对上、下两条滤带之间的物料施加适当的压力，保证榨汁作业的连贯运行。滤带的张紧程度，在压滤带和榨汁机强度允许的条件下，张紧度越大蔬菜浆的出汁率就越高。在榨汁作业结束时排除气囊中的气体，摇臂收缩，压滤带恢复作业前松弛状态。

5. 自动纠偏装置 压滤带在运行过程中不可避免出现偏离中轴线的情形，在一定幅度范围内是允许的。但是，如果偏离幅度超出其限定范围就会导致压滤带张力不均，甚至会导致产生故障。因此，在榨汁机上、下滤带适当位置的边缘处分别配置纠偏装置，防止滤带跑偏。纠偏装置是由限位挡板、纠偏气囊组成。当滤带出现偏离时，滤带边缘就会触碰到纠偏挡板，纠偏挡板受力出现一定角度的倾斜，使挡板末端带有与压缩空气相通的进气调节装置发生位移，带动调整纠偏气囊进气孔开启，使得压缩空气进气量的大小和气压发生变化。由气压变化使调偏辊向前或向后移动位置，以达到滤带纠偏的目的。

6. 加压装置 所说的加压装置，实质是在榨汁机机架后端安装两个上、下相对的加压榨辊；在榨汁机两侧机架上安装气囊，一般气囊加压压力约 0.4 MPa，在气囊的上面安装竖立的一根不锈钢顶柱，在气囊加压时，气囊张开推动下榨辊向上施加挤压力；由于上面的榨辊升降位置是固定的，如此使上下对应的压榨辊之间形成加压运行区，以获得更高的出汁率。

带式榨汁主要依次经过预排汁区、弧形榨汁区、挤压区和加压区 4 个加工区。具体过程为通过螺杆泵和布料辊将蔬菜浆料均匀地分布在榨汁机的下压滤带上，随着压滤带的向前运动，下压滤带与上压滤带重合，并将蔬菜浆物料夹持在可透过汁液的上、下压滤带之间。由于压滤带张紧力的作用，部分蔬菜汁透过压滤带开始自流，此阶段称为预排汁区。当物料进入到弧形压榨区时，L 型压辊对蔬菜浆物料施加压力，使得蔬菜汁迅速透过压滤带流出，此阶段称为弧形榨汁区。而后随一系列压辊的直径递减，压力和剪切力不断增加，继续对蔬菜浆物料施加压力同时获得更多的汁液，此阶段称为挤压区。最后，经过 2 个加压辊（上下方向加压）挤榨，完成榨汁过程，此阶段称加压区。从压榨开始到结束所产生的全部蔬菜汁，通过下压滤带下方斜面收集盘收集，最后流入蔬菜汁收集槽中，然后通过物料泵输送到下道工序。以带式榨汁机压榨苹果汁为例，在各压榨阶段获得的果汁比率为：在预排汁阶段获得果汁量约 20%，在弧形榨汁区获得果汁量约 30%，在挤压区阶段获得果汁量约 40%，在加压区获得果汁量约 10% 左右。而在上、下压滤带之间的浆料随着压榨的进行，大量果汁缓缓被榨出而逐渐形成渣饼，最后从榨汁机末端被塑料刮板从滤带上刮下，落入收渣槽，通过螺旋输送机送出进行二次提汁或排出室外另作他用。

　　二次浸提：利用第一次压榨后的蔬菜渣进行浸提后再次进行榨汁的工艺。但并不是所有的原料都采用二次榨汁工艺，对于出汁状态比较理想的原料，仅经过一道压榨就能够获得大部分有效成分，压榨后的皮渣直接排放。二次榨汁的主要工艺过程是将一榨的蔬菜渣在 80℃以下热水中按照料液比（1∶1）～（1∶2）比例复水后，浸提时间为 20～40 min，之后进行二次压榨，二次压榨的出汁率一般可达 5%～10%。

（二）卧式离心机

　　虽然卧式离心机属于离心分离设备，有时也常被用作蔬菜汁加工过程中的制汁设备。

　　卧式离心机（图 5-8）的基本工作原理是通过进料管和螺旋出料口将悬浮液加入转鼓中，利用高速旋转所产生的离心力将比重较大的固体颗粒沉淀沉积于转鼓的内壁上，螺旋叶片与转鼓呈相对运动并不断地刮下转鼓内壁上的固体颗粒，最后由排渣口排出。清液经分离后从液层调节板开口处流出转鼓。通过差速器产生差转速来实现螺旋与转鼓之间的相对运动，并由副电机控制其大小。

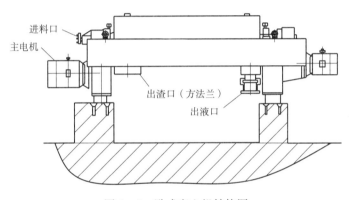

图 5-8　卧式离心机结构图

四、酶解

　　在蔬菜汁生产工艺中，生物酶是一种很有前途的产品。为了提高出汁率和蔬菜汁澄清度，近年来广泛采用了生物酶解法。20 世纪 80 年代初期，美国酵素公司首次将果浆酶用于粉碎蔬菜浆，使其出汁率和制汁效率大幅提升，标志着其在蔬菜汁加工业的规模化发展（仇农学等，2006；徐怀德等，2006）。20 世纪 90 年代，中华供销社济南果业研究所引进了诺维信的酶系和酶水解技术，并在中国进行了有关的应用技术培训和产业化推广，为我国蔬菜汁工业的发展揭开了一个新的篇章。

　　在蔬菜汁生产过程中，广泛使用的酶有果浆酶、果胶酶和淀粉酶等。

（一）果浆酶

　　果浆酶是一类多功能酶，除了含有果胶酶之外，还含有其他酶类，如纤维素酶和半纤维素酶。通过对果胶和纤维素的分解，降低汁浆的黏度，改善汁浆的压榨性，进而提高蔬菜汁的出汁率。通过对蔬菜进行酶解，可以使蔬菜的细胞壁结构得到有效的分解，使设备的生产效率得到提升，同时还可以增加自流汁的比率，从而使压榨变得更加容易，蔬菜渣的水分含量也变得更少，这也使得蔬菜汁中的果胶含量减少了，这对蔬菜汁的澄清和过滤也有很大的帮助，同时也增强了储存的稳定性（赵国萍等，2015）。

目前，从国外引进的果浆酶产品有诺维信、英联、帝斯曼等品牌。诺维信的 YieldMash 果浆酶不仅具有三种果胶酶的活力，而且还具有一些半纤维素酶（鼠李聚半乳糖醛酸酶、木聚糖酶等），在降解果胶主体的同时，也可水解果胶链上的甲基半乳糖酸，使其更加容易溶解，利于蔬菜汁的释放。另外，它的应用领域更广泛，在 20～60 ℃都有很好的生物酶活力，并且持续时间很短，通常只需 30 min。针对不同的原料特点，需要通过小试实验来确定适宜添加量。总之，果浆酶制剂具有成本低、操作简便、出汁率高等优点，是蔬菜汁加工中不可缺少的一道工序。

（二）果胶酶

一般情况下，蔬菜汁中的果胶含量在 0.2%～0.5% 之间。果胶酶是一种专用于降解果胶的酶制剂。果胶酶在植物中普遍存在，按其对果胶解聚或对果胶进行酯化降解的底物，可将果胶酶分成两种类型。果胶降解的酶主要有聚甲基半乳糖酶、醛酸酶或果胶裂解酶等，以及聚半乳糖醛酸酶、果胶酸裂解酶等。果胶酯酶和果胶酰水解果胶的酶。

果胶酶在蔬菜加工过程中起着非常关键的作用，利用果胶酶对破碎的蔬菜进行处理，可以加快蔬菜汁的过滤速度，加快澄清速度。果胶酶通过使果胶中 D-半乳醛酸残基上的糖苷键断裂，使果胶分子发生断裂，将大分子的半乳醛酸、果胶酸等小分子化合物分解成小分子，同时对果胶进行降解，从而降低蔬菜汁的黏度，降低蔬菜汁中原有的固体颗粒，从而加强澄清，改善蔬菜汁的可滤性，加速蔬菜汁的过滤速率。在实际生产中，需依据原料价格、酶制剂价格以及能源价格综合考虑使用。

果胶酶在 40～55 ℃ 范围内具有较好的催化效果，通常以 50～55 ℃ 为最佳。在 65 ℃ 以上，果胶酶易失活。果胶酶的加入量要根据生产厂家和原料特点进行小试实验。在处理时间上，果胶酶的作用时间与加入量及温度有关，若加入量减少，可延长处理时间。在实际生产中，可以根据果胶的性质对其进行定性测定，同时也要将作用温度的高低、过程的连续性等因素都考虑进去。

（三）淀粉酶

有些蔬菜在收获前的贮藏阶段通常采用较低的温度，特别是在该环境下，淀粉在蔬菜中滞留较多，造成蔬菜汁混浊，造成加工难度大、效率低。利用淀粉酶水解淀粉及糖原中的 α-1，4、α-1，3、α-1，6 糖苷键，使大分子化合物分解成小分子可溶性糊精、葡萄糖和麦芽糖，降低含淀粉蔬菜汁的黏度，提高出汁率、改善口感。

五、澄清技术

（1）生物酶澄清。在增加出汁率的同时，利用生物酶对蔬菜汁进行澄清，增强其贮存稳定性。这是因为果胶酶对果胶大分子链进行催化，使其发生凝胶化，使原来的胶体体系解体，露出部分带有正电性的蛋白质，当浑浊颗粒间的静电斥力减弱时，果胶、蛋白质等大分子聚集在一起，形成大颗粒，最后沉淀。

利用生物酶对蔬菜汁进行澄清，第一个阶段是果胶的水解，在酶的作用下，一部分不溶于水的原果胶转化成可溶性果胶，当原果胶的含量减少，水溶性果胶的含量增多，最终水溶性果胶被降解，导致蔬菜汁的黏度降低，原有的浑浊体系丧失稳定。第二个阶段为自我净化，当悬浮液中的胶体粒子带有负电，而胶体粒子则是由果胶等多糖所产生。在果胶形成的保护膜中，含有正电荷的蛋白质，当果胶被水解后，会露出带正电荷的蛋白，并与其他带负电的颗粒发生碰撞，从而形成絮凝。在蔬菜汁的黏度下降到某一个值后，胶团就会产生絮团，打破了原有的浑浊状态；第三个阶段为悬浮胶粒经过絮凝后沉降，从而达到蔬菜汁的清澈状态。根据《浓缩苹果汁》（GB/T 18963—2012）对果胶含量的测定，可以确定果胶能否被酶解，即用酸醇法测定果胶，当结果为阴性时，则表明酶解反应完成。当果胶完全降解后，为防止进一步的沉淀，应先将果胶酶失活，然后再进行热处理。

（2）物理澄清。

①明胶。明胶是由动物胶原经水解得到的一种水溶性蛋白（不均一的多肽混合物），其分子量在 10 000~70 000 Da 之间。明胶按其酸、碱两种生产方法，可将其分成酸、碱两类。在蔬菜汁的加工中，通常选择的是酸性明胶，它在低 pH 条件下具有很强的正电荷，可以和多酚、单宁等带负电荷的物质生成絮状沉淀，从而达到蔬菜汁的澄清。明胶的添加量随蔬菜汁类型及明胶类型的不同而异，在应用前需做澄清试验以决定其使用量。明胶的添加量要适中，过量会妨碍凝结，相反会对胶体起到保护作用，从而降低蔬菜汁的透明性。值得注意的是，通过 Halal 认证和 Kosher 认证的产品不可使用明胶。

②硅溶胶。硅溶胶（SiO_2）是一种固体质量分数为 15%~30% 的二氧化硅透明水溶液，在蔬菜汁中与带有正电荷的明胶发生作用，产生絮凝、澄清作用。通常情况下，硅溶胶可以直接添加到蔬菜汁中，无须预处理，添加的数量应根据所需明胶的用量进行调整。在 15% 的硅溶胶中，加入明胶的量是 5~10 倍；在 30% 的条件下，明胶的加入量需达到 3~5 倍，最佳加入量要通过实验来确定。

③膨润土。又名皂土，是以蒙脱石为主要成分的水合硅蒙脱石，经精炼后制成的一种无机胶体。20 世纪 30 年代初期，人们开始把膨润土用于酒类的澄清。在 20 世纪 60 年代初期，膨润土和明胶的混合物还没有出现。膨润土不仅能使蛋白沉淀，而且能脱除丹宁酸。

④壳聚糖。壳聚糖是从几丁质中脱乙酰基而来的一种糖链结构，其脱乙酰度的不同对其性能有很大影响。壳聚糖是一类多糖，可以通过与酸或酸的分子的氢原子（氨基上的 N 原子形成一个自由电子对）形成正电性的电解质，该电解质可以将多酚、果胶等带负电荷的大分子如多酚、果胶等进行絮凝，最后沉淀下来。几丁质作为一种重要的有机物，在过去的 20 多年里得到了广泛的研究。但是，由于壳聚糖价格昂贵，目前仅限于科研领域，很少用于工业生产。

需要指出的是，在不同的情况下，要事先算好澄清剂的加入量。为方便观测与计算，通常用 10 个装有一定数量蔬菜汁的量筒，向其中添加不同数量的澄清剂，充分搅拌，放置 48 h，就可以判定其澄清效果，也可以利用浊度仪等检测设备进行辅助测定。为防止过多的澄清剂添加，应选择澄清剂用量最小、效果最好的方法，而不是用最快的澄清速度作为评价指标。在实际操作中，应根据不同的澄清剂，选用适当的澄清剂，并配合使用。但是，要想在工业上推广使用，必须具有操作简便、工期短、成本低等优点。

六、分离技术与设备

（一）碟片式离心机

碟片式离心机是蔬菜汁加工过程常用的分离设备，主要用于控制蔬菜汁中的固含物含量，一般可将固含物降至 0.5% 以下。根据工艺加工需要，分为固-液、固-液-液等；两相及三相分离目的。

碟片式离心机（图5-9）分离过程如下：驱动装置带动转鼓高速旋转，当料液从分离机顶部主轴旁侧进液管进入转鼓并进入转鼓底部，料液经由最下方碟片的开孔处折向上方流动，逐渐向各碟片空间分配。料液随转鼓带动高速旋转，物料通过离心力的作用在碟片间隙的狭小通道内部形成薄层分离，同时形成流动方向相反的两种液流，即物料组分中密度较小的轻液（澄清料液）通过碟片向转鼓中心方向移动，汇集在加料管周围的环隙空间，最后在分离机上方的出料管排出；物料组分中密度较大的重液通过碟片向转鼓外缘方向移动，然后集中在转鼓的上部位置，最后在分离机上方出料管中排出；分离液中的颗粒物沉降到碟片表面上，并滑动至碟片边缘，最终进入分离机排渣腔经排渣口排出。

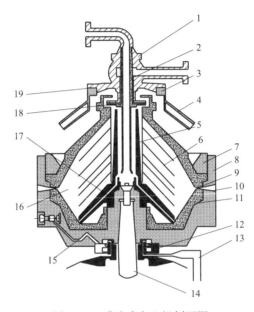

图5-9 碟片式离心机剖面图

1. 进出口座　2. 进料管　3. 上机盖　4. 转鼓盖　5. 碟片架　6. 碟片　7. 大锁帽　8. 转鼓体
9. 密封环　10. 排渣口　11. 大活塞　12. 布水盘　13. 操作水管　14. 主轴
15. 进水孔　16. 沉渣区　17. 分配器　18. 向心泵　19. 密封垫

（二）转鼓真空过滤机

转鼓真空过滤机是以负压作为过滤推动力的一种连续式过滤机。该类型过滤机在转鼓的不同部位分别将吸料、过滤、一次脱水、洗涤、卸料滤布再生等多个操作步骤完成。过滤机的转鼓每旋转一周，便完成一次过滤操作循环。该类型过滤机具有连续性生产和机械化程度高，可以应用于分离粒度极细、固相浓度很低、易堵塞的分离悬浮液。

这种过滤机最初常应用于制碱和采矿工业，后来逐渐扩展到化学工业、医药制造、食品加工、油脂工业、生物发酵等领域。在与食品加工相关的应用中，比较典型的应用有葡萄糖浆脱色过滤、酶制剂过滤、蔬菜汁过滤、发酵液过滤、油脂生产、废水处理等。

转鼓真空过滤机结构见图5-10。该型过滤机是由转鼓、气源分配阀、传动控制等几个部分组成。转鼓是一水平的旋转圆筒，其主体直径0.3～4.5 m，长度3～6 m。圆筒的外表面为多孔筛板，在筛板外面覆盖一层滤布。在转鼓内部沿转鼓长度方向焊接扇形格板

（筋板），可以径向分隔转鼓形成若干扇形格室（10～30个）。每个扇形格室有单独的孔道连通空心轴内部的孔道，而空心轴内的孔道则沿轴向通往转动盘。转动盘位于转鼓轴端并随转动轴旋转，转动盘和固定盘端面紧密分配，构成了一种特殊结构的气源分配阀（气源分配头）。气源分配阀的固定盘上分成若干个弧形空隙，这些空隙分别与减压管、洗液储槽以及压缩空气管路相联通。通过过滤机转鼓的旋转，借助气源分配阀动作，依据每个扇形格室传动时所处不同位置进行真空和加压气源切换，使得过滤机转鼓持续地吸滤、洗涤、脱水、卸料循环操作。

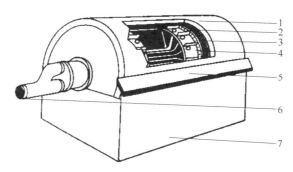

图 5-10　转鼓真空过滤机结构图

1. 预涂层　2. 隔板　3. 隔板支撑　4. 滤器板　5. 刮刀　6. 出口　7. 滤槽

转鼓转速控制系统采用二级齿轮减速装置，为实现稳定过滤由交流变频器无级调速控制转鼓转速，通常转鼓转速为 0.1～2 r/min，以此获得稳定的真空过滤效果。在转鼓的整个过滤面上，过滤区约占圆周的 1/3、洗渣和吸干区约占圆周的 1/2、卸渣区约占圆周的 1/6、各区之间存在过渡段。转鼓真空过滤机过滤原理见图 5-11 所示。

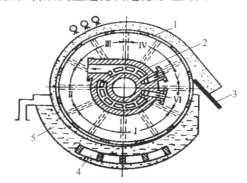

图 5-11　转鼓真空过滤机过滤原理图

1. 转鼓　2. 分配头　3. 刮刀　4. 搅拌器　5. 滤浆槽

1. 过滤机过滤操作　过滤机在过滤作业时，转鼓有一部分浸没在下面的浆液槽中滤浆内并缓慢旋转。浸没率通常保持在 25%～37% 之间，但对滤饼形成速度慢和固形物含量相对较少的料浆，其浸没率可达到 60%。沉没在悬浮液内的转鼓过滤室与真空系统连通，在真空的作用下滤液透过滤层被吸出过滤机的扇形格滤室中，过滤面上由于吸附固体颗粒形成过滤截留层。转鼓旋转使滤室离开悬浮液，之后滤室将继续吸取滤渣中包含的液体。当滤渣中残留的滤液需要清除时，可以在滤室旋转到转鼓上部时喷洒洗涤水，洗涤水透过滤渣层置换残存的滤液，此时的滤室与另一真空系统接通，可以将滤液吸入滤室中并单独排出，之后将已经吸干的滤渣层卸除。将滤室连通压缩空气系统，通过反吹滤布使滤渣层松动，并使用刮刀将滤渣刮下。使用压缩空气或压缩蒸汽继续反吹滤布，清除过滤介质上残存的料渣颗粒。

2. 转鼓真空过滤机特点 机械化程度高，可连续生产；可通过调节转鼓的转速来控制滤饼形成的厚度和洗涤效果。其缺陷是物料过滤仅以真空作为推动力，其推动力较小，并不易将滤饼抽干，滤饼湿度可达到20%以上。

（三）超滤

超滤是介于微滤和纳滤之间的一种膜过滤方法，超滤膜的孔径一般为 0.05 μm～1.0 nm 之间。在实际应用中超滤膜的分离特性一般不以孔径来表征，而是用截留分子量来表征的，超滤膜的截留分子量一般为 1 000～100 000 Da。膜两侧的压力差可以为超滤提供驱动力，经超滤膜表面流过的介质在压力的作用下，其含有的水、无机盐及小分子物质可以通过超滤膜，而分离介质中的悬浮物、胶体、蛋白质和微生物、大分子有机物等成分会被超滤膜截留，从而完成对溶液的分离、浓缩和净化。超滤在食品工业中应用广泛，主要可用于蔬菜汁的澄清分离，提纯精制发酵液，乳制品中乳清蛋白的回收，明胶溶液的浓缩和酒的澄清、除菌和催熟等。

1. 超滤膜结构 超滤膜的物理结构可以看作是由两层过滤层和一层支撑层组成的。过滤层其中的一层是超薄、具有一定孔径的膜活性过滤层，膜孔径为 0.05 μm～1.0 nm 之间，在传质中具有选择性的筛分特性，对溶液的分离起主要作用；而另一层是相对较厚具有海绵状过滤层（孔径约 0.4 μm）；支撑层主要起过滤活性层的载体作用，位于最外层，基本对膜的分离性能没有影响。

2. 超滤膜分离特性 超滤过程中偶尔会出现颗粒的粒径虽然小于表层的平均孔径，但仍然会被截留，按照膜孔筛分机制，这类物质应该能顺利通过滤膜。这类现象表明超滤膜的分离过滤机制是通过过滤膜表层孔径的机械筛分和膜表面自身的化学性质产生的筛分所共同作用的，膜孔径的大小和膜表面的化学特性分别发挥着不同的截留作用。由此可以说明，超滤膜孔的结构是截留分离物的重要因素，但并不是唯一的因素。

3. 膜的选择 过滤膜的材质、强度、透水性能和截留性能是选择膜时需要考虑的技术特性。通常要求膜具备水和小分子透过效率高；膜具有较好的机械强度；膜具备高截留性能；耐溶解和耐腐蚀性能强；对被截留物质的吸附量较小。大部分情况下，板式结构适合于对溶液进行初级浓缩，管式结构则常用于较高浓度溶液的浓缩分离。膜的亲疏水性、荷电性、膜的截留率以及膜组件构型等可能产生膜污染或影响膜过滤的因素也需要在选择膜材料时充分考虑。

4. 管式膜超滤装置 是将过滤膜与载体材料做成管状，然后将两者进行组装，或者是将膜直接附于支承管上，然后将一定数目的膜管按照一定的方法进行组合，固定和封闭膜组件两端端面，并在膜壳壁两端上装有透过液收集管，构成管束状管式膜组件。

根据膜附着在支撑管内侧或外侧的不同，可以分为内压式和外压式这两种类型的膜组件。内压式膜管的膜附着在多孔隙支撑管的内侧面，料液受压力的作用从管内部流过，渗透液通过滤膜渗透到膜管的外侧。外压式膜管的膜附着于多孔隙支撑管外侧，料液经加压后从膜管内部流过，渗透液通过膜渗透至膜管外侧。

目前，在蔬菜汁制取清汁生产中使用的膜多是管式膜，这类膜组件拥有大截面的料液通道，可以直接分离固形物含量较高且未经严格前处理的蔬菜汁。常用的膜组件材料为聚偏氟乙烯或聚砜，膜的规格为：单管内径 12.5 mm、长 3 050 mm 或 3 500 mm，19 根膜管共同组成每支膜组件，膜面积 2.25～2.5 m^2。美国 Koch 公司的生产的膜组件管内径仍然是 12.5 mm，但膜组件有 19 根膜管和 37 根膜管两种形式，由 37 根膜管组成的组件单支面积 5.21 m^2。聚砜或聚偏氟乙烯膜组件可在 pH 1.5～10.5、温度 1～55 ℃、压力 0.62 MPa 条件下工作。

管式膜超滤装置包括由机架、膜组件构成的分离系统；由循环泵、产品泵以及相应管路构成的物料输送系统；由物料循环罐、清汁贮罐、清汁平衡罐等构成的存储容器；由软化水罐、清洗罐以及清洗泵构成的 CIP 系统；由热交换、动力设备构成的附属系统；由压力、温度、动力、自动保护、程序控制构成的控制系统等若干单元。

在物流输送系统中，要求与超滤系统连接的循环罐出料管的位置必须高于循环罐底 1.0～1.2 m，以此避免每次开机时高浓度不溶性固形物进入超滤系统中；在循环管道上还需要增设一条旁通管道，在超滤作业之前先进行循环罐内的物料自循环，同样也是为了避免高浓度罐底物料直接进入到超滤装置中，上述是保证超滤实现正常运行最重要的条件；此外，在物料进入超滤循环罐前还需要设置管道过滤器，作用是拦截金属、机械碎屑等硬物，预防上述各类硬物进入到膜分离系统中，对超滤膜管构成伤害。

5. 管式超滤膜特点　管式超滤膜具有以下优点：采用圆管形组件料液流路断面积较大，它是一种对料液预处理要求较低的过滤设备。适用于高浓度的悬浊液的处理，能在较大的范围内调整料液速度，有利于控制浓差极化。当膜面污染导致超滤系统透过量下降至不可继续作业时，可以通过 CIP 清洗恢复通透性，系统清洗不需要拆卸膜管和设备。

七、树脂吸附技术

树脂吸附技术在蔬菜汁的加工过程中主要是用来去除蔬菜汁中对产品品质构成不利影响的物质成分，例如去除蔬菜汁中的褐变酚类底物、褐色氧化物、毒素物质、有机酸、苦味物质等。对提高蔬菜汁品质和安全性具有极其重要的意义。

（一）吸附

吸附是指当物质的分子、原子、离子在特定的条件下，自发地聚集到一个物体的表面，或物体的界面上的浓度会自动改变的现象，这就是吸附。一般情况下，对有吸附作用的材料叫吸附剂，对被吸收的材料叫吸附质。吸附是一种表面现象，其产生的根源在于材料表面的粒子与外界粒子间的非平衡力场会产生额外的表面能，这种非均衡的力可以通过在其表面吸附一定厚度的分子层来弥补，从而降低其表面能（即表面张力）。因此，在一定的浓度差下，固体表面会发生自发吸附，从而导致表面能下降。对于吸附剂来说，当其他条件相同时，随着比表面积的增大，其表面能和吸附物质的数量也随之增加。因此，目前广泛使用的吸附材料大多是具有大比表面积的多孔结构。

吸附可以在固-气、固-液、液-气、液-液等多种界面上进行，但最普遍的是在固体表面，所以，吸附通常被狭义地定义为在固体表面。固-液吸附技术在食品生产中得到了广泛的应用，也就是通过固相吸附剂对溶液中的溶质进行吸附和分离。

（二）树脂（柱）吸附操作

1. 作业准备　树脂柱在使用前要用去离子水置换出树脂柱内的软水，直至排水清澈透明，测试 pH 接近中性，并在一定时间内相对稳定。

2. 树脂吸附 拟吸附溶液从吸附柱顶部进入向下流动（正向吸附）或从吸附柱底部向上流动（逆向吸附）。在重力或外加压力的作用下，被吸附流体从树脂柱流过，在此过程中吸附剂吸附溶液中的吸附质。若塔径较大，则需将液体分流至全断面，以防止出现断流或开沟现象。在吸收塔的底部还有一个流出液收集设备，它是一个类似分配器的形式。在吸附作业中，根据流体的吸附负荷或对产品技术指标要求，对于低浓度流体来讲，通常控制树脂柱流速为 $2\sim16\ m^3/s$。如果有更高的吸附需要，可以配置两个树脂柱串联，可将前一层吸附塔的排出物导入下一层塔内进行再一次吸收。在吸附达到饱和后停止运行，退出吸附后进行化学清洗再生，恢复吸附树脂的吸附能力。

（三）树脂吸附示例

（1）吸附树脂脱色机理。将超滤澄清后的蔬菜汁通过树脂吸附处理，利用范德华作用力，将蔬菜汁中的多酚和色素分子以物理吸附在树脂骨架上，在其孔道内不断累积多酚，由此降低了蔬菜汁中多酚类物质的含量，从而改善由多酚物质引起的蔬菜汁颜色加深以及后浑浊的问题，其效果非常显著。吸附与超滤相结合，是获得优质澄清蔬菜汁的最佳工艺。

（2）树脂再生。蔬菜汁在吸收的过程中，随着吸收时间的延长，对多酚类物质的吸附也在继续，在达到一定程度后树脂的吸附能力逐渐下降，直至树脂吸附接近饱和或吸附后的蔬菜汁色值指标已不能满足产品的技术要求时停止吸附，吸附树脂随后被回收。吸附树脂的再生利用了溶液中的 pH 和溶解度，实现了对酚类物质的分离。然后再通过水冲洗方式将多酚类物质从树脂柱内移出，通过以上的再生工艺，可以有效地恢复树脂的吸附性能。

（3）吸附装置。根据生产需要采用不锈钢板材制造两个并联或多个串（并）联的圆柱体容纳吸附树脂，称为树脂柱。其中 1 个树脂柱吸附作业，另外的树脂柱清洗再生或备用。树脂柱体有上、下封头，并设不锈钢过滤网板防止树脂流出；为便于观察和拦截泄漏树脂，在出料管道适当位置安装可视管道过滤器。树脂柱容积大小一般是根据单位时间处理量来确定的。通常，柱体内充填树脂约占树脂柱体积 2/3 左右，留出一定容积空间便于树脂再生反清洗。吸附脱色装置及工艺流程见图 5-12。

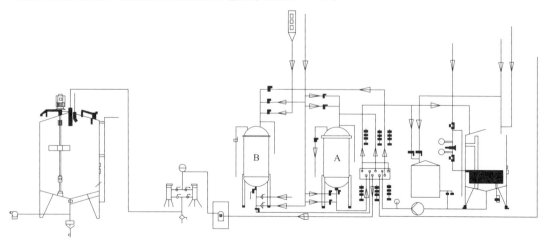

图 5-12 吸附脱色装置及工艺流程示意图

118

（4）吸附操作。吸附操作可分为吸附、再生、冲洗三个阶段。

吸附是将经过超滤的清汁通过输送泵及管道正向进入到吸附树脂柱中，控制蔬菜汁流速为吸附树脂体积 2～3 BV/h，作业周期通常为 8～24 h，最终以吸附后的蔬菜汁技术指标临近接近产品技术要求为准。在吸附操作中需要特别注意：在蔬菜汁进入树脂柱之前，先逆向进水、水位高度超出树脂层以保证排除树脂中的气体，然后正向进入蔬菜汁置换出树脂柱体中的存水。否则，由于在树脂中有空气存在，被气体包围的树脂无法与蔬菜汁接触容易形成吸附死角，相当于这部分树脂丧失吸附功能，从而降低树脂吸附效率。

再生是指树脂吸附达到饱和后先用去离子水置换出柱体内的蔬菜汁，然后以 4～6 BV/h 的流速用软化水反冲树脂，冲散树脂顶端实密层，并将树脂表层截留的泡沫等杂质完全移出柱体。然后配置 3%～5% NaOH 溶液，体积为树脂体积 2～3 倍量，逆向再生 2～3 h。

冲洗是用软化水以 3～4 BV/h 的流速逆向冲洗树脂柱 2～3 h，然后以 3～4 BV/h 的流速用软化水正向冲洗 1 h，直至下排液 pH 与原水的 pH 相接近，水质清澈透明为止。

八、浓缩技术与设备

目前，国内外普遍采用的是管式膜蒸发器（包括升膜蒸发器和降膜蒸发器）、板式蒸发器、离心式薄膜蒸发器、刮刀式薄膜蒸发器等。

（一）管式膜蒸发器

分为升膜蒸发和降膜蒸发两种类型。管式膜蒸发器主要特点是膜管管束长，一般为 6～8 m，膜管截面积小，传热效率高，热交换充分。在真空状态下低温连续蒸发，料液沿管壁成膜状流动，物料受到热作用时间短，仅数秒至十几秒，蒸发器热作用对蔬菜汁品质产生的影响很小。

1. 管式升膜蒸发器 图 5-13 给出的是管式升膜蒸发器具体结构。在减压情况下二次蒸汽流速为 80～200 m/s，因此，蒸发时间非常短，只有几秒到十几秒，非常适合对温度敏感的溶液进行浓缩；升模型蒸发器适用于容易产生多泡材料的蒸发，其主要原因是二次蒸汽的速度较快，对泡沫较大的物料有较好的破沫效果；当二次水蒸气快速上浮时，由于要克服其自身的重力及其与膜的摩擦阻力，所以升膜蒸发器并不适合于高黏性物料的浓缩。此外，由于换热温差大（20～30 ℃），膜面换热系数高，料液在单位换热面积上的占有率极低，导致膜管内易结晶、结垢。当换热温差太大，且加热管长径比大的情况下，这两个因素的作用会导致结焦。所以，对于有结晶或易结垢的物料，升膜蒸发器不宜使用。

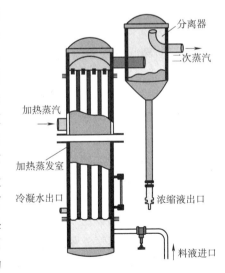

图 5-13 管式升膜蒸发器结构图

在蒸发浓缩过程中，液-液从管束下方流入蒸发器，在加热管中受热沸腾，快速气化，形成二次水蒸气在加热膜管中快速上升，而料液在上升气流的作用下，沿着液膜的内壁形成一层薄膜，从下往上移动，所以被称为升膜型。

膜液继续蒸发与蒸汽形成汽-液混合物，当这种汽-液混合物继续上升进入离心分离器内时，在离心力作用下进行汽-液分离，浓缩液从分离器底部排出即为产品，而二次蒸汽从分离器顶端排出冷凝或作为下一级蒸发浓缩效体的热源。

2. 降膜蒸发器 由蒸汽加热控制系统及热压泵、预热器、降膜式蒸发器、汽-液分离器、冷凝器及冷凝水泵、真空系统等多单元组成，具体结构见图 5-14。

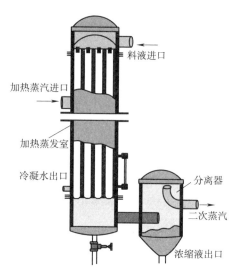

图 5-14 管式降膜蒸发器结构图

降膜蒸发器浓缩过程：当物料从蒸发器上端进入蒸发器中，通过料液分配器在各个膜管上均匀地分配，使膜材在膜管的内壁上形成一层薄膜状的液膜。在管内壁受热后，液体被汽化。降膜蒸发器的传热温差相对较小，其蒸发过程不存在于降膜液内，也不存在于受热管壁面，而存在于降膜液外，这就是所谓的"表面蒸发"，因此，加热后的管壁不容易发生结垢。二次水蒸气沿降膜方向向下移动，使液膜发生破裂，有利于蒸发。由于其高蒸发比表面，液滴在水蒸气中携带的液滴更小，且不需要克服重力，而是依靠自身的引力，因此对于高黏性（0.5～4 Pa·s）溶液的蒸发同样适用。降膜蒸发器的加热管长径比通常在 100～200 之间，它也是一种单流蒸发器，因此，材料在蒸发器中的滞留时间非常短，并且适用于多效蒸发和二次水蒸气回压利用。

在蔬菜汁加工中，常用降膜蒸发器有双效、三效、五效、七效等。为保证料液能在膜管中沿内壁呈膜状态均匀分布和均匀向下流动，多数蒸发器采用多孔式料液分配器分布物料。

（二）离心式薄膜蒸发器

离心式薄膜蒸发是一种集蒸发与离心分离技术于一体的特种浓缩蒸发装置。离心式薄膜蒸发在离心力的作用下，其表面的液膜层厚度只有 0.1 mm；同时，在离心力的作用下，蒸发器内没有凝结水膜，从而减小了换热阻力，确保浓缩产品的色泽、风味和成分损失极小，尤其适用于蔬菜汁等热敏性液态食物的浓缩。此外，利用离心力，使二次蒸汽和浓溶液完全分离，无须增设汽-液分离器，溶解固含量比其他形式的蒸发器低。这种蒸发器不宜用于对黏度大、易结晶、易结垢的材料进行浓缩。离心膜蒸发器的结构比较复杂，成本较高；传输系统易漏失，对真空造成影响；料液处理能力低等缺陷。因此，在规模化生产中应用受到限制。

（1）离心式薄膜蒸发器结构。离心膜蒸发器的结构类似于圆盘分离器，它的壳体、原料液的进料管道、浓缩液的出口、第二蒸汽的出口、凝结管、加热蒸汽的管道，均为固定的。

蒸发器是由一定数目的空心圆锥圆盘堆积而成，形成了一个圆锥状的离心圆盘。锥形旋转离心盘固定在回转轴上，并与回转轴一同旋转。碟片之间保持一定的间距为物料加热蒸发空间，在空心碟片内通入加热蒸汽。蒸发器外圆径向开有通孔与外界连通，供加热蒸汽进入和蒸汽冷凝水排出。

（2）蒸发器浓缩过程。加热蒸汽由蒸发器底部空心轴进入中空离心盘夹层；原料液经输送泵输送并通过进料管进入旋转的离心盘间隙中，所述料液通过锥形圆盘转动方向喷出，所述料液在锥形圆盘的下端面（或被加热的表面）上，在锥形圆盘的离心力作用下，以 0.1 mm 的膜形式分散在锥形圆盘的底面（被加热的表面），从而使料液快速蒸发。由于两个离心圆盘间存在着一段空隙，从而形成了一种蒸发过程。在锥形圆盘的下边缘处，液体从锥形圆盘的下边缘向上流动，再被蒸发器的上方的抽吸管抽走，最终通过冷却器冷却到约 20 ℃，完成了浓缩的过程。圆锥圆盘间的二次蒸汽经中心锥盘流道向上汇聚，再经冷凝器与水环型真空泵相连，使蒸发器内成为真空。离心盘夹层内的加热蒸汽经过换热后转变成冷凝水汇集于夹层的下边缘处，由冷凝水排出管引出蒸发器体外。在蒸发过程中，料液的蒸发温度由蒸发室的真空度控制。利用进料泵的流量调整，可以控制浓浆浓度。

（三）刮板式薄膜蒸发器

刮板式薄膜蒸发器是利用旋转刮刀加压成膜，在真空状态下实现降膜蒸发的新型高效蒸发器。刮板式薄膜蒸发器主要由加热器、蒸发器和冷凝器组成。加热器用于提供热量，将液体物料加热至蒸发温度。蒸发器是刮板式薄膜蒸发器的核心部件，它由壳体和刮板组成。壳体内部由多个蒸发单元组成，每个蒸发单元都由一对密封的刮板和一个薄膜形成。冷凝器用于冷凝蒸发出的蒸气，将其转化为液体。

刮板式薄膜蒸发器的原理是利用液体在薄膜下形成液膜，通过加热使其蒸发，以此为基础，达到分离、富集的目标。其工作过程为：

（1）液态材料从供料口流入蒸发器，然后通过泵将其输送到汽化装置。

（2）加热器提供能量，使蒸发器内的液体物料加热至蒸发温度。

（3）加热后的液体物料在蒸发器内形成液膜，液膜沿着刮板的表面向下流动。

（4）刮板不断地将液膜刮下，保持薄膜的稳定性。刮板的运动速度要与液膜的流动速度相匹配，以保证薄膜的厚度恒定。

（5）在蒸发过程中，液体物料中的挥发性组分被加热蒸发出来，形成蒸汽。

（6）蒸汽经过冷凝器冷却，转化为液体。

（7）通过刮刀使蒸发过的液态材料从蒸发器中排出。

（四）强制循环蒸发器

强制循环蒸发器是靠外部的循环泵来实现液体的循环，其加热腔为水平或垂直两种形式，可通过泵来调整流体的流速。分离室按进、出水位置的不同，可将其划分为正循环和逆循环强制蒸发器，两种情况下，当料液入口位于出口上方时，即为正循环，反之，则为逆循环。为了有效地防止由于受热表面的沸腾而导致的结垢和结晶现象的发生，管道内的流速一定要高。随着流经换热器的循环流体被加热，随着分离器内压强的下降，被部分汽化，这样，液体就被冷却到相应的沸腾温度。蒸发器的运行不受温度差的影响。物料回流速率可准确调整。将汽化速度设置在某一范围。本装置为泵式强迫循环，蒸发速度快，密度大，尤其适合浓稠、黏性高的植物汁浆的蒸发。

强制蒸发器（图 5-15）工作原理为：在装置中，以外力为驱动，使溶液在装置中循环。周期流速通常在 1.5~3.5 m/s 之间。换热效率高，产能大。原料液体通过循环泵从底部送入，沿着加热室内的管道向上流过。蒸气和泡沫混合气在蒸发腔中被分离，蒸气由上部排出，流体受阻落下，经圆锥形底部被循环泵吸入，再进入加热管，继续循环。

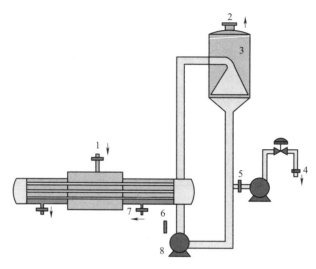

图 5-15 强制循环蒸发器工作原理图

1. 加热蒸汽　2. 蒸汽　3. 分离器　4. 成品　5. 浓缩液泵　6. 原料　7. 冷凝液　8. 循环泵

（五）MVR 蒸发

MVR 蒸发技术的基本原理是：采用高能量效率的水蒸气压缩机对蒸发过程中的二次蒸汽进行压缩，使二次蒸汽的压力、温度升高，二次蒸汽被注入加热器，使原液再次被加热，加热后的原液不断地汽化生成二次蒸气，达到连续的汽化状态。由于蒸发是一个非常耗能的过程，因此能源的可用性和相对成本决定了蒸发设备的设计，越来越多的蒸发设备设计来尽可能高效地利用能源，MVR 蒸发器应运而生。该系统对二次蒸汽中已经存在的热量进行了再循环，因此不需外加水，使蒸发系统的能量大为节约。在理论上，与传统蒸发器节省能耗 60%～80%，冷却水节约 95%，占用空间 50%。

九、杀菌技术与设备

杀菌环节是蔬菜汁生产中非常关键的一个环节，其主要作用：一是杀灭蔬菜汁中的致病菌和腐败菌，并通过加热来抑制酶的活性，达到延长产品保质期的目的。二是在灭菌的同时，最大限度地保持了蔬菜汁的营养及风味。在蔬菜汁生产过程中，有热杀菌和非热杀菌两种方式，常见的热杀菌装置根据其结构可分为两大类：板式杀菌器和管式换热器。

因为热杀菌技术会造成蔬菜汁营养、香气等的损失，近几年，新兴的低温灭菌技术成为研究的热点。常用的非热灭菌方法包括：超高压、脉冲电场、紫外线、CO_2 灭菌等。超高压灭菌法是通过高压下微生物细胞膜通透性改变而造成其死亡。研究表明，橙汁在 300～400 MPa 下加压 10 min 足以对营养性微生物细胞进行灭菌，加压处理可保留风味、味道和天然营养，但芽孢杆菌的芽孢不能被杀死，无法完全杀死细菌孢子。因此，超高压灭菌后的蔬菜汁仍需要冷藏运输，由于目前非热杀菌设备与使用成本较高，在一些高端 NFC 蔬菜汁中已有部分应用，但还未广泛应用与推广。

（一）板式杀菌器

板式换热器是板式灭菌装置中的核心元件，板式换热器是由多个板料冲压而成。平板型消毒剂具有如下优势：

（1）高效换热，平板间间隙小，传热介质具有更高的流动速度；同时，平板表面还设置了一定形状的凹凸沟槽，在流动过程中会产生剧烈的紊流，从而提高了换热效率。

（2）小型设备占用空间小，在同样的空间内，与其他换热器比较，其换热面积或填料系数可高出数倍。

（3）适用于热敏性材料的灭菌流体流速流过薄层，达到高温、超高温瞬时消毒效果，尤其适用于牛奶、蔬菜汁等热敏性物料，且无过热。

（4）具有更强的适应性，只需改变换热板片的数量或板间排布与组合，就能满足各种加工过程的各种需要，并能达到自动化控制，因此在乳制品、饮料等领域得到了广泛的应用。

（5）安全、卫生、易清洁，可在绝对封闭的环境下进行，可避免污染；其结构特性确保了两种液体不会发生混合；如果有泄漏，很容易被发现；板式换热器直观、拆装方便、清洁方便。

从图5-16可以看出，板式换热器的整体结构主要有换热板、密封垫、两端压板等组成。在板式换热器主体导板上，其前端是固定端板，后端是增压端板，在两端板之间悬挂有多块热交换板，并通过后支架上的加压螺钉固定，固定端板、换热板和加压端板互相交叠。板片与板片之间依靠周边的橡胶垫圈密封，并使两板片之间保持适当的空隙，便于液体的流动。板与板之间的缝隙尺寸可以通过调整垫片的厚度来改变。在每个平板的四个角上都设有一个圆形的孔，利用圆环的密封效应，实现了冷热流体在平板的两个方向上的反向流动，形成了热量的对流。在热交换器中，交换器的能力取决于金属板片面和液体流动形式。较大的薄板面积和较小的厚度，使流体在较小的流体中流过，具有更好的传热性能。

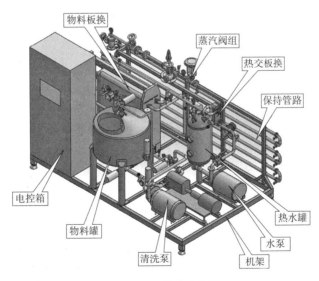

图5-16 板式杀菌器

在杀菌操作过程中，若出现物料温度未能达到杀菌要求时，由自动控制系统控制物料转向阀转换，使物料进入自动循环状态，在温度恢复正常后重新开启作业；在杀菌器中加热器水分损失是由自动蓄水器补充的；物料和热水的输送由泵、阀、管线和自动控制系统完成；当遇到突发停机状况时，为避免在加热段物料长时间处于高温状态引起焦灼，可用自来水对高温区域进行局部冷却降温。在设备操作中保持加热介质与物料同步进入换热器系统，防止单相进入在热交换系统中形成压差，造成热交换板片变形。

（二）管式杀菌器

它是一种利用管壁作为传热导体的表面来实现换热的装置。该设备具有良好的材料流通性，尤其适合于中低黏度同质制品的热交换，主要用于浑浊蔬菜汁、蔬菜浆、浓缩蔬菜汁等的杀菌，以及浓缩蔬菜汁（浆）的预热和杀菌。

1. 管式杀菌器的结构特点

（1）采用无缝不锈钢制造，无密封环，无死点，能承受高压。

（2）高压下可形成强紊流，确保产品均匀，延长操作时间。

（3）采用密闭操作，可降低灭菌产物被污染的概率。

（4）不足之处在于，换热器管内部和外部的温度差异很大，导致管束与外壳之间的热膨胀差异较大，在管内形成应力，容易造成管材的挠曲和变形。

管式杀菌器采用不锈钢套管代替板式杀菌器的不锈钢板片，与板式热交换器不同的是物料在套管的内层管中流动，热交换介质在内、外管之间的夹套中流动。管式杀菌器其他附属设备配置，包括水加热器、物料输送泵、阀、管路、恒温保持管、杀菌温度自动控制、加热器、自动（补水）蓄水器等，虽然管式杀菌器设备构造与板式杀菌器设备构造不同，但设备杀菌原理是一致的，所以附属配套设备、设施相接近。一般采用两根直径不同的同心圆套制成，再将多段套管连接起来构成管束，将其中排布相同位置的组或段，称为一程。每一程的内管与U型管相连，外套管与环形管相连，构成了一种热媒通道。此类换热器种类繁多，通常采用上、下两种布置方式固定在支架上。如果需要大量的换热面积，可以在套管式加热炉上设置数排上下并联的管群，每个支管都与主管道相连。图 5-17 为管式杀菌器。

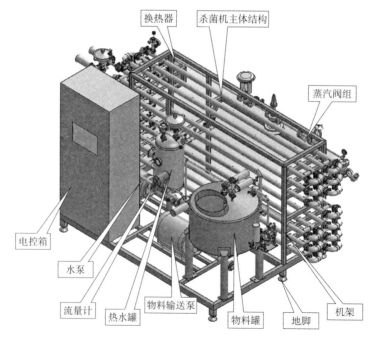

图 5-17　管式杀菌器

2. 管式杀菌器杀菌操作步骤

（1）预热。物料进入换热器下排层的两支套管内管中，在此阶段中，刚进入杀菌器的冷物料与套管外已完成杀菌的物料进行热交换完成预热，同时对于已完成杀菌的物料而言，在此阶段通过热交换实现杀菌后的物料冷却。

（2）加热与杀菌。当物料进入上排层的两支套管时，利用完成杀菌的热水介质对物料进行加热，加热后的热水从加热套管末端排到热水回收罐中，再用蒸汽加热及循环。当物料进入换热器上排层的另外套管时，再与热水介质进行热交换进行杀菌（热水升温是由蒸汽加热器完成的），杀菌温度为 88～96 ℃、时间 30 s。

（3）保温杀菌。杀菌后物料进入热交换器附加的高温保持管中，延续杀菌 15～20 s。

（4）冷却。搭配无菌灌装的需要降温，从保持管排出物料进入换热器下排层套管，与新进入的冷物料进行热交换预冷却，最后再进入下排层的另外两支套管中，在这两支套管中通入冷却水，物料温度冷却至 12～15 ℃，最后输送出杀菌系统。而热灌装的不需要降温。

（三）超高压杀菌

基本原理是将具有防水和柔软的包装的食物放入不锈钢压力容器（以水为媒介），再利用增压装置对其进行增压，施加 100～600 MPa 的压力，在数秒至数分钟的时间内，破坏细胞膜，抑制酶的活力等，达到杀菌、保鲜和延长保质期的目的。通常在 300 MPa 的压力下，细菌、霉菌和酵母菌都能被杀灭，而 600 MPa 或更高的压力则会导致带孢子的细菌死亡；在 400 MPa 或更高的压力下对酶进行钝化。在超高压装置中，常使用水作为工作介质，在压力大于 600 MPa 时，必须使用油性压媒（米璐等，2022）。

超高压作为一种非加热灭菌方法，其灭菌过程中原料的温度无急剧变化，不会破坏化学键，不会对小分子产生干扰，可以很好地保留食物的色泽、香味、风味、功能性和营养成分。因此，近几年来，该方法已成为国内外科研领域的热门研究课题。在设备的研制上，国外的美国 Avure、瑞典 Quintus、西班牙 NC 超霸品牌等，是世界上最著名的超压机之一。我国这几年在超高压设备的研究上也投入大量的研究力量，目前国内已有厂家可生产试验及生产用超高压设备。但目前由于超高压设备整体造价高，且一次加工产品量有限，因此在实际产业应用中还存在一定限制，仍需改进与探索（廖小军等，2021）。

超高压杀菌装置是由承压容器、加压装置以及附属装置等部分构成。超高压通常要求采用的压力达到数百兆帕，所以压力容器制造是超高压装置的核心。压力容器一般是圆柱形的，由高强度的不锈钢制成，这样使得整套装置结构庞大、形体笨重。新的改进工艺是在高压容器外部加装线圈进行结构强化。这与原来的单层器壁结构相比，不仅增强了设备的安全可靠性，也实现了超高压装置结构轻量化。超高压杀菌装置见图 5-18 所示。

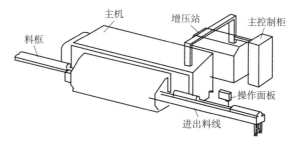

图 5-18 超高压杀菌装置

根据增压方式的不同，高压设备可以分为两类：直接增压和间接增压。直压超高压设备中，高压容器和增压设备是分开的，由增压机首先生成高压水，再经高压管道输送高压水进入高压容器，对被加工材料进行高压处理。间接增压超高压设备是将高压容器和增压气缸设置成垂直结构，当增压气缸向上行程运动时，活塞挤压容器中的压力介质，形成高压，从而对被加工材料进行高压加工。

十、灌装技术与设备

蔬菜汁的灌装方式有冷灌装和热灌装等。热灌装机是把蔬菜汁经过高温消毒后，马上倒入已洗净的瓶中，拧紧瓶盖，倒提，对瓶盖消毒，再快速冷却到室温。在使用玻璃瓶的时候，一定要先把瓶子加热，进行预热，防止碎瓶。冷灌装一般是指无菌冷罐，是指将蔬菜汁冷却后，再进行灌装。热灌装比较简单，但由于灌装过程中长时间高温条件，对蔬菜汁的维生素 C、风味物质及色泽影响较大。蔬菜汁及其饮料可采用热灌装方式，而蔬菜汁对杀菌温度较为敏感，温度过高或时间太长，蔬菜汁典型的风味会劣变为蒸煮味，因此蔬菜汁及其饮料建议采用无菌冷灌装。

（一）热灌装

热灌装是一种用热交换器或热筒将蔬菜汁和饮料快速加热到预定的温度，然后对其进行灭菌，并在保温条件下充填。在热灌装机中，一是要对蔬菜汁进行灭菌处理，以保证产品符合无菌标准。蔬菜汁饮料是一种低酸、酸的食物，通常 pH 低于 4.5，不利于发酵。所以，大多数的蔬菜汁和饮料都是在高温下进行消毒的，通常的消毒温度在 90～95 ℃之间，并保持几秒到几十秒的时间。二是在灌装过程中，要保证灌装系统的巴氏灭菌温度，避免了原料罐、管路、阀门和灌装装置内的微生物对蔬菜汁饮料的二次污染。三是对包装物或包装物（含盖子）分别消毒。因此，对蔬菜汁饮料进行热灌装时，应保持 85 ℃或更高的温度。在灌封完饮料之后，要把瓶子倒扣 3～5 min，让瓶子顶部缝隙和盖子都能与高温材料完全接触，借助饮品的热能，消毒容器里的灌装顶缝隙部位和盖子，随后再冷却。

热灌装具备以下特点：采用热灌装，蔬菜汁中的氧气残存量低，有益于保持蔬菜汁色泽，减缓贮藏期间产品褐变；在热灌装时灌装容器顶隙要比冷灌装的小，饮料在降温后，其体积缩小，不仅保持了一定的间隙，而且在容器中形成了合适的负压，这对蔬菜汁的保鲜是有利的；在热充填期间，对蔬菜汁中的酶系活性进行了钝化处理，可使包装的蔬菜汁长期保持无菌状态，产品密封冷却至 25～30 ℃后可以在自然环境中贮藏。然而，在热灌装机中，由于其温度较高，与除气和杀菌过程一样，其挥发性香气物质也有所损失。

（二）无菌冷灌装

是指经过杀菌处理过的蔬菜汁快速冷却后，在灭菌的环境中，将已灭菌的产品装入无菌的容器内，并能有效密封。对于像蔬菜这样的热敏性饮料，无菌冷灌装是最有效的方式。无菌冷灌装需要满足三个条件：一是蔬菜汁必须采用无菌处理；二是包装环境必须无菌；三是包装容器必须无菌。蔬菜汁无菌冷灌装通常是由无菌灌装系统来完成的，通过该系统可完成对灌装环境和包装容器的消毒以满足无菌的要求。

蔬菜汁无菌包装常用的包材有无菌袋、PET 瓶、无菌纸盒、盒中袋等，下面分别介绍这几种包装形式的无菌灌装要求。

1. 无菌袋 无菌袋材质为铝塑复合无菌袋，容积为2~1 000 L，通常浓缩蔬菜汁采用250 L的无菌袋、双头无菌灌装机进行无菌灌装。通过电脑程序控制，在无菌灌装室内由机械手完成自动换袋动作。在灌装工作时只需将无菌袋放入无菌室内的指定位置，夹持、杀菌、开盖、充填、封盖、送出等操作均可自动完成。充填工艺均在密闭无菌室内进行，可确保充填过程不受微生物污染。在无菌灌装或包装过程中，蔬菜汁杀菌作业与无菌灌装进度保持相对平衡，灌装物料输送流量大于灌装流量，剩余的流量回到无菌平衡罐中进行循环。在灌装过程中一旦出现杀菌蒸汽下降或杀菌温度低于设定参数，灌装系统会自动停止灌装作业，无法启动二次灌装。无菌灌装使用的无菌包装袋在出厂前均进行了杀菌处理，能够保证包装达到无菌要求。图5-19为无菌袋灌装机的结构图。

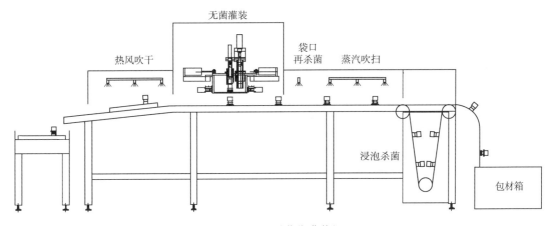

图5-19 无菌袋灌装机

无菌包装袋的开盖、灌装以及扣盖动作，均是在无菌室中进行的，确保无菌灌装室能达到无菌状态；产品灌装量是通过质量流量计来测定和控制的。气动系统通过气缸驱动灌装头精确运动；在电控柜内装有控制盘和可编程序控制器、气动、电气和电子元件；由触摸屏控制操作模式，具有自动化程度高和操作方便的特点。具有完备的自诊断、自我检测和自动记录等功能。

2. PET瓶 PET瓶无菌冷灌装机的优点：与热灌装机相比，全流程的原料加热时间更短，灌装机及灌装区都是在无菌条件下进行。经过加工，可确保产品的安全；本品采用高温瞬间灭菌工艺，使口味、颜色得到最大限度地保留，同时也使原料中的营养成分和维生素（温度敏感物质）得到最大限度地保存；在无菌环境下进行充填作业，不需加入任何防腐剂，因此可确保其安全；提高生产能力，同时大幅度降低包材和能耗成本。

图5-20为常见的PET瓶灌装生产线布局图。主要包括上瓶单元、灌装单元、输送单元、贴标单元、装箱单元等。加工完成的物料经高位罐输送至灌装机处，上瓶单元会将待灌装的瓶子输送至灌装机接口处，完成灌装后，旋盖后的产品经输送线输送至下一单元，在输送过程中还会对灌装产品进行灯检等操作，有些产品根据需要进行水浴杀菌，干燥后根据客户包装要求进行贴标或套标加工，最后进入装箱单元装箱，完成整个灌装包装单元的工作。灌装生产线的输送路径主要是根据加工产能和具体车间布局设计。

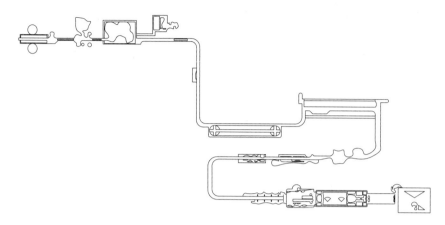

图 5-20　PET瓶灌装生产线

3. 无菌纸盒　采用7~8层的纸、塑料薄膜和铝箔，经过等工艺杀菌，充填，封合，切断一次成型制成。在灌装机上可一次性完成包装材料的成型、杀菌、灌装、封口和切断等操作。在灌装作业时，整卷的包装材料安装在卷纸支架上，纸带经过一系列滚轮传送到灌装机顶部；采用过氧化氢（H_2O_2）对包装材料与内容物接触面喷淋或浸渍杀菌，通过挤压轮挤压去除纸带表面的 H_2O_2；纸带在经过封条和拉舌器时在其一侧边缘纵向粘贴封条（用于纸带制成圆筒时搭接纸带的黏合），随后包装机将平面纸带制成圆筒形状，同时采用清洁热空气喷入纸筒内吹干 H_2O_2；纵向热封器沿纸筒纵向封合纸筒；随后蔬菜汁通过浮动不锈钢进料管进入到纸筒内，此时进料管位于纸筒中心部位；在蔬菜汁灌装至一定的水平位置后进料管移出，横式热封器将被包裹的容器侧向加热，这样蔬菜汁就会被盛满，没有间隙。最后，在两个水平的封缝间剪下纸带，经过制方成形后便成为独立的长方体纸盒包装产品。这种包装形式节省材料，占用空间小方便贮藏和运输。

在蔬菜汁加工中，除上述一些基本包装形式之外，还有一些其他类型的包装形式，例如液体袋包装用制袋-灌装一体机、无菌袋包装机、复合纸盒/箱包装机等，使蔬菜汁产品的包装形式多元化。

第三节　蔬菜汁/浆饮料加工工艺

下面以浓缩番茄汁/浆为例，详细介绍蔬菜汁的加工工艺。

一、浓缩番茄汁/浆工艺流程

原料验收→贮存→流送和清洗→挑选→破碎和预热→精制→双联过滤→蒸发浓缩→杀菌→封口罐装→后杀菌→冷却→原料验收阶段的包装材料验收→外包装→贮藏和运输。

二、浓缩番茄汁/浆的操作要点

(一) 原料验收
工作人员依据标准，检验原料是否合格，合格后的原料被称重送入厂里。

（二）清洗料池

原料首先要被倒入料池里进行清洗，料池空闲时需要清洗去除料池内的沉淀。

（三）流送和清洗

用二级循环水把原料送到提升机里，这个过程中格栅会去除一部分杂质，同时也有一部分杂质会掉进沉降槽里，此外除铁器也会去除金属杂质。用符合生产用水的水在原料被运送到选料台的过程中清洗原料，包括喷浴、浮洗和漂洗。

（四）挑选

由工作人员通过拣选生产线，选出腐烂的番茄和杂质。

（五）破碎和预热

原料用破碎机破碎，之后被送进预热系统，其间经过的管道都是密封的。热破碎的预热温度通常是 80~98 ℃，冷破碎的温度为 45~75 ℃。温度可以通过蒸汽阀的开合度来控制。

（六）精制

经过加热、软化后的番茄，进入一台（包括有叶片的转子和筛网）或双通道精加工机（包括有刀片的转子和筛网），经过转子转动产生的离心力，将磨好的番茄过滤出来，并通过螺旋输送器将其卸出。番茄汁通过筛分机送入储槽，通过调节磨浆机的速度，可根据需要选择合适的筛孔径。

（七）双联过滤

番茄汁需要先经过滤网过滤掉金属等杂质才能进入蒸发器，且需要时常检查一下滤网是否完好。

（八）蒸发浓缩

番茄汁在完成精制以后需要被输送到真空浓缩系统里，因为真空和加热处理的双重作用，番茄汁蒸发会失去水分，这部分水分可以被分离并抽出去。物料和被预热的蒸汽属于逆流的方式，这部分预热蒸汽也可以被重复利用。物料会被物料流向连续地用三效到一效进行浓缩。

（九）杀菌、灌装

在杀菌段，把浓缩后的番茄汁/浆依据工艺要求进行加热，通过设置好的工艺路线加热到设定值，同时注意杀菌温度始终要高于下限值，经杀菌后进入预制袋灌装机灌装。

封口灌装：将产品按设定好的灌装量进行灌装封口，灌装后的产品中心温度不低于 85 ℃。

（十）后杀菌

灌装后的产品进入后杀菌工序，在热水中加热，使中心温度在 95 ℃ 以上保持 10 min 后，进入冷却。

（十一）冷却

后杀菌后的产品经过冷却后，达到冷却温度后输入成品库房码垛。

（十二）原料验收阶段的包装材料验收

操作人员需要看清包装内外是否有污染、破损、有锈，同时核对清楚数量，并检查是否符合相关证书。

（十三）包装

入库后产品经检验无异常，按照打包要求进行包装。

（十四）储存和运输

产品应储存在阴凉、干燥的库房中；不得露天堆放、日晒、雨淋或靠近热源。查验员按查验标准对储存产品进行查验，产品无异常即可出库运输。此外还需确定运输车辆安全卫生，运输温度条件符合产品要求。

参考文献

陈大卫，陈春萌，程月，等，2022. 益生菌混合发酵条件及其对发酵胡萝卜汁色泽及风味的影响［J］. 中国微生态学杂志，34（1）：29-38.

陈永芳，胡荣康，吴林秀，等，2018. 益生菌发酵胡萝卜汁活性成分与抗氧化活性研究［J］. 中国酿造，37（5）：76-80.

段荣静，2009. 我国番茄出口贸易及其竞争力研究［D］. 南京：南京农业大学.

廖尚炬，2019. 生姜浓缩汁加工技术的研究［D］. 福州：福建农林大学.

廖小军，饶雷，2021. 食品高压二氧化碳技术［M］. 北京：中国轻工业出版社.

刘凤霞，周林燕，曹霞敏，等，2010. 贮藏温度对冷破碎番茄浆品质变化的影响［J］. 农业工程学报，26（8）：343-349.

刘媛媛，2022. 热加工番茄汁关键异味物质的鉴定及控制措施研究［D］. 无锡：江南大学.

米璐，徐贞贞，刘鹏，等，2022. 食品超高压加工技术合规化历程与展望［J］. 包装与食品机械，40（1）：99-105.

孙永珍，贺靖，魏芳，等，2023. "十三五"我国番茄产业发展及其国际竞争力评价［J］. 中国瓜菜，36（1）：112-116.

杨雷鹏，2020. 微生物发酵对鲜姜汁抗氧化活性影响及混菌发酵生姜黄酒的条件优化［D］. 临汾：山西师范大学.

张彩霞，2010. 中国番茄及制品出口贸易研究［D］. 武汉：华中农业大学.

赵前，2022. 姜汁啤酒酿造菌株的筛选及酿造工艺的研究［D］. 银川：宁夏大学.

周明，李常保，2022. 我国番茄种业发展现状及展望［J］. 蔬菜（5）：6-10.

BUTTERY R G，TAKEOKA G R，2004. Some Unusual Minor Volatile Components of Tomato［J］. Journal of Agricultural and Food Chemistry，52（20）：6264-6266.

KELEBEK H，KESEN S，SONMEZDAG A S，et al.，2018. Characterization of the Key Aroma Compounds in Tomato Pastes as Affected by Hot and Cold Break Process［J］. Journal of Food Measurement and Characterization，12（4）：2461-2474.

VALLVERDU-QUERALT A，BENDINI A，TESINI F，et al.，2013. Chemical and Sensory Analysis of Commercial Tomato Juices Present on the Italian and Spanish Markets［J］. Journal of Agricultural and Food Chemistry，61（5）：1044-1050.

第六章　蔬菜干制技术

蔬菜成熟后含水量较高，不能长期贮存，如果不及时干制，极易发生腐烂变质等情况。为了减少蔬菜采后的巨大损失，使产品可以有效地长期贮藏，需要对蔬菜进行干制。此外，蔬菜在成熟期大批量集中上市，价格低廉，产品竞争力较弱。为了消化季节性剩余，提高产品的附加值，提高种植户收入，也需要对其进行干制。蔬菜干制是采用不同干制工艺去除蔬菜中的水分，减少原料体积及质量，同时避免微生物的繁殖带来产品品质劣变，从而使产品易于运输、延长保存期。在我国，蔬菜干制的发展历史悠久，许多蔬菜干制品比如大葱、洋葱、大蒜等，具有很大的市场，产品销售到国内外，受到消费者的喜爱，对于我国农产品出口创汇有重大意义。

蔬菜干制过程比较复杂，干制工艺受物料物化性质及干制过程中水分迁移规律等较多因素的影响。干制过程中水分蒸发的动力决定着干制过程机理、干制速度、最终产品品质等，是影响蔬菜干制的主要因素。

随着科技的发展，我国对蔬菜深加工研究越来越重视，对新型的干制技术及设备进行了理论研究及产业转化，蔬菜干制行业朝着生产过程机械化、精准化、自动化的方向迈进，同时蔬菜干制品的品种日益增多，品质得到很大的提升，一些新的干燥技术，比如微波、真空冷冻等应用到蔬菜干制，提高了蔬菜干制品的感官性状和营养价值，为蔬菜干制品工业开辟了新的应用场景。

第一节　干制蔬菜产品分类及干制原理

一、产品分类

（一）干制蔬菜

1. 配料用　新鲜蔬菜经过干制后，具有易保存、运输和烹饪等特点，在食品加工业、餐饮业和家庭饮食中作为配料广泛应用。在生产方便面、罐头、肉干等食品时，干制的蔬菜可以作为重要的配料或佐料，比如方便面调料包中的胡萝卜片。在快餐、外卖等领域，干制蔬菜可以作为便捷的配菜和调味料，如干制豆角。而在酒店和餐厅等餐饮场所，干制蔬菜也逐渐成为主要的食材，如干制黄花菜。在消费趋势方面，健康饮食观念的普及和消费者对天然食材的需求使得干制蔬菜市场不断扩大（史新敏等，2024）。

2. 休闲食品用　休闲食品用的干制蔬菜主要是通过真空油浴等工艺制备，具有易携带、口感酥脆等特点。目前，市面上主要的休闲蔬菜有黄秋葵、青萝卜、马铃薯等。

（二）蔬菜粉

蔬菜粉的生产方式主要有两种：一种是蔬菜干制后，通过粉碎技术制备蔬菜粉；另一种是先把蔬菜做成蔬菜汁或浆，通过喷雾干燥或冷冻干燥工艺制得蔬菜粉（问小龙等，2020）。蔬菜粉具有易保存运输、溶解性好等特点，可以作为食品配料用于面制品、固体饮料等产品。目前市场上蔬菜粉的品种很多，如菠菜粉、胡萝卜粉、紫薯粉、山药粉等。

二、干制原理

（一）蔬菜中的水分状态与性质

新鲜蔬菜的含水量基本超过 75%，最高可达到 95%，如马铃薯水分含量 80%，芹菜的含水量达到 94%以上。高含水量易于腐烂，不利于蔬菜的保存和运输。

根据水分的性质不同，蔬菜含有游离水、胶体结合水、化合水三类（孙晓静等，2014）。

1. 游离水 蔬菜中主要的水分状态，以游离状态存在于蔬菜组织中，可占总水分的 70%~80%。游离水可作为溶剂溶解糖、酸等水溶性物质。游离水不与蔬菜细胞结合，因此流动性大，能借助蔬菜本身的毛细血管和渗透作用向外或者向内移动，所以蔬菜干制的时候最初蒸发的水分是游离水。

2. 胶体结合水 此状态的水分和胶体相结合，成为胶体状态。由于结合水不能对易溶于游离水的物质起溶剂作用。结合水在蔬菜干制过程中不易脱除，只有在游离水被脱除后，采用较高的温度进行干燥，可脱除一部分的结合水。

3. 化合水 指存在于蔬菜化学物质中的水分，性质比较稳定，一般不能因干燥作用而排除。

（二）蔬菜水分活度

水分活度（Aw）是指食品中水的相对蒸气压与同温度下纯水的饱和蒸气压的比值。它反映了食品中水的自由度和参与各种化学、生物和微生物反应的能力。其计算公式如下：

$$Aw = P/P_0$$

式中，Aw 为水分活度；P 为溶液或者食品中的水蒸气分压；P_0 为纯水的蒸气压。

水分活度表达的并不是食品中绝对含水量，产品中水分活度的大小可反映食品平衡状态下的微生物能利用的或者能参与化学反应的有效水分、产品的稳定性和微生物的繁殖能力（杨佳，2020）。可通过水分活度进一步了解产品中水分与微生物生长、产品货架期的关系。水分活度可以用于衡量微生物生长繁殖的能力，用于评估微生物是否生长、是否会发生酶和化学反应。

水分活度是从 0~1 之间的数值。纯水的水分活度为 1，通过干制后，蔬菜制品的水分活度小于 1。一般来说，大多数新鲜蔬菜的水分活度都在 0.99 以上，可以引起各种微生物的繁殖，导致蔬菜腐烂。当蔬菜的水分活度小于 0.9 时，就不会发生细菌繁殖，但酵母菌和霉菌仍能生长。当水分活度小于 0.7，微生物基本不会生长。因此，对于蔬菜干制品，为了防止贮藏期间的变质，产品的水分活度尽量小于 0.7（王辉等，2023）。

（三）蔬菜干制机理及干燥过程

脱水蔬菜在加工过程中，干制介质主要是热空气，还有少量使用过热蒸汽、惰性气体等。干制介质主要起热量传递的作用，使蔬菜的水分蒸发，从而减轻原料重量，同时可抑制微生物的生长和酶的活性，从而延长产品储存期。

蔬菜干制过程包括了水分的内外扩散。由于蔬菜中的水分以游离水为主，所以干制初始阶段，原料表面的水分先蒸发脱除，称为水分外扩散。

水分的外扩散速度受原料的表面积大小、热空气温度、流速和环境相对湿度等因素的影响。物料受热面积越大，干燥温度越高、热风流速越快，干制过程环境相对湿度越小，则水分的外扩散速度越快（董丽梅等，2023）。很多蔬菜干制品都经过切片或者切断、切丁的前处理，从而加大物料受热的表面积。但也不能过分追求快速的水分外扩散速度，这容易引起物料表面结壳或者快速皱缩，影响后期结合水的干制及最终产品品质。

当物料内部水分大于物料表面水分的时候，内外部出现水分梯度，水分开始由内层向表层迁移，称为水分内扩散，也称为导湿过程。水分的内扩散速率受水分梯度的差异影响，梯度越大，水分内扩散的速度越快（姜宁宁等，2024）。

（四）干制过程中蔬菜理化性质的变化

蔬菜干制脱除水分过程中，除了伴随着复杂的热质传递，同时自身也会有实质性改变，包括物理变化及化学变化等。物理变化诸如体积缩小、质量减轻、硬化、多孔结构形成等；化学变化包括色泽变化、风味变化和营养功能成分的含量变化等。

1. 物理变化

（1）体积减小、质量减轻。蔬菜在脱水干制过程中始终伴随着水分蒸发散失，随着水分含量降低，物料呈线性均匀收缩和质量减轻，收缩比例与原料初始含水率和干燥过程中的失水率息息相关。根据产品质量要求不同，蔬菜干制后的体积为原料的 5%～10%。通过干制手段处理后的蔬菜干制品，体积大大缩小且质量减轻，不仅具有便携性，同时产品包装、贮藏和运输的成本大大降低。

（2）硬化现象。蔬菜在干制过程中，伴随着物料持续失水，物料表面会产生收缩、封闭等现象，这种现象就是硬化现象。比如胡萝卜干制后口感变硬。

（3）多孔结构形成。蔬菜干制过程中，物料内部的水分逐步迁移至表面并蒸发，水分迁移后留下的空间由空气填充，因此物料组织内部形成了一定的孔隙，这种性质即为多孔性。多孔性显著的物料往往也具有良好的口感和复水性。

（4）透明度的变化。蔬菜受热可使蔬菜细胞间隙中的空气被排除，从而使产品具有半透明状态，不仅外观好，而且减少了空气的含量，抑制了产品贮藏过程中的氧化作用，延长保质期。工业上一般采用热烫预处理可以使产品透明度增加。

2. 化学变化

（1）色泽。蔬菜在干制过程中，常会发生颜色的变化，比如变成黄色、褐色等，一般都称为褐变。蔬菜干燥所用的温度越高，干制时间越长，色泽变化越大。干制过程中的色泽变化可分为酶促褐变和非酶促褐变。

酶促褐变：是指在有氧条件下，由酚酶催化原料中的酚类物质形成醌及其聚合物的反应过程。蔬菜中含有的酚类物质，在完整的细胞中起到呼吸传递的作用，在醌-酚中保持着动态平衡（陈子豪等，2017）。而在干制过程中，蔬菜细胞组织受温度被破坏，外部的氧气容易进入组织内部，形成醌类物质的，从而发生了醌的积累，积累到一定程度就形成了褐色色素，物料色泽变暗。大多数的酶促褐变会给原料色泽造成不良的影响，生产过程中需要控制。

非酶促褐变：是指没有酶的参与而所发生的颜色变化，包括美拉德反应、焦糖化反应、维生素C受热氧化分解及一些金属离子引起的色泽变深等现象（沈跃等，2024）。非酶促褐变的主要原因是蔬菜中氨基酸的游离氨基与还原糖的游离羰基发生羰氨反应，生成复杂的络合物-类黑色素而引起。

（2）风味。蔬菜干制品中的特征风味主要来源于蔬菜本身及在受热过程中产生的新风味。干制采用的加工工艺条件是影响最终产品风味的重要因素。好的加工工艺不仅能尽可能保留原有蔬菜的风味成分，还能产生新的风味物质（孙小静等，2014）。蔬菜干制过程中风味物质的形成及变化是一个复杂生化反应，比如干制过程蛋白质分解；氨基酸脱羧和氧化脱氨相应的醛类物质，脂类和类胡萝卜素氧化、降解，生成醛、醇、酮等香气化合物（许叶玲等，2024），使产品具一定的风味。

（3）营养物质。新鲜蔬菜在干制加工过程中由于受热，会不可避免地造成营养物质的损失、活性成分的破坏，如维生素、蛋白质、纤维素、糖类等。因此，针对不同的原料特性，选择合适的干制加工方式，对产品风味的保持及最大程度保留营养物质尤为重要。

脂肪：油脂会在高温下氧化，导致哈喇味、酸臭味等不良风味的产生。

碳水化合物：在干制过程中，糖与氨基酸在一定温度下结合，产生美拉德反应，造成还原糖的损失和风味的改变。

蛋白质：蛋白质如经过高温的干制会影响产品的风味和质地。此外，蛋白质受热还会与葡萄糖等成分发生反应，造成蛋白质损失。

矿物质：蔬菜如采用热烫、浸泡等前处理技术，可引起矿物质的损失。

维生素：维生素在干制过程中损失是一个比较复杂的过程，其受较多因素的影响，如预处理工艺，清洗、去皮、切块和烫漂都会引起维生素的流失。同时干燥过程中的温度、时间，也会造成维生素不同程度的损失。

第二节　主要干制技术与设备

一、传统干制技术

（一）日晒

目前，在新疆、甘肃等西部地区，由于白天日照充足，有些蔬菜采用日晒的方式进行干制，比如豆角、白菜、胡萝卜等。自然干制操作过程简单，生产费用低，并且长时间的晾晒，还能使成熟度差的原料进一步成熟。只要保证晾晒场地清洁，气候干燥，也能获得质量较好的产品。但自然干制受当地气候条件影响大，干制时间长，生产效率低。同时日晒过程中也易受周围环境污染，特别是在干制季节如遇到连绵阴雨，原料脱水时间延长，使产品品质下降，甚至霉烂败坏。

（二）烘房

目前，我国90%的蔬菜脱水采用热风干燥。烘房式热风干燥设备是最常见的热风干燥设备。该干燥方法的优点是设备结构简单，投资小，占地少。缺点是产品不均匀，干燥时间较长；人工劳动强度大；干燥热效率低，一般在40%左右。

烘房式设备主要由烘房、进出风道、物料推车等组成，基本采用热空气，也可采用天然气或蒸汽热源间接加热的方式。生产过程中，空气经热源加热至一定温度后由风机控制经由风道进入烘房内部，有的烘房由于空间大，还会在烘房内分布风道，以便控制热风进入烘房内的分布，保证烘房内的温度分布均匀。热风进入烘房后与烘房内物料进行热质交换，使原料脱水干燥至一定水分。烘房式设备简图如图6-1所示。

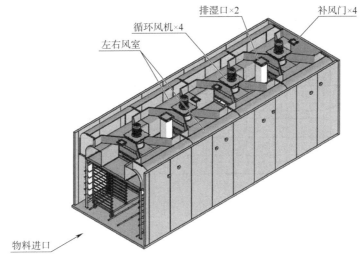

图6-1 烘房式干燥设备图

（三）带式干制

带式干燥是一种连续性的蔬菜干制方式，是将蔬菜平放在运输带上，输送带通常为带孔的不锈钢板，输送带根据工艺要求，可以调节运输速度。最常使用热风干制，热风通常以垂直方向向上或向下穿过物料层进行干燥。带式干燥按照输送带的层数可分为单层带式干燥、多层带式干燥和多级带式干燥。多级带式干燥实质上是由数台单层带式干燥机串联而成。带式干燥设备可以根据加工能力和原料设计烘干带宽及带层数。相对于烘房式干燥设备而言，它作为一种连续加工设备，人工消耗大大降低。其优点是设备结构简单，操作灵活，连续干燥。缺点是占地面积大，运行时噪声大。图6-2是三层带式干燥设备示意图。

物料先通过进料器均匀地铺在网带上，网带根据物料大小选择不同目数的不锈钢丝网，一般范围在10~60目。物料由传动装置拖动在网袋上移动。干燥机由一个或多个单元组成，每一单元都采用独立循环热风，同时部分尾气由专门的排湿风机排出，热空气可由下往上或由上往下穿过铺在网带上的物料，使物料受热更加均匀。网带缓慢移动，运行速度可根据物料所需要的温度自由调节，干燥后的成品连续落入收料器中。上下循环单元根据用户需要配备，单元数量可根据需要选取。

用于脱水蔬菜的网袋式干燥机一般使用三台设备串联使用，形成初始干燥、中间干燥及最终干燥。在初始干燥，由于物料含水量高，透气性差，物料铺料厚度不宜过厚，同时采用较快的运行速度及较高的干燥温度。例如大葱初始干燥时，干燥气体温度可达120 ℃以上。而最终干燥阶段，物料停留时间是初始干燥阶段的2~4倍，铺料厚度是初始干燥的2~4倍。采用这种多段组合干燥方式可更好地发挥带式干燥机的性能，且物料受热更均匀，提高干燥效率。

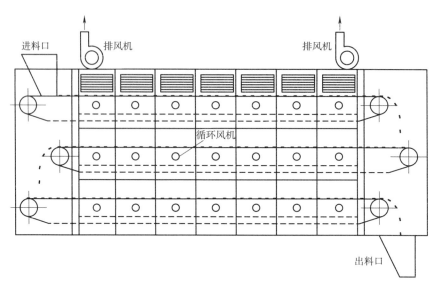

图 6-2　三层带式干燥设备示意图

二、新式干制技术

（一）微波干制

微波是一种波长极短的电磁波，与无线电波、红外线、可见光一样，都属于电磁波，微波的频率范围从 300 MHz～300 GHz，即波长从 1 mm～1 m 的范围。微波加热干燥的原理：利用微波在快速变化的高频电磁场中与物质分子相互作用，被吸收而产生热效应，把微波能量直接转换为介质热能，微波被物体吸收后，物体自身发热，加热从物体内部、外部同时开始，能做到里外同时加热，不同的物质吸收微波的能力不同，其加热效果也各不相同，这主要取决于物质的介质损耗。水是吸收微波很强烈的物质，一般含有水分的物质都能用微波进行加热，快速均匀，达到很好效果。微波干燥机示意图见图 6-3。

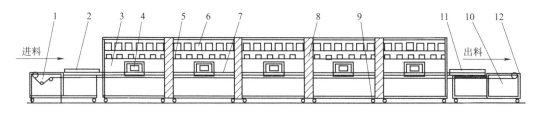

图 6-3　微波干燥机示意图

1. 自动纠偏系统　2. 进料皮带　3. 微波加热器　4. 观察窗口　5. 微波发生器　6. 特制驱动器　7. 传送带　8. 箱体连接处　9. 底部支撑轮滑　10. 机尾　11. 底部支撑轮滑　12. 物料出口

微波干燥具有以下特点：

1. 干燥速度快　常规方法如蒸汽干燥、电热干燥、热风干燥等，由 10％含水量脱至 1％以下需要十几个小时，采用微波干燥仅需十几分钟；由 5％含水量脱至 1％以下常规方法需6~7 h，采用微波干燥仅需几分钟；由20%~30%含水量脱至1%以下，常规方法至少需要20 h，采用微波干燥仅用20 min左右。

常规热力干燥往往在环境及设备上存在热损失。而微波是直接对物料进行作用，因而没有额外的热能耗损。设备能即开即用，没有常规热力干燥的热惯性，操作灵活方便，微波功率可调，传输速度从零开始连续可调，便于操作。

2. 保持物料原色 由于微波干燥不需要热传导，物料自身发热，干燥速度快，接触物料的温度大大低于常规方法，不会造成物料裂变现象。

3. 流水线作业，操作环境好 与常规方法相比，微波设备不需要锅炉、复杂的管道系统，煤场和运输车辆，只要具备水、电基本条件即可。相比而言，一般可节电30%~50%。改善劳动条件，节省占地面积，设备的工作环境低、噪声小，整套微波设备的操作只需2~3人。微波干燥设备可以与上料机、出料输送机、振动筛、包装机等设备连接，组成一条流水生产线，这样大大提高了劳动生产力，车间里没有粉尘飞扬状况发生，符合国家GMP生产标准。

（二）热泵干制

热泵干制是近年来推广力度比较大的批次加工设备，热泵干制干燥介质温度一般不超过60 ℃，带辅助电加热的热泵干燥机干燥温度一般在80 ℃以下，特别适合热敏性物料的干燥。热泵干燥可根据物料的干燥特性，在每一干燥阶段设置不同的干燥温度和湿度。热泵干燥的优点是能量利用率高，运行费用低，运行温度低，适合热敏性物料的干燥；可实现干燥介质闭路循环，无环境污染问题。缺点是干燥介质温度较低，干燥时间长。

热泵干燥机组（图6-4、图6-5）包括蒸发器、压缩机、冷凝器和烘箱。热泵系统通过在蒸发器中吸收大气、水、太阳能及各种工艺过程排放的余热，由液体蒸发成蒸汽，然后经压缩机压缩后变为高温高压的气体，经过冷凝器后冷凝放热，加热干燥介质，热泵系统内的工质经节流装置降压后再次返回蒸发器，如此循环下去。干燥介质在冷凝器被加热后送入干燥箱进行物料的干燥。

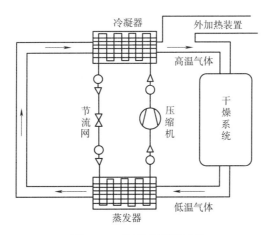

图6-4 热泵干燥原理图

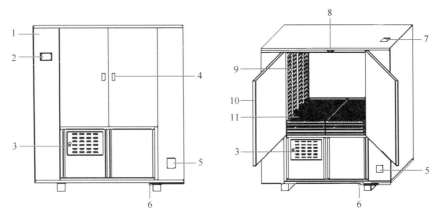

图6-5　热泵干燥设备主体结构图

1. 柜式一体干燥板房　2. 真彩触摸控制器　3. 电箱　4. 门拉手　5. 单向风阀　6. 出水管接口（接6分软管）
7. 余热排风口　8. 强磁门吸　9. 出风口（另一侧为回风口）10. 不锈钢保温门　11. 盛物托盘

（三）低温真空油浴干制

低温真空油浴干制加工蔬菜片的基本原理是以油脂为介质，在减压的条件下，降低物料中的水分汽化温度，油温在90～100 ℃之间，物料可在短时间内完成脱水干燥，含水率降至5％左右。蔬菜细胞间隙中的水分在真空状态下急剧汽化膨胀，并形成组织疏松多孔的结构。产品可保持新鲜蔬菜原有色、香、味和外形，低脂低盐，口感酥脆，不含化学添加剂。低温真空油浴优点是干燥时间短，温度低，产品营养成分损失小；对产品有膨化效果，产品口感好；与常压油炸相比，真空油炸蔬菜的含油量低，颜色更好，营养成分保持效果更佳。缺点是产品含油率较高。低温真空油浴系统如图6-6所示。

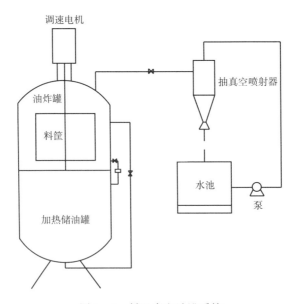

图6-6　低温真空油浴系统

真空低温油浴脱水具有以下工艺特点：

（1）真空油浴时，物料受热温度较低（80～100 ℃），可以有效地减少高温对蔬菜中维生素 C、叶绿素等营养成分造成的损失。

（2）低温真空油浴干制具有广泛的适应性，可应用于胡萝卜、南瓜、番茄、四季豆、红薯、马铃薯、大蒜、青椒、洋葱等蔬菜原料加工。

（3）低温真空油浴干制油的温度较低，可以防止食用油脂劣化变质，不必加入其他抗氧化剂，同时油在食品安全的情况可反复利用，降低生产成本。一般常压油浴食品的含油率高达 40%～50%，而真空油浴的食品含油率在 25% 以下，产品低脂，贮存性能。

（4）在真空状态下，蔬菜细胞间隙中的水分快速汽化、膨胀，间隙扩大，膨化效果好，产品酥脆可口，复水性能好。

（四）真空冷冻干制

真空冷冻干燥是先将蔬菜预冻，使内部水分结晶，然后在需要的温度和压力下，冰晶升华为水蒸气，随后采用真空排出，物料完成干燥过程。真空冷冻干燥过程可分为预冻、升华干燥和解析干燥三个阶段。预冻是采用低温处理，使物料内部自由水凝固，产品保持较均匀的形态。升华干燥是物料在一定压力和温度下，物料中的冰晶升华使产品脱除水分，干燥从物料表面向内部推移，全部冰晶升华完成时，升华干燥就完成了。解析干燥主要是去除物料极性基团和毛细管壁上吸附的部分结合，此阶段必须是高度真空的。按照真空冷冻干燥的工艺，产品具有多孔性，复水性强，同时形态保持较完整，营养成分保留率高。升华干燥段压力控制在 70～90 MPa，干燥 9～11 h。解析干燥压力控制在 20～30 MPa，物料最高受热温度 50～60℃，干燥 2～3 h，使物料水分达 2%～5%。

真空冷冻干燥的优点是干燥温度低，有效抑制了热敏性物质发生化学或物理变化，可最大限度地保留物料的颜色、气味、形状和营养成分；脱水彻底，适合长途运输和长期保存。缺点是干燥时间长，干燥能耗高，设备价格高。

真空冷冻干燥设备（图 6-7）主要由真空系统、干燥仓、冷阱、制冷及加热系统等组成。干燥仓内有水平摆放的加热板，需要干燥的物料盛放在料盘中，放到加热板上，加热板的热量通过导热和辐射方式传递到产品上。利用升华原理，物料在低压条件下，冰晶升华为水蒸气，水蒸气通过冷阱冷凝成冰，完成物料脱水过程。

（五）射频干燥

射频干燥是一种新型干燥方式，主要是利用高频电场对物料进行干燥。在这种干燥方式中，干燥物料在高频电场作用下，使物料吸收电磁能量转化成热能，物料中的极性分子运动加剧，温度上升，水分从固态或液态转变为气态从而使物料快速干燥。射频干燥的特点是干燥速度快、效果好、能耗低、节能环保，适用于热敏性、黏稠性、含水量高以及需要快速干燥的物料，成为干燥领域的重要研究方向。

射频干燥设备主要包括射频发生器、电极、真空干燥室、冷凝器、泵和其他辅助设备。

射频干燥机具有以下优点：

（1）干燥速度快。物料在射频电磁波作用下整体快速加热，比传统的烘干方式缩短了干燥时间，更加高效。

（2）干燥均匀。物品内部在射频电磁波作用下形成均匀的电场，使得物料均匀受热，避免出现干燥不均匀的现象。

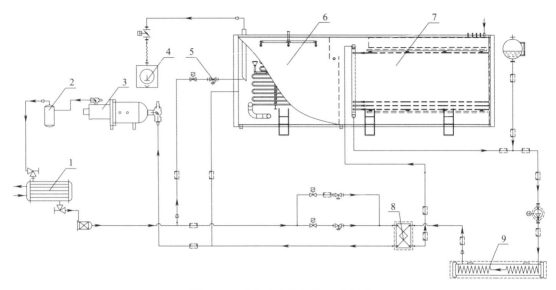

图 6-7 真空冷冻干燥设备示意图

1. 水冷冷凝器 2. 油分离器 3. 压缩机 4. 真空机组 5. 膨胀阀
6. 冷阱 7. 干燥箱 8. 硅油板式换热器 9. 加热器

（3）节能环保。射频干燥机能够精准加热物品，避免对环境造成过多的能源浪费，符合现代节能环保的发展趋势。

（六）远红外干燥

红外加热技术是利用红外辐射元件发出的红外线，被物料吸收直接转变成热能而达到加热干燥目的的干燥方法。它是辐射式干燥的一种，从热源辐射出大于 4 nm 波长的远红外线，被直接吸收转换成热能。其实质是红外线的辐射传热过程，红外线作为一种电磁波，有一定的穿透性，能够通过辐射传递能量。但过长的红外处理使果蔬口感较硬，因此可作为果蔬干制生产的前期预处理技术，结合热风干燥、真空冷冻干燥组合使用，缩短干燥时间。其设备主要由远红外发生器、热风系统、干燥箱等部分组成，具体见图 6-8。

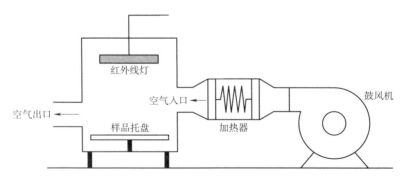

图 6-8 远红外干燥设备示意图

远红外干燥技术具有以下特点：

（1）低温干燥。远红外干燥的温度很低，远红外线的发射温度一般只有 60~100 ℃，物料不会因为高温处理而降低品质。

（2）快速干燥。通过远红外线发射的能量很高，同时热量分布均匀，远红外线产生的热量可以直接穿透物体表面，从物料内部快速干燥，从而提高了干燥效率。同时物料受热时间短，最大限度保持原有的色泽、味道和营养价值。

（七）喷雾干制

喷雾干制是目前大多数蔬菜粉生产采用的干燥技术。干燥过程中，通过雾化器将蔬菜浆液雾化为液滴，物料液滴与热空气接触，水分迅速蒸发，在相对较短的时间内完成干燥。热空气与液滴接触后，发生热质交换，温度显著降低，湿度增加，经除尘后排出。喷雾干燥工艺参数一般为进风温度150～220 ℃，出风温度80～95 ℃。喷雾干燥的优点是物料经雾化后，其比表面积大大增加，干燥速率快，蔬菜浆所需干燥时间很短（以秒计），蔬菜粉中的热敏性成分保留率高；喷雾干燥的蔬菜粉粒度分布均匀，产品流动性和溶解性好；后期不需要再次粉碎，整个生产过程及操作简化。缺点是设备占地面积大，造价高；干燥系统热效率低，加工能耗高。

大型喷雾干燥系统包括干燥系统、进料系统、空气加热系统及气固分离系统等，如图6-8所示。空气经过滤、加热后，送入干燥室，然后与雾化后的液滴相遇，进行热质交换，料液被迅速干燥。干燥介质经除尘器进行产品回收后排空。

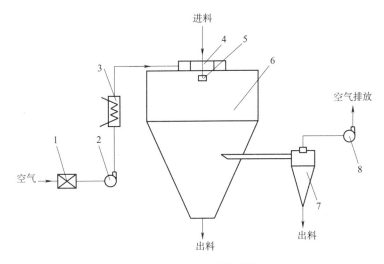

图6-9 喷雾干燥系统
1. 空气过滤器 2. 鼓风机 3. 空气加热器 4. 空气分布器 5. 雾化器
6. 干燥室 7. 旋风分离器 8. 引风机

（八）联合干燥

联合干燥也称为组合干燥，是指将两种或两种以上干燥工艺，根据干制工艺优势互补的原则，分阶段或者同时进行的组合干燥技术，可分为串联、并联和混联三种形式。串联式联合干燥是在不同阶段，采用不同干燥工艺，如热风联合微波干燥；并联式组合干燥是在同一干燥阶段，采用两种不同的干燥方式，如真空组合微波干燥；混联式组合干燥是前面两种方式的混合，如热风-微波联合真空干燥，但这种干燥方式工业化比较少，主要是实验室科研。有研究结果显示，胡萝卜薄片采用热风与热泵结合干燥，可提高生产效率。

三、蔬菜干制加工工艺（片、粉）

（一）工艺流程

1. 蔬菜片干制加工工艺流程 原料采收→挑选→分级→清洗→去杂→切分→杀青→护色→干制→均湿→包装→成品。

2. 蔬菜粉干制加工工艺流程 原料采收→挑选→分级→清洗→去皮→切分→杀青→护色→干制→粉碎→包装→成品。

（二）操作要点

1. 蔬菜片干制操作要点

（1）原料采收。去除变质霉烂等不合格的原料。

（2）清洗。采用流动水除去蔬菜表面的杂质；对于喷洒过农药的蔬菜，可采用浓度0.5%～1.0%的盐酸溶液洗净。

（3）去皮。根据蔬菜品种的不同，采用合适的去皮方式，如胡萝卜和竹笋等一般采用人工或机械去皮，番茄采用热水或蒸汽去皮。

（4）杀青。将已切分（或未切分）的蔬菜，采用沸水或常压蒸汽，加热处理。杀青可以抑制原料中酶的活性，起到护色作用；同时可以杀灭蔬菜表面的虫卵和部分微生物。杀青后的物料应及时用冷水冷却。

（5）护色。一般采用维生素C、亚硫酸氢钠等溶液。一般蔬菜干制都需要护色处理。如甘蓝、竹笋和马铃薯等经切分、杀青后均需进行护色处理，通常用浓度0.1%～0.2%的亚硫酸氢钠溶液浸泡。

（6）干制。目前工厂化生产基本采用机械干燥，常用的干燥设备有板式或带式干燥机。

（7）均湿。蔬菜经干燥、降温、挑选后，需放入食品包装容器中，使产品之间水分平衡。

（8）包装。采用食品级包装材料包装。

2. 蔬菜粉干制操作要点 蔬菜粉的生产方式主要有两种，一是干制后粉碎，二是采用喷雾干燥制粉。干制后粉碎就是采用机械力量，比如万能粉碎机、气流粉碎机、超微粉碎机等方式进行粉碎。本工艺针对第二种蔬菜粉的制备方法提供操作工艺。

（1）原料采收。原料采收，去除变质霉烂等不合格的原料。

（2）清洗。采用流动水除去蔬菜表面的杂质；对于喷洒过农药的蔬菜，可采用0.5%～1.0%浓度的盐酸溶液洗净。

（3）去皮。根据蔬菜品种的不同，采用合适的去皮方式，如胡萝卜和竹笋等一般采用人工或机械去皮，番茄采用热水或蒸汽去皮。

（4）护色。一般采用维生素C、亚硫酸氢钠的溶液，护色是多数蔬菜干制前必要的预处理过程。

（5）打浆。将护色好的蔬菜用打浆设备打成匀浆状，得到蔬菜匀浆。通过超细粉碎设备进行打浆，可制备蔬菜超微粉。

（6）过滤。一般采用管式过滤机过滤，得到蔬菜清汁。

（7）调配。根据不同蔬菜粉产品规格要求，在食品安全法和国家各级标准要求范围内，可适当添加包埋剂或抗结剂，如麦芽糊精、抗性糊精、二氧化硅等，对过滤后的蔬菜汁进行调配。

（8）均质。使用均质设备在 20～100 MPa 压力下对调配好的蔬菜汁进行均质，得到细腻、质地均一的蔬菜混合液。

（9）杀菌。使用超高温（ultra-high temperature，UHT）管式杀菌设备进行蔬菜混合液灭菌，杀菌温度 95～115 ℃，杀菌时间 15～30 s。也可采用其他杀菌设备，但需注意过长的杀菌时间会导致蔬菜混合汁褐变和风味劣变。

（10）干燥。采用喷雾干燥，根据物料性质不同选择合适的工艺；一般进风温度 150～220 ℃，出风温度 80～95 ℃，雾化器喷头转速 45～50 Hz，进样速度视喷雾干燥设备蒸发量而定，成粉水分含量≤7%。

（11）包装。采用食品级包装材料包装。

第三节　蔬菜干制实例

一、脱水蒜片

1. 工艺流程　鲜蒜→切蒂→分瓣→剥内皮→切片→清洗→甩水→干制→去鳞衣→过筛→挑选→包装→成品。

2. 操作要点

（1）切蒂、分瓣、剥内皮、切片。工厂化处理基本使用脱皮机或者化学试剂法去除大蒜的外衣及内衣，处理后原料需放置在透气的食品容器内，然后置于干燥、通风、阴凉的地方。去皮后的原料需保证 24 h 内加工完毕。

（2）切片。用水洗漂去大蒜内衣膜，然后采用自动切片机切片，一般厚度 1.5 mm 左右，边用水冲洗边切片。

（3）清洗、甩水。将切片后的蒜片装入不锈钢漏篮，用流水清洗，一般冲洗 3～4 次。然后采用离心脱水机甩干蒜片表面水分，离心约 2 min。

（4）烘干。把甩完水后的蒜片均匀平铺到干燥机内，一般干燥温度 60～65 ℃左右，干制时间 5～6 h，使水分降至 4%～4.5%。

（5）去鳞衣、过筛。干燥后的蒜片采用风扇去除残留的鳞衣片，采用一定目数的不锈钢筛子去除碎屑。

（6）包装。去除不合格产品，采用食品级包装材料包装。

二、干制黄花菜

1. 工艺流程　原料采收→蒸制→冷却→干制→包装→成品。

2. 操作要点

（1）原料采收。一般在夏、秋季加工黄花菜。原料采收时需选择花蕾在裂嘴前 1～2 h 采摘。

（2）蒸制。采收后黄花菜的要尽快蒸制；若不能及时蒸制，应该将原料摊放到干净阴凉处，防止阳光照射，否则，原料容易因失水过快而开裂。

蒸制的方法有两种，一种单独采用热水蒸制，把花蕾放入蒸笼中，蒸制时间 8～

10 min。另一种是用木制蒸柜蒸制。一般木制蒸柜分为四层。将装满花蕾（不可压紧）的竹筛放入蒸柜，一般蒸制时间 20～30 min。

要严格控制蒸制的时间，时间过短，花蕾未熟，不宜后期晒干，产品风味不佳；时间过长，干制后产品呈黑色，品质较差。一般的蒸制标准为里生外熟，花蕾刚发软而稍微下垂，颜色由原来的黄绿色变成绿淡黄色。

（3）冷却。蒸制好的原料，先应放到清洁、通风的地方摊放一个晚上，可使黄花菜熟度均匀，保持鲜艳的颜色。

（4）干制。目前，黄花菜的干制有自然干制和机械干制两种。

①自然干制。一般采用竹帘摊放干制，此方法干燥时间短，成品率高。一般太阳暴晒 2～3 d 即可。

②机械干制。目前主要有烘房干制和带式干燥机干制。如采用烘房干制，先将烘房温度升高到 85～90 ℃，然后采用推车放入黄花菜。然后维持 10～12 h，最后降温到 50 ℃，直到干制完成。干制期间要注意通风排湿，翻拌倒料 3～4 次。整个过程中不使用硫黄熏蒸。对于大量加工的生产企业，可采用密闭式循环带式干燥机组，同时前处理进行蒸汽蒸烫护色。这种方法加工时间短，能耗低，产品色泽美观，风味好，保质期长。

（5）挑选、包装。去除不合格的产品，然后放进容器内进行短期的吸湿回软，一般采用木制或者竹制容器，使含水量达到 15% 左右，然后使用铝箔自封袋加厚拉链袋包装。

三、胡萝卜干

1. 工艺流程 原料采收→蒸煮→沥水→切片→干制→包装→成品。

2. 操作要点

（1）原料采收。用于胡萝卜干加工的原料需外皮光滑、圆柱形、无虫蛀的胡萝卜，便于切片加工。

（2）蒸煮。一般采用蒸汽蒸煮，每批次（10 kg）一般处理 5～7 min。蒸煮后立即放入 0～15 ℃ 的冷水中冷却，这样可以保持产品原色。

（3）沥水、干制。冷却后的胡萝卜放在筛子上自然沥水 3～5 h 后，将其切成 3～5 mm 的片状进入烘房干制。烘房要先除湿，温度保持在 45～60 ℃，干制时间在 5～6 h，含水量在 10% 左右。

（4）挑选、包装。去除不合格的产品，按照产品直径大小分为大、中、小三个等级包装，包装环境必须干燥清洁，内包装材料可以采用 0.08 mm 厚度的聚乙烯薄膜袋。然后放入纸箱中存放。

四、洋葱干

1. 工艺流程 原料采收→清洗→去皮→切片→漂洗→沥水→干制→包装→成品。

2. 操作要点

（1）原料挑选。用于加工洋葱干的原料需个大、色白、结构紧密、无机械损伤的成熟洋葱。

（2）清洗。用清水洗净，沥干。

（3）去皮。把洋葱去掉头尾，剥皮。

（4）切片。采用切片机，将洋葱横径切成宽度为 4～4.5 mm 的洋葱条。在切片过程中，需边切边加水冲洗，防止粘连，同时把重叠的圆片抖开。

（5）漂洗。采用流动水洗去洋葱表面的胶质和糖液，冲洗时可加入 0.2% 的柠檬酸进行护色。

（6）沥水。采用离心机脱除表面的水，一般离心机的转速为 1 500 r/min，30 s 即可。

（7）干制。一般采用带式干燥机进行干燥。干燥机需先预热升温到 60 ℃ 左右，干制温度控制在 60 ℃ 左右，时间 6～7 h，当物料含水量在 5% 以下即可。其出品率 13～15 kg 出 1 kg。

（8）包装。烘干的洋葱片，在烘车上自然冷却数分钟，同时挑选不合格的产品，比如变色，装入食品级塑料袋或其他容器中密封保存。

五、黄秋葵干

目前，市场上较流行的黄秋葵干一般采用真空油浴生产，同时可以添加一些调味料，生产不同口味的秋葵干。

1. 工艺流程　原料挑选→清洗→沥水→预冻→低温真空油浴→包装→贮存。

2. 操作要点

（1）原料挑选。选择无病害、无腐烂变质的成熟黄秋葵。

（2）清洗、沥水。用流动的水将黄秋葵清洗干净。采用离心脱水机去除表面水分，转速为 1 500 r/min，30 s 即可。

（3）预冻。将黄秋葵置于 -35 ℃ 冷库，过夜，或者采用速冻机预冻。

（4）低温真空油浴。加热油炸罐，在真空低温下脱水。油温在 90～92 ℃ 之间，真空度 0.09 MPa 左右，投料量 100 kg（常用的 150 型真空油浴设备），真空油浴时间 1 h 左右。油炸后使料筐中的原料在真空状态下离心脱油 2 min 左右，再停止真空工作，产品出料，含水量降至 7% 左右。

（5）包装。将干燥后的黄秋葵干进行包装，充入氮气包装更佳。

（6）贮存。将成品转至贮存车间，要求存放在阴凉干燥的库房。

六、南瓜粉

目前南瓜粉主要的生产方式是喷雾干燥。

1. 工艺流程　原料→验收→清洗、挑选→预煮→打浆→去皮→酶解→过滤→配料→均质→干燥→成品→包装。

2. 操作要点

（1）原料验收。选择新鲜南瓜，杜绝虫害、腐烂原料。

（2）清洗、挑选、输送。清洗过程中挑出残留异物。调整适当传送带速度，保证进料均匀，及时观察清理输送线上积压滞留的南瓜。

（3）打浆。采用网眼 1.2 mm 打浆机，打浆去皮。

（4）酶解。采用南瓜浆质量 0.08%～0.1% 的果浆酶酶解，温度 50 ℃，时间 50 min 左右。

（5）过滤。采用超滤可以除去南瓜浆中水不溶性物质和大分子物质。

（6）干燥。添加南瓜浆 20％～25％的麦芽糊精包埋，均质。然后通过螺杆泵打到喷雾塔。50 ℃进料温度，喷雾进风温度 180 ℃，出风温度 70 ℃，雾化器转速 20 000 r/min。结合 40 ℃洁净冷风输送粉料。

（7）收粉。包装间需要恒温恒湿，温度为 25 ℃左右，湿度 40％；包装采用复合牛皮袋。根据顾客要求，包装成不同的规格。

■ 本章小结

蔬菜干制是延长蔬菜供应季节、提升附加值的重要加工手段，同时还可以平衡产销不均衡的矛盾，交流各地特产。生产蔬菜粉的原料还可以是商品级外原料，加大了蔬菜的利用率，增加了种植户和生产企业的经济效益。

蔬菜干制也是一个复杂的工艺过程，如何保持原料的色泽、风味及营养价值及降低生产成本，是工艺的设计和设备选择的依据。近年来，随着我国对农产品采后深加工产业化的重视，以及蔬菜干制技术和设备研究的发展，干制正逐步朝着生产过程机械化、自动化、智能化的方向发展，并且产品的品质和产量也不断提升。

■ 参考文献

陈子豪，王茂剑，张健，等，2017. 仿刺参冷风干制工艺优化及不同干制方式的比较 [J]. 食品科学，38（12）：196-203.

董丽梅，孔令熙，林晨露，等，2023. 不同干燥方式对无花果干品质的影响 [J]. 食品安全导刊（33）：185-187，192.

姜宁宁，马继洋，张健，等，2023. 切片厚度和热风温度对沙果切片干制特性、物化性质及抗氧化成分的影响 [J/OL]. 食品工业科技，[2023-10-08]. https：//kns. cnki. net/kcms2/article/abstract? v=aHgEko1xHjiQsbMWv9D1nMmbKUN1VTFKJxUcw0AvO3ttmC79ZGUqLG4FhjbR2osy8Z1KA6ulf1EeMj8r-9VjF-3s0VEBS1J8Jn3MkEJLJc1jgGj7q6IthequvomQ28yOeuW3L5dJQ9k=&uniplatform=NZKPT&language=CHS.

沈跃，陈恺，曹娅，等，2024. 干制前处理对切分杏褐变内源酶及色泽的影响 [J/OL]. 中国食物与营养，1-8 [2024-02-20]. https：//kns. cnki. net/kcms2/article/abstract? v=aHgEko1xHjgAgx3kiOCqfiAAUGReGCrNqt0V47MVbEQf1jHF7z0ZavLuW9hSF7qfuANTP0fXr9nvry5F2irqmI-K0UbWgpBI_HLG7rxrzZ2zytdwnGXbovRiP_HryM-UKbIOStNw4H0=&uniplatform=NZKPT&language=CHS.

史新敏，杨海峰，赵永强，等，2024. 江苏省葱蒜类蔬菜产业发展现状、问题与对策 [J]. 长江蔬菜（4）：24-26.

孙小静，刘军，邹宇晓，等，2014. 脱水蔬菜加工过程中品质变化的研究进展 [J]. 食品工业科技，35（20）：388-392.

王辉，张亚军，王多宏，等，2023. 黄花菜杀青干制特性研究 [J]. 食品工程（4）：56-58.

问小龙，龙澜，殷红清，等，2020. 不同干燥方式对堇叶碎米荠蔬菜粉品质的影响 [J]. 食品科技，45（11）：56-61.

许叶玲，王文利，许长华，等，2022. 干燥方式对双孢蘑菇鲜味的影响作用研究 [C] //中国食品科学技术学会. 中国食品科学技术学会第十九届年会论文摘要集. 上海海洋大学食品学院，上海交通大学农业与生物学院食品科学与工程系.

杨佳，2020. 基于多光谱成像的干制胡萝卜片水分与类胡萝卜素含量检测及便携式仪器开发 [D]. 南京：南京农业大学.

第七章　蔬菜速冻技术

蔬菜富含维生素和矿物质等营养成分，是生活中不可或缺的重要食物。蔬菜采收季节性强，具有一定的区域性。另外，蔬菜水分含量高，易腐烂变质。采用低温尤其是速冻的方法进行蔬菜加工具有重要意义。

速冻是将被冻产品迅速通过最大冰晶区域，使其热中心温度达到－18 ℃以下的冻结过程（GB/T 31273—2014）。速冻蔬菜是以新鲜、清洁的蔬菜为原料，经清洗、预处理、速冻等工序生产，在冷链下进入销售市场的产品（NY/T 1406—2018）。蔬菜速冻后在低温条件下贮藏，可控制蔬菜的生理生化作用，抑制酶活及微生物活动。将速冻蔬菜解冻后，蔬菜复原性能好，可以较好地保持新鲜蔬菜的营养成分及色香味。

20 世纪 70 年代开始，我国蔬菜速冻加工技术开始发展，随着制冷技术的进步在近 50 年内得以迅速发展，尤其是在改革开放以来，依托全国蔬菜种植面积和产量居全球第一的优势，我国蔬菜加工业，特别是速冻行业快速崛起。目前，我国拥有 300 多家速冻蔬菜出口企业，分布在山东、福建、安徽、京津冀及长三角等蔬菜优势产区。相关数据显示，速冻蔬菜产业的年产值已超过数百亿元，且呈逐年攀升的趋势。此外，与国外速冻蔬菜产业相比，我国的速冻蔬菜产业仍具有巨大的潜力；特别是在 2020 年新冠疫情暴发期间，速冻蔬菜的重要性得以凸显，其天然优势成为疫情期间最可靠和值得依赖的食品之一。

第一节　蔬菜速冻加工原理及设备

一、蔬菜速冻加工原理

（一）速冻过程及冰点温度

所谓速冻即采取一定方式快速排除蔬菜热量，将蔬菜中的水分快速冻结，蔬菜速冻包括降温和结晶两个过程。

1. 降温　在速冻蔬菜时，温度逐渐降低，蔬菜分子热运动降低，温度降至冰点以下仍不结冰，形成过冷现象。

2. 结晶　蔬菜的结晶过程是指其水分从液体状态转变为固体状态的冰晶结构的过程。结晶分为晶核形成以及晶体增长两个过程。

蔬菜的温度降至过冷温度后，一小部分水分子结合形成颗粒状微粒，形成晶核；晶体增长是指水分子与晶核有序结合，使晶体不断生长的过程。随着大量冰晶的产生，蔬菜母液的浓度增加，导致冰点持续下降，直到蔬菜中的所有水分结冰并达到共晶点；结冰的冰晶在超低温下温度继续降低。

147

为了使蔬菜中的水分凝固,速冻温度一般低于 $-30\ ℃$。在速冻过程中,在 $-5\sim-1\ ℃$ 的温度下,大部分蔬菜原料约 80% 的水分会变成冰,这个温度范围也被称为"最大冰晶生成区"(蒲彪等,2012;刘茂,2023),快速地通过这个温度范围对保障冻品品质至关重要。可通过以下途径实现蔬菜速冻:

(1)降低冻结温度,增大蔬菜制品与冷冻介质之间的温差;

(2)提高冷冻介质的流速;

(3)增加蔬菜制品与冷冻介质的接触面积;

(4)增大蔬菜制品的比表面积。

(二)晶体形成的特点

速冻时蔬菜快速冷却,使得蔬菜细胞内、细胞外同步满足形成晶核的温度条件,晶核广泛形成于细胞内外,晶核体积小、数量大。冰晶的分布与蔬菜内液态水的分布相近。由于冰晶广泛存在于细胞内外,数量多而体积小,使得细胞各方向承受的压力比较均匀,细胞组织基本无损伤。解冻后,速冻蔬菜产品容易恢复原状,流汁量极少甚至不流汁,可以更好地保持蔬菜的原有品质。

(三)速冻对蔬菜的影响

1. 对蔬菜化学变化的影响 蔬菜原料在速冻、冻藏和解冻过程中经常发生影响产品质量的化学变化,包括产生不良气味、酶促褐变及色素降解等。

产生不良气味是由于蔬菜在速冻及冻藏过程中,积累在蔬菜组织中的羰基化合物和乙醇等产生的挥发性气味,或者是由于氧化导致脂质含量高的蔬菜产生气味。

蔬菜色泽变化的原因有两种:一种酶促褐变,另一种是非酶褐变。为了防止酶促褐变,可以采取以下措施,如钝酶、使用真空包装,还可以添加抗坏血酸等物质。非酶褐变主要是指蔬菜中的色素分解和异构化,如番茄红素的反式异构体变为顺式异构体;叶绿素转化为脱镁叶绿素,蔬菜由绿色变为灰绿色。

2. 对蔬菜组织结构的影响 一般来讲,冻结会引起蔬菜细胞膜的变化,从而增加细胞膜的通透性,并造成一定的细胞损伤。缓冻和速冻对蔬菜组织结构的影响也不同,因为冰晶的大小受冷冻速度的影响。

缓冻时,主要是在蔬菜的细胞间隙形成晶核,数量较少,导致细胞内的水分不断外移,细胞失水,甚至死亡,引起组织崩解和质地软化,直接破坏冷冻蔬菜的品质,导致冻结后的蔬菜在解冻时会出现汁液流失和风味变差等问题(Sousa et al.,2006)。在速冻过程中,细胞内外的水分几乎同时结成冰晶,晶体小且数量大,冰晶分布均匀,不会对蔬菜的细胞膜和细胞壁造成压迫,也不会对组织结构造成太大损伤,可以最大限度地保持速冻蔬菜的可逆性和品质(Liang et al.,2015;Wang et al.,2007)。

3. 对蔬菜酶活力的影响 在速冻过程中,脱氢酶的活性受到强烈抑制,但蔬菜中的果胶酶、脂肪酶、转化酶、脂肪氧化酶等仍有活性。在长期冻藏过程中,酶的作用会导致蔬菜品质劣变。另外,蔬菜经过解冻处理后,随着温度的升高,保持活性的酶会被重新被激活,这将会加快蔬菜的品质劣变。

4. 对蔬菜微生物的影响 冷冻可以抑制或杀死微生物,这是由于在比较低的温度下,微生物酶的活性会下降,在 $-25\sim-20\ ℃$ 时,微生物细胞内的所有酶反应几乎完全停止;此外,微生物细胞内原生质黏度增加,导致蛋白质凝固变性,这种变性是不可逆的。同时，形成的冰晶会对细胞造成一定的机械损伤（孟宪军等，2012）。

冷冻对微生物的影响主要由冻结温度及冻结速度决定。当蔬菜缓冻时，其温度会长期处于-18～-12 ℃条件下，这可能导致形成少量的大冰晶，从而给细胞带来一定的机械损伤，并对微生物产生较大影响。当蔬菜在速冻过程中，其温度快速降至-18 ℃以下，对微生物的影响相对较小。反复冻融对微生物具有更大的杀伤力，但也会显著影响蔬菜本身的品质。

二、主要速冻技术与设备

速冻设备包括速冻库和速冻机两大类。

（一）速冻库

速冻库根据其吨位，可分为大型速冻库与小型速冻库，其中，大型速冻库制冷剂一般采用氨制冷，小型速冻库以氟利昂制冷居多。速冻库内部蒸发的形式有搁架排管式、风冷式、冷风机与搁架排管组合式，其中冷风机与搁架排管组合式的速冻效果最佳。速冻库的温度一般为-35～-15 ℃。速冻库结构如图7-1所示。

优点：冻结量大，能耗低。

缺点：冻结时间长，蔬菜进出过程劳动强度大，冻品品质不高。

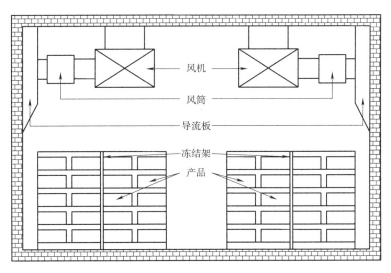

图7-1 速冻库结构图

（二）速冻机

根据物料与制冷剂或载冷剂是否接触，可以将速冻机分为直接冻结和间接冻结两种方式。其中，直接冻结包括浸渍冻结和喷淋式冻结等，间接冻结包括空气冻结和接触式冻结等。

1. 直接冻结技术与设备

（1）浸渍冻结技术。将包装好的蔬菜直接浸入温度较低的液体载冷剂中。常见的载冷剂包括氯化钠、氯化钙、丙二醇及丙三醇等。

（2）喷淋式冻结技术与设备。喷淋式冻结常用的媒介包括液态二氧化碳和液氮。

隧道式液氮连续喷淋速冻机包括预冷区、喷氮区和冻结区三个部分。隧道内设有传送带、喷雾器或浸渍器及风机等设备，如图7-2所示。首先，蔬菜物料从传送带的一端进入预冷区，在高速氮气流的作用下，物料的表层迅速降温冻结；然后，蔬菜物料进入喷氮区，液氮直接喷在物料上，液氮因气化吸收大量热量，使得蔬菜物料继续降温冻结；最后，进入冻结区冷冻，直至中心温度达到-18 ℃（袁仲等，2015）。在实际生产过程中，冻结温度一般控制在-60～-30 ℃，有时可达-120 ℃。厚度为1～3 mm的物料可在1～5 min内冷冻至-18 ℃以下。

优点：原料干耗小，能够较好地保持物料色泽，产品品质高；设备结构简单，使用寿命长。

缺点：易造成蔬菜表面与中心温差过大，导致产品表面龟裂。

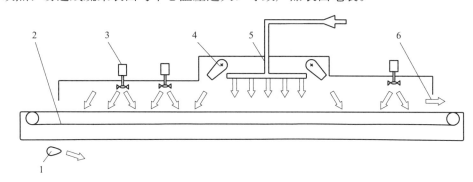

图7-2 液氮速冻机

1. 排散风机　2. 进料口　3. 搅拌风机　4. 风机　5. 液氮喷雾区　6. 出料口

2. 间接冻结技术与设备

（1）空气冻结技术与设备。按结构不同可以分为隧道式、传送带式、悬浮式（流化床）、螺旋带式、单向直走带式、链带式等。

①隧道式速冻机。隧道式速冻机是一种采用空气强制循环降温的速冻装置。将蔬菜原料放置在带滚轮的载货架车上，通过隧道的一端陆续送入，在经过数小时的冷冻后，从隧道另一端出来。蒸发器和冷风机安装在隧道的一侧，空气由蒸发器降温后吹到物料上，物料热量被吸收，物料冻结。吸收热量后的冷空气返回蒸发器并再次被降温，如此反复循环。隧道式速冻机的结构如图7-3所示。

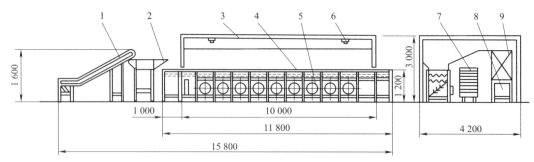

图7-3 隧道式速冻机

1. 提升机　2. 振动筛　3. 维护结构　4. 流态床　5. 风机　6. 灯具　7. 支架　8. 蒸发器　9. 架车

优点：可连续生产，物料冻结速度快；设备构造简单，成本低；设备紧凑，隧道空间得到充分利用。

缺点：冻结不均匀，需增加导风板等结构；间歇式隧道式速冻机生产效率低，劳动条件差。

②传送带式速冻机。传送带式速冻机由蒸发器、传送带、风机及保温壳体组成。该装置有单网带式、双网带式等多种形式。冷风温度为－40～－35 ℃，厚度为 1.5～4 cm 的原料可在 12～40 min 内冻结。适合冻结刀豆、菠菜、芦笋、芋头等多种形状的物料。传送带式速冻机结构如图 7-4 所示。

优点：投资成本低，通用性强，自动化程度高。

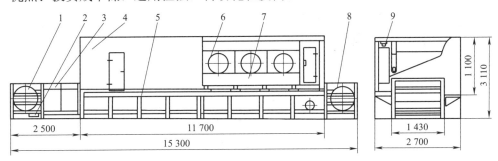

图 7-4　传送带式速冻机
1. 滚筒　2. 喷淋装置　3. 钢带　4. 库体　5. 托架　6. 风机　7. 蒸发器　8. 滚筒　9. 灯具

③悬浮式速冻机。将物料布置于多孔不锈钢网状传送带上，冷风强制从下往上吹过蔬菜，导致蔬菜悬浮并迅速结冰，该装置蒸发器温度低于－40 ℃，风速一般为 6～8 m/s，冷风方向垂直向上。经过 5～10 min 速冻处理，物料温度可降至－18 ℃以下。物料依靠风力和传送带的作用向前移动，不会产生堆积，速冻后的产品通过出口滑槽排出。该速冻机适合体积小的蔬菜单体冻结，如蘑菇、大蒜瓣和豌豆等。悬浮式速冻机结构如图 7-5 所示。

缺点：设备投资大，能耗高。

优点：结构简单且成本低廉，冻结速度快，能够实现冻品均匀降温，冻品品质高。

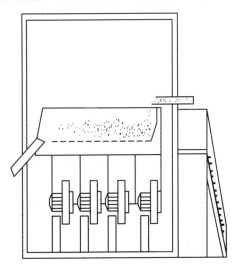

图 7-5　悬浮式速冻机结构图

④螺旋带式速冻机。该设备中间为转筒装置，不锈钢材质的传送带的一侧与转筒紧密协同运动，物料放在传送带上，从速冻机的下部进入，上部排出。冷空气与物料逆向对流换热，如图7-6所示。厚度为25 cm的物料，一般需要40 min冷冻至-18 ℃以下。

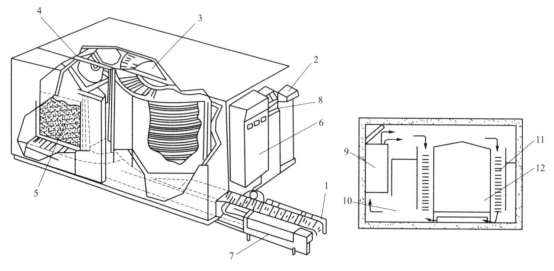

图7-6　螺旋带式速冻机

1. 进冻　2. 出冻　3. 转筒　4. 风机　5. 蒸发管组　6. 电控箱　7. 带清洗器
8. 频率转换器　9. 蒸发器　10. 风机　11. 传送带　12. 转筒

优点：体积小，仅为同类传送带式速冻机的1/4；干耗低。

缺点：能耗大，生产成本较高。

（2）接触式冻结技术与设备。接触式冻结技术是通过金属板与物料紧密接触，金属板被制冷剂冷却降温，实现物料降温冻结。常用的接触式冻结设备为平板式速冻机，结构如图7-7所示。箱内设有多层金属平板，制冷剂流过平板，蔬菜放在金属平板之间，金属平板可根据蔬菜厚度进行适当调节，调至蔬菜与金属平板贴紧即可。耐挤压、形状规则（条、块、片）的蔬菜适用此设备。

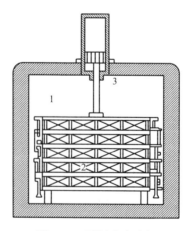

图7-7　平板式速冻机

1. 冻结平板　2. 冻品　3. 水压式升降机

优点：冻结速度快，干耗低，冻品质量高。

缺点：物料装卸劳动强度大。

第二节　蔬菜速冻加工工艺

一、工艺流程

原料验收→挑选→清洗→去皮→切分→烫漂→冷却→沥水→速冻→包装→冻藏。

二、操作要点

1. 原料验收　根据产品加工工艺要求，确保原料与产品类型相匹配，色泽鲜艳、外观完整、成熟度适中和鲜嫩。原料农残及微生物指标符合相应要求。

2. 预处理　包括挑选、清洗、分级、去除不可食部分等，有些蔬菜还需去皮、切分、去核等预处理。

（1）挑选。去掉有病虫害、带伤的原料。有些原料需要切去根须、剔除黄叶、老叶、修整外观等。

（2）清洗。将合格原料以流动的水冲洗掉泥沙、灰尘等，对于有残留农药的原料，洗涤时需用化学洗涤剂处理，这样既可以减少或除去农药残留，也可除去虫卵等。

（3）去皮、切分。按不同工艺要求进行去皮、切分、分级等。

（4）烫漂。对于纤维含量高或适合炖、炒的蔬菜，一般在速冻前进行烫漂处理。烫漂温度和时间是根据原料的性质决定的。适合新鲜食用的蔬菜通常不经过烫漂。

（5）冷却。蔬菜在烫漂后，应立即冷却，以减少营养物质的损失。通常使用冷水浸泡、冷水喷淋和空气冷却等方式。

（6）沥水。采用一定方法将漂烫后原料中的水分去除，可将原料平铺晾干或使用离心机、振动筛甩干。

3. 速冻　速冻是确保产品品质的关键加工工艺。一般而言，冻结时间越短、温度越低，效果越好。

一般应将原料彻底冷却后再进行速冻，并尽量降低速冻原料的中心温度。如果条件允许，可以在冷冻前增加预冷装置，以确保原料快速冻结。保证蔬菜原料在最短的时间内快速通过最大冰晶生成区。

4. 包装　为了提高速冻蔬菜的冻结速度，确保冻结效率，多数产品宜速冻后包装，只有少数叶菜类或浸过糖水的蔬菜，应先包装再进行速冻。物料速冻后，应迅速进行包装，并且在15～20 min从速冻间转移至冻藏库，同时，应保持包装间温度在−5～0 ℃温度范围，避免产品品质劣变。

速冻果蔬包装一般采用真空包装、充气包装及普通包装三种形式。包装材料的特点如下：

（1）耐温性。供包装用的材料应具有能承受高温和低温的特性，如在100 ℃水中煮30 min不被破坏等。

（2）耐水性。包装材料需要防止水分渗透，以减少干耗。但环境温度的变化，易导致不透水的包装材料上凝结雾珠，降低其透明度。

（3）耐光性。包装材料和印刷颜料应具有耐光性，以避免暴露在光线下导致包装颜色变化和产品品质下降。

（4）透气性。抽气和真空包装需要透气性低的材料来保持蔬菜的独特香气。

5. 冻藏　控制冻藏库库温在－18 ℃以下，温度波动不超过±2 ℃，避免冻藏过程中产生大的温度波动，预防因温度波动引起的制品表面风干、结霜、冰晶重排及组织损伤等品质劣变。

第三节　蔬菜速冻实例

一、速冻西兰花

1. 工艺流程　原料挑选→清洗→切割→烫漂→冷却→沥水→速冻→包装→冻藏。

2. 操作要点

（1）原料挑选。挑选新鲜的西兰花原料，无病虫害、霉变等。

（2）清洗。用清水清洗，除去表面异物，沥干备用。

（3）切割。将西兰花切成需要的尺寸，如 2～3 cm。

（4）烫漂。沸水烫漂 2～3 min，钝化酶的活性并杀菌。

（5）冷却、沥水。烫漂后立即冷却，保持其颜色和口感，冷却后捞出沥干水分。

（6）速冻。将沥干水的西兰花放入速冻机中快速冷冻，使中心温度迅速下降至－18 ℃以下，保持其品质和口感。

（7）包装、冻藏。将速冻后的西兰花包装，放在－18 ℃的冻库贮藏。

二、速冻豌豆

1. 工艺流程　原料挑选→剥豆粒→浸盐水→拣豆→烫漂→冷却→沥水→速冻→包装→冻藏。

2. 操作要点

（1）原料挑选。选择淀粉含量少、糖含量高、质地柔软、甜味适口的白花豌豆。原料要求鲜嫩、饱满、大小均匀、呈鲜绿色。

（2）剥豆粒。人工或使用机器剥离，尽可能避免机械损伤。去除豆荚后，根据其直径大小对豆粒进行分级。

（3）浸盐水。使用 2% 的盐水，使豆粒浸泡大约 30 min，然后用清水把浸泡过的豆粒冲洗干净。该工艺可以清除害虫，分离上浮的豌豆和下沉的老熟豆。

（4）拣豆。将豌豆粒倒在工作平台上，将表面有破裂、颜色异常、有病虫害的豌豆粒去除，并将碎荚等挑拣出来（曾洁，2011）。

（5）烫漂。用沸水烫漂豌豆粒，烫漂时间为 1.5～3 min，具体烫漂时间根据豌豆粒大小及成熟度等因素确定。

（6）冷却、沥水。将烫漂后的豌豆粒冷却降温，并沥干水分。

（7）速冻。使用速冻设备快速冻结。

（8）包装、冻藏。包装后在－18 ℃以下冻藏。

三、速冻菠菜

1. 工艺流程　原料挑选→整理→清洗→烫漂→冷却→沥水→速冻→包冰衣→包装→冻藏。

2. 操作要点

（1）挑选及整理。挑选鲜嫩、无病虫害的原料，去除黄叶、根须后用清水洗干净，并沥干水分。

（2）烫漂、冷却。将菠菜在沸水中烫漂，烫漂时间约为 1 min，烫漂后快速冷却至 10 ℃以下，并沥干水分。

（3）速冻。将菠菜整理装盘，放入冷冻设备速冻，速冻后在－18 ℃冻藏。

（4）包冰衣。把速冻后的菠菜块放在 3～5 ℃的冷水中，停留 3～5 s，然后将菠菜块从冷水中捞出，这个过程被称为包冰衣，包冰衣可以降低物料干耗。

（5）包装、冻藏。用乙烯袋包装包冰衣后的菠菜块，装入纸箱，并在－18 ℃以下冻藏。

四、速冻芦笋

1. 工艺流程　原料挑选→切割→分级→清洗→烫漂→冷却→沥水→速冻→检查→包装→冻藏。

2. 操作要点

（1）原料挑选。挑选不开花、不散头、无腐烂、无机械伤、无严重弯曲及颜色正常的原料。

（2）切割。将西兰花原料按工艺要求的尺寸切割成段。

（3）清洗。用流动水清洗，去除残渣和异物。

（4）烫漂。沸水烫漂 1 min，钝化酶的活性并杀菌。

（5）冷却、沥水。烫漂后立即冷却，捞出沥干水分。

（6）速冻。－30 ℃以下温度速冻，冻结至中心温度低于－18 ℃。

（7）检查。人工检查并剔除异色、断条及损伤的原料。

（8）包装、冻藏。冻结后包装，并在－18 ℃以下冻藏。

■ 本章小结

速冻是保持蔬菜风味和营养成分较为理想的加工方法。近年来，随着人们食品安全意识的提升，以及对多样化、方便食品需求的增加，速冻蔬菜受到越来越多消费者的青睐，我国的蔬菜速冻加工业得到了快速发展。

■ 参考文献

曾洁，赵秀红，2011. 豆类食品加工 [M]. 北京：化学工业出版社.
刘茂，2023. 干冰喷射速冻芒果丁理论模拟与实验研究 [D]. 天津：天津商业大学.
孟宪军，乔旭光，2012. 果蔬加工工艺学 [M]. 北京：中国轻工业出版社.

蒲彪，乔旭光，2012. 园艺产品加工工艺学 [M]. 北京：科学出版社.

袁仲，隋继学，2015. 速冻食品加工技术 [M]. 北京：中国轻工业出版社.

中华人民共和国国家质量监督检验检疫总局，中国国家标准化管理委员会，2014. 速冻水果和速冻蔬菜生产管理规范：GB/T 31273—2014 [S].

农业部农产品质量安全监管局，2018. 绿色食品 速冻蔬菜：NY/T 1406—2018 [S]. 北京：中国农业出版社.

LIANG D W，LIN F Y，YANG G M，et al.，2015. Advantages of Immersion Freezing for Quality Preservation of Litchi Fruit During Frozen Storage [J]. LWT-Food Science and Technology，60（2）：948-956.

SOUSA M B，CANET W，ALVAREZ M D，et al.，2006. Effect of Processing on the Texture and Structure of Raspberry（cv. Heritage）and Blackberry（cv. Thornfree）[J]. European Food Research and Technology，223：517-532.

WANG H Y，ZHANG S Z，CHEN G M，2007. Experimental Study on the Freezing Characteristics of Four Kinds of Vegetables [J]. LWT-Food Science and Technology，40（6）：1112-1116.

第八章　蔬菜腌制技术

蔬菜腌制是将新鲜蔬菜原料经预处理后，利用高渗透溶液（例如食盐、糖等）渗入蔬菜组织内，提高渗透压的同时，降低水分活度，控制腐败菌和其他有害微生物的活性，利用有益微生物的发酵，结合其他配料来防止蔬菜腐烂，提高蔬菜的附加值，并加强成品保藏性的加工过程（吴祖芳等，2012）。

第一节　蔬菜腌制品分类

蔬菜腌制品种类丰富，制作方法多样。根据蔬菜原料在腌制过程中发酵的程度和腌制品最终成品的不同状态，可以将蔬菜腌制品分为发酵性腌制品和非发酵性腌制品大类（薛蕊，2022）。

一、发酵性腌制品

这种腌制产品是用较低浓度的食盐腌制而成，在整个腌制过程中产生了明显的乳酸发酵，同时还伴随着轻度的酒精和醋酸发酵，生成的乳酸与加入的食盐以及香辛料具有防腐作用，可以用于保藏蔬菜并使其风味得到改善。这类腌制产品（例如泡菜、酸菜等）一般都有较明显的酸味（周涛，2000）。

二、非发酵性腌制品

在腌制这种类型的蔬菜时常添加较高浓度的食盐，并使用糖和其他的香辛料，从而完全抑制整个腌制过程的微生物作用或使其只能轻微作用，加工过程中使用的调味品具有综合防腐作用，有利于蔬菜的保藏并改善其风味。根据成品风味和香辛料、水分含量的不同可以分为盐水渍菜、酱渍菜和糖醋渍菜三类（周涛，2000）。

第二节　蔬菜腌制加工原理

蔬菜腌制加工是通过食盐的防腐以及保藏作用、微生物的发酵作用、蛋白质的分解作用和其他不同的生物化学作用，来抑制有害微生物的生命活动、提高腌制成品的保藏性和风味（何玲等，2007；薛蕊，2022）。

一、食盐的保藏作用

食盐溶液的高渗透压会引起微生物细胞的脱水，进而引起其细胞壁与细胞质的分离，并抑制微生物的代谢活动，抑制微生物的生长甚至造成其死亡，实现食品防腐。盐溶液中含有的金属离子（例如钠、镁、钾离子等），对微生物产生毒害作用。食盐溶液中的钠和氯离子与酶蛋白质的肽键结合可以使酶的空间构型遭到破坏，降低酶活力并抑制微生物的生命活动。除此以外，加入食盐可以降低水中氧气的浓度，使好氧性微生物的活动得到抑制（李军波，2016）。

二、微生物的发酵作用

腌制产品在腌渍加工的过程中借助附着在蔬菜表面的各种微生物进行发酵。有益发酵作用主要包括乳酸发酵、酒精发酵和醋酸发酵，有害发酵主要为丁酸发酵。

发酵腌制过程中最重要的发酵作用是乳酸发酵，乳酸菌在发酵过程中可以利用葡萄糖及其他可发酵的糖类产生乳酸，防止杂菌的污染，并促进风味形成。酒精发酵是酵母菌分解蔬菜组织的糖，产生酒精和二氧化碳，并释放热量，使腌制产品产生独特的芳香风味。在腌制过程中，还有一种发酵是利用醋酸菌产生醋酸，从而改善腌制品的风味。有害发酵和其他有害微生物则会影响腌制品的风味、外观和保藏性。如丁酸发酵会产生强烈的异味，且没有防腐作用，会造成腌制产品的败坏。产膜酵母等有害酵母会使盐液表面出现灰白色的薄膜，降低产品的保藏性。霉菌和腐败菌则会影响腌制品的外观、质构，并产生有害物质（吴丽娜等，2018）。

三、蛋白质的分解作用

腌制品的鲜味主要来源于蛋白质的分解作用，在食盐的作用下谷氨酸生成谷氨酸钠，其他呈味物质（如天门冬氨酸、乳酸）也会影响鲜味。蛋白质的分解作用还会产生芳香物质，并赋予腌制品良好的光泽。

四、影响蔬菜腌制的因素

1. 酸度 大部分有害微生物的生命活动在 pH 4.5 以下时可以得到有效抑制，pH 也会影响原料中的蛋白酶和果胶酶的活性，一般 pH 在 4.0～5.0 时有利于蛋白水解和产品的保脆。

2. 温度 腌制发酵的最适温度是 20～32 ℃，但为了控制腐败微生物的生长，生产上常采用的温度是 12～22 ℃，因此所需发酵时间较最适温度发酵稍长（吴丽娜等，2018）。

3. 食盐浓度 大部分不利于腌制的微生物对食盐具有较低的抵抗力，其中霉菌和酵母菌的抗盐性与细菌相比更强，在腌制生产中使用适当浓度的盐溶液可以有效抑制有害微生物的活动。通常情况，腌制叶菜所添加的食盐用量最高不超过预处理后蔬菜原料质量的 25%，最低不少于原料质量的 10%。与腌制叶菜的食盐用量相比，腌制果、根和茎类时的用盐量更高（吴丽娜等，2018；李嘉仪等，2022）。

4. 发酵类型 腌制蔬菜中的乳酸发酵和酒精发酵等是对腌制有益的发酵，其发酵均在厌氧条件下进行，产膜酵母菌和霉菌等对腌制有害的微生物发酵均为好氧发酵。

5. 香辛料 香辛料的添加可以改进产品的风味和色泽，并且可以在一定程度上抑制微生物的活动。

6. 原料的质地和含糖量 原料的坚韧质地和过大的体积不利于进行渗透作用以及脱水作用。需对原料进行预处理（例如切分和加温），可以改变原料的渗透性，并维持原料细胞内外溶液的渗透平衡。原料含糖量在 1.5%~3% 的范围内，有利于发酵的进行。

第三节　蔬菜腌制主要加工技术与工艺

一、酱渍菜类

1971 年，在湖南长沙马王堆一座西汉墓葬中发掘出的豆豉姜，是目前我国发现的最早的实物证据，是世界上保存时间最长的腌菜。在我国，制作酱菜用的调味品有盐、酱油、酒糟、白糖、醋、蜂蜜、虾油和鱼露等。在北魏贾思勰所著的《齐民要术》中，记录了数十种"菹"，其中大部分为盐、醋制品，在酱渍菜工艺史上具有极重要的历史价值。到明清时期，酱渍菜发展到了一个高峰，品种非常丰富，成为人民对人类饮食文明特有的贡献。我国酱渍菜产地众多，例如江苏镇的江酱菜、四川的大足酱菜、北京的天源酱菜和六必居酱菜、扬州酱菜等都是享誉海内外且富有特色的产品。酱渍菜不但种类多，而且口味丰富，其加工工艺存在较多的相似性。酱渍菜是选用新鲜的蔬菜为原料，用食盐腌制成腌菜坯，再通过挤压或用水浸泡来降低咸度，除去其中的盐分（盐水），从而降低成菜的含盐量，再与各种酱（例如黄酱、甜面酱等）或酱油一起酱制，使得酱中的糖分、氨基酸、香气等渗透到腌菜坯中，形成口味鲜美、营养丰富、开胃增食、易于保存的酱渍菜（徐清萍等，2011）。

1. 传统酱制工艺

（1）工艺流程。原料拣选→原料处理→盐腌→切制加工→脱盐→脱水→酱制→成品。

（2）操作要点

①切制加工。将蔬菜腌制成半成品——咸坯后，一些咸坯要被切割成不同的形状，比如薄片、条和丝等，总而言之，在酱制前，要把这些盐腌的半成品切割成比原料形状小得多的形状。

②脱盐。有些腌菜半成品含盐量较高，不易吸收酱液，且有苦味，所以要先用清水浸泡，浸泡时间视腌制品盐分的多少而定。通常需要 1~3 d，也有浸泡半天就可以的。在一部分盐析出后，就可以吸收酱汁，并且把苦味和辣味去掉，制作出来的酱菜味道更佳。在浸泡的过程中，仍然要保留半成品相当的盐分，以免变质。所以，夏季可以减少浸泡的时间，一般为 0.5~1 d；冬天的时候，浸泡的时间要长一些，一般 2~3 d。为让半成品充分接触清水，浸泡时，一天要更换 1~3 次水。

③压榨脱水。浸泡脱盐后，将菜坯取出滤干，以便于酱制和保持酱汁的浓度。压榨脱水可以采用两种方式，一种是将菜坯放入袋子或筐子中，用沉重的石头或杠杆将菜坯压榨，二是将菜坯置于箱体中，用压榨机将其压榨脱水。但是不管使用哪种方式，都不能使菜坯失水过多，腌料的含水率以 50%~60% 为宜，过少的水分会使腌料在酱渍时膨胀时间过长，或者完全没有膨胀，使酱渍菜的卖相变差。

④酱制。酱制时，将脱盐、脱水后的腌料放入空缸中酱制。体积大、韧性好的可以直接加入酱中。一些体型较小或者质脆易折的，如八宝菜、草石蚕、姜芽等，如果直接放入大缸中会与酱混在一起，很难取出。于是将这些菜装在布包或丝袋里，用细麻绳捆好，然后放到酱缸里酱制。

酱制过程中，应在白天间隔 2～4 h 搅动 1 次，这样既能让酱缸中的菜均匀地吸收酱汁，又能提高酱制加工的效率，对提高酱菜的品质起到重要的作用。一边搅拌，一边用酱耙在酱缸内上下搅动，让缸里的菜（或袋子）跟着酱耙交替转动，把缸底的腌料翻到上部，上部的腌料翻到缸底，让缸上的那一层酱从深棕色变成淡棕色，搅缸一次，2～4 h 后，缸面上一层颜色又变成深棕色，就可以再开始一次搅拌，循环至酱制作完成为止。通常酱制要酱两次，第一次用使用过的酱酱制，第二次使用新酱酱制，第二次使用的酱可用来制作次等酱油，余下的酱渣则用作饲料（孙晓雪等，2010）。酱渍菜的成品标准因地区和品种而异，但通常应具有与其品种相对应的色泽，如红褐色、金黄色、乳白色等，且色泽应鲜艳、有光泽，原本色泽比较重的菜，如莴苣，酱色会较深，原本色泽浅的菜，如大头菜、萝卜等，酱色就会比较淡；应具有其特有的香气，如酱香、酱油香、糖醋香等，且香气应纯正、浓郁；应具有与其品种相对应的味道，如咸味、甜味、酸味等，且味道应适中、醇厚；应具有与其品种相对应的质地，如软硬适中、爽脆可口等，且质地应均匀、有嚼劲。

2. 酱汁酱菜工艺

（1）工艺流程。咸菜坯→切制加工→水浸脱盐→脱水→酱渍→成品。

（2）操作要点。其中切制加工、脱盐、脱水这三个制作工序和传统酱渍相同。

①压榨天然酱汁。使用酿造完成的天然酱汁，提取经压榨后的天然酱汁。

②酱渍。咸菜经脱盐脱水后置于酱汁中，根据蔬菜种类和气温确定浸渍时间。通常浸泡 6～10 d。感官标准为酱菜内外均呈棕褐色。

该工艺在保持产品品质前提下，能节省 2/3 左右的酱用量，同时有成熟快、周期短、出品率高、产品品质稳定、劳动强度小、生产成本低等优点。

3. 真空渗透酱菜工艺

（1）工艺流程

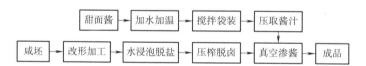

（2）操作要点

①压取酱汁。面酱糊性强，黏度大，取汁时加入 12.5% 的 80 ℃ 热水，边打搅拌边装袋，并挤压滤出酱料。100 kg 面酱中可取出 50～60 kg 酱汁，含 20% 或更多的可溶性固形物，还原糖下降到 10% 时停止循环使用酱汁。

②压榨脱卤。将这些菜坯浸泡于干净的清水缸里。脱卤有助于菜坯吸收新的酱，从而提高酱菜的风味。脱水脱卤后的菜坯呈致密的半透明状，在加工过程中不易出现断裂现象，每千克坯脱卤 50%～55% 最合适。

③真空渗酱。将脱卤菜坯与压制好的酱汁放入真空锅中，加盖封口。在真空锅与真空泵间加装气液分离器。将真空表装于真空锅上。真空泵、放气阀、真空锅和气液分离器间通过管路相连。在真空度 0.09 MPa 和 38～40 ℃ 的菜温下渗酱 48 h 制成酱菜。此工艺既能保留酱菜的风味、降低劳动强度，还能降低生产成本、节省资金。其最大的优势是能极大地缩短生产周期，生产原酱菜需要半年时间，生产新酱菜仅需 6～10 d，花菜丝等品种的加工时间只需 2～3 d。若辅以加热、加压等方法，则可将酱渍时间进一步缩短 1～2 d

（姜林等，1995）。

二、糖醋渍菜类

糖醋渍菜是在传统糖渍菜和醋渍菜的基础上发展起来的腌菜制品。其原料采用新鲜蔬菜，用食盐腌制成咸坯，然后用糖醋腌渍制成（高海生，2009）。这类产品具有酸甜可口、甜而不腻、甜酸适中的特点。糖醋蒜薹、糖醋大蒜、甜酸独蒜、糖醋萝卜、甜酸乳瓜、糖醋宝塔菜、甜酸苏头、糖醋莴苣等是常见的糖醋渍菜类产品。

1. 糖醋大蒜

（1）工艺流程　选料→剥衣→盐腌→晾晒→配料→装坛后熟→包装→成品。

（2）操作要点

①选料。选用球茎整齐、肥壮、色泽洁白、肉质鲜嫩的蒜头进行加工。按等级分类，特级每千克20只，甲级每千克30只，等外级每千克30只以上。

②剥衣。先将根部和基部去除，剥去外侧2～3层粗老外衣，保留剩余外衣，用清水洗净并沥干。

③盐腌。用盐的量是大蒜总质量的10%，取两个空缸，将一层沥干的大蒜和一层盐交替放进一个空缸里，直到装满大半缸，次日开始，每天早上和晚上各换缸一次，就是取出蒜放进一个空缸里，上下倒换使蒜都能沾到盐水，5～6 d后，当水变多以后，可在中午从中间刨开蒜头，并将盐水浇在表面蒜头上。大约15 d后，就变成了盐渍大蒜。

④晒蒜。从缸中捞出咸蒜头，将水沥干后，在筛席上平摊晾晒，每日翻动一次，晚上收拢蒜头并覆盖防雨物，以防被雨淋湿。经晾晒至质量减轻1/3时可转入腌制。

⑤配料。晾晒后的干咸蒜头每100 kg用35 kg醋、32 kg红糖，将醋加热至80 ℃后倒入糖溶解，可同时加入少许八角、山奈等香料来增加香味。

⑥腌制后熟。取小口瓦坛清洗干净并擦干，在坛中装入干蒜头，略用力压紧，装至坛的3/4时，将配制好的糖醋液加入坛中，直至加满。为避免蒜头浮起，将几片竹片横卡在坛颈处，再托一块木板，使用三合泥封住坛口，后熟三个月，装袋封口或开坛食用（成日至，1990）。

2. 糖醋薤头

（1）工艺流程。薤头→第一次修剪→洗涤→盐渍→第二次修剪→分粒→脱盐→漂洗→分选、灌装→排气、密封杀菌冷却→成品。

（2）操作要点

①去梗、修整、脱盐。腌制盐坯含盐量比较高，要取出冲洗10～12 h，使含盐量降到2%～5%，并注意更换水。如果腌渍时没有去除梗，可以用剪子把梗剪掉，保留1.5～2 cm的长度。将根和梗逐一进行修剪，去掉软烂、发黑、青绿的薤头，再用擦洗机除去外膜，以清水冲洗干净。

②分选、装罐。薤头装罐时，挑选颜色、大小相近的装入罐中。薤头通常为玻璃瓶包装，固形物含量超过60%，也可以以复合塑料袋装，固形物含量在90%以上。

薤头汤汁含有2%盐、1.3%醋酸和40%糖，需要趁热灌入汤汁。若采用复合塑料袋包装，汤汁含2%～3%盐、6%～8%醋酸，按薤头质量加糖10%～15%（张可祯等，2020）。在装罐或装袋之前，如果使用糖醋液浸泡过，那么汤液中糖、醋的含量就可以适当降低。

三、盐水渍菜类

盐水渍菜是腌制蔬菜中占比最多的一种，既可以作为成品直接销售，还可用于加工酱渍菜和其他渍菜。因此，其质量优劣直接关系到其他腌渍产品的品质。盐渍菜的加工方法主要有干压腌法和干腌法两种。干压腌法是将菜清洗干净后，按照一定的菜盐配比，依次放置于容器中，中部以下用盐量为40%，中间部分以上用盐量为60%，顶部封一层盐后压盖，然后再将重石压在上面，借助重石的压力和盐分的渗透，使菜汁渗出并浸没菜体。食盐浸入菜体中，从而达到腌渍、保鲜、储藏的效果。干压腌法与干腌法的区别在于干腌法不需要使用重石，也不需要添加水，根据具体的种类直接用盐浸渍，通常情况下，边产边销的盐腌菜每1 kg需要60～80 g盐，需要长期贮存的盐腌菜每1 kg需要160～180 g盐。在干腌法中，也可分批下盐加工的方法，就是在盐渍过程中分两次或三次下盐，这种方法经常用在高湿度的蔬菜上（吴锦铸，2002）。

1. 腌制工艺流程　原料选择→原料处理→盐渍→倒菜→渍制→成品。

2. 操作要点

（1）盐渍。用盐直接腌渍蔬菜，盐渍时要将盐均匀地混合在蔬菜里，这样菜就可以和盐充分接触，避免一些没有和盐接触的蔬菜发生腐败。

（2）倒菜。盐渍菜在盐渍加工时，一定要进行倒菜工序。这能让盐均匀地与菜接触，均匀渍制，又能尽快排出腌制所产生的异味，为腌渍产品添加风味，减少浸渍制作的时间。

（3）渍制。这一阶段属于静止渍制，实质上是渍制产品的后熟期，此时食盐不但会进一步渗透到蔬菜体内，还会在微生物的作用下产生各类独特的风味，例如制作大头菜、榨菜等腌渍菜，这是最重要的阶段。在此期间，为避免菜的腐坏变质，可采用多种措施将菜与空气隔离开。

四、泡菜类

泡酸菜是将各种新鲜的蔬菜使用食盐或食盐溶液进行腌制或泡制，通过乳酸发酵制成的一种具有酸味的腌制产品。泡菜被全世界的人们所喜爱。据说罗马帝王也很爱吃泡菜，时至今日，它已成为东西方不可或缺的一种食物。泡菜以其易于操作、设备简单、成本低、营养卫生、美味且食用方便等特点，成为我国民间最受大众欢迎的蔬菜加工产品之一（陈功，2018）。四川泡菜具有香气香浓、组织细嫩、质地脆、咸酸适中、味甜鲜等特点，且能保持蔬菜原本的色泽，并具有独特的香味。

1. 四川泡菜

（1）工艺流程

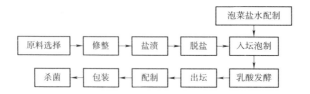

（2）操作要点

①盐渍。进行泡菜工业化生产时，一般先要将原料进行预腌。预腌的主要目的在于增

强原料的渗透效果，除去多余的水分，在泡制中可以尽量减少泡菜坛内食盐浓度，也可以去掉一些原料中的异味，防止腐败菌滋生。其方法是根据所腌蔬菜量，上层盐用量一般为60%、下层为30%、表面为10%，最终使平衡盐水浓度达到约22 °Brix。

②脱盐。蔬菜盐渍一段时间后要及时取出，放入清水池中浸泡1~2 d再次捞出，此步骤称为脱盐。脱盐后蔬菜中盐含量要达到4%左右。

③泡菜坛的选择。泡菜坛的选择对于泡菜的品质好坏尤其重要。泡菜坛一般以陶土为原料两面上釉烧制而成，也可以用玻璃钢、涂料铁制作，但要求这些材料不能与盐水或蔬菜起化学反应。另外泡菜坛子还要求釉质好、无裂缝、无沙眼、坛沿水封性能好，且钢音要清脆等。

④泡菜盐水配制。中国泡菜常用的泡渍液有酸咸味和酸甜味之分，前者口感酸、咸、鲜、辣，主要辅以食盐、花椒、白酒、干辣椒、红糖，加水熬制而成。后者口味酸、甜，加入白糖、白醋、食盐、香叶加水熬制而成。配制泡菜新盐水时，最好使用含矿物质较多的井水和矿泉水，这样有利于保持泡菜的脆性。调料是配制泡菜盐水不可缺少的物料，它既是形成泡菜独特风味的关键，又能起到防腐、杀菌、抑制异味等功效。四川泡菜所用调料包括佐料和香料，佐料有酒类、糖类、辣椒等，香料有八角、草果、花椒等。目前四川大多泡菜生产厂家仍沿用老泡渍盐水的传统工艺进行生产，即先在泡菜坛里加入陈盐水（泡菜卤），最后再加入辅料及原料进行发酵，若陈盐水不足时就补加新盐水。泡菜卤用的时间越久，泡出的菜就越清香鲜美，如今在四川还能发现沿用了几十年甚至上百年的泡菜卤。

⑤发酵期的管理。在蔬菜自带和泡菜卤中的乳酸菌作用下，入坛蔬菜进行乳酸发酵，根据微生物活动及乳酸含量积累多少分为三个阶段：异型乳酸发酵期、正型乳酸发酵期、正型乳酸发酵后期。在异型乳酸发酵期中，主要是一些耐盐不耐酸微生物活跃（如酵母菌、大肠杆菌）而进行乳酸发酵及微弱的酒精发酵，产生乳酸、乙醇、醋酸及二氧化碳等，pH迅速下降到4.5~4.0；在同型乳酸发酵期里，植物乳杆菌大量活跃，乳酸积累6%~8%，pH 3.5~3.8；而在其后的异型乳酸发酵后期，乳酸继续积累，可达到1%，当到达1.2%时，乳酸菌活动受到抑制，发酵速度减慢。乳酸发酵是泡菜成熟和形成风味物质的关键阶段，因此对本阶段的生产管理尤为重要。

一般来说，泡菜中乳酸含量在0.4%~0.6%时，品质较好，超过0.6%就会过酸，因此泡菜的发酵成熟期应在异型乳酸发酵期的末期与同型乳酸发酵期的初期之间。但原料、盐水的种类以及发酵时环境的温度对成熟度也有影响，如夏季气温高，新盐水泡制叶菜类需3~5 d成熟，根菜类需5~7 d，但大蒜需要15 d以上；冬季气温低，泡制时间又将延长一倍。此外，用老盐水泡制将会大幅缩短泡菜成熟期。在泡菜坛的坛沿水槽中加入浓度为10%盐水，并保持水的清洁，这样可以防止坛内因发酵产生的真空而倒吸水，而最终导致杂菌污染的现象（最好在发酵期中，揭盖1~2次，使坛内外压力平衡，防止坛沿水槽的水倒灌）。在泡制和取出过程中，切忌带入油脂类物质，因油脂相对密度轻，浮于盐水表面，易被腐败性微生物所分解而使泡菜变臭。

⑥加入香辛料。泡菜经泡制成熟后便生成其应有的鲜味，也可以根据个人口味及产品需要加入各种香辛料，从而调制出不同风味的泡菜（董全，1995）。

⑦杀菌。由于泡菜经乳酸发酵后含有大量活菌，因此为了延长保质期必须对它进行灭菌处理。目前国内普遍采取的是巴氏灭菌，杀菌温度一般为80~85 ℃，时间为13~15 min。

2. 酸菜 酸菜常采用清水、淡盐水或含盐量6%~7%的盐水腌制，利用乳酸发酵，总酸度积累达到 1%～2%，酸菜产品就可以保存。其制作方法也比较简单，但各地做法也有一定的差异。

（1）北方酸菜。以大白菜或甘蓝为酸菜的原料，腌制时只加清水并不添加食盐，渍制过程中也不使用调味品和香料。

①原料处理。选取质量好的大白菜或甘蓝，之后晒 1～2 d 或不晒，除去发黄、腐烂的叶子或老叶，去除根部并用水冲洗干净，沥干明水，大棵的菜只切叶帮，切 1～2 刀，不能切断叶肉部，使用沸水将原料烫 1～2 min，先烫叶帮，后将整株放入，直到叶片略微变得透明为止，取出放入冷水中冷却或者不冷却。

②浸渍。将熨好的原材料按层层交错叠放或呈辐射状叠放在缸中，将这些材料一层层压紧，并用重石加压，倒入清水，将原料没过 10 cm 左右，大约 1 个月之后，就可以食用了。有些地方，为了促进发酵，缩短浸渍的时间，经常会在水中加一些米汤。腌制后的白菜帮呈乳白色，叶肉呈黄色，肉质清脆，略带酸味，可用作炒、烩、汤等的原料。熟化后的酸菜需存放于低温处，密封，贮存时间可达 6 个月。

（2）湖北酸菜。以新鲜的大白菜为原料，整理后进行晾晒，将 100 kg 白菜原料晒到只有 60～70 kg 时腌制，按原质量 6%～7% 用盐，一层菜加一层盐放入缸中，放满食材后加水淹没，并用重石加压，自然发酵 50～60 d 成熟。成品黄褐色，直接食用或用于烹调（于新，2012）。

我国物产丰富，蔬菜产量巨大，已经成为人民日常饮食不可缺少的一部分。蔬菜腌制是一种具有悠久历史的加工保藏方法，在国内和国外都广为普及。蔬菜腌制具有成本低、易加工的特点，其制品风味多样、易于贮存，是深受消费者喜爱的蔬菜加工制品。

■ 参考文献

陈功，2018. 泡菜加工学 [M]. 成都：四川科学技术出版社.

成日至，1990. 糖醋大蒜头的腌制 [J]. 食品工业科技（3）：44.

董全，1995. 四川泡菜加工技术 [J]. 中外技术情报（1）：45-46.

高海生，2009. 蔬菜酱腌干制实用技术 [M]. 北京：金盾出版社.

何玲，唐爱均，杨公明，2007. 蔬菜发酵机理探讨 [J]. 中国酿造（2）：26-29.

姜林，韩克跃，1995. 真空渗透法腌制酱菜的应用 [J]. 辽宁食品与发酵（3）：3.

李嘉仪，陈功，黄润秋，等，2022. 加盐方式和盐浓度对传统四川泡菜微生物生长与品质的影响 [J]. 食品与发酵科技，58（3）：26-33.

李军波，2016. 盐浓度对传统泡菜和强化发酵泡菜的影响 [D]. 南昌：南昌大学.

孙晓雪，史德芳，2010. 酱腌菜加工技术 [M]. 武汉：湖北科学技术出版社.

吴锦铸，2002. 蔬菜加工 [M]. 广州：广东科技出版社.

吴丽娜，谢小本，刘东红，等，2018. 腌制蔬菜微生物的研究进展 [J]. 中国食物与营养，24（12）：18-22.

吴祖芳，赵永威，翁佩芳，2012. 蔬菜腌制及其乳酸菌技术的研究进展 [J]. 食品与生物技术学报，31（7）：678-686.

徐清萍，孙芸，2011. 酱腌菜生产技术 [M]. 北京：化学工业出版社.

薛蕊，2022. 萝卜腌制品质的评价指标筛选 [D]. 泰安：山东农业大学.

于新，杨鹏斌，杨静，2012. 泡菜加工技术 [M]. 北京：化学工业出版社.

张可祯，张燕书，朱启才，2020. 藠头标准化生产与加工技术 [M]. 北京：化学工业出版社.

周涛，2000. 蔬菜腌制品的种类及腌制原理和保藏措施 [J]. 中国调味品（5）：6-12，2.

第九章 蔬菜发酵饮品加工技术

蔬菜发酵是一种利用各种有益微生物和配料改善风味、增加营养并延长食品保藏期的生物方法。发酵蔬菜是新鲜的蔬菜在封闭环境中经一系列微生物和酶的作用，使最终产品的化学成分等发生较大变化而制成的蔬菜制品（张杏媛等，2018）。发酵蔬菜历史悠久且风味独特、种类多样，已经成为广大人民群众餐桌上的常见餐食。我国有悠久的发酵蔬菜史公元前3世纪就已出现发酵蔬菜。蔬菜经过发酵可制成多种饮品，包括蔬菜酒、蔬菜醋及其他各类蔬菜发酵汁饮料，如胡萝卜汁、番茄汁、南瓜汁等。将蔬菜制成饮品可以延长其保质期，方便运输，增加其利用价值，还可以保留营养成分且改善蔬菜本身的不良风味以满足人们对此类食品的日常所需。此外，发酵蔬菜饮品中含有多种丰富的营养成分，如膳食纤维、维生素、微量元素及益生菌等，蔬菜原料自身所含的微生物在发酵过程中将有机物分解为各种风味物质，使产品具有独特的品质和营养价值（张令等，2023）。

第一节 蔬菜饮品发酵原理

一、蔬菜酒

蔬菜酒是以各类蔬菜加工酿造而成的酒类，比较常见的有山药、苦瓜、地瓜等蔬菜酒，含有一定的蔬菜香气且同时具有保健效用，是一种极具特色的酒类。酵母菌的生长、繁殖活动是蔬菜酒酿造的基础，其原理是在氧气充足的条件下酵母菌（酶）以蔬菜中的葡萄糖等糖类为养分快速繁殖并产生二氧化碳、水及磷酸甘油醛、丙酮酸、乙醛等中间产物，在缺氧的环境中又将其分解为乙醇、二氧化碳及少量其他产物，是一个比较复杂的生化过程（马烁等，2022）。蔬菜酒酿造时要注意调整糖度，根据所用的蔬菜原料调到相应的糖度从而达到理想的独特风味。

二、蔬菜醋

现如今国内外以水果、蔬菜等绿色食品为原料酿造的食醋和饮料盛行已久，尤其是苹果醋、梨醋、山楂醋、枣醋等果醋受到大家的欢迎和喜爱。蔬菜醋是以各类蔬菜酿制而成的一种特色食醋，不但具有丰富的营养价值，还具有开胃消食、软化血管、美容护肤等功效，是集营养、保健、食疗为一体的新型饮品。蔬菜醋目前在国内报道不多，一般以胡萝卜、莲藕、甘薯叶等品类较为常见。

以果品、蔬菜酿制食醋需经过酒精发酵和醋酸发酵两个阶段。首先酵母菌利用其产生的酒化酶系将蔬菜中的糖类转化为酒精和二氧化碳，即酒精发酵阶段完成，此过程中生成的酯类和有机酸等物质对形成醋体风味具有一定作用。进一步地，醋酸菌将酒精氧化生成醋酸，常用的醋酸菌菌株为醋酸杆菌属。醋酸菌生长繁殖的适宜 pH 和适宜温度分别为 3.5～6.5 ℃和 28～33 ℃，在 60 ℃条件下仅 10 min 便会死亡，且醋酸菌对氧气要求很高，当氧气供给不足时也无法正常存活（侯静，2023）。醋酸菌具有醇、醛脱氢酶等氧化酶系活力，能将其他醇、糖类物质氧化成丁酸、丙酮酸、葡萄糖酸等酸类和酮类物质。此外，醋酸菌还能生成丰富的酯类物质，这些成分对蔬菜醋的整体风味形成都具有重要贡献。

三、发酵蔬菜饮料

益生菌是一种有益的活微生物，可以在肠道内生长繁殖，维持肠道菌群平衡，调节肠道功能，保护肠道健康。果蔬发酵是一种天然保存食品的方法，在果蔬发酵的过程中，自然产生的乳酸菌和酵母菌可以消化果蔬内的蔗糖、淀粉和纤维素等多种成分，产生多种生物活性物质，如有机酸、多糖、多酚等（沈贺彬等，2023）。这些物质有助于提高果蔬的保鲜性、口感和营养价值，还可以促进人体消化和吸收，增强人体免疫力和预防肠道相关疾病。将益生菌与果蔬一起发酵制成益生菌发酵蔬菜饮料，可使果蔬更具营养价值和功效，增加蔬菜汁中益生菌含量，抑制有害菌生长，保持肠道有益菌优势，增强肠屏障功能，提高肠道免疫力，还可以缓解便秘和腹泻等消化问题，改善肠道健康，更能满足人们对饮料产品天然、营养和保健功能的要求（严忠池等，2021）。发酵蔬菜汁饮料是以各类蔬菜汁为主要原料，经榨汁处理后由乳酸菌等发酵而成的，目前国内已对胡萝卜、番茄、南瓜、花椰菜、竹笋等蔬菜原料展开大量研究与新型产品开发。

发酵蔬菜汁饮料采用乳酸菌菌种进行发酵，乳酸菌会利用蔬菜原料中的可溶性物质代谢产生多种维生素、氨基酸、有机酸和酶类等成分，其中产生的乳酸、醋酸等有机酸能够赋予蔬菜汁柔和的酸味，同时还能促进蔬菜汁中 Ca、P 等矿物元素的吸收利用，提高其营养功效（全琦等，2022）。此外，乳酸菌发酵过程中生成的微量双乙酰等成分会赋予蔬菜汁淡淡的奶香味，而发酵后产生的酯类物质则会使产品具有宜人的果香味，这些成分都能够改善蔬菜本身的不良风味而对发酵蔬菜汁饮料特殊风味的形成具有重要作用。此外，乳酸菌在发酵过程中产生的如细菌素等具有抗菌活性的物质对某些腐败菌和病原菌的生长繁殖具有一定的抑制作用，能够延长蔬菜汁的保质期，更好地保持产品风味。

第二节　蔬菜发酵主要加工技术与设备

一、蔬菜酒发酵技术与设备

发酵型蔬菜酒、蔬菜白兰地、配置型蔬菜酒的设备主要包括取汁设备、糖化设备、发酵设备、过滤澄清设备、蒸馏设备等，取汁设备与蔬菜汁主要加工技术与设备介绍的蔬菜汁的制备设备较为相近，此处不再赘述。

（1）发酵罐。发酵罐是生产蔬菜酒过程中最为重要的反应设备。质量较好的用于发酵蔬菜酒的发酵罐应满足以下要求：①内壁光滑，整体结构紧密且耐腐蚀性能强，内部的附件应尽可能少，以降低金属离子对食品的不良影响；②因为发酵过程中酵母代谢产生大量的热量，发酵罐应具备良好的热交换性能；③附有必要和精确可靠的检测及控制仪表；

④配有呼吸阀等排气装置。

（2）离心澄清设备。离心澄清法是利用高速离心机将沉淀物和悬浮物分离，从而达到澄清的效果。高速离心机的离心力可以克服重力沉降过程中的阻力，将沉降力提高数百倍甚至数千倍，可以极大地提高沉淀速率，缩短沉淀时间，达到稳定的澄清效果。在蔬菜酒的澄清过程中，常用的高速离心机有两种：碟式离心机和卧式螺旋离心机。

①碟式离心机。料液由进料管流入转鼓中心轴后，下落至转鼓下部碟片之间的间隙，受离心力的影响，分离后的料液由碟片间缝隙向上流动，并由排出口排放；固体物质堆积于碟片底部，并被抛向转鼓壁上，此时，当固体颗粒填满转鼓时，就需要停止，以去除其中的固态沉淀。对于混浊物含量不超过10％的蔬菜酒，通常可以采用碟式离心机进行澄清，但只有一部分机器能实现连续澄清排渣。

②卧式螺旋离心机。卧式螺旋离心机的转鼓内安装有一根带有螺旋叶片的中空轴，螺旋叶片外直径稍小于转鼓的内径，转鼓与中空轴沿同一方向以不同速度向前运动。料液由中空轴进入，在离心力、叶片、滚筒与料液间产生的摩擦力的影响下，料液中的固体颗粒沉淀于转鼓内壁，螺旋叶片呈相对运动将其刮落，形成淤泥状的形式排放到机外，而澄清后的料液则从转鼓另一端的出料口排出。该离心机能达到连续操作的目的，能对混浊度最高为12％～20％的液体进行澄清处理。

（3）过滤澄清设备。对蔬菜酒进行脱胶和离心处理，可以使酒的澄清度得到进一步提高，但仍有许多细小的悬浮颗粒残留在酒体中，需要对其进一步过滤才能装瓶。利用过滤媒介的孔径及吸附作用，对微粒和杂质进行截留，从而实现固、液两相物质的分离。在生产过程中，通常要经过多次过滤，才能得到澄清透明、稳定的蔬菜酒。目前主要采用硅藻土过滤、滤板过滤、膜过滤、错流过滤等过滤方法。

硅藻土过滤是一种适合粗过滤的压力式过滤，并以硅藻土作为助滤剂，可以滤除 $0.1\sim$ $1~\mu m$ 的固体颗粒。水平叶片式和垂直叶片式是硅藻土过滤机常用的两种形式，其结构一般包括筒身、滤板、中空轴、检视瓶、滤网、放气阀、压力表等。料液通过筒身的进液口进入，然后依次通过滤网、滤板和中心轴，最终由出液口流出，常采用透明玻璃检视瓶来观察滤液的澄清状况。过滤时关紧盖子，将蔬菜酒与硅藻土混合液使用泵压入过滤器，混合悬浮液中的硅藻土被截留在滤叶表面的金属细网上，而蔬菜酒则通过硅藻土层进入滤叶内腔，从金属细网中流出，再通过多次回流得到澄清的蔬菜酒。等到过滤结束后，为使滤饼疏松，反向压入清水，并打开顶盖去除滤饼。

滤板过滤的过滤介质通常使用由精制棉纤维、木材纤维、石棉和硅藻土等压制成的滤板，所用纤维宽一般为 $30\sim50~pm$，其中石棉和硅藻土用于形成骨架结构。良好的强度和抗腐蚀能力是优质滤板所必需的，石棉能起到吸附作用，硅藻土则可以提高通透性。滤板过滤常作为精滤的一种方式，蔬菜酒通常先粗滤（使用离心机或者硅藻土），再进行滤板精滤。高级板式过滤机可以滤除微生物，得到无菌的蔬菜酒，再结合无菌包装系统进行包装可以省去巴氏杀菌步骤。

微孔薄膜过滤是一种使用装有微孔薄膜的过滤机进行过滤的方法。微孔薄膜是一种抗浓酸、浓碱的多孔膜，一般使用生物和化学稳定性很强的合成纤维或塑料制成，可以承受 $125\sim200~℃$ 的高温。圆筒形滤膜常用的孔径大小为 $0.1\sim2.0~\mu m$，其中为了去除细菌细胞需要的孔径为 $0.45~\mu m$，去除酵母菌细胞则需要孔径为 $0.65~\mu m$ 的滤膜，通常情况下精滤过后再进行微孔薄膜过滤，通过薄膜过滤可以得到无菌的蔬菜酒。使用前，需要对滤膜进行杀菌（95 ℃杀菌 20 min），后使用无菌水冲洗。通过微孔薄膜过滤并配合无菌包装可以得到具有新鲜口感的无菌蔬菜酒，无须巴氏灭菌步骤即可生产出稳定可靠的成品酒。

错流过滤是目前一种新型的过滤方法，过滤滤液的主要部分以一定角度在过滤介质的表面流过，并形成湍流，其中透过过滤介质的液体只有一小部分，未透过的保留液再进入循环，多次"错流"过滤层的表面。错流过滤可以尽可能地避免悬浮固体颗粒堵塞滤孔的情况，保证过滤速度，因为过滤中连续的液流不断带走滤渣，滤层表面不会因为滤渣积累而形成滤饼。错滤过滤可分为微滤、超滤和反渗透，在蔬菜酒工业中主要用于分离酵母菌和细菌，回收固定化酶，甚至可以将分子水平的溶质去掉。错流过滤最大的缺点是过滤速度慢，因此目前未能广泛应用于蔬菜酒工业。

（4）蒸馏设备

①固态醅蒸馏器。该设备（图 9-1）是蒸馏发酵后的果渣或其他固态醅的专用蒸馏器。与物料接触的部分组件，选用高纯度紫铜板制作，直接使用蒸汽加热蒸馏。如加热蒸馏发酵后的葡萄皮渣，可获得 65%～70%（V/V）的皮渣酒精。皮渣酒精的典型特征是具有浓郁的原料香气，例如意大利人利用葡萄皮渣经这类设备蒸馏生产的"格拉巴（Grappa）"酒，就是一种著名的商品酒。同时，这种蒸馏酒精也可用于蔬菜酒加香，是凸显产品特性的绝佳原料。

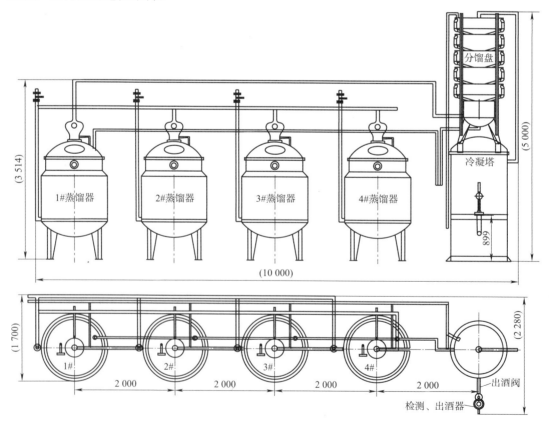

图 9-1 固态醅蒸馏器正视图及俯视图

这类设备与我国传统白酒的谷物固态醅蒸馏甑，都是用于固态醅的蒸馏，但该设备具有可机械化、自动化装、卸锅，可实现多锅串接连续蒸馏，极大地简化了我国传统蒸馏甑对装锅和蒸馏技能的苛刻要求，降低劳动强度，提高蒸馏效率；同时，还可用于露酒（如金酒的谷物串香及玫瑰露酒的花、果串香）的串香蒸馏。

②夏朗德式蒸馏器。该设备（图9-2）是生产高档白兰地和威士忌的首选蒸馏器，选用高纯度紫铜板制作。采用燃气、燃煤加热蒸馏或蒸汽间接加热蒸馏。加工蔬菜发酵酒需经两次蒸馏，可获得浓度为 $68\% \sim 70\%$（V/V）的原白兰地。该设备无法进行连续蒸馏。

夏朗德式蒸馏机组在蒸馏过程中，因酒的蒸汽接触蒸馏机组回流甑、鹅颈管和冷却蛇管的内壁，酒气中的脂肪酸与铜离子化合，形成"铜皂"被分离出来并进入原酒中。铜和铜的化合物"铜皂"，能起到化学催化剂的作用，加速转化和生成各种原白兰地中的有利成分，有助于成品酒形成丰满细腻的酒质，这是构成白兰地酒质的一个重要因素。

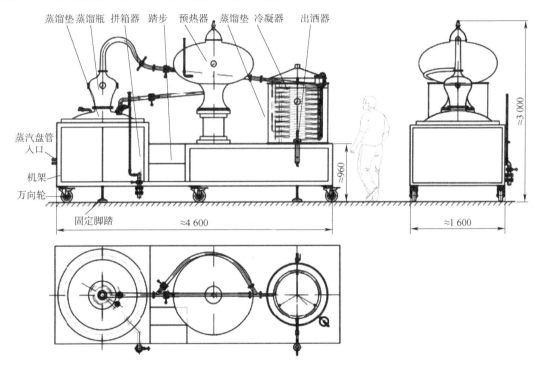

图9-2 夏朗德式蒸馏器

③阿尔玛涅克蒸馏器。该设备（图9-3）是源自法国阿尔马涅克地区传统的从液态原酒中提取酒精的专用蒸馏设备。该机组主要由高纯度紫铜板制作的蒸馏锅、优质304不锈钢加工而成的分馏塔、冷凝器等组成。采用电加热或蒸汽间接加热方式蒸馏，在蒸馏过程中，借助泡罩或填料传质换热的精馏作用，达到热分离提取富含丰富芳香物质酒精的目的。

该设备进行一次蒸馏，即可获得浓度为 $52\% \sim 65\%$（V/V）酒精和成分复杂的有益组分，但不易分离出蒸馏的二次产物，而使酒体具有较强易挥发的不理想成分和有粗糙感的刺激味。即使使用同一种醅液蒸馏，其蒸馏出的酒精，与采用夏朗德式蒸馏器蒸馏的酒精也会有明显的差异。

该设备生产效率较高,适合产量大情况下使用。在法国阿尔玛涅克地区和德国的大部地区,多采用该设备用于葡萄发酵醪的蒸馏。

因为蔬菜酒的蒸馏并不是简单的提纯酒精,它需要保留一些蔬菜种类和发酵产生的酯香,所以通常会使用一种将塔分为上下两段的单塔蒸馏,下段是粗馏塔,上段是精馏塔。选择塔板的时候,要考虑处理能力强,效率高,压降小,费用低,满足工艺要求,耐腐蚀和不易堵塞等特点。蒸馏塔的塔板通常采用泡盖、浮阀型。

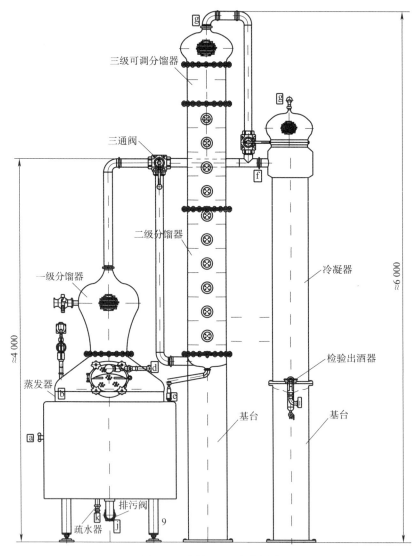

图 9-3 阿尔玛涅克蒸馏器

二、蔬菜醋发酵技术与设备

自吸式发酵罐。自吸式发酵槽(具体的发酵构造如图 9-4 所示),是一种不需另行通入压缩空气的发酵罐,它的核心部分是一个带中央吸气口的搅拌装置,现在应用最多的搅拌装置是三棱中心叶轮，它有一个固定的导向轮，在叶轮上和下都有三棱形的平板，叶片夹在转动方向的前面。当叶片朝前转动时，它和三棱形板间的液面就会被甩出，从而产生了一种局部的真空，这样，来自搅拌器中央的吸管会将外界的空气抽入到容器中，并且和高速移动的液体紧密地接触，在液体中生成分散的微小气泡，在搅拌器的外围，设置了一个固定的导向轮。该导向轮由 16 块具有一定曲度的翼片组成，其排列在搅拌器的外围，并且在其上、下通过固定圈固定。

由于自吸式发酵罐中的搅拌轴多从罐体底部伸入，所以需要有性能优良的双端面机械密封装置，同时在抽气管和搅拌器间也要设置滑动轴套或端面轴封，以防止气体泄漏。为了确保发酵罐中具有充足的吸气量，搅拌器的转速应该高于普通通用式，尽管自吸式发酵罐的搅拌动力更大，但是由于没有额外通入压缩空气，所以整体功耗较少，通常是通用型发酵罐的搅拌功率与压缩空气能耗总和的 2/3。在自吸式发酵罐中，气液混合状态良好，气泡分布较细，能够在低通气量的条件下获得与通用式发酵罐相同的氧气吸收系数。

在自吸式发酵罐的操作过程中，不能有过大装料系数，因为操作中出现泡沫情况较为严重，因此最好能配合离心式除沫器。

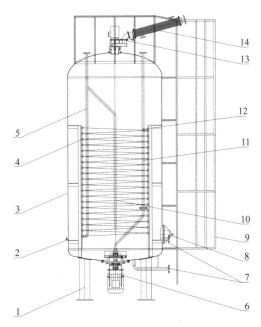

图 9-4 自吸式发酵罐结构图

1. 支腿 2. 酒精在线监测探头 3. 罐体 4. 冷却盘管 5. 冷却进水管 6. 自吸装置
7. 出料及排污口 8. 下人孔 9. 爬梯 10. 进料管 11. 进气管 12. 冷却回水管
13. 消泡装置 14. 尾气冷凝器

三、益生菌发酵技术与设备

益生菌发酵蔬菜汁一般采用通用式发酵罐进行发酵。

通用式发酵罐的结构具体见图 9-5，这类发酵罐通常是一个密闭容器，呈长筒形，盖和底为椭圆形或蝶形。发酵罐的材料一般是不锈钢或低碳钢。罐的内壁应光滑且无死角，防止染菌，成品要保证优良的焊接质量，使之至少能够耐受 0.45 MPa 的压力。

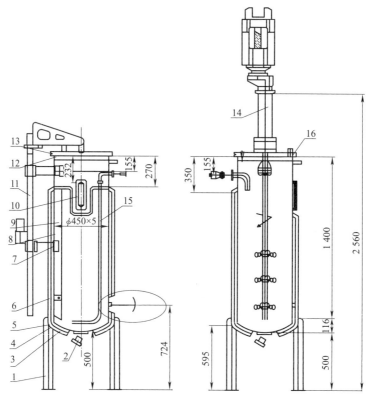

图 9 - 5　通用式发酵罐结构图

1. 底脚　2. 罐底阀　3. 保温夹套蝶形封头　4. 控温夹套蝶形封头　5. 筒体蝶形封头　6. 保温夹套筒体
7. 控温夹套筒体　8. 罐体筒体　9. 挡板组件　10. 侧视镜　11. 升降系统　12. 罐体法兰
13. 罐体顶盖　14. 上搅拌机构　15. 气管组合　16. O 型卷

（1）罐的外形及几何尺寸。通用式发酵罐是指常用的具有机械搅拌及空气分布装置的发酵罐。

（2）搅拌装置。利用机械搅拌促进气液混合、液固混合和液体自身的混合，有利于传热传质，对氧气的溶解尤为重要，可以强化气液两相流动，强化气液相间的接触面积，延长气液接触时间。搅拌装置的型式有多种，它与被搅拌液体的流动状态和物性有关，通常可按生产过程的需要进行选择。

（3）通气装置。此装置的作用是将无菌空气导入罐内，最简单的形式是单孔管。单孔管的出口位于搅拌器的正下方，开口向下，避免培养液中的固体物质在开口处堆积和固体物质在罐底的沉淀。由于在发酵过程中通气量较大，气泡直径与分布器孔径无关，只受通气量的影响，且在较强力的机械搅拌条件下，多孔分布器对氧气的传递效果并不比单孔的效果好，相反还会造成不必要的压力损失，容易出现物料将小孔堵塞而引起物料灭菌不彻底，因此较少采用。

（4）传热装置。在发酵过程中需要适宜的温度，所以必须及时去除由于生物氧化作用或机械搅拌产生的热量。

（5）机械消泡装置。发酵液中的蛋白含量较高，在强通气条件下搅拌会出现大量的气泡。高浓度的泡沫会引起发酵液溢出，增加被污染的可能性，因此需要添加消沫剂来清除。当泡沫的机械强度较差且泡沫量较小时，机械法除沫设备也具有一定的除沫效果。消沫器可分为两种形式：一种是置于罐内，用来阻止泡沫溢出，在搅拌轴或罐顶另外引入的轴上装上消沫桨；另一种设置在储罐外部，其作用是将已经外溢的泡沫与气分开，并将其液体部分回流到罐中。

第三节 蔬菜主要发酵饮品加工工艺

一、甘薯酒酿造工艺

甘薯 ［*Ipomoea batatas*（L.）Lam.］又名番薯、红薯、地瓜，是旋花科番薯属植物。甘薯富含碳水化合物、多种维生素、膳食纤维、蛋白质、胡萝卜素，以及钾、铁、钙等10余种微量元素，具有抗癌、保护心脑血管、预防便秘和糖尿病、减少脂肪堆积等功效，被世界卫生组织列为"蔬菜之冠"（郝萍萍等，2011）。甘薯中丰富的不溶性膳食纤维可刺激肠道蠕动，具有润肠通便的作用，同时甘薯中脱氢表雄酮具有预防乳腺癌和结肠癌发生和发展的功效。我国甘薯资源丰富，但我国甘薯深加工产品单一，甘薯食品开发水平较低。

传统甘薯酒是以甘薯为主要原料，辅之以小麦、大米等经过蒸料、拌曲、发酵、拌糠、过滤、蒸馏而成；随着发酵工业设备的升级和产能提升，现代甘薯酒发酵是经过打浆、酶解、发酵、蒸馏这几个步骤而成（陆雨芳等，2021）。甘薯酒口味醇香，鲜甜爽口，具有行气清热、除湿、活血等功效，同时甘薯酒度数较低，这为甘薯酒在市场上的发展奠定基础。

1. 鲜甘薯白酒（传统法） 鲜甘薯中含有 $20\%\sim28\%$ 的淀粉，脂肪和蛋白质含量适中，发酵后的甘薯酒出酒率高，杂味小。甘薯酒在拌曲时黏度较高，这是因为甘薯中含有果胶的缘故，果胶含量大约占鲜质量的 3.6%（杨鸿等，2023）。另外，部分果胶会受热分解成果胶酸，在发酵过程中会形成甲醇，影响白酒质量。

（1）工艺流程。甘薯清洗→修整→切分→蒸煮→冷却→拌曲→发酵→加谷壳→蒸馏→成品。

（2）操作要点

①甘薯清洗。选择完整无破损、无病害的优质甘薯，清洗至表面洁净，然后沥干备用。不应选择有黑斑的甘薯，因为此类甘薯中产生的甘薯酮导致成品酒有较重的辛辣味。

②切分。将甘薯切 3 cm 左右的长条或厚度 1 cm 左右的圆片，之后拌入 $5\%\sim10\%$ 的粉碎谷壳后加热蒸煮，使淀粉颗粒充分吸水糊化膨胀均匀，便于糖化。

③蒸煮。蒸煮 $30\sim40$ min，使甘薯熟透但不软烂即可。同时将甘薯中各种生物酶灭活，防止氧化褐变影响甘薯酒风味和品质。

④液化糖化。将甘薯泥摊凉后与一定量糖化剂混合（比例为 30∶1），搅拌均匀。

⑤冷却。蒸熟的甘薯一般冷却到 25 ℃左右，冬季可以提高温度，冷却到 35 ℃左右，冷却时要不断翻拌防止原料结块粘连。

⑥拌曲。冷却后的甘薯分多次拌入白酒曲，边撒曲边翻拌，使酒曲翻拌均匀，添加量为原料质量的4%～6%，加曲量过少，会产生杂味影响酒的产量和质量。蒸煮后取出原料，并翻拌碾碎成块，待冷却到38℃左右，进行推料拌酒曲，料温降至35℃左右时进行第二次拌酒曲，曲和原料充分拌匀后、降温至27℃左右可收堆，堆高15 cm左右。当堆温在24℃左右时，持续保温10 h左右，当温度上升到30℃时，除去一部分保温材料，防止温度继续升高，超过35℃时要翻拌一次。当薯料完全糖化有清香味时，即可进一步发酵。

⑦发酵。将糖化好的醅液降温至24℃左右，放入发酵池中，表面覆盖约1 cm的稻谷壳，用泥土封存，发酵，3～4 d后醅液温度升高，说明酒精发酵旺盛，当温度开始自然下降时即可蒸馏。

⑧蒸馏。将已发酵的原料，拌入15%左右稻谷壳，然后装入蒸甑中，加入适量清水进行蒸制。

⑨成品。为使甘薯酒中酒精含量符合消费者需求和市场销售标准，需人工调整酒度，一般每100 kg甘薯出酒17～19 kg。

2. 甘薯干白酒 甘薯不易贮藏，经过切片晾晒制成甘薯干易于保存，原料质量稳定，成品酒风味优良。

（1）工艺流程。甘薯干→复水→蒸煮→拌曲→发酵→蒸馏→成品。

①复水。将甘薯干摊开在干净器皿中，边洒水边搅拌，使原料充分湿润。

②蒸料。把洒水后的甘薯装入甑内，蒸煮1 h后，取出摊凉降温至25℃即可拌曲。

③拌曲。用粉碎好的酒曲，均匀撒在料胚上，边搅拌边撒曲，使酒曲混合均匀。

④发酵。将拌好曲的料坯放入发酵缸中摊平，之后覆盖一层稻谷壳，用塑料膜密封后让料坯发酵待料温上升3～4℃时，除去覆盖的塑料膜让其自然降温，即发酵结束，发酵时间为4～5 d。

⑤蒸馏。把发酵完的料坯倒在干净容器内，每10 kg拌入1.5 kg稻壳，搅拌均匀后装入蒸甑，甑内加5 kg清水进行蒸馏。蒸馏器冷凝管滴出的液体就是甘薯酒，蒸馏时间约为3 h。

3. 液态法甘薯酒 传统的甘薯酒生产工艺是采用固态法，虽然成酒风味独特，但生产工艺难以掌控，操作细节较多，需要大量劳动力，生产技术难以实现自动化，生产效率低。采用液态法白酒生产工艺，适用于甘薯这种黏度高、纤维多的原料，液态法生产的甘薯酒机械化程度高，能有效提高生产效率和出酒率，目前我国生产采用机械化、自动化程度高的液态法，白酒产量也逐年递增（简何等，2022；师一璇等，2022）。

（1）工艺流程

```
         水          酶制剂      己酸发酵液
         ↓            ↓            ↓
红薯 → 打浆 → 糊化 → 糖化 → 发酵 → 共酵 → 蒸馏
```

（2）操作要点

①原料预处理。将甘薯切成2～3 cm的长条或块状，原料与水的比例为4∶1，在蒸煮时注意排气。

②糖化。先用柠檬酸调整pH在6.5左右红薯浆中加入0.3%左右的淀粉酶、0.5%左

右的糖化酶进行糖化，于 60 ℃保温 3 h，每隔 1 h 搅拌一次使其充分酶解并混合均匀。

③接种发酵。按照每 1 t 3 g 活性干酵母加入发酵醪中，加入前先用制备好的红薯浆活化 2 h，使酵母适应环境，发酵 7～10 d。

④共酵。发酵 48 h 后可加入己酸菌培养液 5%（计算含量 1.5%～2%），共酵 3 d。

⑤蒸馏。将发酵完全的醪液加热至 95 ℃，调整回流酒度 60%～70% vol，当蒸馏酒度降到 50% vol 以下时，可开大蒸汽直接蒸尽余酒，酒尾回收到下一次待蒸馏的成熟醪液中，进行复蒸。

二、甘薯醋酿造工艺

食醋是我国传统的调味品，是利用各种粮食作物混合经过酒精发酵和醋酸发酵而成，其中含有多种有机酸、氨基酸、膳食纤维和维生素，具有调节酸味、防腐抑菌等实用性，还有消肿和促进食欲等功效。甘薯营养丰富，以甘薯为原料发酵生产的食醋香气浓郁、酸味适口、微甜（师一璇等，2022）。

传统甘薯醋的酿造工艺是经过制曲、糖化、酒精发酵、醋酸发酵等步骤制成，口味纯正，醋香醇厚，但制作工艺繁杂、耗费时间长、产量低；现代甘薯醋都是利用液态发酵法酿造的，具有工艺可控、产品质量稳定、效率高、产量高等特点。

1. 传统甘薯醋工艺

（1）工艺流程。原料预处理→接种麸曲→糖化→接种酵母→酒精发酵→醋酸接种→醋酸发酵→加盐→淋醋→陈酿→装瓶杀菌。

（2）操作要点

①原料准备。剔除腐烂霉变的甘薯块，洗净后切分成 2～3 cm 的块状或片状。然后蒸煮捣碎，再拌入 50% 的谷糠。

②接种麸曲和酒母。与处理后的原料，夏季降温至 30～33 ℃，冬季降温至 40 ℃，第二次加水质量为原料的 30%，使原料含水量为 62% 左右，混合均匀后摊平，撒麸曲于熟料表面，再均匀撒入酒母。翻拌均匀后装入发酵缸中。

③糖化发酵。采用边糖化边发酵的方式，可以控制发酵进程，发酵时原料温度保持在 30 ℃ 左右。当发酵温度上升到 38 ℃ 时进行倒醅，使发酵温度降低至 35 ℃ 以下。

④醋酸发酵。糖化和酒精发酵过程结束后，拌入 10% 原料质量的谷壳，然后接入醋酸菌，混合均匀后进入醋酸发酵阶段。发酵过程持续 2 周左右，醅温控制在 40 ℃ 左右，之后每天采样检测醋酸含量，如果没有增长说明发酵结束。

⑤加盐。醋酸发酵结束后，待发酵液温度降低至 35 ℃ 左右时，拌入 1% 的食盐，抑制醋酸菌的增长。加盐后每天倒醅一次，同时进行酯化和增香，待料液接近于室温时即可淋醋。

⑥淋醋。淋醋时，将醋醅放在铺有芦席的醋池中，加入上次淋醋时留下的稀醋酸，浸没醋醅 1～2 h 后开排水口得醋液。反复淋醋后，以醋醅中的醋酸残留量不超过 0.1% 为标准。

⑦陈酿。陈酿的目的是提高醋的质量，使其色泽鲜亮，香味醇厚。醋酸含量在 5.5% 以下的醋液，一般不进行陈酿，否则容易变质。

2. 液态法甘薯醋酿造工艺

（1）工艺流程

$$
\begin{array}{ccc}
 & 酵母 & 醋酸菌培养 \\
 & \downarrow & \downarrow \\
原料预处理 \rightarrow 甘薯汁制备 \rightarrow & 酒精发酵 \rightarrow & 醋酸发酵 \rightarrow 离心 \rightarrow 过滤 \rightarrow 成品
\end{array}
$$

（2）操作要点

①原料预处理。挑选品质良好的甘薯，洗净后切分成 2～3 cm 的长条或块状，添加原料与水的比例为 4∶1，100 ℃蒸煮 20 min。

②甘薯汁制备。将蒸煮好的甘薯打浆，使原料与水混合均匀，降温至 55 ℃左右，用柠檬酸调整 pH 6.5 左右，加入 0.3％淀粉酶和 0.5％糖化酶进行酶解，保温 3 h，每隔 1 h 搅拌一次。在甘薯浆酶解充分后，采用卧式离心机除去甘薯渣，得到甘薯汁。

③酒精发酵。将制备好的甘薯汁转入预先冲洗干净的发酵罐中，按每 100 kg 甘薯浆加入 0.3 g 活性干酵母，25 ℃保温，发酵 4 d 后降温至 20 ℃，7 d 取醪液测酒精度小于 1％ vol，即发酵结束。

④醋酸发酵。按照醪液的 15％添加醋酸菌培养液，如果采用自吸式发酵罐可适当减少比例，如果采用机械搅拌通风发酵罐可以提高接种比例或实现多批次接种，并调整通风量，防止因通风量过高带走大量酒精和醋酸。

⑤离心。采用碟片离心机，适当调整离心机转速，滤除不溶性纤维等杂质。

⑥过滤。采用膜过滤将甘薯醋彻底过滤澄清。

⑦成品。甘薯醋成品酸度应在 3.5％及以上。

三、益生菌发酵胡萝卜汁工艺

胡萝卜（*Daucus carota* var. *sativa* DC.）又称红萝卜，伞形科草本植物，有土人参的美称，在我国河北、山东、江苏等地均有广泛种植。胡萝卜富含的胡萝卜素、维生素、碳水化合物、脂肪、氨基酸和芳香类化合物等成分。我国胡萝卜总产量位居世界前列，但胡萝卜加工制品较少，产品单一，因此利用益生菌发酵胡萝卜汁成为新的加工方式（居子瑄等，2023）。

1. 工艺流程　胡萝卜→修整清洗→漂烫去皮→打浆加热→接种发酵→离心→均质→杀菌→成品。

2. 操作要点

（1）原料预处理。选择质量优良、无病害和微生物污染的新鲜胡萝卜，清洗至表面洁净后，利用 95 ℃热水烫漂 1～2 min 使胡萝卜表皮脱落。

（2）胡萝卜浆制备。将漂烫好的胡萝卜入打浆机内，按照原料与水 1∶4 的比例加入清水，之后打浆加热，加热温度 85 ℃保温 5 min 杀菌灭酶。

（3）接种发酵。按照胡萝卜浆质量 0.1％的比例加入活性益生菌，菌种浓度不得少于 8log CFU/g，35～37 ℃发酵 48 h。

（4）离心均质。益生菌发酵后产酸会使胡萝卜浆中部分物质沉降，4 000 r/min 除去不溶性杂质后，进行均质。

（5）成品。均质后的胡萝卜汁进行 UHT 杀菌之后灌装，检验合格后即成品。

四、益生菌发酵番茄汁工艺

番茄（*Solanum lycopersicum* L.）又称西红柿，是茄科茄属的一种草本植物，19 世纪中后期我国开始广泛种植番茄，2022 年我国番茄年产量 6 970 余万 t，是世界第一大番茄生产国。番茄既可以作为蔬菜也可作为水果，富含丰富的维生素和矿物质，营养价值高，但番茄不易保存，果实易腐烂，常加工成番茄酱和番茄罐头等。随着发酵食品的不断发展和扩大，利用益生菌发酵番茄可以降低番茄汁中的糖类增加酸度，防止腐败菌生长，易于保存，是一种新型果蔬汁饮料（王辉等，2021）。

1. 工艺流程　番茄→修整→烫漂去皮→打浆加热→接种发酵→均质→杀菌灌装→成品。

2. 操作要点

（1）原料预处理。选择成熟，颜色鲜艳大小均一无病害腐烂的优质番茄，去除果柄果叶等不可食部分，利用 80～90 ℃热水进行烫漂去皮。

（2）打浆加热。将去皮后的番茄放入打浆机内打浆后加热至 85 ℃，保温 5 min 杀菌灭酶。

（3）接种发酵。将活化后的益生菌按原料质量 0.1% 的比例加入番茄汁中，菌种浓度不低于 8 log CFU/g。发酵后的番茄汁应有发酵香气不应呈现腐烂味，否则应更换发酵菌种。

（4）均质。发酵后的番茄汁进入均质机内均质，使组织均匀，产品不分层。

（5）杀菌灌装。均质后的番茄汁进行 UHT 杀菌灌装后，检验合格即成品。

传统蔬菜发酵主要依靠蔬菜表面的微生物自然发酵，因为蔬菜表面所附着的微生物种类比较复杂，在不同种类和批次蔬菜表面存在较大差异，所以传统自然发酵蔬菜的发酵周期比较长，发酵产品质量不稳定，还会受到地区、气候、原料特性和卫生条件的影响导致产品质量参差不齐。同时在发酵过程中会产生亚硝酸盐、生物胺等有害物质使发酵蔬菜产品安全性得不到保障。利用益生菌发酵蔬菜汁或在发酵蔬菜中加入适量乳酸菌菌种使乳酸菌成为优势菌株，从而抑制有害菌的繁殖，能明显缩短发酵周期，提升产品质量，降低亚硝酸盐含量，提高发酵蔬菜及饮品的安全性。

■ **参考文献**

郝萍萍，黄玉莲，张楷正，等，2011. 红薯白酒的制备工艺及甲醇控制方法 [J]. 酿酒科技（11）：97-109.

侯静，2023. 乳酸菌协同发酵猕猴桃果醋加工工艺研究 [D]. 杨凌：西北农林科技大学.

简何，简江，周娜，2022. 不同酶类物质在白酒酿造中的应用研究进展 [J]. 酿酒科技（12）：85-90.

居子瑄，王文琼，钱易，等，2023. 乳酸菌发酵胡萝卜工艺与人类健康研究进展 [J/OL]. 食品与发酵工业，2023-11-09. https://doi.org/10.13995/j.cnki.11-1802/ts.037578.

陆雨芳，张华敏，吴慧琳，等，2021. 正交试验法优化红薯酒发酵工艺 [J]. 食品工业，42（6）：65-68.

马烁，赵华，2022. 固定酵母细胞发酵果酒的研究进展 [J]. 酿酒，49（4）：14-16.

全琦，刘伟，左梦楠，等，2022. 乳酸菌发酵果蔬汁的风味研究进展 [J]. 食品与发酵工业，48（1）：315-323.

沈贺彬，张春，荀雯，等，2023. 发酵果蔬汁挥发性风味物质影响因素研究 [J]. 中国果菜，43（11）：10-15，24.

师一璇，胡佳乐，李丽，2022. 甘薯的营养功能与加工利用研究进展 [J]. 食品研究与开发，43（11）：205-211.

王辉，钟海旦，白卫东，等，2021. 番茄木瓜复合益生菌饮料发酵工艺优化及其抗氧化性 [J]. 农产品加工（2）：33-44.

严忠池，蔡进宝，谢淋，等，2021. 益生菌果蔬汁饮料的研究现状和发展趋势 [J]. 贵州农机化（4）：19-21，26.

杨鸿，孔茗瑾，卢千柔，等，2023. 甘薯薯圆的营养成分及保健功效 [J]. 安徽农业学报（22）：122-124.

张令，罗根，杨岩，等，2023. 宏基因组学技术在蔬菜发酵中的应用 [J]. 农产品加工（8）：71-75，80.

张杏媛，林少华，郑立红，等，2018. 发酵蔬菜的研究进展 [J]. 蔬菜（10）：5.

第十章 蔬菜罐藏加工技术

食用蔬菜属于植物类食材，提供人体每天必须摄入的维生素、矿物质以及膳食纤维等营养元素。蔬菜含水量高，若无法在短时间内进行销售、贮存以及处理，极易引起腐败。据统计，我国新鲜蔬菜的损耗量达 30％～40％，导致大量的资源浪费以及严重的经济损失（张放，2023）。如何长期保藏蔬菜是我们平常生活中经常遇到的问题，罐头就是加工保藏的一种重要方式。

蔬菜罐头是将蔬菜原料在进行预处理后，放入密闭的器皿里，再经过消毒把大部分细菌和芽孢杀灭，然后做成别具风味、维持密闭条件下、在一定温度下可以长时间贮藏的食品。作为一种重要的贮存手段，罐藏具有耐贮存、食用便捷、可携带等优势，对蔬菜这一类鲜活易腐商品，罐藏能够达到调控市场、提高食品质量的目的。然而与新鲜食物比较，罐藏食品会有加热后的熟食风味，其味道口感也会略逊于新鲜食物。

第一节 蔬菜罐藏加工原理

一、罐藏杀菌原理

罐头食品保质期很长的原因主要是靠罐装时如排气、密封、高温灭菌等步骤杀死保存期内能引起腐败、产生毒素或有致病性的微生物，而且加热可使内容物含有的酶失去活性。罐内保持密封状态，使其不能沾染到外界微生物。

许多微生物会造成罐头食品腐败变质。致使罐头食品变质的微生物有霉菌、酵母菌和细菌，其中细菌的影响最为严重。罐头食品灭菌有三个目的：一是杀灭罐头食品中一切可能引起腐败、形成毒素的微生物；二是抑制原料中易引起品质变化、颜色改变的酶的活性；三是发挥调理和烹饪的作用，改善食物的质地和口感，使其更符合饮食要求。罐头食品的灭菌方法与微生物学灭菌方法有所不同。微生物学中的灭菌是指采用高温或高压条件彻底消灭所有微生物，而蔬菜罐头的灭菌则是杀死罐藏期间能造成食品腐败变质的微生物，达到商业无菌状态（东思源等，2022）。

对于食品的长期保存，罐藏是一种常用方法。罐藏的目的是防止食品被微生物污染，从而导致食品变质。罐藏保存可以通过两种操作实现：一是通过杀灭或者抑制食品中的微生物活动；二是将食品与外界隔离，防止外界微生物与食品接触。密封是一种防护方法，而杀菌是抑制微生物活动的手段。

蔬菜罐藏的基本原理是通过杀灭腐败菌和严格密封来使罐头食品达到并保持商业无菌状态。

二、影响罐藏杀菌的因素

影响罐头杀菌效果的因素有很多，主要包括微生物的种类和数量、原材料受污染水平、食品的成分和性质等方面（孙叶，2023）。就蔬菜罐藏条件而言，微生物的耐热性主要受以下因素的影响：

1. 污染微生物种类和数量　微生物的种类不同，耐热性也有差异；即使同种微生物，培养条件不同也会使耐热性发生变化。例如，从经过高温处理后残余的芽孢培养出的细菌株，生成的芽孢往往比处理前的芽孢更具耐热性。在罐头的制作过程中，经常会出现食品腐败的问题，而导致腐败的主要原因往往是芽孢菌的存在。因此，在进行罐头杀菌的过程中，特别是对于低酸性食品而言，必须考虑芽孢菌的耐热性，也就是要对耐热菌的芽孢进行彻底杀菌（胡荣华等，2023）。

2. 热处理温度和时间　超过微生物最适生长温度，会导致微生物死亡。不同种类的微生物具有不同的致死温度。对于既定种类和数量的微生物，在确定了一定的温度后，微生物的消灭与否则取决于其在该温度下持续的时间。

由于罐内的食品温度才是决定细菌死亡的真正温度，另外罐内不同位置的温度存在差异，所以杀菌效果还与罐内蔬菜的物理特性，如状态、大小、浓度、黏度等相关。此外，加热初温、加热容器的材料、容量和几何尺寸也对杀菌效果有重要影响（王洁琼等，2023）。

因此，为了避免罐头食品的腐败，必须保持食品原料的新鲜清洁，以及食品加工厂的清洁卫生。

3. pH　研究发现，许多高耐热性的微生物表现出较强的 pH 中性耐热性。然而，当环境的 pH 偏酸或偏碱时，它们对外界环境的抵抗力降低，死亡率也会增加。如某种芽孢能在 pH 4.6 的培养基中经过 2 min 的 120 ℃ 处理而被杀灭，在 pH 6.1 的培养基中则需要 9 min 的 120 ℃ 处理来杀灭。比如说，以肉毒杆菌的孢子为例，当处于中性缓冲液中时，其耐热性是在牛乳和蔬菜汁中的 2～4 倍。由此可见，食品的 pH 越低，杀菌所需要的温度就越低，或者杀菌时间就越短。

4. 盐　为了保持食品的质量和安全，在蔬菜罐头的生产过程中，常常加入适量的食盐。研究发现，较低浓度的食盐溶液（2%～4%）对芽孢的耐热性有增强作用，而高浓度的食盐则会削弱微生物的抵抗力（程红等，2017）。例如，在对青豆罐头进行 115 ℃ 杀菌处理一定时间后的细菌残存率试验中，发现随着汤汁中食盐浓度的增加，细菌残存率显著降低。当食盐浓度达到 4% 时，细菌残存率仅为 13.0%。一般认为，低浓度盐可使微生物细胞适度脱水，使其蛋白质凝固困难；高浓度盐则可导致细胞脱水剧烈，蛋白质变性加快，从而导致霉腐微生物死亡。此外，高浓度盐可降低水分活性，显著抑制微生物生长。

5. 香辛料等调味品　许多调味品中的芳香油以及芥末、花椒、姜、洋葱、胡椒、大蒜等都具有防腐作用，可以降低细菌芽孢对高温的耐受性。

6. 罐装食品杀菌传热情况　总体而言，传热的效果越好，杀菌操作越简单。对流传热与辐射和传导相比，对流传热的速度更快，所以添加汁液的产品可以更好地杀菌；相比较而言，固体食品的杀菌则相对困难，而且像甜玉米糊这样浓稠的产品杀菌也较为困难。

此外，小型容器的杀菌效果要优于大型容器，马口铁罐优于玻璃瓶制品，扁形罐头优于高罐，罐头在杀菌锅内运动的优于静止的。

三、罐藏容器分类

对于长期保存罐头食品而言，罐藏容器的选择起着重要作用，而容器的材料选择也是至关重要。用于制作容器的材料需要具备耐高温高压、良好的密封性、与内容物不起化学反应的特性，同时也需要便于制作和使用、价格低廉、便于获得，并且能够承受生产、运输、操作处理和携带等要求。然而，要找到完全符合这些条件的材料也是十分困难的。

目前罐藏容器按其制作材料分为金属罐（包括镀锡板罐、涂料铁罐、镀铬板罐和铝合金罐等）、非金属罐（主要有玻璃罐、陶瓷罐、塑料罐等）、金属与非金属的组合罐（主要有塑料薄膜与铝箔复合的软罐等）。

1. 金属罐 根据其容器的形状，金属罐可以被划分为圆形罐和异形罐（如方罐、椭圆罐、梯形罐等）。

2. 镀锡板罐 罐头生产中常用的容器是镀锡板罐。罐身表面镀有纯锡，用于焊接接缝处以保持良好的密封性能。纯锡与食品接触无毒性，且具有耐腐蚀性能。此外，镀锡板的表面平滑，适合进行涂覆涂料和印刷。这不仅可以防止罐体腐蚀和生锈，还可以美化外观，提升商品的商业价值。镀锡板的加工性良好，可以制作各种不同大小和形状的贮存容器，具有耐压和耐拉伸性能，适合于满足连续化和自动化工业生产的需求。另外，镀锡板的传热系数较大，在加热杀菌过程中能够快速传热。然而，未经过涂覆涂料和印刷的镀锡板容易受腐蚀和生锈，并且容器不透明，无法直观地查看容器内的食品，也无法多次使用。此外，由于需要进行镀锡处理，镀锡层之外还需要额外涂覆涂料，增加了生产成本，这是镀锡板罐的主要缺点。

3. 铝罐 铝罐如今广泛应用于啤酒、饮料和鱼罐头的生产中。铝合金薄板轻盈且可靠，与同尺寸的铁罐相比，铝罐的质量仅为其三分之一。尽管罐壁很薄，但其强度却十分可观。铝罐具有良好的导热性，能够提高食品的杀菌和冷却效果。铝罐具有良好的耐腐蚀性能。然而，铝罐对酸性物质等的适应性较差。在制造铝罐时，内外比较容易涂覆涂料和印刷，还能够通过外观美化来提升其价值。开启后的铝罐可以被再次利用，因为将废弃的铝罐回收并熔炼制成新的铝材只需要少量的能源（约为原材料的5%），因此在防止废罐污染以及节约资金和能源方面具有显著的效果。然而，由于铝罐的壁厚较薄，在加工、贮藏和运输过程中需要采取相应的防护措施，以防止其在重力作用下变形。

4. 玻璃罐 玻璃罐在罐头生产中所占的比例相当大，在全球范围内广泛使用。除了镀锡板罐之外，玻璃罐也是被大量使用的。玻璃罐具有良好的安全卫生性能和化学稳定性，在与食品接触时不会发生任何作用，并且能够很好地保持食品的原有口感。玻璃罐的外观造型美观，透明度高，方便检查和产品选择。此外，由于玻璃原料资源丰富，容器可以回收再利用，因此制造成本较低。然而，玻璃容器虽然有其自身的优点，但其质量较大，相比于同体积的锡罐来说，质量是其4～5倍。此外，玻璃容器易碎且具有较差的机械强度，同时导热性能也较差，其传热能力仅相当于铁罐的1/6。因此，在使用时，需要确保温度的变化均匀缓慢，通常需要将杀菌和冷却过程分为若干段进行。另外，由于玻璃容器能够透过紫外线，会导致其中某些食品有效成分分解和破坏，这对于食品的长期贮藏来说并不利。

5. 软包装容器　软包装容器以蒸煮袋为典型代表，受到越来越多的关注。蒸煮袋已成为软罐头食品的主要包装容器，广泛应用于肉类、禽类、蔬菜和果汁等食品的包装。尤其适用于风味菜肴、海味品、调味汁、咖喱类米饭以及某些快餐食品的包装。蒸煮袋是用复合薄膜制作的，袋壁薄而且热处理时间短，这有利于保持食品的色香味和营养价值。

与镀锡板罐相比，蒸煮袋的化学稳定性更好，使得软罐头食品可以在常温下储存和流通。含铝复合的蒸煮袋具有不透光、不透气和不透水的特性，能够承受高温和高压的处理。与硬质罐藏容器如镀锡板罐相比，蒸煮袋具有方便开启的特点，且空袋体积小，可将贮藏容积减少85%，同时也降低了质量。然而，蒸煮袋易于被划伤和破损，因此装有内容物的软罐头需要外包装纸盒进行保护，这导致了成本的增加。总体而言，与马口铁罐头相比，软罐头包装食品的保质期较短。

第二节　蔬菜罐藏主要加工技术与设备

一、原料预处理技术与设备

用于蔬菜清洗的机械有很多，常用的有以下几种：

1. 滚筒式清洗机　滚筒式清洗机的核心部分是一个旋转的滚筒，采用简单壁结构，呈栅栏状，并与水平面倾斜约3°，安装在机架上。滚筒内部设有高压喷水头，以300～40 000 MPa的压力向内部进行喷水。原料从滚筒一端经过流水槽进入，随着滚筒的旋转与栅栏板条互相摩擦，最终从出口处冲洗干净。该机械适用于清洗质地较硬、表面不易受到机械损伤的原料。

2. 喷淋式清洗机　喷淋式清洗机其特点是在上下方都装有喷水装置。原料通过连续滚筒或其他输送带缓慢向前移动，并受到高压喷水的冲刷。喷洗效果受到水压、喷头与原料之间的距离以及喷水的量的影响，水压大、水量多、距离近，喷洗效果就会更好。

二、切分技术与设备

蔬菜切分设备有多种类型，主要有两种用于茎秆类蔬菜的切碎机：盘刀式和滚筒式。对于块状类蔬菜的切分，主要有滚刀式切碎机和通用型离心式切碎机。

1. 盘刀式切碎机　盘刀式切碎机用途广泛，既可用于切割水果、蔬菜，也可用于切割冻肉等。它具有切割质量好、工作效率高、刀片安装和拆卸简便，以及自动化高等优点。这种切碎机目前是农产品、食品加工中最常见的一种。

2. 滚筒式切碎机　滚筒式切碎机（图10-1）的特点是刀刃运动轨迹呈圆柱形，与盘刀式相似。构造和工作过程类似，但切碎器是滚筒式的。为避免喂料时茎秆端部和刀片背部摩擦过多，增加功耗，动刀刃表面与刀口之间呈现3°～5°的倾斜角度。动、定刀片之间的间隙通常为 0.5~1.0 mm。滚筒式切碎机上的刀片形状可以是长方形，也可以呈螺旋状。动刀片的工作速度约为 20 m/s。

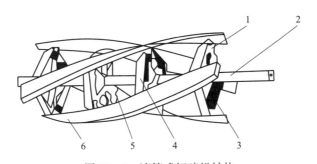

图 10 - 1　滚筒式切碎机结构

1. 螺母　2. 轴　3. 螺栓　4. 辐盘　5. 座孔　6. 动刀片

　　通用型离心式切碎机（图 10 - 2）主要通过调整刀具刃口和机壳内壁之间的距离，可以实现所需薄片的切割厚度。被切割的物料会以均匀的薄片形式沿着机壳内壁滑落，最终进入卸料槽。切割物料的直径应小于 100 mm，并且刀片的厚度通常在 0.5~3 mm 之间。此外，通过切换不同形状的刀片，还可以切割出波纹片、平片、V 形丝和椭圆形丝。

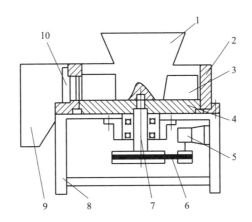

图 10 - 2　通用型离心式切碎机

1. 进料斗　2. 圆筒机壳　3. 叶片　4. 叶轮盘　5. 电动机　6. 传动带
7. 转轴　8. 机架　9. 出料槽　10. 刀架

三、装罐技术与设备

根据产品的性质、形状和要求，装罐的方法可分为人工装罐和机械装罐两种。

1. 人工装罐　该类装罐技术主要用于罐装水果、蔬菜等固体产品。由于这些产品的特性如成熟度、大小、颜色和形状的不同，所以需要经过挑选、合理搭配和整齐排列的步骤进行装罐，以避免机械摩擦。目前，这个挑选和搭配的过程主要依靠人工完成，以满足装罐的要求。该方法简单，但工作效率低、卫生条件差、误差大，而且生产过程不连续，多适用于小型罐头厂。

2. 机械装罐　机械装罐适用于半流体或流体、糜状、颗粒状等各类产品的装罐。如果要装罐的是酱、果汁、青豆等食品，多数情况下会选择机械装罐机。机械装罐有着多种罐型的通用性，操作速度快，效率高，并且能够保证装罐产品的重量均匀，以确保食品的卫生安全。因此，有机械装罐条件的情况下，应该尽可能采用机械装罐方式。

大部分食品装罐后都需要加入液体，例如水、糖浆、调味料和盐溶液等。加入灌注液对于确保产品质量和安全有着重要意义。具体来说，它可以改进食品的口感，提高产品质量，并增强食品的杀菌效果。此外，加入灌注液还能促进对流传热，提高杀菌效能。它还能排除罐内部分空气，从而降低罐内加热杀菌时的压力，减少罐内壁的腐蚀，并降低内部物质的氧化和变色等不良现象。在生产过程中，通常会使用自动注液机或半自动注液机来完成加入灌注液的工作。

四、排气技术与设备

1. 排气的目的和效果　为了防止或减轻罐头在高温消毒时变形或损坏的情况，罐头在高温消毒之前需要排气。因为在高温消毒过程中，食品内部会因为受热而膨胀，同时水蒸气会产生，罐内空气也会膨胀，这会使得罐内的压力迅速增高。当罐内压力远远大于罐外压力（即高温消毒的蒸汽压力）时，密封的双重卷封结构会松弛，甚至发生漏气等情况，导致罐头成为废品。尽管在高温杀菌时，经过排气的罐头会增加内部压力，但由于减少了罐内空气压力，杀菌时内部压力相对较低。经过杀菌冷却后，通常通过罐盖膨胀圈的内向应力，罐头能够恢复正常状态。

从各类罐头食品的微生物检验结果可以看出，防止罐内好气性细菌和霉菌的繁殖是必要的。据报道，水果类罐头中常检测到较多的好气性芽孢菌，有时还可能发现酵母菌。

为了防止或减轻罐头食品的色香味发生不良变化，尤其是那些经过切割的食品表面，可采取措施防止氧化反应的发生。高脂肪含量的食品容易氧化而变酸腐，使其不仅表面发黄，还带有腌臊味。对于一些水果和蔬菜，如苹果、生梨等，当其切断表面与空气接触时，会产生褐变现象。果酱和果冻等食品的颜色和香味也会因氧化而发生变化。通常情况下，这种变化首先从外表开始，逐渐透入内部。氧气不仅存在于食品的组织内，而且还可以溶解在水和液体中。氧气在水中的溶解度与水的温度有关，随着水温的降低，氧气的溶解度也增加。举个例子，在 10 ℃的水中，氧气的含量为零。罐头在低气压环境下，罐内气体会溢出。因此，使罐头处于真空状态，降低罐内氧气含量，使食品处于无氧状态下保存，以防止或减少食品氧化变质。

2. 加热排气　加热排气法就是将装好原料和注液的罐头，放上罐盖或不加盖，送进排气箱，在通过排气箱的过程中，加热升温，因热使罐头中内容物膨胀，把原料中存留或溶解的气体排出来，在封罐之前把顶隙中的空气尽量排除。

加热排气法的优点是能较好地排除罐内的空气，获得更好的真空度；且能在某种程度上起到除臭和杀菌的作用。

排气箱加热排气操作可以采用间歇或连续的方式来进行。目前普遍采用的是连续式排气，而常用的排气箱类型有齿盘式和链带式。其中，链带式排气箱更为常见。为了确定排气温度，可以以罐头中心温度为依据。不同种类和罐型的罐头食品，其排气温度和时间会有所不同。一般而言，排气温度为 90～100 ℃，排气时间为 6～15 min。对于一些大型罐头或者填装紧密、传热效果较差的罐头，排气时间可延长到 20～25 min。就排气效果而言，低温长时间加热排气的效果优于高温短时间加热排气。这是因为固体或半流体食品的传热速度较慢，食品在升温到一定程度后才能排除其中存在的气体。

3. 罐头排气机 罐头排气机，又称脱气机，是一种用于将食品罐头、蘑菇罐头、果汁、饮料等在密封前脱除气体的设备。它的主要目的是确保罐盖的气密性，另外，它还可以提高罐体温度，在杀菌前减少蒸汽的损耗。脱气机是自动化罐头灌装生产线中一种理想的设备。

4. 密封技术与设备 密封是罐头生产工艺中非常重要的工序，密封是使食品与外界隔绝，不会再受到外界空气和微生物的污染而引起腐败。因此，由于罐藏容器的种类不同，罐头密封的方法也各不相同。

（1）马口铁罐封罐机。马口铁罐的密封方式与目前罐头厂所采用的主要存储容器相似。不同类型的封罐机，包括手动、半自动、全自动、真空封罐和蒸汽喷射封罐机，都有类似的原理、方法和技术要求，圆形罐封罐机如图 10 - 3 所示。

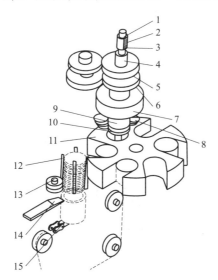

图 10 - 3 圆形罐封罐机工艺

1. 压盖杆 2. 套筒 3. 弹簧 4. 上压头固定支座 5、6. 齿轮 7. 封盘
8. 卷边滚轮 9. 罐体 10. 托罐盘 11. 六槽转盘 12. 罐盖储存槽
13. 分盖器 14. 推盖板 15. 推头

在进行实罐的密封时，需注意将黏附在翻边部位的食品清除，以避免造成不严密的封口；或者在进行加热排气操作前进行顶封，以防止食品附着在罐口。

（2）罐头旋盖封口机。罐头旋盖封口机主要用于密封玻璃罐。与马口铁罐相比，玻璃罐的密封方法不同。玻璃罐通常由玻璃材料制成，而罐盖则是马口铁皮，密封是通过将马口铁皮和密封填圈压紧在玻璃罐口处形成的。由于罐口边缘和罐盖的形式不同，所以密封方法也不同。目前有卷边密封法、旋转式密封法、套压式密封法和抓式密封法等不同的密封方法，其中三爪式旋盖机头如图 10 - 4。

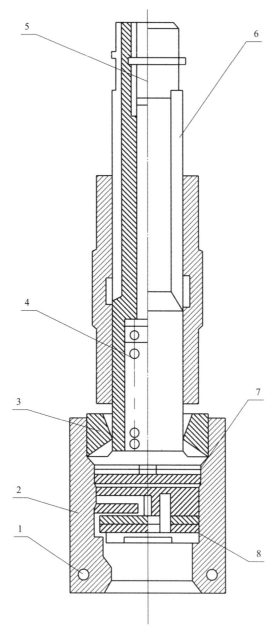

图 10 - 4　三爪式旋盖机头

1.旋爪弹簧　2.旋盖爪　3.球铰　4.压力弹簧　5.调节螺钉

6.传动轴　7.摩擦离合器　8.胶皮

（3）蒸煮袋的密封。作为生产罐头的蒸煮袋，也叫复合薄膜袋，通常使用真空包装机进行热熔密封。这种密封是通过加热时内层聚丙烯材料熔化并融合到一起来实现的。热熔强度取决于蒸煮袋的材料性能、热熔时的温度、时间、压力以及是否有附着物等因素。目前常用密封方法有电加热密封法（图 10 - 5）、脉冲密封法和高频密封法。

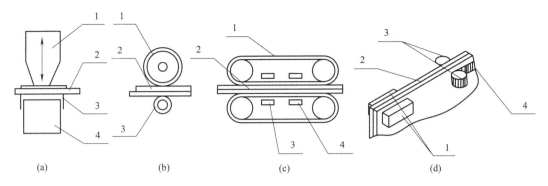

图 10-5 普通热压封合法

(a) 平板热封 1. 热平板 2. 薄膜 3. 绝热层 4. 橡胶缓冲层

(b) 圆盘热封 1. 热圆盘 2. 薄膜 3. 耐热橡胶圆盘

(c) 带封 1. 加热皮带 2. 薄膜 3、4. 加热平板

(d) 滑动夹封 1. 加热平板 2. 薄膜 3. 加热滚轮 4. 压花

五、杀菌技术与设备

一般来说，罐头食品的杀菌程度与杀菌温度及时间成正比。然而，过高的杀菌温度和过长的杀菌时间会使食品的营养价值、味道、香气和组织结构遭受较大的损失。为了尽可能保留食品的颜色、味道和营养成分，罐头食品的杀菌过程需要综合考虑杀菌工艺。对于某些罐头食品而言，杀菌过程有时候还能改善食品口感、增强风味，并使食品质地更加软化，例如清蒸类和茄汁类罐头。

1. 罐装巴氏杀菌机　巴氏杀菌机广泛用于罐装蔬菜（包括菇类），适用于处理酸性或接近中性的食品。

由于蔬菜类的组织娇嫩，它们对热的敏感性较高。稍微提高温度或者延长处理时间都会导致组织变软和风味色泽的恶化，严重影响制品的质量。因此，常使用巴氏杀菌机进行杀菌处理，这种杀菌方法在低于水的沸点时完成。在进行杀菌过程时，蔬菜原料的种类、老嫩程度、内容物的 pH、罐内热传导方式和速度、微生物污染程度、罐头杀菌前的初始温度以及杀菌设备的类型等因素都必须考虑，以确定杀菌条件。

在不改变产品的味道和颜色的情况下，可以适度降低 pH（使其更酸性），从而减少杀菌的时间。

严格遵守杀菌工序的操作规程。在进行杀菌过程时，必须严格确保温度的准确度，尤其是在进行高温短时间杀菌时，稍有温度误差都会对杀菌效果产生重大的影响。因此，须确保升温、降温和杀菌时间的准确性。

2. 高压杀菌机　釜式灭菌设备是一种广泛应用于食品厂的高压杀菌工具，它又被称为杀菌锅。釜式灭菌设备可以分为立式和卧式两种类型，其中卧式杀菌锅是目前使用最为普遍的一种。这种设备主要用于高压灭菌罐头食品等食品的处理。

卧式灭菌锅（图 10-6）在进行罐头食品的杀菌工序中，通过底部的喷嘴通入加热蒸汽，对食品进行加热杀菌。在杀菌完成后，使用冷水对食品进行冷却处理。

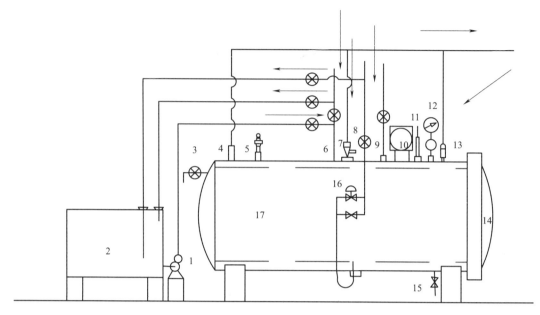

图 10-6　卧式杀菌锅

1. 水泵　2. 水箱　3. 溢流管　4、7、13. 放空气管　5. 安全阀　6. 进水管　8. 进气管　9. 进压缩空气管
10. 温度记录仪　11. 温度计　12. 压力表　14. 锅门　15. 排水管　16. 薄膜阀门　17. 锅体

3. 非热杀菌设备　食品工业中广泛采用传统热杀菌技术，该类技术能够有效地杀死各种微生物并准确控制杀菌程度。然而，高温热杀菌过程会导致食品的色泽、风味和营养物质发生改变和损失。

非热杀菌技术为解决传统热杀菌技术问题应运而生，可最大限度地保持食品的天然色、香、味。因此，非热杀菌技术受到广泛关注，极大地推动了包装食品的生产和发展。

六、冷却技术与设备

1. 分段冷却法　分段冷却法常用于处理罐装食品在杀菌后的冷却过程。一旦完成罐头杀菌，食品仍保持高温状态。为了消除过度加热造成的负面影响，如食品过熟、维生素丧失和制品风味的恶化，冷却过程应立即展开。鉴于玻璃罐冷却速度不能过快，分段冷却方法常被采用。此外，不同细菌对温度的敏感度不同，需要采取适当的冷却措施以确保彻底杀灭细菌。

分段式杀菌常采用三段式冷却，第一段将罐头放入 80 ℃左右的水中 5 min，再放入 60 ℃水中 10 min，最后放入 40 ℃左右的水中降温。一般冷却至 38~40 ℃为宜。此时罐内压力已降到正常，罐内尚存一部分余热，有利于罐面水分的蒸发。

如果冷却至很低的温度，则罐面附着的水分不易蒸发，会导致生锈而影响质量。

2. 反压冷却法　反压冷却即加压冷却方式，通常是完成杀菌并关闭蒸汽阀后，在通入冷却水的同时通入一定的比例的压缩空气，以保持罐内和罐外的压力平衡，直到罐内压力和外界环境大气压接近方可撤去反压，撤去反压后的罐头可继续留在杀菌釜内冷却，也可从釜中取出放入冷却池中进一步冷却，冷却至 38~40℃。

七、常见的质量问题及解决途径

罐头质量是罐头食品加工的关键。它不仅关乎食品加工企业的经济效益，也密切关系着消费者的身心健康。然而，由于各种主观客观原因，罐头食品的加工过程常会出现各种质量问题。罐头质量问题分为罐头的外部和内部两个方面。

1. 罐头外形的变化 罐头外形变化的质量问题较多，以下是胀罐、漏罐、变形罐、瘪罐和玻璃罐头的跳盖等几方面的变化。

（1）胀罐。罐头底或盖不像正常情况下呈平整状或向内凹陷，而在贮藏、运输、销售过程中出现外凸的现象称之为胀罐，也称胖听。根据罐头底或盖外凸的程度分为隐胀、轻胀和硬胀三种。根据胀罐产生的原因分为物理性胀罐、化学性胀罐和细菌性胀罐三类。

装罐密封时可能会出现物理性胀罐的情况，这可能是因为排气不足、装填过多或者密封温度过低等物理因素所导致的。另外，外界气温和气压的变化也可能引起物理性胀罐。为了避免这种情况的发生，需要在制定装罐、排气、密封和真空度等工艺参数时考虑成品的销售季节和销售地区的气温和气压。此外，还需要严格按照制定的工艺规程操作，确保装罐的数量适量而不过量，并预留适当的顶隙。同时，进行充分的排气也可以防止物理性胀罐的发生。

罐头发生胀罐的原因之一是内部产生气体，这种现象被归类为化学性胀罐。可以通过消除罐内内容物的腐蚀因素和提高罐容器的耐腐蚀性能来预防和减轻胀罐现象。

导致罐头腐败的原因之一是杀菌不完全，密封不严，导致二次污染。这种二次污染会导致罐头内部滋生腐败菌，进而导致罐头膨胀。膨胀罐被认为是由细菌引起的，而不同酸度的罐头品种会引发不同种类的细菌增殖。低酸性食品罐头罐内胀气常见的腐败菌大多数属于厌氧嗜热芽孢杆菌或厌氧嗜温芽孢菌。

总体来说，为了避免罐头膨胀，在装罐过程中严格控制装填量，并且确保在罐头密封后，罐内真空度较高。此外，在加压杀菌时，应注意降压和降温的速度不要过快。

（2）瘪罐。罐头内部真空度过高、外压过大或反压冷却操作不当等致使罐壁呈不规则地向内凹入的变形状态，常出现在大型罐上。

（3）玻璃罐头的跳盖。产生跳盖的原因有几个方面：一是罐头排气不足，即罐头内的真空度不够。二是杀菌过程中的降温和降压速度过快也会导致跳盖现象的发生。三是如果罐头内装的内容物过多，而顶隙太小，也容易引起跳盖。四是玻璃罐本身的质量差，特别是耐温性差，也是导致跳盖的一个因素。

2. 罐头内部的变化 引起罐头内部变化的原因很多，主要有变色、变味、生霉、产毒和固形物软烂与汁液浑浊等方面。

（1）变色。①黑变或硫臭腐败。当蛋白质被梭状芽孢杆菌活性作用于罐内壁的铁和锡时，它们会被分解产生 H_2S 气体。这种情况下，硫化物以黑色的形式沉积在罐壁上，并且在进入食品后导致食品变黑发臭。只有在罐头杀菌不足的情况下才会发生这种情况。②叶绿素黄变。叶绿素在光照和酸性环境下容易失去稳定性，即使采取多种保护措施，很难完全保持其绿色。长时间的光照会导致罐装绿色蔬菜变黄。因此，在热烫液中添加少量锌盐可以改善热烫工序对绿色的影响。蔬菜罐头注液的酸碱度应调至中性偏碱，并推荐使用不透光的容器灌装。

（2）变味。变味多数情况是由微生物污染导致罐内食品变质而产生异味，也有可能是由于罐装容器散发出的气味污染导致罐内食品变质如原材料与金属容器接触会出现金属气味；罐头过度杀菌引起的焦煳味等也会产生罐头异味。

第三节　蔬菜罐藏加工工艺

一、芦笋罐藏工艺流程

配汤
↓
原料验收→浸泡清洗→刨皮→切段修整及分级→预煮冷却→装罐→灌汤→封口→杀菌、冷却→擦罐入库
↑
洗罐

二、芦笋罐藏操作要点

1. 原材料质量验收　购买芦笋时，要求装箱时，笋尖要相对向内放置。货物运输过程中一定要做好防护，防止笋破裂。不同等级的竹笋一定要分开存放，并采取使用半定量箱（15 kg/箱）。

装运芦笋使用塑料筐，保持通风良好，大批量采购和运输时避免日晒雨淋。原材料进厂后，主要按相关通用标准检验质量和数量。

为得到良好的成品罐头，原料必须保持新鲜度，从大批量进货到工厂到货总时间一般控制在 8 h 以内。除特殊情况外，不应超过 10 h（解卉等，2014）。

生产期间用不完的原材料要及时放入大型冷库，每箱选用过的原材料在进入大型冷库前一定要保持温湿度。大型冷库的环境温度应控制在 1～4 ℃，空气相对湿度应为 90%～95%，存放时间越短越好，先进先出，最长时间不要超过 48 h。

2. 浸泡清洗　为保证清洁卫生，车间内严禁清洗芦笋。所用原料先倒入含氯 3～10 mg/L 的气体中浸泡 5 min 进行消毒，然后继续用缓慢流动的水冲洗 10 min 以上，洗去泥、沙，浸泡时间不宜过长，以免营养成分流失，影响其独特风味。洗净的芦笋放入塑料篮中，送往加工台。

3. 清洗、沥干、修剪和分级　洗净沥干后削皮，选择较直或稍弯曲、尖端完整、紧实的白芦笋细条进行制作。实际长度参照结合罐形切割成更合适的实际长度（比罐高少 10 mm）。长度不适宜生产的、形状不好的次品缺陷应将其切成 35～60 mm 的段。每个尺寸应按要求分为特大号、大号、中号、小号（以 127 mm 或 127 mm 以下的茎基部不同长度和直径的算术平均值计算），以方便控制预煮时间。

4. 预煮并快速冷却　将芦笋放入大小不同的预煮笼中，整条朝上，放入热水浴中预煮。

（1）预沸水温度为 90～95 ℃，时间随不同阶段直径而变化。笋要先预煮，即笋尖暴露在水面上。笋身的预煮时间达到后，将竹笋整体浸入沸水中煮 5～7 s。预煮整根芦笋时，芦笋尖大多数情况容易软烂，从而致使笋尖烂、汤浑浊等，而使成品品质下降，故采用分段预煮法。预煮程度：从外表看，笋肉由白色变成乳白色，微透明，冷却时能慢慢沉下，或弯曲 90°仍不能折断时最佳（初乐等，2017）。

（2）为了调节 pH 至 5.4±0.2，可以在预煮水中加入 0.1％～0.3％的柠檬酸或适量的明矾。如果水的 pH 超过 6.1，会对色泽产生影响（李翠霞等，2011）。

（3）煮熟后立刻用自来水冷却，确保笋的中心温度低于 30 ℃。

5. 装罐、灌汤

（1）对于整条装笋尖的要求，要求笋尖朝上，并且长度不超过罐子的内高。同一罐中的笋尖必须长短一致、粗细相近，切口应整齐。每罐应含 20％以上的笋尖，这些笋尖中的白尖数量不能少于整罐的 10％，而所有的笋尖都必须放在上方（唐文婷等，2011）。

（2）各罐型装罐量按开罐固形物要求确定，通常装罐量要略多装 5～10 g。

芦笋在预煮冷却、装罐、杀菌、擦罐等工艺过程中，必须轻拿轻放，严防花蕾松散、嫩尖折断，影响产品质量。

■ 本章小结

本章重点介绍了罐藏蔬菜保藏和杀菌的影响因素、基本加工工艺流程、主要设备以及生产中常见的质量问题和解决途径。

排气、密封、杀菌是影响罐头食品质量的三个关键工艺环节。其中加热排气法是应用最为广泛的排气方法。罐头食品根据其酸度的不同，可采用常压杀菌和高压杀菌，常压杀菌适用于酸性罐头食品（pH<4.5），高压杀菌适用于低酸性罐头食品（pH>4.5），影响罐头食品杀菌的主要因素有微生物的种类与数量、食品的特性、杀菌方式、罐头容器、罐头初温、杀菌器操作的初始温度、装罐方式、杀菌锅内的排气情况和原料的微生物污染程度等。

蔬菜罐头食品常见的质量问题主要有胀罐（胖听）、变色、生霉、固形物软烂与汁液浑浊等，在生产中要针对不同的质量问题，采取不同措施加以控制。

■ 参考文献

程红，隋秀芳，2017. 酶解法提取蓝莓果汁的研究 [J]. 中国酿造，36（4）：153-157.

初乐，赵岩，马寅斐，等，2017. 芦笋罐头加工技术研究 [J]. 中国果菜，37（10）：1-5. DOI：10. 19590/j. cnki. 1008-1038. 2017. 10. 001.

东思源，仇凯，孟镇，等，2022. 食品商业无菌国内外标准法规对比研究及标准化工作思考 [J]. 食品与发酵工业，48（22）：305-310.

胡荣华，谭波，2023. 食品杀菌新技术应用研究进展 [J]. 食品安全导刊（9）：170-173，183.

解卉，李军民，2014. 我国芦笋罐头出口贸易现状及产业发展简析 [J]. 食品工业，35（4）：157-160.

李翠霞，毛箸青，李志忠，等，2011. 芦笋营养成分的分析评价 [J]. 现代食品科技，27（10）：1260-1263.

孙叶，2024 我国食用菌罐头出口现状、问题及对策研究 [J]. 中国瓜菜，37（1）：156-160.

唐文婷，蒲传奋，2011. 芦笋罐头加工工艺的研究 [J]. 粮油食品科技，19（2）：50-52.

王洁琼，龚经纬，陈玉飞，2023. 马口铁三片罐实罐低真空原因及应对措施 [J]. 现代食品，29（23）：86-89.

张放，2023. 2015—2022 年我国桃罐头出口变动简析与前景展望 [J]. 中国果业信息，40（12）：34-46.

第十一章　净菜加工技术

我国作为蔬菜生产大国，净菜产业的发展对于果蔬产业结构合理化发展与农民增收具有深远意义，近年来，我国对农产品加工领域的扶持力度也在加大，出台了系列相关扶持政策，如农业农村部印发的《全国乡村产业发展规划（2020—2025 年)》（农产发〔2020〕4 号）中提到需提升农产品加工业；农业农村部发布的《关于加快推进农产品初加工机械化高质量发展的意见》（农机发〔2023〕1 号）中，将加快推进果蔬清选分级保质机械化发展，以及积极拓展特色优势农产品初加工机械化领域作为重点任务；农业农村部等 15 部门发布的《关于促进农产品精深加工高质量发展若干政策措施的通知》（农产发〔2018〕3 号）中，提到要优化产业结构、加快布局调整、积极培育精深加工企业等，这些系列政策的出台也进一步推进了净菜等蔬菜初加工产业的发展。2024 年我国净菜产量预计超 2 900 万 t，市场规模突破 3 000 亿元，将呈现出净菜加工行业的巨大潜力和市场前景。其中政府对净菜加工行业的支持力度不断加大，出台了一系列政策和措施，以鼓励企业增加投资，提高加工技术和产品质量。在《中共中央　国务院关于做好 2023 年全面推进乡村振兴重点工作的意见》提到要培育乡村新产业新业态，包括提升净菜、中央厨房等产业标准化和规范化水平。北京市商务局、北京市农业农村局发布的《关于逐步推进净菜上市工作的指导意见》，提到应以生产、销售、包装等环节为重点，全面推进净菜上市，以减少垃圾总量，为净菜产业的快速发展营造了良好的政策环境，净菜加工业也取得了长足的进步。

净菜是洁净新鲜蔬菜的简称，又被称为初加工蔬菜、调理蔬菜、轻度加工蔬菜等，国际上通常命名为最少加工蔬菜（minimally processed vegetables，MP 蔬菜）（陈功等，2005）。净菜是经过拣选、修整、清洗、切分和包装等工艺预处理的生鲜蔬菜，处理的蔬菜达到直接烹食或生食的卫生要求。与传统的罐藏、腌制等类别的蔬菜加工相比，净菜加工对蔬菜进行的热处理较少，大部分处理后的蔬菜仍可进行呼吸作用。净菜的生命活动所需的能量均依赖于呼吸作用，而呼吸分解的产物又是多种生物合成的原材料，尤其是蛋白质，如酶的合成，以及一些新的细胞或组织的形成；这一过程仅能利用蔬菜本身的营养成分，经过分解与重组实现。随着呼吸作用的加强，蔬菜的各项生理、生化反应都会加快，货架期也会随之缩短，而呼吸紊乱则会引起蔬菜的生理障碍，不但各项功能无法正常进行，还会产生生理性病害，因此贮藏中应最大限度地保证蔬菜能够保持较低且正常的呼吸过程。

随着人们经济水平的提高和生活节奏的加快，净菜这类方便的预制产品日益受到消费者的青睐，市场潜力巨大。2014 年我国净菜产量为 725.7 万 t，需求量仅 647.3 万 t，至2022 年我国净菜产量已达 2 670.9 万 t，需求量增至 2 447.4 万 t。如何最大限度保证原料的优选和特性、加工装备的配置与选择、降低产品微生物污染、延长货架寿命、保证产品的质量安全等一直是净菜加工中的关键性问题。

第一节　净菜的原料选择与产品特性

净菜一般分为非切割和切割过的新鲜蔬菜。非切割蔬菜是经过简单修整后仍保持原形态的蔬菜产品，如金针菇、青豆、生菜等蔬菜一般适合非切割处理。切割蔬菜是经修整后，加工成块、条、片、丝等多种形状的蔬菜产品，如黄瓜、洋葱、马铃薯、莲藕等蔬菜一般适合切割处理。

一、净菜产品的特性

净菜加工不应仅是简单的清洗整理，而应是将蔬菜贮藏保鲜技术与蔬菜加工的前处理技术相结合。净菜加工成的生鲜蔬菜，可食率接近100%，达到直接烹食或生食的卫生要求。同时还保留蔬菜的新鲜、营养等特点。

（一）净菜产品的生理生化变化

1. 呼吸强度增强　去皮、切分和其他加工过程无可避免地对蔬菜造成人工机械损伤，会导致蔬菜的天然保护层消失，并增强其呼吸作用。增强程度因蔬菜种类、发育阶段、切分度、加工车间温度而异。一般切割后呼吸强度平均增加4～5倍。切分后蔬菜表面会有一层细微的水膜，水膜会影响气体扩散，导致蔬菜本身出现高二氧化碳和低氧状态，加速无氧呼吸和水分流失。对于同一类型的蔬菜，切分程度越大，呼吸强度越大。由于与蔬菜原料相比，净菜的呼吸强度更高，包装材料的透气性差或使用高真空包装会导致厌氧呼吸，从而产生乙醇和乙醛等气味物质，给净菜带来不良风味。

2. 乙烯产量增加　切分和运输过程中的振动、冲击、摩擦等引起的机械损伤，也会增加蔬菜的呼吸强度，刺激蔬菜组织中产生内源乙烯，从而加速组织老化和质地软化。

3. 酶化学反应加快　切分等加工会导致新鲜蔬菜细胞破碎，打破蔬菜体内各种酶和底物的区域。酶与底物直接接触，伴随氧气供应量上升会促进组织产生各种氧化和水解反应，导致净菜的感官品质和营养价值下降。例如多酚氧化酶催化多酚氧化聚合，会导致蔬菜切面褐变；脂肪氧合酶催化不饱和脂肪酸的氧化，也会产生具有令人不快的低级醛和酮等异味物质；果胶酶等细胞壁降解酶的溶出，也会催化细胞壁物质水解，致使组织软化。

（二）净菜产品的营养成分变化

净菜在加工和贮藏过程中维生素C损失严重。除了切分等造成的机械损伤，加工过程中去皮、清洗等工序也会造成维生素C等营养成分的损失，如马铃薯中的维生素C在皮下含量较多，去皮造成的维生素C损失率最高可达35%。清洗是蔬菜加工的重要步骤之一，但在清洗过程中也会导致水溶性营养成分的损失。例如将切分的卷心菜放入水中1 h，会损失7%的维生素C。此外，贮藏条件、光照和产品的包装也会影响营养成分的变化，因此在净菜的生产中，通常采用低温、低氧和避光贮藏来减少营养物质的损失。

二、净菜加工原料

净菜加工会给蔬菜带来一系列生理、成分和微生物的变化，尤其是直接切分的净菜，为微生物入侵提供了更多的机会，而且增加了与空气的接触，易产生色泽、脆性等理化性质变化，对净菜品质的保持极为不利。这些问题不仅可以通过净菜加工过程中的护色、保脆技术来解决，还可以通过选择合适的净菜专用品种来解决。尽可能选择褐变少、不易碎、耐贮藏的品种，以保证净菜的质量。比如，马铃薯还原糖含量≥0.5%，淀粉含量≤14%，加工成切片或丝制品后容易褐变，则不适合加工净菜。因此，应选择淀粉、还原糖含量比例符合要求的马铃薯品种。

（一）净菜加工对净菜原料品种的要求

首先是蔬菜无污染，其次是易于清洗和修整。干物质含量相对较高，水分含量低，蔬菜汁在加工过程中不易流出；酚类物质含量相对较低，在去皮切分后不容易发生酶促褐变，且耐贮存和便于运输。因此，不是所有的蔬菜都适合净菜的加工。只有符合上述要求，才能生产出高品质的净菜产品。

（二）根据不同部位可分为不同的净菜类型

（1）根菜类：百合、芋头、萝卜、马铃薯、胡萝卜、甘薯、葱、姜、山药等。

（2）茎菜类：生菜、蒜苗等。

（3）叶菜类：青菜、生菜、芹菜、菠菜、香菜、大白菜、白菜等。

（4）果菜类：辣椒、黄瓜、番茄、茄子、冬瓜、南瓜等。

（5）其他类：菜花、莲藕等。

三、原料供应

（一）原料的采收

尽量选取高质量和完整的原料。与采收直接相关的是田间管理、采收期以及采收技术。临近收获前，应掌握适宜的灌溉条件，并严格遵守农药施用的相关规定。在一些蔬菜收获前喷洒一定浓度的 Ca^{2+} 溶液，可以提高组织的硬度和弹性，减轻生理病害。一定浓度的乙烯可以改善蔬菜的颜色，促进成熟。最佳采收期因不同蔬菜的品种和产地而异，须符合新鲜食品要求的感官品质和组织结构特征，达到商业成熟度。人工采摘一定要细致，尽可能地减少损伤，避免外伤和污染。

（二）原料验收

蔬菜天然携带大量细菌，微生物群落复杂。污染严重的原料可能有隐性腐败或含有毒素等风险。在净菜加工中，应将原料微生物检测作为关键控制点之一，准确掌握主要污染微生物的种类和数量，为调整和加强过程控制、及时采取相应措施提供依据。

第二节　净菜主要加工设备

根据蔬菜加工工艺与贮存条件的不同，净菜预处理加工设备包括净菜清洗设备、拣选分选设备、去皮设备、切分设备、沥水设备、杀菌设备和包装设备等。

（一）净菜清洗设备

蔬菜清洗的目的是将蔬菜中的杂质分离出来，原料中的杂质主要有茎叶、泥沙、虫卵和农残等。由于原料的性质、形状、尺寸等各不相同，因此清洗的方法和机械装置也各不相同，目前比较常用的有以下几种。

1. 滚筒式清洗设备 主要部件为滚筒，旋转时带动滚筒内部的原料自行翻滚，增加物料之间的相互摩擦及与滚筒的摩擦，将污垢从原料表面洗脱。但仅凭借机械力的辅助还不足以清洁，常要与喷洒、喷淋或浸泡相结合。滚筒式清洗设备可分为间歇式和连续式两种，常用的为连续式设备。

（1）喷淋式滚筒清洗机。作为一种以托辊－滚筒为传动的清洗设备，结构示意图见图 11-1，主要包括格栅形（或穿孔板）滚筒、喷淋装置、传动装置等，由其传动装置带动辊筒旋转。原料从进料斗进入，凭借滚筒的持续旋转，彼此间产生的摩擦，在喷淋装置的冲刷下，表面上的灰尘、泥沙会掉落下来。污物从滚筒的筛网孔中穿过，从排水口中排出。该清洗机结构简单，适用性广泛。

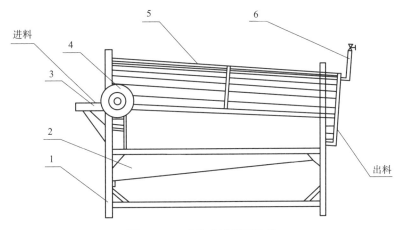

图 11-1 喷淋式滚筒清洗机
1. 机架 2. 排水斗 3. 进料斗 4. 传动装置 5. 滚筒 6. 进水管及喷淋装置

（2）浸泡式滚筒清洗机。图 11-2 为浸泡式滚筒清洗机的剖面图。设备通过传动轴来带动滚筒旋转，滚筒的下部浸入水池中，水池内装有往复振动的振动盘，该振动盘利用偏心机，使得水池内的水受到撞击而发生搅拌，从而增强了清洁效果。在滚筒所在的斜槽之上还配置了喷水装置，对浸泡过的原料进行再喷淋，以获得更好的清洁效果。

滚筒式洗涤设备内原料在连续滚动时，会产生剧烈的撞击，可以有效去除污物，但会对蔬菜本身造成伤害。适用于大块硬质蔬菜，如马铃薯、马蹄、姜等。该设备在一定程度上可实现较硬的蔬菜原料的去壳，但该设备不适合清洗叶子、外皮比较柔软的蔬菜。

2. 鼓风式清洗机 鼓风式清洗机又名气泡式、翻浪式或冲浪式清洗设备，其基本原理是利用鼓风机在水中形成具有一定压力的空气，通过吹气在水中产生大量的气泡，推动物料在水中翻滚，使得附着在物料表面的杂质（如泥沙）从物料上脱落，沉积到槽底。

鼓风式清洗机的结构如图 11-3 所示，主要由传动系统、气泵、喷水装置、输送带等构成。鼓风机清洗机输送通常使用链条带，该链条可以是金属网带，还可以是刮板网孔带。本装置的传送链分为三个部分，即水平部分、倾斜部分和水平部分。洗槽水面以下的水平部分是对物料进行吹洗的部分；中部为斜段水射流冲刷区段；上部的水平面可以用来拣选和修剪。

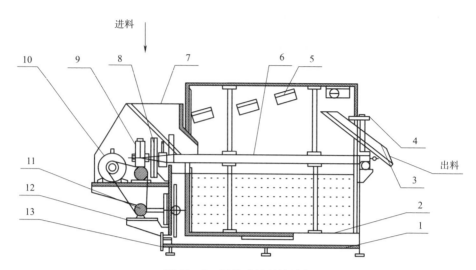

图 11-2　浸泡式滚筒清洗机
1.水槽　2.滚筒　3.出料斗　4.进料管及喷水装置　5.抄板　6.主轴　7.进料斗　8.齿轮
9.减速器　10.电动机　11.偏心机构　12.振动盘　13.排水管接口

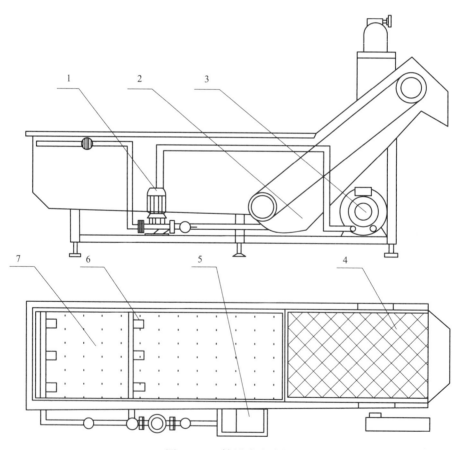

图 11-3　鼓风式清洗机
1.水泵　2.球阀　3.气泵　4.不锈钢输送带　5.过滤水箱　6.喷水嘴　7.网板

3. 刷洗机 滚筒式清洗机和鼓风式清洗机主要是借助流体力学原理实现清洗的设备，往往难以有效地清洗物料表面附着牢固的污物。对于这些原料可以使用刷洗机进行处理，这类机械借助毛刷对物料表面的摩擦作用，直接使污物与蔬菜分离，或使其松动便于水清洗。

刷洗机的外形及结构简图如图11-4所示，它主要是由出料斗、纵横毛刷辊、传动装置、机架等部分装置组成。毛刷辊表面的毛束会分成不同的束，但刷长短相同，呈螺旋线排列。相邻毛刷辊的转向相反。毛刷辊的轴线与水平方向有3°~5°的倾角，物料入口端高、出口端低，物料从高端落入辊面后，不但被毛刷带动翻滚，而且做轻微的上下跳动，同时顺着螺旋线和倾斜方向从高端滚向低端。在底端的上方，还有一组直径较大、横向布置的毛刷辊。它除了对物料刷洗外，还可以控制出料速度。该设备主要用于对蔬菜进行表面泥沙污物的刷洗。根据需要可在毛刷辊上方安装清水喷淋管，提高刷洗效果。

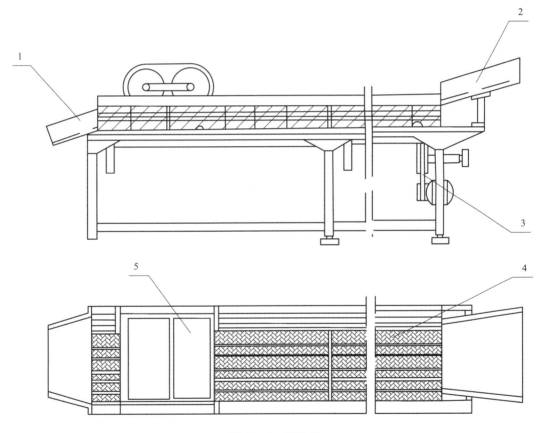

图11-4 刷洗机
1.物料出口 2.物料入口 3.传动装置 4.横毛刷辊 5.纵毛刷辊

（二）净菜拣选分选设备

拣选分选设备主要是根据原料的外形、颜色、大小、成熟度、病虫害、外形损伤等情况，按照相关国家标准进行分选，满足新鲜蔬菜加工的需要。

蔬菜分选可以依靠手工或机械完成。手工分选主要取决于蔬菜原料的品质特征，如形状、成熟度、颜色、病虫害等，并按照优秀、良好、合格等不同规格分类。使用手工分选的装备有很多，比如带式拣选分选装备和滚杠蔬菜选择机。机械分选装备主要可根据分选的种类分为形状、质量和光电分选装备。

表 11-1　分选方式、分选原理与主要设备

分选方式	分选原理	主要设备
形状分选	根据单个物料的形状、大小通过孔、洞间隙分选	滚筒式分选机、三辊筒分选机、振动式分选机
质量分选	单个质量称质量	机械秤式、电子秤式
光电分选	根据光电测距原理，吸光率、成像技术等进行分选	光电式测距蔬菜分选机、无损伤内在品质识别分选机、外观识别分选机

1. 滚杠选菜机　滚杠选菜机由机架、动力传动系统、滚杠等组件组成（图 11-5）。原料从进料斗进入机器，由于重力作用，原料单层平铺在滚杠表面，当滚杠与下方的非金属履带接触时，滚杠在水平行进的工作面上以相同的方向旋转。原料不断旋转，向出料方向移动，进入下一道工序。操作员可以检测出不符合要求的原料。该设备广泛应用于输送过程中圆形蔬菜原料的分选。

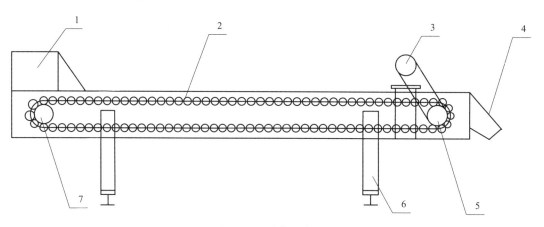

图 11-5　滚杠选菜机

1. 进料斗　2. 滚杠　3. 传动装置　4. 储料斗　5. 主动轮　6. 机架　7. 从动轮

2. 滚筒式分选机　滚筒分选的工作原理是物料通过料斗流入滚筒，在滚筒中进行滚动和运动，通过筛孔流出，满足分选要求。滚筒分选机主要由机架、进料斗、滚筒、摩擦轮和收集料斗组成，如图 11-6 所示。其中滚筒是一个孔径可变的圆柱形筛子，按照孔径从小到大，从入口到最终出口沿轴向分为多组，组数除以待分选物料等级数减 1，最后一级物料可直接从滚筒末端排出。为方便生产，将整体滚筒分成若干个滚筒筛，用角钢连接滚筒筛作为加强环。如果摩擦轮被用来作为传输辊，滚筒由传输辊支撑在框架上，集料斗位于滚筒下方，其数量与分选物料的分级数量相同。这种分选机结构相对简单、分选效率高、运行平稳。缺点是对原料适应性差、筛面利用率低，筛筒调整困难，主要用于分选蘑菇和青豆。

图 11-7 显示了另一种转筒式分选设备。这种分选机有若干个多孔的旋转圆筒，其轴线垂直于被分选物料的方向，每个圆筒的开口沿物料方向由小到大排列。在转筒的作用下，物料沿其外表面通过每个转筒，当物料小于孔时，物料落入相应的转筒，流入集料装置，由此不同尺寸的材料可以被分离。根据工厂规模和进料量，转筒组合以 2～4 个为宜。

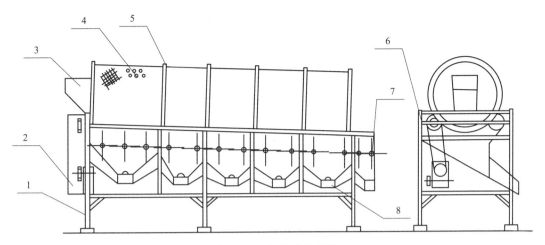

图 11-6　滚筒式分选机

1. 机架　2. 传动系统　3. 进料斗　4. 滚筒　5. 滚圈　6. 摩擦轮　7. 铰链　8. 收集料斗

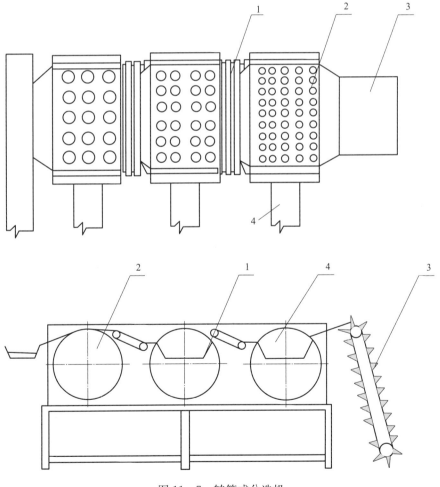

图 11-7　转筒式分选机

1. 传送带　2. 滚筒　3. 带挡板的提升机　4. 集料装置

3. 带式分选机　带式分选机由一对对 V 形长橡皮带组成。皮带之间的距离在入口处较窄，在末端出口处逐渐变宽。物料进入后，以相同的行进速度落在成对的橡皮带上，如果原料的直径小于两端之间的距离就会下落并被传送带运出（图 11 - 8）。如图所示的带式分选机有 5 组分选带，由不锈钢制成，表面包裹氯丁橡胶，可保护蔬菜不受损伤。

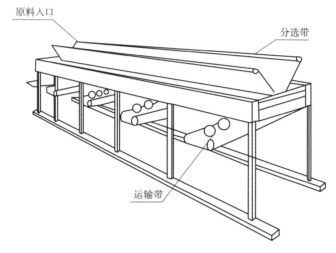

图 11 - 8　带式分选机

4. 重量式分选机　是一种根据蔬菜的质量对其进行称重和分类的机械设备，广泛应用于番茄、马铃薯等蔬菜的挑选。重量分选机分为机械称重和电子称重两种方式。机械称重的测量精度相对电子称重低一些。

图 11 - 9 显示了一种称重式蔬菜分拣机。本机由喂料台、料盘、固定秤、移动秤、辊子链组成。沿着辊子链的移动秤 40～80 个，若干个固定秤（由分拣数量决定），固定在机架上，托盘上配有分拣砝码。当移动秤处于非称重位置时，原料质量由小轨道支撑，以保持移动秤的水平。当移动秤到达用于称重的固定秤并与小轨道分离时，移动秤的杠杆接触固定秤的分离针。原料和砝码在移动秤杠杆的两端，经过质量对比，如果原料质量大于设定值，分离针抬起，料盘随着杠杆的转动而翻转，原料排入料斗。如果质量小于设定值，料盘向前移动，穿过分离针，进入控制滑块，并移动到下一个测量点。

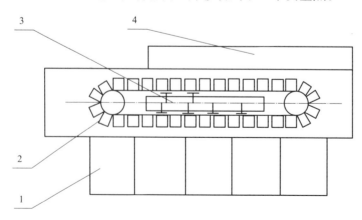

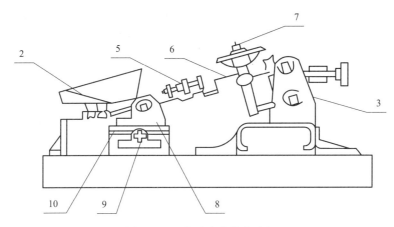

图 11 - 9　称重式蔬菜分选机

1. 出料斗　2. 料盘　3. 固定秤　4. 喂料台　5. 调整砝码　6. 分离针
7. 砝码　8. 移动秤　9. 辊子链　10. 移动秤轨道

5. 光电式蔬菜分选设备

（1）光电测距蔬菜分拣。利用光电测距原理，对不同大小的原料进行选择和分选。这种类型的设备由进料、检测和传感、信号处理和控制电路以及剔除动作执行系统四个部分组成。由于光测量的非接触性，该设备减少了机械损伤，并有利于自动化。利用光电子学测量常见方式有遮断式、脉冲式、水平屏障式和垂直屏障式（图 11 - 10）。

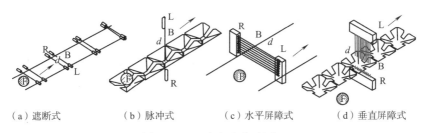

（a）遮断式　　　　（b）脉冲式　　　　（c）水平屏障式　　　　（d）垂直屏障式

图 11 - 10　光电式分选原理

L. 发光器　R. 接收器　B. 光束　F. 蔬菜　d. 光距

①光束遮断式蔬菜分选机。分选原理如图 11 - 10（a）所示。两对由 L 和 R 组成的光电单元，水平装在传送带上方。两者之间的距离 d 由分拣尺寸决定。蔬菜传送带通过分拣区，如果尺寸大于 d，两者会同时被阻挡。此时，光电元件可向控制系统发出信号，使分拣执行装置（如推板或喷嘴）工作，将蔬菜从传送带上水平取出，得到尺寸大于 d 的蔬菜。

如果需要将蔬菜分成 n 级，则需要沿传送带方向安装 n 套双光束检测单元。大尺寸优先，小尺寸延后。这种分选机适用于单向尺寸分选。

②脉冲式计数蔬菜分选机。分选原理如图 11 - 10（b）所示，发光器 L 和接收器 R 分别放置在输送托盘的顶部和底部，并与托盘的中间开口对齐。托盘每移动一段距离（记为 a），就需要发射一束脉冲光。如果原料在运行过程中阻挡脉冲光的次数为 n，那么原料的直径 $D=na$。通过微处理器将测得的 D 值与机器内部的一组预设值进行比较。然后分拣机根据尺寸等级指令对原料进行分拣。分拣的准确性与输送系统的速度有关。

③水平屏障式蔬菜分拣机。分选原理如图11-10（c）所示。由发光器和接收器组成的多个光耦排列成一个水平行，形成一个光束屏障。随着传送带向前移动的蔬菜通过横梁挡板时，可以根据被阻挡的横梁计算出蔬菜的高度，再结合每根横梁被阻挡的时间，通过积分可以计算出蔬菜平行于传送带运动方向的横向投影面积。将该积分值与设定值进行比较后，即可得到蔬菜等级判断。这种分选机的精度也和传送带的速度有关。

同样，光束阻挡器的光线也可以垂直排列，如图11-10（d）所示，在测量区域的蔬菜投影面积上也可以达到同样的效果。

（2）近红外分拣设备。近红外主要用于蔬菜中糖和酸度的测量。除了检测酸度和品质分选外，还可以监测蔬菜生长过程中内部成分的变化，随时提供生长记录。

（3）紫外线分选设备。图11-11为紫外光分拣装置示意图。由摄像机、紫外灯、传送带、光源罩等组成。暗室由光源罩和橡胶帘组成，用于阻隔可见光源，减少影响因素。光源通常使用管形荧光灯。为了有效地增强光源的强度，光源罩可以制成半圆柱形，内表面涂成白色以增加反射效果。它的中心是摄像机位置。在光源盖上开一个圆孔作为摄像路径。当蔬菜进入暗室到达相机拍摄位点时，相机开始拍照，受损伤的蔬菜在紫外线光源的照射下会发出荧光，而正常部位几乎无可见光出现，计算机可以此为依据进行图像处理和判断。这项技术还可以检测蔬菜的新鲜度。

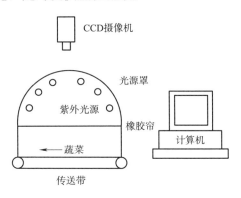

图11-11　紫外光分选装置

（4）数字图像处理分选设备。利用电子成像技术进行分选，即将摄像机拍摄的蔬菜图像的模拟信号，处理成数字图像信号。数字图像可以进一步处理，以获得反映蔬菜外观质量的几个参数（如大小、形状、颜色等）。计算机将这些参数与存储的标准参数进行比较，并根据比较结果向分拣执行装置发出相应的处置指令，以获得分拣处理（图11-12）。

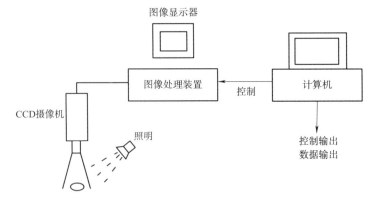

图11-12　数字图像处理分选原理

（三）去皮技术与设备

根据原材料的不同，去皮可分块茎类原料和叶菜类原料两种去皮。根据是否加水，去皮可划分为湿法和干法去皮。目前常见的去皮方式有机械去皮和化学去皮。

（1）离心磨皮机。如图 11‑13 所示，主要去皮装置为脱皮圆筒，其内部表面是粗糙的。当原料从进料斗进入机器，并落在有纹路的圆盘上。在离心力的作用下，在脱皮圆筒粗糙的内壁面上摩擦进行脱皮。

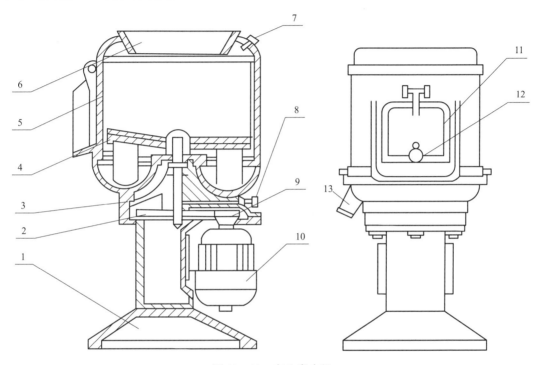

图 11‑13　离心磨皮机

1. 铸铁机座　2. 大齿轮　3. 转动轴　4. 旋转圆盘　5. 脱皮圆筒　6. 进料斗　7. 喷嘴
8. 润滑油杯　9. 小齿轮　10. 电动机　11. 卸料口　12. 把手　13. 排污口

（2）干法去皮机。如图 11‑14 所示，去皮装置利用铰链和支柱，按照一定的倾角，安装在底座上。轴上装有许多橡胶圆盘，通过橡胶圆盘与原料的相对摩擦去皮。相邻两轴上的橡胶圆盘应交错开，以改善摩擦去皮效果。橡胶要求要柔软、有弹性、平滑，减少蔬菜损伤。侧板上装有一组桥式构件，构件上安装着挠式挡板。挡板对原料的阻挡，迫使原料从橡胶圆盘间通过，以达到较好的去皮效果。

（3）碱液去皮机。由输送链带和其上方的淋碱段、腐蚀段、冲洗段构成，结构如图 11‑15 所示。驱动装置设置于机架上，用于驱动所述链带旋转；该设备具有防碱、除碱率高、结构紧凑、调节方便等优点。碱液去皮是一种以烧碱为主要原料，通过溶蚀、分解等方式去除水果表皮的一种加工工艺。将蔬菜、水果浸泡在 90～100 ℃碱性溶液中，利用烧碱对蔬菜、水果的组织进行侵蚀、降解，达到去皮的目的（邹小波，2021）。去皮过程中，果蔬种类不同去皮时间和去皮方式不同。

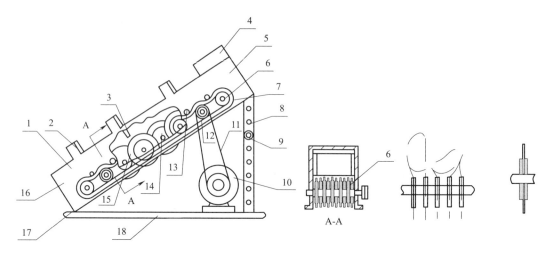

图 11 - 14   干法去皮机

1. 去皮装置   2. 桥式构件   3. 挠式挡板   4. 进料口   5. 侧板   6. 轴   7. 滑轮
8. 支柱   9. 销轴   10. 电动   11、12. 带   13. 压轮   14. 支板
15. 橡胶圆盘   16. 出料口   17. 铰链   18. 底座

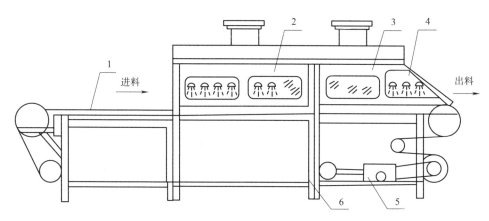

图 11 - 15   碱液去皮机

1. 输送链带   2. 淋碱段   3. 腐蚀段   4. 冲洗段
5. 传动系统   6. 机架

（4）蒸汽去皮机。适用于马铃薯、红薯等块状蔬菜的去皮，具有通用性好、损失率低等优点，可较好地保持原来形状、减少污染。本装置主要包括称重斗、压力罐、出料提升机等组件（图 11 - 16）。

蔬菜通过提升机送入称重斗，利用称量传感器对给料装置的开闭进行控制，在触摸屏上设置速度。在称量斗的质量到达一定值后，通过传感器对气缸门进行定位，使进料装置自动停止，给料仓门开启，原料进入到设备中，自动闭合仓门，进、出料缸门关闭，蒸汽进气阀开启，排气阀关闭，开始蒸汽喷射，到达蒸汽设定时间后停止转动，关闭蒸汽进气阀，开启排气阀，将物料排出。在卸完物料后，重复以上过程。

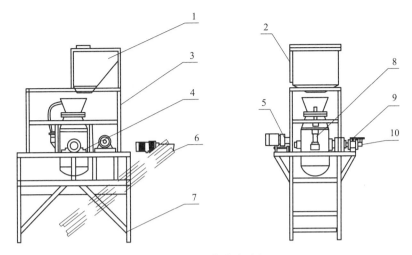

图 11 - 16 蒸汽去皮机

1.称重斗 2.气缸 3.上机架 4.压力罐 5.传动减速机 6.出料提升机
7.下机架 8.气缸 9.进气阀 10.排气阀

(四) 切分技术与设备

切分装置是利用切片机与蔬菜之间的相对运动,将其剪切成片、丁和丝,按切分的原理和方式可以将其划分为盘刀式、滚刀式、切刀式和组合式切分设备。

1. 盘刀式切片机 其特征在于动刀刀口线的移动轨迹为与旋转轴线相垂直的圆平面,如图 11 - 17 所示。它包括原料传送带、上给料辊、下给料辊、喂料口、切分器、出料口,以及驱动部件等。主体工作部分装于旋转轴盘上,两侧各有一对切刀。原料通过皮带输送,在上、下两个料辊的夹持下,送到喂料口,被切割成薄片。刀具的形状可分为直刃型和弯刃型两种,后者可分为凸刃型和凹刃型。

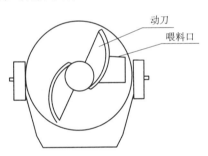

图 11 - 17 盘刀式切片机

盘刀式切片机既能对蔬菜进行切割,又能对冷冻肉类等进行切割,具有良好的切割品质、较高的生产率、容易拆卸和安装刀具等优点以及较高的自动化水平,因此是食品加工中使用最多的一种切片机。可对物料进行直切,进料面与切分面垂直;还可进料面与切分面的呈现夹角式的斜角切割。采用斜角切割,可获得比垂直切割更大的物料尺寸。

2. 滚刀式切片机 结构如图 11 - 18 所示,主要由圆筒机壳、叶轮盘、刀架、叶片和机架等组成。圆筒机壳与机架相连接,叶片装入刀架后固定在转轴上,叶轮盘上固定有若干片叶片。

蔬菜通过料斗输送到滚刀式切片机,由叶轮带动原料旋转。原料所承受的离心力可高达自身质量的 7 倍以上,这种离心力使得原料紧贴在切片机的内壁上,被装在叶轮上的刀片推着,沿圆锥外壳的内壁面运动,内壁上的叶片将原料切割成厚薄一致的薄片,被切割下来的原料沿圆锥外壳的内壁上掉落,最终落入出料槽中。调整对刀与壳体内壁的间隙,就可以得到所需的薄片厚度。通过变换各种规格的叶片,可切出扁平、波纹、V 形、椭圆形等各种形状。

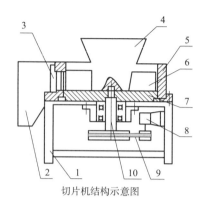

切片机结构示意图

图 11-18 滚刀式切片机

1. 机架 2. 出料槽 3. 刀架 4. 进料斗 5. 圆筒机壳 6. 叶片
7. 叶轮盘 8. 电机 9. 传动带 10. 转轴

该机结构简单、产量高、通用性强，但在切分过程中，滑切力不强，剪切阻力较大，对蔬菜的挤压也比较大。该设备适用于质地较硬的、能保持稳定形状的块状蔬菜原料（许学勤，2008），如黄瓜、马铃薯、洋葱、胡萝卜、荸荠、甜菜等蔬菜，也可用于生菜、莴苣等叶菜。

3. 切刀式切片机 与人工切菜最为相似，切刀运行形式可分为旋转往复运动和线性往复运动两种。切片机设有四杆机构，在切分过程中，使刀片的方向不随刀架的转动而发生变化，切分方向总是与供料方向垂直，并且连续性较高（康旭，2020）。

如图 11-19 所示的多用切刀式切片机，该系统由无级调速电机、间歇传动机构、切刀装置及传送带等部分组成。从切片机入口进料，原料由切片机切成薄片，然后通过传送带将原料送到压料装置中，并可同步将切片的原料送到切刀装置中，进一步切丁或切丝。可根据需要更换不同的切刀装置，用于切片、块、丝等多种形式。本品适用于各种根、茎、叶菜类蔬菜的切片等。

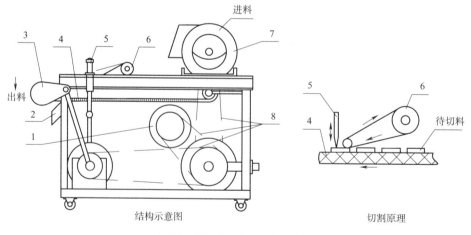

结构示意图　　　　　　　　　切割原理

图 11-19 多用切刀式切片机

1. 电机 2. 输送带刮料机构 3. 间歇传动机构 4. 传送带 5. 切刀装置 6. 压料装置 7. 切片机 8. 皮带

4. 组合式切分设备 组合式切分设备的组合形式多种多样，以两种常见的蔬菜切粒机和碎菜机为例介绍。

（1）蔬菜切粒机。蔬菜切粒机的主要作用是把蔬菜原料切割成各种需要的形状。其构造见图11-20，该切粒机主要由叶轮、定刀片、横切刀、圆盘刀和挡梳等部分构成（陈斌等，2004）。其结构类似于滚刀式切片机，工作原理相似。

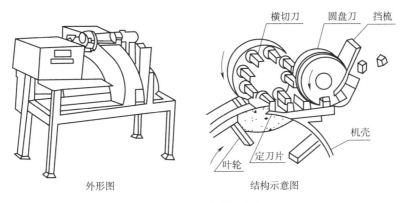

图11-20 蔬菜切粒机

图11-20中，原料通过进料斗进入叶轮后，在离心力的作用下，物料被推到外罩内壁上，刀片将物料切割成薄片。薄片通过定刀片口从出料口送出。根据定刀与相应的机壳外部的距离，可调整薄片厚度。当薄片切分完成后，通过横切刀将薄片切割成条状，并把它推到纵向的圆盘刀，把它切割成"丁"字形。本机配有安全互锁装置，当保护装置被开启时，机器将会自动停机。本机适用于萝卜、马铃薯等蔬菜的切割。

（2）碎菜机。碎菜机一般由料盘、刀、刀轴、料盘盖、传动系统等构成（结构见图11-21）。在刀片及料盘转动时，投入蔬菜原料，调整转速，可实现不同的碎菜效果。

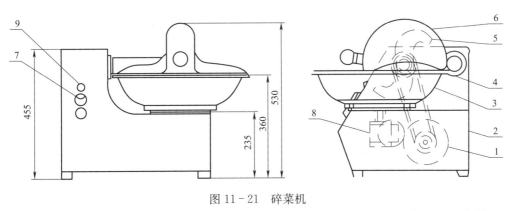

图11-21 碎菜机

1. 电机 2. 机座本体 3. 料盘 4. 刀轴 5. 搅拌刀 6. 料盘盖 7. 按钮开关 8. 减速机 9. 指示灯

（五）沥水技术与设备

沥水是净菜预处理必不可少的环节，蔬菜经清洗后，要把多余的水分去掉，才能保证后续生产工序运转。沥水的方式通常分为甩干法和风干法。

1. 甩干沥水机 甩干沥水机主要采用高速旋转的方式，通过防震悬挂式离心沥水，将多余水分去除。采取PLC控制程序全自动运行。设备具有运行稳定、安全、高效等特点。

2. 风干沥水机　风干沥水机具有振动和风干双重功能，原料在设备上通过传送和振动，到达风机后进行多角度吹风进行风干，吹风嘴制作成风刀状，有效地提高了风机产生的风量压力，利用多通道排风，将水分导出，可以实现更快速高效的风干沥水。

（六）杀菌技术与设备

一般采用热力杀菌和非热力杀菌。其中，热力杀菌多采用烫漂工艺；非热力杀菌则常采用如电、磁、光、声波、压力等物理场，达到减菌的目的。非热力杀菌中虽然具有一定的热效应，但非热效应在其杀菌中占主导地位。

1. 微波杀菌装备　微波杀菌是一种基于特殊电磁波（$300 \sim 30\,000$ MHz，常为925 MHz和2 425 MHz）的微波灭菌方式，是通过热与非热效应协同作用来实现杀灭有害菌的目的。相对于高温灭菌，微波杀菌具有以下优点：一是对食品的营养成分、色泽、口感及风味无明显影响；二是使用方便，容易实现自动化；三是杀菌温度低、杀菌效率高。

图11-22为隧道式微波干燥杀菌机的示意图，主要由机械传输机构、微波源、微波加热腔、抑制器和PLC自控系统组成（陈斌等，2004）。其工作原理为通过微波源产生微波，将微波送入加热腔，在微波能量的作用下，原料中的细菌被微波电磁辐射杀灭，且部分水分被汽化，蒸汽被排出，同时实现对原料的干燥。

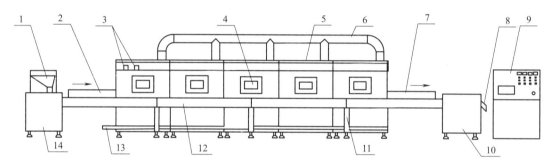

图11-22　隧道式微波干燥杀菌机

1. 进料斗　2. 抑制器Ⅰ　3. 微波源　4. 微波加热腔　5. 上电源架　6. 排湿管道　7. 抑制器Ⅱ　8. 出料斗
9. 操控台　10. 动力头　11. 支脚　12. 机身　13. 冷却水管　14. 动力尾

2. 远红外杀菌装备　远红外是一种具有$3 \sim 1\,000\ \mu\text{m}$波长的电磁波。远红外杀菌是指将加热元件发出的电磁波辐射到待杀菌的原料上，使其原料分子产生强烈的谐振来实现杀菌。该过程中无需通过热介质，能量传递可以直接渗入原料内部（方祖成等，2017）。因此，远红外杀菌技术不但适用于块状蔬菜，也适用于袋装的净菜，还具有高效节能、操作简单、经济可靠等特点。

图11-23所示为对蔬菜丁采用远红外线杀菌的流程图。采用这种方法对蔬菜丁进行杀菌，既能有效减少酵母、霉菌的污染，又能实现净菜丁干燥。

3. 臭氧杀菌装备　由于臭氧有强氧化性，它在水里的氧化还原电势较高，所以可以利用其强氧化性来进行灭菌。臭氧的灭菌过程为臭氧首先作用于细菌、霉菌类微生物的细胞膜，损害组成细胞膜的组分，造成代谢紊乱；然后再持续穿透细胞膜，破坏细胞膜上的脂蛋白、脂多糖，引起细胞通透性的变化，造成细胞破裂溶解。同时，臭氧还会影响部分酶的生物活性，降低其酶促反应。

臭氧消毒是一种新型的消毒方法，它可以溶解在水中形成臭氧水，起到杀菌的作用。臭氧水在消毒过程中，会产生两种不同的氧化机制：一是细菌与臭氧直接发生作用，二是细菌结合臭氧降解产生的羟基。因为羟基是一种强氧化剂，所以可以高效地杀灭净菜中的微生物。

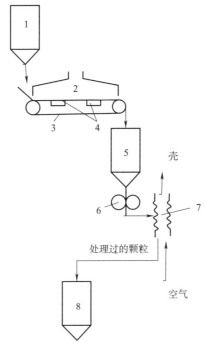

图 11-23　远红外干燥流程图

1. 储罐　2. 红外加热元件　3. 输送带　4. 振动器　5. 暂存罐　6. 粉碎机　7. 分选装置　8. 成品储罐

图 11-24 为蔬菜臭氧杀菌装置简图，该装置分为两个部分：高浓度臭氧水的配制和蔬菜循环杀菌。通过臭氧制氧机来提高水中臭氧溶解度，循环提高臭氧的溶解效率。杀菌区采用冲洗水泵，使水流循环，通过喷头达到清洁目的。

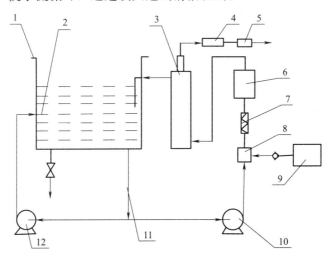

图 11-24　蔬菜臭氧杀菌装置

1. 清洗槽　2. 喷嘴　3. 气液分离槽　4、5. 排出臭氧分离装置　6. 缓冲罐　7. 静混合器　8. 喷射器
9. 臭氧发生器　10. 臭氧水循环管　11. 清洗水循环管　12. 清洗水循环泵

（七）包装技术与装备

1. 真空包装 真空包装技术在净菜包装生产中较为常见，其作用主要有：①抑制微生物生长：在真空条件下，氧气被抽走，净菜处于低氧状态，微生物尤其是好氧菌生长受到抑制；②减缓净菜氧化和呼吸速度；真空包装的阻隔性好，减缓了净菜的氧化和呼吸速度；③新鲜卫生：由于抽去了氧气和水分，能更好地保持食品原有的色泽和风味，且干净卫生不易污染。

真空包装机由真空泵、带气密罩的操作室、热封装置等组成。把装有净菜制品的塑料袋放在气密盖中的热封条上，盖紧抽气，启动真空泵，排出操作室中的空气，待到所需的真空度后，热封条加热封口，完成真空包装。

2. 充气包装 充气包装是将净菜装入包装容器，排出空气，用选择性的气体替代包装中的气体，达到延长净菜保质期的目的。气调包装通常采用三种气体：一是 CO_2。CO_2 对微生物、真菌有抑制作用，且对酶活力有一定的抑制作用。二是 O_2。O_2 对净菜的正常呼吸和对厌氧微生物有一定的抑制作用，但同时也为有害微生物的生长提供了有利的条件。三是 N_2。N_2 作为惰性气体，具有防氧化酸败、防霉菌生长、防虫等作用。CO_2、N_2 是食物保藏过程中的两类最常用的气体，适量的氧对延长食物的货架期有一定的帮助。

第三节 净菜加工工艺

一、净菜产品生产线的分类

净菜加工生产线主要分为叶菜类生产线、根茎果类生产线以及智能加工生产线。

（一）叶菜类

1. 工艺流程 原料挑选→沥水→切分→输送→灭菌→二次清洗→沥水→包装。

2. 设备 叶菜类生产线见图 11-25。蔬菜通过拣选传送带筛选，选出的原料需满足新鲜、品质好的要求，后经输送带被送到洗菜机，将附着在上面的沙尘、农药等污物去掉，再将其输送至沥水机中沥水。滤去水分后，将叶菜切分成段，输送至灭菌设备进行灭菌。经二次洗涤后滤出水分，进行包装，以备贮存或后续加工。

图 11-25 叶菜类生产线

（二）根茎果类

1. 工艺流程 原料→清洗→去皮→挑拣→切分→二次清洗→沥水→包装。

2. 设备 根茎类生产线见图 11-26。原料先经清洗机进行一道清洗，然后通过传送带输送至去皮机进行去皮，去皮后通过拣选平台，按照相关要求剔除品质劣变的蔬菜，再经传送带输送至根茎类蔬菜的切分机进行切分。根茎类切分机一般有三个托盘，可选用不同的刀盘分别切成丁、丝或片状。被切分成净菜后，经提升传送带将其送至旋流式清洗机进行二次清洗，确保净菜的清洁，进行统一包装后即可配送发货。

图 11-26 根茎类生产线

（三）智能净菜加工生产线

1. 工艺流程 原料→挑拣→输送→切分→提升→清洗→杀菌→智能连续沥水→包装。

2. 设备 智能净菜生产线见图 11-27。该类生产线通常结合了叶菜类和根茎果类的净菜加工生产线，通过自动化处理完成原料的拣选切分，切分可将蔬菜切成段、丝、丁等不同规格。清洗过程可去除蔬菜表面携带的虫卵、尘土等。杀菌装置常采用水触媒方式来保证杀菌效果，杀菌完成后可根据原料水分情况智能控制沥水的工艺参数，对原料进行充分沥干后包装成品。智能生产线可实现连续生产不间断运行，大幅提高了净菜加工效率。

图 11-27 智能净菜生产线

二、净菜加工工艺操作要点

（一）清洗

由于蔬菜表面常带着泥沙、农残等污物，因此在加工之前必须先将其清洗干净。清洗方式通常分为人工与机械两种，在工业化时代，随着人力成本的上升，清洗应尽可能选择机械清洗。质量好、数量少、附加值高的叶菜宜采用人工清洗，而根茎、果菜等常见的大宗蔬菜则宜采用机械方式。

为了除去部分蔬菜中的虫卵，在蔬菜清洗干净后，可采用约 2% 的盐水浸泡 20～30 min。

（二）去皮

去皮方式的选择至关重要，在根茎类蔬菜去皮时，通常以机械去皮为主。在一些机械去皮过程中，虽然去皮效率比较高，但对蔬菜的损伤也较大，部分蔬菜也极易发生褐变。因此，为了减少褐变的产生，去皮后要马上浸泡在清水或者护色液中来保持品质。

（三）切分

切分的尺寸应满足市场消费者的要求，并不是加工得越精细越好。若切分得过细，也会造成植物细胞的损伤程度增大，不利于贮存，影响产品的货架期。

（四）杀菌

净菜要达到较长货架期，除采用低温保藏、气调保鲜外，常采用杀菌方式来达到较长时间货架期的目的。

1. 热杀菌保鲜 热杀菌能有效减少果蔬表面细菌、降低病原菌感染、缓解冷害，但其加工过程中也易造成维生素和矿物质等营养流失，影响果蔬的食用品质。

2. 非热杀菌保鲜　非热杀菌技术主要有辐照、超高压技术、紫外线杀菌、臭氧、超声波等加工技术，在净菜加工中常采用臭氧、紫外线等技术进行杀菌。这些技术能够有效抑制微生物活性及酶活，从而保持鲜切蔬菜的口感、风味、营养成分等，延长货架期。

三、净菜加工案例

（一）马铃薯净菜加工工艺流程及要点

1. 工艺流程　选料→预冷→拣选→清洗→杀菌→漂洗→去皮→切分→护色保鲜→沥水→包装→入库低温贮存。

2. 操作要点

（1）原料。应选择符合无公害蔬菜安全要求的马铃薯原料。

（2）预冷。对马铃薯原料进行冷库低温存放适度预冷，不仅可有效地减少加工过程微生物滋生，还可以适当地抑制马铃薯加工过程中的褐变。

（3）拣选。剔除掉表面发霉或有明显损伤的马铃薯原料。

（4）清洗。一般可采用鼓风式清洗机和刷洗机组合清洗，洗净表面的淤泥等杂质。

（5）杀菌。将洗净的马铃薯经输送机输送至杀菌水池，采用臭氧水进行浸泡式杀菌，浸泡时间可选择 20～40 min，再经 150～300 mg/L 二氧化氯水溶液进行浸泡，浸泡时间为 15～20 min，达到再次杀菌的目的（李新峥等，2011）。

（6）漂洗。用纯水对灭菌后的马铃薯进行漂洗。

（7）去皮。采用干法去皮的方式，经去皮机对马铃薯进行机械去皮。

（8）切分。采用切菜机根据客户的需求将马铃薯切分成片、丝等不同的形状。

（9）护色保鲜。将切分好的马铃薯放入调配好的护色溶液中，进行护色保鲜、保脆。

（10）沥水。一般多采用蔬菜沥水机进行沥水，经沥干后进行包装贮存。

（二）青豆净菜加工工艺流程及要点

1. 工艺流程　选料→预冷→分选→清洗→杀菌→漂洗→沥水→包装→入库低温贮存。

2. 操作要点

（1）原料。应选择符合无公害蔬菜安全要求的青豆原料。

（2）预冷。对青豆原料进行冷库低温存放适度预冷，可有效地减少加工过程微生物滋生。

（3）分选。可通过滚筒式分选机对青豆原料进行分级分选。

（4）清洗。将分好级的原料进行清洗，一般采用鼓风式清洗方式，洗净表面的淤泥等杂质。

（5）杀菌。可参见马铃薯的除菌杀菌方式。

（6）漂洗。用纯水对青豆进行漂洗。

（7）沥水。通常采用离心式蔬菜沥水机进行沥水，但为了防止离心对青豆表面的损伤，通常将青豆装入网袋中进行离心沥水，沥水速率不宜过高，为使净菜表面无水分，沥水时间常为 5～10 min。

（8）包装。采用无菌袋进行真空包装，并将贮藏将加工好的青豆净菜产品放入冷库中进行冷藏。

（三）芹菜净菜加工工艺流程及要点

1. 工艺流程 选料→预冷→分选→清洗→杀菌→漂洗→切分→护色保鲜→沥水→包装→入库低温贮存。

2. 操作要点

（1）选料。应选择符合无公害蔬菜安全要求的芹菜原料。

（2）预冷。对芹菜原料进行冷库低温存放适度预冷，可有效地减少加工过程微生物滋生。

（3）清洗。将分好级的原料进行清洗，洗去污物等。

（4）杀菌。可参照马铃薯的除菌杀菌方式。

（5）漂洗。用纯水漂洗杀菌后的芹菜。

（6）切分。采用多用切菜机将菜切分成段，长度可根据客户的不同要求进行处理。

（7）护色保鲜。将切分好的芹菜输送至配制好的护色液中进行处理，护色浸泡液的成分可参考：0.04%～0.06%植酸、0.06%～0.9%脱氢醋酸钠、0.2%～0.3%乳酸钙，护色时间为10～15 min。

（8）沥水。通常采用离心式蔬菜沥水机进行沥水，但为了防止离心对切段的芹菜表面的损伤，需将原料装入网袋中进行离心沥水，沥水时间常为3～4 min。

（9）包装。采用无菌袋进行真空包装，并将贮藏加工好的芹菜净菜产品放入冷库中进行冷藏（刘章武等，2007）。

第四节 净菜加工中的质量安全问题

新鲜的蔬菜经过清洗、去皮和切分后，相比未加工的蔬菜，其生理老化、营养流失、组织褐变、质地软化风味劣变等现象易发生，同时还可能伴有一系列食源性疾病微生物的繁殖导致产品存在食品安全隐患。这些问题在很大程度上制约了净菜产业的发展，通常认为有以下原因：

一、原料品质

蔬菜是时令性强、水分含量高的农产品，在从产地运抵加工企业的过程中，因贮存条件和运输条件的不足，极容易发生腐败损失。为保证净菜的产品品质和安全，须对其原材料进行严格的控制。在我国，净菜原料产地普遍存在着机械化加工水平低、标准化缺失等问题，这必然会造成净菜原料的品质下降和安全隐患。部分蔬菜中存在农药和重金属（如砷、汞、铅等）的残留，须对其进行有效地去除，才能保障净菜品质和健康。

二、微生物

新鲜蔬菜在去皮和切分过程中容易受到空气、水和加工装备中的微生物污染。而且有些蔬菜属于低酸度食品，再加上切分处理造成的蔬菜营养流失，为微生物繁殖提供了有利条件，导致净菜在加工和贮存过程中交叉污染风险增加。作为一种近100%可食用的方便食品，致病微生物的滋生不仅导致产品腐败变质，存在食品安全隐患。蔬菜的主要风险微生物是细菌，但也有少量的霉菌和酵母菌。不同蔬菜上的细菌群落差异很大，净菜产品易感染的食源性致病菌主要有大肠杆菌 O157：H7、李斯特菌、假单胞菌、志贺杆菌属、沙门菌、金黄色葡萄球菌、耶尔森菌等，而导致净菜腐烂和变质的往往是细菌、真菌、病毒和寄生虫等因素。

三、温度

在净菜加工中，温度是一个非常敏感的影响因素。在一定程度上，低温能使植物的呼吸、各项生理生化指标降低、老化和褐变延迟，并对净菜中的微生物活性有一定的抑制作用。但是，如果温度过低，则会导致净菜出现冷害，表现为代谢紊乱、异味产生、褐变加剧等，严重影响产品的贮藏期。因此，对净菜在加工、贮存、流通和销售环节进行严格的温控是保证其质量的重要环节。

四、食品包装材料技术

净菜的包装材料常用的有聚乙烯（PE）、聚丙烯（PP）、聚氯乙烯（PVC）、聚偏二氯乙烯（PVDC）和高压低密度聚乙烯（LDPE）等塑料膜。部分不法商家在塑料包装中随意加入过量的塑化剂、稳定剂以增加包装的透明度和黏性，容易导致有害成分向净菜中迁移，造成有害成分超标，这也是需要重点关注的问题之一。

■ 本章小结

净菜是经处理后的产品，具有新鲜、方便、卫生和营养等特点。净菜加工是蔬菜生产过程中重要的一种加工形式，它改变了传统的从采摘到流通环节的供应方式，形成从产地集中加工、分散供应的现代化流通模式，极大地减少蔬菜的产后损耗，增加蔬菜的附加值，减少都市的废弃垃圾，且能更充分地满足快节奏、高效率的都市生活需要。20 世纪 50 年代，国外就开始研究并投入工业化生产，现已形成完整的加工及销售体系，美国等发达国家净菜的消费已占蔬菜消费的 35％以上。我国的净菜研究和开发正处于起步阶段，近年来净菜加工业发展迅速，特别是全国各地大型超市（或配送中心）的建立，为净菜的发展提供了广阔的空间。

■ 参考文献

陈斌，刘成梅，顾林，2004. 食品加工机械与设备［M］. 北京：机械工业出版社.
陈功，余文华，徐德琼，等，2005. 净菜加工技术［M］. 北京：中国轻工业出版社.
方祖成，李冬生，汪超，2017. 食品工厂机械装备［M］. 北京：中国质检出版社.
康旭，2020. 食品机械与设备［M］. 北京：科学出版社.
李新峥，2011. 现代农业园区与新型蔬菜生产［M］. 北京：化学工业出版社.
李勇，张佰清，2019. 食品机械与设备［M］. 北京：化学工业出版社.
刘章武，陈季旺，魏新林，2007. 果蔬资源开发与利用［M］北京：化学工业出版社.
许学勤，2008. 食品工厂机械与设备［M］. 北京：中国轻工业出版社.
曾洁，朱新荣，张明成，2005. 饮料生产工艺与配方［M］. 北京：化学工业出版社.
邹小波，2021. 中式中央厨房装备［M］. 北京：中国轻工业出版社.

第十二章　蔬菜资源的综合利用

近年来，随着蔬菜标准化种植技术的推广，全国蔬菜的产量和质量日益提升，作为世界蔬菜生产第一大国，2022 年我国蔬菜播种面积为 2 300 万 hm²，产量约 8 亿 t，蔬菜产值约 2.6 万亿元，占农林牧渔业产值的 20% 左右。但我国在蔬菜贮藏保鲜、流通贸易、加工消费等采后环节仍有相当程度的损耗及浪费，占原料总质量的 30%～40%。蔬菜及其副产物中含多种化学成分，功能多样，潜力空间巨大，可作为功能食品、日化用品及药品等产品的重要原料，当前市场上各类蔬菜制品的种类及经济附加值不断增加，蔬菜资源的深度开发和综合利用将成为促进蔬菜产业整体发展的新途径。

我国对蔬菜资源综合利用进行了广泛深入的研究，蔬菜的级外品、下脚料及老茎、枝叶、秸秆等废弃物在诸多领域已实现不同程度的应用，如畜禽饲料制备、食用菌栽培、沼气制作及环境养护等。但蔬菜副产物资源尚未得到完全重视和有效利用，特别是对于蔬菜功能因子的产品研究与开发仍面临诸多行业难题及产业瓶颈：一是目前蔬菜功能成分的研究主要集中在成分类别和含量上，对功能成分在不同加工工艺和存储条件下的变化机理研究还存在不足；二是影响蔬菜功能成分生物利用度、作用机理的因素仍需进一步明确，蔬菜中各种功能成分之间关系、它们之间可能产生的协同或拮抗作用分析也存在薄弱环节；三是对蔬菜及副产物功能成分及其保健食品的研究与规模化开发尚不连贯，仍需运用多种新技术新手段，开展蔬菜资源深度开发及综合利用的技术装备加工适配性及改造升级研究。

本章节系统性地总结了蔬菜多糖、膳食纤维、多酚、籽油、色素及蛋白等功能因子的制备技术、过程中品质变化及典型应用案例，并详细介绍蔬菜副产物在饲料、肥料等加工中的研究进展，以期为延伸多级产业加工链、研发高附加值产品，进而为实现蔬菜资源的开发利用提供一定的理论基础及技术参考。

第一节　蔬菜功能因子提取纯化技术及设备

一、蔬菜功能因子共性提取纯化技术

(一)蔬菜功能因子提取技术

1. 溶剂提取法　当进行固体原料的提取时，需要选择与目标物质相互溶解的溶剂。首先，对植物原料进行粉碎，并将其置于容器中。随后添加溶剂，通常为植物原料质量的数倍。提取的过程可以采用多种方法，如浸泡、渗透、煎煮、回流和连续提取等。在溶剂

加入植物原料的过程中，通过扩散和渗透，溶剂能够穿过细胞壁，进入细胞内，从而溶解可溶性物质。这导致细胞内外形成浓度差异，使得细胞内的高浓度溶液不断向外扩散，同时溶剂也持续进入细胞。通过多次往返，直至细胞内外的溶液浓度达到动态平衡时，可将饱和溶液滤出。随后，可以加入新的溶剂，反复几次，以确保将所需的活性成分大部分溶出。

原料粉碎度对提取效率至关重要。粉末过细可能会带来额外问题，如增强吸附作用，从而对扩散速度产生负面影响。在确定粉碎度时，必须考虑到不同植物部位和所选择的提取溶剂。特别是在原料中含有蛋白质、多糖等成分的情况下，过细的粉末可能导致这些成分溶解过多，进而导致提取液的黏稠度增加，影响后续的操作步骤。对于根茎类，建议选择较粗的粉末或薄片。而对于有机溶剂提取全草、叶类、花类、果实的情况，可以相对选择较细的粉末。总体而言，在粉碎度的选择上，应该综合考虑原料的组成和特性，以及所选用的提取溶剂类型，以达到提取效率和后续操作的平衡。

2. 超声波-微波提取法 超声波提取是一种环保高效的提取方法。它利用超声波的振动和空洞效应，能够迅速释放、扩散和溶解植物细胞中的物质至溶剂中，从而提高提取效率。相较于传统方法，超声波提取具有效率高、操作简便、提取时间短、对环境友好等诸多优势。此外，这一技术有助于保持被提取物质的结构和生物活性，有利于提取更优质的天然药物成分。

在超声波提取过程中，多个因素直接影响提取率，包括溶剂的选择和浓度、固液比、提取温度以及提取时间等参数。为获得最佳效果，必须合理调整和优化这些参数。超声波提取技术具有快速、环保、高效等优势，近年来得到学术界越来越多的关注。一些学者已开始应用超声波技术进行植物成分提取的研究。如成功应用超声波提取法提取鲜叶中的叶绿素，结果表明这一方法不仅提取率高、速度快，而且可在室温下进行，无须加热，从而节约能源。因此，超声波提取技术在活性成分提取领域有广阔的应用前景。

微波和超声波在生物活性物质提取方面具有独特的优势，被广泛应用。微波是一种非电离电磁辐射，通过极性分子的转向和定向排列来实现能量的快速传递，具有节能和无工业污染的特点。然而，微波的穿透深度有限，对传质作用影响不显著。为了充分发挥两者的优势，微波和超声波被结合起来应用，形成协同效应。微波能够促进物质的热释放和分子振动，而超声波则能够产生物理效应，如破壁和空化作用，从而增强物质的释放和提取效果。因此，微波-超声波协同强化提取技术成为生物活性物质提取的一种重要手段。这种技术具有廉价、无污染等特点，得到广泛应用。通过结合微波和超声波的优势，实现更高效的提取，为生物活性物质的提取提供了有效途径。

3. 超临界流体萃取法 超临界流体萃取是一种以超临界流体为溶剂进行分离提取的技术。二氧化碳是最常见的超临界流体溶剂，因其具有较高的临界温度和临界压力，同时在超临界状态下有适当的溶解性。一般而言，通过升高温度和降低压力（或两者兼而有之），可以使溶解在超临界流体中的物质发生析出或降低溶解度，从而达到分离的目的。这种方法既能实现精馏功能，又能进行萃取操作，具有高效和选择性好的特点。在超临界流体的作用下，目标物质可以被有效提取，而无须使用有机溶剂，从而降低对环境的影响。超临界流体萃取在化学分离和提取领域得到广泛应用，为分离纯化提供了一种环保、高效的解决方案。

超临界流体萃取具有许多优点。首先，它能够在相对温和的条件下进行，避免高温和有机溶剂对物质的破坏或污染。其次，活性成分不易失活，产品质量高，因为超临界流体的特性使其在分离过程中不会引入杂质。此外，超临界流体萃取可以同步完成萃取和分离操作，提高了工艺效率。因此被认为是一种绿色环保的高科技分离技术，特别适用于对条件敏感或不稳定的物质进行提取和纯化。

4. 酶辅助提取法 该方法利用纤维素酶、果胶酶以及蛋白酶等酶类（主要是纤维素酶），来破坏植物细胞壁，从而释放植物中的有效成分，并使其更易于分离。在酶提取过程中，酶的选择、酶浓度、pH、酶解温度和酶解时间都对提取率产生影响。

（二）蔬菜功能因子纯化技术

1. 固相络合反应法 固相络合反应法是在金属离子沉淀法基础上发展起来的，以多酚类化合物纯化为例，利用酚类化合物与指定金属离子（如 Zn^{2+}、Fe^{3+}、Mg^{2+}、Ba^{2+}、Ca^{2+}、Al^{3+} 等）生成结晶性沉淀，通过与其他物质分离，从原始提取液中获取高度纯净的多酚。这种方法具有沉淀选择性高、工艺简单、原材料成本低、产品纯度高等优势。然而，金属离子沉淀法也存在一些问题，如易氧化、易受到有毒金属离子污染以及产生废液废渣等。

近期，固相络合反应法在金属离子沉淀法的基础上得到了发展。这一方法涉及将原料与某些盐类混合，通过机械外力使植物基原料与盐形成络合物。随后，通过溶剂将络合物与其他物质分离，并通过酸溶液释放出游离多酚。具体而言，固相络合反应法已成功应用于茶叶游离多酚的提取，其综合提取率可达 $15.4\%\sim15.8\%$。这一方法可在常温下实现游离多酚的提取，有效避免了茶多酚因受热而氧化降解。因此，固相络合反应法被认为是一种环保、绿色的分离纯化工艺。

2. 凝胶柱层析法 凝胶柱层析分离原理是基于物质分子量大小差异，在凝胶柱中，大分子不能进入凝胶颗粒中的静止相中，只留在凝胶颗粒之间的流动相中，因此以较快的速度首先流出层析柱，而小分子则能自由出入凝胶颗粒中，并很快在流动相和静止相之间形成动态平衡，因此就要花费较长的时间流经柱床，从而使不同大小的分子得以分离。葡聚糖凝胶、聚丙烯酰胺凝胶和琼脂糖凝胶是常用的凝胶材料，在分离多酚类等物质中具有良好的效果。

凝胶柱层析法具有许多优点，如分离效果好、产品纯度高、总得率高等。它是一种非常重要的植物功能活性成分分离纯化方法之一。已经有许多使用凝胶柱层析法成功地分离出游离多酚类物质，并提高了产品纯度的报道。然而，凝胶柱层析法也存在一些技术难题，例如柱效、柱填充料老化等。为了解决这些问题，需要进一步简化工艺流程，提高纯化效率，这方面的研究仍然是未来的重点。

3. 吸附树脂法 吸附树脂法是一种利用固体吸附剂进行分离的方法，常用的吸附剂包括活性炭、聚酰胺、硅胶和大孔树脂等。目前，大孔树脂是广泛应用的吸附树脂之一，其特点是不含离子交换基团，拥有大孔结构，能够有选择性地吸附混合物中的目标成分。通过洗脱过程，可以将高纯度的产物分离出来。吸附树脂法具有多个优点，包括工艺操作简便、能耗较低、安全无毒、产品纯度较高，尤其适用于大规模工业化生产。

在吸附树脂法中，吸附树脂的类型是影响游离多酚等成分吸附和解吸附效果的关键因素之一。不同类型的树脂具有各自独特的吸附特性，因此选择适当的吸附树脂对于实现理想的分离效果至关重要。除了吸附树脂的类型外，其他操作参数也会影响吸附树脂法的分离纯化效果，包括液料比、吸附和解吸流速、柱温、溶剂浓度等。通过调节这些操作参数，可以进一步优化分离过程，提高纯化效率。总体而言，吸附树脂法是一种有效的分离纯化方法，具有广阔的应用前景。通过选择合适的吸附树脂类型和优化操作参数，可以实现高效分离和纯化目标成分。

4. 膜分离技术 膜分离技术是基于选择性透过膜实现对混合物中目标成分分离的方法。它利用不同膜的孔径大小或其他特性来实现这一目的，常见的膜包括微滤膜、超滤膜、纳滤膜和反渗透膜等。在食品领域，膜分离技术有诸多优点。易于规模化应用，并且能够显著降低能耗。在膜分离过程中不需要使用有机溶剂或加热处理，因此能够避免对环境的污染，并保持游离多酚的高活性。此外，该技术还能最大限度地减少溶液的热损失，有助于保证产品的质量。

膜分离技术在多酚类化合物的回收、纯化和浓缩方面尤为适用。有研究指出，该技术对糖类化合物有出色的截留效果，同时对分子结构相似的多酚类物质和花青素类成分表现出良好的分离效果。在实际应用中，常采用不同孔径的膜材料和多重膜组合，并结合其他分离纯化技术，以提高产品的纯度、得率和品质。值得关注的是，膜的成本一直是限制膜分离技术推广应用的关键因素之一。随着新材料技术的发展，预计膜分离技术将在食品领域得到更广泛的应用。

5. 高速逆流色谱法 色谱分离法是一种被广泛应用的分析技术，包括纸色谱法、薄层色谱法、气相色谱法、高效液相色谱法和高速逆流色谱法等几种。近年来，高速逆流色谱法作为一种新型分离技术备受关注。该方法采用液-液色谱分离原理，其中固定相和流动相均为液体。高速逆流色谱法具有产品无污染、无损失和高效等优点。

在高速逆流色谱法中，研究溶剂的种类选择与合理组合是一个关键问题。通常来讲，使用中极性溶剂体系和深共晶溶剂体系是进行天然游离多酚的分离纯化时的理想选择。中极性溶剂体系提供了足够的溶解度和选择性，有助于有效地分离目标化合物。深共晶溶剂体系由两个或更多成分组成，形成深共晶现象，能够提供更好的溶解度、选择性和分离效果。需要指出的是，高速逆流色谱法仍需进一步研究和发展，特别是在不同样品的分离条件和优化方面。借助科学技术的不断进步，高速逆流色谱法有望在天然游离多酚的分离纯化领域发挥更重要的作用。

二、代表性提取纯化设备

（一）代表性提取设备

1. 超声提取设备 超声提取法是通过利用超声波的空化作用、机械效应和热效应等加速物料细胞内物质的释放、扩散和溶解，有效提高提取效率。当超声波作用于介质时，介质产生许多小空穴，这些小空穴爆裂的瞬间会产生几千个大气压的瞬间压力，使植物细胞壁及整个生物体的破裂在瞬间完成，即空化现象，原理如图 12-1 所示。

超声波提取相比传统的提取方式具有很多优势，普通的溶剂提取时间较长，效率较低，而超声波提取法利用超声波独有的物理特性导致植物细胞组织破壁或变形，使有效成分快速溶出，提取率比传统的提取方式显著提高 $50\%\sim500\%$，操作简单省时，而且对样品中遇热不稳定、易水解或氧化的有效成分具有较好的保护作用，超声提取设备结构如图 12-2 所示。

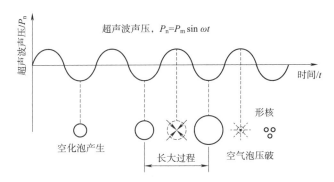

图 12 - 1 超声波空化效应原理

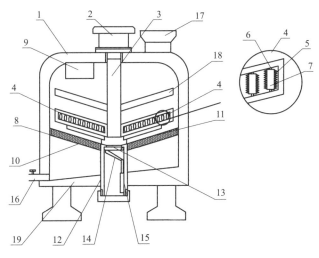

图 12 - 2 超声提取设备结构图

1. 提取器 2. 电机 3. 搅拌杆 4. 搅拌板 5. 活动槽 6. 支撑杆 7. 破碎辊 8. 支撑环
9. 超声波发生器 10. 过滤网 11. 刷板 12. 排料管 13. 挡板 14. 连杆
15. 电动伸缩杆 16. 排液管 17. 上料口 18. 搅拌叶 19. 斜面

2. 逆流提取设备 逆流提取是指在提取的过程中，物料和溶剂同时连续运动，但运动方向相反，通过机械传输连续定量加料，使物料和溶剂充分接触，是一个固相原料向低浓度液相浸出的传质过程。逆流提取设备（图 12 - 3）主要由挤压机、逆流提取仓、排渣器等组成。蔬菜物料可以经过初步粉碎后从投料斗投入，在预浸仓浸泡后，在挤压机作用下从逆流提取仓前端向后缓慢推进，提取溶剂从机组末端的进液管进入逆流提取仓内，由筒后端穿过移动的物料向前端流动，固液两相在这种逆向运动中可以充分接触，从而将物料中有效成分高效率提取出来。戚志伟等（2011）利用连续逆流超声提取机提取辣椒红素和辣素，提取效率高，产品品质好。姚德坤等（2015）采用微波联合逆流提取黑胡萝卜花青素，再利用大孔树脂技术提高产品纯度，缩短提取时间，可以得到 25％以上纯度的黑胡萝卜花青素。

3. 亚临界萃取设备 亚临界萃取（sub - critical fluid extraction，SCF）是指在一定压力下，依据有机物相似相溶的原理，以液化的亚临界溶剂对物料进行萃取，利用萃取物料与萃取剂在浸泡过程中的分子扩散过程，实现将固体物料中的有效成分转移到液态的萃

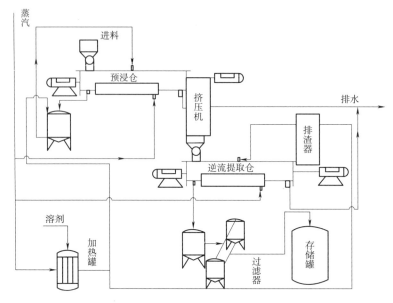

图 12-3　逆流提取设备结构图

取剂中，再通过减压蒸发将萃取剂与目的产物分离，最终得到目的产物的一种新型萃取与分离技术，设备结构如图 12-4。该技术早期被应用于大豆油的液化丁烷萃取，包括液体丁烷作为萃取溶剂的适应性和萃取条件优化，最终得到了最优的萃取条件和产品品质。卢杰等（2012）利用响应面法优化萃取亚临界流体海带中叶绿素，在萃取温度 37.5 ℃、萃取压力 11.5 MPa、夹带剂用量 4.5 mL/g 时，萃取液中叶绿素的含量最高，为 3.128 mg/g。亚临界萃取相比其他传统提取方法，可以实现无毒、无害、无污染，而且非热加工的方式可以确保提取物的活性成分不被破坏，从而实现工业化大规模生产。该技术已被广泛应用于动植物油脂、天然色素、中药材功能成分等的提取加工领域，年加工总量达到了 2.0×10^5 t 以上。综上所述，亚临界流体萃取技术已逐步成为农产品生产加工领域的优势提取技术之一，具有广阔的应用前景。

4. 超临界提取设备　超临界流体是指当温度和压力均超过这种流体（气体或液体）相应临界点值时，该状态下的流体就被称为超临界流体。流体与传统溶剂相比，优势在于其密度近似于液体，黏度近似于气体，具有溶解度高、易扩散、传质效率高等特点。超临界流体萃取（supercritical fluid extraction，SFE）技术主要利用超临界流体（溶剂）从复杂的食物基质中分离所需的成分（萃取物），常用的萃取剂包括 CO_2、乙烯、甲醇等，与传统的化学溶剂萃取法相比，SFE 技术不存在化学溶剂消耗和残留，对环境污染小，同时萃取物的活性成分不被破坏，可以说 SFE 提取生物活性物质是一项符合可持续发展的绿色新型技术，SFE 设备结构图如 12-5。该技术操作参数易于控制，溶剂可循环使用，且能够实现无溶剂残留。袁永成等（2011）以番茄皮渣为原料，皂化预处理后采用超临界 CO_2 萃取，得出的最优工艺条件为夹带剂正己烷（20%），萃取时间 2 h，萃取温度 55 ℃，萃取压力 35 MPa，此时番茄红素得率为 16.3 mg/100 g。以番茄渣为原料，利用超临界萃取法提取番茄红素的研究得出最佳提取条件为萃取温度 86 ℃、压力 34.47 MPa、CO_2 流速 2.5 mL/min、萃取时间 200 min、提取率为 61.0%。

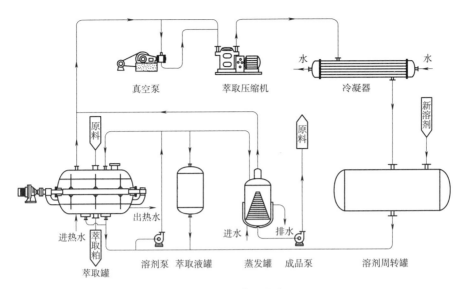

图 12 - 4　亚临界萃取技术原理图

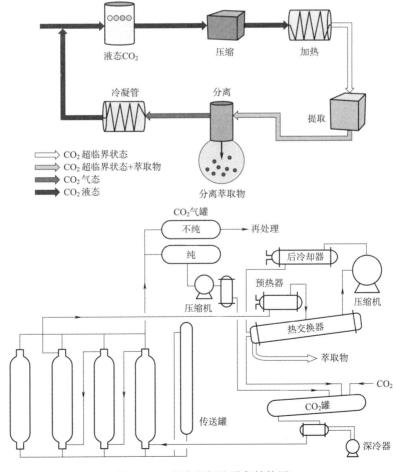

图 12 - 5　超临界提取设备结构图

5. 微波辅助提取设备　微波辅助提取技术是利用微波的热效应、生物效应等多级效应来辅助和强化提取的一种新型分离技术。在微波电场的作用下会引起极性分子强烈振荡，破坏氢键、范德华力、疏水相互作用、离子键等次级键，当细胞内部压力超过细胞壁承受力时，细胞破裂导致胞内有效成分流出，溶解于提取媒介，再通过进一步过滤和分离得到有效成分，如图 12-6 所示。微波辅助提取的优点是提取效率高、速度快、省时、安全、节能、无污染、生产设备简单。苏亚洲等（2010）以番茄皮为原料，用乙酸乙酯作提取剂，发现当番茄皮含水量为 30% 时最有利于微波辅助萃取，得到的最佳工艺条件为提取时间 60 s，液料比 12∶1，微波功率 540 W，提取 4 次，番茄红素提取率为 92.37%。微波辅助提取法的提取率高，是溶剂法的 1.139 倍，超声波法的 1.003 倍，提取时间是溶剂法的 1.3%，超声波法的 4.4%。张化生等（2012）利用微波辅助萃取花椰菜废弃菜叶中的叶绿素，研究表明微波辅助萃取法与传统浸取法相比，具有很大的优越性，主要表现为提取效率高，叶绿素提取率较传统的提取方法提高 62.2%。

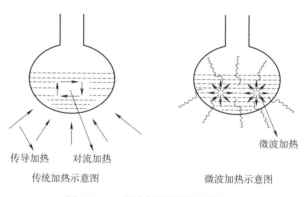

图 12-6　微波辅助提取主要机理

6. 高压脉冲电场提取　高压脉冲电场（high pulsed electric field，HPEF）提取法是指利用脉冲波瞬间使物料细胞壁破裂，造成膜电位混乱，细胞壁、膜发生可逆或不可逆的破坏，促使其胞内有效物质流出，如图 12-7 所示。因 HPEF 具有传递快速均匀、处理时间短、能耗低、可连续性操作、能最大程度上保留产品活性成分的特性而受到国内外学者的关注。HPEF 有极强的穿透力，能避免一些常规加工技术处理食品时的不均匀性，因此适用范围极广，加工效率高，处理时间短，加工同等物料所用能耗低（仅为热处理的 40%）且污染小，符合节能减排的要求。此外，处理设备易于清洗、维护，操作简便、重现性好。

由于 HPEF 具有非加热特性，可以广泛地应用于热敏性物质的加工与提取，有效避免热伤害导致食品品质下降的问题。因可在常温、常压的环境下操作，进而有效地保护原料中营养成分和风味物质。因此，高压脉冲电场技术填补了食品、药品等领域非热力加工、高效提取技术的空白，引起工业化提取天然有效成分的革命。

关于红甜菜中红色素固液萃取的研究表明，将甜菜薄片置于场强 1 kV/cm、矩形脉冲数 270，脉宽 10 μs、能量提供 7 kJ/kg 下处理，最终总红色素得率可达 90%。Loginova 等（2011）探究了当温度在 30~80 ℃ 时，HPEF 提取红甜菜中色素得率和降解率，研究对比空白组证实，经 HPEF 处理不但有效地提高提取速率和得率，还可减少降解率。普通热处理提取色素时若要得到较高的提取率（80%）则需升高温度，但同时色素的降解加速（降解率为40%～60%）。脉冲电场辅助提取能够克服以上缺点，加快色素在低温下的扩散，获得较高得率。

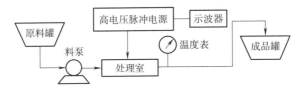

图12-7 高压脉冲电场提取示意图

（二）代表性纯化设备

1. 树脂分离纯化设备 大孔树脂由于其独特的多孔结构及材料性质，常被应用于黄酮、多酚、多糖等功能活性成分的分离纯化。大孔吸附树脂为吸附性和筛选性原理相结合的分离材料。大孔树脂吸附作用是依靠它和被吸附的分子（吸附质）之间的范德华引力，通过其巨大的比表面进行物理吸附。大孔树脂的孔径、外表面积起到极大的作用，溶液通过大孔树脂，然后吸附溶液中所需的成分，由于树脂内部具有不同的孔径，溶液进入时，就会留下不同的离子，再将大孔树脂进行洗脱回收，从而提取、分离、提纯所需的离子，通过上述这种吸附和筛选原理，有机化合物根据吸附力的不同及分子量的大小，在大孔吸附树脂上经一定溶剂洗脱而达到分离、纯化、除杂、浓缩等不同目的，大孔树脂分离设备结构见图12-8。

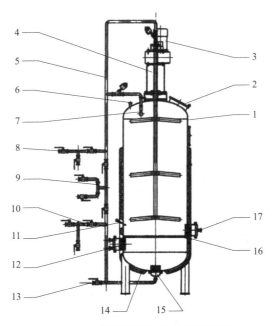

图12-8 树脂分离纯化设备结构图

1. 壳体　2. 入孔　3. 减速机　4. 空心管搅拌布液浆　5. 进液与反冲洗管路　6. 抽真空口　7. 自动清洗口
8. 上回收与排放口　9. 料水与溶剂进口　10. 下回收与排放口　11. 温探装置　12. 石英砂进口
13. 出液口　14. 凝水出口　15. 石英砂出口　16. 隔离滤网　17. 树脂出口

2. 膜分离设备 膜分离设备的核心技术是膜分离技术，设备中的分离膜是具有选择性透过功能的材料，工作原理是利用膜的选择透过性实现料液不同组分间的分离或有效成分浓缩的物理机械筛分过程，如图 12-9、图 12-10 所示。当膜两侧存在某种推动力（压力差、浓度差、电位差、温度差等）时，原料侧组分中的不同成分选择性地透过膜，以达到分离纯化的目的。根据分离需求使用不同的膜，其推动力也不同。目前已经工业化应用的膜分离有微滤（micro-filtration，MF）、超滤（ultra-filtration，UF）、反渗透（reverse osmosis，RO）、电渗析（electrodialysis，ED）、气体分离（gas separation，GS）、渗透气化（pervaporation，PV）、乳化液膜（emulsified liquid membrane，ELM）等。

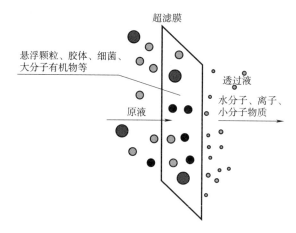

图 12-9　膜分离原理图

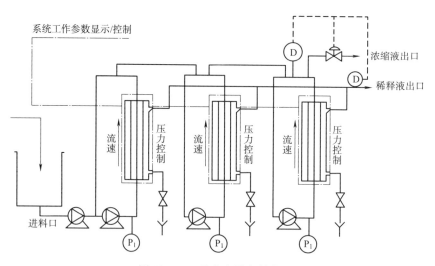

图 12-10　膜分离设备结构图

超滤（UF）属于膜分离技术的一种，是一种介于微滤与纳滤之间的膜过滤技术，其过滤精度为 0.01～0.10 μm，操作压力的设定范围为 0.1～0.5 MPa。该技术通过加压的方式让溶液通过多孔膜，溶剂与小分子溶质可以顺利通过，到达膜的低压侧，而大分子溶质以及大于膜孔的微粒则被截留，以实现不同物质的分离纯化。超滤技术具有操作简便、能耗低、生产周期短的特点。使用超滤技术不仅可以有效降低企业的生产成本，而且不需要加入化学试剂，也无须改变溶液的温度，因此溶液的 pH、温度等不会发生变化，溶液中的活性物质也就不会发生变质与失活。在农产品生产加工领域中，超滤主要用于生物大分子的脱盐、浓缩、分离等。

针对传统工艺中存在的不足，许多专家学者对植物功能成分的膜分离进行了广泛深入的研究，从中提取分离有效成分，如生物碱、黄酮、酚酸、皂苷、萜类及多糖等，并研究膜分离集成、联用技术在植物提取产物分离纯化过程中的效益，发现不少植物活性成分的得率及产品纯度、质量稳定性、有效成分的功效性均有显著的提高。Pamn 等（2011）利用纳滤膜浓缩汉荭鱼腥草和鼠尾草提取液中的多酚类物质，通过定量滤纸过滤、微滤膜除杂、超滤膜分离、有机-无机复合纳滤膜浓缩所得汉荭鱼腥草浓缩液和鼠尾草浓缩液对自由基清除率分别达 92.9％和 90.1％。利用超滤膜分离香菇多糖时，采用截留分子量为50 kD、300 kD 陶瓷超滤膜，在 35 ℃、0.15 MPa、中性环境下能有效浓缩香菇多糖提取液，并将多糖分级为含蛋白质的小分子量多糖、含少量蛋白质的中等分子量多糖和含大量蛋白质的大分子多糖。膜分离技术克服了传统方法存在的分离效率低、使用有机溶剂及高温易引起药效成分失效等问题，是实现制备高质量天然功能成分的重要保证。

由于膜分离过程不需要加热，可防止热敏物质失活、杂菌污染，无相变，集分离、浓缩、提纯、杀菌为一体，分离效率高，操作简单、费用低，在食品工业领域具有广阔的应用前景。

第二节 蔬菜多糖制备技术及应用

一、蔬菜多糖加工过程中营养品质变化

（一）蔬菜多糖的加工活性

多糖是一类由 10 个以上多羟基醛或酮组成的碳水化合物，由于单个单糖残基存在空间构型、异头碳形式，是否取代等结构差异，以及不同单糖残基之间存在多种可能的连接顺序、连接方式等，使得其结构非常复杂。蔬菜多糖具有一定的生物学功能，如有效调节机体的免疫系统、降低血糖和血脂、抗氧化和抗肿瘤等。常见的植物多糖主要有马铃薯和豆类的淀粉，棉花中的纤维素，甜菜渣、苹果渣和橘类果皮中的果胶质以及很多植物根、茎和种子中的果聚糖等。已有研究证明，蔬菜多糖对人体的免疫功能有很好的调节作用，对生物的生长发育具有促进作用；多糖可以刺激植物免疫系统，从而增强植物的抗病能力，调控植物的生长；蔬菜多糖也可以增强免疫力，刺激免疫细胞。另外，多糖因其独特的物理化学特性而被广泛用于食品行业，如用作稳定剂、乳化剂、澄清剂、增稠剂等。多糖也是一种新型的天然多糖，可作为一种新型的天然多糖，在医疗、保健等领域有着广泛的应用前景。蔬菜从农场收集后进行加工处理，如罐装、干制、榨汁、糖果、蜜饯等，其间需要多种加工方式，蔬菜的品质会受到很大的影响。其中，糖类变化是其质构和营养品质变化的主要原因。本节就近年来国内外文献报道，总结了食品加工方式脱水加工、热加工、低温加工、发酵以及一些新型加工技术，如超声技术、微波技术、高压技术、挤压技术、汽爆技术等，并分析了蔬菜多糖结构、理化性质、功能活性等在加工过程中的变化。

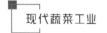

（二）蔬菜脱水加工中多糖营养品质的变化

新鲜蔬菜的含水量较高，对其进行脱水处理，可节约包装和运输成本，并可减轻食品的质量，延长其货架期。

热风干燥过程中，高温易导致多糖降解，而降解后的小分子量多糖具有更好的抗氧化性能。以川芎多糖为例，高温对多糖结构变化影响并不明显，但所得到的川芎多糖的抗氧化性均较高。此外，热风干燥后的多糖和总糖的含量均较低，但其相对黏度和保水性均较高。由此可见，热风干燥对蔬菜多糖的影响较大，会不断损失多糖的含量，同时使蔬菜多糖再吸水能力下降。

喷雾干燥对多糖组成结构和官能团不会产生影响，但会使多糖的平均粒径分布变窄。另外，喷雾干燥可以有效减少蔬菜中粗多糖的损失，尽可能地保留多糖的活性，且可提高制得果蔬粉的品质。潘少香等（2019）研究香菇、黄秋葵和山药，发现喷雾干燥获得的果蔬粉具有良好的溶解度和堆密度，并且不会对多糖的含量产生明显的影响。较低喷雾干燥温度有利于保持活性物质的生物活性，可以增强多糖的羟基自由基清除能力。

热泵干燥可保持多糖的含量，更好地保证多糖的生理活性。主要因为热泵干燥使含C-O-C的糖苷键极化，并伴随着分子内的强烈移动，导致糖链的断裂；另外，随着原料温度的迅速上升，一些多糖在原料中会产生美拉德和焦糖化反应，形成寡糖或焦糖，从而导致多糖的含量降低。有研究表明，采用热泵干制可使苦瓜中的多糖等成分得到较大程度的保存，且抗氧化性较强。

真空冷冻干燥在蔬菜多糖的组成结构、理化性质及生物活性的影响方面表现出较好的效果。真空冷冻干燥所得多糖其网络结构更松散，含量和溶解度更高，还原能力和自由基清除能力更强。马璐瑶（2020）研究了不同干燥方式对秋葵水溶性多糖的影响，结果表明，冷冻干燥后总糖和糖醛酸的含量最高。除上述影响外，冷冻干燥可改变多糖的组成，使分子量分布变窄、多糖线性程度更高、果胶的支链程度降低、多糖黏度下降等。吴振等（2014）通过对不同干燥方法下银耳多糖的研究，发现冷冻干燥可提高银耳多糖的含量及黏度。

（三）蔬菜热加工中多糖营养品质的变化

热烫处理是一种温和的热加工处理，可以钝化食品中的酶，有利于维持多糖的结构，进而保持蔬菜的质构。热烫会使多糖化学组成、主链结构和侧链结构发生变化，高温短时处理相比低温长时处理对结构影响更小。此外，热烫处理影响多糖的分子质量分布和黏度，热烫处理多糖的抗氧化活性明显降低。蒸汽烫漂显著增加了香菇对铁离子的还原能力，而沸水烫漂则显著降低了香菇对 DPPH 自由基清除能力。

热杀菌可使多糖脱去支链或取代基，主链发生降解，使多糖分子量降低，黏度随之降低。过度的热杀菌可能会使多糖活性降低。研究表明，多糖的活性受构象结构影响，当杀菌温度高于 100 ℃时，更容易使 β-1，4 糖苷键和 β-1，3 糖苷键等活化能降低，影响多糖支链、构象、分子量进而影响多糖的活性。热杀菌处理后可以得到低分子质量、高酯化度的果胶。因此，在热杀菌过程中，多糖的主要变化就是多糖可能会脱去支链或取代基，其主链也可能发生降解，因而多糖的分子质量降低，黏度也随之降低。

烹饪处理包括煎、炒、烹、炸、焙烤等烹饪技术。在连续高温焙烤过程中，会发生美拉德反应，不同程度地影响多糖的结构和功能，但对单糖的组成、分子量分布、多糖结构和多糖热特性均无显著影响。烹调材料经过烹调和加热后，其中的一些多糖被水解，有利于提高其营养价值。

（四）蔬菜低温加工中多糖营养品质的变化

低温加工处理有利于维持蔬菜其原有的形态，可使其内部形成一定的孔洞，以利于其多糖的溶解。食品低温处理可提高多糖的保存率，防止多糖的降解。有研究首次采用低温水提的方法对南瓜多糖进行提取，发现经过低温冷冻处理的南瓜多糖得率显著高于未经过冷冻处理的南瓜，且多糖的分子量变低，溶解度变高。低温处理的多糖对 DPPH 自由基有明显的清除作用，清除率和多糖的含量存在着一定的量效关系，与蔬菜多糖分子中还原性的半缩醛羟基有关，其他抗氧化活性实验以及其抗氧化机制还需要进一步研究。

（五）蔬菜发酵加工中多糖营养品质的变化

发酵可对糖类进行结构修饰，改变多糖的单糖组成、分子量分布等结构特征，从而进一步会影响其生物活性。发酵可以促进具有膳食纤维功能的糖类的形成，这些糖类通过被肠道微生物代谢来调节肠道微生物的组成，并通过肠道微生物产生的代谢产物进一步发挥生物学效应。具体而言，一项分析乳酸菌发酵香菇可行性的研究表明，香菇中富含大量的香菇多糖，在发酵过程中，香菇多糖可被分解成半乳糖、葡萄糖、甘露糖、木糖等单糖物质，这些碳水化合物为乳酸菌发酵香菇提供了充足的碳源基础。

（六）新型加工技术中多糖营养品质的变化

超声技术可提高多糖溶解性，膨胀能力和溶解度；降低多糖的分子量、黏度等。超声处理使多糖的分子链断裂，改变多糖的单糖组成和摩尔比，而多糖的初级结构一般不会被改变。Qiu 等（2019）研究表明，不同强度的超声波会对果胶的结构产生一定的影响，当超声波强度增大时，果胶分子中的糖苷键和中性糖侧链会断裂，导致果胶降解，相应的果胶分子量下降，黏度下降。

微波技术处理的多糖具有低分子量、粒径降低等特点，同时还会使多糖的种类组成和结构发生改变。Zhang 等（2019）微波处理大蒜淀粉后，其凝胶结构变弱，增加了淀粉分子中的氢键，破坏了晶体和非晶态区域的结构。微波辐照可使高聚物发生降解，并使其流变学、黏度和溶解性发生变化，而低分子量多糖的抗氧化性更强。有研究发现，经微波辐照后车前子多糖的表观黏度、颗粒大小均有所下降。

高压技术通过改变蔬菜多糖的构型，降低多糖的分子量，可提高多糖功能特性，增加多糖附加值。Fan 等（2017）采用高压均化马铃薯，发现均质后阿拉伯糖含量增加，葡萄糖含量降低，可溶性膳食纤维含量增加。高压技术可以使多糖粒径减少，溶液黏度降低，溶解度、黏弹性和分散性增加等理化性质变化。徐柔（2019）对高压均质前后秋葵多糖的基本结构、溶液特征进行了研究，结果发现，高压均质处理可以明显地减少多糖的分子量，同时还会降低平均粒径，粒度分布倾向于粒径较小的方向，从而显著地降低了秋葵多糖的黏度，并提高了对羟基自由基的清除能力。

汽爆技术可引起多糖结构的改变，使多糖自由基清除能力提高。张明等（2020）以金针菇菌根水提残渣为原料，采用汽爆技术对金针菇菌根多糖进行改性，结果表明，在料腔比 5∶8（L/L），保压时间 105 s，汽爆压强 1.0 MPa，此时可溶性膳食纤维含量最高为 7.08%，较改性前提高了 31.35%。汽爆技术可促进多糖等活性成分的提取并保持成分的活性（Sui et al.，2019）。易军鹏等（2017）将汽爆技术应用于牛膝多糖的提取中，结果表明，预处理后牛膝多糖的得率约为未处理的 2 倍，且预处理后牛膝多糖表现出了更高的抗氧化性。

二、蔬菜多糖制备技术

多糖作为重要功能成分，在动植物及真菌中普遍存在，但目前基础性研究主要集中在药用植物类和真菌类多糖的结构、功能研究以及产业化提取开发上，而蔬菜中的多糖提取、纯化、结构分析、功能评价及产业化方面研究较少。

（一）蔬菜多糖提取方法

有些蔬菜，如芦笋、南瓜等含有丰富的多糖组分，常见蔬菜多糖的提取常用的方法有热水浸提法、酸或碱提取法、超声波提取法、微波或生物酶提取法、超临界流体萃取法以及两种及以上提取技术的组合法等。

1. 热水浸提法　热水浸提法是工业化生产中常用的多糖提取方法。工艺过程中提取原料的料液比、提取温度以及提取时间是影响多糖提取率的关键因素。采用热水浸提法从黄秋葵中提取多糖时，在提取温度 90 ℃，黄秋葵∶双蒸水 1∶15，回流提取 4 h，提取 4 次时提取效率最好，达到 11.2%。采用热水浸提法得到铁皮石斛茎多糖，在料液比 1∶20，沸水浴 3 h，提取 2 次时多糖得率达到 14.77%。与其他提取方法相比，该方法虽然无须特殊设备，花费低，操作容易，适合大规模工厂生产，但其提取耗时长，提取效率低，在很大程度上限制了该方法的应用。

2. 超声波提取　超声波提取可利用超声波所产生的空化效应，破坏细胞壁结构，促进多糖分子释放。朋毛德吉等（2023）采用超声波辅助水提法提取红甜菜多糖，工艺条件为液料比 1∶40（mL/g），提取温度 40 ℃，提取时间 30 min，可获得最大提取率（6.85%）。相较于水提醇沉法，超声波辅助水提法具有提取效率高、提取溶剂少、耗时短、能源消耗少、所需温度低、提取率高等优势。此外红甜菜多糖中的杂质（蛋白质、色素、脂肪）的去除率可达到较高水平。如采取超声辅助酶法提取蒲公英根中多糖时，最佳提取工艺条件为超声提取时间 30 min，超声功率 300 W，溶液 pH 为 5.0，复合酶作用时间为 120 min，此条件下蒲公英根中多糖的平均提取率为 9.068%。

3. 生物酶辅助提取　酶法提取不仅可在相对温和条件下分解细胞基质，促进多糖快速释放，而且可分解淀粉、蛋白等非目标产物，有效提高多糖纯度。关于采用复合生物酶法提取猪肚菇多糖的研究表明，选用果胶酶、纤维素酶和蛋白酶，按照 1∶1∶1 加入提取液中，pH 为 4.64，提取温度 45 ℃，提取时间 96 min，得率可达 10.26%，与传统水提法相比，粗多糖得率提高 75% 左右，提取时间缩短 1/3。此外，按 1% 比例加入复合酶（纤维素酶、果胶酶和木瓜蛋白酶），在温度 55 ℃、pH 为 4.2 条件下，提取 97 min，山茱萸多糖得率达到 9.29%，略高于热水浸提法（8.68%）和超声辅助提取法（8.95%）。可见，该提取法在温和条件下进行，具有操作简单、专用性强、环保、效率高、能耗低和操作温度低等优点。

4. 微波提取　微波是一种非接触热源，在高频交变电场中，微波会使溶剂分子和溶解离子极性取向发生变化，引起分子振动和旋转，导致碰撞频率增强，内压增大，温度升高，致使细胞破裂，从而促进多糖分子的释放。陈赵杰等（2023）比较了热碱法和微波辅助热碱法提取甘蔗叶多糖的提取率，结果表明最佳提取条件为液料比 30 mL/g，提取温度

70 ℃，碱液（NaOH）浓度 0.45 mol/L，微波提取时间 6 min，微波提取功率 350 W，所得 ASLP 的提取率为 13.283%±0.529%。微波辅助热碱法为获得尽可能简便易行、绿色环保、成本低的提取方法提供了参考。洪开文（2023）以韭黄为原料，通过响应面法优化微波辅助提取韭黄多糖的工艺条件，结果表明料液比 1∶37（g/mL），NaOH 溶液浓度 0.15%，微波功率 600 W，提取时间 27 min 的工艺参数下，韭黄多糖得率最多可为 8.9%。

5. 组合提取 采用酶法联合超声辅助提取法提取秋葵多糖的研究表明，黏酶添加量为 1%（V/V），pH 为 4.5，超声功率 820 W，提取温度 40 ℃，处理时间 10 min，所得多糖含量为 70.75%，显著优于超声提取（59.55%）和酶提取（43.95%）；采用微波辅助热水提取法提取铁皮石斛茎多糖时，在料液比 1∶20，沸水浴中提取 3 h，于 600 W 微波下处理 90 s，该条件下多糖得率为 17.74%，优于热水浸提法得率（14.77%）。可见，复合提取法效率高，且所得多糖含量高。

（二）蔬菜多糖的分离纯化

各类提取方法所得粗多糖大都含有一定的杂质，主要包括无机盐、结合蛋白、脂类、核酸、色素、低聚糖和寡糖等，而杂质会影响多糖结构及生物活性的深入研究。

蔬菜多糖经初步提取后得到的粗多糖含有较多杂质，如色素、蛋白质，脂溶性物质等。杂质的存在会增加多糖结构解析的难度，还会影响其生物活性的表达。因此，粗多糖需要进一步纯化和分离。

1. 除杂方法 去除蛋白的方法有 Sevage 法、生物酶解法、盐析法、三氯乙酸法（TCA）、有机溶剂萃取法等，其中酶解法、Sevage 法以及三氯乙酸法是常见的脱蛋白方法。Sevage 法和三氯乙酸法的脱蛋白原理主要是利用蛋白质在有机溶剂中变性沉淀而析出的特点。酶解法是利用多糖中的蛋白质在蛋白酶的作用下被水解成氨基酸，以此达到脱除蛋白的目的。研究表明，将酶解法与 Sevage 法联合使用具有更好去除蛋白质的效果。

经水提醇沉后的多糖一般都含有一定量的色素，色素一般是一类分子量较小的有机物，它的存在对多糖的纯度、性质及活性均有一定的影响。因此，研究人员往往会对提取的粗多糖进行色素脱除处理。常见的脱色方法有 H_2O_2 法、吸附法、金属络合物法、离子交换法等。H_2O_2 脱色法是将粗多糖中的色素直接氧化，该方法耗时长，所需试剂浓度较高，同时高浓度的过氧化氢会破坏多糖结构，造成不利影响。活性炭脱色是利用活性炭的吸附功能，吸附多糖中的色素达到脱色目的，该脱色方法效果不理想，且容易吸附多糖成分造成损失。近年来，纤维素和大孔吸附树脂等材料因脱色效果好，处理量大，是目前最常用的多糖脱色方法。

2. 梯度沉淀法 蔬菜中多糖是一类大分子化合物，提取后粗多糖中含有分子量、分子极性及聚合度均不同的各种多糖组分。乙醇梯度沉淀法是利用多糖在不同浓度乙醇中的溶解度不同而达到沉淀分离的目的；季铵盐沉淀法利用季铵盐与酸性多糖能够生成不溶于水的沉淀，然后进行分离，从而得到中性多糖和酸性多糖。胡玲玲等（2021）研究了提取线路简单、多糖得率较高的枸杞多糖水提醇沉法工艺条件为液料比 20∶1、60 ℃下提取时间 20 min，枸杞多糖得率均值达 10.61%。荔枝核多糖水提醇沉的最优工艺为料液比 1∶19（g/mL），煎煮 3 次，每次 1 h，水提液浓缩至原体积的 40%，加乙醇醇沉至含醇量 80%，经 Sevage 法除蛋白后得荔枝核粗多糖，平均提取率为 7.83%。

3. 柱层析法 柱层析法主要是利用 DEAE 填料或琼脂糖凝胶（SepHarose）、葡聚糖凝胶（SepHadex），根据多糖分子的大小和极性不同达到分离的目的。离子交换层析法是根据多糖阴离子电荷密度的差异，使填料对其吸附。然后再利用不同浓度梯度的盐溶液（如 NaCl 或 NaCl 的磷酸缓冲液）或碱溶液进行洗脱，从而实现不同多糖组分的分离。凝胶柱层析法是根据多糖分子量不同，当待分离料液经流经多孔性凝胶时，小分子量多糖能够扩散进入孔中，而大分子量多糖无法进入凝胶内部，只能流经凝胶颗粒间的流动相中。因此在洗脱过程中，分子量大的多糖先被洗脱下来。孙永进（2023）采用热水煮提法从西番莲果皮中制备出粗多糖，提取得率为 9.56%±0.42%，采用 DEAE－52 纤维素离子柱和 Sepharose CL－6B 凝胶柱对 WPEP 进行分离纯化得到四个纯化组分，均具有较高纯度。胡润锋等（2022）采用水提醇沉法制备得到桑叶多糖，并经 DEAE－52 纤维素柱层析得到 4 个桑叶多糖纯化组分，为桑叶多糖的开发利用提供物质基础。

三、蔬菜多糖典型应用案例

（一）芦笋多糖

据统计，中国芦笋种植面积和加工产量均实现了迅速增长，然而，大量的芦笋老茎及加工后的副产物利用率低不仅对环境造成了一定程度的污染，也造成了资源的浪费。张明等（2020）以芦笋老茎为原料，经提取、分离纯化获得芦笋老茎多糖，对不同浓度芦笋老茎多糖的 DPPH·清除能力、·OH 清除能力、还原能力、α-葡萄糖苷酶抑制率、α-淀粉酶抑制率等抗氧化及降血糖活性指标进行了研究，得出芦笋老茎多糖具有较好的体外抗氧化及降血糖作用效果。窦勇博（2020）利用经蒸汽爆破预处理后的芦笋多糖提取液，辅以食品添加剂、其他营养物质、抗坏血酸等营养功能物质混合后经过喷雾干燥或其他干燥方式得到芦笋多糖固体饮料粉末颗粒。通过测定产品的速溶性、感官得分、微生物指标等对固体饮料进行综合评价，得到最优配比为芦笋多糖添加量 0.3 g、木糖醇添加量 2.0 g、柠檬酸添加量 0.02 g、果胶添加量 0.2 g。此时制备的固体饮料具备良好的抗氧化活性及稳定性。

（二）苦瓜多糖

苦瓜是我国传统的"药食同源"蔬菜资源，其不仅具有丰富的营养价值，还具有广泛的功能活性，素有"药用蔬菜"的美称。此外，苦瓜作为一种功能性食品原料，通常被加工成果脯、凉菜、酱、茶、酒和饮料。而多糖约占鲜苦瓜质量分数的 3%，不同分子量和理化特征的苦瓜多糖具有不同的生物活性，但主要研究集中于降糖机制上。在苦瓜多糖应用方面，徐君飞等（2019）发现采用双酶辅助微波水提醇沉法和双酶辅助超声水提醇沉法对多糖的提取效果较好，其提取率分别为 23.33% 和 7.68%。杨税（2020）以水做溶媒、食用级果胶酶和纤维素酶为催化剂提取苦瓜多糖，木瓜蛋白酶去蛋白，活性炭除带电和有色杂质，并考察确定了酶用量、水料比、苦瓜贮存条件等影响苦瓜多糖规模化提取的最佳因素，降低了分离成本，提取物可直接用于产品生产。

（三）南瓜多糖

南瓜多糖由于具有多种生物活性、无毒和高度生物相容的特性，其在健康产品（例如口服降糖药）及食品补充剂领域的潜在应用吸引了广泛关注。研究发现南瓜多糖一级结构（如葡聚糖、半乳葡聚糖、半乳甘露聚糖、半乳聚糖、半乳糖醛酸聚糖、鼠李半乳糖醛酸聚糖-Ⅰ）、特殊结构（如中空螺旋、线性和球形）及分子量（Mw）、糖醛酸、连接类型和修饰作用都能影响南瓜多糖的生物活性，如抗氧化、抗凝和抗糖尿病活性。近十年来，南瓜多糖的提取及纯化技术日臻成熟，其功能作用研究得到了广泛关注。南瓜的果肉、籽及皮中均含南瓜多糖等活性成分，然而新鲜南瓜具备水分含量高、易腐烂、不耐贮藏的特点。为了解决这一问题，将新鲜南瓜深加工，可以较好地提高南瓜的附加值和利用率。目前，多以南瓜为原料，经水提或醇提制的速溶南瓜粉，具备一定的降血糖功效，此外，将南瓜多糖提取物加入面团中，可以改善传统面制品的品质并提升营养价值。目前市场上常见的含有南瓜多糖的产品还包括南瓜发酵制品（南瓜酒、南瓜醋、南瓜发酵乳），即以南瓜汁为培养基，通过微生物发酵可产生丰富的代谢产物，不仅保留了南瓜的营养成分，赋予产品特有的风味，而且还可以产生具有保健益生功能的活性成分。

第三节　蔬菜膳食纤维制备技术及应用

一、蔬菜膳食纤维加工过程中营养品质变化

（一）膳食纤维结构与功能

膳食纤维主要由纤维素、半纤维素、果胶和木质素等多糖构成，主要存在于植物细胞壁中。根据水溶性，可将膳食纤维分为可溶性膳食纤维（soluble dietary fiber，SDF）与不可溶膳食纤维（insoluble dietary fiber，IDF）两类。此外，根据提取来源，天然类膳食纤维又可分为植物类膳食纤维、动物类膳食纤维、微生物类膳食纤维。

膳食纤维在人类诸多疾病的预防和身体健康状况改善中发挥着重要的作用。研究报道，膳食纤维的理化性质研究主要集中在溶解性、持水力、黏度、成胶性、结合力（重金属、胆酸盐等物质）、膨胀力、持油力等方面。膳食纤维能够预防肥胖、肠道疾病、心血管疾病、糖尿病、降低血压，改变肠道系统中的微生物群落组成，从而达到平衡菌群、提高人体免疫能力、改善并增进口腔功能、抗氧化、清除自由基、防治胆结石等目的。

（二）蔬菜脱水加工中膳食纤维营养品质的变化

热脱水加工方式可以改变蔬菜膳食纤维的特性。有研究报道总膳食纤维含量的增加和减少以及可提取性的变化，会导致可溶性和不可溶性纤维的相对量之间比例的变化。加工对蔬菜中膳食纤维的影响是复杂的，加热处理通常会降解膳食纤维多糖，使纤维的分子量降低和黏度降低。如胡萝卜经加热处理后，水溶性多糖的解聚程度和分子间缔合程度取决于热处理的程度。

微波干燥脱水对膳食纤维组成结构产生影响，微波会使可溶性膳食纤维含量增加，物料表面形成了较多孔隙结构，膳食纤维比表面积增加、可及性边缘增加最多。微波干燥使蔬菜膳食纤维的持水性、持油性显著增强。其中微波对膳食纤维水合能力影响主要来自三个方面：微波干燥不仅使导热系数增高，还产生了膨胀效应，使蔬菜纤维的内部结构更加松散，从而增加了蔬菜纤维的保水能力和膨胀能力；微波干燥产生的适度结构破坏对果胶的溶出是有利的，一旦超过一定的限度，则会导致果胶降解；蔬菜分布不均匀，也会造成局部干燥时温度偏高，出现部分焦化现象，导致膳食纤维的水合能力下降。三个因素的共同作用导致微波干燥后蔬菜膳食纤维的水合能力不高，因此高温下会对蔬菜膳食纤维的微

观结构产生较大的影响。

冷冻干燥的膳食纤维结构疏松多孔，比表面积较大，堆积密度较小，分子量和黏度较高；膳食纤维的持水力、持油力和膨胀力均显著提高，且水溶性膳食纤维优于不溶性膳食纤维。而膳食纤维的红外光谱和含量基本没有影响，说明冷冻干燥不会影响膳食纤维化学结构和成分变化。冷冻干燥的膳食纤维对不同浓度葡萄糖溶液的葡萄糖吸附能力均显著提高。冷冻干燥的膳食纤维在 10～300 min 内能显著降低葡萄糖的扩散速率，使葡萄糖透析延迟指数更高。

（三）蔬菜物理加工中膳食纤维营养品质的变化

挤压膨化处理，对蔬菜总膳食纤维含量的影响不大，但是会将部分不溶性膳食纤维转变成分子量较低的可溶性膳食纤维，减少果胶和半纤维素的分子量，从而提高食品的功能性和口感。一项采用挤压-膨化法的研究得出当甘薯渣水分含量 18.75%，套管温度 159.7℃，螺杆转速 91 r/min 时，可溶膳食纤维的含量增加 6.3%。挤出膨化可提高其物理化学特性（持水力、持油力、膨胀力、胆固醇吸附能力等）和储存性能，并可产生微粒化效应。此外挤压处理会改变原料的微观结构，使物料膳食纤维表面疏松多孔，但处理后官能团不会发生明显的变化且纤维素晶体构型未发生改变。利用电镜、傅里叶红外光谱分析、X 射线衍射分析等技术，对改性前后的金针菇膳食纤维进行结构分析，结果表明，经挤压处理的金针菇膳食纤维表面具有疏松、多孔等特性。

超微粉碎技术，可以提高蔬菜中的可溶性膳食纤维含量，使膳食纤维粒径分布降低且细小均匀，易于发酵和酶解。牛潇潇等（2022）以马铃薯渣为原料发现随着粒度的减小，总膳食纤维和不溶性膳食纤维的含量下降，但可溶性膳食纤维的含量增加，并且粒度越小其吸附能力以及抗氧化能力越强。超微粉碎影响蔬菜膳食纤维理化性质（持水力、膨胀力、持油力）。有研究报道超微粉碎能够提高胡萝卜膳食纤维的膨胀力、持油力、持水力和离子交换能力。金文筠等（2015）研究超微粉碎对藕节理化性质的影响，结果表明，超微粉碎可显著减小物料粒径；且随着粒度的减小，持油性、持水性、溶胀性及可溶性膳食纤维含量呈上升趋势。

（四）蔬菜发酵加工中膳食纤维营养品质的变化

发酵技术能够提高可溶性膳食纤维含量，降低不溶性膳食纤维的含量，使其颗粒明显变小、交联作用更强、吸附有机化合物的能力显著提高；也会使不溶性膳食纤维结构表征发生改变，并提高其吸附力、持水力、持油力、离子交换特性等物化特性。此外，发酵技术可以改善蔬菜膳食纤维的生理功能。发酵前后可溶性膳食纤维清除 ABTS·、DPPH·、·OH 能力均显著提高，表明发酵膳食纤维具有更好的抗氧化性，如能有效预防糖尿病、心血管疾病、调节肠道稳态等。

（五）新型加工技术中膳食纤维营养品质的变化

超声波处理对膳食纤维的结构产生影响。超声波以机械振动形式在介质中产生瞬时高压和高剪切力，打断膳食纤维分子长链，改变单糖的含量组成，使分子量降低、粒径减小，提高物料的比表面积和吸附能力，可形成一些孔洞结构。Huang 等（2018）在超声作用下，对大蒜秸秆不溶性膳食纤维进行处理，结果发现，未经处理的不溶性膳食纤维表面光滑平坦，经过超声处理后，不溶性膳食纤维表现出了明显的蜂窝结构特征，并且表面出现了更多的裂纹和空洞，比表面积也随之增大，这可能是因为超声处理的纤维素、木质素及其内部糖苷键被破坏所导致的。

膳食纤维的物理化学性质与其结构有紧密的联系,对其物理化学性质与结构关系的深入研究,将有助于深入理解膳食纤维的构效关系。有研究显示,大蒜经聚能超声波处理后,SDF 降解为细小颗粒,但未改变 SDF 一级结构,持水力、持油力、膨胀力和胆固醇结合力显著提升,葡萄糖吸附力显著下降。

超高压技术作用于膳食纤维时,可使膳食纤维结构发生改变,并引起性质和功能改变。Xie 等(2017)利用超高压技术对紫薯膳食纤维进行改性,提高了膳食纤维的可溶性膳食纤维含量、总酚含量、α-葡萄糖苷酶抑制以及抗氧化活性。超高压技术对金针菇中不溶性膳食纤维处理后,不溶性膳食纤维表现出较高的稳定性、乳化性能和界面性能。Yan 等(2019)通过对比超高压技术和超微粉碎技术处理梨渣的结果,发现处理的梨渣可溶性膳食纤维的提取率从 10.0% 提高到 16.0%,并且持水性、持油性、膨胀性和胆固醇结合能力等主要功能特性得到显著改善。

二、蔬菜膳食纤维制备技术

在植物细胞中,膳食纤维一般与蛋白质、淀粉等成分结合形成致密结构,需要通过物理、化学、生物学等方法破坏其结构,进而将其提取出来。常用的膳食纤维提取方法主要包括化学提取法、超声波辅提法、酶-化学结合法、酶提取法、发酵法、超滤膜提取法等。除提取环节外,在膳食纤维制备过程中有时还需进行脱色和改性处理。不同提取方法均有其优缺点,在实际生产应用过程中可结合生产条件、生产成本、产品品质要求、环保要求等多方面因素进行选择应用。

(一)膳食纤维提取技术

1. 化学提取法 化学提取法是研究和应用较早的膳食纤维提取方法,它是利用酸、碱等化学试剂处理物料提取膳食纤维,分为酸式浸提法、碱式浸提法等,常用的化学试剂有柠檬酸、盐酸、氢氧化钠、碳酸钠等,有时为提高提取效率,还会与超声波辅提、微波辅提等技术联用。任庆等(2015)采用酸提取法制备白菜渣可溶性膳食纤维,经过工艺优化研究确定的最优提取条件为料液比 1:25(g/mL)、盐酸溶液浓度 0.06 mol/L、提取温度 90 ℃、提取时间 90 min。在此工艺条件下,白菜渣可溶性膳食纤维的提取得率可达 13.65%。鲜诗敏等(2023)采用碱提方法从辣椒籽中提取不溶性膳食纤维,经工艺优化得到了最佳工艺条件为 NaOH 溶液浓度 0.26 mol/L、提取时间 90 min、碱解提取温度 40 ℃、碱解提取时间 94 min,在此最佳条件下,其不溶性膳食纤维的提取得率可达 68.01%。采用化学法制备膳食纤维具有操作简单、提取成本低等优势,但在过高的反应温度及高浓度的酸碱条件下容易造成膳食纤维结构和功能特性的破坏,且通常还易造成化学试剂残留、环境污染等问题。

2. 超声波辅提法 超声波辅提法主要原理是利用超声波作用产生的空化作用和机械效应,增强提取介质的穿透能力,从而加快活性成分的高效溶出,提高提取得率。该方法具有操作简便、提取效率高、提取时间短等优点,同时在实际生产中为进一步提高提取得率还可与其他提取方法进行组合提取。陈琼玲等(2016)利用超声波辅提法从红薯叶中提取水溶性膳食纤维,经过工艺优化确定最佳提取工艺为料液比 1:35(g/mL)、柠檬酸添加比例 4%、超声提取温度 60 ℃、超声功率 240 W、超声提取时间 21 min,在此条件下,红薯叶可溶性膳食纤维的提取得率达 4.37%。马子晔等（2020）采用超声波辅助联合酶法、碱法提取马铃薯全粉加工副产物中的膳食纤维，采用响应面优化方法确定了最佳提取条件为超声提取功率 180 W、超声提取温度 50 ℃、α-淀粉酶的添加量 2%、酶解时间 35 min、NaOH 质量浓度 3%、碱解时间 14 min，在此最佳条件下，马铃薯膳食纤维的提取得率可达 66.56%。

3. 酶提取法 酶提取法通常是利用蛋白酶、淀粉酶、糖化酶等生物酶将蔬菜中的非膳食纤维组分进行降解，从而破坏膳食纤维与非膳食纤维组分间形成的致密组织结构，使得其中的膳食纤维组分能够快速释放出来。在日常应用中，通常复合酶提取较单一酶具有更好的提取效果。姚琦等（2018）利用联合酶解法从马铃薯渣中提取膳食纤维，通过工艺优化确定最佳提取条件为 α-淀粉酶添加量 300 U/g、酶解提取温度 55 ℃、酶解提取时间 60 min、pH 6.5，对酶进行灭活处理后，再添加糖化酶进行酶解，糖化酶添加量 250 U/g、酶解温度 65 ℃、酶解时间 30 min、pH 4.0，在此条件下，其膳食纤维含量可达 76.92%，同时其持水力较马铃薯渣提高 0.85%，持油能力提高 1.47%。张云等（2021）利用双酶法从大蒜中提取可溶性膳食纤维，在木瓜蛋白酶添加量 2.2%、纤维素酶添加量 2.2%、提取温度 55 ℃、提取时间 180 min 等最佳工艺条件下，大蒜可溶性膳食纤维的提取得率可达 32.06%。酶提取法具有条件温和、专一性强、提取得率和纯度高等优点，但是酶价格相对成本较高，且采用复合酶提取时作用条件不同，处理过程复杂，提取时间较长，需结合生产实际加以选择。

4. 发酵法 发酵法主要是通过微生物发酵产生的蛋白酶、淀粉酶等生物酶系，降解蔬菜中的非膳食纤维成分，从而制备纯度较高的膳食纤维。一般常用的微生物发酵菌种主要包括乳酸菌、黑曲霉、绿色木霉等。李状等（2014）采用根霉菌发酵从竹笋下脚料中提取膳食纤维，通过工艺优化确定最适工艺条件为粉体粒径 20 目、液料比 1∶15（g/mL）、发酵温度 34 ℃、发酵时间 32 h，在此条件下，竹笋膳食纤维的提取得率可达 54.53%。赵泰霞等（2016）以保加利亚乳杆菌和嗜热链球菌（1∶1）为发酵菌种，采用微生物发酵法从新鲜豆渣中提取大豆膳食纤维。确定最适工艺条件为白砂糖 0.5%、脱脂奶粉 3%、菌种接种量 5%、发酵温度 41 ℃、发酵时间 30 h，在此条件下，大豆总膳食纤维提取得率达到 75.6%，可溶性膳食纤维得率达 17.2%。制得的可溶性膳食纤维呈浅黄色，无明显豆腥味，并具有淡淡的特殊香味。发酵法是一种绿色环保的提取方法，具有提取得率高等优点，但在发酵过程中有时还会产生其他难以脱除的发酵产物，且高温灭菌处理中可能会对膳食纤维品质造成不良影响。

（二）脱色技术

膳食纤维在加工过程中易受美拉德反应等褐变因素影响，导致色泽较深，难以满足面制品、饮料等不同领域对产品色泽的要求，因此需对其进行脱色处理，以便进一步拓宽其应用范围。目前主要的膳食纤维脱色方法有臭氧脱色法、活性炭脱色法以及双氧水脱色法等，活性炭脱色法虽具有无毒无臭、可再生、低成本等优点，但脱色效果较差，且活性炭残渣难以完全脱除。臭氧法是一种安全环保的脱色方法，对于可溶性物料的脱色效果较好，对不溶性物料的脱色效果不佳。双氧水脱色法目前应用最为广泛，脱色后没有异味且不易复色，为获得良好的脱水效果在实际应用中还可与超声、微波辅助进行协同脱色处理，能够降低双氧水浓度，明显缩短脱色时间，得到较好的脱色效果。杨晓宽等（2014）

利用微波辅助过氧化氢对芦笋老茎可溶性膳食纤维进行脱色研究，确定最佳工艺条件为微波功率 460 W、料液比 1∶30（g/mL）、脱色 pH 12、过氧化氢体积分数 9.5%、脱色时间 2.5 min，在此条件下，可溶性膳食纤维色度可达 68.29%。王安建等（2017）利用超声辅助双氧水法对发酵香菇柄膳食纤维进行脱色处理，优化确定最适脱色工艺条件为过氧化氢浓度 1.5%、氢氧化钠质量分数 1.8%、料液比 1∶35（g/mL）、超声功率 120 W、脱色时间 60 min，在此条件下，发酵香菇柄膳食纤维的 L^* 值可达 79.15。

（三）改性技术

研究表明，对于蔬菜等植物资源，只有可溶性膳食纤维含量达到 10% 以上时，膳食纤维的加工和功能特性才能较好发挥作用，被称为高品质膳食纤维，否则只是作为低品质的填充型膳食纤维。因此如果想让某些蔬菜资源达到高品质膳食纤维的要求，就需要对其进行改性处理，提高附加值，扩大应用范围。目前用于膳食纤维改性的方法主要有三种：化学法、物理法和生物法，有时为提高改性效果也可两种或多种方法复合应用。

1. 化学法改性 化学法主要是采用化学手段对膳食纤维进行改性处理，常用的改性方法包括硫酸化、酯化、磺酸化、离子交换、化学基团取代等，来改变膳食纤维的分子结构，使纤维类大分子的聚合度降解，转化为小分子组分。吴丽萍等（2013）利用碱化及醚化方法对竹笋膳食纤维进行改性处理，最适碱化工艺条件为 NaOH 质量分数 35%、碱化温度 30 ℃、碱化时间 2 h、乙醇浓度 80%；最适醚化工艺条件为料液比 1∶9（g/L）、乙醇浓度 20%、一氯乙酸浓度 30%、醚化温度 55 ℃、醚化时间 3.5 h，在最佳工艺条件下竹笋 SDF 含量达到 16.2%，同时其持水力、膨胀力等理化功能性能均有所提高。化学改性法的优点在于生产成本较低，适合规模化生产，但同时也存在反应时间长、物料颜色变深、转化率较低、对设备反应条件要求较高、容易引入外源离子等缺点。

2. 物理法改性 物理改性法主要是采用机械力、高频振荡、热能等手段对物料进行处理，常用的方法有高压处理、挤压处理、超微粉碎处理、超声波处理及热处理等。与化学、生物法相比，物理法具有工艺简单、无污染、低成本等优点，在食品加工中应用广泛。刘湾等（2018）研究了双螺杆挤压蒸煮、蒸汽爆破、高温蒸煮等不同物理加工技术对蒜皮膳食纤维改性效果的影响，结果表明挤压蒸煮技术效果最好，最优挤压蒸煮处理条件为样品水分含量 25%、进料速度 25 r/min、螺杆转速 170 r/min、螺杆温度分布 150 - 150 - 130 - 90 - 60 ℃。在此条件下，蒜皮中总糖、可溶性多糖、SDF 分别从原料中的 19.52%、3.72%、5.31%，大幅度提高到 38.59%、19.69%、15.87%。崔潇文等（2021）利用蒸汽爆破预处理技术对番茄皮渣膳食纤维进行改性处理，在蒸汽爆破压力 1 MPa、维压时间 60 s 的最优条件下，其可溶性膳食纤维含量达到 10.19 g/100 g，较未处理样品提高了 26.43%。

3. 生物法改性 生物法改性主要包括酶法和发酵法。常用的酶制剂有纤维素酶、木聚糖酶和木质素氧化酶等，发酵法常用的发酵菌种主要有乳酸菌、枯草芽孢杆菌、各类曲霉菌及食用菌种等。刘学成等（2021）采用纤维素酶对金针菇膳食纤维进行改性处理，在液料比 35∶1（mL/g）、纤维素酶用量 1.5%（以体系质量计）、酶解时间 2 h 等改性条件下，SDF 得率达到 16.2%。杜京京等（2021）采用复合乳酸菌发酵技术对姜渣膳食纤维进行改性处理，最优条件为保加利亚乳酸杆菌和嗜热链球菌（1∶1，质量比）、发酵温度

42 ℃、发酵时间 48 h、料液比 1∶10（g/mL），在此工艺条件下，姜渣可溶性膳食纤维得率达到 9.42％。

三、蔬菜膳食纤维典型应用案例

（一）在面制品及烘焙食品中的应用

将蔬菜膳食纤维加入面条、馒头、饼干等面制品及烘焙食品中，除了能够提高产品的营养及功能特性，还可增强和改善其加工性能。姜璐等（2017）采用香菇膳食纤维粉为原料，开发出了富含香菇膳食纤维的曲奇饼干，产品主要工艺条件为膳食纤维添加量 4％、面粉 34％、白砂糖 18％、黄油 28％、鸡蛋 16％，按照配方加工成型后，在烤箱中设定 170 ℃焙烤 15 min，制得的产品富有嚼劲，口感独特，香甜适口。蔡沙等（2018）以马铃薯膳食纤维等为原料开发马铃薯热干面等新产品，将马铃薯淀粉与谷朊粉按照 9∶1（g/g）混合后，再与马铃薯膳食纤维进行混合，马铃薯膳食纤维适宜添加量为 5％～12％，充分混匀后再与小麦面粉按 3∶7（g/g）比例混合，按混合粉总量加入 1.0％食盐、4％谷朊粉、0.3％碱，充分混匀后得到最终混粉，混粉加水和面，经醒发、压面、成型等工艺加工而成。研究发现，添加适宜的马铃薯膳食纤维可改善面团的剪切和拉伸性能，延缓面条中淀粉的分解，且提高面条中蛋白质的消化率。

（二）在饮料中的应用

适量添加膳食纤维在提高产品营养价值的同时，还可使饮料中的微粒分布均匀，避免分层和沉淀，改善口感。目前国内添加膳食纤维的饮料已有上百种，其中有代表性的是国内外大型乳制品企业开发的各类果蔬及谷物膳食纤维乳饮料，以及可口可乐、娃哈哈等推出的膳食纤维饮料、"呦呦奶茶"等系列产品；此外，将蔬菜膳食纤维粉作为配料在各类固体饮料产品中应用也较为广泛，研究发现市场上大多数的膳食纤维补充剂都是以固体饮料等形式存在。

（三）在保健食品中的应用

膳食纤维具有润肠通便、减肥等多种功能特性，一直是保健食品市场中的宠儿。在市场推广层面，国内外已有多家产研单位开展膳食纤维加工技术推广及保健品产业转化，如日本大家制药公司用食用水溶性膳食纤维制造纤维素饮品 MINIFIBER、澳大利亚 Melrose 公司开发的蔬菜清汁膳食纤维粉、Only Tree 开发的高膳食纤维含量的羽衣甘蓝粉、浙江工商大学研制的高纤维麦宝产品等。

（四）在其他产品中的应用

膳食纤维持水力、保水力等水合能力较强，能够有效减缓水分流失，可广泛应用于肉制品、乳制品等加工。蔬菜膳食纤维能够部分替代食品中的油脂，如植物胶能够提供奶油状、细腻的感官品质，卡拉胶和瓜尔豆胶混合物可用作冰激凌的稳定剂。此外，膳食纤维在香肠、膨化食品、内酯豆腐、糖果中也有广泛应用。

第四节　蔬菜多酚的提取利用

一、蔬菜多酚加工过程中营养品质变化

富含多酚类化合物的食品在经过热处理时，可能导致多酚结构降解，进而减少酚类化

合物的数量，从而削弱其抗氧化能力。例如，对黑豆进行煮或蒸处理后，其抗氧化能力显著减弱，酚类含量也下降。然而也有研究表明，一些富含多酚的食品在经过热处理后抗氧化能力反而增强。蒸黄豆、炒番茄以及高压处理的番茄和胡萝卜可以提升它们的抗氧化能力。在食物中添加多酚，并进行热处理，可能会增强食品的抗氧化性能。需要注意的是，多酚在经过热加工时会发生复杂的化学变化，因此多酚的生物活性变化同样值得关注。总体而言，热处理可能对食品的抗氧化活性产生四类效果：没有明显影响；导致抗氧化活性损失；促使抗氧化活性增强；或者形成新的具有抗氧化或助氧化活性的物质。

在食品中存在多酚类化合物时，无论是天然含有还是作为有益健康成分添加，都会经历复杂的化学反应，从而影响食品的风味、色泽，形成有害物质或失去多酚化合物原有的生物活性。尽管热加工可能导致多酚抗氧化能力的损失，通过向经过热处理的食品中添加多酚类化合物，在一定程度上可能会提高食品中天然抗氧化剂的含量。在热加工过程中，多酚可以通过受热分解或参与复杂反应与活性中间体相互作用，形成新的化合物，例如多酚-活性羰类化合物等。这些新产生的化合物有助于减少有害物质在热加工过程中的生成，同时可能具备抗癌、抗炎等对人体健康有益的生物学功效。多酚类化合物在复杂的食品体系中扮演着重要的角色，然而，目前对这一领域的研究仍有局限。深入研究可能为食品化学带来新的思路，促使对富含多酚的食品进行基础研究和新产品开发，产生深远的影响。

二、蔬菜多酚制备技术

当前，对蔬菜多酚的研究主要集中在游离多酚的生物活性、提取工艺以及工业规模产品的开发上。这是因为游离多酚是蔬菜多酚的主要形式，广泛分布于蔬菜细胞液泡中，易于提取。目前，已有多种方法用于游离多酚的提取，如溶剂萃取法、超声波辅助提取法、微波辅助提取法、超临界流体萃取法以及多种方法的联合应用。这些方法在食品、化工、医药、材料等多个领域都得到了应用。然而，从复杂的蔬菜原料中提取游离多酚的效率受到不同提取工艺的影响。提取工艺不仅会影响投入成本、最终生产率和产品纯度，还会对游离多酚提取物的生物活性产生影响。传统的提取方法中，溶剂萃取法是最经典的，而新兴的提取方法包括超声波提取法、微波提取法、闪式提取法、生物酶降解法、树脂吸附提取法、超临界流体萃取法、高压脉冲电场法、联用法等。这些方法的不断发展为多酚的提取提供了更多选择，并在提高效率和保留生物活性方面取得了一定的进展。

（一）溶剂萃取法

溶剂萃取是一种传统而常见的提取方式，利用"相似相溶"原理从植物中提取多酚化合物。常用的溶剂包括水、甲醇、乙醇和乙酸乙酯。该方法简便易行，成本相对较低，因而备受推崇。然而，与新兴技术相比，溶剂萃取存在一些限制，如需要较长处理时间、易受多种因素影响，并使用有机溶剂，可能对环境和操作者健康造成一定风险，因此，逐渐被新型提取方法所取代。

（二）闪式提取法

闪式提取法是一种新型的提取方式，利用适当的溶剂，通过将植物样本迅速置于闪式提取器中，迅速破碎植物组织以快速提取多酚化合物。相比传统的溶剂萃取法，这种方法的提取速度快，通常可达数百倍。闪式提取法具有操作简便、高提取效率和多酚结构破坏风险较小等优点。

（三）高压脉冲法

高压脉冲电场法是一种高效、节能的非热处理提取技术，近年备受瞩目。在植物多酚提取中，该方法能有效破碎植物细胞壁，促进多酚等活性成分的提取。相对于传统方法，它耗时短、能耗低、温升小，且目标产物不易变性。这项技术在植物提取领域引起了国内外学者的广泛关注。

（四）树脂吸附法

树脂吸附法是利用树脂对植物提取物进行吸附和解吸，实现多酚类物质的有效分离。该方法具有高提取率、高纯度，且无毒无害，不会对环境造成污染。然而，由于树脂的市场价格较高，这使该方法在大规模提取中不太适用。

（五）超临界流体萃取法

超临界流体萃取法是一种现代提取分离技术，利用超临界流体作为萃取剂，从固体或液体中提取高沸点和热敏感成分，以实现分离和提纯的目标。这种方法高效且环保，在实验室研究中得到广泛应用。然而，由于超临界流体萃取的成本相对较高，因此不适用于大规模工业化提取植物多酚等物质。

三、蔬菜多酚典型应用案例

目前，蔬菜多酚的抗氧化和抗菌性能研究不断深入，已广泛应用于食品领域，多酚的这两种生物活性使得其在食品保鲜和功能性食品开发中具有潜力。随着人们对健康的关注增加，对化学合成保鲜剂安全性的担忧也在上升。因此，消费者更加偏向选择天然生物保鲜剂。植物多酚由于其卓越的抗氧化和抗菌性能，在保鲜剂研发方面备受关注。不同种类的多酚具有差异的抑菌活性，从而在不同食品中呈现出广泛的应用前景，如肉制品、水产品和饮料等。

心血管疾病和衰老等病理生理现象与自由基引起的氧化应激密切相关。蔬菜多酚的抗氧化性与预防心血管疾病和抗衰老等活性之间存在紧密关系，但抗氧化作用并非唯一的影响因素。当前，研究人员的一个主要关注点是开发富含多酚的功能性食品，以促使多酚在人体内发挥积极作用，这方面的研究正在积极进行中。

以莴苣多酚为例，莴苣富含多种多酚类物质，包括莴苣总黄酮（TFEL）和咖啡酸衍生物等。TFEL不仅具备有效清除羟自由基的能力，还能抑制肝脏组织中脂质过氧化产物丙二醛的生成。此外，TFEL还显示出对由 H_2O_2 引起的红细胞氧化溶血有显著的抑制作用，表现出出色的抗氧化活性。

莴苣富含绿原酸，其作用包括上调骨骼肌中葡萄糖转运蛋白-4的基因表达，从而提高胰岛素敏感性。同时，绿原酸降低肝脏葡萄糖-6-磷酸酶的基因表达，减少肝糖原的分解并降低外源葡萄糖的吸收。此外，莴苣中的矢车菊素-3-葡萄糖苷（C3G）和槲皮素也对血糖水平的改善具有一定作用。C3G能够降低 DIO 小鼠的血糖，改善胰岛素抵抗；槲皮素已被证明可以改善肥胖大鼠的炎症状态和代谢综合征，同时降低其收缩压和血浆氧化型低密度脂蛋白水平。

根据流行病学研究的发现，充分摄入富含酚类化合物的蔬菜可以适度减少患癌症的风险。其中，咖啡酸和绿原酸等酚类化合物有助于提高促凋亡蛋白 Bax 和 Bad 的转录水平，同时降低抗凋亡蛋白 Bcl-2 和 Bcl-xL 的表达。这些化合物通过诱导 Caco-2 结直肠癌细胞的细胞凋亡和阻断细胞周期，有效抑制了癌症细胞的增殖。

　　莴苣被证实具有助眠的效果。通过对脊椎动物模型的研究发现，莴苣叶提取物和黄芩根提取物的混合物可改善脊椎动物的非快速眼动期睡眠。该混合物通过与 γ-氨基丁酸 A 型受体（GABAA）结合来发挥作用。其成分包括类黄酮、萜烯等物质，这些成分能够穿过血脑屏障、靶向 GABA 受体、褪黑激素受体、血清素受体和组胺受体，降低神经的兴奋性，从而在中枢神经系统产生抑制作用，延长睡眠时间。

第五节　蔬菜籽油加工技术及应用

　　蔬菜籽油在我国的食用植物油中扮演着重要的角色，它富含油酸、亚油酸、维生素 E、植物甾醇、胡萝卜素和菜籽多酚等多种成分，具有卓越的营养价值。多项研究显示，食用蔬菜籽油具备多方面的功效，包括降低总胆固醇、提高胰岛素敏感性、促进脑部发育、预防动脉硬化以及降低致癌风险等。在日常饮食中摄入蔬菜籽油有助于增强免疫功能，并延缓身体衰老。当前的研究主要聚焦于油菜籽油、紫苏籽油、辣椒籽油等富含油脂的蔬菜品种。近年来，学者们在寻找更高质量蔬菜籽原料的同时，也在积极探索更为健康和高效的加工技术。蔬菜籽的综合加工包括蔬菜籽油的提取和应用、籽饼中蛋白的提取和利用，以及废弃物的综合利用。全球范围内，各国对蔬菜籽油的加工利用都开展了深入的研究。目前，制备蔬菜籽油的主要技术包括油料预处理、压榨法、水酶法、浸出法和毛油精炼技术。

一、蔬菜籽油加工过程中营养品质变化

　　菜籽油的加工程序包括压榨初滤、压榨过滤和精炼、压榨过滤回香（即将菜籽油和饼粉香气成分蒸馏回加菜籽油）等多个环节。王振等（2013）的研究结果表明，低温精炼能够最大限度地保留菜籽油的香气和口感。在菜籽轧胚、炒籽、压榨、毛油、一次过滤、冷媒沉淀、二次过滤及抛光等阶段，当炒籽温度为 150 ℃、入榨原料水分为 4％时，获得最佳的榨油效果。肖争红等（2017）的研究发现，微波炒籽和冷冻凝香工艺压榨对菜籽油的品质有积极作用。通过比较直接火、热风和微波炒籽三种处理方式对菜籽油酸值、色泽、过氧化值、甾醇及维生素 E 等的影响，得出微波炒籽能有效减少菜籽油的酸值和过氧化值，同时保留其营养活性成分和风味。张谦益等（2017）采用低温过滤菜籽油，将温度降至 15～20 ℃，以最大程度减少香味成分的挥发损失。此外，张盛阳等（2017）的研究结果显示，低温过滤和冷冻凝香工艺压榨所得的菜籽油在理化指标和挥发性风味成分方面均优于传统工艺。

　　油茶籽油富含单不饱和脂肪酸，主要成分有油酸、必需脂肪酸亚麻酸和亚油酸，还含有 α-生育酚、茶多酚、角鲨烯等功能性成分，具备抗氧化和增强免疫等优点。经常食用油茶籽油有助于预防心血管疾病、抗癌、降低血压血脂，也有助于减肥和美容。然而，油茶籽油在贮存过程中容易酸败，产生对人体有害的过氧化物。因此，通过精炼加工，可以去除一些杂质和脂溶性物质，提升油茶籽油的纯度和感官品质，同时延长其货架期。这一过程旨在确保油茶籽油的质量，使其更好地发挥营养和保健功能。通过精炼，油茶籽油得以消除潜在的不良物质，提高产品整体品质，更适合长期食用。

现已开展的茶油精炼过程研究着重关注茶油的理化指标和甘油三酯等成分变化，并提出了相应的精炼步骤和工艺选择。一般而言，茶油的精炼过程包括碱炼、水洗、脱水、脱色和脱蜡等环节。通过测定不同阶段茶油的理化指标和营养成分的变化。张东生等（2014）深入探讨了精炼工艺对茶油品质的影响。研究结果表明，毛茶油的酸值最高，为0.746 mg/g，而经过碱炼的茶油的酸值最低，仅为0.037 mg/g，碱炼过程中酸值降低率最高可达95.04%。水洗脱水油的过氧化值最高，达5.81 meq/kg，而脱臭油的过氧化值最低，仅为2.22 meq/kg，整个过程过氧化值降低率为61.79%。这表明碱炼能有效降低茶油的酸度。此外，精炼过程还对茶油的其他理化指标和营养成分产生影响，从而进一步改善了油的品质。这些研究为茶油精炼工艺的优化和产品质量提升提供了重要的参考价值。通过合理选择精炼步骤和控制工艺参数，可以更好地保留茶油的营养成分并提高其功能性。

在从毛茶油到精炼油的加工过程中，茶多酚、α-生育酚和角鲨烯的含量呈递减趋势。毛茶油中茶多酚、α-生育酚和角鲨烯的含量分别为54.698 $\mu g/g$、251.337 $\mu g/g$和136.680 mg/kg，而脱臭油中分别为25.134 $\mu g/g$、101.301 $\mu g/g$和89.140 mg/kg。在精炼过程中，脂肪酸的种类和比例发生一定变化，单不饱和脂肪酸比例降低0.188%，而饱和脂肪酸和反式脂肪酸比例分别增加0.029%和0.089%。精炼的过程可以降低酸值和过氧化值，使油茶籽油达到食用油国家标准，但同时也导致茶多酚、α-生育酚和角鲨烯等活性成分的损失。因此，应该提倡适度精炼，以在确保油品安全性的同时尽量减少有益成分的流失，实现安全与营养的平衡。这一平衡的考量对于制定油茶籽油加工工艺和产品标准具有重要意义。

二、蔬菜籽油制备技术

蔬菜籽油的制备技术主要有压榨法和溶剂法。随着科技的进步，蔬菜籽油的提取方法更加多样化，包括溶剂提取法、超临界萃取法、水酶法等。目前，蔬菜籽油制备技术的关注点主要在于提高油品的产量和改善菜籽油的品质。从2011年至今，有关蔬菜籽油提取方法的研究逐渐增多。除了以往常用的方法外，越来越多的研究开始采用低温冷榨技术来防止蔬菜籽油中营养成分的流失。此外，还出现了一些专利技术，用于降低蔬菜籽油中有害物质含量、改善蔬菜籽油的风味以及赋予蔬菜籽油保健功效。根据统计分析，低温冷榨技术是最常用的提取方法，约占所有提取方法的37%；其次是溶剂浸提法，占20%；直接压榨法、水酶法和超临界萃取法的应用较少，多种方法复合提取的使用率仅占6%。通过不断研究和探索，蔬菜籽油制备技术有望进一步提高油品的产量和品质，满足人们对健康、安全食品的需求。

（一）压榨法

压榨法是通过机械外力将油脂从种子中分离出来的一种传统的制油方式，工艺简单，避免使用有机溶剂，油的品质较高，但存在出油率低、损失大等缺点。压榨法分为冷榨法和热榨法，冷榨法是将清洗后的种子直接压榨，热榨法是将种子捣碎并加热后进行压榨。虽然热榨法可以提高油脂产量，但经高温处理容易导致籽油中油酸、亚麻酸等脂肪酸发生氧化分解，而冷榨法可最大限度地保留其营养成分，因此，冷榨法是生产优质食用油的常用技术。

冷榨是通过机械挤压，在低于 60 ℃ 的温度条件下制取油的工艺。这一工艺避免了与有害溶剂、碱液等物质的接触，在一定程度上弥补了热榨过程中有效成分容易受损的缺陷，并最大限度地保留了原料中的脂溶性营养成分。

姚英政等（2022）研究了四种双低油菜籽的冷榨和热榨处理，比较了两种工艺的出油率，并测定了硫苷和芥酸的含量。通过对四种样品的脂肪酸组成和污染物含量的检测，研究人员评估了不同工艺之间的差异，结果显示，受工艺影响较大的元素是铅和镉，而两种工艺对砷的含量影响较小。

（二）超临界萃取法

超临界 CO_2 萃取法是一种绿色环保的分离技术，利用压力和温度对超临界流体溶解能力的影响，使待分离物质依次萃取出来，全程不使用有机溶剂，从而防止溶剂残留造成环境污染，具有安全、无毒、提取条件温和等特点。Jung 等（2012）研究超临界 CO_2 萃取、机械压榨、溶剂萃取 3 种提取方法对炒制紫苏籽油提取率和组成成分的影响。结果表明，超临界 CO_2 萃取（42 MPa、50 ℃）和正己烷萃取的提取率明显高于机械压榨法（$P<0.05$），3 种方法制得的油脂中脂肪酸含量几乎相同，生育酚、甾醇、多酚类和磷的含量随提取方法的不同而有很大差异，其中超临界 CO_2 萃取法制得的紫苏籽油中生育酚、甾醇和多酚的含量显著高于机械压榨和正己烷萃取的。超临界萃取虽然有许多优点，但其对油脂的溶解度较低，导致超临界萃取在提取脂质成分时的效果不高，往往需要使用高压或助溶剂（如乙醇）来提高得率。

（三）亚临界流体萃取法

亚临界流体萃取法在提取油脂方面表现出显著的优势。与超临界萃取相比，亚临界流体萃取不仅能有效溶解甘油三酯和脂肪酸，提取率更高，而且在使用时所需压力和温度均较低。这种方法具有低损伤、无生物活性成分降解、提取时间短、完全无残留等优点，制得的油脂品质较高。万楚筠等（2017）运用亚临界流体萃取法研究了菜籽饼中油脂的提取工艺。研究结果显示，在 35 ℃、液料比 8∶3，萃取 90 min 的条件下，菜籽油的提取率可达 95.10%。通过亚临界萃取得到的菜籽油不仅磷含量较低，且油脂酸价与过氧化值都较正己烷萃取菜籽油低。亚临界萃取技术显示了替代传统正己烷萃取技术的潜力。Silva 等（2015）则通过亚临界萃取法评估了温度和压力对总脂质中脂肪酸组成的影响。研究发现，亚临界正丙烷萃取的最佳条件为温度 80 ℃、压力 8 MPa，此条件下多不饱和脂肪酸含量较高，尤其是 α-亚麻酸含量较高。这些结果表明，亚临界流体萃取是一种潜在方法，可用于获得无毒、无残留的高质量紫苏籽油，适用于食品、医药和化妆品等行业。

（四）溶剂提取法

溶剂浸提法是一种提取油脂的简单、成本较低、产油率较高的方法。它利用有机溶剂（如正己烷、石油醚、乙酸乙酯等）对油料进行浸泡或喷淋，将油萃取出来。这种方法易于实现规模化和自动化生产，但也存在一些问题。首先，溶剂浸提法生产的毛油中可能会残留一定量的溶剂，这些残留溶剂可能对消费者的健康和环境造成风险。因此，在生产过程中需要严格控制溶剂的使用量，并确保溶剂在最后的处理阶段得以完全去除。此外，溶剂浸提法生产的毛油色泽可能偏深。这可能是因为有机溶剂在提取过程中会将一些非油脂成分一同萃取出来，导致毛油的颜色变深。为了改善毛油的色泽，可以考虑在提取过程中调整温度、时间和溶剂用量等方法。另外，比较研究表明，不同的提取方法对油脂的理化性质和氧化稳定性有一定影响。在紫苏籽油提取过程中，使用正己烷浸提法可以获得最大的产油率，但同时会导致油中磷含量较高。相反，采用超临界 CO_2 萃取法则可以降低油中的磷含量。这可能是导致超临界 CO_2 萃取油氧化稳定性较正己烷浸提油低的主要原因之一。总体来说，溶剂浸提法作为一种常用的蔬菜籽油制备技术，具有一定的优势和局限性。在实际生产中，需要科学合理地控制溶剂的使用，同时采取措施改善毛油的色泽，并根据需求选择适宜的提取方法以获得所需的油脂品质和特性。

（五）水酶法

水酶法是一种环保的提油工艺，通过机械破碎和生物酶的作用释放植物组织中的油脂。由于非油成分与水和油的性质及比重不同，经过离心可以有效提取油脂。相比传统提油方法，水酶法具有原料利用率高、条件温和、能耗低、安全环保等优势。袁德成（2019）通过改进低温压榨菜籽饼水酶法，发现在 pH 9.5、温度 56.92 ℃、时间 4.76 h 条件下，按固液比 1∶5.37（m/V）添加 1.57% 碱性蛋白酶水解紫苏籽，能够达到最大的产油率（35.86%）。此外他还比较了利用该法与压榨法和溶剂法提取的紫苏籽油理化特性和脂肪酸组成的区别，得出水酶法提取的油色泽澄清透明，抗氧化能力较强，富含大量不饱和脂肪酸（87.23%）。

（六）超声辅助提取法

超声辅助提取法是一种通过空穴效应，使液体微粒间发生碰撞，破坏细胞壁，达到提取活性成分的方法。传统的溶剂浸提法虽然提取率高，但需使用大量有机溶剂，易造成环境污染，而且高温容易使油脂中不饱和脂肪酸变质，限制了其使用。超声辅助提取法具有提取时间短、溶剂消耗低、提取率高等优点，且能在低温下使用，有利于降低活性成分的热损伤，广泛适用于各种植物活性成分的提取。

Li 等（2015）采用响应面法对超声辅助提取紫苏籽油的工艺进行了优化，得到最佳提取条件为温度 41 ℃、时间 17 min、液固比 7∶1，在此条件下，最大提取得率为 36%，与其他方法相比，超声辅助提取缩短了紫苏籽油的提取时间，减少了溶剂体积，提高了提取得率，所得紫苏籽油碘值高、酸值和过氧化物值低，具有食用油的优良品质，且含有高水平的植物甾醇和生育酚，可以防止氧化损伤。张妍等（2013）研究了超声波辅助水酶法在菜籽油脂提取过程中的应用，选择超声时间、温度和功率作为参数，利用响应参数来优化这些参数，以提高油脂的提取率。在实验中，不同的酶对油脂提取率及油脂中脂肪酸的分布产生了不同的影响。

超声波的应用可以增强酶的作用，促进对细胞壁产生破坏，通过优化超声波辅助水酶法可以有效提高菜籽油脂的释放和提取效率。同时，优化超声波参数也有助于减少实验的重复性，提高研究的可靠性和可重复性，为菜籽油脂提取工艺的改进和优化提供了参考。

三、蔬菜籽油典型应用案例

（一）籽油在食品中的应用

蔬菜籽油不仅含有丰富的不饱和脂肪酸、维生素 E 和多酚等成分，而且其口味清淡，不会影响食物的原味，因此在家庭烹饪和餐饮业中得到广泛应用。在日常餐饮中，蔬菜籽油不仅可用于炒菜、煮饭和炒面等食品加工，还可以作为调味料和混合调味料，主要用来提升菜肴的鲜味和营养。研究表明，经过高温加热提取的紫苏籽油，配以适量的香料和芝麻油进行调味，制备出的紫苏调味油口感鲜美、性质稳定。此外，将紫苏籽油与特级初榨橄榄油混合使用，不仅受到消费者欢迎，还能改善食物的营养特性。研究者还通过将紫苏提取液、蔗糖、紫苏籽油、乳化剂以及多种食用香料相结合，制备出口感和色泽俱佳的紫苏保健饮料，得到了良好的感官评价。

（二）籽油在医药保健品中的应用

随着对蔬菜籽油的营养价值和保健功能认识的不断加深，人们对蔬菜籽油的营养成分、生物活性物质及其生理功能进行了深入研究。研究发现，蔬菜籽油富含不饱和脂肪酸，能起到降血糖、降血脂和预防心脑血管疾病等功效，因此在保健品和药品开发方面具有极大的前景。

Wang 等（2010）的研究报告指出，紫苏籽油具有显著提高血清谷丙转氨酶和谷草转氨酶水平的效果，同时抑制了葡萄糖、葡萄糖-6-磷酸脱氢酶、甘油三酯和总胆固醇水平。这一发现证实了紫苏籽油可能具有治疗糖尿病的潜在功能，可被视为一种功能性食品。另外，Cha 等（2016）的研究表明，紫苏籽油具有抗动脉粥样硬化的作用。紫苏籽油不仅减轻了高胆固醇血症和动脉粥样硬化的形成，还降低了肝、肾组织的脂肪堆积和脂质过氧化水平。这说明紫苏籽油通过调控脂质代谢，有望能够预防动脉粥样硬化和脂肪肝的发生，成为改善饮食诱导的代谢综合征的首选油脂。

张彦（2014）采用超临界 CO_2 法提取紫苏籽油，并对其还原能力和自由基清除能力进行了分析。研究结果表明，当质量浓度大于 0.8 mg/mL 时，紫苏籽油清除 DPPH 的能力明显强于维生素 C；在质量浓度大于 1.5 mg/mL 时，紫苏籽油的还原能力甚至超过了维生素 C，显示紫苏籽油具有出色的抗氧化性能。此外，有研究报告指出，紫苏籽中含有多种抗炎活性成分，如 α-亚麻酸、紫苏醛、异紫苏酮、木犀草素和迷迭香酸等。紫苏籽油中的 α-亚麻酸有助于维持免疫细胞的正常结构和功能，从而抑制炎症的产生。这些研究结果为紫苏籽油的开发和利用提供了有力的科学支持。

紫苏醛可抑制促炎细胞因子基因和蛋白质的表达，从而改善结肠炎症状。异紫苏酮不仅能抑制细胞的氧化损伤，还能减少炎症细胞浸润数量，延迟关节炎发作。这些结果都表明了紫苏籽油在调控动物免疫细胞活性、抑制炎症介质释放等方面的作用。

（三）籽油在化工中的应用

蔬菜籽油在化工中的应用较广泛，不仅可以用来制作油漆、肥皂、润滑油等工业产品，还可以用于制作功能性化妆品等。菜籽油可直接用作船舶机械润滑油及各种机械加工润滑油和脱模剂，可做纺丝润滑油、铁路车辆润滑油配方中的原料。菜籽油经过硫化、氢化、硫酸化等加工后，用途也大大增多。菜籽油经过硫化生产的黑油膏、白油膏，可广泛用作天然橡胶和合成橡胶的软化剂。氢化后的菜籽油可代替桐油作漆料等，紫苏籽油因含碘量较高，易挥发、易干燥，常用来制造清漆、油漆和油布，也可用于制造阿立夫油、高级润滑油、油墨、涂料、肥皂、人造革以及提取香精等。此外，紫苏油中含有的亚油酸及其衍生物等物质，具有防止皲裂、皮肤干燥和预防衰老等作用，可作为各种功能性化妆品的配制原料。另有研究指出，紫苏籽油可制成植物油燃料，用于新能源的开发。这表明紫苏籽油在不同领域具有多样化的用途，从工业到化妆品、新能源等方面都有潜在的应用前景。

（四）籽油在畜牧生产中的应用

蔬菜籽油作为一种营养丰富的植物油，不仅在提高动物生产性能、改善动物产品品质和提高免疫力方面发挥作用，同时也对人体具有良好的保健功能。研究表明，将紫苏籽油提取物添加到家禽饲料中，可以提高蛋鸡的产蛋率、平均蛋质量、料蛋比以及饲料转化率等生产性能。此外，这种添加也能够提高肉鸡消化道中各种消化酶的活性，改善肠道环境，从而提高肉鸡的生长性能。一种通过超临界 CO_2 萃取技术得到的紫苏籽油与紫苏提取液混合配制的饮料，被给予脂代谢紊乱性大鼠饮用 28 d 后，发现可以显著降低大鼠血清中甘油三酯和总胆固醇的浓度，同时提高高密度脂蛋白浓度。这说明紫苏籽油对于调节血脂代谢有一定的潜在效果，可作为一种有益的保健食品成分。

Welter 等（2016）在泌乳中期的荷斯坦奶牛日粮中添加 6% 的菜籽油后，牛奶中 $n-3$ 多不饱和脂肪酸、共轭亚油酸和 OA 的浓度较对照组分别提高了 115%、16.50% 和 44.87%。另有研究发现，菜籽油中含有丰富多不饱和脂肪酸以及生物活性成分，应用于水产养殖对改善动物生长性能具有良好的饲用价值。Ruyter 等（2019）使用富含 $n-3$ 多不饱和脂肪酸的转基因菜籽油和鱼油分别在淡水中饲喂大西洋鲑鱼，发现两组试验鱼的存活率均超过 94%，并且 3.92% 和 7.79% 转基因菜籽油两组大西洋鲑鱼在 12 ℃ 环境下养殖 70 d 后，其体脂肪酸组成中 SFA 比例为 18.9% 和 19%，EPA＋DHA 总含量分别为 12.8% 和 14.7%，与添加 1.72% 和 3.41% 鱼油的试验组无显著差异，试验证明富含 $n-3$ 多不饱和脂肪酸的转基因菜籽油可作为一种安全有效的鱼油替代品。

第六节　蔬菜色素提取技术及应用

一、蔬菜色素提取加工过程中营养品质变化

天然色素广泛用作食品添加剂、化妆品的着色剂，因此易受环境因素的影响，同时，在制备过程中可能残留有机溶剂、农药等有害物质或混入其他杂质等，造成安全隐患。郑青波等（2018）对洋葱色素的提取及稳定性进行研究，结果表明葡萄糖、柠檬酸、食盐及 Al^{3+} 对洋葱色素有增色作用，而 Mg^{2+}、Ca^{2+} 对洋葱色素的稳定性有不良影响，因此，在洋葱色素的使用过程中可加入食盐增加其稳定性，避免 Mg^{2+}、Ca^{2+} 等金属离子的使用。此外，研究发现番茄红素和辣椒红素的耐光性较差，这可能是由于其分子结构中存在长链共轭双键，随着光照时间的增加，花青素类和 N-杂环类天然红色素发生氧化作用，颜色被分解并逐渐褪色。因此在天然色素的使用过程中，不仅要注意 pH，同时也要注意温度、食品添加剂、光照的影响，避免色素在加工过程中结构改变而褪色。为扩大天然色素的应用范围，一些新技术也逐渐应用于色素稳定性的研究中，如微胶囊包埋技术，通过选取合适的壁材对色素进行包埋从而提高色素的稳定性，除此之外，也可通过小分子脂质与样品混溶形成微乳类制剂来提高色素的稳定性。

二、蔬菜色素制备技术

在食品加工过程中，通常会添加色素以改善食品的感官性质及色泽。而蔬菜中富含多种天然色素，不仅具有营养价值，同时具有良好的保健功能。如番茄红素、胡萝卜素、花

色素、甜菜红素、辣椒红素、姜黄素等。目前，天然色素的提取方法包括溶剂浸提法、酶解提取法、超临界流体萃取法、超声波辅助提取法、微波辅助提取法、多种技术联合提取法等。

（一）溶剂浸提法

由于植物色素来源广泛，种类繁多，因此，不同来源的色素在分子结构、理化性质上存在巨大差异，因此在提取过程中，需对其结构和性质进行分析，选择合适的溶剂。目前，常用的溶剂包括水、酸碱溶液、有机溶剂等。陈晓光等（2012）以新鲜苋菜为原料，蒸馏水作溶剂提取苋菜红色素，在料液比 1∶180（g/mL）、提取时间 60 min、提取温度 50 ℃条件下提取 2 次，苋菜红色素提取效果最佳。该方法具有提取溶剂无毒无害、操作安全性高且成本低廉等优点，可广泛应用于生产。有研究表明采用稀酸或稀碱溶液代替水进行色素提取，可提高色素得率，缩短提取周期。依据色素的极性，乙醇、丙酮、甲醇、异丙醇和石油醚等有机类溶剂常作为萃取溶剂。张小伟等（2015）探究了多种有机溶剂（丙酮、正己烷、乙酸乙酯以及乙酸乙酯与丙酮的混合溶剂）对辣椒红素的提取效果，结果表明，正己烷对辣椒红色素的提取效果最好，为最优提取溶剂。郑青波等（2018）通过单因素和正交试验，优化了洋葱色素提取工艺，得到最佳提取条件为料液比 1∶100，乙醇体积分数 38%，超声时间 35 min。在此条件下，提取的色素含量显著提高。将乙醇作为提取溶剂，具有缩短提取时间、增强回收利用性，不易发霉变质的优点。

（二）酶解提取法

酶解提取法是近年来广泛应用于有效成分提取的一项生物技术，其原理是在较温和的条件下，通过酶解使植物细胞壁软化破碎，使细胞内的色素渗透扩散出来，加速色素的溶出，从而缩短提取时间，提高提取效率，增加得率。戴余军等（2015）基于 Box - Behnken 统计分析研究了黑胡萝卜色素酶法提取的最佳工艺，结果表明，在纤维素酶浓度 0.5%、酶解温度 50 ℃、酶解 60 min、液固比 30∶1、pH 3.9、浸提 2 次的条件下，黑胡萝卜色素提取率最高，达 0.949 mg/g。为了进一步提高提取率，通常将酶解法与其他提取方法联用。韩世明等（2022）利用超声辅助酶法对辣椒红色素提取工艺进行研究，结果表明在超声功率 434 W、乙醇浓度 75.5%、超声时间 76.3 min、纤维素酶用量 4 mg 的条件下，辣椒红色素的提取效果最佳。

（三）超临界流体萃取法

超临界流体萃取法常使用超临界状态的二氧化碳作为萃取剂，其原理是利用超临界状态下的二氧化碳对于某些物质具有特殊的溶解作用，从而将不同极性大小、沸点高低和分子质量大小的成分萃取出来。该方法具有安全无毒、无溶剂残留、无污染，可有效避免活性物质变性失活，有利于其天然活性的保持。Fabrowska 等（2018）利用超临界流体萃取法从北极褐藻中提取了类胡萝卜素和叶绿素等色素，发现该提取物具有杀菌和免疫调节活性。

（四）超声波辅助提取法

超声波是一类高频机械波，能够透过物料，使物料膨胀产生机械振动、空化和热效应等效果。超声波提取法充分利用该原理，促进有效成分与溶剂融合，加快溶解浸提速度，促进色素的提取。刘玉萍等（2012）利用超声波辅助提取技术提取紫苏叶中色素，结果表明，紫苏色素的最优提取工艺为超声波频率中频（47.6 kHz），提取溶剂 55%乙醇，提取时间 15 min，提取温度 60 ℃，料液比 1∶15（g/mL）。马永强等（2022）以卵磷脂/丙醇∶亚油酸∶蒸馏水按质量比 80∶10∶10 配制微乳液作为番茄红素的提取溶剂，采用响应面试验研究超声波辅助微乳液法提取番茄粉中番茄红素的最佳工艺条件，结果表明，在超声时间 22 min、料液比 1∶13.80（g/g）、超声功率 442 W 条件下，番茄红素的提取率最高，为 76.79%。相比传统方法，该方法具有提取快速高效、对环境负担低等特点。

三、蔬菜色素典型应用案例

食用天然色素是从天然原料中提取的，并且进行精制而得到的色素，原料主要为植物，其食用安全、材料易得、兼具药理价值，广泛应用于食品着色、化妆、医药等领域。

（一）天然胡萝卜素

天然胡萝卜素是一种从植物中提取或利用微生物发酵生产的，不溶于水的橘黄色结晶。在食品中，这种色素是一种常见成分，在人体内可以被转化成维生素 A，具有较高的营养价值。当前，这种色素被广泛应用于饮料、蜜饯、配制酒、人造奶油、罐头、油炸食品及面制品的着色，不仅能够改善食品的风味，并且可以提高食品的营养价值。研究表明，天然胡萝卜素具有抗氧化、抗衰老、预防老年性视力退化、预防癌症和心脑血管疾病等作用，具有良好的保健功能（García-Márquez et al.，2015）。

（二）甜菜红

甜菜红因色泽鲜艳、着色均匀、无异味、着色能力较强等特点，在饮料、汽水、浓缩果汁、配制酒、糖果、冰激凌或香肠等中广泛应用。已有研究发现甜菜红具有清除亚硝酸盐的能力，通过对比甜菜红与壳聚糖在去除香肠中亚硝酸盐含量试验，发现壳聚糖表现出了较好的保水力，而甜菜红具有良好的去除亚硝酸盐能力。甜菜红同样具有良好的保健作用，王春丽（2011）通过小鼠实验探究甜菜红的生物活性，结果表明给予甜菜红处理后，小鼠血清中甘油三酯、低密度脂蛋白、总胆固醇均有降低趋势，而高密度脂蛋白含量却显著升高，说明甜菜红具有调节血脂的作用。此外，有研究发现甜菜红能有效抑制老鼠肺癌与皮肤癌的发生。因此，甜菜红在降糖、降脂及抗癌方面都有良好的效果，具有良好的应用前景。

（三）叶黄素

叶黄素（Lutein）又名植物黄体素、叶黄体，是一种广泛存在于绿色蔬菜、玉米和蛋黄中的一种四萜类化合物。研究表明，叶黄素不仅具有良好的着色效果，而且具有良好的抗氧化、保护视力及抗癌等功能特性。目前，叶黄素作为食品添加剂已经应用于食品、医药等领域。将叶黄素添加到饲料中，通过食物链的方式使其在动物体内不断沉积，能使动物的肤色更加健康亮丽。Yuangsoi 等（2011）研究叶黄素对锦鲤鱼着色时发现，叶黄素能显著提高锦鲤的皮肤红度和色素含量，具有良好的着色效果。此外，叶黄素在饮料和果冻中作为营养强化剂和着色剂使用。向橙汁饮料、含乳饮料、碳酸饮料中加入叶黄素，经过 6 个月的贮藏后，叶黄素的保持力均在 90% 以上。刘爱琴等（2022）以微胶囊化叶黄素微粒为原料，通过单因素及正交试验制备出了一款酸甜可口，具有一定弹性和咀嚼性、可有效缓解视疲劳的叶黄素软糖，具有广阔的市场发展前景。叶黄素不仅可以过滤高能量的可见蓝光，同时作为一种抗氧化剂，可以控制活性氧化物和自由基的形成，降低紫外线对视网膜的损伤，发挥保护视力的作用。一项针对市场某款越橘叶黄素酯软胶囊的研究表明，经过 45 d 使用后，患者眼痛、畏光、视物模糊、眼睛干涩等症状均有明显的改善，表现出良好的保护视力效果。

(四) 叶绿素

作为常见的药用天然色素，叶绿素对人类的健康产生了重大影响，一方面因为它们有助于平衡肠道微生物群，另一方面是因为它们的化学结构使其具有抗氧化、抗诱变和抗菌特性。此外，由于叶绿素在结构上与血红蛋白相似，因此，叶绿素可在血红蛋白缺乏的情况下再生或替代血红蛋白，在临床上，如地中海贫血和溶血性贫血等病人，建议食用富含叶绿素的食品。此外，叶绿素也被应用于色素敏化太阳能电池（dye sensitized solar cells，DSSC）的研究中，Alhamed 等（2012）通过使用覆盆子、木槿、柠檬叶和叶绿素以 1：1：1：1 的比例生产敏化电池。结果表明，用混合染料（树莓、芙蓉、叶绿素）敏化的太阳能电池的太阳能转换效率为 3.04%，高于普通太阳能电池。因此，叶绿素不仅具有良好的生物活性，同时在电池行业也具有一定的应用前景。

第七节　蔬菜蛋白制备技术及应用

蛋白质是人类饮食中的重要部分，具有提供必需氨基酸以及保持肌肉功能、控制免疫反应、修复细胞和改善信号传导等诸多生理功能。动物蛋白的必需氨基酸含量平衡，营养价值高，但因其对环境造成污染，并且获取成本较高，因此近年来开发动物蛋白替代品逐渐成为行业热点。近年来，植物蛋白食品备受关注，因较动物蛋白更具有优势，比如良好的加工功能、较低的原料成本，以及疾病感染和食品安全事故率低，受文化和宗教饮食习惯限制少，对于素食消费者来说不可或缺。从环境保护和农业发展方面考虑，植物蛋白具有更好的可持续性。

一、蔬菜蛋白加工过程中营养品质变化

(一) 加热处理对蛋白质营养品质的影响

热处理是常用的修饰蔬菜蛋白结构和功能特性的方法。其原理为蛋白质受热导致多肽链展开，蛋白分子内部疏水侧链和巯基暴露，从而影响蔬菜蛋白功能特性。

温和的热处理对蛋白质有利，如蒸煮和热烫处理可以使酶失去活性，避免酶促氧化产生不良的感官和风味。加热也可使蔬菜组织中的抗营养因子或蛋白质毒素变性或钝化，例如大豆中胰蛋白酶抑制物催化水解，有利于蛋白质的消化吸收。

过度的热处理将会对蛋白质产生不利影响，因为过热处理蛋白质会对氨基酸造成破坏，发生氨基酸的脱氨、脱硫、脱二氧化碳反应，从而降低了蛋白质的营养价值。过热处理还会导致谷酰胺残基与赖氨酸残基之间的反应，使蛋白质发生交联反应。而在长时间高温下处理，蛋白质分子中的肽键在无还原剂存在时可发生转化，生成了蛋白酶无法水解的化学键，因而降低了蛋白质的生物可利用率。

(二) 低温处理对蛋白质营养品质的影响

低温处理分冷藏和冷冻处理，可以延缓或抑制微生物繁殖、抑制酶活性和降低化学反应。冷藏指将蔬菜的贮藏温度控制在 0～5 ℃，略高于冻结点温度，在此温度范围下，微生物的生长繁殖受到抑制，蛋白质较稳定，能保持较好的食品风味。冷冻处理会对蔬菜品

质产生影响，例如蔬菜食品经冷冻及解冻，组织及细胞膜被破坏，使蛋白质间产生了不可逆的结合代替了蛋白质和水之间的结合，导致蔬菜食品的质地变硬，保水性降低。

（三）脱水处理对蛋白质营养品质的影响

蔬菜经过脱水后质量减轻、自由水脱除，水分活度降低，有利于蔬菜食品的贮藏，但对蛋白质品质也会产生一些不利影响，一般脱水方式及对蔬菜品质的影响分为以下几种。

1. 热风脱水干燥 热风干燥是常见的蔬菜干燥方式之一，以大豆为例，随着热风温度的升高，水分蒸发较快，表面易发生硬化，蛋白质结构发生变化，溶解度降低。因此随热风干燥温度的升高，大豆植物蛋白提取率降低。此外，热风干燥处理还可使大豆发生轻微的美拉德反应。增加大豆 2 -戊基-呋喃等焦糖、2 -乙基呋喃、咖啡烤香风味物质及壬醛、（E）- 2 -壬烯醛、2，4 -癸二烯醛、（E，E）- 2，4 -壬二烯醛、（E）- 2 -癸烯醛、（E，E）- 2，4 -癸二烯醛、3 -丁基-环己酮等芳香味物质含量，赋予大豆炒豆香风味，从而提高大豆的加工品质（杨蕊莲，2015）。

2. 真空冷冻脱水干燥 真空冷冻干燥在低温下进行，溶液中的水结冰后分离，各溶质组分都得到了浓缩，导致体系中的盐饱和沉淀，溶液 pH 改变，蛋白质分子发生变性，某些维持 β -折叠或无规则卷曲的多肽链发生了 180°回折，形成 β -转角结构。

3. 喷雾干燥 喷雾干燥是一种瞬间高温使物料脱水的干燥方式，以星油藤制备蛋白为例，喷雾干燥处理增加 β -转角含量至 48.3%，无序结构几乎消失，说明喷雾干燥的瞬时高温作用可以使蛋白质分子内部的氢键排列方向发生改变，肽链中的 α -螺旋和 β -折叠结构伸展转变为 β -转角结构，蛋白质分子的空间结构发生了改变；但只是在一定程度上发生了改变，并没有完全改变蛋白质的二级结构。

（四）碱处理对蛋白质营养品质的影响

蔬菜加工中若应用碱处理并加热，尤其是在强碱性条件下，会使蛋白质发生不良变化，使食品中蛋白质的营养价值严重下降，甚至产生安全性问题。在较高的温度下用碱处理蛋白质时，半胱氨酸残基、丝氨酸残基会发生脱磷、脱硫反应生成脱氢丙氨酸残基。而脱氢丙氨酸残基非常活泼，可与食品蛋白质中的半胱氨酸残基、赖氨酸残基发生加成反应，生成人体不能消化吸收的羊毛硫氨酸残基和赖氨酸丙氨酸残基，如燕麦加工食品中，赖氨酸丙氨酸残基含量达 390 $\mu g/g$。

另外，超过 200 ℃ 的碱处理会使蛋白质氨基酸残基发生异构化反应，天然氨基酸的 L -型结构将部分转化为 D -型结构，从而使氨基酸的营养价值降低。该反应是由于与羧基相连的碳原子发生脱氢反应后，生成平面结构的负离子，再次形成氨基酸残基时，氢离子有两个不同的进攻位置，所以最终转化产物中 D -型和 L -型的理论比例是 1∶1。由于大多数 D -型氨基酸不具备营养价值，人体又无法消化利用，所以必需氨基酸的外消旋化会使其营养价值下降。

（五）辐射处理对蛋白质营养品质的影响

辐射已在许多国家用于食品的贮藏。辐射后，蔬菜中水分子离解成游离基和水合电子，再与蛋白质作用，发生脱氢反应或脱氨反应、脱二氧化碳反应。但辐射一般不会使蛋白质的二、三、四级结构离解，总的来说一般剂量的辐射对氨基酸和蛋白质的营养价值影响不大。

在强辐射情况下，蔬菜中的水分子能够被裂解为羟游离基，其与蛋白质分子作用产生蛋白质游离基，它的聚合导致蛋白质分子间的交联，因此导致蛋白质功能性质改变。Wang 等（2019）发现电子束辐照对小麦胚芽蛋白乳化性、发泡性和抗氧化能力产生积极影响。Li 等（2019）发现大米蛋白肽经电子辐照处理后，乳化活性从 145% 提高到 204%。

二、蔬菜蛋白制备技术

蔬菜蛋白提取方法是通过有效的方法来破碎蔬菜组织中的细胞，并使其中的蛋白质溶出，再利用蛋白质与其他杂质成分的差异使蛋白分离出来。常见的蛋白提取方法有碱溶酸沉法、酶提法、有机溶剂法、盐溶法、反胶束提取法等。

（一）碱溶酸沉法

碱溶酸沉法是指在碱性环境中将蔬菜中的蛋白质溶解在溶液里，又在等电点酸性环境下从溶液里析出而被提取出来。碱溶酸沉法由于操作简单、成本低、提取效率高、提取纯度高等优点，所以被广泛应用于蛋白质的提取。其缺点是在极碱的环境中会使蛋白质产生美拉德反应，影响蛋白质的功能特性。

以大豆蛋白为例，鲁洋等（2020）通过碱溶酸沉的方法从低温脱脂蛋白中制备得到大豆分离蛋白，得出提取大豆分离蛋白的最佳工艺条件为料液比 1∶10，温度 50 ℃、pH 9.0，此条件下大豆蛋白的提取率可达 79.01%。刘东等（2017）采用碱溶酸沉法从发酵豆粕中提取大豆分离蛋白，确定其最佳工艺为碱溶 pH 为 9.4、料液比 1∶12、碱溶温度 41 ℃、碱溶时间 56 min，此时蛋白质提取率可达 60.36%；同时脱脂豆粕经发酵后其蛋白的溶解性、酸溶蛋白含量、体外消化率较未发酵豆粕均有显著提高，证明了碱溶酸沉法提取发酵豆粕中蛋白的可行性。

（二）酶提法

酶提法主要指向提取液中加入一定量的生物活性酶作用于糖类、纤维素、淀粉、蛋白质和植酸等物质，促进蛋白质的溶出，使蛋白质的提取率提高。生物酶法提取蛋白具有工艺条件柔和、操作安全、蛋白不易变性等优势。尹佳等（2015）利用响应面法优化木瓜蛋白酶对葡萄籽进行酶解提取蛋白质的条件。采用 4% 的酶在酶解温度 40 ℃，料液比 1∶25（g/mL），时间 45 min 的条件下酶解葡萄籽，其蛋白质提取率为 67.85%。杨桦（2017）通过超声波结合酶法技术提取小米中的蛋白质，并利用响应面的实验方法优化提取工艺。在温度为 44 ℃、2.5% 的酶、超声波功率为 420 W、超声时间为 25 min 的条件下，小米蛋白的提取率为 74.26%±1.2%，并且超声波辅助酶法提取的小米蛋白的理化性质相对于碱法提取的小米蛋白有所提高。

（三）有机溶剂法

有机溶剂法提取蛋白质主要是通过破坏蛋白质表面的水化膜并降低溶液的介电常数，减少蛋白质表面相同电荷的排斥力，使蛋白质分子凝集沉淀。有机溶剂提取的蛋白主要为一些不溶于水、盐溶液和稀酸碱的蛋白，常用试剂为乙醇、丁醇、丙酮等，但其操作较复杂。若蛋白质易高温变性，还须在低温下进行，并且需要除去残留的有机溶剂，因而增加了生产成本。如在温度为 55 ℃，pH 为 6.0 的条件下，利用 95% 的乙醇溶液提取玉米蛋白粉中的醇溶蛋白，其提取率为 78.94%。

（四）盐溶法

盐溶法主要利用盐溶液的浓度较低时，蛋白质分子与盐离子结合，增加蛋白质的表面电荷，不易于集聚，增加其溶解度；并且水分子包裹蛋白质的疏水基团形成水化层，不利于蛋白质分子间的接触。但是，当浓度过大时，有机溶剂会使蛋白疏水基团周围的水化层逐渐消失，由于疏水键的作用力，蛋白分子疏水基团相互碰撞在一起，同时蛋白质结合的水分子会被盐离子剥夺，溶解度随之降低。盐溶法提取植物蛋白具有反应不剧烈、实验操作简单、所用试剂简单的特点，因此该方法应用广泛。采用该法分离得到的蛋白质不易变性，因此在盐法提取蛋白质过程中常使用中性盐。Boyle 等（2018）利用碱提法和盐提法提取亚麻籽中的蛋白质，其中盐提的蛋白质变性更少。盐提蛋白质比大豆分离蛋白具有更好的溶解度、乳化性能和发泡性能。

（五）反胶束提取法

反胶束提取法指在含有表面活性剂的有机溶剂中，当表面活性剂的浓度达到或超过临界胶束浓度时，表面活性剂的疏水端向外结合有机溶剂，亲水端向内结合水分子，而形成可以溶解蛋白质的"水池"。反胶束溶液与蛋白溶液混合后，在二者的静电作用下，蛋白质能够溶解于反胶束形成的"水池"中。在蛋白质周围的水层和表面活性剂亲水端的保护下，有机溶剂接触不到蛋白质，进而避免了蛋白质的变性失活。反胶束体系萃取的蛋白质具有良好的溶解性、起泡性和气泡稳定性以及乳化性和乳化稳定性，但其持水性较差。昝丽霞（2016）利用响应面法优化了微波和超声波两种方式辅助反胶束萃取牡丹籽蛋白，并进行了比较。结果得出，在两种辅助方式都是最优的萃取条件下，微波辅助不如超声波辅助萃取牡丹籽蛋白的效果好。在传统提取蛋白质的工程中，蛋白质易于变性失活，然而反胶束法提取能够很好地保护蛋白的活性。

三、蔬菜蛋白典型应用案例

蛋白质在食品中的功能较多，可提供营养价值和食品风味，蛋白质在加工过程中的理化性质和功能性质在决定食品的最终品质方面也起着重要作用。由于蛋白质结构的多样性和两亲性，使它们可以通过一系列物理、化学反应与食物中的其他成分（碳水化合物、脂肪、水、维生素、矿物质和其他蛋白质）相互作用。在蔬菜蛋白中，应用最广泛的是大豆蛋白。除此以外，豌豆蛋白、菜籽分离蛋白、苦瓜蛋白、食用菌蛋白等其他优质蛋白也逐渐被应用。

（一）菜籽分离蛋白

菜籽分离蛋白是从菜籽粕中提取的多种蛋白质的总称，其氨基酸组成合理，无明显限制性氨基酸，含有足够的碱性氨基酸和硫氨基酸，蛋白质消化率高达 95%～100%。菜籽分离蛋白在消化率、蛋白质净利用率和生物价值挖掘方面优于其他植物蛋白质，为了提高菜籽分离蛋白的利用率，学者们采用物理处理、化学处理、酶处理等方法来改善其功能性，并将改性菜籽分离蛋白应用于颗粒、膜和凝胶方面，大大改进了其在生物医学中的应用，同时，经过研究，制备出具有抗高血压、抗氧化、抗肿瘤等活性的菜籽蛋白肽。

（二）苦瓜蛋白

苦瓜蛋白是从苦瓜果肉中分离的水溶性蛋白，具有抗动脉粥样硬化作用，它通过上调 ATP 结合盒转运体 A1 和下调酰基 CoA 胆固醇基转移酶，抑制 THP‑1 源性巨噬细胞泡沫化的形成，降低血脂水平，减少主动脉斑块及主动脉窦脂质沉积，可用于开发抗炎类药物。何颖（2019）研究发现苦瓜蛋白 MAP30 能够抑制骨髓瘤细胞增殖、诱导自噬、促进凋亡，且自噬协同凋亡共同发挥抗骨髓瘤细胞作用，因此苦瓜蛋白 MAP30 有望成为一种针对多发性骨髓瘤新的治疗药物。

（三）食用菌蛋白

食用菌蛋白结构复杂，种类丰富，功能多样，按来源可分为金针菇蛋白、香菇蛋白、平菇蛋白、杏鲍菇蛋白等；按功能特性可分为凝集素、核糖体失活蛋白、漆酶、免疫调节蛋白、抗病毒蛋白及其他蛋白。食用菌蛋白广泛应用于食品加工、医药、农业、化学工业、生物技术等领域。如平菇蛋白可以作为香肠蛋白配料的优质替代物，灵芝、姬松茸、灰树花菇等食用菌可广泛应用于功能性酒精饮料开发，发酵的葡萄酒和豆奶，产品中富含游离氨基酸和多糖，风味和营养价值显著提高，具有良好的市场前景。

食用菌蛋白作为一类具有药用价值的多功能蛋白质，为新型药物的研发提供了丰富的素材，在未来医药领域将会发挥极其重要的作用。食用菌蛋白质还可以用于饲料生产，能够提高动物对饲料的消化率。食用菌栽培基质往往被丢弃，其中不但含有丰富的木质素和纤维素，而且蛋白质含量相对较高，将其添加到动物饲料中，能使饲料更容易被消化吸收；通过向饲料中添加食用菌来源的酶，如木聚糖酶、肌醇六磷酸酶或葡聚糖酶等，也能够显著提高动物饲料的消化率。

第八节 蔬菜副产物饲料加工技术及应用

一、蔬菜副产物饲料加工过程中营养品质变化

蔬菜副产品富含多种营养素，可作为优质饲料。资料表明，副产品中含有大量的 N、P、K 等营养元素，若能加以回收，可极大地提高蔬菜副产品的资源利用率。因此，合理地利用副产品资源，不仅可以推动生态环境的发展，还可以推动资源循环，节能减排，降低生产成本，提高种植业的边际效益，具有非常重要的意义。

蔬菜副产物富含水分、膳食纤维、酶、维生素、蛋白质、可溶性糖、矿物质等。不同种类的蔬菜副产品在用作饲料营养成分方面有所差异。如白菜的副产物富含蛋白质、氨基酸等营养物质；西兰花茎和叶的粉状纤维比一般的菜心稍低，但在粗蛋白、粗脂肪、粗灰分等营养成分高。利用西兰花等高蛋白、低纤维的蔬菜，制作优质的蛋白饲料，可减少豆粕、鱼粉等蛋白饲料的添加，改善目前蛋白饲料短缺的状况。茭白叶片中含有丰富的纤维素，适合用来做反刍动物的青贮饲料。对蔬菜副产物进行化学组分分析，结果表明，其中含有大量的蛋白质、粗纤维，而可溶性糖含量很少；含丰富的钙质，但通常含少量的磷质。表 12‑1 列出了各种蔬菜副产品中营养物质的含量。

表 12-1　不同蔬菜副产物的营养物质含量

蔬菜副产物	粗蛋白/g	粗脂肪/g	粗纤维/g	钙/mg	磷/mg	总能量/MJ/kg⁻¹
西兰花	21.28	0.37	2.6	0.20	0.08	13.2
花椰菜	1.76	—	1.02	0.19	0.05	12.2
白菜	28.26	6.78	12.94	0.05	0.03	14.6
茄子	10.70	7.27	10.00	—	—	
生菜	21.49	11.62	12.59	0.08	0.04	
茭白鞘叶	16.97	1.79	34.06	0.54	0.23	
莲藕	1.60	0.40	0.85	0.03	0.03	
萝卜	11.9	1.2	11.5	0.65	0.09	12.4
芦笋	13.00	5.82	42.5	1.725	—	13.7

蔬菜副产物中含有大量的特殊活性物质，这使得它在饲料化应用中具有明显的优势。对蔬菜副产物进行科学、合理、及时地利用，可以给动物养殖产业带来较大的发展空间。

（一）蔬菜副产物饲料化加工利用方式

蔬菜副产物饲料化，就是利用生物或者物理的方法，把蔬菜副产物转化成饲料，用来代替一些饲料，从而提高饲料的营养价值，降低饲养成本。目前，直接饲喂、加工饲料粉、青贮饲料、发酵饲料、汽爆、氨化、制粒等是当前蔬菜副产物饲料化的主要方法。

在个体农户中，直接饲喂或切碎饲喂是最常见的蔬菜副产物利用方法，这种饲喂方法仍然存在局限性，不能很好地保存蔬菜副产物。

蔬菜副产物加工成饲料粉，能实现对副产品的长时间保存，可降低由于变质而造成的损失，还能大幅度降低贮藏、运输、包装等成本，方便饲养和配制配方饲粮等。对蔬菜副产品饲料粉进行加工的具体过程包括选择原料、清洗、切料、沥水、烘干、粉碎、杀菌、计量包装和入库等，最后，将杀菌后的蔬菜副产品粉末进行密封包装，从而达到延长产品保质期的目的。

青贮加工也是蔬菜副产物的主要利用方式。青贮指的是在厌氧环境下，通过自身附着的乳酸菌，对青绿多汁饲料展开乳酸发酵，构建出一个稳定的酸性环境，对耗氧微生物及腐败菌群的生长和繁殖产生抑制作用，从而达到保存营养成分，延长饲料贮存期的一种加工方式。采用青贮的方法，饲料的营养和质量得到提升，同时也增加了饲料的适口性。

发酵饲料是将益生菌加入饲料中，使其发酵后，生产出对动物身体健康、生长发育有积极作用的活性物质。经过蔬菜副产物的发酵，还可以生产出含有丰富蛋白质的饲料，特别是色氨酸、赖氨酸、甲硫氨酸，这些都是植物中不具备的。因此，以植物副产品为原料的发酵饲料品质较好，对家畜饲养有很好的促进作用但在不同的植物副产品类型及用量，以及不同的发酵菌种及用量下，还有待优化。

氨化饲料是以氢氧化铵为原料，通过碱、氨等对其进行碱解、氨解，使其与纤维素、半纤维素等多糖基团间的酯键断裂，产生更多的氮素，促进反刍动物瘤胃中的微生物增殖，进而提高其可消化性。氨化饲料能改善作物的纤维结构，提高其蛋白质含量，提高其食味及消化性能，是冬季、春季畜禽的主要饲喂方式。

蒸汽爆破作为一种绿色、零添加剂的加工工艺，其加工过程由汽相蒸煮和蒸汽爆破两个阶段相辅相成；汽相蒸煮的条件由蒸汽爆破的目的性决定，蒸煮温度与时间具有交互作用（隋文杰，2016）。有研究对蒸汽爆破、热喷放和碱堆沤 3 种方式处理的青贮秸秆进行分析，结果表明，经过蒸汽爆破处理后，秸秆的表面会表现出亲水特性，与其他两种处理条件相比，它更能改变秸秆的结构，并且有利于降解，也更加有利于秸秆资源饲用化的开发与利用。

压滤是一种简单、经济的去除水分的方法，在经过压滤后，尾菜的含水量可以降低到30%～60%，添加吸水剂、黏合剂等辅料，经过造粒、制块，可以得到能够供牲畜自由采食的粗饲料。它不仅加工简单、耐储、便于运输，还能根据商品化处理量来配置相应的设备，最终达到保护环境和资源化再利用的目的。

（二）蔬菜副产物青贮加工中营养品质的变化

青贮原料在发酵过程中营养成分会发生变化。在发酵过程中，饲料原料中的营养成分被微生物进行代谢，淀粉被水解为糖类，蛋白质分解为氨基酸，纤维素被分解为有机酸，同时极大地保留了饲料原料的营养价值。在发酵过程中，微生物可产生大量乳酸，促使脂肪酸等物质降解为氨基酸，经过代谢转变为酮醛类化合物，可降解抗营养因子水平和提高饲料营养价值。研究表明，在青贮过程中糖代谢水平主要是通过乳杆菌和乳球菌等微生物进行调控。青贮发酵后糖的残余量较少，通常除含有葡萄糖、果糖、戊糖外，还含有淀粉等多糖类，由于大多数乳酸菌不分解淀粉等物质。刘巧玲等（2022）为研究乳酸菌对菊芋茎叶青贮品质和发酵特性的影响，以菊芋茎叶为试验材料，利用青贮发酵罐调制青贮饲料，结果表明，随着发酵时间的延长，两个处理青贮菊芋的 pH、可溶性还原糖含量表现出下降的趋势，而乙酸、丁酸、NH_3-N 和乳酸含量则在第 7 天显著增加随后趋缓。此外，酵母菌代谢可产生酯酶、β-半乳糖苷酶、多糖降解酶和 β-葡萄糖苷酶，加快多酚成分生物转化合成，如黄酮类苷元转化为黄酮苷元、β-葡萄糖苷酶合成为黄酮等，提高总多酚含量。

影响青贮饲料品质的因素有很多，主要有青贮原料、青贮菌落、青贮温度、青贮比例、青贮添加剂等。原料的品种、种植条件、种植方式和不同组合方式等均可影响青贮饲料品质。李文彬等（2022）研究表明，发酵显著提高混合青贮饲料干物质和粗蛋白质含量，进一步提高混合青贮饲料的营养品质。此外，孙国君等（2023）研究发现，苜蓿分别与松针和玉米粉混合青贮后两者好氧细菌数量与总黄曲霉毒素、玉米赤霉烯酮等毒素含量上升趋势有显著不同。不同类型、比例和数量的菌落对青贮质量均有影响。郝丽红等（2023）研究发现，布氏乳杆菌和植物乳杆菌等比混合使用的青贮品质比对照组、单一菌种组、植物乳杆菌与戊糖片球菌组等比混合组均高。Yang 等（2019）研究表明，经无菌处理后苜蓿的乳酸菌含量明显高于新鲜苜蓿。青贮温度、含氧量及加工方式对青贮品质有重要影响。张莓等（2022）研究表明，青贮玉米随着有氧暴露的时间增长，干物质、粗蛋白质、碳水化合物、淀粉、乳酸和乙酸含量会显著降低，pH 和丙酸含量显著升高。有研究表明，青贮饲料具有饲料品质好、营养损失少、质地柔软等特点。在青贮配比方面，由于两种原料所占比例的差异，不仅会影响到整体青贮系统中优势微生物的数量，而且还会影响到青贮饲料的营养品质。商振达等（2019）将荞麦整株与全株玉米混作青贮，发现二者以不同的比例混贮 60 d 后，其优势菌种类及丰度值发生变化。青贮添加剂也会影响菌种的生长。Gomes 等（2021）研究表明，添加亚硝酸钠可抑制梭状芽孢杆菌的生长，降低氨氮和丁酸的浓度，减少干物质的损失，提高饲料营养价值。此外，纤维素酶、半纤维素酶和阿魏酸酯酶等均可分解植物细胞壁，形成水溶性碳水化合物供微生物利用，从而显著提高乳酸含量（Li et al.，2019）。

由此可见，在青贮发酵过程中，蔬菜副产品的营养结构发生了变化，导致营养物质的流失，以及能量、蛋白质利用效率的下降等。近年来新兴的枯萎处理、酸类添加剂、细菌添加剂和酶处理等技术，可大幅提升青贮饲料的生产性能，是值得深入研究的重要方向。

（三）蔬菜副产物发酵加工中营养品质的变化

1. 单一发酵 单一原料发酵是指只选择一种原料进行发酵。对一些特殊的原材料，经过发酵后，不但可以最大限度地保存其质量，而且还能提高其营养价值。微生物发酵饲料是指在人为控制条件下，将一些抗营养因子含量高、利用率低、适口性较差的植物性农副产品作为主要原料。表 12-2 中列举了蔬菜副产物的不同发酵菌种。

表 12-2　蔬菜副产物不同发酵菌种

蔬菜副产物	菌种	参考文献
番茄渣	乳酸杆菌、米曲霉、产朊假丝酵母、啤酒酵母、热带假丝酵母、白地霉、黑曲霉、绿色木霉、康宁木霉	（阿曼别克等，2016）
高山娃娃菜	绿色木霉、白地霉、产朊假丝酵母	（张继等，2007）
白菜叶、青笋叶	植物乳杆菌、发酵乳杆菌	（邵建宁等，2016）
西兰花	芽孢杆菌、乳酸杆菌、链球菌、白色念珠菌、硝化菌、甲烷氧化菌、硫酸盐还原菌、光合细菌	（陈静静等，2016）
马齿苋	乳酸菌	（王俊峰等，2015）

通过对单一蔬菜进行菌种发酵，可以增加废弃蔬菜的粗蛋白，减少硝酸盐、亚硝酸盐的含量，同时还可以提高废弃蔬菜的营养状况，从而提高青贮发酵质量。经过复合菌种的发酵，在番茄渣中，乳酸和丙酸的含量明显提高，其中的粗蛋白达到了 18.59%，中性洗涤纤维达到了 50.80%，酸性洗涤纤维达到了 43.63%，维生素 A、维生素 E 分别达到了 23.60 mg/kg、10.20 mg/kg，这两项指标都比用番茄渣作为原料的低。加入米曲霉后，番茄渣混合青贮饲料中的粗蛋白含量（$P<0.01$）和干物质消化率（$P<0.01$）都得到了明显的改善，其值分别为 14.76% 和 78.84%（热合曼等，2013）。经过植物乳杆菌和发酵乳杆菌的发酵处理，废白菜叶的粗蛋白和粗脂肪分别提高了 38.20% 和 111.90%，粗纤维下降了 8.43%；废弃青笋叶的粗蛋白和粗脂肪分别增加 45.41% 和 71.43%，粗纤维减少 2.32%，pH 低于 4.0。芥菜叶青贮饲料的粗蛋白达到 22.24%，中性洗涤纤维低于 25%，酸性洗涤纤维低于 19%，硝酸盐和亚硝酸盐的含量维持较低水平（许庆方等，2010）。乳酸菌制剂发酵使马齿苋的氨态氮与总氮比值和 pH（$P<0.05$）下降，使其干物质粗蛋白含量（$P>0.05$）上升，使中性洗涤纤维和酸性洗涤纤维的含量分别降低 4.45% 和 2.47%（$P<0.05$）（王俊峰等，2015）。在此基础上，加入乳酸菌后，茭白青贮发酵液中的乙酸、丙酸含量明显增加（$P<0.05$）（朱雯等，2015）。

单一蔬菜微生物发酵可以将部分纤维素、蛋白质和脂肪等大分子营养物质转化为容易被动物吸收的碳水化合物和可溶性小肽及有机酸等小分子物质，从而可以生产出营养丰富、适口性好和有益微生物含量较多的一类生物饲料。有研究表明，使用由地衣芽孢杆菌、酵母菌和乳酸菌组合成的复合益生菌固态发酵菜籽粕，发酵后可溶性蛋白含量、乳酸含量和总氨基酸含量显著增加，硫苷和中性洗涤纤维含量显著降低。有研究显示，复合菌种对番茄渣乳酸、丙酸的含量有影响，但对其粗蛋白、中性、酸性纤维及维生素 A、维生素 E 的含量有较大的影响。花椰菜茎、叶与玉米秆混合后，其可溶性糖、乳酸、丙酸的含量明显增加，而其酸碱度和丁酸的含量则明显下降。

2. 混合发酵　混合原料发酵指的是选用多种果蔬副产物作为原料进行发酵的方式。蔬菜副产物的混合发酵会影响到蔬菜发酵饲料中的基本营养成分，引起粗蛋白、酸性洗涤纤维和可溶性糖的变化；并可增加青贮成活率，提高发酵质量。表 12-3 列出了部分混合发酵饲料的营养成分。研究发现，（3∶7）～（6∶4）比例的番茄渣和整株的玉米进行青贮时，pH 均在 3.8 以下，并且随着比例的增大，其发酵产物中的粗蛋白、有机物质、酸性洗涤纤维等成分也会增加（王慧媛等，2015）。将花椰菜茎、叶与玉米秸秆（7∶3）混合储存，能够显著提高可溶性糖、乳酸和丙酸的含量（$P<0.05$），而 pH 和丁酸的含量则会下降（$P<0.05$）（杨道兰等，2014）。小麦秸秆∶大白菜尾菜（7∶3）、5%玉米粉、2%酵母粉，在室温、pH 6.6 下进行 2 d 的发酵，可以增加大白菜混合物中的粗蛋白、粗脂肪含量（李海玲等，2015）。将青笋、西兰花、花椰菜、芹菜等比例混合，并添加乳酸菌、20%的玉米秸秆进行发酵，结果显示出粗灰分为 11.03%，粗蛋白 8.83%，粗脂肪 5.57%，总磷 0.17%，总钙 0.31%，中性洗涤纤维（38.85%）、酸性洗涤纤维（20.92%）与玉米全贮饲料相比，具有显著的差异（牛荐洲等，2016）。新鲜的马铃薯渣∶小麦麸皮∶玉米蛋白粉（8∶1∶1），在菌液量 4%（8×10^8 CFU/mL 植物乳杆菌）下，在 33 ℃下进行 60 h 的发酵，粗蛋白含量为 22.37%～23.07%，粗纤维含量为 13.69%～14.55%（萨仁呼等，2018）。经玉米秆∶莲藕∶酵母（70∶30∶2）发酵，粗蛋白、粗脂肪含量较对照分别增加 0.78%、0.76%；经发酵后的玉米秸秆∶莲花菜尾菜∶酵母菌∶玉米粉（70∶30∶2∶5），粗蛋白和粗脂肪的含量比原饲料含量增加了 0.90%和 0.86%（$P<0.05$）。

表 12-3　蔬菜副产物发酵饲料营养成分（DM，干物质量）

蔬菜副产物	干物质 /%	粗蛋白 /%	粗纤维 /%	NDF /%	ADF /%	粗脂肪 /%	灰分 /%
胡萝卜∶麦麸（80∶20）	26.3	14.5	3.7	33.3	15.7	4.4	6.2
甘蓝∶麦麸（80∶20）	23.9	18	2.6	36.9	15.9	5	6.7
萝卜叶∶麦麸（80∶20）	24.2	19.2	1.6	33.2	17.9	6	10.4
萝卜∶麦麸∶马铃薯浓缩蛋白（80∶15∶5）	20.6	18	1.9	37.5	15	4.2	5.9
甘蓝∶麦麸∶马铃薯浓缩蛋白（80∶15∶5）	20.4	21.9	2.7	34.8	15.2	4.6	6.5
萝卜叶∶麦麸∶马铃薯浓缩蛋白（80∶15∶5）	20.7	23.1	2.2	35.9	19.4	5.8	11.7

混合发酵对蔬菜副产品的酶活和生理功能有不同影响。有研究将苹果、葡萄、树莓、山楂和大麦幼苗等多种果蔬作为原材料，在最适条件下，通过发酵、提纯后得到的综合果蔬酵素液，具有酸甜适口，果香浓郁，丰富的矿物质元素，超氧物歧化酶活性较高，整体上展现出了良好的还原力和抗氧化能力，并呈现出种类多样性、平衡性和易于吸收的特点。也有研究将豆渣、木薯渣和菌糠作为罗非鱼饲粮的原材料，添加复合微生物发酵饲料15%，结果表明，在罗非鱼基础饵料中，添加复合微生物发酵饲料可以有效地提升罗非鱼的免疫能力，降低罗非鱼链球菌病的发病率，还可以促进其生长，提升饲料转化率。

混合发酵饲料有助于产生多种维生素，可以调整肠道的微生态，提高免疫力。添加20%以上不含抗生素的无抗生素发酵日粮，不仅能提高仔猪的生产性能，而且能改善仔猪的肠道微生物群落结构，促进其对营养物质的消化。在育肥猪的日粮中，添加10%的发酵玉米秸秆粉，可以使猪的料肉比下降8.06%，价格下降6.73%，增重成本降低14.10%（周映华等，2015）。

蔬菜废弃物经黑曲霉菌发酵后，粗脂肪和粗纤维的含量明显降低，但其中的无氮浸出物却有降低的趋势；其中，色氨酸、赖氨酸、组氨酸、苯丙氨酸、缬氨酸、异亮氨酸、苏氨酸、亮氨酸、精氨酸等主要氨基酸含量均有显著提高，但其变化幅度仅为51%。除天冬氨酸18.4%、丝氨酸20%、半胱氨酸28%外，大部分非必需氨基酸下降（N Rajesh et al.，2010）。

（四）蔬菜副产物其他加工中营养品质的变化

1. 制粒　在制粒过程中，温度对蛋白质及氨基酸的消化有很大影响。在高温作用下，氢键和其他次级键会断裂，从而导致蛋白质发生变性。变性后的蛋白质空间结构会发生变化，导致表面积增大、黏度系数变大、肽链疏松等。另外，水热法对不饱和脂肪酸的氧化降解有促进作用。有研究表明，由于脂肪水解酶是导致饲料油脂水解酸败的关键因素，因此，制粒过程中，油脂水解酶失活，油脂水解酸败速率减缓。制粒过程可以影响淀粉的糊化度和硬度，从而增加其食用价值。经高温、调质、快速挤压处理后，淀粉的糊化程度得到明显改善，而这种改善是提高饲料营养品质的重要因素。制粒工艺会对维生素稳定性产生影响，维生素的损失主要是在湿热、高温和高压处理的调质和制粒环节，占到整个加工过程损失的90%以上。

2. 氨化　氨化可改变蔬菜副产物纤维结构，增加蛋白质含量，提升动物的适口性和消化率。谢小来等（2020）采用快速氨化玉米秸秆（氨化时间为2 h、压强为0.3 MPa、粗蛋白质含量为13.37%），研究了不同条件下氨化玉米秸秆粗蛋白质的含量，结果发现，在最佳发酵条件下，可显著提高发酵后氨化玉米秸秆粗蛋白质含量。

氨化会改变原料基本营养成分含量，促进蔬菜副产物的饲料化利用、改善其饲用品质。张建丽等（2022）采用15%碳酸氢铵和5%尿素氨化30 d后测定营养品质，研究发现，经过氨化处理后，油菜秸秆的适口性得到了提高，粗蛋白的含量升高，中性洗涤纤维、酸性洗涤纤维的含量降低，瘤胃的体外发酵产气量、干物质、粗蛋白的降解率以及NH_3-N浓度升高。

因此，通过氨化处理可以将木质素、纤维素、半纤维素等物质进行分离，消化液和微生物酶与纤维素发生反应，将其添加到牛羊的饲料中，可以显著提高饲料的适口性、营养水平和消化利用率。经氨化处理后，粗蛋白含量可增加1~2倍，对牛、羊及其他反刍动物的消化速度可增加 2～3 倍，原料的总体营养价值可增加 2～3 倍。

3. 汽爆 汽爆处理对蔬菜副产物的蛋白质含量、挥发性脂肪酸含量、干物质的降解率、中性和酸性纤维的降解率都有显著的影响。前期研究发现，经汽爆处理后，玉米秸秆中酸性纤维及木质素含量均明显降低。汽爆处理可明显提升玉米秸秆的相对饲料价值（干物质自由采食量、可消化干物质、总可消化养分和泌乳净能）。郭同军（2018）的研究结果表明，汽爆对棉秆种子的营养价值有明显的提高，与粉碎棉秆相比，蛋白质含量增加了 10.79%，中性洗涤纤维减少了 10.83%，酸性洗涤纤维减少了 23.94%。

二、蔬菜副产物饲料制备技术

我国是蔬菜生产大国，每年都会产生大量加工废弃物。例如，番茄酱生产过程中会产生番茄皮渣，据统计，全国每年的番茄皮渣产量超过 50 万 t。另外，从辣椒中提取辣椒红素后，会生成大量的辣椒粕，其含量可达到原始干辣椒的 93.6%。制糖工业所产生的主要副产品为甜菜渣，每 100 kg 生鲜甜菜榨糖后可得 40 kg 渣滓。此类蔬菜废弃物具有一定的季节性，很容易造成积压、浪费，由于水分含量大，极易导致发霉变质，污染环境；同样，这些蔬菜废弃物还含有丰富的抗营养成分，如单宁和果胶。直接将这些副产物用于动物饲料可能导致畜禽消化不良、胃肠道紊乱，从而引发疾病，影响畜禽的产量和质量。通过将蔬菜副产物进行饲料制备将是一种经济、实用、高值的方法。

（一）简易饲料化利用技术

在畜禽散养环境中，许多农户通常会将蔬菜废弃物剁碎，直接用于喂养畜禽。另一种做法是将蔬菜废弃物与麸皮混合，作为畜禽的补充饲料。同样，也可将蔬菜废弃物与麸皮混合后进行喂养。

（二）生物发酵技术

规模养殖中，在蔬菜废弃物大量集中产生的季节，可以采用简单发酵技术、生物发酵技术、酶发酵技术进行生产。这种方法将大量粉碎后的蔬菜废弃物与麸皮混合，然后接种绿色木霉等微生物，形成发酵饲料。这样的处理方式不仅可以提高营养利用率，还能延长饲料的贮藏时间。

生物发酵技术主要通过以下步骤完成：以辣椒粕、甜菜渣、番茄皮渣等蔬菜副产物为原料，以绿色木霉、热带假丝酵母、黑曲霉、产朊假丝酵母等发酵菌作为引导菌，最终通过优化加工副产物的配比，得到含量较高的饲料产品。

酶发酵技术是利用复合酶，进行多菌株混合固体发酵，采用固体发酵罐、微机集散控制系统，通过优化智能控制最终获得高酶活酸性蛋白酶、纤维素酶、木聚糖酶、β-葡聚糖酶、果胶酶等高复合酶生产工艺。解决了用菜籽饼粕、棉籽饼粕、酒糟等农业副产品生产发酵饲料，降低生产成本，更好地推动饲用酶制剂的生产和广泛应用。此方法能够实现合理利用资源、保护环境等作用，最终达到促进经济发展、促进保护资源、实现可持续发展的目的。

（三）沤制有机肥技术

对有利用价值的蔬菜副产物进行研究，包括肥料化处置，如堆肥、沤肥处理。此外将废弃物制作成青绿饲料、颗粒饲料。山东、甘肃等地均有将蔬菜副产物制作成黄粉虫、蚯蚓等养殖用饲料的事例。

三、蔬菜副产物饲料典型应用案例

(一)优势产区饲料经典应用案例

云南作为我国的畜牧业大省,其畜牧业的最大投入物——饲料对工业饲料的依存度却很低(不及20%),云南畜牧业对地域性饲料资源的利用模式具有典型的种养结合的生态特征。蔬菜基地通海县肉牛生产和云南鸵鸟生产的饲料供给模式就是根据云南蔬菜生产特点将蔬菜废弃物制作成具有可利用价值的饲料供给物。

北京自产蔬菜仅有2%作为加工原料,主要是纯蔬菜产品或鲜切蔬菜产品,原料有生菜、胡萝卜、青椒、马铃薯等,也有一些加工企业生产腌菜、蔬菜汁等产品,蔬菜加工的副产品主要是切掉不可食用部分和非商业部分的切块。通常有30%到40%的加工废物。据调查,目前情况下加工企业会与周边饲料厂合作,低价或免费将蔬菜加工废弃物加工成饲料。

河北省蔬菜副产物的利用方式目前主要包含以下三种:一是进行包括堆肥处理以及沤肥处理的肥料化处置;二是制作成饲料,通过脱水烘干将废弃物制成黄粉虫、蚯蚓等养殖用的蔬菜粉、颗粒饲料等;三是食品化处理,对蔬菜营养物质的提取和纯化,在保障质量情况下,可以进行蔬菜精深加工。

(二)经典饲料制备技术案例

徐国良等(2013)采用复杂的酶法,以芹菜等农副产品为原料生产发酵饲料。工艺流程如下:

1. 原料准备 将芹菜等农副产品与适量水混合。经诱变筛选后,混入合适的高复合酶菌种,进行发酵培养制成发酵曲。

2. 混合物制备 将农副产品与发酵曲均匀混合,发酵曲用量占芹菜深加工副产物干重的10%~30%。通过水或豆粕调节混合物含水量,确保在40%~60%的范围内。

3. 发酵罐操作 将混合料置于40~50 ℃的固体发酵罐内。利用特殊的搅拌系统,介质物料直接进入蒸汽,实现就地高温灭菌。相较于旋转盘和培养槽的固体生化反应系统,避免了大量固体物料蒸锅和无菌物料输送系统等辅助设备。

4. 冷却与调整 结合真空和通风进行冷却,同时调整灭菌物料的含水率。

5. 发酵培养和干燥 进行固态发酵培养,持续35~40 h。进行干燥处理。

6. 酶制备完成 获得高酶活性的酸性蛋白酶、纤维素酶、木聚糖酶、β-葡聚糖酶、果胶酶等复合酶。

7. 成品加工 将复合酶粉碎成粉末或加工成颗粒饲料。

该工艺具有低成本、简便操作、易于工业化生产的特点。

第九节 蔬菜副产物肥料加工技术及应用

一、蔬菜副产物肥料加工过程中营养品质变化

(一)蔬菜副产物组成特点

蔬菜副产物指的是蔬菜在种植、收获、运输、销售等过程中所产生的根、茎、叶等废

弃物。相对于其他农业有机废弃物而言，蔬菜副产物具有更高的水分含量和更丰富的营养成分，而且更容易被微生物分解。表 12-4 中总结了常见蔬菜副产物的特点，新鲜蔬菜废料中水分含量通常可达 80%～90%，叶菜类蔬菜废料中水分含量最高可达 96.20%；pH 为 4.30～9.23，以 6.5～8.5 为主；营养元素含量丰富，按干基计算，总氮（TN）含量为 0.86%～5.39%，总磷（TP）含量为 0.22%～4.89%，总钾（TK）含量为 1.29%～5.17%，碳氮比（C/N）在 5.90～56.20 之间，根茎 C/N 较高，在 23.80～56.20 之间，叶菜类与茄果类废弃物的 C/N 相对较低，主要集中在 20 以内。总固体含量在 8%～19% 之间，挥发固体占总固体的比例在 80% 以上，有机物中碳水化合物占 75%，纤维素占 10.70%～35.60%，木质素占 7.40%～18.30%，叶菜类废弃物的纤维素和木质素含量一般要比茄果类废弃物低。除此之外，在蔬菜副产物中，不可避免地携带病原菌及虫卵、农药残留物、重金属等有毒有害物质。

表 12-4　常见蔬菜副产物种类及理化性质

种类	含水率/%	pH	有机质含量/%	TN 含量/%	C/N	TP 含量/%	TK 含量/%	纤维素含量/%	木质素含量/%
叶菜类	83.99～94.59	4.30～7.60	7.37～43.60	1.78～5.39	5.90～37.00	0.37～2.65	1.29～4.40	10.78～32.10	7.40～11.90
茄果类	69.40～95.10	4.53～9.23	16.80～51.00	1.77～4.52	8.80～29.51	0.20～−4.89	2.30～5.17	30.00～35.60	8.01～18.30
根茎类	80.3～94.10	5.30～7.40	34.90～43.21	0.86～1.94	23.80～56.20	0.46～1.56	1.64～3.74	—	—
范围	69.40～95.10	4.30～9.23	7.37～51.00	0.86～5.39	5.90～56.20	0.22～4.89	1.29～5.17	10.7～35.6	7.40～18.30

（二）蔬菜副产物耗氧堆肥加工中营养品质变化

堆肥工艺是利用微生物对菌种中的有机物进行热分解，使之转变为有机质。堆肥法成本较低，技术简单，在采用技术手段将其中的有机物分解后，还可以将其作为耕种土地的肥料进行再利用，可以有效地实现资源的回收，从而降低尾菜带来的危害。耗氧堆肥处理模式是指在有氧条件下，通过微生物对蔬菜副产物进行降解，将大分子物质转化为易于生物降解的小分子物质的过程。所获得的化肥在农业中使用，因此可以获得全部的肥效（图 12-11）。

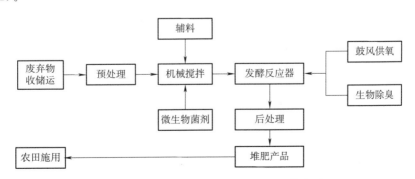

图 12-11　蔬菜副产物耗氧堆肥处理模式图

杨岩等（2017）研究表明，在莴苣垃圾堆肥过程中，磷酸钙可降低氮的流失，并加速其腐化。蔬菜残渣还田可改良土壤的物理、化学性质，改善作物的生长发育，提高农产品的质量。孔涛等（2017）研究表明，大白菜垃圾堆肥可以增加青菜产量，并增加其可溶性糖和可溶性蛋白。李剑等（2011）的研究发现，菜地堆肥可明显降低土壤 pH，增加土壤有机质及碱解氮素的含量。Papa 等（2019）将蔬菜废弃物与水果进行好氧堆肥，取其渗滤液进行研究发现，渗滤液中含有大量植物矿质养分，含量由高到低依次为钾、氮（主要为铵氮）、磷等，将这些渗滤液稀释并应用于水芹和玉米的萌发没有表现出植物毒性，因此可将其应用于植物生长。但是这些研究大多集中在将蔬菜废弃物转化为固态有机肥料方面，很少有将其转化为液态有机肥的报道。

1. 耗氧堆肥阶段　一般根据温度的变化可将耗氧堆肥分为三个阶段：升温、高温、降温。

升温阶段是物料开始堆积发酵升温到 45 ℃之间的时期内（2～3 d）。在此过程中，以细菌为主的嗜温菌对糖、淀粉等易降解的物质进行快速降解，释放出大量的热能，从而提高堆内温度。

高温阶段是指从堆温达到 45 ℃到第一轮发酵完成的时期内（约 7 d）。在这一时期，以真菌和放线菌为主，它们的有氧呼吸作用会产生大量的热能。在这一阶段，要及时进行翻堆，次天翻堆时，即使温度没有达到限定的 65 ℃，也要立即进行，或只要温度达到 65 ℃，即使时间未达到间隔天数，也要进行翻堆。翻堆时，可以通过增强堆场的通风来调整堆场的温度，堆场的温度最好在 50～65 ℃之间（55 ℃为最好），但注意不宜高于 70 ℃。在此高温期内，可以有效地杀死病原菌和草籽，是发酵生产的重要环节。

降温阶段为老化期（30～35 d），此时温度降低到 50 ℃以下，以嗜温微生物（主要是真菌）为主，可以降解木质素。在这一时期，微生物的活力较低，热负荷降低，需氧量降低，有机质趋于稳定。在发酵过程中，为保证发酵过程中所需的氧含量，发酵过程中应设置通风孔。

2. 耗氧堆肥影响因素　堆肥的影响因素有水分、温度、pH、电导率、碳氮比和外源菌剂等。

含水量对提高堆肥效率和优化堆肥体系具有重要意义。水分含量太高，会形成一种局部厌氧环境，对好氧微生物的生长和有机物的分解不利，对堆肥的腐化作用也不利；水分含量太少，也会抑制微生物的活动，导致堆肥质量无法保障。雷大鹏等（2011）设置物料初始含水率41%、50%、55%、65%和75%的梯度来研究基质含水率对牛粪好氧堆肥的影响，发现在堆肥物料初始含水率为65%时对堆肥最有利。蔬菜废弃物的含水率相比于其他类型的有机废料较高，它的结构也比较疏松，因此不能直接用来堆肥。在堆肥过程中，可以通过晾晒、加入低水分的膨胀性物质等方法，将垃圾的含水率维持在60%～70%之间，从而确保合适的堆肥环境。

温度是决定堆肥腐熟度和能否实现无害化的重要指标。在高温条件下，有机质进入高温状态所需的时间以及持续的高温状态与其性质（组成、含水量、粒径等）、通风状况等密切相关，且有机质在高温状态下降解的速度越快。研究表明，蔬菜废弃物好氧堆肥最高可以达到 73 ℃的高温条件，但温度上限应低于 75 ℃，且超高温持续时间不能超过 24 h，否则会对堆肥产生不可逆的抑制作用。

pH 是影响堆肥微生物活性的重要因素之一，pH 与堆肥中有机酸积累关系密切。在堆肥早期（0~12 h），易降解的有机质（如蛋白质、多糖、脂肪等）迅速分解，生成的有机酸逐渐累积，最终引起 pH 降低。第 12 h，各处理组 pH≤6，而在 pH 较低的情况下，改变堆体的温度，会对堆肥的稳定性及腐熟度产生不利影响。

电导率（electrical conductance，EC）是衡量土壤中盐离子对作物生长影响的重要指标。堆肥初期，由于有机物分解为可溶性小分子，如铵盐、磷酸盐、小分子有机酸，以及其他可溶性有机质等，EC 值会增加。24 h 后，其 EC 值有所降低，主要原因是有机酸降解，腐殖质生成，NH_3 和 CO_2 的释放。因而，电导率的大小会使种子受到渗透压力的影响，使堆肥中的 GI 值降低，进一步影响堆肥产品的品质。

蔬菜废弃物中含有木质素、纤维素等难降解的有机物，因此，为了提高有机物的降解效率，就必须对其进行破碎处理或添加微生物菌剂。在堆肥过程中，外源微生物的加入对提高堆肥质量起到了很好的促进作用。陈晓飞等（2012）利用蔬菜秸秆、牛粪等作为材料，加入自制的速腐菌剂，研究发现，接种菌剂组温度较高，高温持续时间较长，高温期 CO_2 释放量较高，pH 和电导率变化幅度大，NH_3 释放量较低，这对降低氮素的流失有很大的帮助。戴美玲等（2020）通过对各种微生物菌剂在菜粕堆肥中的作用进行研究，发现加入微生物菌剂可以加快原料升温，提高发酵温度，延长高温持续时间，缩短发酵周期，从而加快菜粕中的营养物质的转换，降低营养物质的损失，提高有机肥料的质量。

针对不同种类的蔬菜，堆肥之前需要对其进行合理的配比，并在初始阶段改变原料中的碳氮比。其中，提高原料中可溶有机碳的含量，不仅可以加快堆肥过程，而且可以作为一个重要的指标来指导原料的配比。李剑（2011）通过改变蔬菜废料、稻草和猪牛粪的比例，结果表明，蔬菜废弃物、秸秆和猪粪初始配比在（10∶40∶50）~（20∶30∶50）时最佳，其中猪粪在氮含量、速效磷这两方面效果更佳，而牛粪对速效钾的影响较大。王丽英等（2014）对堆肥过程中温度、湿度、通风等因素进行了归纳，并对堆肥过程中有机质、氮含量、碳氮比、pH、电导率等因素进行了分析。

3. 堆肥中理化性质的变化 在不同处理堆肥过程中，堆体 pH、可溶蛋白、氨氮、硝态氮等物理化学参数发生变化。反应器堆肥阶段，由于有机酸的利用和蛋白质的降解，pH 增加；后腐熟阶段，堆体中的 NH_4^+-N 在硝化菌的作用下，发生硝化反应，转化为 NO_3-N 并消耗堆体中的碱度，使得 pH 和 NH_4^+-N 含量下降，NO_3-N 含量增加。据报道，K^+ 会促进多糖的释放，释放的多糖作为碳源会提高微生物活性。因此，堆肥初期，微生物主要以蛋白质为能量来源。此外，PO_4^{3-} 的存在，会进一步增强硝化菌等微生物的活性，有利于氮的保存和腐殖质的形成。

4. 堆肥中活性物质含量的变化 多酚在植物组织中广泛且大量存在，是植物次生代谢的主要产物之一。堆肥过程中多酚浓度的变化，不仅反映了有机质的降解转化情况，也表明腐殖质的形成。据报道，微生物可以在腐殖质形成过程中合成多酚。在后腐熟初期（3~9 d），多酚浓度增加，这可能与结构被破坏的木质纤维素的进一步降解有关。因为在后腐熟初期，观察到物料再升温现象。最后，多酚浓度下降直到堆肥结束，这表明堆体中逐步产生了腐殖质。

多糖被认为是腐殖质形成的主要贡献者，特别是在美拉德反应中。多糖被微生物用作主要能量和碳源。堆体中的多糖主要来源于木质素、纤维素和半纤维素的降解。

还原糖是美拉德反应中合成腐殖质的另一重要前体物质。在微生物代谢最活跃的反应器堆肥阶段，还原糖为微生物的生长提供了碳源。因此，还原糖浓度急剧下降。然而，在后腐熟阶段，度过最初的二次升温期后，还原糖浓度几乎无变化。这可能是由于堆体中较低的多糖和还原糖含量，使得以 $NH_4^+ - N$ 为养分的自养型硝化细菌增殖，也可能是由于微生物活动引起的多糖降解和还原糖产生，形成补偿机制造成的。

（三）蔬菜副产物沤肥法加工中营养品质的变化

沤肥是一种厌氧发酵的处理方式，沤肥法与堆肥法不同，需要选择在通风、向阳、地势较高、运输方便且较为平坦的空地上或田间进行。沤肥过程中会有一些指标发生变化，如氮素、磷钾元素、有机质、微生物等。

沤肥过程往往伴随着磷、钾元素的固化和释放，其中磷、钾元素的含量对堆肥产品的品质产生较大影响。研究表明，在不加任何调节剂条件下，总钾和总磷的绝对含量变化不大，但各元素的相对含量却在不断增加。这是因为物质中的有机质降解而损失，而磷钾不存在降解，所以相对含量增加。李昌宁等（2020）采用猪粪和玉米秸秆作为堆肥材料，并加入耐热菌剂，对其进行有氧堆肥，结果发现堆肥产品中有效磷和有效钾含量均提高。

沤肥底料的能量以有机质为主，微生物对有机质的分解主要是为其自身的生命活动提供能量，经调查发现，沤肥原料的有机质在整个发酵周期中都呈现降低的趋势。

沤肥主要是利用微生物酶的作用，将物料中的有机物等复杂高分子转变成小分子的稳定腐殖质。前期研究发现，添加菌剂能够增加堆肥体中微生物的数量与群落的丰度，从而加快有机质的降解，增加萌发指数，缩短发酵周期。蔡尽忠等（2019）将葡萄糖用作起爆剂，将其加入玉米秸秆的堆肥中，通过研究发现微生物菌剂可以降低堆肥的水分含量，增加萌发指数，从而缩短堆肥的时间。

二、蔬菜副产物肥料制备技术

（一）蔬菜废弃物堆肥化技术

蔬菜废弃物堆肥化处理是一种有效利用废弃资源的方法，对于蔬菜农业的可持续发展至关重要。目前，有机肥堆肥制备技术和肥效研究已经取得了一定的进展。在堆肥制备技术方面，可以运用几种主要方法。首先是微生物菌剂添加技术，通过添加特定的微生物菌剂，可以加速蔬菜废弃物的分解与转化过程。其次是共堆肥技术，将蔬菜废弃物与其他有机材料一起进行堆肥，可以提高堆肥的效果和质量。此外，还有蔬菜废弃物材料的预处理技术，可以通过切碎、压碎等方式改变废弃物的形态和结构，有利于分解与转化的进行。另外，液态有机肥和厌氧发酵联产有机肥技术也是一种发展趋势，可以进一步提高废弃物的利用效率。在堆肥肥效研究方面，已经发现蔬菜废弃物堆肥可以改善土壤的物理、化学和生物学参数，同时还可以钝化土壤中的重金属元素。这些改善能够提高作物的产量和品质。研究表明，蔬菜废弃物堆肥与化学肥料配施效果较好，可以有效地增加养分供应和提高土壤质量。未来堆肥可以朝着多功能化的方向发展。除了作为土壤改良剂和肥料外，堆肥还可以应用于其他领域，如生物能源生产、环境修复等。这种多功能化的应用将进一步提升蔬菜废弃物堆肥的价值。

利用蔬菜废弃物进行堆肥处理是一种有效的废弃资源再利用方法，可将这些废弃物转化为有机肥料。这些废弃物包括蔬菜的根、茎、叶片，以及虫蛀或腐烂的果实残渣，含有丰富的有机成分和养分。通过好氧发酵等生化反应，将蔬菜废弃物中的有机物质转化为营养物质或腐殖质，最终形成成熟的堆肥产品。堆肥过程可以分为两种类型：普通堆肥和高温堆肥。普通堆肥使用较多的混合土壤，堆肥时温度较低且变化不大，所需时间较长。而高温堆肥（60~70 ℃）则使用富含纤维素的有机物料，同时掺入适量的人畜粪便等物质，以调节碳氮比。在堆肥过程中，会出现显著的高温阶段，这有助于加速有机物的分解，同时杀灭病菌、虫卵和杂草种子等。

蔬菜废弃物堆肥处理不仅能有效减少废弃物对环境造成的负面影响，还能产生有机肥料，有助于提高土壤质量。特别是高温堆肥具有较快的处理速度和更好的消毒效果，因此被视为一种更为高效的废弃物处理方式。蔬菜废弃物堆肥化处理具有周期短、无污染和利用率高等特点。它是我国蔬菜废弃物的主要利用途径之一，已经发展成为一种重要的资源化手段。通过堆肥化处理，不仅可以减少废弃物的排放，还能将其转化为有机肥料，改善土壤的物理、化学和生物学参数，提高作物的产量和品质。

（二）微生物菌剂添加技术

为了提高蔬菜废弃物堆肥化制备技术的效果，可以采用微生物菌剂的添加技术。这种方法能加快废弃物的降解过程，提高养分含量，改善堆肥的物理性质，最终得到优质的堆肥产品。微生物菌剂的添加主要针对蔬菜废弃物中木质素、纤维素等难以降解的成分，特别是在高温阶段微生物活动受到抑制的情况下。

微生物菌剂可以从动物粪便、堆肥、农林废弃物等含有纤维素的复杂基质中筛选得到，目前研究重点在于降解菌剂的混合应用，提高菌剂的适应性和降解效率。通过添加微生物菌剂，可以显著减少蔬菜废弃物的发酵周期，提高产品中养分含量，改善产品的物理性质，尤其是降低堆肥容重，提高总孔隙度和持水孔隙度。

微生物菌剂在蔬菜堆肥过程中的作用不仅表现在缩短发酵周期和提高种子发芽指数，还在显著增加堆肥产品中氮（N）、磷（P）、钾（K）等养分含量方面发挥重要作用。同时，它们能够降低堆肥的容重，提高总孔隙度和持水孔隙度，从而改善堆肥产品的整体品质。研究结果表明，菌剂的筛选主要聚焦于纤维素降解菌，这些菌主要来源于含有纤维素的复杂基质，如动物粪便、堆肥、农林废弃物等。随着研究的深入，降解菌剂的开发逐渐由单一菌剂过渡到混合菌剂。这些混合菌剂不仅具备耐高温的特性，而且在显著降低纤维素、半纤维素、木质素等目标底物时，表现出一定的协同作用。这一发展趋势有助于缩短堆置时间并提高堆肥产品的品质。因此，微生物菌剂在蔬菜堆肥中的应用为优化堆肥过程、提高产品质量提供了可行的途径。

（三）共堆肥技术

在废弃物堆肥过程中，有多种因素影响有机肥的质量，如温度、水含量、通气、pH和氮碳比。蔬菜废料的氮碳比通常不理想，为了解决这个问题，研究者使用鸡粪、猪粪、葡萄渣、橄榄渣或苹果渣等物料共同堆肥。这种方法不仅能调整混合物的氮碳比至最佳水平，还能改善堆肥材料的孔隙度和微生物数量，推动堆肥进程，减少产品的毒性。同时，研究也探索了造纸厂废浆、牛粪、鸡粪、猪粪、苹果渣等外部物料与蔬菜废料的混合堆肥，旨在优化混合比例以增进堆肥的成熟度。

(四) 蔬菜废弃物预处理技术

由于一些蔬菜废弃物的氮碳比常常低于 20，不利于堆肥的腐化。为解决这一问题，学者们还研究了蔬菜材料的预处理技术以及混合不同部位的蔬菜废弃物的方法。这些方法可以调节堆肥原料的氮碳比，并简化堆肥原料的准备和配比过程。除了在堆肥过程中添加微生物菌剂或葡萄渣、橄榄渣等其他物料以进行稀释或调节之外，预处理和混合原料都能有效实现对堆肥原料氮碳比的调控。这些措施不仅提高了堆肥过程的效果，还提高了堆肥产物的质量。

三、蔬菜副产物肥料典型应用案例

蔬菜在收获、贮存、加工和运输过程中产生大量的茎蔓、叶片和腐败果实等废弃物，各类蔬菜废弃物的产生率约为 6%。这些未经处理的废弃物在堆放和运输中会释放渗出液和难闻的气体，不仅对水体和大气造成污染，还易滋生蚊蝇，传播细菌，影响环境卫生和人体健康。因此，考虑到蔬菜废弃物的特性，通过堆沤处理转化成有机肥料是一种可行的方法。这不仅能将废弃物转化为有价值的资源，实现循环利用，而且还有助于减少环境污染，提升农业的整体效益。

蔬菜废弃物富含多糖、蛋白质、纤维素、半纤维素等有效成分，这些营养物质易于被生物降解和利用，是制备有机肥料的优质原料（Naghdi et al.，2017）。在肥料化处理过程中，蔬菜废弃物可转化为富含氮、磷、钾等元素的有机肥，这些矿质元素能够迅速活化为农作物可吸收和利用的速效态，从而提升土壤肥效。目前，国内外许多学者对蔬菜废弃物的肥料化进行了深入研究。如王辉等（2012）研究了不同堆肥方式（包括厌氧覆膜、好氧覆膜、地下式好氧、地下式厌氧、地上式好氧和地上式厌氧）对微生物数量的影响。研究结果表明，有氧覆膜处理效果最佳，微生物总数高达 83.9×10^8 CFU/g，被认为是处理蔬菜废弃物的最佳堆肥方法。Li 等（2020）的研究发现，在蔬菜废弃物的肥料化处理中，添加活性污泥和蚯蚓不仅能提高蔬菜废弃物堆肥体系中微生物的活性，还能有效提高蔬菜废弃物的分解效率。

■ 本章小结

在蔬菜资源的综合利用领域，下一步首先应当在加工与使用环节，优化加工、提取与纯化工艺，加大对蔬菜功能因子及副产物成分、活性及产品开发的研究力度，开发市场接受度高的新型食疗产品、保健用品及日化药品等，拓宽利用途径。其次要对废弃物进行回收再利用，从根源上减少浪费和对环境的污染，实现在全产业链中多途径、多层次对蔬菜副产物资源的综合开发与利用，这对蔬菜工业增值、农民致富增收、社会和经济效益增加具有重要意义。

■ 参考文献

陈静静，李建华，TAKAHASHI J，等，2016. 蔬菜废弃物资源化利用—生产乳牛混合饲料 [J]. 中国科技信息（19）：82 - 84.

蔡尽忠，林婉英，何少贵，等，2019. 起爆剂和微生物菌剂对蔬菜废弃物堆肥效果的影响 [J]. 中国蔬菜 (1)：46-50.

陈琼玲，薛霖莉，张丹，等，2016. 红薯叶中水溶性膳食纤维提取工艺优化 [J]. 食品工业科技，37 (15)：234-237，242.

陈晓飞，呼世斌，张婷敏，2012. 微生物菌剂对农业废弃物腐熟进程影响研究 [J]. 农机化研究，34 (4)：198-202.

陈晓光，朱斌，何展荣，等，2012. 用新鲜红苋菜提取天然苋菜红色素的工艺研究 [J]. 中国调味品，37 (6)：111-113，120.

崔潇文，袁茂翼，叶发银，等，2021. 蒸汽爆破预处理对番茄皮渣膳食纤维组成及理化特性的影响 [J]. 食品与发酵工业，47 (21)：170-177.

戴美玲，江涛，谭美，等，2020. 微生物菌剂对菜粕好氧堆肥发酵的影响 [J]. 磷肥与复肥，35 (5)：20-23.

戴余军，李思洋，徐晓婷，等，2015. 响应面优化酶法提取黑胡萝卜色素的工艺研究 [J]. 广东农业科学，42 (11)：94-99.

窦勇博，2020. 白芦笋下脚料多糖提取、结构表征及其应用研究 [D]. 济南：齐鲁工业大学.

杜京京，杨松，朱倩，等，2021. 复合乳酸菌发酵改性姜渣膳食纤维 [J]. 食品研究与开发，42 (24)：127-134.

古丽努尔·阿曼别克，阿依古丽·达嘎尔别克，热娜古丽·木沙，等，2016. 青贮发酵对番茄渣营养成分的影响 [J]. 山东农业科学，48 (5)：124-126，130.

郭同军，张志军，赵洁，2018. 蒸汽爆破发酵棉和饲喂绵羊效果分析 [J]. 农业工程学报，34 (7)：288-293.

韩世明，方玉梅，吴莲莲，等，2022. 响应面优化超声辅助酶法提取辣椒红色素研究 [J]. 中国调味品，47 (2)：177-181，190.

郝丽红，王彦平，王勇，等，2023. 不同类型乳酸菌对玉米果穗青贮饲料品质和营养价值的影响 [J]. 中国饲料 (5)：163-167.

何颖，方芳，颜宏利，等，2019. 苦瓜蛋白 MAP30 通过 AKT/mTOR 通路促进多发性骨髓瘤细胞的自噬和凋亡 [J]. 中国肿瘤生物治疗杂志，26 (3)：299-305.

洪开文，2023. 微波辅助碱法提取韭黄多糖的工艺及抗氧化活性研究 [J]. 食品与发酵科技，59 (3)：36-42.

胡玲玲，乌雪燕，2021. 枸杞多糖的水提醇沉法工艺优化 [J]. 贵州农业科学，49 (7)：128-133.

胡润锋，李浚哲，李鹏飞，等，2022. 桑叶多糖结构特征及其对 α-葡萄糖苷酶活性的抑制作用 [J]. 林业工程学报，7 (6)：100-106.

姜璐，常晨，骆嘉原，等，2017. 香菇膳食纤维营养强化曲奇饼干的研制 [J]. 中国林副特产 (1)：18-21.

金文筠，HUSSAIN S，严守雷，等，2015. 超微粉碎对藕节膳食纤维理化性质的影响 [J]. 食品安全质量检测学报，6 (6)：2071-2076.

吴丽萍，朱妞，2013. 化学改性对竹笋膳食纤维结构及理化性能的影响 [J]. 食品工业科技，34 (21)：124-126，132.

孔涛，李勃，柯杨，等，2017. 蔬菜废弃物堆肥对设施蔬菜产量和土壤生物特性的影响 [J]. 中国土壤与肥料 (5)：157-160.

雷大鹏，黄为一，王效华，2011. 发酵基质含水率对牛粪好氧堆肥发酵产热的影响 [J]. 生态与农村环境学报，27 (5)：54-57.

李昌宁，苏明，姚拓，等，2020. 微生物菌剂对猪粪堆肥过程中堆肥理化性质和优势细菌群落的影响 [J].

植物营养与肥料学报，26（9）：1600-1611.

李海玲，惠文森，刘杰，等，2015. 小麦秸秆和白菜尾菜混合发酵试验 [J]. 中国酿造，34（5）：131-134.

李剑，2011. 蔬菜废弃物堆肥技术参数的优化研究 [D]. 上海：上海交通大学：15-16.

李状，朱德明，李积华，等，2014. 发酵法制备竹笋下脚料膳食纤维的研究 [J]. 热带作物学报，35（8）：1638-1642.

刘爱琴，赵洪山，叶双明，等，2022. 叶黄素凝胶软糖的研制 [J]. 中国食品添加剂，33（1）：128-133.

刘巧玲，赵芳芳，马晓蕾，等，2022. 添加乳酸菌对营养期菊芋茎叶青贮发酵品质动态变化的影响 [J]. 草原与草坪，42（2）：34-41.

李文彬，柴明杰，张斌，等，2022. 不同密度拉巴豆与旱地玉米间作栽培对混合青贮饲料品质的影响 [J]. 中国饲料（14）：13-18.

刘湾，马海乐，罗娟，等，2018. 蒜皮膳食纤维物理改性技术研究 [J]. 中国食品学报，18（5）：58-67.

刘学成，王文亮，弓志青，等，2021. 金针菇膳食纤维改性、理化性质及抗氧化、降血脂活性 [J]. 食品科学，42（23）：90-98.

刘玉萍，2012. 紫苏色素的超声波辅助提取工艺研究 [J]. 食品工业，33（7）：19-21.

鲁洋，史文静，王文婷，等，2020. 大豆分离蛋白提取及其植酸脱除的研究 [J]. 农产品加工（2）：31-34，38.

马璐瑶，2020. 干燥方式对秋葵挥发性风味物质、多糖的影响及其果皮多糖基本结构、流变特征 [D]. 南昌：南昌大学.

马永强，王艺锜，黎晨晨，等，2020. 超声波辅助微乳液法提取番茄红素的工艺研究 [J]. 食品科技，45（11）：205-211.

马子晔，何孟欣，孙剑锋，等，2020. 超声波辅助提取马铃薯全粉加工副产物中膳食纤维 [J]. 食品研究与开发，41（22）：79-85，92.

牛潇潇，梁亮，王宁，等，2022. 超微粉碎及不同粒度对马铃薯渣功能特性的影响 [J]. 中国粮油学报，37（1）：37-45.

牛莙洲，徐红伟，杨具田，等，2016. 尾菜青贮及其对奶牛泌乳性能影响研究 [J]. 甘肃畜牧兽医，46（23）：84-86.

朋毛德吉，王慧春，李嘉钰，等，2023. 红甜菜多糖提取及纯化工艺研究 [J]. 饲料研究，46（22）：64-68.

潘少香，郑晓冬，刘雪梅，等，2019. 热风干燥和喷雾干燥对果蔬粉品质的影响 [J]. 中国果菜，39（2）：6-9，14.

戚志伟，白中明，2011. 利用连续逆流超声提取机提取辣椒红素和辣素的方法：CN201110433915 [P]. 2011-12-22.

任庆，孙波，于敬鑫，等，2015. 白菜渣可溶性膳食纤维酸法提取工艺优化及理化性质测定 [J]. 食品科学，36（10）：70-75.

萨仁呼，白梦娇，王思珍，等，2018. 植物乳杆菌固态发酵马铃薯渣制备生物饲料的研究 [J]. 粮食与饲料工业（3）：31-33.

商振达，谭占坤，李家奎，等，2019. 西藏地区荞麦与玉米混合青贮对发酵品质和微生物多样性的影响 [J]. 草业学报，28（4）：95-105.

邵建宁，彭章普，张丈齐，等，2016. 尾菜液体青贮菌剂制备及应用 [J]. 中国酿造，35（10）：95-98.

苏亚洲，2010. 番茄皮中番茄红素的提取分离及稳定性研究 [D]. 乌鲁木齐：新疆农业大学.

隋文杰，2016. 生物质物料特性与汽爆炼制过程关系的研究 [D]. 北京：中国科学院大学.

孙国君，孙建政，王晓娜，2023. 2 种苜蓿混合青贮饲料品质比较研究 [J]. 动物营养学，5（2）：1112-1122.

孙永进，2023. 西番莲果皮多糖的纯化、结构表征及体外降脂活性研究 [D]. 桂林：桂林理工大学.

万楚筠，2017. 菜籽饼脂质的亚临界萃取特性及动力学研究 [D]. 北京：中国农业科学院.

王安建，李静，王学丽，等，2017. 发酵香菇柄膳食纤维的双氧水超声波脱色工艺研究 [J]. 包装与食品机械，35（1）：19-23.

王春丽，2011. 红甜菜甜菜红素的稳定性及降血脂作用研究 [D]. 哈尔滨：东北林业大学.

王辉，晋小军，赵洁，等，2012. 蔬菜废弃物不同堆制方法对微生物数量的影响 [J]. 中国土壤与肥料（4）：84-86.

王慧媛，郭同军，王文奇，等，2015. 番茄渣和全株玉米不同混合比例混贮效果的研究 [J]. 饲料研究（17）：67-71.

王振，雷晓东，马显军，等，2013. 浓香菜籽油制取工艺及参数的研究 [J]. 农业机械（6）：38-40.

王丽英，吴硕，张彦才，等，2014. 蔬菜废弃物堆肥化处理研究进展 [J]. 中国蔬菜（6）：6-12.

吴振，李红，罗杨，等，2014. 不同干燥方式对银耳多糖理化特性及抗氧化活性的影响 [J]. 食品科学，35（13）：93-97.

鲜诗敏，赵德刚，杨红，2023. 辣椒籽不溶性膳食纤维碱法提取工艺研究及其理化性质分析 [J]. 食品与发酵工业，49（10）：206-212，229.

肖争红，2017. 浓香菜籽油加工技术和质量的探讨 [J]. 粮食与食品工业，24（4）：23-25.

谢小来，魏川子，马逢春，等，2020. 不同发酵条件对氨化玉米秸秆粗蛋白质含量的影响 [J]. 东北农业大学学报，51（2）：53-60.

徐国良，涂招秀，曾国屏，等，2013. 利用芹菜等农副产品生产发酵饲料 [J]. 江西化工（1）：55-57.

徐柔，2019. 秋葵多糖基本结构和流变学特征及高压均质对其结构的影响 [D]. 南昌：南昌大学.

徐君飞，吴群，许巧玲，等，2019. 苦瓜多糖的提取工艺优化及方法比较 [J]. 怀化学院学报，38（11）：12-15.

许庆方，董宽虎，王保平，等，2010. 芥菜叶青贮的研究 [J]. 饲料博览（6）：44-45.

姚德坤，万莉，姚德利，2015. 利用微波逆流提取黑胡萝卜花青素的方法：CN105418571A [P]. 2016-03-23.

杨道兰，汪建旭，冯炜弘，等，2014. 花椰菜茎叶与玉米秸秆的混贮品质 [J]. 草业科学，31（3）：551-557.

杨桦，2017. 超声波辅助酶法提取小米蛋白及复合小米蛋白粉的制备 [D]. 长春：吉林农业大学.

杨蕊莲，蒋和体，2015. SDE-GC-MS 结合保留指数分析不同预处理的豆浆风味 [J]. 食品科学，36（20）：185-189.

杨税，2020. 基于苦瓜多糖规模化提取影响因素的考察及工艺的优化 [J]. 药学研究，39（11）：641-643，675.

杨晓宽，常学东，范国伟，等，2014. 芦笋老茎可溶性膳食纤维脱色工艺优化及品质研究 [J]. 中国食品学报，14（1）：95-103.

杨岩，孙钦平，李妮，等，2017. 不同过磷酸钙添加量对蔬菜废弃物堆肥的影响 [J]. 农业资源与环境学报，34（1）：66-72.

易军鹏，李冰，张棋，等，2017. 蒸汽爆破处理对亚麻籽油脂肪酸组成的影响 [J]. 中国粮油学报，32（9）：88-93.

姚英政，梁强，熊伟，等，2022. 菜籽油营养与健康 [J]. 四川农业科技（9）：101-103.

尹佳，王璐，孙健英，等，2015. 水酶法提取葡萄籽中蛋白质工艺的研究 [J]. 中国酿造，34（12）：122-126.

袁德成，2019. 紫苏籽油提取工艺及理化特性的研究 [D]. 哈尔滨：东北林业大学.

袁永成，2011. 番茄皮渣中番茄红素的提取稳定性及其抗氧化性研究 [D]. 南昌：南昌大学.

昝丽霞，王宇，陈君红，等，2016. 反胶束体系萃取牡丹籽蛋白的两种工艺比较研究 [J]. 中国油脂，41（8）：23-27.

早热古丽·热合曼，热娜古丽·木沙，哈丽代·热合木江，等，2013. 不同菌种添加对番茄渣混合青贮发酵及消化率的影响 [J]. 畜牧与饲料科学，34（5）：58-60.

张博华，张明，范祺，等，2021. 蒸汽爆破超声波复合提取灵芝多糖及抗氧化活性 [J]. 食品工业，42（8）：125-129.

张东生，薛雅琳，金青哲，等，2014. 精炼过程对油茶籽油品质影响的研究 [J]. 中国油脂，39（9）：18-22.

张化生，杨永岗，2012. 微波辅助萃取花椰菜废弃菜叶叶绿素的工艺研究 [J]. 现代食品科技，28（7）：825-827，813.

张继，武光朋，高义霞，等，2007. 蔬菜废弃物固体发酵生产饲料蛋白 [J]. 西北师范大学学报（自然科学版），43（4）：85-89.

张建丽，孟春花，桂红兵，等，2022. 不同铵源氨化油菜秸秆营养品质及湖羊瘤胃降解率的比较 [J]. 江苏农业科学，50（19）：182-186.

张莓，王昌洲，叶兴腾，等，2022. 有氧暴露下全株玉米青贮饲料品质及微生物动态变化 [J]. 草业科学，39（8）：1675-1685.

张明，马百惠，吴茂玉，等，2020. 金针菇菇根膳食纤维蒸汽爆破改性工艺优化研究 [J]. 中国果菜，40（5）：32-35，49.

张明，王瑶，马超，等，2020. 芦笋老茎多糖体外抗氧化及降血糖作用研究 [J]. 食品科技，45（2）：219-224.

张谦益，包李林，熊巍林，等，2017. 浓香菜籽油挥发性风味成分的鉴定 [J]. 粮食与油脂，30（3）：78-80.

张盛阳，孙建军，杜京京，等，2017. 冷冻凝香工艺对菜籽油品质及主要挥发性风味成分的影响 [J]. 安徽农业科学，45（29）：65-67，71.

张小伟，魏晓霞，胡浩斌，2015. 陇东地区干红辣椒中辣椒红素的提取工艺研究 [J]. 广州化工，43（15）：74-76.

张妍，李杨，江连洲，等，2013. 响应面法优化超声辅助水酶法提取菜籽油脂工艺参数及酶种类对油脂提取效果的影响 [J]. 食品工业科技（12）：251-254.

张彦，2014. 响应面优化紫苏籽油提取及抗氧化性研究 [J]. 中国调味品，39（10）：85-88.

张云，苗敬芝，董玉玮，等，2021. 双酶法提取大蒜水溶性膳食纤维及其抗氧化活性分析 [J]. 农产品加工（18）：15-17，21.

赵泰霞，朱杏玲，2016. 微生物发酵法提取大豆渣膳食纤维的研究 [J]. 武夷学院学报，35（3）：18-22.

郑青波，廖月姣，杨解解，等，2018. 响应面法优化洋葱色素提取工艺及其稳定性 [J]. 浙江农业科学，59（12）：2336-2339.

周映华，胡新旭，卞巧，等，2015. 无抗发酵饲料对生长育肥猪生长性能、肠道菌群和养分表观消化率的影响 [J]. 动物营养学报，27（3）：870-877.

朱雯，郭海明，张勇，等，2015. 添加乳酸菌和米糠对茭白鞘叶青贮品质的影响 [J]. 中国畜牧杂志，51（1）：54-59.

ALHAMED M，ISSA A S，DOUBAL A W，2012. Studying of Natural Dyes Properties as Photo-sensitizer for Dye Sensitized Solar (DSSC) [J]. Journal of Electron Devices，32 (3)：565－557.

CHA Y，JANG J Y，BAN Y H，et al.，2016. Anti－atherosclerotic Effects of Perilla Oil in Rabbits Fed a High－cholesterol Diet [J]. Laboratory Animal Research，32 (3)：171－179.

FABROWSKA J，MESSYASZ B，PANKIEWICZ R，et al.，2018. Seasonal Differences in the Content of Phenols and Pigments in Thalli of Freshwater Cladophora Glomerata and Its Habitat [J]. Water Research，135 (15)：66－74.

FAN X，LI M，LAN X H，et al.，2017. Modification of Dietary Fibers From Purple－fleshed Potatoes (Heimeiren) with High Hydrostatic Pressure and High Pressure Homogenization Processing：A comparative study [J]. Innovative Food Science & Emerging Technologies，42：157－164.

GARCÍA－MÁRQUEZ E，ROMÁN－GUERREROA，CRUZ－SOSA F，et al.，2015. Effect of Layer (Calcium Phosphate－Chitosan)－by－Layer (Mesquite Gum) Matrix on Carotenoids－in－Water－Emulsion Properties [J]. Food Hydrocolloids，43：451－458.

GOMES A L M，AUERBACH H U，LAZZARI G，2021. Sodium Nitrite－based Additives Improve the Conservation and the Nutritive Value of Guinea Grass Silage [J]. Animal Feed Science and Technology，279：115033.

HE K，ZHANG X，LI Y，et al.，2020. Water－insoluble Dietary－fibers From *Flammulina velutiper* Used as Edible Stabilizers for Oil－in－water Pickering Emulsions [J]. Food Hydrocolloids，101：105519.

HUANG L R，DING X N，ZHAO Y S，et al.，2018. Modification of Insoluble Dietary Fiber From Garlic Straw with Ultrasonic Treatment [J]. Journal of Food Processing and Preservation，42 (1)：e13399.

JUNG D M，YOON S H，JUNG M Y，2012. Chemical Properties and Oxidative Stability of Perilla Oils Obtained From Roasted Perilla Seeds as Affected by Extraction Methods [J]. Journal of Food Science，77 (12)：C1249－C1255.

LI F，DING Z，KE W，et al.，2019. Ferulic Acid Esterase－producing Lactic Acid Bacteria and Cellulase Pretreatments of Corn Stalk Silage at Two Different Temperatures：Ensiling Characteristics，Carbohydrates Composition and Enzymatic Saccharification [J]. Bioresource Technology，282：211－221.

LI H Z，ZHANG Z J，HOU T Y，et al.，2015. Optimization of Ultrasound－assisted Hexane Extraction of Perilla Oil Using Response Surface Methodology [J]. Industrial Crops and Products，76：18－24.

LI T，WANG L，CHEN Z，et al.，2019. Electron Beam Irradiation Induced Aggregation Behaviour，Structural and Functional Properties Changes of Rice Proteins and Hydrolysates [J]. Food Hydrocolloids，97：105192.

LI W J，SARTAJ A B，LI J F，et al.，2020. Effect of Excess Activated Sludge on Vermicomposting of Fruit and Vegetable Waste by Using Novel Vermireactor [J]. Bioresource Technology，302：122816.

LOGINOVA K V，LEBOVKA N I，VOROBIEV E，2011. Pulsed Electric Field Assisted Aqueous Extraction of Colorants From Red Beet [J]. Journal of Food Engineering，106 (2)：127－133.

RAJESH N，IMELDA－JOSEPH，RAJ R P，2010. Value Addition of Vegetable Wastes by Solid－state Fermentation using Aspergillus Niger for Use in Aquafeed Industry [J]. Waste Management，30 (11)：2223－2227.

NAGHDI M，CLEDON M，BRAR S K，et al.，2017. Nitrification of Vegetable Waste using Nitrifying Bacteria. [J]. Ecological Engineering，121：83－88.

PAPA－MALICK SALL，ANTOUN HANI，CHALIFOUR FRANÇOIS－P，et al.，2019. Potential Use of Leachate From Composted Fruit and Vegetable Waste as Fertilizer for Corn [J]. Cogent Food & Agriculture, 5 (1): 1580180.

QIU W Y, CAI W D, WANG M, et al., 2019. Effect of Ultrasonic Intensity on the Conformational Changes in Citrus Pectin under Ultrasonic Processing [J]. Food Chemistry, 297: 125021.

ALHAMED M, ISSA A S, DOUBAL A W, 2012. Studying of Natural Dyes Properties as Photo - Sensitizer for Dye Sensitized Solar Cells (DSSC) [J]. Journal of Electron Devices (16): 1370 - 1383.

RUYTER B, SISSENER N H, STBYE T K, et al., 2019. N - 3 Canola Oil Effectively Replaces Fish Oil as A New Safe Dietary Source of DHA in Feed for Juvenile Atlantic Salmon [J]. The British Journal of Nutrition, 122 (12): 1329 - 1345.

SILVA C M, ZANQUI A B, SOUZA A H P, et al., 2015. Chemometric Study of Perilla Fatty Acids From Subcritical N - propane Extracted Oil [J]. Journal of the Brazilian Chemical Society, 26 (1): 14 - 21.

SUI W J, XIAO Y, LIU R, et al., 2019. Steam Explosion Modification on Tea Waste to Enhance Bioactive Compounds' Extractability and Antioxidant Capacity of Extracts [J]. Journal of Food Engineering, 261: 51 - 59.

WANG Y R, YANG Q, FAN J L, et al., 2019. The Effects of Phosphorylation Modification on the Structure, Interactions and Rheological Properties of Riceglutelin during Heat Treatment [J]. Food Chemistry, 297: 124978.

WELTER K C, MARTINS C M DE M R, DE PALMA A S V, et al., 2016. Canola Oil in Lactating Dairy Cow Diets Reduces Milk Saturated Fatty Acids and Improves Its Omega - 3 and Oleic Fatty Acid Content [J]. PloS One, 11 (3): e0151876.

YAN L, LI T, LIU C, 2019. Effects of High Hydrostatic Pressure and Superfine Grindingtreatment on Physicochemical/functional Properties of Pear Pomace and Chemicalcomposition of Its Soluble Dietary Fibre [J]. LWT - Food Science and Technology (7): 171 - 177.

YANG L L, YUAN X J, LI J F, et al., 2019. Dynamics of Microbial Community and Fermentation Quality during Ensiling of Sterile and NonsterileAlfalfa with or without *Lactobacillus plantarum* Inoculant [J]. Bioresource Technology, 275: 280 - 287.

YUANGSOI B, JINTASATAPORN O, AREECHON N, et al., 2011. The Pigmenting Effect of Different Carotenoids on Fancy Carp (*Cyprinus carpio*) [J]. Aquaculture Nutrition, 17 (2): 306 - 316.

第十三章 蔬菜质量控制

第一节 蔬菜质量安全

一、蔬菜质量安全现状

(一)蔬菜及其制品质量安全现状

蔬菜是人们日常生活所必需的食物，随着生活水平的提高，人们对蔬菜及其制品质量安全的要求越来越高，尤其是绿色、有机蔬菜更受欢迎。蔬菜质量安全事关人们的健康和生命安全，同时也直接影响我国蔬菜产业的发展（宋佳敏，2023）。我国持续加大对蔬菜质量安全的管理，实施一系列蔬菜质量安全相关措施。根据农业农村部数据显示，我国农产品质量安全例行监测总体合格率连续五年稳定在97%以上，在2023年4—5月农业农村部组织开展的第一次国家农产品质量安全例行监测工作中，抽检的蔬菜合格率为97.3%；抽检的蔬菜中，水生蔬菜、食用菌、瓜类、茄果类、芸薹类、鳞茎类等6类蔬菜，合格率分别为100%、99.3%、99.2%、98.9%、98.7%、98.6%。针对抽检结果，农业农村部及时将监测结果通报各地，要求地方农业农村部门针对问题追根溯源，将重点品种中农药残留突出问题攻坚治理纳入主题教育专项整治台账，建立包省包片机制，实施月月抽检，确保整治见到明显成效。2022年农业农村部印发《"十四五"全国农产品质量安全提升规划》全面落实"四个最严""产出来""管出来"等重要指示精神，确保农产品质量安全。对于"三棵菜"豇豆、韭菜、芹菜，农业农村部等七部门制定《食用农产品"治违禁、控药残、促提升"三年行动方案》要求，为推进豇豆、韭菜、芹菜的病虫害防治工作，提升蔬菜质量安全水平，全国农技中心组织制定并印发了豇豆、韭菜、芹菜绿色防控技术要点。

蔬菜制品是指以蔬菜和食用菌为原料，采用腌制、干燥、油炸等工艺加工而成的各种蔬菜制成品（黄程等，2022）。随着经济的发展，蔬菜制品逐渐多样化，而人们对于蔬菜制品的要求也越来越高，与此同时，我国对蔬菜制品安全的监管力度逐步加大。根据国家市场监督管理总局发布的2019—2023年近几年全国蔬菜制品监督抽检情况来看，2019年第一季度，全国市场监管系统共完成蔬菜制品抽检9 121批次，合格样品数量为8 432批次，样品合格率92.4%。2020年，全国市场监管部门完成蔬菜制品抽检数量为128 974批次，不合格样品数量为4 454批次，样品不合格率3.45%，其中，第四季度抽检不合格率为2.88%。在2021年全国市场监管部门完成食品安全监督抽检中，蔬菜制品抽检数量为 155 288 批次，全年样品不合格率 3.13%，第四季度不合格率 2.72%。2022 年，全国市场监管部门完成蔬菜制品抽检 153 082 批次，不合格率 2.37%，其中第四季度不合格率为 2.26%。2023 年上半年，全国市场监管部门完成蔬菜制品抽检 67 177 批次，不合格率 3.22%。2023 年第三季度，全国市场监管部门完成蔬菜制品抽样 48 088 批次，样品不合格率 3.57%。

（二）蔬菜及其制品质量安全影响因素

针对蔬菜及其制品，影响其产品质量安全的因素主要有以下几个方面。

1. 种质质量 种子是蔬菜种植生产的核心要素。而种子通常会进行包衣处理，种子包衣技术的应用一方面可以给蔬菜提供营养，另一方面可以杀灭地下害虫。常见的化学型种衣剂是以农药、化肥以及激素等成分为主、少量化学物质为辅制成的，功效全面，但易造成药害，给蔬菜的质量安全带来威胁（李晓明，2023）。

2. 环境因素 有害的环境给蔬菜安全性也会带来威胁，不同程度的污染蔬菜被人们食用，对人体健康及生命安全造成严重威胁。蔬菜易受工业"三废"、城市垃圾、未经处理的医院排出物、未经无害化处理的有机肥、偏施氮素化肥、农药、重金属等的污染（焦冬梅等，2009）。诸如农药、大气中有毒有害物质、粉尘等会对蔬菜直接造成污染；另外有的污染物先对水体造成污染，随着滴灌排入菜地，进而对蔬菜造成污染；还有些污染物先污染土壤，间接导致蔬菜污染。但是越来越规范化的蔬菜种植管理、蔬菜大棚等会降低污染物对蔬菜的影响。

3. 农药因素 农药能够有效防治蔬菜病虫害，农药具有见效快、成果显著、成本适中等特点，因此在蔬菜种植上广泛使用（曹爱兵等，2023）。农药在植物上保留率较低，保留在植物上或植物吸收量少，因此，害虫所吸收的农药量更少，所以让害虫利用并杀死的农药更少。喷洒的绝大多数农药散落在土地或悬浮于大气体中，进而污染土壤、空气和水体，然后经过食物链对包括人类的几乎所有生物产生危害。有些化学农药毒性大，易残留，当选择喷施药剂类型不当、药剂施用浓度过大或施用时期不匹配时，其对蔬菜的影响更大。但是我国对农药监督管理严格，从农药生产销售到使用要求都十分严格，为保障农药使用的安全性，农业农村部 2023 年发布《关于切实加强当前农药监督管理工作的通知》，明确表明维护农药正常生产经营秩序，有效防范农药安全风险。

4. 重金属 蔬菜中重金属来源一方面是通过根系吸收受污染的土壤，另一方面通过植物叶片吸收富集大气中沉降的重金属（王丽慧，2023）。其中土壤中重金属的来源有多方面，例如采矿、冶炼、蓄电池等废弃物不达标排放；污水灌溉；工矿活动、交通运输、冶金和建筑材料产生的气体和粉尘通过沉降进入土壤等。蔬菜中的重金属会通过食物链危害人类的健康和生命安全，重金属在人体内的过量累积可诱发心血管、肾、神经和骨骼等器官病变甚至癌变。蔬菜种类、重金属污染元素及土壤功能区影响着蔬菜对重金属的富集程度，同时，不同蔬菜对同种重金属以及同种蔬菜对不同重金属的吸收和积累均存在差异（张继宁等，2022）。

5. 病虫害 病虫害对蔬菜产量、品质和安全有着重要影响。一方面不适宜的管理以及个体差异等因素会使蔬菜抵抗病菌能力下降，例如灰霉病、白粉病、枯萎病等；另一方面，蔬菜会受虫害的影响，例如菜粉蝶、菜青虫等（彭芬，2017）。

6. 采摘和运输 蔬菜采收后的处理和储存也会影响蔬菜的质量安全。对于一些脆弱的叶菜类蔬菜，如生菜、菠菜等，应采用轻柔的方式采摘，避免机械损伤，机械损伤会加速蔬菜病原菌的侵染，对消费者身体健康带来威胁；而一些块茎类蔬菜，如胡萝卜、马铃薯等，则需要适当清洗和切割。保持适宜的贮藏温度和湿度可以延缓蔬菜品质变化，避免水分蒸发过快或者霉菌滋生。蔬菜在运输和销售环节可能受到污染和环境恶劣条件的影响，如不洁净的运输工具、不恰当的保鲜措施等；有些化学保鲜剂的残留会给消费者的健康带来威胁（成黎，2015）。

7. 贮藏保鲜 蔬菜贮藏保鲜过程中可能会产生有害物质，其中硝酸盐、亚硝酸盐问题受到广泛关注，新鲜蔬菜在贮藏过程中，硝酸盐和亚硝酸盐含量的变化严重依赖于温度，在环境温度下比在冷藏条件下更有可能发生变化（慕钰文等，2020）。化学保鲜剂会残留在蔬菜表面，对人体健康也会产生威胁。有些蔬菜安全与区域作物生长和贮藏条件（如黄曲霉毒素等）也有关（陈静雯，2020）。

8. 加工因素 加工水平制约着蔬菜制品的质量安全。总的来看，国家对蔬菜加工企业要求严格，蔬菜加工企业注重管理，随着经济水平发展，数字化技术在蔬菜及其制品上普遍应用，蔬菜加工智能化、专业化、规范化水平越来越高，蔬菜制品安全得到有力保障，但是个别仍存在原料质量参差不齐、装备工艺条件简陋、加工流通防腐剂超标、工艺不达标等影响蔬菜质量安全的现象。

9. 其他因素 蔬菜中的微生物污染是蔬菜产生食源性疾病的主要风险，由于微生物的污染，例如大肠杆菌、李斯特菌、沙门氏菌等会对蔬菜及其制品质量安全造成影响（成黎，2015）。

二、蔬菜质量安全控制体系

（一）蔬菜质量安全监管相关的法律法规

近年来，我国政府和相关部门高度重视农产品质量安全问题，特别关注农产品质量安全监管。蔬菜质量安全受到多项法律法规监管，包括《中华人民共和国农业法》《中华人民共和国食品安全法》《中华人民共和国产品质量法》《中华人民共和国农产品质量安全法》《中华人民共和国农业技术推广法》《中华人民共和国商标法》《中华人民共和国食品安全法实施条例》《农产品质量安全监测管理办法》《农药管理条例》《农产品质量安全信息化追溯管理办法》《国家食品安全事故应急预案》等，以及各地方性法规和执行标准。这些法规规定了蔬菜质量安全保障活动的主体职责。我国蔬菜质量安全监管方面的法律法规见表13-1，该表包括相关法规下蔬菜质量安全的主要内容和作用。

表 13-1 蔬菜质量安全监管相关的法律法规

法律法规	主要内容及作用
《中华人民共和国农业法》	规定了农业生产和管理的基本原则，包括农产品的质量和安全要求
《中华人民共和国农产品质量安全法》	明确了农产品质量安全的管理体制、监督机构，以及农产品质量安全的基本要求和标准
《中华人民共和国食品安全法》	包含了与蔬菜相关的一些食品安全标准和监管要求
《中华人民共和国产品质量法》	适用于各种产品，包括农产品，规定了产品质量监督和管理的原则和机制
《中华人民共和国商标法》	涉及商标的注册和管理，可用于标识和追溯蔬菜产品

（续）

法律法规	主要内容及作用
《中华人民共和国农业技术推广法》	关注农业技术的推广和应用，有助于提高农产品的质量和产量
《中华人民共和国食品安全法实施条例》	对食品安全法的具体实施细则进行了规定，包括了一些蔬菜相关的规定
《国家食品安全事故应急预案》	规定了在食品安全事故发生时的应急处理程序，有助于保障蔬菜质量安全
《农药管理条例》	涉及农药的生产、销售和使用，对蔬菜生产中的农药使用进行了规范
《农产品质量安全监测管理办法》	加强农产品质量安全管理，规范农产品质量安全监测工作
《农产品质量安全信息化追溯管理办法》	包含食用农产品从种植养殖环节到进入批发市场、零售市场或生产加工企业前的质量安全追溯

我国于 2009 年颁布实施《中华人民共和国食品安全法》，该法涵盖范围广泛，涉及食品的生产、流通、销售、餐饮服务、进口和出口等多个环节，明确了监管体系、责任主体、风险评估和管理、追溯体系、法律责任和处罚。为了适应社会发展和变化，加强对食品生产和经营环节的监管，提高法律责任追究的力度，以保障公众的食品安全，食品安全法于 2015、2018、2021 年进行了补充修订，强调从源头上加强食品安全管理，加大对食品安全的监管力度，提出了更加严格的监管措施，明确了行政责任追究的范围和标准，规定了食品安全风险防控的具体措施。这些改进有效解决了农产品质量安全监管中的问题，为农产品质量安全管理提供了更科学合理的监督和管理手段，推动了农产品质量安全监管的进一步提高。《中华人民共和国农产品质量安全法》自 2006 年实施以来已有 18 年的历史，是农产品质量安全的长期制度保障，有效地规范了农产品生产和经营活动。同时，该法还明确了保障监管制度和对农产品质量安全问题的责任追究制度。可以说，该法的颁布标志着全程农产品质量安全监管体系的建立，监管从农田到市场。此外，行政规章如《农产品质量安全监测管理办法》也规范了农产品质量安全的监测工作。可以说，各项法律法规的制定和实施共同加强了农产品质量安全管理，为我国农产品质量安全监管提供了坚实的制度基础。

（二）蔬菜质量安全认证体系和追溯体系现状

农产品质量安全是我国政府关注的重点，20 世纪 90 年代初我国已经开始农产品质量认证工作，并逐步规范、不断发展，目前已基本建立了与国际接轨并适应国情的从农田到餐桌全过程管理的认证体系，形成了以产品认证为主、体系认证为辅的发展格局。我国农产品认证方式主要为"三品一标"和名特优新农产品，"三品一标"即无公害农产品、绿色食品、有机食品、农产品地理标志，体系认证主要包括良好农业规范认证（GAP）、良好生产规范认证（GMP）、危害分析与关键控制点认证（HACCP）。近年来，各地农业农村部门大力推进农产品"三品一标"和名特优新农产品，全国"三品一标"和名特优新农产品认证登记数量超过 16 万，取得积极成效，影响力稳步提升。"三品一标"和名特优新农产品是政府主导的安全优质农产品认证形式，彼此相互衔接，互为补充，各有侧重，共同发展，在推动农业标准化生产、产业化经营、品牌化建设、促进农业可持续发展等方面，创建了一个比较完善、行之有效的制度体系和运行机制，是解决农产品质量安全问题的重要措施。

体系是对农产品质量安全的追本溯源，是目前国内外积极推动的构建诚信消费市场的有力措施，可促进产业自律，加强市场监管，阐明产品身份，也是保障农产品质量安全的重要手段。2000 年以来，针对农产品追溯体系建设，农业农村部、商务部、国家质量监督检验检疫总局等单位和各地方政府进行了大量工作，在国家法律法规的构建和完善方面取得了一定进展。《中华人民共和国食品安全法》《中华人民共和国农产品质量安全法》等法律法规的出台，为农产品质量安全追溯监管体系构建一个整体框架，也为这一体系的建设提供了有利条件。近年来，中央一号文件连续对追溯体系建设作出了重要部署，农产品质量安全追溯体系建设方面取得了显著进展。2015 年，国务院办公厅发布了《关于加快推进重要产品追溯体系建设的意见》，明确了流通环节中食用农产品、食品、药品经营企业执行追溯制度的操作性要求。随后，2016 年，国家市场监督管理总局颁布了《关于推动食品药品生产经营者完善追溯体系的意见》，进一步加强了追溯体系的建设。2019 年，国家认证认可监督管理委员会发布了《RB/T 011—2019 食品生产企业可追溯体系建立和实施技术规范》，详细规定了食品生产企业可追溯体系的建立、实施和测试要求，旨在指导食品生产企业进行可追溯体系的建立、实施以及评价工作。这些政策文件的出台为我国农产品质量安全追溯体系的健全与完善提供了明确的指导和规范。目前我国在追溯技术研究和追溯系统建设方面也取得了一定的成绩，涉及蔬菜领域追溯的国家及行业标准共 26 项，包含追溯要求、操作规程、编码规则、信息处理技术要求、管理平台技术要求等，为我国蔬菜质量安全追溯提供了国家及行业层面的追溯基准。在追溯平台建设方面，商务部在 58 个城市开展肉类蔬菜流通追溯体系建设，农业农村部在农垦系统建立了农垦农产品质量追溯展示平台。2017 年 6 月，农业部宣布上线国家农产品质量安全追溯管理信息平台，这标志着我国农产品向全程可追溯迈出了重要一步。随着物联网、区块链、云平台、人工智能等技术的发展及应用，我国农产品质量追溯系统建设将会取得更大的进展。

（三）蔬菜质量安全检测标准体系

质量安全检测标准的制定是加强风险管理的重要技术手段，对我国科学规范地使用农药、化肥以及合理运输、贮存，加强蔬菜质量安全监管、维护蔬菜国际贸易等具有重要意义。当前，农药残留、重金属污染、非法添加物以及硝酸盐、亚硝酸盐等天然有害物质是我国蔬菜质量安全的主要风险因素，为了解决这些问题，我国已经建立了相对完整的蔬菜质量安全检测标准体系。该体系主要包括产品标准、安全限量标准以及检测标准等方面。这些标准在蔬菜的生产、加工和销售等环节中发挥着重要的监管和指导作用。在现有的蔬菜质量安全现状下，这些标准体系的建立和实施有助于保障蔬菜质量安全，提高蔬菜产业的整体水平，同时也有助于维护消费者的权益和公共健康。监管部门和生产企业需要严格依照这些标准执行，确保蔬菜产品在生产、销售等各个环节都符合国家的质量和安全要求。

1. 产品标准 蔬菜产品标准在蔬菜质量安全检测标准体系中扮演着至关重要的角色。目前，我国的蔬菜产品标准相对不足，尤其是在现行的蔬菜产品行业标准中，以绿色蔬菜产品标准为主导，且大多数都是新鲜蔬菜的产品标准，缺乏对蔬菜质量安全的全面控制，生产技术规程和产地环境条件等方面的标准相对较少。绿色食品蔬菜标准作为其中的一项重要标准，详细列出了产品的安全要求，主要集中在农药残留的限量方面。例如《绿色食品 绿叶类蔬菜》（NY/T 743—2020）明确规定了克百威、氧乐果、毒死蜱等 17 种农药残留的限量及相应的检测方法。为了更全面地确保蔬菜质量安全，有必要加强从源头控制的标准制定，涵盖生产技术规程和产地环境条件等方面，以确保蔬菜产品在整个生产链上的安全性和质量可控性。通过完善蔬菜产品标准体系，我国可以更有效地推动蔬菜产业的健康发展，提升蔬菜质量安全水平。我国现行蔬菜质量安全产品标准如表 13-2 所示。

表 13-2　蔬菜质量安全监管相关标准

标准名称	标准号	标准规定内容
《脱水蔬菜　根菜类》	NY/T 959—2006	脱水蔬菜根菜类的要求、试验方法、检验规则、标志、包装、运输和贮存
《脱水蔬菜　叶菜类》	NY/T 960—2006	脱水蔬菜叶菜类的要求、试验方法、检验规则、标志、包装、运输和贮存
《绿色食品　脱水蔬菜》	NY/T 1045—2014	脱水蔬菜的要求、检验规则、标志和标签、包装、运输和贮存
《蔬菜农药残留检测抽样规范》	NY/T 762—2004	新鲜蔬菜样本抽样方法及实验室试样制备方法
《脱水蔬菜　茄果类》	NY/T 1393—2007	脱水蔬菜茄果类的要求、试验方法、检验规则、标志、标签、包装、运输和贮存
《鲜切蔬菜》	NY/T 1987—2011	鲜切蔬菜的术语和定义、要求、试验方法、检验规则、标签、包装、运输和贮存
《无公害食品　蔬菜生产管理规范》	NY/T 5363—2010	无公害蔬菜生产的产地环境选择、生产投入品管理、生产管理、包装和贮运、质量管理和生产档案管理的基本要求
《无公害农产品　生产质量安全控制技术规范　第3部分：蔬菜》	NY/T 2798.3—2015	无公害农产品蔬菜生产质量安全控制的基本要求，包括产地环境、农业投入品、栽培管理、包装标识与产品贮运等环节关键点的质量安全控制措施
《脱水蔬菜甘蓝类》	NY/T 3269—2018	脱水蔬菜甘蓝类的要求、检验规则、标志、包装、运输和储存
《绿色食品　茄果类蔬菜》	NY/T 655—2020	绿色食品茄果类蔬菜的要求、检验规则、标签、包装、运输和储存
《绿色食品　绿叶类蔬菜》	NY/T 743—2020	绿色食品绿叶类蔬菜的要求、检验规则、标签、包装、运输和储存
《绿色食品　葱蒜类蔬菜》	NY/T 744—2020	绿色食品葱蒜类蔬菜的要求、检验规则、标签、包装、运输和储存等
《绿色食品　白菜类蔬菜》	NY/T 654—2020	绿色食品白菜类蔬菜的要求、检验规则、标签、包装、运输和储存
《绿色食品　瓜类蔬菜》	NY/T 747—2020	绿色食品瓜类蔬菜的要求、检验规则、标签、包装、运输和储存
《绿色食品　甘蓝类蔬菜》	NY/T 746—2020	绿色食品甘蓝类蔬菜的要求、检验规则、标签、包装、运输和储存
《绿色食品　豆类蔬菜》	NY/T 748—2020	绿色食品豆类蔬菜的要求、检验规则、标签、包装、运输和储存
《绿色食品　根菜类蔬菜》	NY/T 745—2020	绿色食品根菜类蔬菜的要求、检验规则、标签、包装、运输和储存
《绿色食品　芽苗类蔬菜》	NY/T 1325—2023	绿色食品芽苗类蔬菜的术语和定义、要求、检验规则、标志和标签、包装、运输和储藏

（续）

标准名称	标准号	标准规定内容
《绿色食品　薯芋类蔬菜》	NY/T 1049—2023	绿色食品薯芋类蔬菜的术语和定义、要求、检验规则、标签、包装、运输和储藏
《绿色食品　淀粉类蔬菜粉》	NY/T 2984—2023	绿色食品淀粉类蔬菜粉的术语和定义、要求、检验规则、标签、包装、运输和储藏
《绿色食品　多年生蔬菜》	NY/T1326—2023	绿色食品多年生蔬菜的术语和定义、要求、检验规则、标志和标签、包装、运输和储藏
《绿色食品　芥菜类蔬菜》	NY/T 1324—2023	绿色食品芥菜类蔬菜的术语和定义、要求、检验规则、标志和标签、包装、运输和储藏
《绿色食品　水生蔬菜》	NY/T 1405—2023	绿色食品水生蔬菜的术语和定义、要求、检验规则、标签、包装、运输和储藏

2. 限量标准　安全限量标准是蔬菜产品安全质量评价与监管的重要依据，在保障蔬菜安全消费、顺畅出口和阻止不合格蔬菜进口中发挥着重要的作用，为整个蔬菜产业链提供了坚实的质量保障。安全限量标准明确定义和表明允许的最大成分或物质量化标准，为蔬菜生产、处理和销售各个环节提供了明确的指导。我国现行安全限量标准已基本覆盖蔬菜产业中农药残留、重金属污染、添加剂以及硝酸盐亚硝酸盐等各类风险因素，执行标准主要有《食品安全国家标准　食品添加剂使用标准》（GB 2760—2014）、《食品安全国家标准　食品中真菌毒素限量》（GB 2761—2017）、《食品安全国家标准　食品中污染物限量》（GB 2762—2022）、《食品安全国家标准　食品中农药最大残留限量》（GB 2763—2021）、《食品安全国家标准　食品中 2，4-滴丁酸钠盐等 112 种农药最大残留限量》（GB 2763.1—2022）等。

3. 检测技术标准　检测技术标准是蔬菜质量安全检测标准体系的重要支撑，是蔬菜风险管理、质量保障的重要技术手段，我国现行蔬菜安全相关检测技术标准涵盖农药残留、金属、添加剂、有害物质等。农药和重金属残留问题是制约蔬菜产业健康快速发展的重要因素，检测标准的制定是蔬菜质量安全检测标准中的重点领域，现阶段关于蔬菜中农药残留检测方法的现行标准 36 项，其中国标 27 项、行标 9 项；蔬菜重金属常用检测标准 8 项。根据《食品安全国家标准　食品添加剂使用标准》（GB 2760—2014）中规定，与蔬菜及制品相关的添加剂 95 种，只有 37 种添加剂具有对应的国家或行业检测标准。蔬菜中天然有害物除硝酸盐、亚硝酸盐、部分生物碱、龙葵素等有相应检测标准外，其余氰苷类、植物毒素有害物的检测标准制定还不完善。我国制定的蔬菜质量安全常用检测技术标准见表 13-3。

快检技术可在短时间内检测大量样本，降低检测成本，在一定程度上弥补了大型精密仪器检测的不足，可实现对农产品的快速检测。由于操作简单、检测效率高等优点，目前快检技术也成为基层监管的有力工具，同样也可应用于蔬菜产业安全评估领域。目前蔬菜行业快检技术应用最广泛的是农药残留检测领域，我国现行蔬菜农药残留相关快检技术标准有国家标准 2 项（含术语定义标准 1 项）、农业行业标准 1 项、国家食品药品监督管理总局标准 10 项，除国家标准《蔬菜中有机磷和氨基甲酸酯类农药残留量的快速检测》（GB/T 5009.199—2003）、《蔬菜上有机磷和氨基甲酸酯类农药残毒快速检测方法》

（NY/T 448—2001）、《蔬菜中敌百虫、丙溴磷、灭多威、克百威、敌敌畏残留的快速检测》（KJ 201710）3 项标准采用酶抑制率法外，其余标准方法均为胶体金免疫层析法。国家市场监督管理总局标准针对亚硝酸盐以及辣椒中苏丹红Ⅰ也制定了快速检测方法。随着技术的发展和新设备的应用，基于原位质谱与拉曼光谱的快速筛查技术也在蔬菜安全检测领域得到应用，目前与蔬菜相关即将实施的基于拉曼光谱的农残快速检测技术进出口行业标准共 12 项，现行进出口行业标准 1 项《出口果蔬中百草枯检测　拉曼光谱法》（SN/T 4698—2016）。基于原位质谱的农药残留快检技术尚未制定相关国家或行业标准，但已有相关团体标准，如《叶菜类蔬菜中多种农药残留的快速筛查　原位质谱法》（T/QGCML 2611—2023）。

表 13 - 3　蔬菜质量安全相关的检测标准

类型	标准名称	标准号	方法
农药残留相关检测标准	《食品安全国家标准　水果和蔬菜中 500 种农药及相关化学品残留量的测定　气相色谱-质谱法》	GB 23200.8—2016	气相色谱-质谱
	《食品安全国家标准　植物源性食品中 208 种农药及其代谢物残留量的测定　气相色谱-质谱联用法》	GB 23200.113—2018	气相色谱-质谱联用法
	《食品安全国家标准　植物源性食品中 9 种氨基甲酸酯类农药及其代谢物残留量的测定　液相色谱-柱后衍生法》	GB 23200.112—2018	液相色谱-柱后衍生法
	《食品安全国家标准　植物源性食品中 90 种有机磷类农药及其代谢物残留量的测定　气相色谱法》	GB 23200.116—2019	气相色谱法
	《食品安全国家标准　植物源性食品中 331 种农药及其代谢物残留量的测定　液相色谱-质谱联用法》	GB 23200.121—2021	液相色谱-质谱联用法
	《食品安全国家标准　食品中吡啶类农药残留量的测定　液相色谱-质谱/质谱法》	GB 23200.50—2016	液相色谱-质谱/质谱法
	《食品安全国家标准　食品中二硝基苯胺类农药残留量的测定　液相色谱-质谱/质谱法》	GB 23200.69—2016	液相色谱-质谱/质谱法
	《食品安全国家标准　食品中苯酰胺类农药残留量的测定　气相色谱-质谱法》	GB 23200.72—2016	气相色谱-质谱法
	《水果和蔬菜中 450 种农药及相关化学品残留量的测定　液相色谱-串联质谱法》	GB/T 20769—2008	液相色谱-串联质谱法
	《食品安全国家标准　食品中噻虫嗪及其代谢物噻虫胺残留量的测定　液相色谱-质谱/质谱法》	GB 23200.39—2016	液相色谱-质谱/质谱法
	《食品安全国家标准　水果和蔬菜中阿维菌素残留量的测定　液相色谱法》	GB 23200.19—2016	液相色谱法
	《食品安全国家标准　水果和蔬菜中乙烯利残留量的测定　气相色谱法》	GB 23200.16—2016	气相色谱法

（续）

类型	标准名称	标准号	方法
	《食品安全国家标准 水果和蔬菜中唑螨酯残留量的测定 液相色谱法》	GB 23200.29—2016	液相色谱法
	《食品安全国家标准 水果和蔬菜中噻菌灵残留量的测定 液相色谱法》	GB 23200.17—2016	液相色谱法
	《食品安全国家标准 蔬菜中非草隆等15种取代脲类除草剂残留量的测定 液相色谱法》	GB 23200.18—2016	液相色谱法
	《蔬菜中有机磷和氨基甲酸酯类农药残留量的快速检测》	GB/T 5009.199—2003	速测卡法、酶抑制率法
	《水果和蔬菜中多种农药残留量的测定》	GB/T 5009.218—2008	气相色谱-质谱法
	《水果、蔬菜及茶叶中吡虫啉残留的测定 高效液相色谱法》	GB/T 23379—2009	高效液相色谱法
	《粮食、水果和蔬菜中有机磷农药测定的气相色谱法》	GB/T 14553—2003	气相色谱法
	《蔬菜、水果、食用油中双甲脒残留量的测定》	GB/T 5009.143—2003	气相色谱法
	《蔬菜、水果中甲基托布津、多菌灵的测定》	GB/T 5009.188—2003	紫外分光光度计
	《水果、蔬菜中多菌灵残留的测定 高效液相色谱法》	GB/T 23380—2009	高效液相色谱法
农药残留相关检测标准	《粮食和蔬菜中2，4-滴残留量的测定》	GB/T 5009.175—2003	气相色谱法
	《水果、蔬菜中啶虫脒残留量的测定 液相色谱-串联质谱法》	GB/T 23584—2009	液相色谱-串联质谱法
	《粮食、蔬菜中噻酮残留量的测定》	GB/T 5009.184—2003	气相色谱法
	《蔬菜中有机磷及氨基甲酸酯农药残留的简易检验方法（酶抑制法）》	GB/T 18630—2002	酶抑制法
	《大米、蔬菜、水果中氯氟吡氧乙酸残留量的测定》	GB/T 22243—2008	高效液相色谱法
	《蔬菜和水果中有机磷、有机氯、拟除虫菊酯和氨基甲酸酯类农药多残留的测定》	NY/T 761—2008	气相色谱法
	《蔬菜中334种农药多残留的测定 气相色谱质谱法和液相色谱质谱法》	NY/T 1379—2007	气相色谱质谱法、液相色谱质谱法
	《蔬菜及水果中多菌灵等16种农药残留测定 液相色谱-质谱-质谱联用法》	NY/T 1453—2007	液相色谱-质谱-质谱联用法
	《蔬菜水果中多菌灵等4种苯并咪唑类农药残留量的测定 高效液相色谱法》	NY/T 1680—2009	高效液相色谱法
	《蔬菜中灭蝇胺残留量的测定 高效液相色谱法》	NY/T 1725—2009	高效液相色谱法
	《水果、蔬菜中杀铃脲等七种苯甲酰脲类农药残留量的测定 高效液相色谱法》	NY/T 1720—2009	高效液相色谱法

（续）

类型	标准名称	标准号	方法
农药残留相关检测标准	《蔬菜中 2，4 - D 等 13 种除草剂多残留的测定　液相色谱质谱法》	NY/T 1434—2007	液相色谱质谱法
	《蔬菜、水果中吡虫啉残留量的测定》	NY/T 1275—2007	高效液相色谱法
	《水果、蔬菜及制品中二氧化硫总量的测定》	NY/T 1435—2007	酸量滴定法、重量法
重金属污染相关检测标准	《食品中铬的测定》	GB/T 5009.123—2023	石墨炉原子吸收光谱法、电感耦合等离子体质谱法
	《食品安全国家标准　食品中镉的测定》	GB 5009.15—2023	石墨炉原子吸收光谱法、电感耦合等离子体质谱法
	《食品中铅的测定》	GB/T 5009.12—2023	石墨炉原子吸收光谱法、电感耦合等离子体质谱法
	《食品安全国家标准　食品中铝的测定》	GB 5009.182—2017	分光光度法、电感耦合等离子体质谱法、电感耦合等离子体发射光谱法、石墨炉原子吸收光谱法
	《食品安全国家标准　食品中总砷及无机砷的测定》	GB 5009.11—2014	电感耦合等离子体质谱法、原子荧光法、银盐法
	《食品安全国家标准　食品中总汞及有机汞的测定》	GB 5009.17—2021	电感耦合等离子体质谱法、原子荧光法
	《食品安全国家标准　食品中锡的测定》	GB 5009.16—2023	电感耦合等离子体质谱法、原子荧光法
	《食品安全国家标准　食品中多元素的测定》	GB 5009.268—2016	电感耦合等离子体质谱法、电感耦合等离子体发射光谱法
硝酸盐亚硝酸盐相关检测标准	《食品安全国家标准　食品中亚硝酸盐与硝酸盐的测定》	GB 5009.33—2016	离子色谱法、分光光度法、紫外分光光度法
	《出口蔬菜中硝酸盐快速测定　改进的镉还原分析法》	SN/T 4589—2016	改进镉还原分析法
	《化学试剂　硝酸盐测定通用方法》	GB/T 35496—2017	靛蓝二磺酸钠（靛蓝胭脂红）比色法、马钱子碱比色法

三、蔬菜质量安全检测技术

（一）农药残留检测技术

1. 快速检测技术　免疫法指的是依据抗原与抗体结合后生成沉淀的原理所建立的农药残留快速分析法，包括胶体金免疫层析法和酶联免疫法等。潘喜芳等（2023）利用胶体金免疫层析法对豇豆中的甲氨基阿维菌素苯甲酸盐、毒死蜱、啶虫脒、克百威、氧乐果等 9 种农药进行测定。结果显示，该方法测定结果与液质联用仪定量检测结果一致或相似。

化学法指的是根据目标化合物具有的化学特点通过氧化还原反应、聚合反应、分解反应等一系列化学反应后，根据其不同颜色反应或发光性能变化而进行快速检测的方法。流动注射化学发光法被广泛应用于快速检测领域中，如蔬菜中的亚硝酸盐等（范彩玲等，2006）。

敞开式离子化质谱是近年来新兴的质谱分析技术，是一种能在敞开的常压环境下直接对样品或样品表面物质进行分析的新型质谱技术，其在进行检测时无须或只需很少的样品前处理步骤。

酶抑制法指的是针对残留在蔬菜中的目标化合物对酶有抑制作用而采取的检测方法。当前，酶抑制法常被用来检测蔬菜水果中的氨基甲酸酯类农药和有机磷类农药的含量。王文等（2013）采用酶抑制法检测了大蒜中的有机磷类农药和氨基甲酸酯类农药。

2. 大型精密仪器检测技术

（1）农药残留样品前处理技术。样品前处理是保障农药残留检测结果的准确性和稳定性的关键因素，农药残留的样品前处理是为了去除干扰化合物的同时提取出目标化合物。然而蔬菜类样品中富含糖、酸、矿物质、酚类、色素及维生素等多种物质，如果在前处理过程去除杂质不完全，可能会影响后续的目标化合物检测分析结果。因此，优化样品的前处理技术是保障农药残留定性定量结果准确的基础。

固相萃取（solid-phase extraction，SPE）是一种利用固体颗粒色谱填料将样品中的组分分离的样品前处理方法，是通过离子交换等方式将目标化合物保留在萃取柱上的原理，完成目标化合物的提取。固相萃取具有节省人力、物力的优点，且能较大程度地缩短提取时间。因固相萃取具有较高的选择性和适用性，已广泛应用于农药残留的前处理过程。张晓鸿等（2023）建立了固相萃取提取蔬菜中农药的萃取方法，结果显示，12 种农药的定量限均达到 0.01 mg/kg，回收率在 60%～120%，精密度均低于 13.4%，表明固相萃取方法满足蝇毒磷、联苯菊酯、虫线磷、灭线磷等 12 种农残同时测定的标准，适用于蔬菜中多农残的检测。张凌雪等（2019）建立了使用固相萃取纤维对蔬菜中 10 种有机磷农药残留的萃取检测的方法，满足蔬菜中有机氯、有机磷农残同时测定的要求。

QuEChERS 技术是在 2003 年提出的新型前处理技术，相比于传统的前处理技术，极大地减少了农药残留的提取步骤。QuEChERS 前处理方法具有快速（Quick）、简单（Easy）、廉价（Cheap）、有效（Effective）、可靠（Rugged）和安全（Safe）的优点。QuEChERS 技术是利用吸附剂填料吸附基质中杂质物质来达到净化的目的。在蔬菜的农药残留测定过程中，QuEChERS 技术具有较高的专属性和灵敏度，同时与传统萃取方法相比，减少了有机溶剂的消耗并节省提取时间，目前已广泛应用于蔬菜的样品前处理过程。通过 QuEChERS 方法提取黄瓜、卷心菜中的 28 种农药残留，结果表明 28 种农药的检出限在 0.0001～0.0026 mg/kg 之间，在 0.01 mg/kg 和 0.1 mg/kg 添加水平下，所有农药的加标回收率为 75.3%～113.6%，相对标准偏差均小于 14.3%，表明 QuEChERS 符合蔬菜的农药残留前处理的要求（Wang，et al.，2020）。

固相微萃取（solid phase micro extraction，SPME）是利用固定在小柱上的吸附剂对样品中的目标物进行富集和分离，不是将目标化合物完全萃取出来。固相萃取提取方法简单、省时省力，已广泛应用于医药分析及果蔬农药残留检测等研究领域。段应明（2023）利用新型固相微萃取纤维测定蔬菜中氨基甲酸酯类及三唑类农药，结果表明，固相微萃取技术符合蔬菜中农药残留的检测要求。谢思思等（2018）建立了固相微萃取联合气相色谱串联质谱的检测方法，结果表明，35 种农药在设定范围内线性关系良好，检出限、定量限均符合检测要求，回收率为 72.3%～117.3%，相对标准偏差均低于 11.2%，固相微萃取前处理方法可用于蔬菜多残留提取。

基质固相分散萃取技术（matrix solid-phase dispersion，MSPD）是基于固相萃取技术演变而来的农药残留前处理技术。基质固相分散萃取技术于 1989 年由 Braker 提出后，应用于众多领域，尤其适用于食品中药物、污染物、农药等成分的分析。MSPD 技术具有减少有机溶剂用量、降低人工成本、减少样品前处理过程中的浪费等优点。Chatzimitakos 等（2019）建立了以基质固相分散萃取技术作为前处理方法测定卷心菜、韭菜等蔬菜中的农药，研究表明，基于基质固相分散萃取技术检测蔬菜中农药，45 种农药的检出限符合农药残留检测要求，且添加回收率均在 89%～106% 之间，相对标准偏差均低于 8.5%。

加速溶剂萃取（accelerated solvent extraction，ASE）将未及临界点的液体作为萃取溶剂，通过升高温度和压力，增强溶剂的溶解能力，减少萃取过程所需的活化能，从而提高有机溶剂对样品的萃取效率。作为一种提取能力强、萃取时间短、回收率高的萃取技术，目前 ASE 已被广泛应用于蔬菜样品中的农药提取。赵桦林等（2013）建立了加速溶剂萃取联合液相色谱串联质谱检测技术，结果表明，丁硫克百威及其 3 种代谢物在白菜中的检出限为 0.002～0.01 mg/kg，定量限为 0.005～0.02 mg/kg，添加回收率在 85%～122% 之间，相对标准偏差均低于 12.5%。

凝胶渗透色谱（gel permeation chromatography，GPC）是利用多孔惰性凝胶的孔径大小不同的原则，将相对分子质量不同的目标化合物进行分离。该方法具有操作方便、不需要有机溶剂、对高分子物质有较高的分离效果等优点。Lu 等（2012）采用凝胶渗透色谱-气相色谱-串联质谱仪检测菠菜和黄瓜中 45 种农药残留，结果表明，凝胶渗透色谱技术可去除样品中杂质的干扰，提高了方法的灵敏度和回收率，45 种农药的添加回收率在 80%～118% 范围内，相对标准偏差均低于 14%，该提取方法可应用于蔬菜中农药的检测。

超声波萃取（ultrasonic extraction，UE）是基于超声波压强产生的气泡或小的空穴，空穴瞬间闭合，造成局部的压力和温度变化，能对基质表面结构进行有效破坏，植源性样品细胞内的有效成分得以释放，从而加速待测物向溶剂转移，提高萃取效率。刘红梅等（2012）建立了超声波萃取-气相色谱法检测白菜中敌敌畏、甲拌磷、氧乐果等 12 种有机磷类农药方法，结果表明，12 种有机磷类农药在 0.01～1.00 mg/L 范围内线性关系良好，添加回收率在 70.6%～112.1% 范围内，说明该方法可用于蔬菜中农药残留检测。Kunene 等（2020）利用超声波萃取技术提取样品中的残留农药，结果表明，目标化合物平均回收率为 71%～87%，符合农药残留检测要求。

（2）大型仪器检测技术。气相色谱仪、液相色谱仪、气相色谱质谱联用仪、液相色谱质谱联用仪等大型精密仪器检测技术是蔬菜农药残留常用的检测技术。这种检测技术测定的结果可靠性高，定性定量准确，是国内外对绝大多数农药残留测定的标准方法。

气相色谱法（gas chromatography，GC）是利用混合物中不同组分的沸点、极性以及色谱柱吸附性质的差异来实现分离检测的，一般用于热稳定物质的检测。气相色谱法具有上样量小、抗污染能力强、检出限低等特点，目前已成为农药残留分析常用方法之一。Dubey 等（2018）建立了基于 QuEChERS 前处理方法-气相色谱法测定蔬菜中 13 种有机磷类农药和 7 种拟除虫菊酯类农药的方法，结果表明，13 种有机磷类农药的定量限为 0.01 mg/kg，7 种拟除虫菊酯类农药的定量限为 0.05 mg/kg，所有农药的添加回收率范围为 80%～120%，相对标准偏差均低于 10%，该方法符合农药残留的分析要求。

高效液相色谱法（high performance liquid chromatography，HPLC）是以水、有机溶剂等液体为流动相，采用高压系统，目标化合物被具有不同极性的单一或混合流动相从色谱柱上洗脱下来，并通过检测器检测，从而实现对样品的鉴定分析过程。郭宏斌等（2019）建立了一种基于超高效液相色谱快速测定番茄中烯酰吗啉与赤霉素残留的检测方法，结果表明，2 种农药的平均回收率为 81.2%～91.3%，且得到了较好的分辨率和满意的色谱峰形。

气相色谱-串联质谱法（gas chromatography‐tandem mass spectrometry，GC‐MS/MS），是指把气相色谱与质谱相结合的一种检测手段，具有很高的分辨率和灵敏度，可同时检测多种化合物，在农药残留检测中应用范围广泛。董浩云等（2023）采用气相色谱-串联质谱法对黄瓜中残留农药进行定量分析，结果表明，40 种农药在 0.005～0.500 mg/L 范围内线性关系良好，检出限、定量限均满足要求，说明该方法适用于蔬菜中农药残留的检测。

高效液相色谱-串联质谱法（high liquid chromatography‐tandem mass spectrometry，HPLC‐MS/MS）是指将液相色谱与质谱相结合的一种检测手段，具有对前处理要求低、分析时间短、抗干扰能力强、高通量的特点，可用于多组分及复杂基质的残留检测，是农药残留检测最常用、最有效的检测技术之一。随着技术的发展，已经发展为超高效液相色谱与质谱联用（ultra‐high performance liquid chromatography‐tandem mass spectrometry，UPLC‐MS/MS）。Balkan 等（2022）建立了基于 QuEChERS 前处理技术结合液相色谱-串联质谱（LC‐MS/MS）定量分析叶菜类蔬菜中 206 种农药残留，结果表明，该方法线性关系良好，206 种农药添加回收率范围为 71.32%～118.90%，相对标准偏差均低于 20%，符合农药残留的检测要求。

（二）重金属检测技术

1. 快速检测技术 常见的快速检测有比色法、试纸法、酶联免疫吸附法。比色法指的是重金属与不同显色剂混合后发生特定反应产生颜色变化，利用固定波长的分光光度计测定目标化合物含量的方法。主要用于总砷、总汞等重金属元素的含量检测，包括二硫腙比色法、银盐比色法等检测方法，该方法操作过程较简单，成本低，但灵敏度较低。

试纸法指的是特定的某种重金属元素与具有染色特性的生物制剂发生颜色反应，通过颜色深浅判断重金属含量的方法。该方法操作过程简便，但其灵敏度和准确度低。

酶联免疫吸附法指的是将抗原吸附在固体载体表面，加入与抗体和酶结合的偶氮化合物，发生反应后，加入相应的酶底物进行显色反应，根据颜色深浅进行定性和定量分析的方法。该方法用于检测样品中铜、铅、镉、铬等重金属元素的含量，其灵敏度高，特异性强，在重金属元素含量检测上具有较高的应用价值。

2. 大型精密仪器检测技术

（1）重金属样品前处理技术。由于蔬菜样品的基体和组成相当复杂，所以前处理过程是重金属含量检测的重要步骤。样品经前处理之后才能成为仪器分析的试样，常见的样品前处理方法包括干法灰化法、电热板湿法消解法以及微波消解法。

干法灰化法的原理是通过高温将有机物全部分解挥发，达到去除有机物的目的。干法灰化的优点是操作简单，并且可以一次处理大批量样品，缺点是灰化过程在高温下进行，一部分元素可能会受热挥发损失造成检测结果偏低。殷灶彬等（2017）采用干法灰化法对冬瓜、豆角、黄豆、空心菜、茄子和丝瓜6种蔬菜进行前处理，结果表明，满足蔬菜中重金属含量同时测定的要求。

电热板湿法消解法能够充分消解样品中的重金属，测量准确度较高。原理是在加热强氧化性酸的条件下，使样品中的有机物遭到破坏，待测的重金属元素被释放，形成稳定的无机化合物试样。电热板湿法消解法几乎适用于所有的食品样本，只要控制好消解温度，加标回收率可达80%以上。但电热板湿法消解法也有一定的局限性，首先，由于该反应是氧化反应，样品氧化时间较长；其次，样品消解过程中加入的浓硝酸等强氧化性酸都具有腐蚀性，容易给实验人员带来安全隐患；最后，为了避免残留的酸对检测仪器造成损害，消解结束后需要进行排酸，增加了试验时间。

微波消解法利用微波的穿透性使样品温度升高，同时采用密封装置在强酸的作用下使样品中有机物质分解。微波消解法是目前为止较优的一种前处理方法，首先，微波具有很强的穿透性，可以深入试液内部，缩短了加热时间；其次，微波加速了酸与样品之间的对流且消解过程中酸不会挥发减少，使酸的作用得到有效发挥，减少了酸的使用量；最后，由于微波消解一直在密闭的消解罐内进行，不会像电热板湿法消解一样产生酸雾，减轻了对实验人员的危害，但是微波消解法在消解结束后同样需要进行赶酸，使试验时间增加。

（2）大型仪器检测技术。蔬菜重金属检测方法主要有原子荧光光度法、原子吸收分光光度法、电感耦合等离子质谱法等。

原子荧光光度法的原理是借助于测量待测重金属元素的气体原子在能量引发下发射的谱线光强大小。蔬菜重金属主要有汞、砷、硒等。此方法检出限低，谱线简单而干扰小。

原子吸收分光光度法具有较多优点，如高灵敏度、高精密度、多选择性等，通过测量气态原子对其特征谱线的吸收，根据朗伯比尔定律，即吸光度值与浓度成正比，对金属元素进行定量分析。此方法的检测稳定性好，在食品中重金属的测定方面是一个重要的方式。谢华松等（2021）采用原子吸收分光光度法测定水蓼叶和茎中元素含量，结果表明，水蓼叶和茎中的元素在范围内线性关系良好，回收率均符合检测要求，表明该方法用于水蓼叶和茎中的元素定量分析结果准确可信。

电感耦合等离子质谱法是一种原子发射光谱，它是待测元素的等离子炬经过高温高压，被气化、蒸发、原子化和被激发，产生原子发射光谱，通过检测器对元素的定性、定量分析。该方法具有灵敏度高、检出限低、干扰小、重现性好等优点，还可同时测得多种元素。缺点是对操作环境条件要求高、硬件价格贵、对操作人员素质要求也比较高。王涵等（2019）采用电感耦合等离子质谱法测定苣荬菜中元素含量，结果得出各元素检出限在0.004 2～0.061 3 g/L之间，各标准曲线的相关系数均≥0.999，RSD均<4%，符合重金属元素分析的要求，表明该方法适用于蔬菜中重金属元素的检测。

（三）添加剂及非法添加物检测技术

《食品安全国家标准　食品添加剂使用标准》（GB 2760—2014）中规定了食品中允许使用的食品添加剂和限量要求，与蔬菜及制品相关的添加剂有95种，其中有明确国家或行业检测标准的添加剂 37 种，主要为着色剂、甜味剂、防腐剂等，检测方法主要包括高效液相色谱法、气相色谱法以及高效液相色谱质谱联用法等，其中高效液相色谱法应用最为广泛。蔬菜及加工制品中允许使用的食品添加剂、检测标准和限量要求，见表 13 - 4。

表 13 - 4 蔬菜及制品中允许使用的食品添加剂检测方法及限量要求一览表

果蔬及制品名称	添加剂名称	检测方法	最大使用量/g/kg
装饰性果蔬	赤藓红及其铝色淀	GB 5009.35—2023	0.1
	靛蓝及其铝色淀	GB 5009.35—2023	0.2
	纽甜	GB 5009.247—2016	0.1
	红花黄	—	0.5
	β-胡萝卜素	GB 5009.83—2016	0.1
	姜黄	—	按生产需要适量使用
	亮蓝及其铝色淀		0.1
	柠檬黄及其铝色淀	GB 5009.35—2023	0.1
	日落黄及其铝色淀	GB 5009.35—2023	0.2
	双乙酰酒石酸单双甘油酯	—	2.5
	天门冬酰苯丙氨酸甲酯（又名阿斯巴甜）b*	GB 5009.263—2016	1.0
	天然苋菜红	GB 5009.35—2023	0.25
	苋菜红及其铝色淀	GB 5009.35—2023	0.1
	新红及其铝色淀	GB 5009.35—2023	0.1
	胭脂红及其铝色淀	GB 5009.35—2023	0.1
	诱惑红及其铝色淀	—	0.05
冷冻蔬菜	天门冬酰苯丙氨酸甲酯（又名阿斯巴甜）b	GB 5009.263—2016	1.0
水果、蔬菜（包括块根类）、豆类、食用菌、藻类、坚果以及籽类等	ε-聚赖氨酸盐酸盐	—	0.3
去皮、切块或切丝的蔬菜	抗坏血酸（又名维生素C）	GB 5009.86—2016	5.0
	抗坏血酸钙		1.0
经表面处理的新鲜蔬菜	对羟基苯甲酸酯类及其钠盐（对羟基苯甲酸甲酯钠，对羟基苯甲酸乙酯及其钠盐）	—	0.012
	2,4-二氯苯氧乙酸		0.01
	聚二甲基硅氧烷及其乳液		0.000 9
	硫代二丙酸二月桂酯		0.2
	司盘 20/司盘 40/司盘 60/司盘 65/司盘 80		3.0
	山梨酸及其钾盐	GB 5009.28—2016	0.5
	松香季戊四醇酯		0.09
	稳定态二氧化氯	GB 5009.244—2016	0.01

（续）

果蔬及制品名称	添加剂名称	检测方法	最大使用量/g/kg
经水煮或油炸的蔬菜	双乙酰酒石酸单双甘油酯	—	2.5
	天门冬酰苯丙氨酸甲酯（又名阿斯巴甜）b	GB 5009.263—2016	1.0
干制蔬菜	二氧化硫	—	0.2
	β-胡萝卜素	GB 5009.83—2016	0.2
	硫黄	—	0.2
	双乙酰酒石酸单双甘油酯	—	10.0
	天门冬酰苯丙氨酸甲酯（又名阿斯巴甜）b	GB 5009.263—2016	1.0
干制蔬菜（仅限脱水马铃薯）	核黄素	GB 5009.85—2016	0.3
干制蔬菜（仅限脱水马铃薯）	二氧化硫	—	0.4
	二氧化钛	GB 5009.246—2016	0.5
干制蔬菜（仅限脱水马铃薯粉）	二丁基羟基甲苯（BHT）	GB 1900—2010	0.2
	硬脂酰乳酸钠、硬脂酰乳酸钙	—	2.0
腌渍的蔬菜	苯甲酸及其钠盐	GB 5009.28—2016	1.0
	靛蓝及其铝色淀	GB 5009.35—2023	0.01
	纽甜	GB 5009.247—2016	0.01
	二氧化硫	GB 5009.34—2022	0.1
	红花黄	—	0.5
	红曲、红曲红	—	按生产需要适量使用
	β-胡萝卜素	GB 5009.83—2016	0.132
	环己基氨基磺酸钠（又名甜蜜素）	GB 5009.97—2023	1.0
	姜黄	—	0.01
	辣椒红	—	按生产需要适量使用
	辣椒油树脂	—	按生产需要适量使用
	亮蓝及其铝色淀	GB 5009.35—2023	0.025
	麦芽糖醇和麦芽糖醇液	GB 5009.279—2016	按生产需要适量使用
	柠檬黄及其铝色淀	GB 5009.35—2023	0.1
	三氯蔗糖（又名蔗糖素）	GB 5009.298—2023	0.25
	山梨酸及其钾盐	GB 5009.28—2016	1.0
	山梨糖醇和山梨糖醇液	GB 5009.279—2016	按生产需要适量使用
	双乙酰酒石酸单双甘油酯	—	2.5
	酸枣色	—	1.0
	糖精钠	GB 5009.28—2016	0.15
	天门冬酰苯丙氨酸甲酯（又名阿斯巴甜）b	GB 5009.263—2016	0.3

（续）

果蔬及制品名称	添加剂名称	检测方法	最大使用量/g/kg
腌渍的蔬菜	天门冬酰苯丙氨酸甲酯乙酰磺胺酸	—	0.2
	脱氢乙酸及其钠盐（又名脱氢醋酸及其钠盐）	GB 5009.121—2016	1.0
	苋菜红及其铝色淀	GB 5009.35—2023	0.05
	胭脂红及其铝色淀	GB 5009.35—2023	0.05
	乙二胺四乙酸二钠	SN/T 3855—2014	0.25
	乙酰磺胺酸钾（又名安赛蜜）	GB 5009.140—2023	0.3
	栀子黄	—	1.5
	栀子蓝	—	0.5
发酵蔬菜制品	天门冬酰苯丙氨酸甲酯（又名阿斯巴甜）b	GB 5009.263—2016	2.5
加工蔬菜	纽甜	GB 5009.247—2016	0.033
	植酸（又名肌醇六磷酸）、植酸钠	GB 5009.153—2016	0.2
其他加工蔬菜	β-胡萝卜素	GB 5009.83—2016	1.0
	双乙酰酒石酸单双甘油酯	—	2.5
	天门冬酰苯丙氨酸甲酯（又名阿斯巴甜）b	GB 5009.263—2016	1.0
果蔬汁（浆）	二氧化硫	GB 5009.34—2022	0.05
	果胶	NY/T 2016—2011	3.0
	海藻酸钠	—	按生产需要适量使用
	黄原胶（又名汉生胶）	—	按生产需要适量使用
	卡拉胶	—	按生产需要适量使用
	纳他霉素	GB 5009.286—2022	0.3
	脱氢乙酸及其钠盐（又名脱氢醋酸及其钠盐）	GB 5009.121—2016	0.3
浓缩果蔬汁（浆）	抗坏血酸（又名维生素C）	GB 5009.86—2016	按生产需要适量使用
	抗坏血酸钙	—	按生产需要适量使用
	抗坏血酸钠	—	按生产需要适量使用
	柠檬酸及其钠盐、钾盐	GB 5009.157—2016	按生产需要适量使用
	D-异抗坏血酸及其钠盐	—	按生产需要适量使用
浓缩果蔬汁（浆）（仅限食品工业用）	山梨酸及其钾盐	GB 5009.28—2016	2.0
浓缩果蔬汁（浆）（仅限食品工业用）	苯甲酸及其钠盐	GB 5009.28—2016	2.0
果蔬汁（浆）类饮料	氨基乙酸（又名甘氨酸）	—	1.0
	苯甲酸及其钠盐	GB 5009.28—2016	1.0
	赤藓红及其铝色淀	GB 5009.35—2023	0.05

（续）

果蔬及制品名称	添加剂名称	检测方法	最大使用量/g/kg
	靛蓝及其铝色淀	GB 5009.35—2023	0.1
	对羟基苯甲酸酯类及其钠盐（对羟基苯甲酸甲酯钠，对羟基苯甲酸乙酯及其钠盐）	GB 5009.31—2016	0.25
	纽甜	GB 5009.247—2016	0.033
	二甲基二碳酸盐	—	0.25
	二氧化硫	GB 5009.34—2022	0.05
	富马酸	GB 5009.157—2016	0.6
	海藻酸丙二醇酯	—	3.0
	黑豆红	—	0.2
	红曲黄色素	—	按生产需要适量使用
	红曲米，红曲红	—	按生产需要适量使用
	β-胡萝卜素	GB 5009.83—2016	2.0
	琥珀酸单甘油酯	—	2.0
	β-环状糊精	—	0.5
	焦糖色（加氨生产）	—	按生产需要适量使用
	焦糖色（普通法）	—	按生产需要适量使用
	焦糖色（亚硫酸铵法）	—	按生产需要适量使用
果蔬汁（浆）类饮料	酒石酸	GB 5009.157—2016	5.0
	菊花黄浸膏	—	0.3
	吐温 20/吐温 40/吐温 60/吐温 80	—	0.75
	辣椒红	—	按生产需要适量使用
	蓝靛果红	—	1.0
	亮蓝及其铝色淀	GB 5009.35—2023	0.025
	萝卜红	—	按生产需要适量使用
	玫瑰茄红	GH/T 1293—2020	按生产需要适量使用
	密蒙黄	—	按生产需要适量使用
	普鲁兰多糖	—	3.0
	氢化松香甘油酯	—	0.1
	日落黄及其铝色淀	GB 5009.35—2023	0.1
	桑葚红	—	1.5
	司盘 20/司盘 40/司盘 60/司盘 65/司盘 80	—	3.0
	双乙酰酒石酸单双甘油酯	—	5.0
	酸枣色	—	1.0
	天门冬酰苯丙氨酸甲酯（又名阿斯巴甜）b	GB 5009.263—2016	0.6

（续）

果蔬及制品名称	添加剂名称	检测方法	最大使用量/g/kg
果蔬汁（浆）类饮料	天然苋菜红	GB 5009.35—2023	0.25
	维生素 E（dl-α-生育酚，d-α-生育酚，混合生育酚浓缩物）	GB 5009.82—2016	0.2
	苋菜红及其铝色淀	GB 5009.35—2023	0.05
	新红及其铝色淀	GB 5009.35—2023	0.05
	胭脂红及其铝色淀	GB 5009.35—2023	0.05
	叶绿素铜钠盐，叶绿素铜钾盐	—	按生产需要适量使用
	越橘红	—	按生产需要适量使用
	藻蓝（淡、海水）	—	0.8
	栀子黄	—	0.3
	植酸（又名肌醇六磷酸），植酸钠	GB 5009.153—2016	0.2
	竹叶抗氧化物	—	0.5
	紫草红	—	0.1
	紫甘薯色素	—	0.1
	紫胶红（又名虫胶红）	—	0.5
果蔬汁类及其饮料	ε-聚赖氨酸	—	0.2
	栀子蓝	—	0.5
蔬菜罐头	红花黄	—	0.2
	β-胡萝卜素	GB 5009.83—2016	0.2
	磷酸盐	GB 5009.256—2016	5.0
	氯化钙	—	1.0
	柠檬酸亚锡二钠	—	0.3
	天门冬酰苯丙氨酸甲酯（又名阿斯巴甜）b	GB 5009.263—2016	1.0
	叶绿素铜钠盐，叶绿素铜钾盐	—	0.5
	乙二胺四乙酸二钠	SN/T 3855—2014	0.25
蔬菜罐头（仅限酸黄瓜产品）	乳酸钙	—	1.5
蔬菜罐头（仅限竹笋、酸菜）	二氧化硫	GB 5009.34—2022	0.05
蔬菜泥（酱），番茄沙司除	β-胡萝卜素	GB 5009.83—2016	1.0
蔬菜泥（酱），番茄沙司除外	红曲米，红曲红	—	按生产需要适量使用
	天门冬酰苯丙氨酸甲酯（又名阿斯巴甜）b	GB 5009.263—2016	1.0
	乙二胺四乙酸二钠	SN/T 3855—2014	0.07

注：b 添加阿斯巴甜的食品应标明：阿斯巴甜（含苯丙氨酸）。

非法添加物指的是不符合以下条件的物质：不包含在传统食品原料中、未获食品批准的新资源食品、未纳入卫生部发布的食药两用或普通食品管理物质、未涵盖在我国《食品添加剂使用卫生标准》（GB 2760—2014）和卫生部食品添加剂公告、《食品营养强化剂使用卫生标准》（GB 14880—2012）以及卫生部食品添加剂公告中的物质，同时也未得到我国其他法律法规的使用许可。生长激素类物质是新鲜蔬菜中常见的非法添加物，长期食用有生长激素残留的蔬菜，会影响人体新陈代谢的平衡。对氯苯氧乙酸和 6-苄基腺嘌呤是两种常见的生长激素，可用于疏花疏果和促进芽的生长，这两种物质在 GB 2760—2014限量要求中未被收录，因此被视为非法添加物。根据我国卫生部颁布的《非食用物质和易滥用的食品添加剂名单》，在蔬菜制品中，常见的非法添加物包括苏丹红和吊白块等。苏丹红 I 被国际癌症研究机构认定为动物致癌物，常被不法分子用于辣椒粉的染色。吊白块，又名二水合次硫酸氢钠甲醛或二水甲醛合次硫酸氢钠，在高温下可用于漂白，分解可产生甲醛、二氧化硫和硫化氢等有毒气体，常被不法分子用于腐竹和竹笋等蔬菜制品的漂白和防腐。蔬菜中生长激素、苏丹红、吊白块（甲醛次硫酸氢钠）等非法添加物多采用高效液相色谱、高效液相色谱-串联质谱法也有采用气相色谱法、气相色谱质谱联用法以及离子色谱法检测的报道。蔬菜及制品中几种常见非法添加物的标准检测方法见表 13-5。

表 13-5　蔬菜及制品中几种常见非法添加物检测方法

非法添加物	常用检测方法标准	方法类型
对氯苯氧乙酸	《出口食品中对氯苯氧乙酸残留量的测定》（SN/T 3725—2013）	液相色谱-质谱/质谱法
6-苄基腺嘌呤	《食品中 6-苄基腺嘌呤的测定　高效液相色谱法》（GB/T 23381—2009）	高效液相色谱法
苏丹红	《食品中苏丹红染料的检测方法 高效液相色谱法》（GB/T 19681—2005）	高效液相色谱法
吊白块（甲醛次硫酸氢钠）	《小麦粉与大米粉及其制品中甲醛次硫酸氢钠含量的测定》（GB/T 21126—2007）（暂无针对蔬菜专用方法）	高效液相色谱法

（四）天然有害物检测技术

尽管蔬菜富含丰富的营养物质，但部分蔬菜中存在一些有害物质，如生物碱、氰苷等植物毒素以及硝酸盐、亚硝酸盐等，这些有害物质在蔬菜生长或贮存过程中自然产生，虽然在蔬菜中只是微量存在，但在烹调或食用过程中，若处理不当或者摄入过量，有可能对人体健康造成一定的危害。蔬菜中植物毒素种类繁多，结构多样，检测难度较大，鉴于植物毒素中毒剂量小、致死率高的特点，该问题越来越受到广泛关注。相对于植物毒素，蔬菜中硝酸盐、亚硝酸盐国内外测定方法很多，且制定了食品安全国家标准《食品安全国家标准　食品中亚硝酸盐与硝酸盐的测定》（GB 5009.33—2016）。近年来随着色谱、质谱技术的应用以及分子生物学技术、免疫学技术和纳米技术等新兴技术的引入，蔬菜中天然有害物的检测技术也得到快速发展。

1. 蔬菜中植物毒素检测技术　植物毒素是植物在其生命周期中或在特定环境条件下合成的一类化合物，对其他生物物种有毒害作用，每种类型的毒素都有其特定的化学结构和生物活性。蔬菜中的植物毒素按化学结构可分为生物碱类、苷类、氨基酸多肽及蛋白质等，见表 13 - 6。

表 13 - 6 蔬菜中常见植物毒素及检测标准

类别	代表成分	代表蔬菜	检测标准	检测方法
生物碱	龙葵素	马铃薯、茄子	NY/T 3951—2021	液相色谱-串联质谱法
	茶碱	芥菜	NY/T 3631—2020	高效液相色谱法
	秋水碱	黄花菜	GB/T 38571—2020	液相色谱-质谱法
苷类	皂苷	豇豆	—	
	氰苷	竹笋、豆类		
	硫苷	小白菜和大白菜、包菜、西兰花、甘蓝和羽衣甘蓝、芥蓝、油菜、花椰菜、白萝卜等十字花科蔬菜	GB/T 23890—2009	分光光度法
	亚麻苦苷	木薯		
氨基酸多肽及蛋白质	凝集素	黄豆、腰豆、青豆、芸豆、鹰嘴豆等豆类	GB/T 40220—2021	酶联免疫吸附法

生物碱是蔬菜的一种次级代谢产物。生物碱的检测技术经历了从传统的分光光度法、免疫学方法等常规定性定量分析方法的阶段，逐渐发展到更先进的高灵敏、高通量的色谱法，包括 LC - MS/MS 在内的色谱质谱联用精准分析方法。显色反应法在对生物碱的总量分析上具有一定局限性，对于单一成分的定量和痕量分析缺乏足够的选择性和灵敏性。目前，色谱与质谱联用技术在生物碱分析中选择性好、灵敏度高，可以对单一生物碱成分进行准确测定，广泛应用于茶、蔬菜等样品基质中生物碱的定性定量分析。生物碱种类繁多、结构多样，目前检测标准方法较少，但蔬菜中常见的龙葵素、茶碱、秋水仙碱等生物碱均有相关国家或行业检测方法标准，检测方法主要以液相色谱法和液相色谱质谱联用法为主。另外，越来越多的实验室将液相色谱与高分辨质谱（飞行时间/静电轨道阱质谱）联用技术应用于非靶向快速筛查有毒有害生物碱。唐晓琴等（2020）采用高分辨质谱技术系统采集了 72 种生物碱的精确分子量、保留时间、碰撞能量、碎片离子等信息，并经过了实际中毒样品的验证建立了质谱库，仪器自动检索可快速锁定实际样品中含有的多种生物碱。

蔬菜中苷类植物毒素主要包含氰苷、硫苷、皂苷等，皂苷和氰苷在豆类蔬菜、竹笋中含量较高，硫苷主要存在于甘蓝、芥菜、萝卜等十字花科蔬菜中。蔬菜中皂苷、氰苷类植物毒素的检测尚未有国家或行业标准，硫苷类物质的检测仅有油菜籽中的测定标准方法。目前苷类化合物总量的测定主要为比色法，如氰苷测定的吡啶巴比妥酸比色法、大豆皂苷测定的香草醛高氯酸比色法、硫苷测定的麝香草酚法等。苷类化合物的鉴定是目前苷类植物毒素研究中的重要环节，通过确定植物中存在的苷类化合物的结构和含量，可以深入了解其毒性以及对生物体的影响。目前液相色谱法是苷类化合物定性定量的主要检测方法，随着质谱技术的快速发展，UPLC - MS/MS 以及 UPLC - HRMS 联用技术在苷类化合物检测方面应用越来越广泛，其中氰苷化合物的检测已建立了液相色谱质谱联用检测国标方

《农产品中生氰糖苷的测定 液相色谱-串联质谱法》(GB/T 42113—2022)。目前基于液相色谱技术和液相色谱质谱联用技术已开发出多种皂苷类化合物、硫苷类化合物定性定量方法。张巍巍等(2022)采用超高效液相色谱-串联三重四极杆质谱法同时测定油菜籽中13 种硫代葡萄糖苷,得出 13 种硫代葡萄糖苷的含量为 0.2~2.0 mg/kg。殷丛丛等(2021)采用液相色谱法实现了对 4 种大豆皂苷(Aa、Ab、Ba、Bb)的分离和测定,4 种大豆皂苷线性相关系数均不低于 0.997,大豆皂苷 Aa、Ab 的检测下限为 20 $\mu g/mL$,Ba、Bb 的检测下限为 10 $\mu g/mL$;加标检出率为 89.9%~105.6%。

植物凝集素主要存在于豆类蔬菜中,是一类具有特异糖结合活性的蛋白,具有一个或多个可以与单糖或寡糖特异可逆结合的非催化结构域,具有凝集细胞和沉淀聚糖或糖复合物的作用。目前植物凝集素的测定方法主要有红细胞凝集法、糖复合物法以及抗原抗体免疫法,其中大豆凝集素的检测国家标准《植物代谢产物大豆凝集素测定 酶联免疫吸附法》(GB/T 40220—2021)即采用了抗原抗体免疫法。红细胞凝集法是目前检测植物凝集素应用最为广泛的方法,该方法采用植物凝集素凝集细胞活力与其量呈线性关系的原理,具有易操作、耗时少等优点,能在较短时间内完成大量样品的检测。胡燕秋等(2020)采用红细胞凝集法对 317 份菜豆种质资源中凝集素进行测定,结果表明菜豆种质中植物凝集素含量变幅为 0.004~1.783 mg/g,变异系数为 0.493。

2. 硝酸盐与亚硝酸盐检测技术 蔬菜中易富集硝酸盐,是人体硝酸盐摄入的主要来源。硝酸盐对人体并无直接危害,但在人体内受到酶和微生物的影响后,会转化为有毒的亚硝酸盐。亚硝酸盐具有氧化作用,一旦进入血液,会氧化血红蛋白中的铁,导致其失去运输氧气的能力,从而引发人体缺氧,甚至可能致命。此外,亚硝酸盐还可能与人体摄入的其他饮食、药物等元素发生反应,形成致癌物质。研究指出,各种蔬菜中的硝酸盐含量存在显著差异,通常来说,根菜类的含量高于薯蓣类,薯蓣类高于绿叶菜类,以此类推,包括白菜类、葱蒜类、豆类、瓜类、茄果类和食用菌类。此外,过度使用氮肥、长时间贮存、腌制以及不适当的烹饪方式都可能导致蔬菜中硝酸盐积累增加。为确保人体健康,1973 年,世界卫生组织(WHO)和联合国粮农组织(FAO)颁布了硝酸盐和亚硝酸盐的每日可接受摄入量标准,分别为 3.6 mg/kg(体质量)和 0.13 mg/kg(体质量)。我国食品安全限量标准 GB 2762—2022 仅对蔬菜制品酱腌菜中亚硝酸盐含量有限量要求,为 20 mg/kg。鉴于蔬菜中硝酸盐和亚硝酸盐对人体健康产生重要影响,准确测定蔬菜及制品中的硝酸盐和亚硝酸盐含量具有极其重要的意义。

目前,国内外有多种方法用于检测硝酸盐和亚硝酸盐,主要包括光谱法、色谱法和电化学法等,比色法、荧光法等快速检测方法在蔬菜硝酸盐和亚硝酸盐的检测中应用也比较广泛。

(1)分光光度法。分光光度法是目前应用较为广泛的检测硝酸盐和亚硝酸盐的方法,主要基于与一些检测试剂的反应,按反应原理可分为 Griess 分光光度法、亚硝化分光光度法和催化分光光度法。我国国家标准《食品安全国家标准 食品中硝酸盐和亚硝酸盐的测定》(GB 5009.33—2016)中采用的第二种方法是 Griess 分光光度法。该方法的原理是在弱酸条件下,亚硝酸盐与对氨基苯磺酸发生重氮化反应,随后与盐酸萘乙二胺偶合形成紫红色的偶氮化合物,在波长 538 nm 处表现出特征吸收,该方法先检测亚硝酸盐的含量,然后再利用镉柱还原硝酸盐,测定总亚硝酸盐的含量,间接得到硝酸盐含量。Griess

分光光度法基本原理见图 13-1。郭丽艳等（2022）采用分光光度法对全国 18 个地区 992 份腌制菜样品的亚硝酸盐含量进行分析，992 份样品中亚硝酸盐平均含量为 1.23 ± 0.95 mg/kg。分光光度法灵敏度较差，易受到离子干扰，耦合反应所需时间较长，且蔬菜色素处理不好容易引起检测结果的偏高，存在较大的缺陷。

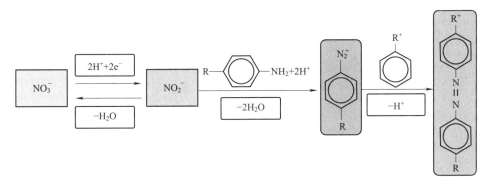

图 13-1 Griess 分光光度法基本原理示意图

（2）色谱法。色谱法的原理是通过色谱柱分离目标物，再利用检测器进行检测的分析方法。色谱法主要包括液相色谱法、气相色谱法、离子色谱法以及质谱联用色谱等。亚硝酸盐检测分析中，色谱法是常用的一种方法。张会亮等（2018）使用对氨基苯磺酸和盐酸萘乙二胺进行衍生化，将液相色谱和质谱联用法用于咸菜中亚硝酸盐的测定，结果表明，亚硝酸盐检测范围为 $2\sim200$ $\mu g/L$，相对标准偏差 $<5\%$，回收率为 $85.0\%\sim101.3\%$。何浩等（2017）采用顶空气相色谱法测定烟笋、外婆菜中亚硝酸含量，向烟笋、外婆菜样品处理液中先后加入环己基氨基磺酸钠溶液和硫酸溶液，在顶空瓶中发生重氮化反应，以衍生产物环己烯作为目标产物，通过定量分析得出，亚硝酸盐检测范围为 $0.001\sim0.200$ mg/L，回收率为 $90.7\%\sim91.9\%$。张文婷等（2018）采用离子色谱-电导检测法对蔬菜中硝酸盐和亚硝酸盐含量进行了测定，并对色谱条件进行了优化，选用 45 ℃柱温和 5 mmol/L NaOH 溶液做淋洗液，结果表明，硝酸盐和亚硝酸盐检出限分别为 4.0、0.4 mg/kg，灵敏度高，回收率好，适合蔬菜样品检测。离子色谱法是我国国家标准规定的亚硝酸盐检测方法之一，检测原理见图 13-2。该方法灵敏度高、选择性强以及能够实现多种阴、阳离子的同时测定，在检测领域应用广泛。但是，需要考虑的是，离子色谱法存在高昂的仪器成本、设备庞大笨重、样品前处理烦琐、操作需要专业人员等缺点，这使得无法实现亚硝酸盐的现场、实时在线检测。

（3）化学发光法。化学发光法是一种利用化学反应产生电磁辐射的现象。近年来，这一方法在亚硝酸盐的分析检测中得到广泛应用。其中，鲁米诺试剂法是常见的亚硝酸盐检测方法，通过鲁米诺与其他物质发生氧化还原反应，产生化学发光，而亚硝酸盐的存在会影响发光强度。在特定 pH 条件下，通过使用一系列试剂，例如过氧化氢、金属纳米簇和碘单质，鲁米诺可以在氧化过程中生成 3-氨基邻苯二甲酸离子的激发态。当激发态返回基态时，以发光的方式释放能量。这种方法优势较多，如设备简便、灵敏度较高、检测限低以及可在线分析等。但是，此方法也存在一些问题，如易受到干扰以及反应试剂存在危险性等。李鑫等（2007）利用尿酸-铁氰化钾-鲁米诺化学发光体系，建立了间接测定蔬菜

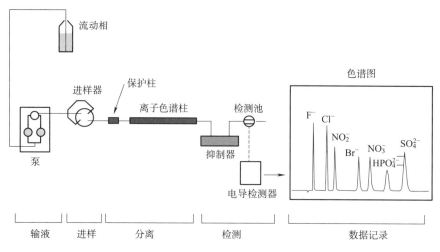

图 13-2 离子色谱检测原理示意图

中微量亚硝酸盐的方法，检出限达 5.0×10^{-5} mg/L，加标回收率在95.5%～106%之间，可用于各种蔬菜中微量亚硝酸盐的测定。

（4）电化学法。电化学法是利用传感技术和电信号分析技术，将待测物的化学信号转化成电信号，通过对电信号的监测实现目标物分析。针对亚硝酸盐检测，根据响应机理和参数的不同，电化学法分为电位型、电流型和电导型三种。自 19 世纪初以来，研究人员广泛研究了多种电极材料，其中亚硝酸盐在铂、金、氧化石墨烯等电极上电活性较强。罗大娟等（2022）合成了金/还原氧化石墨烯/羟基氧化铁（Au/rGO/FeOOH）复合材料，并通过扫描电子显微镜、X 射线衍射和能量色散 X 射线光谱仪等进行了材料表征测试。将合成的复合材料滴涂在氧化氟锡（FTO）电极表面，利用它们的协同催化氧化性能，成功构建了一步检测亚硝酸盐（NO_2^-）的新型电化学传感器。在最佳优化实验条件下，通过差分脉冲伏安法实现 NO_2^- 的定量检测，其线性范围为 0.001～5 mmol/L，检出限为 0.8 μmol/L（$S/N=3$），且响应时间小于 2 s。同时，所制备的传感器表现出良好的选择性和重现性，也能用于实际样品的测定。

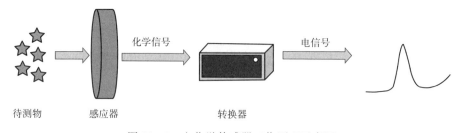

图 13-3 电化学传感器工作原理示意图

（5）比色法。比色法目前多应用于硝酸盐、亚硝酸盐的现场快速检测，常用的方法是试纸法，将指示剂沉积于试纸上，亚硝酸盐与指示剂发生显色反应，显色程度与亚硝酸盐浓度成正比，观察颜色与标准比色卡比较，从而对亚硝酸盐进行定性或半定量分析。近几年，人们将试纸法研究的创新集中于对载体材料的改良，同时有望借助图像软件来解读试纸的显色。时国庆等（2014）以 PVC 材料为基片、以定性滤纸为基层（涂覆由盐酸萘乙二胺、磺胺和 5-磺基水杨酸组成的显色剂）开发了一种双层检测试纸，能够实现食品中亚硝酸盐的快速检测。该方法制备方便、成本低，在家庭使用食品安全测试中具有潜在的应用前景，也可用检测盒检测亚硝酸盐含量，与试纸法设备有所差异，但原理相同。

（6）荧光法。荧光光谱法是基于荧光探针与亚硝酸盐的亚硝化反应和重氮偶合反应时荧光强度的增强或淬灭来检测亚硝酸盐的浓度。史永强等（2019）以二硫化钼为探针检测了腌菜中亚硝酸盐含量，检测范围为 0.5～40 mg/L，检测限为 0.67 nmol/L，回收率为 92.5%～102.5%，该方法可用于腌渍菜中亚硝酸盐的实际检测。

第二节 蔬菜营养检测评价

一、蔬菜的基础营养素检测评价

基础营养素是维持生命的物质基础，人体需要的基础营养素约 50 余种，归纳为七大类，即蛋白质、脂肪、糖类、维生素、水、无机盐和膳食纤维。基础营养素在提供能量、调节代谢、构成生物体等方面发挥着重要作用。蔬菜是人们日常饮食中必不可少的食物之一，含有人体所需的各种营养素，如维生素、矿物质等。据联合国粮食及农业组织（FAO）统计，人体必需维生素 C 的 90%、维生素 A 的 60% 来自蔬菜（薛舒丹等，2021）。

（一）蔬菜基础营养成分检测方法

1. 现行标准检测方法 目前国内外对蔬菜中营养物质的分析已有较为成熟的方法，如滴定法、离子色谱法、紫外可分光光度法、原子吸收分光光度法、电感耦合等离子体质谱法、气相色谱法、液相色谱法等，详见表 13-7。

表 13-7 蔬菜营养元素检测标准方法

序号	检测内容	标准方法
1	蛋白质	GB 5009.5—2016
2	脂肪	GB 5009.6—2016
3	水分	GB 5009.3—2016
4	粗纤维	GB/T 5009.10—2003
5	淀粉	GB 5009.9—2016
6	灰分	GB 5009.4—2016
7	可溶性固形物	NY/T 2637—2014
8	总酸	GB 12456—2021
9	膳食纤维（水溶性、水不溶性）	GB 5009.88—2014
10	抗坏血酸	GB 5009.86—2016
11	单宁	NY/T 1600—2008

（续）

序号	检测内容	标准方法
12	有机酸组成	GB 5009.157—2016 NY/T 2277—2012
13	氨基酸	GB 5009.124—2016
14	果胶	NY/T 2016—2011
15	果糖、葡萄糖、蔗糖等	GB 5009.8—2016
16	钾、钙、钠、镁、铁、硒等矿质元素	GB 5009.268—2016 GB 5009.93—2017 GB 5009.92—2016
17	叶绿素	NY/T 3082—2017 NY/T 4357—2023
18	硝酸盐	SN/T 4589—2016 GB 5009.33—2016
19	亚硝酸盐	GB 5009.33—2016
20	番茄红素	GB/T 41133—2022 NY/T 1651—2008
21	辣椒素	GB/T 21266—2007 GB/T 40348—2021 NY/T 1381—2007
22	胡萝卜素	GB 5009.83—2016 GB/T 41133—2022 GH/T 1386—2022
23	β-隐黄质	GH/T 1386—2022 NY/T 3948—2021
24	玉米黄质	GH/T 1386—2022 NY/T 3948—2021
25	维生素 B_1	GB 5009.84—2016
26	维生素 B_2	GB 5009.85—2016
27	维生素 E	GB 5009.82—2016
28	维生素 K_1	GB 5009.158—2016
29	叶黄素	GB 5009.248—2016 GB/T 41133—2022 GH/T 1386—2022 NY/T 3948—2021

2. 近红外光谱快速分析法　近红外光谱分析技术（near infrared reflectance spectroscopy, NIRS）被认为是 21 世纪快速、实时分析和过程控制的先导技术。其显著特点是光谱特性稳定、信息量大，能够反映样品的综合信息。采用 NIRS 技术可实现蔬菜内、外部质量参数的准确、快速测量。

其应用于蔬菜营养成分检测的研究应用已开展很多，如金同铭等（1994）利用近红外光谱技术对不同品种、不同成熟期大白菜的维生素 C 含量进行模型构建，得到相关系数 R^2 为 0.981，证实 NIRS 技术可用于大白菜维生素 C 含量的快速、高效测试分析。

Kramchote 等（2014）利用偏最小二乘法（partial least squares，PLS）方法建立了甘蓝维生素 C 的近红外光谱检测模型，使用 500～1 000 nm 的波长范围，实现了甘蓝中维生素 C 的快速测试分析。

3. 离子色谱法 离子色谱法的分离能力强、灵敏度高、操作简便、结果准确，可多组分同时分析，适合有机酸检测。宋卫得等（2018）利用离子色谱法测定了葡萄酒中 26 种有机酸和阴离子，其中草酸检测线性范围为 10～1 000 μg/mL，相关系数为 0.992 8，检出限 6.91 mg/L，回收率在 93.90%～101.11%之间，测定多种有机酸同时以满足单一有机酸检测要求。郭柏坤等（2018）采用离子色谱法测定水果中的有机酸，测得菠萝中草酸含量为 5.693 mg/kg，枇杷为 0.465 mg/kg，西瓜为 0.182 mg/kg，食用水果前应注意其中草酸含量。

4. 其他现场快速检测方法 草酸可阻止二氧化锰纳米片氧化 3，3′，5，5′-四甲基联苯胺的变色反应，可根据颜色变化程度检测草酸浓度，据此原理，有研究者开发了草酸含量的现场快速检测技术。王平等（2019）利用这一原理发明了一种草酸快速检测盒，检测波长为 460 nm，该法检出限低，检测时间短，可用于草酸现场快速检测。

（二）蔬菜营养评价

为科学、合理地表征某一种蔬菜的营养价值，应选择适宜的评价方法。营养评价研究中常用到的评价方法主要有以下几种：

1. 平均营养价值 平均营养价值（average nutritive value，ANV），最初于 1965 年被提出，用以计算和评估食物的质量。根据每 100 g 可食部分中蛋白质、纤维素、钙、铁、胡萝卜素和维生素 C 6 种主要成分的含量，按公式计算出分数结果：

ANV＝蛋白质（g）/5＋纤维素（g）＋钙（mg）/100＋铁（mg）/2＋胡萝卜素（mg）＋维生素 C（mg）/40。

朱丽等（2016）对从深圳市市场农贸批发市场、超市、商店等途径，收集了包括茄果、瓜菜、根菜、水生蔬菜、鲜豆、薯芋、嫩茎、叶、花菜、野生蔬菜、葱蒜等在内的共 105 种蔬菜。开展了矿质元素、维生素、蛋白质、脂肪等 23 个营养指标的测试分析。通过 ANV 的比较发现：根菜、水生蔬菜和薯芋类 ANV 集中在 1～2；鲜豆类和葱蒜类 ANV 大部分集中在 2～5；茄果、瓜菜和嫩茎、叶、花菜类的 ANV 在 2～6；野生蔬菜的 ANV 集中在 4～9，营养价值最高。应用平均营养价值估算法可实现对不同种类蔬菜营养价值的分类。根据不同种类蔬菜 ANV 值，可将营养价值划分为四个层级：1 稍高，2 较高，3～4 相当高，5～8 非常高。ANV 值越高，营养价值越高。

几种类型蔬菜的平均营养价值见表 13 - 8（刘宜生等，1990），从表 13 - 8 中可看出叶菜类蔬菜的 ANV 值高于其他各类，其中，木薯叶最高，其次是苋菜。

表 13 - 8　几种类型蔬菜的平均营养价值

蔬菜种类	ANV	蔬菜种类	ANV
多肉质果实	—	叶菜类	—
番茄	2.39	苋菜	11.32
茄子	2.14	蕹菜	7.57
甜椒	6.61	大白菜	6.99

（续）

蔬菜种类	ANV	蔬菜种类	ANV
落葵	3.21	结球莴苣	5.35
黄瓜	1.69	甘蓝	3.52
南瓜	2.68	木薯叶	16.67
西瓜	0.90	—	—
豆科蔬菜	—	鳞茎、块茎、根	—
豇豆（豆荚）	3.74	洋葱	2.05
利马豆（新鲜）	4.88	胡萝卜	6.48
绿豆（豆芽）	2.94	芋头	2.38
藕豆（干燥）	14.03	芜菁	2.03

2. 营养分类评估法　日本学者采用评分对蔬菜营养进行分类评估，提出了综合评价标准。根据蔬菜中维生素 B_2、维生素 C、胡萝卜素、矿质元素（钙、钾、铁）、纤维含量划分等级，将蔬菜营养价值分为四类，综合评分标准见表 13-9。综合评分值在 22~10、9~5、4~3、2~1 四个区间，分别判定为营养价值非常高、相当高、较高、稍高。其中，营养价值非常高的蔬菜有荷兰芹、菠菜、荠菜、萝卜叶、芜菁叶等；营养价值相当高的蔬菜包括小葱、抱子甘蓝、茼蒿、辣椒、胡萝卜、苦瓜等；营养价值较高的蔬菜包括蔬菜白菜（油菜）、甜椒、花椰菜、芹菜等；营养价值稍高的蔬菜包括萝卜、南瓜、甘蓝、冬瓜、姜、大蒜、豆芽等。

表 13-9　蔬菜营养的综合评分标准（每 100 g 含量）

评分	胡萝卜素/μg	维生素 C/mg	维生素 B_2/mg	Ca/mg	K/mg	Fe/mg	纤维/g
4	3 000	90	0.4	300	800	5.0	2.0
3	1 500	70	0.3	200	650	3.5	1.6
2	1 000	50	0.25	150	550	3.0	1.0
1	600	40	0.2	100	500	2.0	0.8

注：引自（日）蔬菜和健康，1986。

3. 营养质量指数法（INQ）　1979 年，美国 R. G. Hansen 等提出了营养质量指数法（Index of Nutritional Quality），简称 INQ 法，评价食物中所含营养素和能量满足人体所需要的程度。

INQ 法可以反映当某种食物满足人体热量需求时，其所含的某种营养素是否也能够满足人体需求。INQ<1，表明该类营养素含量低于推荐供给量，长期食用，可能引发这一类营养素摄入不足的危害；INQ>1，表明该食物营养质量好；INQ>2，表明该食物可作为该类营养素的良好来源。

邓梦雅等（2018）采用 INQ 法对菠菜、韭菜、胡萝卜、茼蒿、南瓜、西芹等 20 种蔬菜中矿物质元素进行营养评价，INQ 值见表 13-10。结果显示，20 种蔬菜的钾、镁 INQ 值均大于 1，深色蔬菜的矿物质 INQ 值高于浅色蔬菜，其中以红苋菜营养价值最为突出，除碘外，钙、铁等 10 种矿质元素的 INQ 值均大于 1 茼蒿营养价值最全面，所分析的 11 种矿质元素 INQ 值均大于 1。

表 13 - 10　蔬菜中矿物质元素 INQ 值

食材类别	食材名称	钙	钾	钠	镁	铁	锌	铜	锰	硒	碘	钼
深色蔬菜	菠菜	9.46	15.49	1.24	14.29	11.93	3.33	7.33	4.39	0.81	1.84	2.81
	芥菜	13.83	20.10	1.52	6.48	3.71	3.39	12.36	3.18	0	0.00	7.56
	茼蒿	14.83	28.18	6.24	7.27	11.82	3.95	7.69	7.36	3.98	6.69	6.87
	韭菜	6.70	21.52	0.12	3.54	5.25	3.63	7.19	14.88	0.00	16.24	13.85
	青花菜	4.42	10.08	0.86	4.81	2.38	3.84	3.81	3.16	0.00	3.85	4.12
	胡萝卜	2.00	7.34	3.58	1.97	1.04	0.80	2.59	1.21	0.00	3.22	0.88
	南瓜	0.46	6.49	0.040	2.35	0.77	1	2.71	0.63	0.48	0.00	4.99
	红辣椒	0.93	7.38	0.13	3.11	1.75	1.42	5.70	4.49	0	2.98	0
	红苋菜	25.89	27.22	1.12	23.06	51.29	3.98	8.60	14.24	4.63	0	3.93
	赤甘蓝	1.25	6.68	1.51	2.92	1.32	1.63	2.43	2.12	0	0	0
浅色蔬菜	白萝卜	3.72	12.60	0.77	2.51	1.92	2.12	1.82	2.52	0	4.94	3.81
	大白菜	4.87	12.15	0.24	2.60	1.47	1.86	3.91	1.92	0	3.68	3.59
	茭白	0.51	16.09	0.27	2.26	2.22	2.40	4.30	11.59	0	4.63	2.62
	冬瓜	2.09	9.08	0.11	4.08	1.74	2.04	0	2.99	0	0	7.52
	沙葛	0.90	4.86	0.11	1.47	0.65	0.66	1.70	1.43	0	3.73	0
	结球甘蓝	5.51	6.99	0.54	2.32	1.64	0.86	1.24	2.07	2.20	0	2.29
	洋葱	1.76	3.89	0.15	2.80	0.75	1.00	3.38	0.76	0	0	0
	花椰菜	2.23	11.07	1.01	3.65	2.16	3.11	3.30	4.18	0	9.59	1.38
	结球白菜	8.23	12.29	1.86	4.59	2.75	3.56	4.16	2.09	0	6.72	2.34
	西芹	12.27	16.22	18.09	7.22	1.75	2.99	0	0.96	0	1.87	0

4. 氨基酸评分法　氨基酸作为蛋白质的分解产物是评价食品营养价值的重要指标。氨基酸评分（amino acid score，AAS），是将待测蛋白质中的某一必需氨基酸含量与WHO/FAO 提出的理想模式中的相应氨基酸含量做比较。计算公式如下：

$$AAS = \frac{样品蛋白质中氨基酸含量（mg/g）}{WHO/FAO 评价标准模式中相应必需氨基酸含量（mg/g）} \times 100$$

AAS 值越高，说明蛋白质营养价值越高。AAS 值＜100 的氨基酸被称为限制性氨基酸，AAS 值最小的氨基酸被称为第一限制氨基酸。

豆类的营养价值非常高，是日常膳食补充蛋白质的首选考虑。研究者从不同的角度对湖南产地的花豆、芸豆、豇豆和黑豆 4 种豆类蔬菜的氨基酸组成及营养进行评价。研究发现，除了黑豆不含甲硫氨酸外，其余 3 种豆类蔬菜均含 17 种氨基酸；黑豆中的蛋白质含量和氨基酸含量最高，同时黑豆中的必需氨基酸含量也最高；4 种豆类蔬菜中有 3 种的必需氨基酸中赖氨酸含量最高，而黑豆中的赖氨酸含量也较高，略低于亮氨酸，排在第二位，4 种豆类蔬菜的限制氨基酸均为异亮氨酸或缬氨酸或色氨酸。由此可见，豆类蔬菜中赖氨酸含量优异，具有较高的营养价值；可以通过与富含异亮氨酸、缬氨酸、色氨酸的食物等进行结合食用，构建合理膳食，提高食用价值。

5. 基于多样度、匹配度、平衡度的蔬菜营养评价　近年来，左家信等（2022）提出了另外一种营养评价体系，从营养素的种类、含量及各营养素间的比例等方面评价营养价值。从"多样度"（degree of diversity，DD）、"匹配度"（degree of match，DM）、"平衡度"（degreeof balance，DB）三个维度评价蔬菜的营养价值。

其中，多样度（DD）表征蔬菜中含有的人体必需营养素的种类；匹配度（DM）反映蔬菜中所含有的各种营养素的含量与人体每日需求量间的匹配程度；平衡度（DB）表征的是蔬菜中任意两种营养素含量的比值与其RNI间比值的接近度。另外，引入了偏离度来直观地表示"三度"指数之间的关系。

研究人员选取了大白菜、芹菜、花椰菜等38种常见蔬菜，根据《中国食物成分表 第2版》中蔬菜及其制品中的分类方法将其分为叶菜类、茎菜类、花菜类等10类，以水、蛋白质、脂类、碳水化合物、矿质元素、维生素、亚油酸、亚麻酸、膳食纤维、氨基酸等42种营养素为评价指标，分别计算38种常见蔬菜的多样度、匹配度和平衡度，根据各指标分值及排名进行营养评价。最后计算3个指标的综合评价指标"偏离指数"，根据偏离指数对蔬菜进行综合排名分析。

"多样度"结果显示，各种蔬菜所含营养素种类相差不大，茎菜类、叶菜类、花菜类、瓜果类和鲜豆类蔬菜所含种类多于薯芋类和野生蔬菜类；"匹配度"结果显示，茎菜、叶菜、花菜类蔬菜营养素含量较高，排名前3位的蔬菜依次为荠菜、香菜、菠菜；茄果、根菜、薯芋类蔬菜营养素含量较低。"平衡度"结果显示，花菜类和葱蒜类蔬菜的营养素比例更符合人体需要，排名前3位的蔬菜依次为大葱、韭菜、黄瓜；薯芋类各营养素间的比例与人体需要相差较大。"偏离指数"分析结果显示，茎叶类、花菜类偏离指数最小，根菜类、薯芋类蔬菜的偏离指数最大。

（三）蔬菜基础营养素研究进展

1. 鲜食蔬菜营养评价研究进展

（1）普通栽培菜。刘桂玲等（2007）对河北省黄瓜、油菜、菜花、马铃薯、西葫芦、胡萝卜、豆角、莴苣、茄子、番茄、芹菜、苦瓜、丝瓜、韭菜、茴香等15种蔬菜的营养成分进行分析测定发现茴香蛋白质含量最高（7.77 g/100 g·FW），苦瓜中维生素C含量最高（106.52 mg/100 g·FW），钙含量最高的为油菜（6.72 g/100 g·DW），胡萝卜中的镁含量最高（56.09 mg/100 g·DW），黄瓜中的铜含量最高（1.84 mg/100 g·DW），锌含量最高的是莴苣（8.86 mg/100 g·DW）。人体每日需钙量为1 000~1 200 mg，油菜（6.72 g/100 g·DW）、黄瓜（2.03 g/100 g·DW）、芹菜（2.95 g/100 DW）含钙量较高，可以满足人体的需要。

李睿（2008）以66种新鲜蔬菜为研究对象，通过查询《食物成分表》中K、Na、Ca、Mg、Fe、Mn、Zn、Cu、P、Se等10种矿质营养元素的含量，建立了蔬菜矿质元素营养成分谱。通过分析，将66种蔬菜按矿质元素含量情况分为6个组：即富K、P、Zn型蔬菜，富Ca蔬菜，富Mn、Fe、Se型蔬菜，富Zn、Fe、P型蔬菜、各种营养成分的配合较为均衡的蔬菜和低K、P型蔬菜。为人们科学合理地选择和搭配蔬菜提供了参考。

（2）水生菜。莲藕、茭白、慈姑、荸荠、芡实、菱角、水芹、莼菜、蒲菜、水蕹菜、水芋等，均属于水生蔬菜（李效尊等，2015）。近年来，我国水生蔬菜产业发展迅速，目前全国人工种植面积在66.7万 hm² 以上，年总产值达550亿元。水生蔬菜营养丰富，多数还具有药用和保健作用。如莲藕中含有水分77.9%~89%、淀粉10%~20%、蛋白质

1%～2%、维生素 C 25～55 mg/100 g，及其他营养成分。菱白中含有碳水化合物 4.6%、粗纤维 1.1%、蛋白质 1.5%、脂肪 0.1%及维生素、矿物质成分。菱角营养丰富，其营养价值可媲美坚果，以老菱角为例，含有蛋白质 4.5%、脂肪 0.1%、碳水化合物 21.4%、粗纤维 1.7%、维生素 C 13 mg/100 g、胡萝卜素 0.01 mg/100 g、维生素 B₁ 0.19 mg/100 g、维生素 B₂ 0.06 mg/100 g、烟酸 1.5 mg/100 g、钾 437 mg/100 g、钠 5.8 mg/100 g、钙 7 mg/100 g、镁 49 mg/100 g、磷 93 mg/100 g、铁 0.6 mg/100 g、锌 0.62 mg/100 g。此外，菱角中还含有生物碱、黄酮类物质、抗肿瘤活性成分及多糖类物质等功能性成分。

（3）原生蔬菜营养评价。区别于普通栽培蔬菜，原生蔬菜较少受化肥和农药污染，抗逆性与繁殖力强，近年来受到消费者的欢迎。原生蔬菜的食用从农村走向城市，栽培方式也逐渐由农户自种自食的少量生产转变成人工规模化栽培。

李跃森等（2013）对 8 种原生蔬菜氨基酸含量及组成进行分析测定，并采用氨基酸比值系数分法对其蛋白质营养价值进行评价。8 种原生蔬菜的蛋白质含量及氨基酸组成见表 13-11，8 种原生蔬菜的氨基酸含量丰富，必需氨基酸含量较高，占总氨基酸含量的 38.36%～44.08%；鲜味氨基酸占总氨基酸含量的 21.46%～26.59%。原生蔬菜氨基酸组成平衡且优质，其蛋白质营养价值高于所选的普通蔬菜对照品种，具有较高的开发利用价值。

表 13-11 8 种原生蔬菜氨基酸组成及含量分析

氨基酸	苦菜	马齿苋	紫背天葵	番杏	羽衣甘蓝	九层塔	马兰	猫薄荷
粗蛋白含量/%	1.83	1.22	2.26	1.80	4.22	3.14	4.43	3.81
Thr*/mg/g	40	15	38	40	34	42	34	35
Val*/mg/g	55	54	50	62	50	65	49	50
Met*/mg/g	10	2	5	9	6	7	6	4
Ile*/mg/g	44	45	41	47	39	54	39	40
Leu*/mg/g	82	80	73	87	65	89	69	75
Phe*/mg/g	52	48	48	57	47	56	47	48
Lys*/mg/g	43	59	54	75	58	57	51	49
Trp*/mg/g	9	17	12	13	14	10	9	15
Asp/mg/g	84	71	80	96	87	92	76	82
Ser/mg/g	41	21	36	44	36	41	32	32
Glu/mg/g	114	99	97	117	130	110	77	83
Gly/mg/g	50	44	45	53	42	53	43	45
Ala/mg/g	55	54	51	66	62	62	53	48
Cys/mg/g	2	1	1	6	2	4	3	3
Tyr/mg/g	23	7	25	30	21	29	25	21
His/mg/g	17	18	15	25	23	21	16	17
Arg/mg/g	42	43	43	50	48	63	44	44

（续）

氨基酸	苦菜	马齿苋	紫背天葵	番杏	羽衣甘蓝	九层塔	马兰	猫薄荷
Pro/mg/g	42	48	38	49	52	51	40	37
T/mg/g	805	726	752	926	816	906	713	728
E/mg/g	335	320	321	390	313	380	304	316
E/T/%	41.61	44.08	42.69	42.12	38.36	41.94	42.64	43.41
F/mg/g	198	170	177	213	217	202	153	165
F/T/%	24.60	23.42	23.54	23.00	26.59	22.30	21.46	22.66

注：＊为人体必需氨基酸；T为总氨基酸含量；E为必需氨基酸含量；E/T为必需氨基酸占总氨基酸百分比；F为鲜味氨基酸含量，包括天门冬氨酸和谷氨酸；F/T为鲜味氨基酸占总氨基酸的百分比。

2. 蔬菜制品营养评价研究进展

蔬菜制品包括蔬菜干制品、酱腌菜、食菌制品和其他蔬菜制品。发酵蔬菜作为酱腌菜的一种，深受人们的喜欢。发酵蔬菜是指新鲜蔬菜在封闭的坛中经复杂的微生物体系（由原材料携带进入）发酵而成的蔬菜制品。在我国，公元前 300 年就已有发酵蔬菜的生产历史记录。各种新鲜蔬菜如紫甘蓝、大白菜、卷心菜、胡萝卜、黄瓜等，都可用于生产发酵蔬菜。

目前发酵蔬菜的研究热点主要集中在纯种发酵菌种筛选、直投式发酵剂研究等方面，营养评价可作为一种重要的评价手段。杨丽娜（2017）等通过对发酵蔬菜及汤汁中维生素 C、总酸、氨基酸、总糖、硝酸盐、亚硝酸盐、挥发酸等指标的测定，结合感官评价，开展了食品中常用乳酸菌菌种的发酵筛选，挑选出了适合作为蔬菜发酵剂专用的适宜菌种。于娟娟等（2018）在监测发酵酸白菜有机酸总量、氨基酸总量和各种有机醇含量时发现，直投式发酵剂发酵均优于自然发酵。

发酵蔬菜在发酵过程中，部分营养物质的含量会出现大幅度增加，如生姜中的姜醇、姜酮、姜酚以及大蒜中的蒜素（二烯丙基硫代亚磺酸酯）等；同时伴随有新的营养物质生成，如有机酸、B 族维生素、右旋糖酐、乙酰胆碱和 γ-氨基丁酸等（Rakin et al.，2015）。一部分对人体有害的成分，多种抗营养因子，如胰蛋白酶抑制因子、单宁、植酸等，可通过微生物发酵作用去除。与此同时，类黄酮、原花青素、酚酸、类胡萝卜素、抗坏血酸等抗氧化活性物质被保留了下来，在与乳酸菌的协同作用下，使发酵蔬菜具有了抗氧化性（李文斌等，2006）。

二、蔬菜生物活性成分检测评价

除人们熟知的蛋白质、脂肪、碳水化合物等基础营养物质外，蔬菜中还含有很多特殊的物质，这些来自生物体内并对生命现象有重要影响的微量或少量物质，我们将其称为生物活性物质。蔬菜中含有多种生物活性成分，如多酚、类胡萝卜素、植物固醇、皂苷类、芥子油苷、萜类、有机硫化物、生物碱等，在蔬菜中较为常见，这些功能成分对维护人体健康、调节机能状态和预防疾病有重要作用。

（一）蔬菜生物活性成分检测方法

1. 功能成分提取技术 蔬菜中功能成分检测过程前处理提取方法通常会采用以下几种方法或相结合的方式进行，见表 13-12。

表 13 - 12　蔬菜中功能成分提取技术一览表

提取技术	用途	优点	缺点
超声波法	蔬菜黄酮类、三萜类、多糖、多酚、甾醇的提取	提取时间短，提取温度低、成本低，提取效率高，适应性广	受声波衰变因素限制，超声作用区域呈环状，若提取罐较大，将出现超声空白区
酶水解法	蔬菜多糖的提取	条件温和，杂质易除，安全性高	成本高
溶剂浸提法	蔬菜多酚、黄酮类、多糖、类 β -胡萝卜素、有机硫化物、生物碱、皂苷等的提取	工艺简单，容易操作	有机溶剂难以完全去除且热敏性物质容易发生裂解
微波辅助提取法	蔬菜黄酮、多糖、多酚等的提取	提取时间短	热敏性物质易发生裂解

（1）超声波辅助法。超声波提取的原理是利用超声波具有的空化效应、机械效应和热效应，加速胞内有效物质的释放、扩散和溶解，目前已被广泛地应用于功能成分的提取。张恩平等（2015）采用传统加热法和超声辅助法提取番茄中总黄酮，比较了两种提取工艺的效果，采取正交优化实验得出总黄酮最佳提取方法是超声辅助法。巴宁宁等（2018）采用超声波辅助法提取番茄油树脂中多酚类化合物，实验结果得出多酚含量高达 4.396 mg/g，为多酚的提取工艺提供了数据参考。卢敏等（2015）利用超声波法对荸荠块茎皮中的甾醇进行提取。赵明德（2021）对三种常见的胡萝卜中类胡萝卜素的提取方法进行了研究发现有机溶剂提取法结合超声波破碎提取法提取率高。

（2）溶剂浸提法。溶剂浸提法是根据相似相溶原理，选择与预提取成分相当的溶剂进行提取，溶剂穿透蔬菜的细胞膜，溶解可溶性物质，形成细胞内外的浓度差，将其渗出细胞膜，以获得较大的溶解度。傅春燕等（2012）利用溶剂浸提法萃取百合中的皂苷，提取率为 1.24%。张颖等（2012）通过溶剂浸提法和超声波辅助法对百合中的秋水仙碱进行提取，提取率为 0.35%。胡闽（2020）通过有机溶剂提取法研究了兰州百合多酚的提取工艺，确定最佳提取条件，百合平均多酚得率 100.27 mg/g。

（3）酶水解法。酶水解法是利用果胶酶、纤维素酶等对植物细胞壁等进行分解，从而加速功能成分的释放与提取。高阳等（2022）通过酶水解法提取甘薯中的结合酚，结合酚提取量为（0.140±0.002）g/100 g。吴筠笛等（2005）通过酶水解法从苦瓜中提取水溶性多糖，不仅使提取的工艺条件更为温和，并且多糖的产率及含量均有显著提高。

（4）微波辅助提取法。微波辅助提取法是利用微波辐射使细胞内的极性物质获取大量热量，引起细胞内温度上升，液体汽化产生压力使细胞破裂，释放出胞内的物质。邸娜等（2016）采用乙醇浸提法和微波辅助提取法方法提取加工型番茄植株中的总黄酮，实验结果显示，微波辅助提取法总黄酮提取率较高，约为乙醇浸提法的 4.01 倍。陈秋娟等（2013）利用微波提取技术对荸荠皮中多酚物质进行提取，通过单因素试验和正交试验，得到了提取荸荠皮中多酚物质的最佳提取工艺，在最优提取条件下荸荠皮中多酚类物质的提取率为 3.15%。

2. 功能成分检测技术　蔬菜中生物活性物质的主要分析技术的分类、用途和相关标准、优缺点见表 13 - 13。

表 13-13 蔬菜中功能成分分析技术一览表

分析技术	用途	相关标准	优点	缺点
分光光度法	蔬菜黄酮类、多酚类、多糖总量、类β-胡萝卜素、皂苷等的检测	《出口食品中总黄酮的测定》（SN/T 4592—2016）《水果、蔬菜及其制品中叶绿素含量的测定 分光光度法》（NY/T 3082—2017）	成本要远低于其他检测技术，操作简单，分析迅速	一般用于测定相关物质的总量，无法测定具体物质的含量，且实验干扰因素多
高效液相色谱法	蔬菜多酚类、黄酮类、核苷酸类、有机硫化物、芥子油苷等的检测	《植物源性食品中花青素的测定 高效液相色谱法》（NY/T 2640—2014）《辣椒素的测定 高效液相色谱法》（NY/T 1381—2007）	检测速度快，检测灵敏度高，紫外检测器可达 0.01 ng，分离效率高	对其同分异构体和衍生物的分离效果较差，在红枣功能性成分分析时需要借助于质谱等其他方法
液相色谱-质谱法	蔬菜黄酮类、多酚类等的检测	《植物源性食品中 10 种黄酮类化合物的测定 高效液相色谱串联质谱法》（NY/T 3950—2021）	分离速度更快的同时具有更高的灵敏度和选择性	实验成本高，数据库覆盖不全面

（1）分光光度法。分光光度法是基于物质吸收辐射的特性，通过测量吸收光的强度来确定物质的浓度。分光光度法是较为常用的检测蔬菜中多糖、多酚、黄酮等营养物质总量的检测方法。孙勃等（2010）利用紫外-可见分光光度法对青花菜不同器官中总多酚的含量进行了测定，其中叶片中含量最高，其次是花球和根系，茎中的含量最低，不足叶片中含量的 40%。涂建飞（2013）利用紫外-可见分光光度法对 10 种不同品种菜豆豆荚中的多糖、总黄酮和总皂苷的含量进行了测定。李俊杰等（2023）通过紫外-可见分光光度法测定了竹笋当中多糖的含量。

（2）高效液相色谱法。高效液相色谱法是以液体为流动相，采用高压输液系统将溶液泵入装有固定相的色谱柱中，在柱内各成分被分离后进入检测器检测。高效液相色谱法常用于糖组分、酚类、黄酮及特征物质的具体化合物定性定量分析。付学军（2006）通过高效液相色谱法测定了洋葱中黄酮的含量，通过测定发现，洋葱中的类黄酮以槲皮素和芦丁为主。秦心睿等（2023）运用 HPLC 法同时测定 21 种不同品种竹笋的核苷类化合物含量。孙勃等（2010）利用 HPLC 测定了青花菜中芥子油甘的含量。

（3）液相色谱-质谱法。液相色谱-质谱法是将液相色谱和质谱有机地结合在一起，样品先通过液相色谱柱进行分离，然后进入质谱进行离子化，质谱将离子化后的化合物进行定性和定量分析。侯文哲等（2018）利用高效液相色谱串联质谱法对辣椒等 10 种蔬菜中酚酸的含量进行了测定，其中咖啡酸、阿魏酸、对香豆酸、异阿魏酸、原儿茶酸和焦儿茶酸的含量均较高。赵康宏等（2019）采用液相色谱串联质谱法分析百合中的酚类化合物并对其进行了定性分析。

（4）其他检测方法。除以上检测方法外，蔬菜中的一些特征性成分的检测还会采用纸色谱法、薄层色谱法、蛋白结合法、放射免疫法等一些新技术方法。Siddiqui 等（2016）建立了高效薄层色谱法测定大蒜中蒜氨酸的方法，分析方法既稳定又快速。

（二）蔬菜生物活性评价方法

蔬菜中功能活性成分功效评价方法主要包括化学测定法、体外实验和体内实验三种方法。化学测定法相对简单，只是针对某种生物活性成分的某种作用进行单纯的化学实验，不涉及生物实验。体外实验和体内实验通常设计生物实验，实验较为复杂，但实验结果比较客观，三种方法的用途及优缺点见表 13-14。

表 13-14　蔬菜中功能成分功效评价技术

评价技术	内容及用途	优点	缺点
体外实验	在细胞学水平进行的关于生物活性成分功效的评价性实验	快速、简单	实验结果不一定在体内实验得到验证，避免对其结果的过度解释
体内实验	在动物水平进行的关于生物活性成分功效的评价性实验	实验结果更具说服力	成本高、耗时长、限制多
化学测定法	用化学的方法评价生物活性成分的功效作用	简单、成本低	实验结果不能代表生物活性成分在体内的具体功效能力强弱

1. 体外评价　体外实验主要是指化学物质在体外的研究，例如细胞培养研究和计算机模拟研究等。这种实验方法不会对动物或人类造成伤害，并且成本相对较低。然而，由于这种实验方法不能真实地反映出人体内的反应，因此其结果存在一定的不确定性。体外评价体系主要包括评价项目的确立、评价内容的分析、评价方案的确立、最佳评价平台及方法的筛选、安全性评价、功效性评价、评价结果等七部分。在进行体外实验时，需要注意以下几个方面：在实验材料的选择上，应根据实验目的选择适合的实验材料，同时准备合适的培养基、染色剂等；实验环境的准备要符合无菌操作的要求；细胞培养条件主要包括培养基的配制、温度、湿度等；细胞的处理和操作要保证全程无菌，避免污染；根据实验目的和细胞的特点确认实验时间和观察指标等。樊孔明等（2022）从洋葱中提取总皂苷，研究发现，总皂苷作用 24 h 后对 HepG2 细胞、HeLa 细胞、A549 细胞三种肿瘤细胞均有抑制作用。

2. 体内评价　体内实验主要通过动物试验来研究化学物质的毒性。这种方法能够更真实地反映人体内对化学物质的反应，其结果也更具有说服力。但是，这种方法具有一定的伦理问题，因为这意味着动物必须受到伤害或牺牲。此外，体内实验在时间和成本上也比较昂贵。王辉（2022）研究了富含膳食纤维和黄酮的羽衣甘蓝和西芹这两种蔬菜对结肠炎的缓解作用，羽衣甘蓝可显著缓解小鼠的体重降低且 DAI 指数抑制作用最优，可从最高 2.2 分显著降低至约 0.8 分，而西芹组为 1.2 分，两种蔬菜均可显著缓解结肠的病理学损伤。

3. 化学测定法　化学测定法是通过化学实验对某种功能成分的某种能力进行测定的方法。比如多酚的抗氧化能力可以通过铁氧化还原法进行测定。王建升等（2012）通过铁氧化还原法对松花菜中多酚的抗氧化能力进行测定，松花菜的抗氧化能力略高于紧花菜，但品种之间却没有显著性差异。

因此，毒理学家在进行研究时需要综合考虑这三种方法的优缺点，并在必要时采用三种方法进行研究，以得出更具有可靠性的结论。

（三）蔬菜生物活性成分研究进展

1. 鲜食蔬菜生物活性成分研究进展　梁书荣等（2021）以新疆紫色芜菁与绿色芜菁为研究对象，结合超高效液相色谱（UPLC）和串联质（MS/MS）技术，对不同皮色芜菁果肉、果皮中花青苷进行分析鉴定。紫色芜菁与绿色芜菁中含有 14 种相同的花青苷，不同芜菁品种不同部位，花青苷含量不一致，表皮中含有的花青苷种类较多，果肉中含有的花青苷种类较少。李雨竹（2015）利用加速溶剂萃取法及大孔吸附树脂对芹菜和花椰菜中含有的黄酮进行提取和纯化，建立了分离鉴定芹菜和花椰菜中黄酮的方法。何湘漪等（2016）研究了焯煮、微波、蒸制三种烹调方法对娃娃菜、芥蓝、芥菜三种十字花科叶菜中总黄酮和类胡萝卜素的影响，结果显示，总黄酮含量在焯煮后剧烈下降至 53.1%，微波处理后升高。β-胡萝卜素蒸后损失可忽略，蒸 5 min 后叶黄素保存率在 84%～97% 之间；煮 5 min 后 β-胡萝卜素保存率为 78%～100%，叶黄素为 84%～87%，而微波处理 5 min 后 β-胡萝卜素保存率为 60%～64%，叶黄素为 77%～89%，因此，蒸制处理的保存效果最好，而微波处理后虽类胡萝卜素损失较大，但对保存类黄酮成分有益。王建升等（2012）通过对 4 个松花菜和 1 个紧花菜花椰菜品种中主要生物活性成分进行检测和比较发现，松花菜中维生素、叶绿素、类胡萝卜素的平均含量均高于紧花菜。紧花菜中总芥子油苷含量高于松花菜，但松花菜中主要脂肪族芥子油苷为具有高抗癌活性的 3-甲基亚磺酰丙基芥子油苷，而紧花菜为其烯基化组分 2-丙烯基芥子油苷。另外，不同松花菜品种间一些营养组分也存在显著的变异。覃香香等对南方常见 41 个蔬菜品种中木聚糖的含量进行了测定，结果显示，不同蔬菜品种木聚糖的含量差异显著，41 种蔬菜品种中，豌豆（2.37 g/100 g）、蚕豆（2.19 g/100 g）、甜玉米（1.86 g/100 g）中木聚糖含量较高，其他蔬菜品种木聚糖含量均小于 1.6 g/100 g。食用器官蔬菜木聚糖含量平均值大小为：花菜类＞果菜类＞茎菜类＞食用菌类＞根菜类＞叶菜类。韩月峰（2007）采用乙醇提取结合蒸馏萃取和大孔树脂吸附等方法提取大蒜中有机硫化物，探讨了影响有机硫化物提取得率的相关因素。

2. 蔬菜加工制品生物活性成分研究进展　翁德宝等（2000）将诸葛菜茎叶烘干后用乙醇进行提取，并用 HPLC 法分析测定了其茎叶中黄酮醇的含量，结果表明干品中总黄酮含量（以甙元计）为 0.568%。张其圣等（2010）指出，蔬菜在发酵过程中，乳酸菌或发酵作用也可能会使新鲜蔬菜中的一些物质转化为多酚类物质，从而使泡菜中的多酚类物质含量较新鲜蔬菜有所增加。

第三节　蔬菜风味成分研究

一、蔬菜风味成分研究现状

（一）蔬菜风味成分研究综述

风味是蔬菜的重要特色，也是评价蔬菜品质的重要指标之一。蔬菜风味品质一般由三个方面因素构成，一是蔬菜本身的质地特性，包括脆度、硬度、粉质感、汁液率、纤维感等；二是蔬菜含有的营养成分即基本理化指标，如可溶性糖、维生素 C、粗蛋白、有机酸、氨基酸、膳食纤维等的含量；三是具有挥发性的醛类、醇类、酮类、酯类及含硫化合物，其含量及比例均会影响蔬菜的风味。其中，质地和风味是关键指标，理化指标一般是通过风味、质地对感官产生影响，理化指标常常影响风味品质，同时风味品质又是理化指标的具体表现形式。对于有些蔬菜，营养成分提高的同时，风味品质也得到了改进，如甜椒、大白菜、番茄、洋葱、萝卜等含糖量提高的同时，风味品质也得到了改进。也有些蔬菜如圣女果等，含糖量的高低已经成为其风味品质评价的基本标准。蔬菜的鲜味增加，实质是广泛存在于蔬菜可食用部分的鲜味物质核苷酸、氨基酸、酰胺等这些氨基酸类物质含量提高的结果，它们各自或互相结合使蔬菜呈现了不同程度的鲜味。

近年来，随着经济发展和生活水平的提高，蔬菜风味品质也越来越受到人们的重视，对风味物质的研究也在不断深入。截至目前，人们对蔬菜中挥发性物质的定性定量研究已经有较多研究，文献报道的对香气有贡献的挥发性化合物已经有 1 000 多种，其中大部分是分子量小于 300 的亲脂性物质。风味物质的研究主要经历了组分分析、特征风味物质鉴定、影响因素分析、生物合成及基因调控等阶段。然而目前有关蔬菜风味品质的研究主要还是集中在挥发性化合物的种类和含量测定、分离提纯以及形成机理的分析上，调控技术方面的研究报道还很少。风味品质是通过人体的嗅觉及味觉器官进行评价的，风味品质的感官检验与风味物质含量的关系尚无定论。风味物质的鉴定必须和人体的感觉分析结合起来才能更好地评价风味品质特征，因此分析检测方法和感官试验相关性的研究也应受到重视。

蔬菜在生长、成熟、贮藏及加工过程中风味物质的动态变化、风味物质前体物质的含量及合成酶等的活性规律等方面的研究将成为今后的研究热点，同时随着分子生物学研究与检测技术的发展，风味物质合成代谢途径及相关分子机理研究也将成为下一步研究重点。目前，分子生物学快速发展，利用分子生物技术通过克隆风味物质合成相关酶的基因，在分子水平上对风味物质的合成进行调控，必将有助于蔬菜风味品质的深入研究。

（二）鲜食蔬菜香气研究进展

鲜食蔬菜的香气物质种类及含量少，过去由于香气分析技术所限，研究相对较少。近年来，气相色谱-质谱技术及气相-离子迁移谱技术快速发展，通过对薯芋类等香味较弱的蔬菜化学成分的提取，对蔬菜香气的研究也逐渐深入。

目前，国内外对鲜食菜香味物质的研究多集中在芳香物质上，如研究西芹中的二氢苯酞、洋葱中的二硫化合物等。此外，许多学者对蔬菜香气形成的前体物及相关的生理机制进行了深入的研究，尤其是大蒜、洋葱的香气形成机制及前体物质。下面将对茎叶菜类、茎菜类、根菜类、果菜类、调料蔬菜及食用菌类六大类蔬菜香气研究进展进行介绍。

1. 茎叶菜类　茎叶菜类中洋白菜是我国最先被研究的蔬菜，其主要香味物质为硫化物和异硫氰酸盐，主要前体物质为硫氰酸。最近的研究发现，利用气相色谱-质谱分析法测定了洋芥中的多种不饱和化合物，其中以 2-氰基丙烯最为丰富。茎叶类蔬菜中蔬菜也是近年来的研究热点，异硫氰酸烯丙酯类化合物、异硫氰酸芳基酯类化合物、氰类化合物、1-氰基-2，3-环硫丙烷、二甲基硫醚、二甲基二硫醚、二甲基三硫醚等含氮或含硫化合物及 2-己烯醛、2-己烯醇（特殊的青叶香气）等脂肪醛、脂肪醇类是构成菜花、卷心菜、大头菜、豆瓣菜、椰菜、山葵、秋葵等十字花科蔬菜刺激性、芥子气味香气特征的重要组分。研究表明，亚油酸或亚麻酸是各种蔬菜的醛类、醇类、酸类、酯类等香成分的非挥发性前体物质。

2. 茎菜类　芹菜的香气在十字花科蔬菜茎菜类中非常浓郁，目前，从芹菜中已检测到多种挥发性香气成分，其中二氢苯酞化合物是芹菜的特征香气成分，有比较温和的苦味和刺激味，该类物质与 2，3-丁二酮和丙酮酸顺式 3-己烯酯等均为芹菜关键香气物质，且芹菜中所含的非类黄酮配糖物质也具有一定的刺激作用。

3. 根菜类

（1）萝卜。近年来，人们对作为蔬菜食用的萝卜香气的研究逐渐增加，大多集中在对其香气成分组成、含量、施肥方式以及提取方式的优化等方面。萝卜的香气随品种、成熟度、季节、贮藏方法等而异。萝卜主要风味物质是一些含硫化合物，其中异硫氰酸酯类含量所占比最大，是辣味的前体物质芥子油苷水解得到的物质，也是决定萝卜风味的主要物质，可以作为测定萝卜风味的主要指标。另外萝卜中还含有酯类、醇类、醛类、烷烯烃类、酮类及醚类等风味物质，但含量远低于异硫氰酸酯类。

（2）马铃薯。马铃薯香气成分含量极微，但马铃薯的香气研究热度很高，主要集中在烹调前马铃薯香气、烹调后的马铃薯香气、贮藏中香气变化等方面。烹调前的马铃薯香气主要组成为2-甲氧基-3-异丙醛吡嗪、苯乙醛、1-辛烯-3-醇、蛋氨醛等。烹调后的马铃薯香气主要源于糖类物质及脂肪类物质的变化，多发生美拉德反应、脂质降解等，产生美拉德反应产物、脂质降解产物及含硫化合物等。马铃薯贮藏不当易产生不良风味，这与马铃薯中还原糖、氨基酸及糖苷生物碱等成分有关。

4. 果菜类

（1）黄瓜。黄瓜具有青鲜气味，其特征气味物是C_6或C_9的不饱和醇与醛，如2，6-壬二烯醛、2-壬烯醛、2-己烯醛等。尚明月等（2021）采用气相色谱-质谱联用技术对不同品种、不同部位的黄瓜进行香气成分的检测分析，发现（E，Z）-2-6-壬二烯醛具有独特的黄瓜香味，主要来源于果肉；戊醛、（Z）-2-庚烯醛和（E，E）-2，4-庚二烯醛等具有清香味的芳香物质主要分布于果皮中。黄瓜香气成分的差异还可能与果型有关，大果型较小果型有较多的十八碳三烯醛和十五醇，另外，亚油酸和亚麻酸是黄瓜香气的主要底物，其含量（E，Z）-2，6-壬二烯醛和（E）-2-壬烯醛含量相关。

（2）番茄。茄果类中番茄的典型香气物质为顺式-3-己烯-1-醇、2，6-二甲基十一碳-2，6二烯-10-酮和2，6，10-三甲基十五碳-2，6，10-三烯-14-酮。另外，2-异丁基噻唑对番茄风味的影响也很重要。番茄中的部分氨基酸是番茄香的前体物质，其含量随番茄成熟而逐渐降低，其中比较重要的前体是S-甲基蛋氨酸磺基离子，分解后生成二甲基硫醚和高丝氨酸。另外、C_{18}不饱和脂肪酸也是芳香化合物的另一种前体物质，C_{18}不饱和脂肪酸经氧气氧化及脂肪氧化反应可形成正己醇等化合物。

5. 调料蔬菜

（1）大葱。目前，大葱中已鉴定出200多种挥发性香气化合物，但并非全部香气成分都对其香味产生影响，往往只有在香气成分含量超出该化合物香气阈值时，才会产生更显著的香味。葱属植物中富含硫醚、醛、醇、酮、酯、杂环等多种香气成分，其中硫醚类具有鲜葱香和硫香味，是葱属特有香气物质的重要来源；醛类物质通常带有强烈的草香，是葱香味的主要成分，其他香味成分也各不相同，共同组成了葱属特有的香气系统。鲜葱中主要硫醚类化合物为二甲基二硫醚、甲基丙基二硫醚、二甲基三硫醚、二丙基二硫醚、二丙基三硫醚、甲基丙烯基二硫醚等，其中二丙基二硫醚散发着浓烈的辣味和大蒜香味，还夹杂着一丝淡淡的青草味；另外还有2-十三酮、烯丙基硫醇、己醛、（E）-2-己烯醛等化合物，其中2-十三酮具有坚果和草本植物的清香味，其在水体中的阈值为0.005 5～0.082 0 mg/kg；（E，E）-2，4-己二烯-1-醇会产生一股草莓的味道，是鲜葱中的一种特殊异味；烯丙基硫醇有强烈的甜味，并有洋葱的香味；己醛和（E）-2-己烯醛具有浓郁的青草味。

（2）洋葱。洋葱为百合科葱属的一种。目前对洋葱香味物质的研究较多，其特征香气成分的研究也较为深入。洋葱的刺激性气味主要来源于一些含硫化合物，如硫（代）丙醛、2-硫（代）丙烯醛、3-羟基丙醛、硫（代）丙醛S-氧化物、1-丙烯基次磺酸等。

（3）姜。鲜姜中的主要香味物质是单萜、倍半萜类物质，其中姜烯、水芹烯、金合欢烯的含量均在9%以上；莰烯、1，8-桉树脑、柠檬醛、α-香柠檬烯、乙酸香叶酯的含量均在2%以上。

6. 食用菌类 食用菌类具有独特的香味，与其关键香气物质有很大关系。已有研究发现，食用菌类的挥发性香气物质主要有八碳化合物、含硫化合物、醛类、酸类、酮类、酯类等。食用菌主要呈香成分为C_8化合物，而以"蘑菇醇"（1-辛稀-3-醇）为代表的C_8中性化合物是最显著的香气成分，具有（一）和（＋）两种不同的手性异构体。（一）构型具有浓烈的香味，是食用菌特有的重要挥发性成分。1-辛烯-3-醇在不同种类的食用菌中已有大量研究，如王小红（2009）发现1-辛烯-3-醇含量在双孢蘑菇、鸡油菌、红乳菇中占总挥发性化合物百分比分别为78%、66%、72%。研究表明，1-辛烷-3-醇来源于脂肪酶催化的脂肪酸前体，呈现浓郁的蘑菇风味，而1-辛稀-3-醇的稳定性不佳，且多种干燥方法均会对其稳定性产生影响。含硫化合物通常会影响食用菌的整体香气，是蘑菇中最重要的香气来源。

（三）蔬菜加工制品风味研究进展

1. 腌制蔬菜 蔬菜腌制品分为发酵型腌制品和非发酵型腌制品两大类。发酵型腌制品食盐用量较低，一般会在腌渍时加入辣椒、花椒、大蒜、茴香、桂皮等香料，乳酸发酵会比较强烈，包括湿态发酵（如酸白菜、泡菜等）及半干态发酵（如榨菜、冬菜等）。非发酵型腌制品食盐用量较高，间或加用香辛料，不产生乳酸发酵或只有极轻微的发酵，主要利用盐、糖及其他调味品来保藏和增加风味，包括盐渍品（如咸菜）、酱渍品（如酱菜）、酒糟渍品（如糟菜）和糖醋渍品（如糖醋蒜）等。

蔬菜腌制品风味的形成是一个十分复杂的过程，其风味物质是蔬菜在腌制过程中经过理化变化、生化变化和微生物发酵作用形成的。由于附着在蔬菜表面的微生物活动作用，蔬菜在整个腌制过程都在进行不同程度的微生物发酵。目前，腌菜中的主要微生物有假丝酵母菌、植物乳杆菌、乳酸片球菌等8种。微生物发酵是以乳酸为主，并伴随少量的乙酸发酵和微量的乙醇发酵，发酵的主要产物有乳酸、乙酸和乙醇等物质。这些物质不但对腌制品有较好的防腐防霉作用，同时又能增加产品的风味，如酸味、甜味、香味等。乳酸代谢过程中还能产生乙偶姻、2，3-丁二醇及双乙酰等，经研究这些物质对风味也有重要影响。其机理主要是乳酸菌在丙酮酸脱羧酶和丙酮酸脱氢酶的参与下，形成活性乙醛和乙酰辅酶A，二者结合形成双乙酰。双乙酰又能在乙偶姻脱氢酶的催化下形成乙偶姻，乙偶姻也可进一步生成2，3-丁二醇，这一反应是可逆的。

2. 发酵蔬菜 作为我国重要的广受欢迎的传统发酵食品之一，发酵蔬菜最早起源于商代，并流传至今。蔬菜在封闭式厌氧环境中，通过微生物代谢和一系列化学反应产生了异于其原有感官的特色风味品质，从而深受消费者喜爱。发酵得到的特色风味是其品质的核心与灵魂，也是其传承和发展的基础。在发酵过程中，在微生物、酶及非酶生化反应等的作用下，蔬菜原有物质转化为发酵风味物质，产生发酵蔬菜的风味特性，改善了产品的感官品质。风味物质组成是决定发酵蔬菜品质的关键，风味物质的形成机理与变化规律一直以来都是发酵蔬菜领域的研究热点。

20世纪50年代以前，对发酵蔬菜的研究多集中在菌种选择、栽培技术、保鲜包装、腌制、副产品综合利用及亚硝酸盐消除等方面，但受当时分析技术的限制，发酵蔬菜风味物质的形成机理尚不明确。随着仪器分析技术的快速发展，近年来科研工作者在发酵蔬菜风味物质的产生机制、检测技术及评价方法等方面取得了新进展。黄玉立等（2021）综述了发酵蔬菜风味物质的种类、形成机制和非生物影响因素，并对其未来研究进行了展望，为发酵蔬菜产业的提质增效提供了理论依据。探究发酵蔬菜中的风味物质组成，尤其是与特征感官品质相关的特征风味物质组成，对于建立更有靶向性、针对性的发酵调控策略，稳定产品特征风味品质意义重大。

发酵蔬菜中风味物质的种类较多，主要有酮类、醛类、酚类、酯类、醇类及含硫化合物类等化合物，使发酵蔬菜呈现独特的气味（图13-4）。不同种类化合物的气味特征不同，相同的气味特征也可由不同物质种类、含量及比例提供。发酵蔬菜中最为特征的酸香气味是由乙酸和乙酸乙酯提供。某些发酵蔬菜还具有其特有的气味属性，例如四川酸菜具有一种特别的"绿色"气味，这与异硫氰酸酯、含硫化合物和硫氰酸酯等有关，还与己醇、1-戊烯3-醇和1-辛烯3-醇等物质有关；尽管两类物质都能呈现"绿色"气味特征，但两类物质存在人工感官上的差异，前者具有辛辣感的"绿色"气味，后者具有清新感的"绿色"气味。

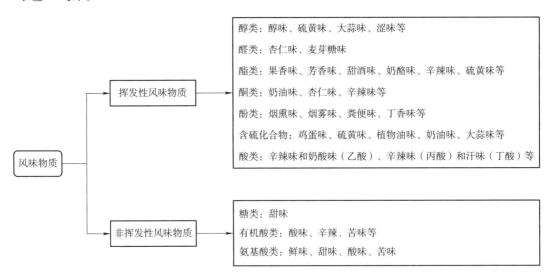

图13-4　发酵蔬菜风味物质分类及呈味

除蔬菜原辅料能对发酵蔬菜的风味产生重要影响外，发酵过程中的生化反应、生理活动和微生物作用也能对风味产生重要作用。风味物质随发酵进程的不同逐渐变化，终产品的风味是滋味物质和香气物质共同作用的结果。风味物质的形成主要有以下3个途径：

（1）蔬菜原辅料中本身具有的风味物质。发酵蔬菜一直流传至今的经验是，腌制时通常固形物含量高、水分含量低、氨基酸和蛋白质含量高的蔬菜原料能产生特色突出及风味良好的终产品。但对于本身特征风味显著的十字花科蔬菜，如萝卜、芥菜、甘蓝、小白菜、大白菜等，一般选择芥子苷含量适中的制作发酵蔬菜，原因是如果芥子苷含量过高，会产生过强的芥辣味，从而影响产品风味。

①蔬菜中原始的滋味物质。有一部分滋味物质来源于蔬菜中含有的营养物质，包括可溶性糖、可滴定酸、糖成分（葡萄糖、蔗糖、果糖）、有机酸（柠檬酸、酒石酸、琥珀酸）、矿物质中的无机盐、呈味氨基酸等。如葡萄糖和果糖是胡萝卜和豌豆中甜味的来源，甜菜中甜味来源于其中含有的蔗糖，辣椒中的苹果酸、柠檬酸、酒石酸等有机酸赋予了腌辣椒爽口滋润的酸味等。这些物质一般沸点较高，不易汽化和挥发，共同作用赋予了发酵蔬菜不同的酸、辣、甜、咸的滋味特征。

②蔬菜中原本的香气物质。发酵蔬菜中香气物质一部分来源于蔬菜本身特有的一些具有浓郁香气味道的挥发性成分，如酸、醇、醛、萜烯、酮等。在发酵过程中这些物质部分被保留下来，从而赋予发酵产品特殊香气。一部分来源于辅料带来的风味物质，这一部分主要是发酵前添加的糖、醋、酱油等调料。它们不仅可以去除发酵蔬菜中的异味，抑制有害微生物的生长，还能弥补发酵蔬菜脱盐处理后风味的流失，赋予发酵蔬菜迷人的特征风味。例如，有些香辛料的使用从古流传至今，广受欢迎，如酸黄瓜中的香叶，四川泡菜中的花椒和辣椒，韩国泡菜中的虾酱汁和辣椒面，它们作为辅料都不同程度地提升了主产品的特有风味。

（2）微生物发酵产生的风味物质。微生物发酵产生的风味物质一般来源于乳酸发酵、酒精发酵和醋酸发酵三种，是发酵蔬菜独特风味的主要来源，经其发酵后可形成酸咸味正、微辣微甜、醇香可口等具有独特风味的发酵产品。

①乳酸发酵产生的风味物质。目前研究较多较成熟的一种微生物发酵方法就是乳酸发酵，分为正型乳酸发酵和异型乳酸发酵。正型乳酸发酵是将1分子葡萄糖分解为2分子乳酸，异型乳酸发酵不仅可以产生乳酸和乙醇，还可以产生二氧化碳。另外，也有研究报道乳酸发酵还能形成2，3-丁二醇、乙偶姻及双乙酰等，这些物质对产品的终风味也具有非常重要的贡献。其形成机理是乳酸菌在丙酮酸脱羧酶和丙酮酸脱氢酶的作用下，发生复杂的化学反应产生乙酰辅酶A及活性乙醛，二者又结合产生双乙酰，双乙酰在乙偶姻脱氢酶的催化下形成乙偶姻。乙偶姻也是一种重要的香味物质，除了带有脂肪的油腻味道，又具有奶制品的突出香味，但它只有在含量极微量时才具有有益风味，超过一定量时，就会产生不良的难闻风味。

在发酵的最初开始阶段，异型乳酸发酵起主导作用；而在发酵中期，主要是同型乳酸发酵，在此阶段可累积较多的乳酸；同样，在发酵后期，是乙偶姻和乙二酰的主要形成期；最后是后熟阶段，是酯化反应生成较多酯类芳香物质的时期。

尤其特别的是，在乳酸发酵中还存在一类与风味相关的细菌，名叫念珠菌，该菌在发酵初始阶段较为活跃，会产生乙醇、醋酸、乳酸、甘露糖、葡聚糖等典型风味物质。但当体系中乳酸积累到一定程度时，此菌的生长繁殖又会受到一定抑制。

综上所述，乳酸发酵的终产物不仅有乳酸、乙醇、乙酸，同时还有少量的甲酸、丙酸、丁酸、琥珀酸、高级醇以及二氧化碳和氨，有时还伴随有少量的硫化氢和甲烷。

②酒精发酵产生的滋味物质和香气物质。酒精发酵主要是酵母菌在缺氧/厌氧条件下，将果糖、葡萄糖等糖类降解为乙醛和二氧化碳，在乙醇脱氢酶的作用下乙醛被还原为酒

精，给发酵蔬菜带来爽口的滋味和醇香气。一般情况下，发酵后期产生的酒精较多，主要原因是此环境更适合酵母菌的生长发育。

③醋酸发酵产生的滋味物质和香气物质。醋酸被普遍认为具有较强的刺激感，在增酸增香、促进食欲作用方面效果显著。醋酸发酵一般是乙醇在好气性醋酸菌的作用下，被乙醇脱氢酶催化，与氧气发生反应，先被氧化为乙醛，然后再被氧化为醋酸。

④其他发酵产生的滋味物质和香气物质。除上述的乳酸发酵、酒精发酵和醋酸发酵外，发酵体系中还存在的丙酸杆菌、丙酮丁醇梭菌、大肠杆菌，它们也会分解葡萄糖，产生各类滋味和香气物质。丙酸杆菌和丙酮丁醇梭菌可以分解葡萄糖为乙酸、丙酸以及二氧化碳等，而大肠杆菌可以把葡萄糖分解为乳酸、乙酸、琥珀酸、乙醇以及二氧化碳等，从而使发酵蔬菜具有各种滋味和香气特征。

（3）生理生化反应和酶催化反应产生的风味物质。首先，蛋白质水解出的氨基酸是发酵蔬菜色、香、味的主要来源。腌制过程中，蔬菜和辅料中的蛋白质在蔬菜自身所含有的蛋白酶和微生物的作用下，水解出氨基酸。据报道，目前在发酵蔬菜产品中已发现 30 多种氨基酸。谷氨酸和天门冬氨酸具有鲜味，甘氨酸具有甜味等。此外，氨基酸还可以发生进一步生化反应，产生各种风味物质，如氨基酸与甲基戊糖或戊糖的还原产物（4-羟基戊烯醛）作用，产生具有氨基的各类烯醛香气物质。此外，氨基酸还具有调和风味的作用，如甘氨酸在盐渍物中能调和盐味，且与 L-天门冬氨酸、谷氨酸共存时，还具有鲜味倍增的效果；丙氨酸也有柔和盐味的作用，在腌制品中加入 $0.1\%\sim0.5\%$ 的丙氨酸，可以缓和食盐引起的刺激味和涩味。

其次，酯化反应生成的风味物质也是腌制蔬菜风味的来源。蛋白质水解产生的氨基酸和发酵作用产生的有机酸，与腌制过程中产生的乙醇等醇类物质发生酯化反应，生成乳酸乙酯、乙酸乙酯、氨基丙酸乙酯等酯类物质。Mheen（1984）研究表明，榨菜香气的主要来源是乳酸乙酯；硫氰酸酯、异硫氰酸烯丙酯、异硫氰酸苄酯和腈类化合物等是芥菜类腌制品的特征风味成分。十字花科植物含有芥子苷（具有苦辣味），腌制过程中，在内源芥子苷酶的水解作用下，生成异硫氰酸酯，具有芳香味、辛辣味与强烈催泪性。综上，蔬菜吸附香料中的香气，最终和自身固有的以及发酵生成的香气一起调和出发酵蔬菜独特的风味。

（四）蔬菜风味的形成与影响因素

蔬菜风味品质的形成是一个非常复杂的过程，主要途径有五种：以单糖和糖苷为前体的合成、以脂肪酸为前体的合成、以色素为前体的合成、以氨基酸为前体的合成、以羟基酸为前体烯萜类物质的合成。反应类型有两种：一是通过非酶化学反应形成，主要指蔬菜加工过程中在物理、化学因素的作用下生成的带有某种特殊香味的物质，如美拉德反应产生的焦糖香味和奶油香味等。二是风味前体物质在各类酶的直接或间接催化作用下进行的生物合成。风味前体物质主要包括单糖和糖苷、脂肪酸、羟基酸、氨基酸以及色素等。许多蔬菜在生长、成熟及贮藏加工过程中产生的风味物质是通过这种途径形成的。低碳数的醛、醇、酸、酯等化合物在蔬菜的芳香物质组成中占有较大比例，其前体物质多来自脂肪酸及氨基酸。如十字花科植物特征风味物质主要以单糖与糖苷为生物合成前体，甜椒、番茄、黄瓜等蔬菜中含有的活性香气物质主要是含有 C_6 和 C_9 的饱和及不饱和醛、醇等，具有异戊二烯结构的菇类物质其前体物质主要为羟基酸，如甲瓦龙酸等，还有番茄红素及类胡萝卜素等色素也可作为前体合成各类香气物质。此外豆类蔬菜是必须经过热加工才可以食用的蔬菜种类，因此豆类蔬菜的香气物质的形成与这两种途径均有关系。

蔬菜风味品质的影响因素较多，如环境因素、遗传因素、栽培技术、成熟度、贮藏加工方式等。不同品种、不同栽培措施及环境条件下的果蔬香气成分均有一定差异，果实不同部位、不同生育期及不同的加工贮藏方式也有较大影响。环境因素包括光照、温度、湿度、肥料、土壤质地等，而且各个因素之间相互影响，错综复杂，对同一品种而言，某个环境因素的不协调，都会显著影响蔬菜产品的品质。除受气候条件和土壤的影响外，还受栽培模式影响。遗传因素，即蔬菜作物的品种特性，是影响其风味的决定因素，同一种类的果蔬不同品种间其风味品质差异也很明显。不同蔬菜、同一蔬菜不同品种及嫁接砧木不同都会引起挥发性成分的差异。夏广清等（2005）的研究表明，不同生态型大白菜品种挥发性成分存在显著差异，以异硫氰酸苯乙酯为主要成分；不饱和脂肪酸类物质在春大白菜中以 2-烯丙基硫代-1-硝基丁烷为主要成分，而在秋大白菜中则以 2-己烯基醛为主要成分。此外，蔬菜成熟度也会显著影响其挥发性成分，在果实生长发育过程中，挥发性成分也会不断变化，香气物质随着乙烯释放的增加而产生和增加。

二、蔬菜风味提取方法

蔬菜中香气物质主要有异硫氰酸酯类、醇类、醛类、烷烯烃类、酮类、醚类、含氮化合物及含硫化合物等，香气成分的分离、检测分析技术和分析评价方法是研究蔬菜中香气成分的基础。香气成分的提取方法有很多，不同的提取方法适合提取不同相对分子质量、沸点、极性的化合物，所以选择不同的提取方法提取不同蔬菜中的香气成分，结果也是千差万别的。蔬菜中香气成分提取，常采用水蒸气蒸馏法（water steam distillation，WDE）、同时蒸馏萃取法（simultaneous distillation extraction，SDE）、固相微萃取（solid phase microextraction，SPME）及溶剂萃取法（solvent extraction，SE）等方法。每一种提取方法都有各自的优点和缺点，得到的蔬菜香成分具有互补性，所以在提取蔬菜香成分时可以采用不同的提取方法，使分析出来的结果更加详尽。表 13-15 列举了在蔬菜香气成分提取过程中常用的提取方法。

表 13-15　蔬菜香气成分提取方法及溶剂选择

提取方法	溶剂
水蒸气蒸馏法	水 水蒸气蒸馏后用二氯甲烷 水蒸气蒸馏后用乙醚
同时蒸馏萃取法	水、无水乙醚 水、二氯甲烷
固相微萃取	无溶剂
溶剂萃取法	乙醚 二氯甲烷 乙醇提取后乙醚萃取 乙醇提取后二氯甲烷萃取

（1）水蒸气蒸馏法。水蒸气蒸馏法是指将蔬菜与水共同蒸馏，使蔬菜中的挥发性成分

随水蒸气一起馏出，蔬菜中挥发性成分经冷凝进行提取的浸提方法。通常先馏出低沸点的化合物，后馏出高沸点的化合物。WDE 的优点：成本低，产量大，设备及操作简单；WDE 的缺点：①蒸馏过程需将原料进行加热，不适用于提取化学性质不稳定的组分；②蒸馏次数不宜过多，避免蔬菜（如姜）挥发油中某些成分发生氧化或分解。采用水蒸气蒸馏法和乙醇提取法对茭白中的化学成分进行提取分析。结果表明，水蒸气蒸馏法提取物中共分离出 106 种组分（占总峰面积的 82.07%），其中棕榈酸、己二酸二（2-乙基己）酯、油酸酰胺、亚油酸和油酸为主要组分。乙醇提取法中共分离出 89 种组分（占总峰面积的 91.75%），其中棕榈酸、油酸、2-羟基-1-（羟甲基）棕榈酸乙酯、反油酸乙酯和亚油酸乙酯为主要成分。两种方法提取的成分及其总量存在一定差异，在进行茭白成分研究时，可以根据不同需要去选择相应的方法。

（2）同时蒸馏萃取法。同时蒸馏萃取法是一种广泛应用于蔬菜香气分析样品前处理方法，该方法集水蒸气蒸馏与溶剂萃取于一体、设备简单、可直接得到有机溶剂的萃取液，并对其进行富集，获得挥发性香气组分的混合物。SDE 具有以下优势：一是对于中高沸点组分，提取回收率较高，提取液中无非挥发性成分，采用气相色谱分析法时不会造成色谱管路及色谱柱污染；二是在连续萃取过程中，对蔬菜中的香气物质进行富集，从而实现了对痕量挥发性物质的富集。SDE 的不足之处：一是所需样品量大；二是对强极性或亲水性成分（如酸性和醇溶性成分）萃取效果差，几乎不会在萃取液中出现；三是萃取液具有煮熟味（坏红薯味），不适用于热敏性蔬菜中的香气分离，易发生热降解反应（如氧化、水解等），并会产生新的干扰物质。罗兰等（2021）采用水蒸气蒸馏法和同时蒸馏萃取法提取芜菁中的异硫氰酸酯，结果表明，同时蒸馏萃取法和水蒸气蒸馏法提取异硫氰酸酯的含量分别为 0.483 7% 和 0.402 3%，同时蒸馏萃取法提取芜菁中异硫氰酸酯的提取效果优于水蒸气蒸馏法，二者相差不大，但是，由于芜菁中的异硫氰酸酯含量本身就极少，同时蒸馏萃取法和水蒸气蒸馏法的选择就会对大量提取的结果造成明显的影响。

（3）固相微萃取。固相微萃取法是 20 世纪 80 年代末出现的绿色环保型样品分析前处理技术。SPME 有两种取样方式：直接取样和顶空取样，对于不均相蔬菜样品，常用顶空取样。SPME 是一种具有灵敏度高、速度快、操作简单、样品用量少、无须溶剂等优势的样品前处理方法，能够对样品进行选择性提取，并可通过气相色谱或气相色谱-质谱联用进行分析。SPME 技术可以高通量、自动化地检测复杂样本。但是，由于样品自身特性、取样方法、纤维涂层（材质、厚度）、采样温度、采样时间和搅拌速率等都会对提取效果产生影响。王依春等（2007）采用传统的同时蒸馏装置和固相微萃取技术结合气相色谱-质谱分析了洋葱的挥发性风味成分，发现洋葱挥发性风味成分中关键物质为硫醚类化合物，主要为刺激性辛辣气息的二甲基二硫醚、甲乙基二硫醚、二甲基三硫醚、二丙基二硫醚、二丙基三硫醚等。还发现洋葱香气物质提取中 SPME 法测定其含量较 SDE 法高；SDE 法蒸馏过程中，试样始终在较高的温度下进行，导致一些原有香气物质发生了热分解。例如 SDE 测得硫醇类以及三和四硫化物浓度比 SPME 测得要高很多，主要是由高温下部分一硫和二硫化物发生分解，生成硫醇类物质，从而导致洋葱的辛辣味消失。

（4）溶剂萃取法。溶剂萃取法被广泛地应用于香气成分的提取浓缩，可直接从食品中萃取、分离挥发性物质，或从蒸馏的水溶液中萃取挥发性物质。由于挥发性物质在溶剂相和样品之间或溶剂相和蒸馏液之间的分配系数不同，通过溶剂的选择性萃取排除干扰组分，有选择地提取香气成分。对于蔬菜中香气物质的萃取，通常采用冷浸法或热浸法。常用溶剂有乙醚、乙醇、甲醇、丙酮、苯、氯化烃类、石油醚、二硫化碳、乙酸乙酯、吡啶和四氢呋喃等。另外，在萃取时，适当加入一些无机盐可以提高萃取效率。该方法的优点为操作迅速、分离效果好；缺点为萃取溶剂易挥发、有毒、易燃。胡西洲等（2018）采用水蒸气蒸馏法和乙醇提取法提取莲藕中的化学成分并进行研究，共得到包括羧酸类、酯类、烃类等11大类的105种化学组分，水蒸气蒸馏法提取的主要是羧酸类和胺类，乙醇提取法提取的主要是羧酸类和酯类。另外，两种方法所得到的羧酸类化合物也有所不同，水蒸气蒸馏法得到的羧酸中含有不饱和脂肪酸和饱和脂肪酸，而通过乙醇提取法得到的则以饱和脂肪酸为主。因此，在提取莲藕组分时，应结合实际情况，选用适当的提取方法。

三、蔬菜风味分析技术及应用

（一）气相色谱-质谱检测技术

气相色谱（GC）是一种以气体为流动相进行色层分离的分析方法，气化的被测样品被载气（流动相）带入色谱柱中，色谱柱中的固定相对试样中各组分吸附能力不同，使各组分从色谱柱中流出时间不同，实现组分间相互分离，并通过检测器进行组分检测，该方法具有快速、高效的特点。MS是一种测量样品的离子电荷-质量之比（即荷质比）的分析方法，具有识别未知化合物的独特能力。质谱法工作原理是在离子源中被测样品的组分离子化为不同荷质比的带正电荷的离子，在加速电场/磁场的作用下，待测物质发生电离，形成离子束，进入质量分析器，利用质量分析器中相反的速度色散得到质谱图，进而测定其质量。将GC与MS联用，通过共有的接口相连接，组合成一个分析仪器，将GC的高分离作用和MS的准确鉴别作用充分发挥，实现对被测样品组分的定性定量分析。

气相色谱定性方法主要有两种，一种是保留值对比定性法，另一种是与其他仪器联用法。利用GC-MS技术得到质谱图后，再利用计算机检索标准谱库，实现对未知化合物的定性，常用的标准谱库有NIST、Wiley/NBS。通过化合物的匹配度实现化合物定性分析，如果匹配度在90以上（最好为100），就可以认定该化合物就是所需的化合物。然而检索结果只是一种可能性，匹配度大小只代表可能性的大小，而不是完全准确的。在实际检测过程中，可根据初步结果，与标准品进行比对，确定化合物信息。

定量分析中利用GC-MS技术得到的总离子流图或质量色谱图的色谱峰面积与其对应成分的含量成正相关关系，因此可通过内标法、面积归一化法、外标法等对其进行定量分析。

（1）GC-MS检测技术在鲜食蔬菜香气研究中的应用。不同的蔬菜具有不同的香气物质成分，包括酯类、萜烯类、醚类、酮类和酸类等。袁华伟等（2019）采用固相微萃取方法提取风味物质，然后用气相色谱-质谱进行定性定量分析萝卜、豇豆、芜菁、白菜、榨菜中风味物质成分，HS-SPME技术对萝卜、豇豆、芜菁中的主要风味物质分别为4-（甲硫基）-3-丁烯基异硫氰酸酯、乙酸叶醇酯、异硫氰酸苯乙酯，分别占61.14%、55.00%、56.45%；白菜、榨菜中的主要风味物质为异硫氰酸烯丙酯，分别占75.97%、62.00%。研究结果可为评价蔬菜的风味提供参考，为蔬菜生产加工提供理论依据。

（2）GC-MS检测技术在蔬菜制品香气研究中的应用。蔬菜采用浸泡与发酵工艺相结合加工成泡菜，发酵过程发生一系列生化反应，如蔬菜中的淀粉、碳水化合物转化成有机酸类物质等一系列反应，同样蔬菜中的氨基酸、果胶、维生素等其他成分也发生一系列的生化反应，并在此过程产生大量的新的营养物质和香气物质。采用SPME-GC-MS法研究大头菜发酵过程中挥发性化合物的变化，发现在新鲜大头菜、腌制30 d及90 d的大头菜中共检测出33种挥发性风味物质，包括酯类、酸类、醇类、醛类、烷烃类、腈类及含氮类7类化合物。酯类化合物含量最高，酸类次之。腌制处理过程中，酯类、酸类、醇类、烷烃类和含氮化合物的种类不断增多，醛类化合物种类则不断减少。新鲜大头菜中异硫氰酸烯丙酯和2-苯乙基异硫氰酸酯成分在腌制过程中会降解，导致其含量不断下降；在腌渍后期，对成熟大头菜风味起主要作用的酯类化合物含量随腌制时间延长逐渐增加；酸类物质与醇类物质作为酯类合成的底物，随着乳酸与酒精发酵其含量逐渐增加。研究发现，大头菜主要的香气物质为棕榈酸乙酯、亚麻酸乙酯、棕榈酸甲酯、亚麻酸甲酯、亚油酸甲酯、亚油酸乙酯和苯甲酸等。

（二）气相色谱-嗅闻技术

气相色谱-嗅闻法（gas chromatography-olfactometry，GC-O）是将人类嗅觉能力的灵敏性与气相色谱的分离功能相结合的香气分析方法，将复杂的挥发性混合物经色谱柱分离后流出的独立化合物的香气进行定性和定量评价，能确定特定香气成分在某一浓度下是否具有香气活性，香气活性的强度、持续时间及香型描述等香气信息。食品中许多化合物浓度极低，但对食品香气具有关键性和突出性贡献，这是由化合物本身的阈值性质造成的，气味的阈值越低越容易被感官感觉到。目前大多数的嗅感探测器都没有人的嗅觉敏感，MS检测器只在挥发性香气化合物达到一定量时才能检测到。因此，采用化学检测器检测到的色谱峰峰面积并不能准确地反映出食品的香气。为了准确评估各香味物质在食物中贡献程度，最好的方式是将各香味组分分离，分别对其进行独立的感官评定。在食品香气活性成分、生产过程中异味来源及调控等研究中具有广阔的应用前景。现有的GC-O嗅闻检测技术可被用于鉴定气味活性成分的方法有稀释法、强度法和检测频率法三种。稀释法与强度法和检测频率法相比，稀释法分析时间长，操作难度大；与稀释法和强度法相比，检测频率法操作简单，花费时间少，需要较多的嗅闻人员，重复次数与嗅闻人员数相当，使得评定结果具有较好的重复性，然而检测频率法并非直接测定香气组分的香气强度，而是对其含量高于感官阈值的香气组分进行检测，因此，在香气强度的解析上存在一定的局限性。选择检测方法时，要结合研究目标、嗅闻人员水平、实验对象的性质以及实验所需的分析时间等进行综合考虑。王姝苇等（2019）利用稀释法（AEDA）结合气相色谱-嗅闻-质谱联用仪（GC-O-MS）技术对生韭菜与炒韭菜中关键香气组分进行定性分析，结果显示，生韭菜中鉴定出关键性香气成分17种，稀释因子（FD）≥27；炒韭菜中鉴定出关键性香气成分10种，FD≥27；其中甲基烯丙基二硫醚是二者共有的关键性香气物质，具有辛辣、刺鼻、蒜香气味。研究发现，硫醚类物质是生韭菜的关键性香气成分，主要为生韭菜提供辛辣、酸臭气味。醛类和杂环类化合物为炒韭菜的关键性香气成分，主要为炒韭菜提供烤香、焦香等气味，为韭菜制品的研发提供理论基础。

（三）离子迁移谱技术

离子迁移谱（ion mobility spectrometry，IMS）是近年来发展起来的一种可以同时检测、识别和监测多种复杂样品中痕量化合物的技术。该技术在大气压或接近大气压的中性气相中，根据电场中不同气相离子的迁移速度差异实现化学离子物质的分离和检测。由于离子迁移谱对高质子亲和力（proton affinity，PA）或高电负性（electronegativity，EN）的化合物具有很高的响应速度和灵敏度，而蔬菜香气物质中有很多具有强质子亲和力或高电负性官能团结构的物质，如不饱和键结构的醛、酮、酯、醚等芳香族化合物和有机化合物，可实现不同样品的区分。

与现有常规检测技术相比，IMS 存在分离度较差的缺点，特别是在食品等成分比较复杂的体系中，IMS 的检测性能受限，将离子迁移谱（IMS）和气相色谱（GC）相结合，充分发挥气相色谱法（GC）的高分离效率、选择性好等优势及离子迁移谱（IMS）的高灵敏度、高检测速度、样品无须前处理等优势，配合强大的数据处理软件，大大提高了检测效率。作为一种新兴的食品检测方法，GC-IMS 在食品分析领域具有广阔的应用前景。胡航伟等（2023）采用气相离子迁移谱法对不同产地芋头的挥发性物质进行测定，结合主成分分析（PCA）实现样品产地的快速区分，并进一步筛选芋头中差异挥发性物质。结果表明，在不同产地芋头中，靖江香沙芋和奉化芋头的挥发性物质较为相似，与荔浦芋头、沙沟芋头差别很大；异丙醇、2-甲基-乙酸丁酯、辛酸甲酯是区别不同芋头的特征标记物。该方法直观、快速，为地方特色芋头的区分提供了新方法和技术支持。

（四）电子鼻技术

电子鼻（electronic nose，E-nose）是一种基于被测目标物的挥发性成分，采用气体传感器快速识别被测目标物中气味组成的电子系统。电子鼻系统由样品处理、化学传感器阵列和模式识别三大系统组成。其工作原理是将被测样品的挥发性化合物转化为传感器阵列的电子信号，并将信号输出至数据处理单元以生成相应的图谱。电子鼻系统的核心是传感器，根据测定的信号不同，将气敏传感器主要分为测量吸附气体后表面电阻变化的金属氧化物半导体传感器（metal-oxide-semiconductor，MOS）、测量阻抗变化的导电聚合物气敏传感器（conductive polymer，CP）、测量振荡频率变化的石英晶体微天平（quartz crystal microbalance，QCM）和表面声波传感器（surface acoustic wave，SAW）、测量电流变化的安培计传感器等。

在电子鼻系统中，气体传感器是感知气味的基本单元，也是关键因素。但是，由于气体传感器的选择性不高及检测样品不分离，每一电极都有干扰物质的存在，难以得到较高的检测和识别精度。该设备具有无须预处理，即可获得被测物中挥发成分的整体指纹信息的特点。电子鼻不仅可以对不同样品的气味信息进行分析和比较，还可以通过采集标样的指纹图谱，构建相应的数据库，实现对样本中未知组分的定性、定量分析。自顶空-气相色谱法用于嗅觉检测兴起以来，感官分析与气相色谱法的结合得到了更广泛的应用。刘瑶等（2019）以尖椒、青圆椒和西兰花为试材，分别采用振动、不振动和 MeJA 3 种方式对上述 3 种蔬菜进行处理，采用电子鼻技术测定其香气物质含量，结果表明，电子鼻能够有效识别处理组与对照组的蔬菜，并且可以区分不同贮藏时间的尖椒和西兰花。

■参考文献

巴宁宁，刘蕊，王英明，等，2018. 超声法提取番茄油树脂中多酚的工艺研究 [J]. 粮食与食品工业，25 (2)：19-22.

曹爱兵，姚瑶，陈长军，等，2023. 我国蔬菜农药的登记、残留现状及安全使用 [J]. 江苏农业科学 (22)：8-14.

陈静雯，2020. 蔬菜质量安全风险识别与政府规制研究 [D]. 广州：华南农业大学.

陈秋娟，罗杨合，张志，等，2013. 微波辅助提取荸荠皮中多酚类物质的工艺研究 [J]. 安徽农业科学，41 (24)：10144-10146.

成黎，2015. 新鲜蔬菜中的微生物污染危害、检测和控制方法研究进展 [J]. 食品科学 (23)：347-352.

邓梦雅，朱丽，吴东慧，等，2018. 蔬菜中矿物质含量测定、营养评价及风险评估 [J]. 食品研究与开发，39 (9)：97-102.

邸娜，郑喜清，王靖，等，2016. 微波辅助提取加工型番茄植株总黄酮的工艺研究 [J]. 食品研究与开发，37 (21)：43-46.

董浩云，贾彩霞，李建，等，2023. 气相色谱-三重四极杆串联质谱法测定蔬菜中 40 种农药残留 [J]. 食品安全导报 (17)：72-75.

段应明，2023. 基于新型固相微萃取纤维跟踪活体蔬菜中三唑类和氨基甲酸酯农药的研究 [D]. 贵州：贵州师范大学.

樊孔明，蔡仁明，杨璐菌，等，2022. 洋葱总皂苷含量测定条件优化及其体外抗肿瘤活性研究 [J]. 中国药业，31 (9)：50-54.

范彩玲，朱凌峰，姜志宏，等，2006. 流动注射-化学发光法测定蔬菜中的微量亚硝酸盐 [J]. 中国农学通报，22 (9)：88-90.

付学军，2006. 洋葱功能成分及其应用研究 [D]. 济南：山东大学.

傅春燕，刘永辉，李明娟，等，2012. 百合总皂苷提取工艺及抗抑郁活性研究 [J]. 天然产物研究与开发，24 (5)：682-686.

高阳，冯悦，吕姝锦，等，2022. 酶水解法释放甘薯结合酚 [J]. 食品研究与开发，43 (11)：118-125.

郭柏坤，周垚，2018. 离子色谱法测定水果中的有机酸 [J]. 发酵科技通讯，47 (3)：170-174.

郭宏斌，王明月，张春艳，等，2019. 高效液相色谱法测定蔬菜和水果中烯酰吗啉和赤霉素的残留 [J]. 热带作物学报，40 (12)：2512-2518.

郭丽艳，唐垚，黄润秋，等，2022. 市售酱腌菜中亚硝酸盐含量及影响因素分析 [J]. 中国调味品 (11)：164-167.

韩月峰，2007. 大蒜有机硫化物有效提取方法的研究及结构鉴定 [D]. 武汉：华中农业大学.

何浩，陈幸莺，孙映球，等，2017. 顶空-气相色谱法测定食品中亚硝酸盐 [J]. 食品与机械 (1)：55-58.

何湘漪，何洪巨，范志红，等，2016. 烹调方法对 3 种叶菜中类黄酮和类胡萝卜素的影响 [J]. 食品学报 (7)：276-282.

侯文哲，徐学万，王琪，等，2018. 北京地区常见蔬菜中特质性功能成分的研究 [J]. 农产品质量与安全 (3)：76-82.

胡航伟，巩敏，梁辰等，2023. 基于气相离子迁移谱技术的芋头产地鉴别方法 [J]. 食品工业科技 (10)：297-303.

胡闽，2020. 兰州百合多酚提取工艺优化研究 [J]. 蔬菜 (9)：14-19.

胡西洲，郑丹，彭西甜，等，2018. 水蒸气蒸馏与乙醇提取莲藕成分的 GC - MS 分析 [J]. 江苏农业科学 (22)：226 - 230.

胡燕秋，冯国军，杨晓旭，等，2020. 菜豆种质资源的植物凝集素含量测定及变化分析 [J]. 中国农学通报 (5)：18 - 25.

黄程，王侃，李文娟，等，2022. 2018—2020 年全国蔬菜制品监督抽检情况分析 [J]. 现代食品 (3)：216 - 219，224.

黄玉立，赵楠，黄庆，等，2021. 发酵蔬菜风味物质形成机制及影响因素研究进展 [J]. 食品与发酵工业 (24)：279 - 285.

焦冬梅，张占富，韩雪，2009. 环境污染对无公害蔬菜的影响 [J]. 黑龙江科技信息 (31)：152.

金同铭，刘玲，唐晓伟，等，1994. 用近红外光谱法测定大白菜的营养成分 [J]. 华北农学报，9 (4)：104 - 110.

李睿，2008. 我国 66 种蔬菜矿质营养成分的综合评价 [J]. 广东微量元素科学 (9)：8 - 16.

李文斌，唐中伟，宋敏丽，2006. 韩国泡菜营养价值与保健功能的最新研究 [J]. 农产品加工 (学刊) (8)：83 - 84，102.

李晓明，2023. 包衣技术在蔬菜种子生产上的应用与发展 [J]. 种子科技 (23)：130 - 132.

李效尊，尹静静，杜绍印，等，2015. 水生蔬菜营养及药用价值研究进展 [J]. 长江蔬菜 (22)：25 - 30.

李鑫，李伟，党玉丽，等，2007. 蔬菜中痕量亚硝酸盐的偶合发光分析法 [J]. 河南科学 (1)：52 - 53.

李雨竹，2015. 茎菜类植物中黄酮成分的提取解析 [D]. 天津：天津科技大学.

李跃森，吴水金，赖正锋，等，2013. 8 种原生蔬菜氨基酸组成及营养评价 [J]. 福建农业学报 (10)：1007 - 1011.

梁书荣，张丽敏，刘伟，等，2021. 不同芜菁品种韧皮部花青苷的对比分析 [J]. 分子植物育种，19 (19)：6536 - 6544.

刘桂玲，李英丽，李海霞，等，2007. 15 种蔬菜营养成分评价 [J]. 中国农学通报，23 (4)：98 - 100.

刘红梅，黎小鹏，李文英，2012. 超声波萃取气相色谱法检测白菜干中的有机磷农药残留 [J]. 仲恺农业工程学院学报，25 (1)：20 - 28.

刘彦君，刘哲，孟祥红，等，2019. 基于多样度，匹配度和平衡度的常见蔬菜营养价值评价 [J]. 中国农业科学，52 (18)：15.

刘瑶，徐冬颖，刘婧，等，2019. 基于电子鼻的运输振动蔬菜气味品质检测 [J]. 北方园艺 (18)：100 - 109.

刘宜生，杨梅芳，1990. 关于蔬菜的营养评价及其对指导生产作用的探讨 [J]. 中国蔬菜 (5)：3.

卢敏，杨志刚，罗兵，等，2015. 超声波法辅助提取荸荠块茎皮中甾醇的工艺研究 [J]. 湖北农业科学，54 (12)：2987 - 2991.

罗大娟，刘冰倩，覃蒙颜，等，2022. 基于 Au/rGO/FeOOH 的新型电化学传感器一步检测亚硝酸盐 [J]. 电化学 (4)：50 - 58.

罗兰，李欢欢，李媛，等，2021. 芜菁中异硫氰酸酯的两种提取方法比较和含量测定方法验证 [J]. 食品与发酵科技 (1)：122 - 125，130.

慕钰文，冯毓琴，魏丽娟，等，2020. 菠菜采后保鲜包装技术研究进展 [J]. 包装工程 (9)：1 - 6.

潘喜芳，黄全书，施显超，等，2023. 胶体金免疫层析法在豇豆农药残留检测中的应用 [J]. 工艺技术 (4)：31 - 33.

彭芬，2017. 蔬菜病虫害的发生与防治 [J]. 农业与技术 (2)：22.

秦心睿，聂晓兵，袁高阳，等，2023. HPLC - FP 法同时测定新品富硒竹笋中 10 种核苷类成分的含量 [J/OL]. 食品工业科技，1 - 12. [2023 - 09 - 14]. https：//kns.cnki.net/kcms2/article/abstract? v=

aHgEko1xHji1lSvrkZcKkLy4EpIxy6k5crULNLzARTW4d7QjI3w9QwOdmQMWHOh－nchkm8XF－LddnsPkb4vb9XEq2BqOqK4vHFE2＿8gMhwQoOjh5UIwvmIM＿9UugxBUOd96dOMneWUk＝&uniplatform＝NZKPT&language＝CHS.

尚明月，吴燕，陈劲枫，等，2021. 黄瓜果皮和果肉芳香物质的成分鉴定及差异比较［J］. 西北农业学报（9）：1365－1373.

史永强，2019. 二硫化钼荧光探针快速检测腌渍蔬菜中亚硝酸盐含量研究［D］. 镇江：江苏大学.

宋佳敏，2023. 张掖市蔬菜质量安全现状及改进措施［J］. 农业科技通讯（12）：26－27，30.

宋卫得，李兆杰，刘冰，等，2018. 离子色谱法同时测定葡萄酒中 26 种有机酸和阴离子［J］. 酿酒科技（4）：106－111.

孙勃，许映君，徐铁锋，等，2010. 青花菜不同器官生物活性物质和营养成分的研究［J］. 园艺学报（1）：59－64.

覃香香，周玉恒，蔡爱华，等，2019. 不同蔬菜品种的木聚糖含量分析［J］. 食物与营养，25（2）：15－18.

唐晓琴，赵舰，贺丽迎，等，2020. 72 种生物碱高分辨质谱数据库建立与应用［J］. 中国食品卫生杂志（3）：228－233.

涂建飞，2013. 菜豆豆荚中化学成分研究［D］. 长春：吉林农业大学.

王涵，董庆海，吴福林，等，2019. ICP－MS 同时测定苣荬菜中多种微量元素的含量［J］. 特产研究，3（16）：74－80.

王辉，2022. 羽衣甘蓝和西芹中膳食纤维与黄酮联合使用对结肠炎的影响与潜在机制探究［D］. 南昌：南昌大学.

王建升，赵振卿，盛小光，等，2012. 松花菜花球中主要生物活性成分及抗氧化能力分析［J］. 园艺学会十字花科蔬菜分会第十届学术研讨会论文集.

王丽慧，2023. 蔬菜重金属污染及其防治措施研究［J］. 现代化农业（1）：37－39.

王平，甘颖，孙嘉弟，等，2019. 基于二氧化锰纳米片草酸检测试剂盒及其应用.

王文，刘瑾，盛伟楠，等，2013. 采用酶抑制法检测大蒜中农药残留的改进方法［J］. 食品科学，34（12）：135－139.

王小红，钱骅，张卫明，等，2009. 食用菌呈味物质研究进展［J］. 中国野生植物资源（1）：5－8.

王依春，王锡昌，2007. 同时蒸馏萃取和固相微萃取与气相色谱-质谱法分析洋葱的挥发性风味成分［J］. 现代食品科技（1）：87－90.

翁德宝，汪海峰，翁佳颖，2000. 诸葛菜茎叶中黄酮类化合物的研究［J］. 野生植物资源，19（5）：13－15.

吴笛笛，阚国仕，陈红漫，等，2005. 双酶水解法提取水溶性苦瓜多糖的研究［J］. 安徽农业科学，33（1）：73－74.

夏广清，何启伟，于占东，等，2005. 不同生态型大白菜品种中挥发性化学成分分析［J］. 中国蔬菜（5）：20－21.

谢华松，李兰芳，梁香，等，2021. 原子吸收分光光度法测定水蓼叶和茎中微量元素含量［J］. 山东化工（50）：90－92.

谢思思，卢俊文，李蓉，等，2018. 固相微萃取-气相色谱-串联质谱法测定水生蔬菜中 35 种多氯联苯［J］. 食品与发酵工业，44（5）：249－255.

薛舒丹，谢大森，万小童，等，2021. 近红外光谱分析技术在蔬菜品质检测中的应用研究进展［J］. 广东农业科学，48（9）：142－150.

杨丽娜，迟雪梅，迟乃玉，等，2017. 常用食品乳酸菌发酵蔬菜的研究［J］. 食品与发酵工，43（3）：130－133，139.

殷丛丛，李文帅，徐海军，等，2021. HPLC 测定大豆皂苷方法的建立和优化 [J]. 山西农业科学（6）：705-710.

殷灶彬，徐飞船，2017. 基于干法灰化法的稀土矿区蔬菜中的重金属含量分析 [J]. 南方农业，11（9）：90-92.

于娟娟，王顺喜，马薇，2008. 直投式发酵剂生产酸菜及其风味物质的研究 [J]. 食品科学，29（4）：82-86.

袁华伟，尹礼国，徐洲，等，2019. 5 种蔬菜中风味物质成分分析 [J]. 江苏农业科学（1）：192-196.

张恩平，段瑜，张淑红，等，2015. 番茄总黄酮两种提取工艺优化及比较研究 [J]. 北方园艺（9）：105-108.

张会亮，苗贝贝，黄传峰，等，2018. 液相色谱-串联质谱法测定火腿肠和咸菜中亚硝酸盐含量 [J]. 食品安全质量检测学报（20）：5313-5318.

张继宁，张鲜鲜，孙会峰，等，2022. 我国蔬菜地重金属污染现状及其调控技术 [J]. 上海农业学报（5）：1-7.

张凌雪，罗玉洁，马培舰，等，2019. 烯丙基氧七元瓜环固相微萃取纤维联用气相色谱同时检测蔬菜中的有机氯与有机磷农药残留 [J]. 分析测试学报，38（11）：1340-1346.

张其圣，陈功，余文华，等，2010. 四川泡菜多酚类物质的超声波提取研究 [J]. 食品与发酵科技，46（2）：23-26.

张巍巍，孙东哲，任丹丹，等，2022. 超高效液相色谱-串联三重四极杆质谱法同时测定油菜籽中 13 种硫代葡萄糖苷 [J]. 食品安全质量检测学报（6）：1895-1902.

张文婷，陆秋艳，2018. 总膳食中硝酸盐和亚硝酸盐的测定 [J]. 海峡药学（4）：57-60.

张晓鸿，潘剑蕾，张晓强，等，2023. 两种不同前处理方法结合气相色谱串联质谱测定蔬菜中 12 种农残效果 [J]. 分析检测（12）：57-64.

张颖，2012. 超声波辅助提取百合秋水仙碱工艺优化 [J]. 食品工业（7）：42-44.

赵桦林，邱静，王敏，等，2013. 加速溶剂萃取-液相色谱-串联质谱法同步检测白菜中的丁硫克百威及其代谢物残留 [J]. 农药学学报，15（2）：204-210.

赵康宏，严思恩，何英杰，等，2019. HPLC-Q-TOF-MS 法分析百合中酚类化合物 [J]. 中成药，41（6）：1445-1450.

赵明德，2021. 不同方法提取胡萝卜中类胡萝卜素工艺研究 [J]. 青海师范大学学报（自然科学版），37（4）：53-58.

朱丽，彭祖茂，张协光，等，2016. 深圳市主食蔬菜种类调查及其营养价值评价 [J]. 广东农业科学，43（1）：34-39.

左家信，冯家力，周丽平，等，2022. 湖南产地 4 种豆类蔬菜中氨基酸组成及营养评价 [J]. 实用预防医学，29（2）：174-178.

BALKAN T，YILMAZ Ö，2022. Method Validation，Residue and Risk Assessment of 260 Pesticides in Some Leafy Vegetables Using Liquid Chromatography Coupled to Tandem Mass Spectrometry [J]. Food Chemistry，384：132516-132537.

CHATZIMITAKOS T G，KARALI K K，STALIKAS C D，2019. Magnetic Graphene Oxide as a Convenient Nanosorbent to Streamline Matrix Solid-Phase Dispersion Towards the Extraction Of Pesticides from Vegetables and Their Determination By GC-MS [J]. Microchemical Journal，151：104247-104247.

DUBEY J K，PATYAL S K，SHARMA A，2018. Validation of Quechers Analytical Technique for Organochlorines and Synthetic Pyrethroids in Fruits and Vegetables Using GC-ECD [J]. Environmental Monitoring and Assessment，190：231-242.

KRAMCHOTE S, NAKANO K, KANLAYANARAT S, et al., 2014. Rapid Determination of Cabbage Quality Using Visible and Near - Infrared Spectroscopy [J]. LWT - Food Science and Technology, 59 (2): 695 - 700.

KUNENE P N, MAHLAMBI P N, 2020. Optimization and Application of Ultrasonic Extraction and Soxhlet Extraction Followed by Solid Phase Extraction for the Determination of Triazine Pesticides in Soil And Sediment [J]. Journal of Environmental Chemical Engineering, 8 (2): 103665 - 103674.

LU D, QIU X, FENG C, et al., 2012. Simultaneous Determination of 45 Pesticides in Fruit and Vegetable Using An Improved Quechers Method and On - Line Gel Permeation Chromatography - Gas Chromatography/Mass Spectrometer [J]. Journal of Chromatography B, (895 - 896): 17 - 24.

MHEEN T I, KWON T W, 1984. Effect of Temperature and Salt Concentration on Kimchi Fermentation [J]. Korean Journal of Food Science and Technology, 4: 443 - 450.

RAKIN M, VUKASINOVIC M, SILER - MARINKOVIC S, et al., 2005. Contribution of Lactic Acid Fermentation to Improved Nutritive Quality Vegetable Juices Enriched With Brewer's Yeast Autolysate [J]. Food Chemistry, 100 (2): 599 - 602.

SIDDIQUI N A, MOTHANA R A, ALAM P, 2016. Quantitative Determination of Alliin in Dried Garlic Cloves and Products by High - Performance Thin - Layer Chromatography [J]. Tropical Journal of Pharmaceutical Research, 15 (8): 1759 - 1765.

WANG S, LI M, LI X, et al., 2020. A Functionalized Carbon Nanotube Nanohybrids - Based Quechers Method for Detection of Pesticide Residues in Vegetables And Fruits [J]. Journal of Chromatography A, 1631: 461526 - 461537.

第十四章　蔬菜标准体系与品牌建设

我国是世界上最大的蔬菜生产国和消费国，蔬菜种植面积在 2 000 hm² 以上，年产量在 7 亿 t 以上。目前，蔬菜产业已发展成为农业农村经济发展的支柱产业。蔬菜标准化生产是现代蔬菜产业发展的重要内容，是蔬菜产业提质增效的关键抓手，是保障蔬菜产品质量安全的有效途径，也是推动蔬菜产业高质量发展的重大举措。建设以产品为主线，以强化全程质量控制、提升全要素生产率、促进产业融合发展为导向的蔬菜全产业链标准体系，是补齐蔬菜产业标准供应短板、破解高质量发展技术难题的现实需要，也是适应现代蔬菜产业发展新需求、建设蔬菜标准体系新格局的重要战略方向。

品牌是农业现代化的重要标志，是全面推进乡村振兴的重要抓手，也是企业赢得市场竞争的根本保障。习近平总书记强调要把住质量安全关，推进标准化、品牌化。农业农村部 2021 年印发的相关文件中正式提出农业生产"三品一标"（品种培优、品质提升、品牌打造和标准化生产）和农产品"三品一标"（绿色食品、有机农产品、地理标志农产品和食用农产品承诺达标合格证）。农产品"三品一标"给农产品定了"标准"，农产品有了标准，就有了品牌化的起点。农业生产"三品一标"为实现品牌"从 0 到 1"的突破提供了路径，为农业品牌建设提供了"品种、品质到品牌"的基本逻辑遵循，其中，品种培优为品牌打造奠定了扎实的基础，品质提升则为品牌打造提供了坚实的保障，标准化生产是提升农产品增值的重要因素，贯穿整个产业链，是品牌打造的"不二法宝"。

第一节　蔬菜标准体系

蔬菜是关系民生的重要"菜篮子"产品。《"十四五"全国种植业发展规划》指出，"十四五"期间，要着力优化区域布局和种植结构，推广优良品种，推进标准化生产，提高质量安全水平和经济效益。重点任务是稳定大中城市郊区及周边蔬菜生产、促进设施蔬菜提档升级、扩大华南与长江流域冬春蔬菜生产、稳定高山高原高纬度夏秋蔬菜生产。为促进新时代蔬菜产业高质量发展，要充分发挥标准的引领作用，加快健全现代蔬菜产业标准体系，强化标准集成和生产全过程管理，因地制宜、因时制宜打造先进适用的标准综合体，创建一批高标准蔬菜全产业链示范基地，创新全产业链标准化模式和协同推进的长效机制，促进标准和产业深度融合。

蔬菜标准体系建设要以蔬菜标准园创建和农业标准化示范县（区）建设为抓手，在蔬菜优势产区和大中城市郊区大规模开展标准化生产创建活动，示范带动蔬菜产品质量全面提升和效益提高。完善和健全标准体系，加快标准制修订和推广应用，重点制定农药残留、重金属等污染物限量安全标准及其检测方法，完善产地环境、投入品、生产过程及产品分等分级、包装贮运等标准，尤其要尽快制定先进、实用、操作性强的蔬菜生产技术规程，并加大宣传培训力度，引导和规范农民生产行为，实现科学安全生产。

一、蔬菜产业标准化现状及问题

（一）蔬菜产业标准化现状

目前，我国的蔬菜产业标准体系由国家标准、行业标准、地方标准、团体标准和企业标准共同构成。其中，国家标准、行业标准和地方标准是由政府主导制定的，而团体标准和企业标准则是由市场自主制定的。政府主导的标准主要发挥保基本的作用，而市场主导的标准则主要发挥促竞争的作用。蔬菜全产业链标准体系是指由蔬菜生产的产地环境、设施设备、生产技术、投入品、生产管理、产品质量、检验检测、加工、包装、贮藏、流通、质量追溯、社会化服务等环节构成的完整产业链标准系统。

近年来，农业农村部、国家标准化管理委员会等部门先后印发《农业生产"三品一标"提升行动有关专项实施方案》《乡村振兴标准化行动方案》等文件，提出要围绕发展乡村特色产业，以产品为主线，构建协同高效的现代农业全产业链标准体系，推动农业质量效益和竞争力持续提高，推动了蔬菜产业标准化、规范化、品牌化发展，成效显著。

1. 蔬菜标准化工作组织建立健全 2009年，全国蔬菜标准化技术委员会（TC467）成立，是国家标准化管理委员会批准成立，专门负责我国蔬菜领域国家制修订工作的专业机构。2018年7月12日全国蔬菜质量标准中心在山东省寿光市成立，该中心致力于打造国际先进水平的质量评价中心、标准体系建设中心、国家品牌培育中心和信息交流中心，推动蔬菜产业高质量发展。2020年8月，山东省寿光蔬菜产业集团有限公司、山东垦源现代农业发展有限公司、山东鲁丰集团有限公司三家单位获批筹建国家技术标准创新基地（蔬菜），并于2023年通过验收，下一步将积极推动专利融入标准和蔬菜标准数字化等标准新模式，推动蔬菜标准体系与国际标准体系相互兼容，以高标准引领蔬菜产业高质量发展。

2. 蔬菜产业标准体系持续完善 目前已初步建成了涵盖产前、产中、产后的蔬菜全产业链标准体系，其中适用于蔬菜产业的国家标准66项、行业标准173项。2018年，山东省制定并发布省级地方标准《蔬菜标准体系建设指南》（DB 37/T 3383—2018），对蔬菜全产业链标准体系建设进行了探索。蔬菜标准体系的建设和完善为更好发挥标准化引领作用，助力蔬菜产业的高质量发展提供了有效保障。

3. 蔬菜产业标准化带动生产，提升质量安全水平 一是大力开展蔬菜标准基地建设。2023年，全国拟建设蔬菜高质量发展标准化示范基地22个，通过"基地单位＋技术单位＋主管单位"联合创建的模式，围绕构建全产业链标准体系、建立按标生产制度、强化全程质量控制、打造绿色优质农品精品、发挥示范带动作用等方面，推动提升蔬菜全产业链标准化水平。二是区域品牌建设不断发展。目前已形成蔬菜类农产品地理标志产品597个，占种植业产品的22.03%，占农产品地理标志总数的17%，其中有158个产品已注册地理标志证明商标，1个产品注册地理标志集体商标（随州泡泡青）。各地基于农产品地理标志的区域公用品牌建设蔚然成风，农产品地理标志的品牌化程度越来越高，涌现出一大批具有影响力、富有特色、对区域经济和农民富裕产生重要作用的区域公用品牌（胡晓云等，2022）。三是质量安全监管及检测能力不断加强。目前，我国获得资质认定的各级农产品检测机构已达 3 000 多家，形成了以省级、市级、县级检测中心为支撑主体，大宗农产品主产区、"菜篮子"产品基地、大中型农产品批发市场检测点为补充，布局合理、职能明确、专业齐全、运行高效的蔬菜产品质量安全检测监管体系，实现了从田间到餐桌的全过程监管，促进了蔬菜产品质量稳步提升（安洁等，2021）。根据农业农村部统计，2022 年蔬菜抽检合格率为 97.1%。

（二）蔬菜产业标准化存在问题

2021 年 3 月 15 日，农业农村部发布《农业生产"三品一标"提升行动实施方案》指出，当前我国农业规模小、产业链条短、质量效益仍然偏低，市场竞争力不强，影响了蔬菜产业标准化生产水平进一步提高。

1. 蔬菜种类多，产业链条长，全产业链标准体系尚不健全 我国蔬菜种类繁多，根据农业行业标准《蔬菜名称及计算机编码》（NY/T 1741—2009），蔬菜分为根菜类、白菜类、甘蓝类、芥菜类、茄果类、瓜类、豆类、葱蒜类、叶类、薯芋类、芽类、水生蔬菜、多年生（及其他）蔬菜、野菜、食用菌等 15 个大类共 231 个小类。尽管现行有效的与蔬菜相关的标准有很多，但是相对于繁多的蔬菜品种，现有的标准数量还远远不能满足实际生产的需要，有些蔬菜品种还存在"无"标可用的现象。标准体系结构不合理的现象也较为突出，现行有效的蔬菜标准大多为产中生产技术规程类标准，蔬菜加工制品及工艺、蔬菜废弃物资源综合利用等技术标准相对较少，蔬菜进出口检验检测和认证方面的标准更是缺乏（扈立家等，2006）。

2. 标准质量及可操作性有待提高 我国现行有效的蔬菜国家、行业标准制定发布主体涉及国家市场监督管理总局、农业农村部、中华全国供销合作总社、国家林业和草原局、国家轻工业局等，制定发布主体较多，相关标准内容存在交叉重复及要求不统一的问题，部分标准内容较为简单、标准实施跟踪不及时，导致标准可操作性不强，实际约束力较弱。同时随着现代科学技术的发展，蔬菜种植技术、栽培技术及管理技术等已发生翻天覆地的变化，但是部分标准标龄偏长，技术内容落后，不能有效地指导实际生产。由于标准实用性不强，导致企业参与制定标准积极性不高。

以市场为导向的团体标准和企业标准，具有立项过程快、制定周期短的优势，能依据市场变化快速响应市场需求，推动新产品、新技术上升为标准，解决产业急需的标准供给问题，近年来发展较快，也涌现了一批高质量的团体标准、企业标准。但是仍有部分社会团体和企业因过分追求标准数量，而对标准质量把控不严谨，导致某些标准存在质量不高、可操作性不强等问题。

3. 标准制定工作开展较好，但推广宣贯工作有待加强 标准宣贯是蔬菜标准化工作中的重要环节。但是当前在蔬菜标准宣贯推广方面仍存在一些急需解决的问题。一是当前蔬菜产业标准推广的主力军是各级农业技术推广部门，未能充分发挥行业协会和社会化服务组织等社会组织的标准推广作用，标准推广力度不够，导致标准实施效果不理想。二是基层专业技术推广人员力量薄弱，同时标准文本信息获取渠道不畅通，阻碍了标准化技术的宣贯执行。三是技术标准用语较专业，通俗易懂的宣贯材料较为缺乏也是导致标准宣贯解读不到位的重要原因之一。以上这些问题形成一种"有标准没人用""有标准不会用""有标准用不好"的局面（刘义满等，2018）。

二、蔬菜产业标准体系构建

(一)构建原则

1. 需求引领、顶层设计　以蔬菜产业发展的重点任务和需求为引领,进行蔬菜标准制修订顶层设计规划,研究、建立蔬菜标准体系。

2. 全面系统、突出重点　深入探究蔬菜产业发展规律,科学梳理蔬菜产业各领域、各要素和各层级,构建内容完整、结构严谨、层次分明的标准体系,优先制定基础通用、产业急需和支撑保障类标准。

3. 科学规范、协调统一　科学指导蔬菜标准工作的开展,规范蔬菜标准工作程序,综合考虑,整体协调,满足蔬菜产业对标准化的需求。

4. 开放兼容、动态优化　保持体系的可扩充性和开放性,结合蔬菜产业发展变化和质量提升要求,适时调整完善。

(二)体系框架

蔬菜标准体系框架图是表示相关标准层次结构的示意图,包括蔬菜分类、产业链两个维度,包括蔬菜分类标准子体系、生产标准子体系、产品标准子体系、加工标准子体系、流通标准子体系、质量追溯标准子体系、管理服务标准子体系等多个子体系,体系框架图见图 14-1。

1. 蔬菜生产标准子体系　该标准子体系包括蔬菜产地环境、设施设备、投入品、生产技术等相关标准。其中产地环境标准规定蔬菜产地土壤、水质、空气质量等内容,包括产地环境相关标准;设施设备标准规定蔬菜生产过程栽培设施的建设及使用、农事操作所需设备的规格及使用;投入品标准规范蔬菜生产过程中投入品的使用,包括种子、肥料、农膜、农药等相关标准;生产技术标准规范蔬菜的标准化生产,包括种苗繁育、植保、栽培等相关标准;另外还包含其他与蔬菜生产相关的标准。

2. 蔬菜产品标准子体系　该标准子体系包括蔬菜产品质量、检验检测等相关标准。其中产品质量标准规定蔬菜品质和质量,包括产品等级规格、卫生、限量等相关标准;检验检测标准规定蔬菜检验检测技术及指标,包括取样制样、检测方法、农药残留、无机污染物、重金属等检测相关标准;另外还包含其他与蔬菜产品相关的标准。

3. 蔬菜加工标准子体系　该标准子体系包括蔬菜制品加工原料、加工技术等工艺过程相关标准。其中加工制品类别包括初加工、深加工的蔬菜制品;工艺过程标准规范蔬菜制品加工产业链的各个环节,包括加工原料、环境设施、加工技术、产品质量和检测、制品包装等环节相关标准;另外还包含其他与蔬菜加工相关的标准。

4. 蔬菜产品流通标准子体系　该标准子体系规定蔬菜及蔬菜制品包装、贮藏、运输等环节相关的内容。其中包装标准规范蔬菜及制品的包装环节,包括包装材料、包装技术及标识等相关标准;贮藏标准规范蔬菜及制品的贮藏环节,包括产品保鲜技术、仓储环境、卫生操作等相关标准;运输标准规范蔬菜及制品的运输环节,包括常温物流、冷链物流相关标准;另外还包含其他与蔬菜产品流通相关的标准。

5. 蔬菜产品质量追溯标准子体系　该标准子体系规定蔬菜及蔬菜制品质量追溯等环节相关的内容。其中技术标准规定蔬菜产品编码、数据采集、数据传输、系统构建等相关内容;应用标准规定操作规范、质量追溯平台建设以及评价认证等相关内容;另外还包含

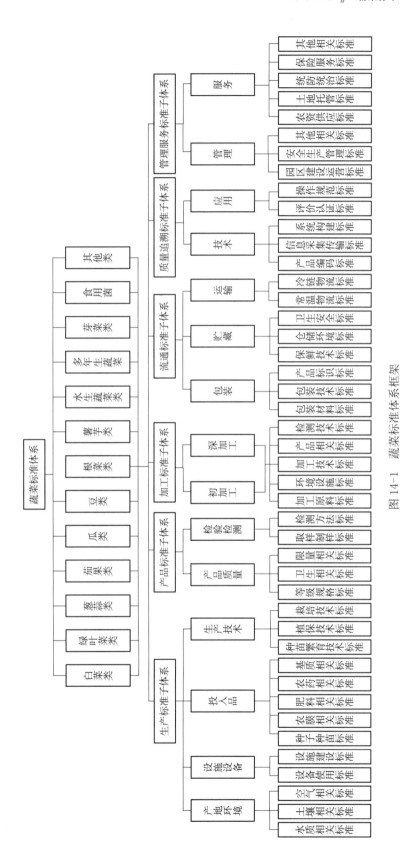

图 14-1 蔬菜标准体系框架

其他与蔬菜产品质量追溯相关的标准。

6. 管理服务标准子体系 该标准子体系规范蔬菜生产管理、社会化服务等环节，包括园区建设运营、安全生产监管等管理相关标准，以及农资供应、土地托管、统防统治、保险服务等服务相关标准。

（三）标准明细表（表 14-1）

表 14-1 蔬菜产业标准明细表

类目	标准序号	标准号	标准名称	状态
基础通用	101	GB/T 23351—2009	新鲜水果和蔬菜　词汇	现行
	102	GB/T 26430—2010	水果和蔬菜　形态学和结构学术语	现行
	103	GB/T 8854—1988	蔬菜名称（一）	现行
	104	NY/T 1741—2009	蔬菜名称及计算机编码	现行
	105	NY/T 2780—2015	蔬菜加工名词术语	现行
	106	SB/T 10029—2012	新鲜蔬菜分类与代码	现行
产地环境	201	GB 15618—1995	土壤环境质量标准	现行
	202	HJ/T 333—2006	温室蔬菜产地环境质量评价标准	现行
	203	NY/T 2725—2015	氯化苦土壤消毒技术规程	现行
	204	NY/T 5010—2016	无公害农产品　种植业产地环境条件	现行
	205	NY/T 848—2004	蔬菜产地环境技术条件	现行
	206	QX/T 382—2017	设施蔬菜小气候数据应用存储规范	现行
设施设备及投入品	301	GB/T 21158—2007	种子加工成套设备	现行
	302	JB/T 10286—2013	日光温室　技术条件	现行
	303	JB/T 10288—2013	连栋温室　技术条件	现行
	304	JB/T 10297—2014	温室加热系统设计规范	现行
	305	JB/T 10594—2006	日光温室和塑料大棚结构与性能要求	现行
	306	JB/T 10595—2006	寒地节能日光温室建造规程	现行
	307	JB/T 11913—2014	大棚卷帘机	现行
	308	JB/T 11915—2014	小粒种子除芒机 技术条件	现行
	309	NY/T 1213—2006	豆类蔬菜种子繁育技术规程	现行
	310	NY/T 1553—2007	日光温室效能评价规范	现行
	311	NY/T 1823—2009	温室蔬菜穴盘精密播种机技术条件	现行
	312	NY/T 2118—2012	蔬菜育苗基质	现行
	313	NY/T 2119—2012	蔬菜穴盘育苗　通则	现行
	314	NY/T 2416—2013	日光温室棚膜光阻隔率技术要求	现行
	315	NY/T 2442—2013	蔬菜集约化育苗场建设标准	现行
	316	NY/T 2457—2013	包衣种子干燥机　质量评价技术规范	现行
	317	NY/T 2970—2016	连栋温室建设标准	现行
	318	NY/T 3024—2016	日光温室建设标准	现行
	319	NY/T 4297—2023	沼肥施用技术规范　设施蔬菜	现行

（续）

类目	标准序号	标准号	标准名称	状态
设施设备及投入品	320	NY/T 4335—2023	根茎类蔬菜加工预处理技术规范	现行
	321	NY/T 610—2016	日光温室 质量评价技术规范	现行
	322	QX/T 261—2015	设施农业小气候观测规范 日光温室和塑料大棚	现行
	323	QX/T 391—2017	日光温室气象要素预报方法	现行
	324	SN/T 2960—2011	水果蔬菜和繁殖材料处理技术要求	现行
	325	SN/T 3070—2011	蔬菜类种子溴甲烷熏蒸处理技术标准	现行
生产技术	401	GB/T 20014.5—2013	良好农业规范 第5部分：水果和蔬菜控制点与符合性规范	现行
	402	GB/T 23416.1—2009	蔬菜病虫害安全防治技术规范 第1部分：总则	现行
	403	GB/T 23416.2—2009	蔬菜病虫害安全防治技术规范 第2部分：茄果类	现行
	404	GB/T 23416.3—2009	蔬菜病虫害安全防治技术规范 第3部分：瓜类	现行
	405	GB/T 23416.4—2009	蔬菜病虫害安全防治技术规范 第4部分：甘蓝类	现行
	406	GB/T 23416.5—2009	蔬菜病虫害安全防治技术规范 第5部分：白菜类	现行
	407	GB/T 23416.6—2009	蔬菜病虫害安全防治技术规范 第6部分：绿叶菜类	现行
	408	GB/T 23416.7—2009	蔬菜病虫害安全防治技术规范 第7部分：豆类	现行
	409	GB/T 23416.8—2009	蔬菜病虫害安全防治技术规范 第8部分：根菜类	现行
	410	GB/T 23416.9—2009	蔬菜病虫害安全防治技术规范 第9部分：葱蒜类	现行
	411	NY/T 1654—2008	蔬菜安全生产关键控制技术规程	现行
	412	NY/T 3244—2018	设施蔬菜灌溉施肥技术通则	现行
	413	NY/T 3265.1—2018	丽蚜小蜂使用规范 第1部分：防控蔬菜温室粉虱	现行
	414	NY/T 3441—2019	蔬菜废弃物高温堆肥无害化处理技术规程	现行
	415	NY/T 3544—2020	烟粉虱测报技术规范 露地蔬菜	现行
	416	NY/T 3619—2020	设施蔬菜根结线虫病防治技术规程	现行
	417	NY/T 3635—2020	释放捕食螨防治害虫（螨）技术规程设施蔬菜	现行
	418	NY/T 3637—2020	蔬菜蓟马类害虫综合防治技术规程	现行
	419	NY/T 3696—2020	设施蔬菜水肥一体化技术规范	现行
	420	NY/T 3844—2021	高山蔬菜越夏生产技术规程	现行
	421	NY/T 3926—2021	农作物品种试验规范 蔬菜	现行

（续）

类目	标准序号	标准号	标准名称	状态
生产技术	422	NY/T 3931—2021	茄果类蔬菜嫁接育苗技术规程	现行
	423	NY/T 5363—2010	无公害食品　蔬菜生产管理规范	现行
	424	QX/T 382—2017	设施蔬菜小气候数据应用存储规范	现行
	425	SN/T 3063.2—2015	航空食品　第2部分：生食（切）水果蔬菜制品微生物污染控制规范	现行
产品质量	501	GB 2760—2014	食品安全国家标准　食品添加剂使用标准	现行
	502	GB/Z 21724—2008	出口蔬菜质量安全控制规范	现行
	503	LY/T 1577—2009	食用菌、山野菜干制品压缩块	现行
	504	NY/T 1049—2023	绿色食品　薯芋类蔬菜	现行
	505	NY/T 1324—2023	绿色食品　芥菜类蔬菜	现行
	506	NY/T 1325—2023	绿色食品　芽苗类蔬菜	现行
	507	NY/T 1326—2023	绿色食品　多年生蔬菜	现行
	508	NY/T 1405—2023	绿色食品　水生蔬菜	现行
	509	NY/T 1840—2010	露地蔬菜产品认证申报审核规范	现行
	510	NY/T 1993—2011	农产品质量安全追溯操作规程蔬菜	现行
	511	NY/T 2409—2013	有机茄果类蔬菜生产质量控制技术规范	现行
	512	NY/T 2798.3—2015	无公害农产品　生产质量安全控制技术规范　第3部分：蔬菜	现行
	513	NY/T 285—2012	绿色食品　豆类	现行
	514	NY/T 2984—2023	绿色食品　淀粉类蔬菜粉	现行
	515	NY/T 3832—2021	设施蔬菜施肥量控制技术指南	现行
	516	NY/T 654—2020	绿色食品　白菜类蔬菜	现行
	517	NY/T 655—2020	绿色食品　茄果类蔬菜	现行
	518	NY/T 743—2020	绿色食品　绿叶类蔬菜	现行
	519	NY/T 744—2020	绿色食品　葱蒜类蔬菜	现行
	520	NY/T 745—2020	绿色食品　根菜类蔬菜	现行
	521	NY/T 746—2020	绿色食品　甘蓝类蔬菜	现行
	522	NY/T 747—2020	绿色食品　瓜类蔬菜	现行
	523	NY/T 748—2020	绿色食品　豆类蔬菜	现行
	524	SB/T 10680—2012	肉类蔬菜流通追溯体系编码规则	现行
	525	SB/T 10681—2012	肉类蔬菜流通追溯体系信息传输技术要求	现行
	526	SB/T 10682—2012	肉类蔬菜流通追溯体系信息感知技术要求	现行
	527	SB/T 10683—2012	肉类蔬菜流通追溯体系管理平台技术要求	现行
	528	SB/T 10684—2012	肉类蔬菜流通追溯体系信息处理技术要求	现行
	529	SB/T 11059—2013	肉类蔬菜流通追溯体系城市管理平台技术要求	现行
	530	SB/T 11124—2015	肉类蔬菜流通追溯零售电子秤通用规范	现行

（续）

类目	标准序号	标准号	标准名称	状态
产品质量	531	SB/T 11125—2015	肉类蔬菜流通追溯手持读写终端通用规范	现行
	532	SB/T 11126—2015	肉类蔬菜流通追溯批发自助交易终端通用规范	现行
	533	SN/T 4529.2—2016	供港食品全程 RFID 溯源规程　第2部分：蔬菜	现行
检测标准	601	GB 14882—1994	食品中放射性物质限制浓度标准	现行
	602	GB 14891.5—1997	辐照新鲜水果、蔬菜类卫生标准	现行
	603	GB 23200.16—2016	食品安全国家标准　水果和蔬菜中乙烯利残留量的测定　液相色谱法	现行
	604	GB 23200.17—2016	食品安全国家标准　水果和蔬菜中噻菌灵残留量的测定　液相色谱法	现行
	605	GB 23200.18—2016	食品安全国家标准　蔬菜中非草隆等15种取代脲类除草剂残留量的测定液相色谱法	现行
	606	GB 23200.19—2016	食品安全国家标准　水果和蔬菜中阿维菌素残留量的测定　液相色谱法	现行
	607	GB 23200.29—2016	食品安全国家标准　水果和蔬菜中唑螨酯残留量的测定　液相色谱法	现行
	608	GB 23200.8—2016	食品安全国家标准　水果和蔬菜中500种农药及相关化学品残留量的测定　气相色谱-质谱法	现行
	609	GB 2761—2017	食品安全国家标准　食品中真菌毒素限量	现行
	610	GB 2762—2017	食品安全国家标准　食品污染物限量	现行
	611	GB 2763—2016	食品安全国家标准　食品中农药最大残留限量	现行
	612	GB 31642—2016	食品安全国家标准　辐照食品鉴定　电子自旋共振波谱法	现行
	613	GB 4789.42—2016	食品安全国家标准　食品微生物学检验　诺如病毒检验	现行
	614	GB 5009.232—2016	食品安全国家标准　水果、蔬菜及其制品中甲酸的测定	现行
	615	GB 5009.244—2016	食品安全国家标准　食品中二氧化氯的测定	现行
	616	GB 5009.6—2016	食品安全国家标准　食品中脂肪的测定	现行
	617	GB/T 10467—1989	水果和蔬菜产品中挥发性酸度的测定方法	现行
	618	GB/T 10468—1989	水果和蔬菜产品 pH 值的测定方法	现行
	619	GB/T 14551—2003	动、植物中六六六和滴滴涕测定　气相色谱法	现行
	620	GB/T 14553—2003	粮食、水果和蔬菜中有机磷农药测定　气相色谱法	现行
	621	GB/T 18084—2000	植物检疫　地中海实蝇检疫鉴定方法	现行

（续）

类目	标准序号	标准号	标准名称	状态
检测标准	622	GB/T 18627—2002	食品中八甲磷残留量的测定方法	现行
	623	GB/T 18628—2002	食品中乙滴涕残留量的测定方法	现行
	624	GB/T 18629—2002	食品中扑草净残留量的测定方法	现行
	625	GB/T 18630—2002	蔬菜中有机磷及氨基甲酸酯农药残留量的简易检验方法（酶抑制法）	现行
	626	GB/T 20769—2008	水果和蔬菜中450种农药及相关化学品残留量的测定　液相色谱-串联质谱法	现行
	627	GB/T 22224—2008	食品中膳食纤维的测定　酶重量法和酶重量法-液相色谱法	现行
	628	GB/T 22243—2008	大米、蔬菜、水果中氯氟吡氧乙酸残留量的测定	现行
	629	GB/T 23375—2009	蔬菜及其制品中铜、铁、锌、钙、镁、磷的测定	现行
	630	GB/T 23379—2009	水果、蔬菜及茶叶中吡虫啉残留的测定　高效液相色谱法	现行
	631	GB/T 23380—2009	水果、蔬菜中多菌灵残留的测定　高效液相色谱法	现行
	632	GB/T 23381—2009	食品中6-苄基腺嘌呤的测定　高效液相色谱法	现行
	633	GB/T 23584—2009	水果、蔬菜中啶虫脒残留量的测定　液相色谱-串联质谱法	现行
	634	GB/T 28069—2011	根螨检疫鉴定方法	现行
	635	GB/T 29577—2013	腐烂茎线虫检疫鉴定方法	现行
	636	GB/T 32766—2016	最大拟长针线虫检疫鉴定方法	现行
	637	GB/T 36783—2018	种植根茎类蔬菜的旱地土壤镉、铅、铬、汞、砷安全阈值	现行
	638	GB/T 5009.18—2003	食品中氟的测定	现行
	639	GB/T 5009.20—2003	食品中有机磷农药残留量的测定	现行
	640	GB/T 5009.21—2003	粮、油、菜中甲萘威残留量的测定	现行
	641	NY/T 1201—2006	蔬菜及其制品中铜、铁、锌的测定	现行
	642	NY/T 1275—2007	蔬菜、水果中吡虫啉残留量的测定	现行
	643	NY/T 1277—2007	蔬菜中异菌脲残留量的测定　高效液相色谱法	现行
	644	NY/T 1278—2007	蔬菜及其制品中可溶性糖的测定　铜还原碘量法	现行
	645	NY/T 1379—2007	蔬菜中334种农药多残留的测定　气相色谱质谱法和液相色谱质谱法	现行
	646	NY/T 1380—2007	蔬菜、水果中51种农药多残留的测定　气相色谱质谱法	现行
	647	NY/T 1434—2007	蔬菜中2，4-D等13种除草剂多残留的测定　液相色谱质谱法	现行
	648	NY/T 1435—2007	水果、蔬菜及其制品中二氧化硫总量的测定	现行

（续）

类目	标准序号	标准号	标准名称	状态
检测标准	649	NY/T 1453—2007	蔬菜及水果中多菌灵等16种农药残留测定 液相色谱-质谱联用法	现行
	650	NY/T 1600—2008	水果、蔬菜及其制品中单宁含量的测定 分光光度法	现行
	651	NY/T 1603—2008	蔬菜中溴氰菊酯残留量的测定 气相色谱法	现行
	652	NY/T 1651—2008	蔬菜及制品中番茄红素的测定 高效液相色谱法	现行
	653	NY/T 1652—2008	蔬菜、水果中克螨特残留量的测定 气相色谱法	现行
	654	NY/T 1680—2009	蔬菜水果中多菌灵等4种苯并咪唑类农药残留量的测定 高效液相色谱法	现行
	655	NY/T 1720—2009	水果、蔬菜中杀铃脲等七种苯甲酰脲类农药残留量的测定 高效液相色谱法	现行
	656	NY/T 1722—2009	蔬菜中敌菌灵残留量的测定 高效液相色谱法	现行
	657	NY/T 1725—2009	蔬菜中灭蝇胺残留量的测定 高效液相色谱法	现行
	658	NY/T 2103—2011	蔬菜抽样技术规范	现行
	659	NY/T 2277—2012	水果蔬菜中有机酸和阴离子的测定 离子色谱法	现行
	660	NY/T 2637—2014	水果和蔬菜可溶性固形物含量的测定 折射仪法	现行
	661	NY/T 2727—2015	蔬菜烟粉虱抗药性监测技术规程	现行
	662	NY/T 3082—2017	水果、蔬菜及其制品中叶绿素含量的测定 分光光度法	现行
	663	NY/T 3082—2017	水果、蔬菜及其制品中叶绿素含量的测定 分光光度法	现行
	664	NY/T 3290—2018	水果、蔬菜及其制品中酚酸含量的测定 液质联用法	现行
	665	NY/T 3292—2018	蔬菜中甲醛含量的测定 高效液相色谱法	现行
	666	NY/T 3857—2021	十字花科蔬菜抗根肿病鉴定技术规程	现行
	667	NY/T 3902—2021	水果、蔬菜及其制品中阿拉伯糖、半乳糖、葡萄糖、果糖、麦芽糖和蔗糖的测定 离子色谱法	现行
	668	NY/T 4353—2023	蔬菜中甲基硒代半胱氨酸、硒代蛋氨酸和硒代半胱氨酸的测定 液相色谱-串联质谱法	现行
	669	NY/T 448—2001	蔬菜上有机磷和氨基甲酸酯类农药残毒快速检测方法	现行
	670	NY/T 761—2008	蔬菜和水果中有机磷、有机氯、拟除虫菊酯和氨基甲酸酯类农药多残留的测定	现行
	671	NY/T 762—2004	蔬菜农药残留检测抽样规范	现行
	672	SN 0337—1995	出口水果和蔬菜中克百威残留量检验方法	现行

（续）

类目	标准序号	标准号	标准名称	状态
	673	SN 0346—1995	出口蔬菜中 α-萘乙酸残留量检验方法	现行
	674	SN 0659—1997	出口蔬菜中邻苯基苯酚残留量检验方法　液相色谱法	现行
	675	SN/T 0148—2011	进出口水果蔬菜中有机磷农药残留量检测方法　气相色谱和气相色谱-质谱法	现行
	676	SN/T 0190—2012	出口水果和蔬菜中乙撑硫脲残留量测定方法　气相色谱质谱法	现行
	677	SN/T 0230.1—2016	进出口脱水蔬菜检验规程	现行
	678	SN/T 0525—2012	出口水果、蔬菜中福美双残留量检测方法	现行
	679	SN/T 0604—2014	出口蔬菜中杜烯残留量的检测　气相色谱-质谱法	现行
	680	SN/T 0626.10—2016	出口速冻蔬菜检验规程　第10部分：块茎类	现行
	681	SN/T 0626.3—2015	出口速冻蔬菜检验规程　芦笋类	现行
	682	SN/T 0626.4—2015	出口速冻蔬菜检验规程　叶菜类	现行
	683	SN/T 0626.5—1997	出口速冻蔬菜检验规程　豆类	现行
	684	SN/T 0626.6—1997	出口速冻蔬菜检验规程　油炸薯芋类	现行
	685	SN/T 0626.8—2017	出口速冻蔬菜检验规程　第8部分：瓜类	现行
	686	SN/T 0626—2011	出口速冻蔬菜检验规程	现行
检测标准	687	SN/T 0976—2012	进出口油炸水果蔬菜脆片检验规程	现行
	688	SN/T 0978—2011	出口新鲜蔬菜检验规程	现行
	689	SN/T 1104—2002	进出境新鲜蔬菜检疫操作规程	现行
	690	SN/T 1122—2002	进出境加工蔬菜检疫规程	现行
	691	SN/T 1122—2017	进出境加工蔬菜检疫规程	现行
	692	SN/T 1902—2007	水果蔬菜中吡虫啉、吡虫清残留量的测定　高效液相色谱法	现行
	693	SN/T 1953—2007	进出口腌制蔬菜检验规程	现行
	694	SN/T 1976—2007	进出口水果和蔬菜中嘧菌酯残留量检测方法　气相色谱法	现行
	695	SN/T 2095—2008	进出口蔬菜中氟啶脲残留量检测方法　高效液相色谱法	现行
	696	SN/T 2555—2010	出口蔬菜种子检验检疫操作规程	现行
	697	SN/T 2636—2010	根螨检疫鉴定方法	现行
	698	SN/T 2803—2011	进出口果蔬汁（浆）检验规程	现行
	699	SN/T 2806—2011	进出口蔬菜、水果、粮谷中氟草烟残留量检测方法	现行
	6100	SN/T 2904—2011	出口低温真空冷冻干燥果蔬检验规程	现行
	6101	SN/T 2910.4—2012	出口辐照食品的鉴别方法　第4部分：热释光法	现行

（续）

类目	标准序号	标准号	标准名称	状态
检测标准	6102	SN/T 3622—2013	出口食品中 2-氯苯胺含量的测定 液相色谱-质谱/质谱法	现行
	6103	SN/T 3759—2013	刺足根螨检疫鉴定方法	现行
	6104	SN/T 3853—2014	出口食品中曲酸的测定 液相色谱-质谱/质谱法	现行
	6105	SN/T 3854—2014	出口食品中天然甜味剂甜菊糖苷、甜菊双糖苷、甘草酸、甘草次酸的测定 高效液相色谱法	现行
	6106	SN/T 3855—2014	出口食品中乙二胺四乙酸二钠的测定	现行
	6107	SN/T 3894—2014	伪短体线虫检疫鉴定方法	现行
	6108	SN/T 3933—2014	出口食品中六种砷形态的测定方法 高效液相色谱-电感耦合等离子体质谱法	现行
	6109	SN/T 3966—2014	入侵果实蝇检疫鉴定方法	现行
	6110	SN/T 4041—2014	出口食品中氟化物、溴化物含量的测定 离子色谱法	现行
	6111	SN/T 4138—2015	出口水果和蔬菜中敌敌畏、四氯硝基苯、丙线磷等 88 种农药残留的筛选检测 QuEChERS-气相色谱-负化学源质谱法	现行
	6112	SN/T 4139—2015	出口水果蔬菜中乙萘酚残留量的测定	现行
	6113	SN/T 4259—2015	出口水果蔬菜中链格孢菌毒素的测定 液相色谱-质谱/质谱法	现行
	6114	SN/T 4317—2015	出口食品中 7 种光引发剂迁移量的检测方法	现行
	6115	SN/T 4341—2015	黑颜果实蝇检疫鉴定方法	现行
	6116	SN/T 4396—2015	出口食品中荧光增白剂 85、荧光增白剂 71 和荧光增白剂 113 的测定 液相色谱-质谱/质谱法	现行
	6117	SN/T 4588—2016	出口蔬菜、水果中多种全氟烷基化合物测定 液相色谱-串联质谱法	现行
	6118	SN/T 4589—2016	出口蔬菜中硝酸盐快速测定 改进的镉还原分析法	现行
	6119	SN/T 4591—2016	出口水果蔬菜中脱落酸等 60 种农药残留量的测定 液相色谱-质谱/质谱法	现行
贮藏保鲜	701	GB/T 19537—2004	蔬菜加工企业 HACCP 体系审核指南	现行
	702	GB/T 23244—2009	水果和蔬菜 气调贮藏技术规范	现行
	703	GB/T 25867—2010	根菜类 冷藏和冷藏运输	现行
	704	NY/T 1202—2006	豆类蔬菜贮藏保鲜技术规程	现行
	705	NY/T 1202—2020	豆类蔬菜贮藏保鲜技术规程	现行
	706	NY/T 1203—2006	茄果类蔬菜贮藏保鲜技术规程	现行
	707	NY/T 1203—2020	茄果类蔬菜贮藏保鲜技术规程	现行

（续）

类目	标准序号	标准号	标准名称	状态
贮藏保鲜	708	NY/T 1655—2008	蔬菜包装标识通用准则	现行
	709	NY/T 2320—2013	干制蔬菜贮藏导则	现行
	710	NY/T 2790—2015	瓜类蔬菜采后处理与产地贮藏技术规范	现行
	711	NY/T 3570—2020	多年生蔬菜贮藏保鲜技术规程	现行
	712	SB/T 10158—2012	新鲜蔬菜包装与标识	现行
	713	SB/T 10447—2007	水果和蔬菜 气调贮藏原则与技术	现行
	714	SB/T 10728—2012	易腐食品冷藏链技术要求 果蔬类	现行
	715	SB/T 10729—2012	易腐食品冷藏链操作规范 果蔬类	现行
	716	SN/T 1886—2007	进出口水果和蔬菜预包装指南	现行
流通标准	801	GB 43284—2023	限制商品过度包装要求 生鲜食用农产品	现行
	802	GB/T 26432—2010	新鲜蔬菜贮藏与运输准则	现行
	803	GB/T 33129—2016	新鲜水果、蔬菜包装和冷链运输通用操作规程	现行
	804	GB/T 34257—2017	农产品购销基本信息描述 茄果类	现行
	805	GB/T 34258—2017	农产品购销基本信息描述 薯芋类	现行
	806	NY/T 4058—2021	农产品市场信息采集产品分级规范 叶类蔬菜	现行
	807	NY/T 4059—2021	农产品市场信息采集产品分级规范 瓜类蔬菜	现行
	808	SB/T 10448—2007	热带水果和蔬菜包装与运输操作规程	现行
管理服务标准	901	GB/T 41249—2021	产业帮扶"猪-沼-果（粮、菜）"循环农业项目运营管理指南	现行

三、蔬菜产业标准化发展建议

1. 进一步完善蔬菜标准体系建设，加快标准研制 标准体系的发展是持续的、动态的过程，要根据我国蔬菜产业的发展现状、生产需要和技术进步，围绕生产过程、产品、加工、流通、管理等子体系，不断完善和更新蔬菜标准体系，健全覆盖不同地域、不同产区、不同品种的蔬菜全产业链标准体系，发挥标准体系建设的引领作用（贾俊香等，2022）。我国幅员辽阔，蔬菜产业存在地域分布差异，不同地区的种植环境、生产习惯和市场消费习惯等存在较大差异，难以制定一部适用于全国各蔬菜产地的标准。因此，在政府主导制定的国家标准、行业标准和地方标准基础上，更加充分发挥当地行业协会等的市场主体作用，加强团体标准在标准体系建设中的作用，制定一批优秀的、符合市场导向的团体标准，对现有标准体系进行有益补充。此外，我国蔬菜生产技术规程类标准较多，种子种苗标准、蔬菜质量等级规格、包装、运输流通和品牌标准相对缺乏，在农业生产"三品一标"背景下，应加强相关标准的研制，使蔬菜标准体系更加完善、健全。

2. 建立蔬菜标准的宣贯、实施监督、管理和评估体系 标准宣贯是标准实施前的关键环节。在蔬菜标准制定和发布的过程中，除了制定和发布按照标准化格式要求编制的正式文本外，还应专门编制通俗易懂的宣贯版文本材料，同时在宣贯版文本上明确技术标准咨询联系人及联系电话。还可通过网络宣传、视频直播、技术培训、科普文章发表、制作图文结合的宣传手册等途径进行宣贯，真正用"活"标准，避免标准"睡大觉"。除了加强标准的宣贯培训外，还需要建立自上而下的标准实施监督、管理和评估体系，对蔬菜标准的实施进行监督和管理，并及时反馈实施、监督和管理过程中发现的问题，为后期标准的修订提供参考依据。另外，定期对标准实施效果进行评估，采用问卷调查、现场调查、专家评估等方式，全面跟踪标准实施效果、存在问题和影响因素，形成标准实施效果评价报告。根据评价报告及时对标准相关内容进行修订，从而实现标准不断持续改进。

3. 加强蔬菜全产业链标准化示范基地建设 蔬菜全产业链标准化示范基地建设是贯彻落实"三品一标"政策的重要举措，应在全国范围内的蔬菜优势主产区设立一批基础好、技术强、水平高、有特色的高标准蔬菜全产业链标准化示范基地，发挥标准的引领和辐射带动作用。提升蔬菜基地按标生产能力，加强物联网信息技术在蔬菜基地中的应用，构建省力化、宜机化种植新模式和机械化生产技术体系，建立科技示范基地；推广应用智能化在线分选设备，提升各环节数字化、标准化水平，实现蔬菜产业高质量、高标准发展。

4. 加强蔬菜标准化人才培养 标准化事业的发展需要各级各类人才，必须着眼于标准化人才总量增长和素质提高，建立一支规模较大、专业化水平较高、结构合理、适应标准化发展要求的人才队伍（陈静等，2022）。可通过成立蔬菜智慧专家库，发挥专家专业优势，为蔬菜相关课题研究及蔬菜产业发展注入智慧力量。同时，应健全蔬菜标准化人才资格认定制度和职业能力评价机制，加快建设蔬菜标准化人才创新培养体系，培养一批懂理论、懂实践的复合型标准化人才队伍。

第二节 蔬菜品牌建设

品牌是企业、产品与消费者相互印证的产物，是产品品质、消费者认可度、企业正常运营的重要标志，是价值理念的体现。农业农村部于2021年3月发布的《农业生产"三品一标"提升行动实施方案》，要求加快推进农业品牌建设。培育知名品牌，建立农业品牌标准，鼓励地方政府、行业协会等，打造一批地域特色突出、产品特性鲜明的区域公用品牌。结合粮食生产功能区、重要农产品生产保护区和特色农产品优势区建设，培育一批"大而优""小而美"、有影响力的农产品品牌，鼓励龙头企业加强自主创新、打造一批竞争力强的企业品牌。加强品牌管理，制定农业品牌工作管理办法，深入推进中国农业品牌目录制度建设，发布品牌目录与消费索引。

随着农产品市场竞争的不断加剧和消费者对于健康、营养需求的与日俱增，品牌化成为保证蔬菜产品品质质量、满足日益增长的消费需求、提升市场竞争力、提升经济社会效益的强有力途径。蔬菜作为人民生活的必需消费品，可以说产业能否得到高质量发展，品牌打造至关重要。

一、蔬菜品牌建设现状

（一）区域公共品牌建设情况

农产品区域公共品牌指的是特定区域内相关机构、企业、农户等共同拥有的，在生产地域、品种品质管理、品牌许可、品牌营销与传播等方面具有共同的诉求和行动，以联合提供区域内外消费者的评价，使区域产品与区域形象共同发展的农产品品牌。区域品牌命名通常由区域（通常为地名）＋产品构成，如山东章丘大葱、金乡大蒜、河南柘城辣椒等。区域品牌的创建，可以发挥众多经营者集体行为的合力，在较大范围内形成具有较高影响力的一种整体形象，从而共享持久的品牌效应。

1. 山东省蔬菜区域公共品牌建设 蔬菜产业在山东省农业经济中占据重要地位，自20世纪90年代，山东省在蔬菜种植面积、产量、产值和商品量等主要指标上，一直位居全国蔬菜产业前列，其中蔬菜产量指标连续二十年稳居全国第一。全省共有200余种蔬菜，品种多达3 000多个，因种植历史悠久，品种资源丰富，被誉为"世界三大菜园"之一。山东省各地区蔬菜产业及区域品牌比较优势的地区有潍坊、菏泽、聊城、济南、寿光等地，其中，寿光市作为全国最大的设施蔬菜生产基地，被誉为"中国蔬菜之乡"和"中国一号菜园子"，其产品供应国内300多个大中城市和美国、日本等27个国家；安丘素有"世界菜篮子"的美誉，农产品出口80多个国家和地区，2021年安丘出口蔬菜金额占潍坊市的3/5、全省的1/7；聊城作为农业农村部规划的黄淮海与环渤海设施蔬菜优势区，2014年被中国蔬菜流通协会授予"中国蔬菜第一市"荣誉称号，蔬菜种植规模达27万 hm²，聊城市用不到全国1%的土地生产了2.5%的蔬菜和5%的食用菌，近年来聊城市积极打造"聊·胜一筹"区域品牌，助力聊城果蔬闻名全国取得了显著成效。

（1）桂河芹菜。山东省寿光市是我国最大的蔬菜生产基地，作为冬暖式设施大棚蔬菜"试验田"，与美国加利福尼亚、荷兰兰辛格兰、西班牙阿尔梅里亚并称"全球四大蔬菜基地"。蔬菜已成为寿光的"城市品牌"，该市自2021年以来把蔬菜品牌建设提升工程作为20项重大工程之一，全面突破组织体系构建、品质提升和品牌宣传打造，以品牌带动农民增收取得了显著成效。桂河芹菜因叶茎嫩黄、酥脆清香、入口无渣而远近闻名，为了保护和推广桂河芹菜品牌，稻田镇政府联合桂河村以"党支部领办合作社＋企业＋农户"的运营模式，针对桂河芹菜开展全产业链的深度开发，积极开展线上销售、直播带货，助力产品品牌打造，桂河芹菜、叶茶、粉等远销北京、广州等高端市场；寿光蔬菜产业集团建立了农产品准入、标准化种植、全程追溯等信息化管理平台，识别整合桂河芹菜种植、采收、加工、包装等环节信息，提供产品质量追溯服务，实现了桂河芹菜源头、流向、信息、责任、产品的"可追溯、跟踪、查询、认定、召回"信息化、立体化、智能化的质量安全监管体系，助力桂河芹菜区域品牌打造。桂河芹菜2009年获得"国家地理标志产品"荣誉称号，2020年成功入选《2020年第三批全国名特优新农产品名录》，2022年桂河芹菜地理标志商标入选山东省重点地理标志保护清单，进一步提升了寿光蔬菜的知名度和美誉度，彰显了桂河芹菜的品质和品牌价值。

（2）安丘大姜。安丘农业独具特色，享有中国姜蒜之乡、芦笋之乡的美誉。安丘作为中国蔬菜出口第一大县级市，每年向全球50多个国家和地区出口超过150万 t 的蔬菜，是北美、欧盟、东南亚等国家和地区的重要蔬菜供应基地，先后被授予全国园艺产品（蔬菜）出口示范区、山东省第一个供港蔬菜备案基地。安丘大姜种植面积1.3万 hm² 左右，总产量近100万 t，是中国种植面积最大、单产最高、总产最多的城市。安丘市在农业方面实施品牌强农行动战略，注重在良种推广、标准化种植和品牌营销环节全面发力，进一步将品牌优势转化为经济优势。以"白芬子"牌生姜为代表的安丘生姜产业化龙头企业积极创建品牌，并获得了"山东省名牌农产品"等荣誉称号。1996 年安丘市被农业部命名为"中国姜蒜之乡"；2006 年"安丘大姜"被国家市场监督管理总局批准为中国地理标志保护产品；2007 年安丘市在全国率先实施农产品质量安全区域化管理，组织制定了省级标准《出口大姜生产良好操作规范》；2016 年安丘大姜被纳入欧盟地理标志产品保护范围；2020 年安丘大姜入选中欧地理标志首批保护清单，彰显了安丘大姜区域品牌形象。

（3）章丘大葱。章丘是中国的大葱之乡，距今已有 2 600 多年的大葱种植历史，大葱既是章丘农业文明的重要标志，也是珍贵的历史文化名片。章丘大葱以其葱高、白长、脆嫩、微甜的品质特色赢得了广大消费者的喜爱，并在农业部率先通过"地理标志登记"。"章丘大葱"商标也是蔬菜类中首个通过国家市场监督管理总局认证的"地理标志证明商标"。1999 年章丘大葱商标成功注册以来，章丘区积极推进大葱品牌化建设，积极引导大葱种植户规范市场销售经营，先后注册了"万新""绣惠"和"女郎山"等多个商标，使章丘大葱的品牌效益和影响力得到了全面提升。2010 年章丘大葱成功进入上海世博会，标志着其品牌打造取得了阶段性成果。章丘依托大葱品牌积极运营大葱创意农业产业，助力打造"农民增收、企业增利、政府增税"的共赢局面，通过每年组织举办的大葱种植状元评选、农产品包装设计大赛和建设大葱主题文化广场、女郎山大葱观光园等，对提升章丘大葱的产品附加值，推动章丘大葱更快更好地走向全国，走向世界具有重要意义。

（4）金乡大蒜。金乡是全国著名的大蒜之乡，有"中华蒜都"的美誉，具有 2 000 余年的大蒜种植历史，常年种植面积 4.7 万 hm²，年均产量 80 余万 t，产品远销 160 多个国家和地区，年加工出口总量占全国的 70% 以上。金乡大蒜产业一直坚持走标准化种植、规模化生产、品牌化经营的路线，逐步形成了"农、工、科、贸"一条龙的现代化农业产业链条。"金乡大蒜"也先后获得"中国驰名商标""国家农产品地理标志认证""山东省首批知名农产品区域公用品牌"等称号，蝉联"中国国际有机食品博览会金奖"。金乡大蒜在 2019 年全国公益性价值评估和影响力指数评价中为 218.19 亿元，品牌价值荣登全国农产品第八位。2021 年金乡大蒜全产业链产值更是达到了 403.3 亿元。金乡县也于 2011 年被命名为"全国有机农业（大蒜）示范基地"，其产品得到了欧盟、美国、日本等国家和地区的普遍认可。金乡有机大蒜也成为唯一一个连续三年获得中国国际有机食品博览会金奖的大蒜品牌。为了进一步提升金乡大蒜的品牌形象、拓宽产品销售渠道，金乡县每年都组织举办中国大蒜节、大蒜产业高端论坛等，并邀请来自 120 多个国家和地区的专家学者参加"国际葱蒜类学术研讨会"等国际性盛会，通过"节会搭台、经贸唱戏"的方式，金乡大蒜的品牌影响力和知名度得到了极大的提升。

2. 河南省蔬菜区域公共品牌建设　河南省作为中国的重要农业省份和蔬菜生产大省，2022 年的蔬菜播种面积达到 178.25 万 hm²，位列全国首位，总产量达到 7 660.35 万 t，位居全国第二。以 2020 年数据为例，全省蔬菜产值达 1 933.11 亿元，占十大优势特色农业产值的 34.04%，位居十大优势特色农业产值的第一位，蔬菜产业的产值增加量占农林牧渔业增加量的 19.4%，表现出较高的产业贡献。为保证河南省蔬菜产业持续健康发展，满足中部地区的蔬菜发展需求，打造区域特色突出、产品特性鲜明的蔬菜优势产业带，河南省坚持走专业化、规模化、组织化、标准化之路，扶持建设了一批高起点、高标准的蔬菜产品生产基地，如河南开封蔬菜基地、河南扶沟蔬菜基地、河南新野蔬菜基地、河南潢川蔬菜基地，积极打造一批叫响全国的"豫农优品"品牌，保证民生"菜篮子"的绿色、安全。以河南省扶沟县为例，通过高产量、低价格和高品质获得了市场的认可，"三品一标"农产品认证产品15个，已经形成了扶绿、鑫福口、一峰、中豫鑫启丰、绿韭、平原农业、旺达玉莲、宇禾、福梅园、阳光果蔬等38个优质蔬菜品牌。"扶沟辣椒"也被审批为国家地理标志产品。扶沟县还曾先后被国家确定和命名为"全国果蔬十强县""国家十大蔬菜之乡""国家果蔬十大知名品牌""国家绿色生态蔬菜十强县""国家无公害蔬菜生产基地县""省级电子商务进农村示范县"。

（1）温县铁棍山药。温县铁棍山药具有近3 000年的种植与加工历史，其直径介于1.5～3 cm之间，味道鲜美，口感干、绵、甜、香，素有"神仙之食"的美誉。据说铁棍山药是通过丝绸之路传入西亚、西欧、东南亚、中东等诸多国家，在国外享有"华药"美誉。铁棍山药种植面积稳定在2 000 hm²左右，涉及的农户超过3 000户，年销售收入超过4亿元。为助力铁棍山药的区域化、标准化、产业化、规模化、绿色化、品牌化发展，温县积极扶持龙头企业，打造标准化园区，深度挖掘铁棍山药品牌文化新内涵，以提升铁棍山药产品的附加值并促进农民的增收致富。2003年国家市场监督管理总局批准温县铁棍山药为"地理标志产品"；2012年"温县铁棍山药"注册了原产地证明商标，并对符合使用条件的机构及农户授权使用，有效保护了产品质量品质、独特性和地域性，维护了铁棍山药区域品牌特色。通过举办"温县铁棍山药文化节"等一系列专题文化活动，积极引导企业、合作社等参加全国大型农产品展销会、博览会等，温县铁棍山药的知名度和影响力大幅提升。

（2）柘城辣椒。辣椒产业既是河南省柘城县乡村振兴的支柱产业，也是其优势特色产业，该县凭借特色资源及传统种椒优势，围绕"生态、优质、高效、安全"，采取了夯实基础、稳定规模、优化品种、提升加工能力、拓展市场以及打造品牌等一系列切实有效的措施，逐步将三樱椒做成火遍全国的辣椒，打造了"中国三樱椒之乡""中国辣椒生产百强县"等享誉全国的"金品牌"。为支持辣椒产业品牌建设，2016年柘城县人民政府发布《关于柘城县三樱椒产业发展的意见》，2019年河南省市场监管局批准了《柘城辣椒》河南省地方标准的立项，2017年柘城辣椒成功获得国家市场监督管理总局实施的地理标志产品保护。2020年柘城县政府发布了《关于印发2020年辣椒产业发展20项重点工作的通知》，在商务部官网公布的第二批受保护175个中国地理标志产品名单中，"柘城辣椒"名列其中。目前柘城全年辣椒种植2.7万hm²左右，占全县耕地总面积的2/5；年产干辣椒15万t左右，产值可达20亿元；柘城县建成了布局合理、设施完善、安全规范的辣椒交易网络，其辣椒产业上通省外国外，下联农村的千万种植户，产品销往我国新疆、贵州、深圳和美国、加拿大、韩国等国家和地区。柘城县构建了"全国辣椒进柘城，柘城辣椒卖全国"的现代化大市场交易格局，同时确立了柘城县全国辣椒交易中心、集散地以及价格风向标的重要产业地位。

3. 江苏省蔬菜区域公共品牌建设　江苏省的蔬菜产业在全国范围内具有重要地位，为保障全国蔬菜供应作出了突出贡献。该省发展蔬菜产业具有良好的资源环境条件和区位经济实力、科技力量等优势。江苏的蔬菜产业区域分布特色明显，形成了四大蔬菜产区，包括淮北菜区、沿海菜区、环湖菜区和城郊菜区。淮北菜区逐渐成了全国最大的设施蔬菜和出口蔬菜产区之一，形成了十大国家级蔬菜批发市场，主要包括徐州淮海蔬菜批发市场、淮阴清江批发市场两大区域性中心市场以及南京众彩农副产品批发市场有限公司、常州凌家塘市场、无锡朝阳市场、苏州南环桥市场、扬州联谊市场等中心城市蔬菜批发市场。目前，江苏省已经培育了一大批具有较高知名度的蔬菜品牌，如靖江香沙芋、淮安黄瓜、沙塘韭黄、溧阳白芹、宝应慈姑、吴江香青菜等农产品地理标志产品，在全国范围内享有盛誉。

靖江香沙芋。靖江香沙芋历史悠久，营养丰富，口感细腻，具有独特的香味，因此素有"芋栗"之美誉，深受广大消费者的青睐。2012年靖江香沙芋被认定为中国地理标志农产品，2014年被核准注册为地理标志证明商标，2019年入选中国农业品牌目录。在2021年江苏省特色农产品优势区认定名单中，靖江香沙芋也成功上榜。近年来，靖江市采取了多项措施，大力扶持香沙芋产业发展。特别是获得省级特优区认定后，靖江市统筹推进产业融合发展、标准体系建设、科技支撑强化、基础设施改善、特色品牌打造、经营主体培育，不断发展壮大香沙芋地方特色产业，为提高香沙芋的种植效益，靖江市采用"基地＋农户"的组织形式，引导成立香沙芋种植专业合作社，通过订单生产的方式，带动了基地发展。

4. 河北省蔬菜区域公共品牌建设 河北省作为全国重要的蔬菜生产省份，其蔬菜年产总量超过5 000万t，位列全国第四。作为河北省农业的重要组成部分和支柱产业，蔬菜产业不仅在推动脱贫攻坚、保障人民生活等方面意义重大，在满足京津冀协同发展及环首都现代农业科技示范带供应需求方面也发挥着日益重要的作用。近年来河北省蔬菜生产规模不断扩大，形成了多个具有区域特色的蔬菜种植优势产区，如冀东日光温室瓜菜、环京津日光温室蔬菜、冀中南棚室蔬菜、冀北露地错季菜等优势产区，有效促进了河北省蔬菜产业的持续发展。在品牌建设方面，2010—2022年，河北省共计发布了123个农产品区域公用品牌，其中蔬菜区域公用品牌就有30个，包括国家级13个、省级16个、县市级1个。2020年河北省组织创建了63个"大而精"、42个"小而特"特色农业精品示范基地，其中就包含玉田包尖白菜、馆陶黄瓜等12个"大而精"的蔬菜种植基地，崇礼彩椒、肥乡洋葱等7个"小而特"的蔬菜种植基地，此举对推动河北省蔬菜单品集约化、规模化、标准化以及全产业链发展起到了积极的促进作用。

玉田包尖白菜。包尖白菜又名"玉菜"，是河北省玉田县地方特色产品，具有形状独特和品质上乘的特点。采后经过等级划分、处理加工包装后的精品包尖白菜，已逐渐成为节日期间馈赠亲友、超市特供的特色蔬菜礼品。玉田县大力推进"三品一标"认证，助力产品品牌化建设，积极引进新品种，创新春季包尖白菜绿色生产种植模式，推动玉田包尖白菜由地方特产转变成名牌产品成效显著。2008年"玉田包尖白菜"地理标志证明商标的成功注册，使得其成为河北省首个注册成功的蔬菜类地理标志证明商标；2010年国家市场监督管理总局授予"玉田包尖白菜"地理标志保护产品；2012年河北省发布实施《地理标志产品玉田白菜（玉田包尖白菜）》（DB13T 1501—2012）地方标准；2020年玉田县发布了全国首个供京蔬菜品牌，并注册了"玉田供京蔬菜"集体商标，玉田县大力集成应用质量安全追溯技术，生产供应"北京人民信赖"的高品质蔬菜，构建了贯通"玉田供京蔬菜"流通全产业链的品牌管理模式，"玉田供京蔬菜"在保障丰富北京"菜篮子"的同时也逐渐发展成为该县推动乡村振兴的重要支柱产业。

5. 甘肃省蔬菜区域公共品牌建设 甘肃省蔬菜生产在农业和农民增收方面占有很大比重，加上甘肃地区科技水平的不断提升，也使蔬菜产值大幅度增加，不断高于农业总产值的增幅。在生产的主要区域中，主要包含春季大棚菜、夏季地膜菜、秋季复种菜、冬季温室菜。通过不同菜类之间相互搭配、周年生产、四季常青的方式，构建良好的生产格局，促进了甘肃省蔬菜产业和经济社会的有效发展。甘肃省蔬菜产业集约化程度较高，能更好地吸引农村劳动力，使其成为促进农村地区发展的重要产业。甘肃省高度重视"甘味"农产品品牌打造，积极推广绿色循环模式和集成技术，不断调整种养结构，推进无公害、绿色、有机农产品和地理标志农产品"三品一标"建设，加速推进甘肃蔬菜产业不断发展壮大。

榆中大白菜。榆中大白菜具有丰富的营养、鲜亮的色泽，浓郁的菜香以及纯正的口味，其口感甜脆，色、形、味俱佳，叶球炮弹形、合抱、叶帮洁白、外叶深绿、中柱短的特点。2010 年农业部批准对"榆中大白菜"实施农产品地理标志登记保护；榆中大白菜区域公用品牌入选农业农村部首次认定的 2019 中国农业品牌目录；榆中县依托资源区位优势，积极打造"扩面增收、标准生产、品牌增效、保障质量"发展战略，围绕"好中优""特中特""独一份""错峰头"的特色产业发展需求，全面提高了该县蔬菜产业标准化生产技术水平。同时强化质量安全监督管理服务，加大龙头企业培育，助力榆中县发展成为全国"北菜南运""西菜东调"的重要生产基地之一。2021 年甘肃省发布第二批"甘味"农产品品牌，榆中大白菜入选 10 个区域公用品牌。榆中县先后组织培育了"富硒兰州高原夏菜"商标，150 个蔬菜产品获得了农业部"三品一标"认证，其中无公害蔬菜产品 116 个，榆中大白菜、莲花菜、菜花 3 个品种荣获国家地理标志产品认证。

6. 天津市蔬菜区域公共品牌建设　作为典型的都市农业区，天津市表现出了"大城市、小农村"的特点。根据 2020 年的统计数据显示，天津市的蔬菜总产值为 115.03 亿元，其中设施蔬菜高达 80.50 亿元，占蔬菜总产值的 70%。设施蔬菜特色产业已逐渐发展成为天津市现代都市型农业快速健康发展的重要支柱产业。天津市蔬菜市场供应中，仅设施蔬菜就包括黄瓜、番茄、芹菜、菠菜、韭菜、食用菌等上百个品类。当地育成的黄瓜品种市场占有率超过了 90%，极大地保障和丰富了天津市蔬菜的市场供应能力，尤其在寒冬的蔬菜淡季，稳定了蔬菜的供应能力。2017 年，天津市发布了《天津市知名农产品品牌认定管理办法》，同时公布了《2017 年度天津市知名农产品品牌认定名单》，认定的 83 个知名农产品品牌中包括区域公用品牌 5 个、企业品牌 54 个、产品品牌 24 个，在八大行业中，蔬菜产业有影响力的品牌农产品和知名品牌农产品均位列第一。

沙窝萝卜。沙窝萝卜又名"天津卫青萝卜"，色泽绿如翡翠，口感甜脆多汁，素有"沙窝萝卜赛鸭梨"的说法。沙窝萝卜在天津具有 300 多年的种植历史，是著名的水果萝卜品种。天津西青区着力打造沙窝萝卜特色小镇，增强产品竞争力。围绕"沙窝萝卜"地理标志证明商标，先后注册了 24 个保护商标并获得"萝卜娃"外观设计专利，其中"沙窝 WS"商标先后取得中国著名商标、中国驰名商标等荣誉认证。为推动沙窝萝卜产业持续健康发展，西青区政府下大力度规范沙窝萝卜研发、生产、销售等全环节，精选 8 个种植环境优良的村庄，大力投资优化种植土壤。建设了沙窝萝卜种植示范基地，同时设立了沙窝萝卜研究院，聘请农业领域专家学者制定了产品生产标准，保证规范种植的同时不断研发、试种选育优质新品种，保持沙窝萝卜的产品创新力。通过文艺表演、网红现场直播带货等方式加大宣传力度，利用官方新媒体账号，传播沙窝萝卜健康理念，挖掘沙窝萝卜"食疗"养生功效。结合"生态康养绿镇"定位，将采摘体验、农产品假日集市深度融合，探索"田园一日游"模式，切实将"沙窝"系全产业影响力做大做强。

7. 湖北省蔬菜区域公共品牌建设　湖北省是中国重要的蔬菜生产大省之一，是长江中下游最重要的蔬菜优势产业带。该省的高山蔬菜、露地越冬菜、水生蔬菜、魔芋和食用菌等都呈现出显著的地域特色和外向型特点，近年来生产面积和产值不断提升，蔬菜产业已成为湖北省四大千亿级"农字头"产业之一，红菜薹、莲藕、莼菜等特色蔬菜在国内外具有较高的知名度，产业综合能力稳居全国第 6～7 位，产品远销国内外市场。根据统计数据显示，2020 年湖北省蔬菜及食用菌种植达 130 万 hm²，产量 4 119 万 t，产值超过 1 525 亿元。其中仅高山蔬菜就高达 70 亿元，外调能力居全国首位，其对带动武陵、秦巴山区等地的脱贫致富起到了较好的作用。2022 年 9 月湖北省武汉市发布了"江城百臻"区域公用品牌，其中包括蔡甸莲藕、洪山菜薹等具有区域特色的农产品，助力更多优质农产品走出武汉，叫响全国，迈向世界。湖北省高山蔬菜的生产经营相关单位不断加强产品品牌创建和"三品一标"认证工作，先后涌现了一大批具有较高知名度的品牌。如获得国家地理标志产品称号的"火烧坪包儿菜"，在全国享有较高知名度的"憨哥"牌番茄、"清江秀龙"牌辣椒，2015 年"憨哥"牌番茄、"清江秀龙"牌辣椒被评为全国名特优知名品牌，强化了其地方品牌建设。湖北省的水生蔬菜种质资源非常丰富，产品质量上乘，截至 2019 年年底，该省有 12 个水生蔬菜产品被命名为国家地理标志产品，主要包括洪湖莲子、洪湖莲藕、利川莼菜、团风荸荠、洪湖菱角等。

8. 广东省蔬菜区域公共品牌建设　广东省作为我国重要的蔬菜生产和消费省份，蔬菜产业已然成为该省种植业中仅次于粮食的第二大产业。该省建成了四大蔬菜区域发展格局，包括珠三角出口及高端蔬菜区、粤西冬种北运蔬菜区、粤东加工蔬菜区、粤北高山夏秋蔬菜区。在区域模式发展带动下，广东省蔬菜呈现出了产业化、规模化、品牌化和绿色化的发展态势，对广东省经济社会发展以及战略实施起到了重要的推动作用。截至 2021 年年底，广东省支持建设了蔬菜类省级现代农业产业园 30 个，为广东省的蔬菜产业发展提供了强有力的支持。同时一大批具有本地特色的蔬菜产业已经实现了全产业链的集聚发展，如增城迟菜心、湛江莲藕、连州菜心、陆丰萝卜和乐昌芋头等都表现出了广阔的发展前景。为了提升蔬菜产业效益，广东省不断加强品牌创建工作，逐步建立了完善的品牌发展机制。区域公共品牌建设和"两品一标"认证工作的开展，使得该省的蔬菜品牌数量不断提升，目前广东省区域公用品牌中涉及蔬菜的有恩平簕菜、三水黑皮冬瓜、炭步槟榔香芋、杜阮凉瓜、福田菜心、连州菜心、甜水萝卜、阳山西洋菜等 8 个品牌。广东省 2 117 个"粤字号"农业品牌中，有 195 个品牌与蔬菜相关。2019—2021 年期间，广东省共有 332 个农产品入选为全国名优特新农产品，蔬菜类 74 个，广东省在蔬菜产业品牌建设方面取得了显著成果。

9. 浙江省蔬菜区域公共品牌建设　作为浙江省的十大产业之一，蔬菜业已经成为推动农业增效和农民增收的重要力量。2020 年的数据显示，浙江省蔬菜种植面积超 70 万 hm²，总产量达到 1 945.50 万 t。浙江省充分发挥地域优势，积极发展山地蔬菜和水生蔬菜。在政府和市场的双重影响下，浙江省不断优化山地蔬菜发展布局，不仅培育了以四季豆、辣椒、茄子、番茄、茭白等为代表的山地优势特色蔬菜品种，还涌现出了一大批特色优势种植产区，主要包括以临安、遂昌、龙泉等为代表的山地四季豆产区，以临安、浦江、龙泉等为代表的山地茄子产区，以缙云、景宁、磐安等为代表的山地茭白产区。龙泉特产山地茄子，通过统一使用"龙泉绿"蔬菜区域公用品牌，统一的采后处理包装后进行销售，产品知名度和市场竞争力得到了明显提升，并销往上海、南京、杭州、宁波等国内一线城市。浙江省各地坚持走品牌化建设发展之路，先后培育出了丽水山耕、有缙道等一大批在省内外市场具有较高知名度的山地蔬菜区域品牌，该省多次组织进行特色蔬菜产品评比及展销等活动，对于提升浙江省山地蔬菜品牌知名度和市场影响力发挥了重要作用。

10. 湖南省蔬菜区域公共品牌建设 地域划分、因地制宜是湖南省蔬菜生产的特色发展策略，呈现出了以区域特色为主的蔬菜产业集群，主要包括依托洞庭湖优势的湘北地区发展了特色水生蔬菜产业集群，借助"天然温室"气候和区域优势的湘南地区发展了南销出口蔬菜产业集群，以"山"字著称的湘西地区发展了夏秋高山蔬菜产业集群和湘东、湘中地区发展的冬春优势蔬菜产业集群。随着市场竞争不断加剧，各类生产经营主体品牌意识不断增强，湖南省蔬菜品牌建设得到了快速发展，萧山的"尚舒兰"叶菜、长兴的"许长"芦笋、温岭"吉园"甜瓜等企业品牌和"长兴鲜"等区域公用品牌，已经在市场上获得了一定的知名度。生产经营规范的合作社或联合组织采取了"品种、生产、产品、标准、品牌、销售"六统一的管理模式，积极推进标准化生产种植、品牌化营销提升，助力全省绿色优质蔬菜瓜果的生产面积和产量不断扩大，品牌产品比例持续增加，在促进湖南省蔬菜标准化、优质化、品牌化发展方面发挥了积极作用。

11. 宁夏回族自治区蔬菜区域公共品牌建设 宁夏回族自治区是农业农村部规划确定的黄土高原夏秋蔬菜和设施农业优势生产区，经过多年的发展，该区蔬菜产业形成了独具特色的"六大板块、四大优势生产区"的格局。六大板块主要包含设施瓜菜、越夏及冷凉蔬菜、供港蔬菜、麦后复种蔬菜、脱水加工蔬菜和露地西甜瓜；四大优势生产区主要包含依托银川、吴忠、中卫地区的现代设施及供港蔬菜优势区，依托中卫环香山为主的压砂瓜优势区，依托石嘴山市为主的脱水蔬菜优势区，依托固原市为主的冷凉蔬菜优势区。近年来宁夏大力实施3个"百万亩工程"主要包括设施蔬菜、露地蔬菜、西甜瓜等。带动蔬菜产业得到了快速发展。该区积极打造"冬菜北上、夏菜南下、脱水菜漂洋过海"的品牌发展战略，瓜菜产业已经成为宁夏发展现代化农业的重要载体和促进农民增收致富的支柱产业。宁夏彭阳辣椒、贺兰螺丝菜、西吉西芹、固原马铃薯、越夏番茄等一大批品质上乘、有一定市场知名度的特色蔬菜产品远销海内外；宁夏固原市坚持全产业链条发展布局，培育了享誉全国的"六盘山冷凉蔬菜"等知名品牌，年产鲜菜200余万t，80%以上走进了国内外大市场，宁夏蔬菜区域品牌发展建设逐步提档升级。

（二）企业标准品牌建设情况

2016年，中共中央、国务院印发的《消费品标准和质量提升规划（2016—2020年）》《中共中央 国务院关于开展质量提升行动的指导意见》《中共中央 国务院关于完善促进消费体制进一步激发居民消费潜力的若干意见》等文件，要求建立企业标准"领跑者"制度，把企业标准"领跑者"制度作为引领高质量发展、完善促进消费体制机制的重要抓手，鼓励企业制定实施高于国家标准或行业标准的企业标准，引导消费者更多选择标准领跑者的产品。2018年，国家市场监督管理总局、财政部等八部门印发《关于实施企业标准领跑者制度的意见》，进一步推动了企业标准"领跑者"制度的落实。2021年，国务院发布《国家标准化发展纲要》指出"支持领军企业联合科研机构、中小企业等建立标准合作机制，实施企业标准领跑者制度"。2023 年，国务院发布《质量强国建设纲要》提出："到 2025 年，质量整体水平进一步全面提高，中国品牌影响力稳步提升，品牌建设取得更大进展，形成一大批质量过硬、优势明显的中国品牌。"

企业标准"领跑者"是指同行业可比范围内，企业自我声明公开的产品、服务标准中核心指标处于领先水平的标准，以及符合这些标准的产品或服务。企业标准"领跑者"制度是通过"领跑者"这种高水平标准的引领，增加中高端产品和服务的有效供给，培育一批具有创新能力的排头兵企业，推动经济新旧动能转换及供给侧结构性改革。

企业标准"领跑者"制度是落实国家标准化政策的需要，是破解先进标准供给不足、完善供给机制的重要措施，也是推动科技创新和高质量发展的必然要求。标准决定质量，质量决定品牌，品牌是高标准高质量趋于极致的产物。企业标准"领跑者"品牌建设有利于助推产品质量提升及企业品牌高端化培育，有利于倒逼行业转型升级和标准化生产，有利于促进国民经济提质增效、引领行业高质量发展。

中华全国供销合作总社济南果品研究所自 2021 年以来连续两年均获批国内独家水果种植和蔬菜、食用菌及园艺作物种植领域评估机构，并顺利完成番茄、香菇等产品企业标准"领跑者"评估工作。两年来，济南果品研究所严格按照评估工作流程开展企业标准"领跑者"评估工作，通过对标现有国家、行业标准，委托国家果蔬及加工产品质量检验检测中心开展摸底检测，查找公开声明企业标准指标水平等方式，科学合理制定企业标准"领跑者"评估方案，积极面向果蔬领域龙头企业推介"领跑者"标准，鼓励企业积极完善企业标准，并完成企业标准公开声明。两年来，济南果品研究所培育的 2 家蔬菜领域龙头企业——深圳百果园实业集团有限公司、山东七河生物科技股份有限公司分别荣获番茄企业标准"领跑者"和香菇企业标准"领跑者"称号。入选企业标准"领跑者"名单的企业，在宣传、推广和销售入围"领跑者"的企业标准所对应的产品或服务时，可以使用"领跑者"标识，方便消费者快速识别"领跑者"产品或服务，有利于营造"生产看领跑，消费选领跑"的社会氛围。

2022 年，济南果品研究所牵头组织起草我国首批蔬菜领域"领跑者"团体标准《质量分级及"领跑者"评价要求 鲜香菇》，该标准的发布实施将为推动我国蔬菜"领跑者"品牌的高质量发展提供技术支撑，注入"标准动能"，并为开展企业标准"领跑者"品牌评估工作提供重要依据。

基于蔬菜行业的痛点，2021 年起，深圳百果园实业（集团）股份有限公司提出打造"三个零蔬菜"品牌，引入 BLOF 生态和谐型技术指导蔬菜种植，坚持"不使用化学肥料，不使用化学农药，不使用化学激素"，让蔬菜有菜味儿，且更安全，更营养，也更美味。2021 年底，百果园发布《三个零蔬菜生产及采后处理技术规程》及"球茎类""瓜果类""根茎类""叶菜类""豆类"等标准，初步建成"三个零蔬菜"质量标准体系。标准中明确规定了"三个零蔬菜"是种植生产过程中不使用化学合成肥料，不使用化学农药，不使用化学激素的"0 化学合成肥料、0 化学农药、0 化学激素"高品质蔬菜，为"三个零蔬菜"品牌建设奠定了良好基础。目前，"三个零蔬菜"已在全国范围内建立了稳定的销售网络，除在百果园门店销售外，还分销扩展至 OLE、永旺、华润万家等精品商超渠道。

（三）产品品牌与区域品牌

1. 七彩庄园（寿光） 七彩庄园是山东省寿光蔬菜产业集团有限公司的自主品牌。

山东省寿光蔬菜产业集团组建于 1998 年，注册资本 5 442 万美元，入选国家农业产业化重点龙头企业 500 强。集团致力于现代蔬菜的全产业链运营，经营业务涵盖种业研发推广、基地种植生产、经营批发市场、仓储物流配送、精深加工出口等蔬菜全产业链领域。"七彩庄园"品牌，2012 年荣获中国驰名商标，2017 年荣获山东名牌农产品，2020 被评选为"全国蔬菜优秀企业品牌十强"第一名。

集团高度重视蔬菜育繁推一体化进程，先后投入 5 亿多元在寿光建设高品质核心蔬菜产业基地 6 666.67 hm²，全国布局蔬菜产业基地超 20 000 hm²，成立了一个中心、一个种质资源库、三个基地、四个实验室、六大蔬菜育种服务平台。2011 年底成为山东省蔬菜工程技术研究中心的依托单位，2015 年被认定为省级示范工程中心。种质资源库保存 2 万份国内外优良育种材料，育成寿研 4 号黄瓜、中寿 12 号辣椒、中寿 180 樱桃番茄、中寿 11‑3 番茄等拥有自主知识产权的优良新品种 52 个，累计推广 33 333.33 hm² 以上。2018 年全国蔬菜质量标准中心落户研究中心。

集团建设的寿光果菜批发市场已成为中国"南菜北运、北菜南调"的重要流通大平台。建有高标准万吨自动化冷库群，恒温保鲜库和速冻库仓储面积 10 000 m²，年吞吐量达 20 000 t。拥有国际先进的大型冷链物流运输体系，广泛应用了冷链仓储物流核心技术体系，建有完善的农产品冷链物流全程监控和追溯系统，提供专业化的果蔬仓储加工和冷链物流配送服务。充分发挥公益性市场全国蔬菜中转站和"蓄水池"作用。2019 年 12 月 14 日，依托集团果蔬加工集配中心建成了粤港澳大湾区"菜篮子"产品潍坊配送分中心，建立起销往粤港澳地区的"潍坊农品"和"寿光蔬菜"高端销售平台。

依托集团蔬菜全产业链雄厚的资源和基础优势联合全国蔬菜质量标准中心，按照国际先进食品行业标准建设了 8 万 m² 的综合蔬菜加工车间。布局热风干燥、调理食品、净菜加工等多个果蔬精深加工领域，采用高度自动模块化作业的加工设备，可实现果蔬的清洗、分拣、加工、整理、包装、仓储等生产工艺。公司先后通过了国际标准化组织（ISO）、国际食品安全管理（HACCP）、英国零售商协会（BRC）、美国食品药品管理局（FDA）和绿色食品标准（A 级）等体系认证。公司果蔬加工综合产能达 100 000 t，提高农产品附加值，带动农民增收，同时以更加完善的产品体系保证市场供应。

2. 乐义蔬菜（寿光） 寿光乐义蔬菜科技发展有限公司，地址位于寿光市孙家集街道三元朱村，从事蔬菜大棚建设、礼品套菜、精品套菜批发。"乐义"商标于 2001 年注册成功，2007 年被评为山东省著名商标，2008 年成为奥运会特供菜，2010 年荣获全国首件蔬菜综合类"中国驰名商标"称号。经过多年的发展，乐义蔬菜品牌获得 23 类绿色食品认证和 13 类有机食品认证。"乐义"蔬菜已成为一个知名区域农业品牌。

公司董事长王乐义于 1978 年带领村民完成了冬暖式大棚蔬菜种植技术试验，结束了我国北方冬季吃新鲜蔬菜难的历史，被誉为"冬暖式蔬菜大棚之父"。并于 1992 年完成了无公害蔬菜生产试验，创立了国内最早绿色蔬菜的产品标准，把无公害蔬菜搬上了国民的餐桌。公司坚持"绿色、科技、人文、健康"的宗旨，认真执行绿色蔬菜生产标准，对大棚蔬菜的农残含量进行监督和抽样检测，并建立菜农生产档案，严格规范每一个生产销售环节，有效监督指导基地蔬菜大棚安全无公害种植，让消费者买得放心，吃得舒心。目前公司现有种苗繁育基地 5.33 hm²，年育苗能力达 2 000 万株，拥有紧密型生产基地 466.67 hm²，松散型生产基地超过 5 333.33 hm²，精品蔬菜日加工能力 50 t。

公司注重农业技术的研发与推广，以三元朱村科学农业培训中心为核心，联合中国农科院、山东农业大学等 17 所高校和科研单位，长期聘请 39 名专家进行定期指导，开设种植管理、水肥调控、病虫预防等各种农技培训。研发高标准大棚建设技术，涵盖了滴灌、模板护墙、电动卷帘、钢架支撑及微机控制等多项先进工艺，实现了高标准集成。健全了大棚蔬菜生产的基本规程，引导农民实施标准化的蔬菜生产，统一为菜农提供技术、培训、管理、销售等全方位服务，以加速发展支柱产业并扩大生产基地的规模。

3. 星辉蔬菜（上海） 上海星辉蔬菜有限公司成立于 2000 年，位于中国上海市奉贤区海湾镇。公司立足高标准设施菜田资源优势和"从田头到餐桌"的现代蔬菜产业链，全面抓好蔬菜生产保供和产业转型升级。目前，公司拥有 2 000 hm² 蔬菜基地，主要生产新鲜蔬菜、芽苗菜、水培、净菜等蔬菜产品，每年可为上海市民提供 20 万 t 各类蔬菜产品。2006 年，公司被评为"国家农业标准化示范区"称号；2007 年，"星辉蔬菜"被评为上海名牌产品；2010 年，"星辉"商标被认定为上海市著名商标；2011 年，公司被评为"全国农业标准化示范县（农场）"称号，2022 年获得全国首批"生态农场"称号。

公司围绕提质增效、绿色发展的理念，打造生产机械化、设施工厂化的蔬菜产业示范园，开展蔬菜标准化、机械化、工厂化、智能化生产关键技术集成示范。成功创建 13 个蔬菜标准园、200 hm² 蔬菜机械化生产示范区以及 4.5 hm² 蔬菜植物工厂。在农业生产方面，积极推动精细化整地、精量化播种、机械化采收、无人机飞防等关键技术的应用推广，目前基地配备了 120 多台适用于蔬菜生产的农机装备，包括作畦机、播种机、移栽机、收割机、植保无人机等。可实现绿叶菜全程机械化作业，涵盖耕整地、作畦、播种、移栽、植保、采收等环节，有效解决市郊蔬菜生产面临的可持续发展瓶颈问题，为上海市蔬菜机械化生产提供了有益的探索和实践。为推动蔬菜生产的现代化、高效化、环保化作出了积极的贡献。

公司以推进沃土工程、实现绿色发展、打造全域生态作为重要发展目标，推广应用绿色防控、水肥一体化、土壤保育、农业废弃物综合利用等生态农业技术。该公司还创造性地将"工厂化蔬菜种植"与"工厂化渔业养殖"结合，建成工厂化"鱼菜共生"项目，探索出以大数据为基础的"零排放、高密度、高产、高效"的种植养殖模式。同时，以蔬果食用菌废弃物、畜禽粪便为原料，利用现代生物技术，开发生产的生物有机肥年产可达 6 万 t。蔬菜产品实现"两个 100%"，即蔬菜废弃物综合利用率达到 100% 和上市蔬菜产品 100% 符合食品安全国家标准；经济效益实现"两个 10%"，即节本增效 10% 和化学肥料用量减少 10%。实现农业种植结构优化布局、化肥农药减量增效的效果，为蔬菜产业转型升级提供新经验。

4. 昆明晨农绿色产品有限公司 昆明晨农绿色产品有限公司创建于 1998 年，位于云南省昆明经开区洛羊街道，注册资金 2 008 万元。主营业务涵盖蔬菜种苗培育、基地种植、产品加工，主要产品为保鲜、速冻、冻干等不同方式的蔬菜制品。经过多年的努力发展，公司已经取得了诸多荣誉和资质。"晨农"牌商标被云南省工商局评定为"云南省著名商标"，公司也荣获了"云南出口农产品检验检疫分类管理一类企业"称号。此外，公司还被省农业农村厅评为"省级龙头企业"，以及被农业部评为"农业产业化国家重点龙头企业"。除了在产业方面的成就，公司还积极承担社会责任，被农业部评为"全国园艺产品出口示范企业""全国乡镇企业创名牌重点企业"和"全国农产品加工业出口示范企业"等称号。

公司致力于发展蔬菜精深加工产业，通过加强与国际国内高校和科研单位的合作，专注于研发保鲜、冻干、速冻蔬菜三大系列，拥有200多个自主知识产权的产品，并销往加拿大、澳大利亚、日本、韩国、法国等20多个国家和地区。公司拥有符合《出口食品生产企业卫生要求》和《GMP良好操作规范》等标准的加工厂，面积约为3万 m^2。同时，公司建立了一套完整的产品质量自控体系，涵盖原料采购、分选加工、储藏运输、市场销售等环节。生产加工按照《SSOP标准卫生操作程序》严格执行，并通过了 ISO 9001：2000国际质量体系认证和 HACCP 食品安全管理体系认证。

公司采用"五统一"模式进行生产管理，即统一使用种子、肥料、技术、收购和检测。这种标准化管理模式有助于为农户提供适销品种引种、种植技术推广和市场信息发布等服务，从而有效降低农户单独面对市场的风险，确保农户的利益不受损失。为了实现农业产业化经营，公司在全省各州县（市）建立了20万亩蔬菜生产基地，并具备年生产加工能力达20万 t 的蔬菜加工能力，成功带动了25万户农户发展商品农业。

5. 多利农业发展有限公司 上海多利农业发展有限公司，于2005年在上海浦东新区成立，注册资本5 499万元，是中国最大的专业从事有机蔬菜种植和销售的企业之一。公司在上海、山东、四川、重庆、海南五省市建立了十余个高标准优质有机农田基地，获得南京国环有机认证（OFDC）、中国良好农业规范认证（GAP）、食品安全管理系统认证（HACCP）、质量管理体系（ISO 9001）等多项国内权威的体系认证。2010年获上海浦东新区农委授予的"浦东十大龙头农业企业"称号，2014年成为农业产业化上海市重点龙头企业，2019年被评为全国青少年农业科普示范基地。

公司致力于田园综合体建设发展生态农业，从生产、加工、销售和服务的闭环式产业链，将自身发展模式概括为"三进二带一出"，即资本、消费者和物联网科技进农村，共同打造现代化、标准化、品牌化的田园综合体；以平台思维和龙头思维，带动当地乡村休闲旅游的发展，打造研学、文创、度假的乐园；同步建设完善的田园社区和配套供应链体系设施，将特色农产品运出乡村实现更高的附加值，形成原住民、新移民、旅居客都能够安居的家园。通过"三进二带一出"，最终走出一条"三产联动、三园一体"的发展道路。

6. 北京绿富隆农业股份有限公司 北京绿富隆农业股份有限公司成立于2002年，位于北京市延庆区中关村。公司致力于有机蔬菜种植生产、加工销售、配送及进出口贸易。"绿富隆"商标被认定为"北京市著名商标"，公司被获得"中国名牌农产品""全国农产品加工业示范企业""北京市农业产业化重点龙头企业"等称号。公司打造有机品牌，通过了 ISO 9002、ISO 14001、QS、HACCP、CIQ 等资质认证，被国家市场监督管理总局批准为"全国第二批良好农业规范 GAP"认证试点单位，授予外贸进出口经营权，并获得中绿华夏颁发的有机产品认证证书。除产业生产方面，公司还积极参加社会服务，被国家外经贸部认定为"全国园艺产品出口示范企业"，被农业农村部评为"助奥行动"先进集体，被北京二商集团评为"2008 奥运食品供应先进单位"。

公司现有海南三亚、北京延庆两个科研育种基地，选育推出杂交玉米种、甜玉米种，其中甜玉米品种籽粒颜色深、皮薄、含糖量高、口感好，并且采收期长，适合深加工。公司在北京市延庆区大榆树镇建立蔬菜加工配送中心，是一个集速冻、脱水、真空预冷保鲜及深加工等功能于一体的综合性工厂，现有冷冻库容量 2 000 t，常温库容量 2 000 t，而保鲜库的容量则高达 4 000 t。此外公司还建有高标准的国家级天敌昆虫工厂化繁育与应用基地，目前拥有昆虫科技馆及先进的捕食螨、瓢虫、赤眼蜂和熊蜂的工厂化专业生产线 4 套，温室、实验室总面积逾 2 000 m²，实验室、化验室、冷库等配套设施完备，年可生产天敌和授粉昆虫 25 亿头，每年可满足 3 333.33 hm² 蚜虫、13 333.33 hm² 叶螨的防治需求。

二、蔬菜品牌建设和发展中的问题

在农业强国建设过程中，建设优良的农产品品牌是拓展农产品销售渠道和规模，巩固脱贫攻坚成果，实现乡村振兴的重要手段。但当前，我国农产品品牌建设和发展中还存在诸多问题，这不但影响了农产品销售，严重的甚至会导致该农产品"覆灭"。

1. 蔬菜品牌意识淡薄 我国的蔬菜市场有品牌蔬菜，也有无品牌蔬菜，而家庭蔬菜种植业是很常见的种植模式，农民不了解蔬菜品牌，不知道蔬菜品牌的重要性，也说明蔬菜品牌的理念还没有得到普及。在农村的从事蔬菜品牌建设管理的人员更少，对于蔬菜品牌的相关建设知识了解不够，因为蔬菜的保质期很短，所以很多消费者购买蔬菜都是就近购买，除了大型超市以外，其他地方几乎品牌蔬菜。除此之外，有很多小品牌在一定区域内有一定名气，被一定区域内的人们所认可，但是如果扩大范围，地方品牌的名气有限，还有部分品牌缺乏品牌精神，没有文化内涵。

2. 蔬菜产业链短缺 对于蔬菜品牌而言，小规模的生产和销售反而成为一种问题，因为蔬菜生产者和蔬菜供应商之间是独立的，所以导致蔬菜的流通不够迅速，没有形成一条完整的产业链。容易导致售价高，难销售的情况，大部分利润都被中间商所赚取，而农民作为蔬菜的生产者，收入却很少。除此之外，监督蔬菜质量也在这样的背景下加大了难度，产品的安全难以得到保障，产业链中对于蔬菜的储存和过剩等不合理的规划建设导致蔬菜资源浪费严重。我国蔬菜生产规模比较小，并且不够集中，所以难以实现现代化生产，这给蔬菜产业的发展造成了阻碍。

3. 品牌效应不明显 蔬菜品牌建设过程中品牌效应不明显的原因可以从多种方面分析。消费者购买蔬菜时，往往更加关注新鲜度、价格和种类，而不是品牌。这导致消费者在购买过程中对品牌的关注度较低；蔬菜作为日常消费品，其口感、颜色等特性相对单一，缺乏显著的品牌差异化特征。这使得消费者难以通过品牌来区分不同供应商的产品；而且蔬菜市场是一个高度竞争的领域，大量农户、合作社、农场等供应商参与其中。这种情况下，各种品牌混杂在一起，使得单一品牌的影响力被稀释；一些蔬菜品牌可能没有进行足够的宣传和推广，导致知名度不高，无法形成明显的品牌效应。最后，从种植到餐桌，蔬菜需要经过多个环节，如种植、采收、储存、运输和销售等。在这个过程中，任何环节的问题都可能影响品牌形象，因此保证供应链的质量控制也是提高品牌效应的一个关键因素；蔬菜品牌标准认证体系不完善，缺乏统一的质量标准和认证体系，消费者就很难通过品牌来判断产品的品质，这对建立品牌的信誉和影响力构成了挑战。

4. 人才制约蔬菜产业发展 农业本身对青年人才吸引力不够，因此返乡进行农业生产的青年人极少，人才无法及时更新换代。目前山东省蔬菜生产以中年人为主，大部分未经过系统专业知识的学习，即使经常参加技术培训，生产中也会面临各种问题，比如品种结构调整，不同气候条件下肥水管理、病虫害防控、成本节省、市场开拓等，蔬菜产业普遍缺乏高标准和高质量的管理，从而引起蔬菜产量和品质下降，进而减少了利润。现在虽已经有大学生创业种菜，但他们大多基础不牢固，种植面积不大，无法达到扶持条件，扎根发展较为困难。

三、蔬菜品牌建设策略

蔬菜品牌建设并不能简单地理解为建立一个蔬菜品牌，建立蔬菜品牌后的品牌维护和品牌宣传也是重中之重。因此，在进行蔬菜品牌建设工作时，必须讲求方法，利用合理的方式提升品牌影响力，从而更好地助力当地蔬菜产业的发展。

1. 树立蔬菜品牌意识 蔬菜品牌建设是蔬菜产业可持续发展的必由之路，也是实现蔬菜现代化生产的必然选择。蔬菜品牌建设的首要任务是树立并强化蔬菜品牌意识。品牌不只是抽象的符号文字，更是产品文化的认同和传承。引进品牌建设方面的专业人才，为蔬菜品牌建设提供专业知识支撑；积极向种植农户、合作社等宣传普及品牌知识，通过讲座、成功案例分析、产品展示会、经验交流会等，使人们增强对蔬菜品牌建设的重视程度，树立品牌意识。

2. 以大企业为核心建立完整的产业链 以龙头企业等大企业为核心，联合农户、合作社等建立起一条稳定的产业链。合作社组织农户，形成生产主体，进行产业化、标准化生产，提供优质的蔬菜；企业制定质量标准，帮助生产主体提高蔬菜品质和产量，同时保证蔬菜销售渠道。以大企业为核心建立产业链，可以为蔬菜品牌建设提供有力支撑。通过相关的政策鼓励引导蔬菜标准化生产销售，标准化是蔬菜产业化的重要环节，也是蔬菜品牌建设的重要手段。给予投资企业政策方面的鼓励和优惠，吸引资金投入蔬菜产业，将企业和农户联系起来，形成生产、采购、加工、销售一体化模式，着力发挥龙头企业规模化生产的示范作用，加快成立蔬菜合作社和协会，并逐步完善相关的制度法规。龙头企业拥有市场、资金、技术、管理等方面的优势，能帮助农户选择优良蔬菜品种，为农户提供蔬菜耕种技术培训，将分散的农户组织起来，增加市场触点，拓宽销售渠道，获得市场份额，建立蔬菜品牌基地。要支持蔬菜企业与高校科研机构开展合作，建立蔬菜保鲜加工技术研究基地，强化初级蔬菜保鲜、物流以及精深加工技术的探索与运用，降低蔬菜的损耗率，提升蔬菜品牌的附加值。

3. 重视科研，增加品牌的科技含量 科学技术是第一生产力，没有创新就没有生存和发展。企业要创品牌，必须拥有自主知识产权。品牌竞争的核心是技术竞争，技术创新能力是现代品牌国际竞争力的重要组成部分，尤其是核心技术和拥有自主知识产权的技术创新能力，因此科研创新是企业取得市场认可的制胜法宝，也是品牌建设的先决条件。只有加大蔬菜品牌方面的科研投入，拥有技术竞争力，才能树立起经得起市场考验的品牌。

4. 合理制定蔬菜品牌发展战略，走专业化品牌建设之路 近几年的蔬菜品牌区域性比较明显，虽取得了一定的效果，但成本较高无法形成规模经济，在其他地区仍然不被认可。建议打造针对全国市场的蔬菜品牌，加强全国连锁产地建设，距市场较远的地区种植便于运输的蔬菜，如洋葱、马铃薯、大蒜等；城市周围种植不易运输，对新鲜度要求较高的产品，如青菜、黄瓜、番茄等，实现蔬菜供给最优。另外，中国农业具有较强的自然和社会经济地域特征，从南到北形成了丰富多样、形形色色的农业区域，既表现为自然多样性，同时，又为文化多样性奠定了自然基础，特定区域专门化生产，有助于形成地域特色蔬菜品牌。

5. 丰富蔬菜品牌文化内涵 一个品牌的文化内涵是品牌的灵魂，是历史与特色的结合，是传统和现代的结合，好的品牌内涵能够增加消费者的认同感。利用地域优势，培育名、优、特蔬菜产品，让品牌成为人文精神的载体。

6. 健全蔬菜质量监管体制机制 把好蔬菜品牌质量关。蔬菜生产过程中对于化学药品的使用严格按标准执行并加强监督，向种植农户宣传普及质量安全知识，并就国家农业政策、食品安全、农产品法律法规、标准等对农民进行教育培训，对培训合格者颁发相关证书，在村里设专人对农产品化肥农药的使用进行定期监督，将收集的信息及时上报，并在收购蔬菜时，加强质量检验，对于不合格的要立即销毁。完善相关法律法规，填补盲点空白，建立完善的考核监督机制，对蔬菜生产、运输和销售过程进行跟踪监督，设置专门的蔬菜合格认证，严格质量管控，确保产供销过程的安全健康。另外，健全品牌认证和保护体系，对品牌建设工作进行监督考核，进一步扩大优质蔬菜品牌规模，通过品牌认证促使蔬菜生产向绿色、健康方向发展。

7. 完善蔬菜服务体系 金融服务对于蔬菜品牌化建设发挥重要作用，充足的资金能够支持蔬菜品牌的建设工作。加强政策引导，让正规金融进入农村，并放宽准入政策，引导民间资本进入金融市场，规范监督民间借贷，调整金融服务产品以适应蔬菜产业需求，形成"以政府为导向，以市场为基础"的农村金融新格局，加快金融机构基础设施建设，完善农村金融服务体系，使蔬菜品牌建设有足够的资金支持。

另外还需要政府牵头与保险企业合作深入基层宣传农业保险相关内容，鼓励引导保险业参与蔬菜生产链当中，针对蔬菜的特殊性设计更加多样化的保险品种，确保保费的可支付性，降低蔬菜产业各个环节的风险成本。政府采取可变的蔬菜保险补贴政策，尽可能保证农民收入的稳定。

我国蔬菜产品市场已进入了品牌时代，品牌化建设不仅能够增强蔬菜产业的附加值，还可以促进农民收入增长。蔬菜品牌的建设离不开产品质量，通过标准体系的实施有利于降低生产成本、保障产品质量的均一稳定；有利于建立好的口碑，为企业、行业塑造良好的品牌形象、提高品牌的美誉度；有利于降低蔬菜生产、运输和销售中存在的风险与损失。因此，品牌建设与标准化建设有着紧密的联系，只有通过推动蔬菜产业标准化、品牌化协同发展，才能有效发挥品牌引领作用，推动企业开展创新变革、提高蔬菜产品质量、促进消费者放心消费、实现产业高质量发展。

■参考文献

安洁，2018. 蔬菜标准体系建设指南：DB37/T 3383—2018［S］.

安洁，王爽，高中强，等，2021. 加快标准化建设助推山东蔬菜产业高质量发展［J］. 中国标准化（6）：50-53.

陈静，周大森，张鑫，等，2022. 我国果品产业标准化现状及发展对策［J］. 中国果菜，42（4）：68-71，79.

国家发展改革委，农业部，2012. 全国蔬菜产业发展规划（2011—2020 年）（发改农经〔2012〕49 号）〔S〕.

胡晓云，徐东辉，孙志永，2022. 农业生产"三品一标"专家系列解读之一：品牌打造——促进蔬菜产业高质量发展的新赋能〔J〕. 中国蔬菜（12）：1-6.

扈立家，李天来，2006. 我国蔬菜产业标准化过程中存在的问题及对策〔J〕. 安徽农业科学，34（9）：1952-1953.

贾俊香，杨国栋，崔连伟，2022. 加快发展我国特色蔬菜产业的对策建议〔J〕. 农业经济（10）：21-22.

李丹，李露，刘文，2019. 我国蔬菜品牌建设研究〔J〕. 农业科技管理，38（1）：3.

李庆友，2020. 我国蔬菜品牌建设的建议〔J〕. 中国果菜，40（5）：106-108.

刘义满，袁尚勇，魏玉翔，2018. 湖北省蔬菜生产标准化体系建设现状与发展对策〔J〕. 湖北农业科学，57（7）：69-74.

张德纯，徐东辉，2022. 解读新"三品一标"促进蔬菜产业发展〔J〕. 中国蔬菜（4）：1-3.

张凤兰，2022. 我国蔬菜种业发展成效和趋势〔J〕. 蔬菜（5）：1-5.

张艳丽，王茹，2022. 合作市农产品品牌建设情况及农产品供应链存在的主要问题〔J〕. 农村科学实验（10）：113-115.

第十五章 典型蔬菜处理方案

第一节 番 茄

一、产业概况

1. 番茄产业规模 番茄，是茄科茄属一年生草本植物，富含多种维生素、番茄红素和矿物质，色泽艳丽，口感酸甜，具有生津止渴、清热解毒、健胃消食、降脂降压、抗癌防衰等功效。番茄原产于南美洲，是全球栽培最广、消费量最大的蔬菜作物，据统计，2022 年全球番茄栽培面积为 491.77 万 hm^2，产量 1.86 亿 t，在蔬菜作物中位居首位。中国是世界最大的番茄生产和消费国之一，其中鲜食番茄产量稳居世界第一，加工番茄产量位居世界前三。我国有 24 个省份大规模种植番茄，品种以红果、粉果为主，最近 10 年间（2013—2022）全国番茄产量处于正增长，年规模已超 114.2 万 hm^2，产量 6 834 万 t（图 15-1）。

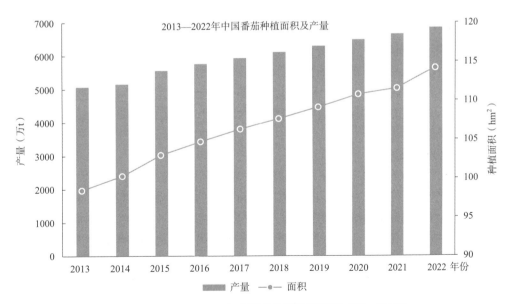

图 15-1 2013—2022 年我国番茄种植面积及产量（FAO）

2. 番茄产业发展现状 番茄品种繁多，既可以鲜食和烹饪，也可加工成番茄制品。番茄制品可分为初加工和深加工产品，初加工产品主要包括番茄酱、去皮番茄、番茄汁、番茄沙司、番茄粉等，大多采用喷淋清洗、冷（热）破碎、真空浓缩、高温瞬时灭菌、冷却、无菌灌装等加工工艺。深加工产品主要包括番茄红素、番茄膳食纤维、番茄 SOD 和发酵饮料等，用来满足不同消费层次对番茄制品的需求并提高番茄的整体利用率。在番茄产品中，最主要的产品为鲜番茄，在初加工产品中，最主要的为番茄酱，两者合计占整个番茄产品的 74.8%（图 15 - 2）。

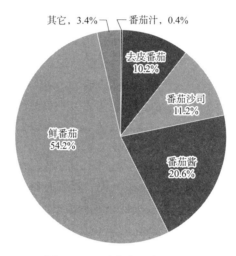

图 15 - 2　番茄产品占比情况

二、番茄贮藏保鲜

1. 贮藏特性　番茄是一种典型的呼吸跃变型浆果，对乙烯敏感，后熟衰老迅速，不耐贮藏。番茄的耐贮性与品种有关，一般中晚熟品种较早熟品种耐贮藏性强，是一类皮厚、肉质致密、水分较少、干物质含量高、呼吸强度低、抗病性强的品种，其耐贮性较好。相反，果皮糙、易裂果的品种不耐贮藏。番茄的耐贮性还与采收成熟度密切相关，番茄达到绿熟后，采收越早，越耐贮藏。此外，番茄属于冷敏型果实，不适宜的低温容易引起果实冷害，不同成熟度果实适宜贮运环境温度不同。果实成熟度越低，越容易发生冷害，适宜贮藏温度越高。

2. 商品化处理技术

（1）采收。番茄的成熟阶段分为：绿熟期、微熟期（顶红）、半熟期（半红）、坚熟期（红而硬）和完熟期（红而软）。不同成熟度番茄果实的贮运温度、贮运寿命等均不同，应根据运输距离、预期贮藏寿命、运输方式等确定适宜果实采收成熟度。本地鲜销的硬果肉品种完熟期采收，普通多汁型品种坚熟期采收，中距离运输的番茄半熟期采收，远距离贮藏的番茄微熟期或绿熟期采收。

（2）分级。选取果实外观新鲜完好，无腐烂、变质，无严重机械损伤，无病虫害的果实，根据果实的外观、大小质量、营养成分等进行分级，将果实等级分为特级、一级和二级。根据果实的大小将果实分为 L、S 和 M 三个规格。不同等级的番茄果实质量和规格见表 15 - 1 和表 15 - 2（GH/T 1193—2021）。

表 15 - 1　番茄等级

等　级	要　求
特级	外观一致，果形、色泽良好，果皮光滑，果萼鲜绿；果实坚实，富有弹性，成熟度适宜；无日灼、褪色斑、疤痕、雹伤、冻伤、皱缩及机械伤
一级	外观基本一致，果形、色泽较好，果皮较光滑，果萼较鲜绿；果实坚实，富有弹性，已成熟或欠熟；无日灼、褪色斑、疤痕、雹伤、冻伤、皱缩及机械伤
二级	外观基本一致，果形、色泽尚好，果萼轻微萎缩；果实较坚实，弹性较差，稍欠成熟或过熟；无严重日灼、畸形果、裂果及机械伤，果实商品性未受影响

注：果萼鲜绿仅针对樱桃番茄。

表 15 - 2　番茄规格

单位：g

品种类型	L	S	M
大果型品种	>250	150～250	<150
中果型品种	>150	100～150	<100
小果型品种	>15	10～15	<10

注：大果型、中果型和小果型品种分别对应硬粉、水果番茄、樱桃番茄，其他品种可参考执行。

（3）预冷。作为农产品冷链的最先一公里，预冷是全程冷链中最重要、最基础的一个环节。预冷可以及时去除番茄果实的田间热和呼吸热，降低其呼吸强度，抑制与后熟衰老相关的酶活性，有效抑制机体内的生理代谢活动，减少营养物质的消耗，还可以抑制微生物的生长，进而延长贮运期、延伸销售半径。研究表明，即使采用全程冷链流通，如果前端缺少即时预冷处理，果蔬损耗率仍然高达15%，而经过预冷处理后的流通腐损率能降至5%～10%。因此，番茄在采收后应尽快预冷，适宜的预冷方式有风预冷和水预冷，宜在采后24 h内将果心温度降至适宜贮藏温度。

（4）包装。在贮藏和运输过程中应采用不同的包装形式，贮藏用包装可采用透气性良好的保鲜袋，运输用包装应采用缓冲、减损包装。包装容器最好选择纸箱和塑料箱，纸箱要打孔，便于冷热交换，保证具有良好的空气流通环境，箱内番茄码放层数不超过三层。

3. 贮藏保鲜技术

（1）机械冷藏。机械冷藏是番茄贮藏中最常用最有效的方法之一。番茄属于低温敏感型果蔬，冷藏最适温度取决于番茄的成熟度、运输距离和保鲜期限。一般来说，番茄成熟度越高，冷藏温度越低。不同成熟度番茄的适宜冷藏温度、不同运输时间下的运输温度见表 15 - 3 和表 15 - 4（SB/T 10449—2007 番茄冷藏和冷藏运输指南）。

表 15 - 3　不同成熟度番茄的冷藏温度

成熟度	冷藏温度/℃	成熟期
1	12～13	绿熟期
2	10～12	微熟期
3	9～10	半熟期
4	8～10	坚熟期
5	6～8	完熟期

表 15 – 4　不同成熟度番茄在不同运输时间下的运输温度

成熟度	运输时间			
	2～3 d		4～6 d	
	运输温度/℃	运输后的成熟度	运输温度/℃	运输后的成熟度
1	12～14	4	12～14	5
2	12～14	4	12～14	5
3	10～12	5	10～12	5
4	8～10	5	6～8	5
			8～10	5
5	8～10	5	6～8	5
			8～10	5

（2）气调贮藏。适当提高贮藏环境中 CO_2 的浓度和降低 O_2 的浓度，可抑制采后生理代谢，延缓成熟衰老及腐败进程，进而延长蔬菜采后贮藏期、保持商品品质和营养价值。番茄适宜的气调贮藏参数为 2％～4％ O_2 和 3％～6％ CO_2。当 O_2 浓度低于 2％时，果皮会出现局部下陷和浅褐色斑痕，严重时果皮变白，果蒂部腐烂。CO_2 浓度过高时，果皮上会出现白点，然后转为棕色斑点。

虽然气调贮藏保鲜效果好，但是由于其仪器设备投资成本高，对操作人员的技术要求高，长期以来只是处于示范阶段，市场接受度小，未能大规模使用，而是使用适宜透气性的自发气调包装来实现气调效果。

（3）1 - MCP 保鲜。1 - MCP 是一种乙烯竞争性抑制剂，其作用机理是与果实中的乙烯受体发生不可逆性结合，阻断乙烯诱导的信号传导，延缓成熟衰老的过程。弓德强等（2022）研究认为，1 - MCP 处理可显著降低番茄果实的呼吸强度，延缓了果实硬度、可溶性固形物和维生素 C 含量的降低，抑制柠檬酸、奎宁酸和琥珀酸等有机酸的降解，有效延缓番茄果实的软化和衰老进程。

三、番茄加工

番茄被称为维生素 C 之王，因其钙、磷、铁等含量都超过一般水果，适合各种人群食用，特别是中老年、婴幼儿，从而番茄也成为全球加工量最大的蔬菜品类。目前 1/4 的新鲜番茄是专门用于下游加工，每年约 3 700 万 t 的番茄，由全球各地食品加工企业进一步加工后销售。世界加工番茄理事会数据显示，2021 年全球加工番茄产量为 3 918 万 t。我国番茄深加工比重在不断增加，加工番茄产值每年以 10％～15％ 的速度增长，2020 年中国加工番茄行业市场规模为 30.23 亿元。番茄深加工制品中含有丰富的番茄红素、黄酮和多酚类等营养物质，具有强大的抗氧化、抗衰老等作用。然而，目前我国还处于番茄制品深加工的初期，对番茄红素等营养物质的提取还不够高效，还需进一步提升深加工提取的工艺效率。随着番茄深加工利用水平的不断提高，将得到越来越多的科学家和广大消费者对番茄制品健康价值的认可。

主要的番茄制品及加工工艺流程如下：

1. 番茄酱　番茄酱中除了番茄红素外还有 B 族维生素、膳食纤维、矿物质、蛋白质及天然果胶等物质，与新鲜番茄相比，番茄酱里的营养成分更容易被人体吸收。

（1）工艺流程。物料清洗→破碎→预热灭酶→打浆精制→真空浓缩→高温瞬时杀菌→灌装。

（2）操作要点

①物料清洗：番茄经水力输送进入生产车间，水力输送可以去除混入番茄原料中的草、叶等杂物，还可以洗去番茄表面附着的土、砂、微生物和农药，然后进入清洗机再强化清洗。

②破碎：破碎番茄是为了更好地打浆，提高出浆率。番茄破碎分为热破工艺和冷破工艺，采用的破碎方式与原料的品质及产品的质量要求有一定关系。

③预热灭酶：番茄打浆前需经预热处理，其目的主要是控制果胶酶的活性，防止制品产生汁液分离现象；使破碎的果肉软化，有利于打浆并减少打浆的损失，增加制品黏稠度；排除果实组织间隙以及浆汁中的空气，有利于维生素的保存，避免在加热浓缩时产生泡沫。

④打浆精制：打浆精制是番茄酱加工的重要工序之一，通过精制机的破碎，番茄一次完成打浆精制过程。打浆精制所产生的废渣率应该控制在一定比例，出渣过湿，则原料损耗加大，出浆率降低；出渣太干，则会造成种子在打浆机中被刮板挤擦破碎，影响成品的风味和形态。

⑤真空浓缩：番茄原浆需要浓缩近六倍从而制成番茄酱。目前采用的设备仍以真空蒸发浓缩为主。常使用三效或四效的强制循环管式蒸发器，多效强制循环管式蒸发器适用于比较黏稠、流动性差的物料的蒸发浓缩。

⑥高温瞬时杀菌：在短时间内进行快速的灭菌，这样物料的营养成分不受损、不流失，且产品颜色不改变。

⑦灌装：根据需求定制灌装机，可以按照设计要求包装成多种样式，如大袋灌装、玻璃瓶装等。

2. 番茄粉

（1）工艺流程。原料选择→清洗→拣选→热破碎→打浆→真空浓缩→干燥。

（2）操作要点

①原料选择：选用新鲜、成熟、色泽亮红、无病虫害的番茄作为原料。清洗：通过清洗除去果实上附着的泥沙、残留农药以及微生物等。拣选：除去腐烂、有病虫斑或色泽不良的番茄。

②热破碎：番茄的破碎方法包括热破碎和冷破碎。热破碎是指将番茄破碎后立即加热到 85 ℃的处理方法。由于热破碎法可以将番茄浆中的果胶酯酶和聚半乳糖醛酸酶得到及时的钝化，果胶物质保留量多，最后所得番茄制品具有较高的稠度。

③打浆：打浆的目的是去除番茄的皮与籽。采用双道或三道打浆机进行打浆，第一道打浆机的筛网孔径为 0.8～1.0 cm，第二道打浆机的筛网孔径一般为 0.4～0.6 cm。打浆机的转速一般为 800～1 200 r/min。打浆后所得皮渣量一般应控制在 4%～5%。

④真空浓缩：浓缩的方法有真空浓缩和常压浓缩。常压浓缩由于浓缩的温度高，番茄浆料受热会导致色泽、风味下降，产品质量差；而真空浓缩所采用的温度为 50 ℃左右，真空度为 670 mm 汞柱以上。

⑤干燥：番茄浓缩物的干燥方法很多，主要有冷冻干燥法、膨化干燥法、滚筒干燥

法、泡沫层干燥法以及喷雾干燥法等。

3. 番茄汁 番茄汁又叫番茄原汁，具有番茄特有的颜色和天然风味，含有丰富的维生素，在国际上是消费量较大的保健饮料，在我国目前产量还不大，但有逐年增加的趋势。

（1）工艺流程。原料验收和贮存→清洗→选别→破碎→预热→榨汁→排气→加热灭菌→装罐→封口→杀菌。

（2）操作要点。

①原料选择：选用成熟、无损伤、新鲜的番茄，无病虫害及腐烂变质的番茄。

②预处理：将番茄洗净，去蒂柄、修去斑点及青绿部分，用去子机将番茄破碎、脱子后，立即用加热器将番茄迅速加热至 85 ℃以上。

③榨汁：用打浆机或螺旋式榨汁机榨汁，浆汁中要求无碎子皮、黑点及杂质等，控制出汁率在 80%左右。

④调配：番茄原汁进入调配缸，添加 0.5%～1.0%的食盐（食盐要配成溶液过滤后加入），通常不需要在番茄原汁中添加蔗糖，少数国家允许在番茄原汁中添加蔗糖，允许最大加糖量为 1%。

⑤排气：脱气真空度要求 0.05 MPa，3～5 min，均质温度要求 70 ℃以上，压力要求 18 MPa 以上。

⑥灌装、封口：将汁液加热到 85 ℃以上灌装，封口时中心温度不得低于 80 ℃。

⑦杀菌、冷却：封罐后，立即将罐头移至连续回转式压力杀菌机中，加热 121 ℃，维持 42～45 s 杀菌，然后送到加氯的水中迅速冷却至 35 ℃以下，取出擦干，打印代号，加贴商标，最后装箱入库。杀菌也可加热到 100 ℃，维持 5～10 min 完成。

4. 浓缩番茄汁

（1）工艺流程。原料验收→贮存→流送和清洗→挑选→破碎和预热→精制→双联过滤→蒸发浓缩→杀菌→封口罐装→后杀菌→冷却→包装材料验收→包装→贮存和运输。

（2）操作要点

①原料验收：番茄原料检验人员审核原料是否合格，按原料收购标准随机抽取规定数量的原料进行外观和固形物检验，符合要求的过磅称重并入厂。

②贮存：验收合格的番茄原料倒入料池清洁，放料采用先进先出的原则，贮存的原料需及时投入使用，料池放空时，需对料池用清水冲洗并清除沉淀。

③流送和清洗：番茄原料经流送沟由二级循环水送入提升机，绝大部分物理杂质由格栅去除或落入沉降槽，金属杂质由除铁器去除，番茄原料在提升和输送到原料选台的过程中，使用符合生产用水标准的清洁水进行喷淋清洗和浮洗，再通过喷头漂洗原料进入挑选台。

④挑选：进入挑选台的原料由人工挑出腐烂果及杂质，经流送槽运出。

⑤破碎和预热：挑选后的原料输送至破碎机，破碎后通过密封管道进入预热系统。根据产品规格，设置需要的温度，生产车间根据设定温度自动控制蒸汽阀的开度，达到需要的预热温度。（原料正常情况下热破碎预热温度为 80～98 ℃，冷破碎预热温度为 45～75 ℃）。

⑥精制：经预热软化的破碎番茄进入单道或双道精制机（由带叶片的转子及筛网构

成），进入精制机的破碎番茄在转子旋转的离心力作用下，皮籽被滤出，经螺旋输送机排出。番茄汁经过筛网进入贮藏罐，根据产品要求，可采用不同孔径的筛网和调整精制机转速。

⑦双联过滤：番茄汁在进入蒸发器前需经滤网过滤，防止皮籽、金属等异物因精制机筛网破损而进入产品中，滤网需定期进行检查。

⑧蒸发浓缩：将精制后的番茄汁输入真空浓缩系统。在一定的真空和加热条件下，番茄汁中的水分在分离器中分离，并经凝液抽出系统抽出。预热蒸汽与物料为逆流方式，预热蒸汽被重复利用。物料由三效至一效逐步地连续进行浓缩，当产品浓缩到需要的浓度后，输入杀菌贮罐。

⑨杀菌：在杀菌段，将浓缩番茄汁体加热到设定值，以工艺指令为主，经过既定的工艺管路，杀菌温度不低于设定值下限，经杀菌后进入封口灌装机灌装。

⑩封口灌装：将产品按设定好的灌装量进行灌装封口，灌装后的产品中心温度不低于85 ℃。

⑪后杀菌：灌装后的产品进入后杀菌工序，在 95 ℃以上热水中加热 25 min 后，进入冷却。

⑫冷却：后杀菌后的产品经过冷却后，达到冷却温度后输入成品库房码垛。

⑬包装材料验收：包装检验员凭相关合格证书验收包装材料，同时检查内外包装外观有无污染、破损、锈蚀并核对数量。

⑭包装：入库后产品经检验无异常，按照打包要求进行包装。

⑮贮存和运输：查验员按查验标准对贮存产品进行查验，产品无异常即可出库运输。

5. 益生菌发酵番茄汁工艺 随着发酵食品的不断发展和扩大，利用益生菌发酵番茄，可以降低番茄汁糖类，增加酸度，防止腐败菌生长，易于保存，是新型果蔬汁饮料。

（1）工艺流程。番茄→修正→烫瓢去皮→打浆加热→接种发酵→均质→杀菌灌装→成品。

（2）操作要点。原料预处理：选择成熟，颜色鲜艳大小均一无病害腐烂的优质番茄，去除果柄果叶等不可食部分，利用 80～90 ℃热水进行烫瓢去皮。

打浆加热：将去皮后的西红柿倒入打浆机内打浆后加热至 85 ℃，保温 30 min 杀菌灭酶。

接种发酵：将活化后的益生菌按原料质量 1‰的比例加入番茄汁中，菌种浓度不低于8lg CFU/g。发酵后的番茄汁应有发酵香气不呈现腐烂味，否则应更换发酵菌种。

均质：发酵后的番茄汁进入均质机均质，使组织达到均匀、细小状态，产品不分层。

杀菌灌装：均质后的番茄汁进行 UHT 杀菌灌装后，检验合格即成品。

四、番茄综合利用

番茄加工过程中，番茄皮、籽等副产物产量较大，在番茄原料总量中占 3％～8％，这些副产物在资源浪费的同时也造成了环境污染等问题。近年来，国内外研究人员通过对番茄副产物的研究发现，番茄皮籽中富含番茄红素、蛋白质、脂肪、粗纤维、维生素等多种营养成分，具有较强的抗氧化、抗炎、抗癌等活性，加工利用后可产生更高的经济价值。

1. 番茄红素 在番茄的加工过程中,会产生大量含有番茄红素的番茄皮渣副产物。番茄红素是一种无氧类胡萝卜素类物质,广泛存在于其果肉和果皮中。研究表明,番茄红素能够治疗癌症、肥胖、高血糖、氧化损伤等多种疾病,具有广泛的市场应用前景(张雪亮,2023;方洲,2022;乔强,2022)。因此,对皮渣中番茄红素的提取工艺的研究引起了人们的关注,很多研究者采用不同的方法来提取番茄中的番茄红素,将番茄皮变废为宝。

番茄红素的提取方法包括有机溶剂萃取、超声波辅助提取法、超临界流体萃取等。传统的溶剂萃取法会有溶剂残留,存在纯化和去残留等问题仍需进一步地研究改进。相较于传统的提取方式,新兴的超临界流体萃取技术可以利用溶剂的相变实现被提取物的溶解及分离。该技术具有独特优势,并有望在未来的研究中得到广泛应用。王海峰等(2014)利用超临界 CO_2 萃取技术研究发现,在 55 ℃提取温度,30 MPa 提取压力,22 kg/h CO_2 流速,90%乙醇浓度的条件下提取 2.0 h,可以得到纯度 90%以上的番茄红素。另外,在番茄红素提取前,副产物通常需要预处理,如热烫、粉碎、干燥等工艺,这可能会导致有价值的化合物产生重大损失。脉冲电场法不仅对番茄红素提取物的生理活性具有良好的保护作用,还能降低能源费用,缩短时间。有研究者应用脉冲电场和蒸汽热烫联合处理番茄,显著提高了番茄红素提取物的含量和抗氧化能力;在番茄加工过程中,在蒸汽热烫之前引入了脉冲电场,有助于维持番茄加工副产物的稳定,并且脉冲电场和蒸汽热烫都没有引起番茄红素的任何选择性释放或降解。

目前,利用番茄红素研发的产品主要有番茄红素油、番茄红素胶囊、番茄红素片、番茄红素口服液等,这些产品被广泛应用在食品、医药、保健品等领域,具备保护皮肤、抗衰老以及预防前列腺癌等功能。新疆红帆生物科技有限公司是一家专注于天然产物及其产品生产的公司,该公司的核心技术是通过三次技术升级的超临界 CO_2 萃取技术,可以实现年产 20 t 10%番茄红素油树脂的生产能力。该公司的主要产品红帆牌番茄红素是国家批准的保健食品,2005 年被列为国家新产品。红帆番茄红素在新疆畅销多年,已经成为新疆保健食品市场的主要品牌之一。国内知名番茄红素品牌 ChalkiS,集番茄种植、生产、加工、贸易、科研开发为一体,其生产的番茄红素维生素 E 软胶囊是从番茄中提取的天然番茄红素,易被人体吸收利用。

2. 膳食纤维 番茄皮渣中富含膳食纤维,其含量超过 80%。膳食纤维可以通过酶解和酸碱处理进行分离提取。酶解作为最常用的方法,主要包括纤维素酶、糖化酶、淀粉酶和蛋白酶。酶解法不仅可以在加工过程中获得纯度较高的膳食纤维,还有利于减少膳食纤维产品中的粗蛋白、粗脂肪和淀粉等杂质,但提取时间往往超过 6 h,耗时较长。另一种方法是酸碱法,该法可以提高膳食纤维的膨胀力和持水能力,且相对简单迅速,但对设备的要求较高,需要较高浓度的酸碱溶液,处理废液也存在较大的环境压力。

通常,膳食纤维根据其在水中的溶解性来区分,可以分为两类:可溶性膳食纤维(SDF)和不溶性膳食纤维(IDF)。SDF 因其能够溶解在水中,在食品中有较好可添加性。然而,没有经过处理的番茄皮渣中 SDF 含量较低,不能直接加入食品中。因此,通过对番茄皮渣进行改性处理可以提高番茄皮渣的物化性质和功能,从而提高 SDF 含量。蒸汽爆破预处理技术是一种常用的处理技术,主要是通过改变纤维素、半纤维素和木质素等组分结构,从而进一步改善原料的物理性能。该技术广泛应用于农作物残留物和木质纤维素资源加工利用领域、被认为是最有潜力的处理技术之一。崔潇文等（2021）利用番茄皮渣研究发现，通过蒸汽爆破预处理技术可以提高 SDF 含量、降低 IDF 含量，且在1.0 MPa 的处理条件下大大提高了 SDF 含量，比未处理样品提高了 26.43%；此外，蒸汽爆破预处理能够显著降低番茄皮渣膳食纤维的持水力和膨胀力，同时整体提高其溶解性、持油力、体外抗氧化能力；番茄皮渣膳食纤维的流动性得到改善，滑角、休止角及容重显著降低，番茄皮渣致密结构被明显破坏，暴露更多的网状多孔结构。因此，蒸汽爆破预处理可增加番茄皮渣可溶性膳食纤维含量，改善番茄皮渣膳食纤维表观特性和理化性质。

周靖等（2020）利用生物酶法及超微粉碎技术，用番茄皮为原料制成速溶番茄纤维粉后发现，在蛋白酶添加量 0.7%，料液比 1∶20，酶解温度 70 ℃，pH 7 的条件下酶解 2 h，番茄纤维粉提取率可达 74.32%，持水力和膨胀性分别为 1.307 8 g/g 和 4.467 5 mL/g，具有更好的速溶性。刘洵好（2011）发现在酥性饼干中加入 4%~8% 的番茄膳食纤维，饼干的口感、色泽、脆度和疏松度可以得到极大改善。

3. 番茄籽蛋白 番茄籽中富含球蛋白、清蛋白、醇溶蛋白和麦谷蛋白等多种高品质的蛋白质，其中球蛋白含量可达 70%。目前，碱提酸沉法、冷热破碎法是提取番茄籽蛋白中最常用的两种方法。Mechmeche 等（2017）发现 pH 的高低对番茄籽蛋白的提取影响较大，较高和较低的 pH 均可以促进籽蛋白的提取。但在高 pH 的提取条件下，蛋白质乳化性、起泡性较好，而低 pH 提取的蛋白质的体积密度较高、黏膜弹性较低。另有研究发现，番茄籽蛋白质的理化性质和提取率也会受到提取温度的影响，与热破碎工艺相比，冷破碎工艺提取的蛋白质得率较高，但蛋白质的乳化性、起泡性、吸水力和吸油力都比较低（Shao，2014）。因此，可以通过改变温度和 pH 来改变番茄蛋白提取物的特性。

番茄籽蛋白在食品加工中的应用也较多。将番茄籽蛋白添加到面包粉中，不仅可以使面包中的多种氨基酸（尤其是赖氨酸和甲硫氨酸）含量显著增加，增强面包的营养价值，还可以使面包的水分散失变慢、改善面包口感、提高面包的货架期等。另外，番茄籽蛋白不仅营养丰富，还具有良好的药用价值，可以使其在保健和医药产品中发挥更显著的价值。Shao 等（2013）发现番茄籽蛋白可以使血液中胆固醇含量显著降低，尤其是血浆中胆固醇、低密度脂蛋白胆固醇的含量。

4. 番茄籽油 番茄籽中富含油脂，干燥番茄籽中的脂肪含量通常在 20.5%~29.6% 之间，不饱和脂肪酸与饱和脂肪酸的含量约 8∶2。其中，亚油酸和油酸是不饱和脂肪酸的主要成分，而软脂酸和硬脂酸是饱和脂肪酸的主要成分。目前，压榨法、水酶法、有机溶剂萃取法、超临界 CO_2 萃取法等仍是提取番茄籽油的常用方法。Eller 等（2010）利用乙醇、己烷和超临界 CO_2 萃取三种方式对番茄籽油的得率和成分进行了研究，结果发现，在乙醇提取条件下番茄籽油得率最大为 23.1%，而超临界 CO_2 萃取条件下植物甾醇提取率最高为 1.23%。

番茄籽油中的亚油酸等不饱和脂肪酸对于胞内氧自由基的产生具有一定的抑制作用，因此具备一定的抗氧化作用。此外，番茄籽油中含有丰富的抗氧化、抗衰老和降血压、降血脂和预防动脉粥样硬化等生理功效的维生素 E 和番茄红素等，具有良好的综合利用价值。因此，番茄籽油不仅可以用于强化食用油的营养价值如橄榄油、葵花籽油、大豆油等，还可以开发成专用的高品质保健植物油，从而使番茄副产物的附加值大大提高。

5. 其他方面 综合利用富含功能成分的番茄皮渣，不仅可以提高产品中蛋白质、膳食纤维等的含量，还能够改善其色泽。另有研究表明，对番茄皮渣进行青贮发酵，可为畜禽提供优质饲料资源，缓解我国饲料资源紧缺问题。整体而言，番茄在综合利用领域具有很大的开发潜力，未来在食品、保健和医药领域仍具有极大的发展空间。

五、番茄质量安全

我国在食品安全国家标准中制定了污染物、农药残留等常见的危害蔬菜质量安全指标的限量要求，针对番茄污染物和农药残留具体规定如下：

1. 污染物 《GB 2762—2022 食品安全国家标准 食品中污染物限量》中规定的适于番茄的污染物限量见表 15-5。

表 15-5 番茄污染物限量

污染物种类	限量要求/mg/kg
总汞	0.01
砷	0.5
铬	0.5

2. 农药残留 《GB 2763—2021 食品安全国家标准 食品中农药最大残留限量》中关于番茄的农药残留限量见表 15-6。

表 15-6 番茄农药残留限量

农药名称	限量要求	农药名称	限量要求
噻虫嗪	≤0.7	甲拌磷	≤0.01
烯酰吗啉	≤1	三唑醇	≤1
吡唑醚菌酯	≤0.5	三唑磷	≤0.05
敌百虫	≤0.2	毒死蜱	≤0.02
啶虫脒	≤0.2	嘧菌环胺	≤2
灭多威	≤0.2	狄氏剂	≤0.05
辛硫磷	≤0.05	苯醚甲环唑	≤0.6
涕灭威	≤0.03	杀螟硫磷	≤0.5
硫线磷	≤0.02	氯唑磷	≤0.01
唑螨酯	≤0.2	水胺硫磷	≤0.05
苯线磷	≤0.02	氟虫腈	≤0.02
杀虫脒	≤0.01	杀扑磷	≤0.05
乙酰甲胺磷	≤0.02	腈菌唑	≤0.2
乐果	≤0.01	氧乐果	≤0.02
甲胺磷	≤0.05	甲基对硫磷	≤0.02
硫环磷	≤0.03	六六六	≤0.05
内吸磷	≤0.02	三氯杀螨醇	≤0.01
克百威	≤0.02	地虫硫磷	≤0.01

（续）

农药名称	限量要求	农药名称	限量要求
螺虫乙酯	≤1	蝇毒磷	≤0.05
溴氰虫酰胺	≤0.5	特丁硫磷	≤0.01
氟啶虫胺腈	≤1.5	磷胺	≤0.05
噻虫胺	≤0.05	敌草腈	≤0.01
甲氨基阿维菌素苯甲酸盐	≤0.02	滴滴涕	≤0.05
氟酰脲	≤0.7	艾氏剂	≤0.05
呋虫胺	≤0.5	马拉硫磷	≤1
甲基硫环磷	≤0.03	治螟磷	≤0.01
庚烯磷	≤0.01	三唑酮（三唑酮和三唑醇之和）	≤1
甲氧虫酰肼	≤0.3	甲氧滴滴涕	≤0.01
氯磺隆	≤0.01	氯苯甲醚	≤0.01
茚虫威	≤0.5	咪唑菌酮	≤1.5
啶酰菌胺	≤3	三氟硝草醚	≤0.01
敌敌畏	≤0.2	杀虫畏	≤0.01
灭线磷	≤0.02	速灭磷	≤0.01
倍硫磷	≤0.05	乙酯杀螨醇	≤0.01
甲基异柳磷	≤0.01	丙炔氟草胺	≤0.02
久效磷	≤0.03	灭蚁灵	≤0.01
对硫磷	≤0.01	七氯	≤0.02
氯菊酯	≤1	丙酯杀螨醇	≤0.02
抗蚜威	≤0.5	灭草环	≤0.05
抑草蓬	≤0.05		

国家果蔬及加工产品质量检验检测中心针对番茄、樱桃番茄开展了安全指标的测试调研。针对水胺硫磷、三唑磷、环草敌、甲基异柳磷、甲基对硫磷、丙溴磷、甲拌磷、毒死蜱、敌敌畏、乙烯菌核利、六六六、三氯杀螨醇、氯氰菊酯、联苯菊酯、溴氰菊酯、甲氰菊酯、氰戊菊酯、氟氯氰菊酯、高效氯氟氰菊酯、氟虫腈、异菌脲、嘧霉胺、苯醚甲环唑、哒螨灵、三唑酮、腐霉利、异狄氏剂、甲基毒死蜱、环嗪酮、二甲戊乐灵、戊唑醇、禾草敌、丙环唑、醚菌酯、对硫磷、抗蚜威、戊菌唑、氧乐果、多菌灵、灭多威、克百威、马拉硫磷、吡虫啉、甲胺磷、啶虫脒、灭幼脲、甲氨基阿维菌素苯甲酸盐、烯酰吗啉、吡唑醚菌酯、辛硫磷等50项农残开展的研究显示，15份番茄、5份樱桃番茄样品的50项农残均为未检出。

黄晓春等（2020）分批次从唐山市的蔬菜生产基地和批发零售市场随机采集了37个番茄样品，经过测试分析烯酰吗啉、多菌灵等42种农药，未发现超标样品，农药残留合格率为100%，42种农药的检出率为21.43%。检出的农药种类共9种，分别为烯酰吗啉、噻虫胺、嘧霉胺、肟菌酯、吡唑醚菌酯、霜霉威、噻虫嗪、多菌灵和腐霉利。

第二节　生　姜

一、产业概况

1. 产业规模

（1）生姜介绍。生姜（*Zingiber officinale* Rosc）又名姜根，百辣云、地辛等，属于姜科姜属多年生草本植物。其新鲜根茎为多年生草本宿根，外表呈略扁不规则块状，长4～18 cm，厚1～3 cm，外表颜色为黄褐或灰棕。切片截面呈浅黄色，分枝呈指状，顶端带有茎痕或芽，根茎肉质丰厚。具有独特的芳香和辛辣刺激味道，适宜在热带、亚热带及温带地区生长，一般在秋季和冬季进行采挖。

生姜起源于亚洲东南部的热带雨林，自公元15世纪传播至墨西哥、牙买加、非洲等地，亚洲区域是生姜主要产地，如中国、印度、日本、缅甸等国家。在我国，生姜广泛分布于山东、河南、广东、贵州、四川等中部、东南和西南地区。我国的生姜栽培品种以密苗型和疏苗型为主。莱芜片姜、浙江红瓜姜等是密苗型代表，莱芜大姜和疏轮大肉姜是疏苗型代表。以生姜的颜色划分，著名品种有白姜、黄瓜姜、台姜、黄姜、白丝姜等。

研究认为，中国可能是生姜的发源地之一，其原始发源地位于古黄河与长江流域之间，在周秦时期我国就有种植、食用和药用生姜的记载。《伤寒杂病论》有涉及生姜的112个药方，《齐民要术》中也有关"种姜"的章节。《论语》中孔子就有"不撤姜食"的饮食习惯，《管子》则记录了"群药安生，姜与桔梗，小辛，大蒙"等信息，《礼记》中有"桃李梅杏，楂梨姜桂"的描述（张卉等，2016）。

（2）我国生姜种植面积与产量。据统计，2021年全球生姜产量约1 500万t。生姜种植面积前列的国家分别为中国、印度、尼日利亚、尼泊尔、印度尼西亚和泰国。

我国是世界上生姜种植面积最大、总产量和出口量最高的国家。2021年中国生姜种植面积约36.9万hm²，同比增长18.7%，生姜产量1 219万t，同比增长2.4%。北方地区种植面积约12.7万hm²，其中山东11.2万hm²，河北6 700 hm²，河南6 600 hm²，辽宁200 hm²。南方地区种植面积约18.3万hm²，其中云南4.4万hm²，湖南3.68万hm²，贵州2.98万hm²，广东1.86万hm²，安徽1.73万hm²，四川1.3万hm²（图15-3）。

（3）我国生姜产业发展现状与出口市场情况。我国是生姜出口大国，如图15-3所示，受疫情影响，2021年中国出口生姜数量为44.38万t，与2020年相比，减少10.88%。据统计，2021年我国生姜共出口至96个国家或地区，其中出口美国5.83万t，占比12.75%，位居第一，其次出口前往荷兰和巴基斯坦，出口量分别为5.76 t与4.66万t，分别占比12.62%与10.21%。

相较于海外，我国目前生姜的主要用途仍以鲜食为主（图15-4），鲜食在整体生姜消费中占比高达68.72%。北方市场主要销售面姜，而南方市场更偏好小黄姜，加工用途仅占据生姜产量的8.74%。值得注意的是，国内生姜的损耗率相对较高，超过10%。

生姜一般在惊蛰至清明期间进行种植，是一年生、全年售的农产品。上市时间由北至南逐步上市，辽宁及周边地区9月中旬上市，山东地区10月中旬上市，而南方产区则在立冬之后上市。由于生姜市场容量较小且库存量大，生姜价格易受跟风行为影响，引发价

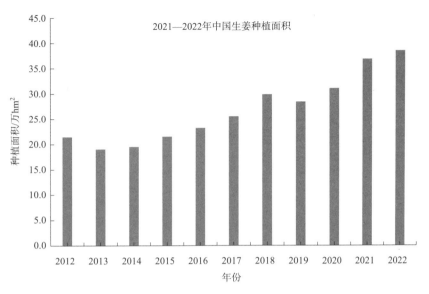

图 15-3　中国生姜种植面积及产量统计（万 t）

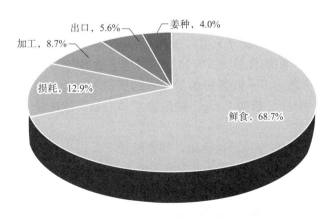

图 15-4　我国生姜消费结构情况

格波动且影响周期较长，对姜农、贸易商和消费者均带来不利影响。

我国生姜的年均价格在 2014—2021 年期间，呈规律性的下降上升再下降的变化情况（图 15 - 5）。价格波峰分别出现在 2014 年和 2020 年，分别为 12.91 元/kg 和 11.66 元/kg；价格波谷出现在 2016 年，价格为 5.98 元/kg。2016 年波谷和 2014 年的波峰价格相比，下降了 53.68%。2020 年价格达波峰 11.66 元/kg 后，第二年价格大幅下降 18.52%，年均价格为 9.50 元/kg（王玉杰等，2022）。

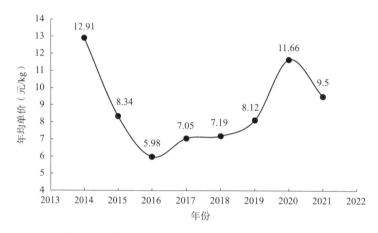

图 15 - 5　2014—2021 年我国生姜年均价格走势

《本草纲目》记载，生姜味辛，性热，归脾、胃、肾、心、肺经。具备温脾散寒、回阳通经、温肺宣肺、燥湿化痰的功效，用于治疗脾胃虚寒所致的恶心、腹痛、腹泻。药理研究表明，生姜具有抗炎、抗菌、抗氧化、抗癌、降血糖、降血脂、改善心脑血管系统等生物活性（张卉等，2016）。它在中国和印度常用来治疗多种疾病，其中包含胃痛、腹泻、恶心、哮喘和呼吸障碍。在中药材及其制剂、化妆品、食品调味品、茶饮料等方面具备广泛和较高的应用价值。

生姜含有多种功能成分，如姜油酮、姜辣素、醇类、烯烃类等生物活性物质。例如生姜黄酮类化合物具有抗菌、抗炎、保护心血管、抗氧化和免疫调节等作用；姜辣素是生姜中辛辣成分的总称，赋予生姜独特的风味。系统研究生姜的营养成分和功能活性特征有利于促进生姜资源的开发利用。

2. 营养成分　生姜中营养成分丰富，干物质占 13%～15%，淀粉含量为 5%～8%，粗蛋白含量 7%～10%，脂肪含量 5%～14%，纤维素含量 5%～6%，总可溶性糖约占 2%～5%。此外据研究每 500 g 鲜姜中微量元素约含铁 35 mg、钙 100 mg、磷 225 mg，营养素约含胡萝卜素 0.9 g、烟酸 2 mg、维生素 C 20 mg、硫胺素 0.05 mg（陈洁艳等，2013）。

3. 功能成分　生姜含有多种活性物质，如姜精油（0.1%～0.2%）、多糖（6%）、烯烃（60%）、黄酮类（2%～3%），此外还含有甾醇和姜油树脂、姜辣素、姜黄素等。

（1）挥发油。生姜精油是从生姜的根茎中经水蒸气蒸馏等方法而得的无色或微黄色透明挥发油，是一种复杂的混合物，其化学成分主要是萜类化合物。目前，生姜挥发油中主要成分是倍半萜烯（50%～60%）和氧化倍半萜烯（17%），已检测出 100 多种成分。鉴于生姜品种不同，生长环境不同，成分及含量随品种和生长环境而改变。姜精油提取主要有三种方法，即超临界萃取法、有机溶剂提取法和蒸馏法，其中超临界 CO_2 萃取法提取率最高，可达 $4.67\% \pm 0.13\%$，而水蒸气蒸馏法得率最低仅 $0.95\% \pm 0.04\%$（赵文竹等，2016）。

（2）姜辣素。姜辣素是指在生姜中存在的辛辣物质的总称，是由多种化合物组成的混合物，这些化合物包括了姜酚类、姜脑类和姜酮类等物质，其中姜酚类物质的含量最高。姜辣素呈油状液体，口感辣且略带苦味，微溶于水，但可溶于有机溶剂。姜辣素具有显著的抗氧化功效，对不饱和脂肪酸含量高的油脂具有显著抗氧化作用。提取姜辣素的常用方法是溶剂浸提法，该法常用溶剂为乙醚、丙酮、甲醇、乙醇和乙酸乙酯等，除此法外还有超临界流体萃取法。

（3）姜酚。姜酚是生姜中主要生物活性成分之一，包括十余种性质和结构上相似的单体成分如 6-姜酚、8-姜酚、10-姜酚、12-姜酚等。由于姜酚侧链上 C4 原子的氢极具活性，使得姜酚极不稳定性，易发生脱水反应生成姜脑，或者加热到 200℃ 以上发生逆羟醛缩合反应，生成姜酮和相应的脂肪醛（王小飞等，2016）。目前主要提纯方法可分为逆羟醛缩合法和仿生合成法。

（4）姜醇。生姜中还有一类活性成分为姜醇，一般而言，姜醇通常是指 6-姜醇，其含有 β-羟基酮。6-姜醇在生姜中的含量较少且不易分离，稳定性较低。

（5）黄酮类化合物。黄酮类化合物是广泛存在于植物组织中的非常重要的一类植物多酚物质，生姜的品种、种植时间、切割状态等因素对黄酮含量影响显著。

（6）多糖。生姜多糖的单糖组成包括葡萄糖、半乳糖、甘露糖和果糖（赵文竹等，2016）。目前有关生姜多糖的相关研究主要集中在提取纯化工艺方面。

4. 药理作用　作为中药原料，生姜在中医药领域上具有极高的价值，常被用作矫味剂、健胃剂、发汗剂、芳香兴奋剂、祛风药、镇痛药等。在中医药学中，生姜具有的温性和辛味成分被认为具有一定的抑菌作用，同时还表现出显著的抗疲劳作用。

（1）解表驱寒、消炎抗菌。因生姜具有温中止呕、解表驱寒等作用，常被用于缓解晕车、晕船等引起的头晕、恶心和呕吐等以及伤风感冒、胃寒呕吐等症状。适量食用生姜有助于预防急性肠胃炎，并降低肠道炎症对机体的不适反应（于梓芃等，2021）。

（2）抗氧化。生姜中的辛辣成分主要由酚类、二苯基庚烷类、姜辣素、β-二酚酮等多种化合物组成，具有抑制体内过氧化脂质生成、清除自由基、抗氧化和抑制肿瘤的特性。

（3）促进血液循环、降血脂。生姜醇提物降低了试验动物的血清脂蛋白和磷脂含量，有效减缓了动脉粥样硬化的发展，还表现出明显的抑制血小板聚集作用，延缓了血液凝固的过程。这些作用使其成为治疗动脉粥样硬化症的潜在药物，具有广泛的应用前景。

（4）抗肿瘤。现代医学研究发现，生姜中的姜油树脂和姜酚能够抑制非洲淋巴细胞肿瘤病毒的活性，从而在一定程度上抑制癌细胞的增长。研究还指出，通过引入 6-姜酚诱导细胞凋亡的方式，可以显著减少白血病细胞的数量（于梓芃等，2021）。

（5）缓解前庭刺激症状。前庭器官是负责感知身体运动状态的器官，当该器官受到刺激时，可能引发晕动病，表现为头晕、恶心和不适感，导致晕船、晕车等症状。研究显示，生姜具有类似于东莨菪碱类成分的抗晕作用，能够缓解患者的呕吐症状（于梓芃等，2021）。

二、生姜贮藏保鲜

(一)主要影响因素

1. 呼吸作用 生姜进行着植物正常的呼吸作用。这种生命活动在生姜贮藏期间持续进行,依靠消耗生姜自身贮藏的养分并释放热量来完成。在这一阶段,呼吸作用的强弱取决于生姜消耗的养分量,这也直接影响了生姜的营养价值。同时,释放的能量越多,生姜的贮藏耐受性就越低。因此,生姜鲜藏的关键在于降低生姜的呼吸作用。这样一来,就能充分利用生姜的耐贮性和抗病性,实现减少养分消耗和保持新鲜度的目标。氧气、温度、湿度以及机械损伤等因素都是影响生姜呼吸作用的主要因素(王春花等,2022)。

(1)氧气。根据氧气供应量分类,生姜的呼吸方式分为两类。在充足氧气条件下,生姜进行有氧呼吸,吸收氧气,分解有机养分,并产生二氧化碳、水和热量。而在氧气供应不足时,生姜则进行无氧呼吸,导致有机营养物质分解,生成二氧化碳和乙醇。因此,在密闭的贮藏窖中,通过逐渐减少氧气并增加二氧化碳含量,可以有效地降低呼吸强度,减少养分消耗,抑制病菌活动,提高生姜的耐贮藏能力。

(2)温度。生姜的呼吸强度与温度密切相关。在9~15 ℃的温度范围内,生姜的两种呼吸方式的强度相近;当温度升至20 ℃时,呼吸强度显著增强,养分消耗也相应加快。在低温条件下,呼吸强度减弱,但同时也可能引发冷害,导致生姜腐烂。然而,在12~13 ℃下,生姜的呼吸强度是适中的,这种温度最适合生姜的贮藏。在贮藏初始阶段,通过降低贮藏窖内的温度,可以有效地抑制呼吸的高峰期。

(3)湿度。适当的水分供应可以维持生姜细胞形态,使其保持新鲜的外观。对于鲜藏生姜而言,适宜的湿度一般在80%~85%之间。为了确保生姜的质量,贮藏时应保持适当的湿度,同时降低贮藏温度,以抑制呼吸作用。这样可以延缓生姜的养分消耗,减缓其衰老过程,保持其新鲜和可食用的状态。

(4)机械损伤。生姜的外层是由无生命力的木栓细胞组成的姜皮,在贮藏过程中起着至关重要的作用。姜皮不仅可以防止病菌侵入姜块,抑制水分散失,还有助于姜块内部呼吸的平稳进行。通过平稳的呼吸作用,姜的营养物质转化缓慢,可以延长姜的贮藏寿命。当姜皮被损伤时,在适宜的环境下,它能迅速形成愈伤组织,高温高湿的环境下形成速度较快。因此,保持适宜的温湿度是关键,以促进姜皮的愈伤组织形成,增强姜的耐贮藏性。

当姜块遭受机械损伤后,其呼吸作用会显著增强,并可能伴随着发热现象。机械损伤使姜块失去了外表皮的一定保护作用,导致受损部位流失营养物质,为微生物繁殖提供了有利条件。因此,受损的姜块容易发生腐烂,从而降低了其食用价值。保持姜块的完整性对于保持其新鲜度和食用品质非常重要。

2. 休眠生理 休眠是对生姜贮藏有积极影响的生物学特性之一。在休眠状态下,生姜的生命活动虽然不会停止,但新陈代谢会减缓,呼吸作用也会降低。通过创造适当的环境条件,可以促使生姜进入休眠状态,从而有效延长它的贮藏期。这意味着生姜可以在更长的时间内保持新鲜和优质,使得消费者能够长时间享受到生姜的好处。因此,在贮藏过程中,我们应该注意创造适宜的环境条件,以促进生姜进入休眠状态,从而最大限度地延长其贮藏寿命。

3. 衰老现象 在贮藏过程中,生姜可能会出现各种衰老现象,包括硬度丧失、肉质组织纤维化、味道改变,甚至可能发生腐烂和变质等问题。这些现象与其他蔬菜的衰老过程有相似之处。衰老是由于生姜内部的细胞组织和生物化学物质发生变化所引起的。这些变化会导致生姜的质地变得较软,纤维更加明显,可能会出现较不新鲜的味道,甚至会发生霉变或腐烂。因此,在贮藏生姜时,需要注意控制适宜的温湿度、避免机械损伤,以延缓生姜的衰老过程,保持其新鲜和优质。

4. 采后病害 生姜在采收后可能会遭受生理性和侵染性两类病害。导致生理性病害原因有物理、化学和生物等因素,这些因素会导致生姜的代谢异常、组织老化和变质腐败。例如,创伤、温度变化、湿度不足等都可能引发生理性病害,导致生姜质量下降。而侵染性病害则是由病菌侵染引起的,这些病菌可能在贮藏期间侵染姜块,导致病变的发生。侵染性病害的主要原因是病菌的存在和传播,如细菌、真菌和霉菌等。因此,在贮藏生姜时,需要采取适当的措施,包括优化贮藏环境、加强卫生管理以及选择抗病菌品种等,以预防和控制生姜的病害发生,保持姜块的质量和食用安全。

5. 水分变化 刚收获的生姜含水量通常在65%～75%之间。在贮藏过程中,由于不再吸水,姜块的含水量会随着蒸发和呼吸逐渐减少,导致姜块的重量减轻。水分的丧失速度和量受到贮藏环境条件的显著影响。在温度稳定、湿度较高的条件下,水分的流失速度较慢,一般在1.0%～2.5%之间。而在温度较高、湿度较低的条件下,例如在浅窖贮藏初期,水分的流失速度较快,可能达到5%～13%。因此,在生姜的贮藏过程中,应该控制贮藏环境的温度和湿度,以减缓水分的流失速度,延缓姜块的重量减轻,从而保持生姜的质量和食用价值。

(二)主要贮藏方法

1. 井窖贮藏 山东地区的生姜种植面积广泛,许多种植户经常选择井窖进行贮藏,这既能降低成本,又方便操作。在选择建立井窖的地方时,种植户通常会选择土质较为黏重的地区建立井窖。黏重的土壤具有较好的保温性和湿度调节能力,可以提供更稳定的温湿度条件,延长生姜的保鲜期。因此,选择土质较为黏重的地方来建立井窖是一种有效的策略,可以帮助种植户更好地贮藏生姜,并保持其质量和食用价值。

在建造井窖时,挖掘一个上口直径为0.8～1 m、底部深度为1～1.5 m、总深度为4～5 m的井筒。为了方便人员进出井筒工作,需要在两侧挖坎道。在生姜入窖之前,工作人员需要戴上口罩进入井底进行清洁,并使用浓度为2 000～3 000倍的10%乳油氯氰菊酯溶液喷洒井底,预防姜蛆等害虫的侵害。同时,确保井窖的通风良好,等到井底没有药味时,在窖底铺盖一些碎姜块。在铺盖时,可以采用不同的方法,比如先均匀铺设一层湿沙,然后采用一层姜块一层沙的方式进行铺盖。在贮藏初期,严格控制温度保持在20 ℃以下。这些措施都有助于保持贮藏环境适宜,延长生姜的保鲜期和保持其优质。

2. 坑埋贮藏 在一些地区,由于地下水位较高,井窖贮藏已经无法满足需求,因此采用坑藏的方式进行贮藏。在选择合适的地块时,需要挖掘一个土坑,并将挖出的土方围在坑口周围。为了防止塌陷,可以利用打夯机对挖出的土方进行夯实处理。这样可以确保土坑的稳固性,提供安全的贮藏环境。选择坑藏方式进行生姜贮藏的同时,也需要注意其他贮藏环境条件,如控制温湿度、确保通风等,以保持生姜的质量和食用价值。

为了提高坑藏的通风效果,在每500 kg的生姜堆放间隔处设置芦苇扎成的通风筒,或者在生姜垛的中间竖立一个直径约 10 cm 的通风筒。在坑藏的前期，需要设立排水沟，并进行定期通风，以确保贮藏环境的通风良好。在坑藏的中后期，需要注意封口的处理。可以使用水泥棍平放在坑口，并在上方覆盖约 1.5 m 的土层或土层跟秸秆混合层，以避免冻伤的风险。坑藏通常储存到来年 2—3 月出售，以避免影响贮藏效果。这些措施有助于优化坑藏环境，保持生姜的质量和食用价值，提高贮藏的成功率（王春花等，2022）。

3. 冷藏库（恒温库）贮藏 在生姜装箱之前，将挑选好的生姜按照每箱 15～20 kg 的标准装入硬纸箱中。为了保持生姜的质量，可以在硬纸箱内层衬 0.04～0.06 mm 的塑料袋，并将袋口对折。在生姜入库之前，需要对恒温库进行消毒。通常可以使用浓度为 2 000～3 000 倍的 10%乳油氯氰菊酯溶液喷洒冷库，以预防姜蛆等害虫的侵害，并确保库房的通风工作良好。待库内没有药味后，可以直接将装好的生姜入库，无须进行预冷处理。在库内，生姜可以通过堆码放货架的方式进行摆放，以便更好地利用空间，迅速堆放大量生姜。这样可以保持生姜的贮藏环境稳定，并延长生姜的保鲜期。同时，在出库前要定期检查生姜的贮藏状况，确保贮藏过程中无湿热，以免影响生姜的质量和食用价值。

在生姜入库初期的一个月内，需要将温度控制在 15～18 ℃范围内，并保持湿度在 95%左右。这有助于延缓生姜的老化和保持其新鲜度。在入库后期，尤其在寒冬季节，需要特别注意保温加湿方面的工作。关闭通风口，并使用电热棒等工具进行加温，以保持适宜的温度。同时要密切观察箱底的水分情况，确保没有病害、虫害和腐烂现象的发生。随着春季的到来，逐渐打开通风口，增加冷风的流通量，并继续观察是否有病虫害和腐烂等情况。在这个阶段，将温度控制在 12～14 ℃范围内，并保持湿度在 95%左右，以继续保持生姜的贮藏品质和新鲜度。这些措施将有助于确保生姜在贮藏期间的良好保持和质量保证。

（三）生姜贮藏技术要点

1. 适时收获 在生姜达到适当的成熟生理指标时，及时收获，以保证生姜的商品性状和优良品质，并延长其贮藏期。根据不同的用途，生姜的收获可以分为三类：收种姜、收嫩姜和收鲜姜。

（1）收种姜。除了收获鲜姜之外，种姜也可以在适当时机与鲜姜一同收获，或在幼苗后期提前收获，这一方法俗称为"扒老姜"。在进行"扒老姜"时，首先需要拨开姜株北侧（东西向沟）的表土，轻轻折断种姜与新姜的连接，然后取出种姜封沟。在进行这个过程时需要特别注意不要振动姜苗，以免对根部造成伤害。通过提前收获种姜，可以增加出售的收入，同时也有利于进行沟施肥的操作。然而，在地块上存在严重的姜瘟病时，不宜提前"扒老姜"，以防病菌的入侵。正确的"扒老姜"操作方法对于生姜种植的成功和病害的防控都具有重要意义。

（2）收嫩姜。最佳的收获时机是在生姜的根茎生长盛期进行采收。在这个时期，姜块的质地鲜嫩，适合作为加工原料使用。此时的生姜块纤维较少，组织幼嫩，相对来说，姜的辛辣味道相对较淡。这样的生姜适合用于制作姜汁、姜粉、姜片等加工产品，其味道较柔和，不会过于刺激。在根茎生长盛期的采收，可以确保生姜的品质和口感在加工过程中得到充分保留，使加工产品更加美味可口。因此，对于加工行业而言，选择在根茎生长盛期采收生姜是非常重要的。同时，及时采收根茎生长盛期的生姜还可以促使植株继续生长和发育，为下一季的生姜产量提供良好的基础。总之，根茎生长盛期的生姜采收有利于加工品质和种植产量的双重保障。

（3）收鲜姜。在初霜前的 2～3 d 是最佳的采收时机，此时生姜的茎叶尚未受到霜冻的影响。在采收前的 3～4 d 内，应进行一次适量的浇水，以保证生姜的水分充足。在采收时应整株生姜拔出，保留茎秆根部约 3 cm，削去茎叶，将带有少量潮湿泥土的根茎放入贮藏窖中。这样的贮藏方式有助于保持生姜的新鲜度和贮存稳定性。注意，采收后的生姜必须在短时间内贮存，并且要随时检查贮藏窖的湿度和通风情况，确保生姜在贮藏期间不受潮湿环境和霉菌的影响。正确的采收和贮藏方法对于保持生姜的品质和延长其保鲜期具有重要意义。

2. 挖贮藏窖 贮藏生姜的窖库类型有棚窖、井窖、窑窖和通风窖等多种类型，窖库应选择土层结实、地下水位低、地势高且方便操作的区域。

（1）窑窖。在西北地区，窑窖是一种常见且广泛使用的贮藏形式。通常，窑窖是通过在山坡上挖洞而成，每个窖的贮藏容量为 1 500～2 500 kg。为了避免雨水进入窖内，窖口处通常开设引水沟，并且在填土时会对窖顶进行压紧填实，以防止积水。这样的设计和操作可以确保窑窖内部保持干燥，防止水渗透。在窑窖的使用过程中，需要特别注意保持窖内的通风和空气流通，以避免湿热环境对生姜的影响。此外，定期检查窖口以及窖体是否存在漏水或损坏的情况，及时维修保养，确保窖库环境的稳定性和贮藏效果。通过合理的窑窖设计和维护措施，可以有效地延长生姜的保鲜期和保持其优质品质。

（2）井窖。在平原地区，井窖是一种广泛采用的贮藏方式。其独特之处在于它具有低成本、占地面积小以及对外界气温变化的影响较小等优点，适合小规模贮藏。然而，井窖也存在一些劣势。一方面，井窖的进出不便，需要借助梯子或其他设备。另一方面，井窖的通风和换气效果相对较差。此外，井窖内的缺氧可能对工作人员的生命安全造成威胁，需要特别注意。井窖的大小应根据贮藏的生姜量来确定。一般而言，适宜的贮藏量在 1 500～4 000 kg 之间。而井窖的深度一般为 4～5 m，这有助于维持良好的保温效果，并确保贮藏环境的稳定性。此外，在井窖的建造过程中，还需注意井口的封闭，以防止外界水分和杂质进入窖内。同时，对于井窖内的通风和气流情况，可以选择适当的通风设备，如风机或气流调节器，以保持空气流通，并确保贮藏环境的湿度和氧气供应。总之，井窖是一种可行的贮藏方式，特别适合平原地区。但在使用井窖时，需要留意进出不便、通风效果和缺氧风险等问题，并采取相应的预防和维护措施，以确保贮藏的生姜保持良好的品质与安全性。

3. 灭菌消毒 在生姜收获前的最后 15 d 内，为了确保贮藏期间生姜的品质和保鲜效果，需要采取一些措施。首先，窖内通风是非常重要的。通过打开窖门或调整通风设备，保持空气的流通，可以有效控制窖内的湿度和温度，防止生姜受潮和腐烂。其次，在进行贮藏之前，对贮藏窖进行严格的消毒是必要的。这一步骤旨在杀灭旧窖中残留的可能存在的病菌，以防止病菌传播和生姜的感染。

进行窖内消毒的方法有多种，以下是其中几种常用方法：一种方法是使用枯枝落叶、杂草等放入窖内，并点燃进行熏蒸。燃烧后的余烬可撒在窖底，起到吸湿的作用，同时也能够熏杀窖内的病菌。这种方法相对简单，成本较低，但需要注意火源的控制，确保操作的安全性。另一种常用的消毒方法是使用福尔马林。可以将 0.5 kg 的福尔马林兑入 25 kg

的水中，然后进行喷洒。福尔马林具有较强的杀菌效果，可以有效消灭窖内的细菌和病菌。在使用福尔马林时，要注意戴好防护装备，并确保操作符合安全标准。此外，还可以使用硫黄进行闭窖熏蒸。按每立方米使用 15 g 硫黄进行熏蒸，每次熏蒸 2～3 d。硫黄具有很强的杀菌作用，可以彻底清除窖内的病菌。熏蒸结束后，需要进行充分的通风换气，确保窖内的硫黄烟气排出。

在选择消毒方法时，要根据实际情况和操作便捷性进行合理选择。无论采用哪种方法，都应遵循安全操作规程并确保操作人员的安全。消毒后，窖内的通风和干燥也是重要的，保持良好的空气流通可以避免生姜受潮和病菌滋生，从而延长生姜的保鲜期和保持其优质品质。

4. 窖藏前选姜 为了降低生姜感染病害的风险，在进行贮藏之前，必须排除带有病斑、水浸过或挖伤的姜块。这些受损的姜块容易成为病菌的滋生地，会对其他姜块造成污染。因此，这些受损的姜块不应该投放到贮藏窖中。此外，那些在露天放置时间过长的生姜也不宜进行贮藏。露天放置的生姜容易受到气候和环境的影响，可能受到强烈阳光的暴晒、风吹雨淋等，导致质量下降、水分流失或感染病菌。因此，在选择贮藏的生姜时，应优先选择新鲜、完整、健康的姜块。

在进行生姜贮藏时，应该控制贮藏量在贮藏窖容量的适度范围内。一般而言，生姜的贮藏量应该控制在窖容量的一半左右，最多不超过窖容量的三分之二。这样的安排可以更好地调节贮藏环境，包括温度、湿度和气体成分等因素，还可以轻松进行日常检查和维护，以确保生姜在贮藏期间能够保持良好的品质和状态。

5. 种姜窖藏 在种植姜的过程中，可以使用 50% 多菌灵来对姜块进行浸泡消毒。消毒完成后，将姜块晾干，并准备存放到贮藏窖中。在存放前，需要根据姜块的大小和芽眼的颜色进行分级，这样可以更好地进行次年的种植管理安排。

6. 入窖 对于地下水位较高的地区，可以考虑架设高度为 1 m 的姜床。在搭建姜床时，可以铺设一层稻草、芦苇等材料，然后将姜块整齐地放置在上面，这样可以起到保护作用。对于直立式贮藏窖，在底部可以先铺设一层洁净的黄沙，然后将姜块逐层堆放在黄沙上。在堆放过程中，要保持姜块的整齐和稳定，避免出现塌陷或受损的情况。同时，在姜块堆放的过程中，应该保持中央汽水池和窖口之间保持一定的距离，以确保空气流通，有利于调节贮藏环境。

三、生姜加工

姜不仅是一种常用的食品和调味品，还是一种在临床应用广泛的中药，因为它集合了营养、调味和保健的多重功能，具有巨大的开发利用价值。生姜独特的姜辣味和香味使其成为理想的调味品，不仅能为食物增添美味，还能对人的消化黏膜产生刺激作用，促进食欲和帮助消化。除了作为烹调调味剂，生姜还可以生食、炒食，以及作为香料用于腌渍、糖渍食品和糕饼的制作。除了传统的形式，生姜还可以制成多种成品，如姜汁饮料、姜酒、姜精油、姜汁茶、姜醋饮料、姜汁奶制品、姜汁凝乳和生姜风味小食品等。随着现代食品加工技术的发展和人们对食品营养保健的意识提高，许多研究人员已经开始研究生姜在预防疾病、养生保健和治疗病症等方面的应用（张卉等，2016）。

1. 干姜 在姜的加工过程中，烘干是一个关键步骤，选择合适的干燥方式和设备直接影响着干姜的品质、有效成分的保留以及食品的卫生安全。现代炮制干姜的方法主要采用微波法和烘干法。在微波功率590 W的条件下，干姜所含姜辣素含量最高，为2.61%。另一项研究指出，烘干温度为140～160 ℃，切片厚度为3～5 mm时，可以得到优质的干姜（李星等，2021）。

通过高效液相指纹图谱比较了不同产地的姜在经过不同加工方法后姜酚、姜烯酚、姜酮的含量变化。研究结果显示，不论是鲜切还是传统制干姜片，制成炮姜或姜炭后，6-姜酚、8-姜酚、10-姜酚的含量均下降，而6-姜烯酚的含量上升，同时产生了姜酮。这种方法可以作为不同加工法制得的干姜片及其炮制品的质量控制方法。

传统的姜干燥方式受到天气和环境的限制，而新型的热泵干燥机则成为一种趋势。研究表明，热泵干燥相比传统干燥方式，具有显著的节能效果，更好地保持了干燥物料的品质，适用于活性成分敏感、风味成分易挥发的产品干燥。

除了以上常见的干燥方式外，对生姜干燥的方法还有日光辅助干燥、远红外干燥等多种干燥方法。

2. 姜粉 将生姜加工成姜粉，具有重要的应用价值和广阔的发展前景。姜粉可以直接作为调味料或固体饮料食用，为食品增添独特的姜味和香气。同时，姜粉也可作为药材和保健食品的原料，由于生姜具有一定的药用和保健功能，姜粉在提供食物美味的同时还能为人体健康带来益处。

在生姜粉的加工过程中，利用热风干燥法是当前广泛采用的一种方式。该工艺经常包括：原料选择→清洗→去皮→切片→护色→干燥→研磨→筛选。干燥温度应控制在60～80 ℃之间，干燥时间应视姜含水率低于12%的具体时间。若干燥温度过低，将导致干燥时间过长，进而引发姜片不必要的生化反应并可能造成变质。相反，若干燥温度过高，将导致生姜的有效成分姜辣素严重损失，进而影响姜粉的品质（朱丹实等，2016）。

在姜粉的生产中，喷雾干燥法常用于活性成分提取或水解后的干燥过程。该加工工艺一般包括以下步骤：生姜处理→清洗→萃取（水解）→浓缩→杀菌→喷雾干燥→制成姜粉固体饮料（或姜粉活性成分微胶囊）。

微波干燥技术在果蔬加工领域得到了广泛的应用，其具有干燥快速、品质高、能源利用率高、易于控制、产品复水性良好、无污染等显著优点。在生姜全粉的生产中，微波干燥技术也被广泛采用。一般的生产工艺包括原料准备、清洗、切丁、微波干燥、粉碎过筛以及成品包装等步骤。

由于热加工会导致活性成分的氧化损失，冷冻干燥技术开始应用在高端姜粉配料制备中。冷冻干燥法制备工艺通常包括原料挑选、清洗、去皮、切片、预冷冻、真空冷冻干燥、粉碎、过筛、检验和成品包装等步骤。

3. 姜汁 姜汁饮品的主要加工工艺包括挑选、清洗、切块、打浆、糊化、酶解、榨汁、混浊、调配、澄清处理、过滤、杀菌等步骤。

姜汁饮料具有独特的芳香风味，味辛辣，且有保健养生功效。浑浊型、澄清型、复合型等多种类型的姜汁饮料在市场上都有一定的份额。不同的姜汁饮料种类包括姜汁可乐茶、姜汁蜂蜜水、姜汁红糖水等，深受人们青睐。

近年来，由于姜的丰富资源和多种功效，姜汁饮品越来越受到广大消费者的欢迎。一些研究通过优化澄清工艺，得到了颜色鲜艳、透光度高的姜汁产品。同时，姜汁也被应用于啤酒制造中，通过优化工艺提升了姜汁啤酒的品质。

4. 泡姜 泡姜，具有温性微辛的特点，归属于肺、脾、胃经。其功效包括发汗解表，温中止呕，暖肺止咳，解鱼蟹毒和药物毒性。尤其对于鱼蟹毒、半夏、天南星等药物中毒有较好的解毒效果。适用于外感风寒、头痛、痰饮、咳嗽、胃寒呕吐等症状。

选择新鲜小黄姜，切成均匀的2～3 mm薄片备用。制作不同种类的泡姜有不同的方法：酒泡姜是在姜片瓶中加入盐、白酒、凉开水后封瓶泡制；醋泡姜先姜片装瓶，先后加入盐、白砂糖、白醋后封瓶泡制；而糟辣姜是将姜片瓶中放入糖、糟辣椒、凉开水后封瓶泡制。经过研制后，泡姜的各项指标逐渐发生变化，包括pH、水分含量、姜辣素含量等，感官分析表明，三种工艺制作的泡姜在约一周左右风味最佳。

5. 日化产品 目前，生姜在日用品及化妆品中广泛应用。首先生姜中富含多种活性成分，具有一定的抑菌效果，对皮肤癣菌、白色念珠菌和口腔致病菌等抑菌效果良好，可作为抗炎剂、抗氧化剂、抗衰老剂和除臭剂。其次生姜提取物对治疗头屑有显著效果，生姜活性成分可以促进头皮微血管的血液循环，激活毛囊组织，改善头屑情况，生姜提取物还能明显抑制与头屑形成相关的孢子菌。另外，含有0.5%～2%生姜提取物的牙膏具有特殊风味，还能发挥解热、消炎、止血等功效（于梓芃等，2021）。

6. 调味品 生姜以其特殊的辛辣味和香气，在调味品中扮演着重要角色。在烹饪过程中，无论是炒菜还是蒸煮，生姜都是不可或缺的调味品。将生姜加入煮汤中，不仅能够去除食材的腥味，还能将其独特的清香融入汤中，提升汤的鲜味并去除油腻感。这使得生姜在烹饪中成为一种不可或缺的调味品。除了在烹饪中的应用，现代工艺技术制成的生姜油为生姜资源的利用提供了更广阔的前景。生姜油是一种通过蒸馏生姜而提取的精油，它集中了生姜的全部香气和味道。生姜油具有浓郁的姜味和辛辣的口感，不仅可以用作调味品，还可以在食品工业中广泛应用。

四、生姜综合利用

生姜作为一种经济作物，具有广泛的开发利用价值。然而，随着生姜种植面积的增加，姜的加工副产物利用率相对较低（金绍黑，2022）。

姜秆、姜叶、姜皮渣作为一种天然可再生资源，大多被视为农业废弃物，直接堆放田间，久而久之便会变质成废料。加强对姜秆、姜叶、姜皮渣的高效利用具有良好的发展前景。

（一）姜皮姜渣

1. 固体饮料 利用生姜加工中的剩余姜皮和姜渣等副产物进行提取和浓缩，得到姜浸膏。随后采用喷雾干燥技术，将浸膏转化为生姜提取物粉。以生姜提取物粉为基础原料，依据中医理论中药材的性味、归经等原则，筛选出与姜具有药食同源特性的其他配伍原料。根据中医的"君臣佐使"理论进行搭配组合，形成具有特定功效的配方。在配方确定后，添加相应的辅料以调节产品的色泽、流动性、溶解性、口感等特性，最终制备出口感良好、流动性佳、溶解速度快的固体饮料产品。

2. 压片糖果 通过热风干燥技术处理姜皮和姜渣等副产物，将其制成生姜粉。随后，依据配伍原则，挑选其他原料，如山梨糖醇、微晶纤维素、麦芽糊精、淀粉、甘露醇、硬脂酸镁等，与生姜粉混合均匀。随后，根据需要调节压片机的填充量、压力等操作条件，最终制得硬度适宜、表面光滑、外观美观的压片糖果。

（二）姜秆、姜叶

1. 漱口水 利用鲜姜秆通过压榨技术获得姜秆汁作为原料，再与其他植物提取物复配，例如加入抗菌剂、抗氧剂等成分。随后，与食品级原料如防腐剂、稳定剂、缓冲剂、甜味剂、水溶性凉爽剂、保湿剂、防冻剂等进行复配制备漱口水产品。该产品需经过稳定性考察及抑菌实验，确保技术稳定、具有杀菌效果。

2. 抑菌膜 提取姜秆中的精油成分，与壳聚糖作为原料，由于二者之间具有一定的相容性，可以将不同含量的精油加入壳聚糖溶液中，制备出壳聚糖/姜精油复合膜。这种包装膜具有多重功能，能够提升食品的安全性，维持食品的质量，并延长食品的保存期限。此外，该复合膜具有抗氧化、抑菌，以及气体选择性透过性等多种作用。

3. 一次性纸制品 采用生姜茎和环保纸浆作为原料，制作一次性纸制品，显著提高了生姜副产物的整体利用率。目前，通常只有生姜的根茎被用作食药材，而生姜的茎叶部分则被大量遗弃在农田中，造成严重的浪费。这项技术有效地解决了茎叶浪费的难题，因姜秸秆木质素含量较高，所制作的一次性纸制品具备出色的抗震性和缓冲性能，具有良好的透气性，在一次性纸制品中有显著优势。

五、生姜质量安全

1. 生姜中农药残留现状 根据中国农药信息网的数据截至 2018 年 12 月，生姜中已经登记的农药产品包括 11 种单剂和 9 种混剂，其中有效成分涉及 23 种农药。这些农药的种类包括除草剂（7 种）、杀菌剂（10 种）、杀虫剂（4 种）和植物生长调节剂（2 种）。根据中国食品安全标准 GB 2763—2016，关于生姜中农药残留的最大限量标准，只有炔苯酰草胺（0.2 mg/kg）、氯虫苯甲酰胺（0.02 mg/kg）和萘乙酸（0.05 mg/kg）这三种农药设定了限量标准。因此，我国目前在生姜上登记使用的农药数量相对较少，而且相关的限量标准非常有限。

根据农业农村部公告公布的禁限用农药清单，统计到在生姜中禁限使用的农药有：六六六、滴滴涕、毒杀芬、二溴氯丙烷、杀虫脒、二溴乙烷、除草醚、艾氏剂、狄氏剂、汞制剂、砷类、铅类、敌枯双、氟乙酰胺、甘氟、毒鼠强、氟乙酸钠、毒鼠硅、甲胺磷、对硫磷、甲基对硫磷、久效磷、磷胺、苯线磷、地虫硫磷、甲基硫环磷、磷化钙、磷化镁、磷化锌、硫线磷、蝇毒磷、治螟磷、特丁硫磷、氯磺隆、胺苯磺隆、甲磺隆、福美胂、福美甲胂、三氯杀螨醇、林丹、硫丹、溴甲烷、氟虫胺、杀扑磷、百草枯、2，4 -滴丁酯共计 46 种农药。

近年来对生姜的质量安全进行例行监测发现，生姜中农药残留问题仍然严重。2018 年，在对 381 个生姜样品进行监测时，在检测的 68 种农药残留中，有 18 个样品的农药残留超过了标准，超标率为 4.72%。其中超标最严重的农药包括甲拌磷、灭蝇胺和克百威。此外，有 118 个样品检测出了不同程度的农药残留，农药检出率高达 30.97%。其中检出的农药包括多菌灵、甲霜灵、氯菊酯、吡虫啉、虫螨腈、哒螨灵、毒死蜱、噻虫嗪和灭蝇胺等（张文焕，2019）。

根据 2016—2017 年的监测结果显示，检出次数较多的农药有六六六和甲拌磷，共有

42 种农药残留。其中六六六是禁用农药，国家标准规定其最大残留限量为 0.05 mg/kg。此外，还发现 5 种限用农药被检出，其中包含 3 种甲拌磷、克百威和涕灭威在生姜中有残留限量标准，还有 2 种毒死蜱和三唑磷未制定残留限量标准。因此生姜中农药残留问题较为突出，需要重点监管和加快修订标准，尤其是应重点监管 25 种主要农药。

2. 生姜农药残留限量标准　中国生姜的农药残留限量标准主要依据《食品安全国家标准　食品中农药最大残留限量》（GB 2763—2016），该标准于 2016 年 12 月 18 日发布，并于 2017 年 6 月 18 日正式实施。根据标准附录中的食品类别说明，"根茎类蔬菜"包括根甜菜、根芹菜、姜、辣根、萝卜、胡萝卜、根芥菜、芜菁、桔梗等。GB 2763—2016 关于生姜的农药最大残留限量标准见表 15 - 7。

表 15 - 7　GB 2763—2016 关于生姜的农药最大残留限量标准

序号	农药中文名称	最大残留限量/mg/kg	农药类别	食品类别	注释
1	百草枯	0.05	除草剂	根茎类和薯芋类蔬菜	ADI：0.005 mg/kg bw。残留物：百草枯阳离子，以二氯百草枯表示
2	保棉磷	0.5	杀虫剂	蔬菜	ADI：0.03 mg/kg bw。残留物：保棉磷
3	倍硫磷	0.05	杀虫剂	根茎类和薯芋类蔬菜	ADI：0.007 mg/kg bw。残留物：倍硫磷及其氧类似物（亚砜、砜化合物）之和，以倍硫磷表示
4	苯线磷	0.02	杀虫剂	根茎类和薯芋类蔬菜	ADI：0.000 8 mg/kg bw。残留物：苯线磷及其氧类似物（亚砜、砜化合物）之和，以苯线磷表示
5	敌百虫	0.2	杀虫剂	根茎类和薯芋类蔬菜	ADI：0.002 mg/kg bw。残留物：敌百虫
6	敌敌畏	0.2	杀虫剂	根茎类和薯芋类蔬菜	ADI：0.004 mg/kg bw。残留物：敌敌畏
7	地虫硫磷	0.01	杀虫剂	根茎类和薯芋类蔬菜	ADI：0.002 mg/kg bw。残留物：地虫硫磷
8	对硫磷	0.01	杀虫剂	根茎类和薯芋类蔬菜	ADI：0.004 mg/kg bw。残留物：对硫磷
9	氟虫腈	0.02	杀虫剂	根茎类和薯芋类蔬菜	ADI：0.000 2 mg/kg bw。残留物：氟虫腈、氟甲腈（MB 46513）MB 46136、MB 45950 之和，以氟虫腈表示
10	甲胺磷	0.05	杀虫剂	根茎类和薯芋类蔬菜	ADI：0.004 mg/kg bw。残留物：甲胺磷
11	甲拌磷	0.01	杀虫剂	根茎类和薯芋类蔬菜	ADI：0.0007 mg/kg bw。残留物：甲拌磷及其氧类似物（亚砜、砜）之和，以甲拌磷表示
12	甲基对硫磷	0.02	杀虫剂	根茎类和薯芋类蔬菜	ADI：0.003 mg/kg bw。残留物：甲基对硫磷
13	甲基硫环磷	0.03	杀虫剂	根茎类和薯芋类蔬菜	残留物：甲基硫环磷
14	甲基异柳磷	0.01	杀虫剂	根茎类和薯芋类蔬菜	ADI：0.003 mg/kg bw。残留物：甲基异柳磷
15	甲萘威	1	杀虫剂	根茎类和薯芋类蔬菜	ADI：0.008 mg/kg bw。残留物：甲萘威

（续）

序号	农药中文名称	最大残留限量/mg/kg	农药类别	食品类别	注释
16	久效磷	0.03	杀虫剂	根茎类和薯芋类蔬菜	ADI：0.000 6 mg/kg bw。残留物：久效磷
17	抗蚜威	0.05	杀虫剂	根茎类和薯芋类蔬菜	ADI：0.02 mg/kg bw。残留物：抗蚜威
18	克百威	0.02	杀虫剂	根茎类和薯芋类蔬菜	ADI：0.001 mg/kg bw。残留物：克百威及 3-羟基克百威之和，以克百威表示
19	联苯菊酯	0.05	杀虫/杀螨剂	根茎类和薯芋类蔬菜	ADI：0.01 mg/kg bw。残留物：联苯菊酯（异构体之和）
20	磷胺	0.05	杀虫剂	根茎类和薯芋类蔬菜	ADI：0.000 5 mg/kg bw。残留物：磷胺
21	硫环磷	0.03	杀虫剂	根茎类和薯芋类蔬菜	ADI：0.005 mg/kg bw。残留物：硫环磷
22	硫线磷	0.02	杀虫剂	根茎类和薯芋类蔬菜	ADI：0.000 5 mg/kg bw。残留物：硫线磷
23	氯虫苯甲酰胺	0.02	杀虫剂	根茎类和薯芋类蔬菜	ADI：2 mg/kg bw。残留物：氯虫苯甲酰胺
24	氯氟氰菊酯和高效氯氟氰菊酯	0.01	杀虫剂	根茎类和薯芋类蔬菜	ADI：0.02 mg/kg bw。残留物：氯氟氰菊酯（异构体之和）
25	氯化苦	0.05	熏蒸剂	姜	ADI：0.001 mg/kg bw。残留物：氯化苦
26	氯菊酯	1	杀虫剂	根茎类和薯芋类蔬菜	ADI：0.05 mg/kg bw。残留物：氯菊酯（异构体之和）
27	氯氰菊酯和高效氯氰菊酯	0.01	杀虫剂	根茎类和薯芋类蔬菜	ADI：0.02 mg/kg bw。残留物：氯氰菊酯（异构体之和）
28	氯唑磷	0.01	杀虫剂	根茎类和薯芋类蔬菜	ADI：0.000 05 mg/kg bw。残留物：氯唑磷
29	灭多威	0.2	杀虫剂	根茎类和薯芋类蔬菜	ADI：0.02 mg/kg bw。残留物：灭多威
30	灭线磷	0.02	杀线虫剂	根茎类和薯芋类蔬菜	ADI：0.000 4 mg/kg bw。残留物：灭线磷
31	萘乙酸和萘乙酸钠	0.05	植物生长调节剂	姜	ADI：0.15 mg/kg bw。残留物：萘乙酸
32	内吸磷	0.02	杀虫/杀螨剂	根茎类和薯芋类蔬菜	ADI：0.000 04 mg/kg bw。残留物：内吸磷
33	炔苯酰草胺	0.2	除草剂	姜	ADI：0.02 mg/kg bw。残留物：炔苯酰草胺
34	杀虫脒	0.01	杀虫剂	根茎类和薯芋类蔬菜	ADI：0.001 mg/kg bw。残留物：杀虫脒
35	杀螟硫磷	0.5	杀虫剂	根茎类和薯芋类蔬菜	ADI：0.006 mg/kg bw。残留物：杀螟硫磷
36	杀扑磷	0.05	杀虫剂	根茎类和薯芋类蔬菜	ADI：0.001 mg/kg bw。残留物：杀扑磷

（续）

序号	农药中文名称	最大残留限量/mg/kg	农药类别	食品类别	注释
37	水胺硫磷	0.05	杀虫剂	根茎类和薯芋类蔬菜	ADI：0.003 mg/kg bw。残留物：水胺硫磷
38	特丁硫磷	0.01	杀虫剂	根茎类和薯芋类蔬菜	ADI：0.000 6 mg/kg bw。残留物：特丁硫磷及其氧类似物（亚砜、砜）之和，以特丁硫磷表示
39	涕灭威	0.03	杀虫剂	根茎类和薯芋类蔬菜	ADI：0.003 mg/kg bw。残留物：涕灭威及其氧类似物（亚砜、砜）之和，以涕灭威表示
40	辛硫磷	0.05	杀虫剂	根茎类和薯芋类蔬菜	ADI：0.004 mg/kg bw。残留物：辛硫磷
41	氧乐果	0.02	杀虫剂	根茎类和薯芋类蔬菜	ADI：0.000 3 mg/kg bw。残留物：氧乐果
42	乙酰甲胺磷	1	杀虫剂	根茎类和薯芋类蔬菜	ADI：0.03 mg/kg bw。残留物：乙酰甲胺磷
43	蝇毒磷	0.05	杀虫剂	根茎类和薯芋类蔬菜	ADI：0.000 3 mg/kg bw。残留物：蝇毒磷
44	增效醚	0.5	增效剂	根茎类和薯芋类蔬菜	ADI：0.2 mg/kg bw。残留物：增效醚
45	治螟磷	0.01	杀虫剂	根茎类和薯芋类蔬菜	ADI：0.001 mg/kg bw。残留物：治螟磷
46	艾氏剂	0.05	杀虫剂	根茎类和薯芋类蔬菜	ADI：0.000 1 mg/kg bw。残留物：艾氏剂
47	滴滴涕	0.05	杀虫剂	根茎类和薯芋类蔬菜	ADI：0.01 mg/kg bw。残留物：p，p'-滴滴涕、o，p'-滴滴涕、p，p'-滴滴伊和 p，p'-滴滴滴之和
48	狄氏剂	0.05	杀虫剂	根茎类和薯芋类蔬菜	ADI：0.000 1 mg/kg bw。残留物：狄氏剂
49	毒杀芬	0.05	杀虫剂	根茎类和薯芋类蔬菜	ADI：0.000 25 mg/kg bw。残留物：毒杀芬
50	六六六	0.05	杀虫剂	根茎类和薯芋类蔬菜	ADI：0.005 mg/kg bw。残留物：α-六六六、β-六六六、γ-六六六和δ-六六六之和
51	氯丹	0.02	杀虫剂	根茎类和薯芋类蔬菜	ADI：0.000 5 mg/kg bw。残留物：植物源食品为顺式氯丹、反式氯丹之和；动物源食品为顺式氯丹、反式氯丹与氧氯丹之和
52	灭蚁灵	0.01	杀虫剂	根茎类和薯芋类蔬菜	ADI：0.000 2 mg/kg bw。残留物：灭蚁灵
53	七氯	0.02	杀虫剂	根茎类和薯芋类蔬菜	ADI：0.000 1 mg/kg bw。残留物：七氯与环氧七氯之和
54	异狄氏剂	0.05	杀虫剂	根茎类和薯芋类蔬菜	ADI：0.000 2 mg/kg bw。残留物：异狄氏剂与异狄氏剂醛、酮之和

在上述的 54 项农药最大残留限量标准中，涉及了多个限量值，包括：0.01 mg/kg（涉及 11 种农药）、0.02 mg/kg（涉及 11 种农药）、0.03 mg/kg（涉及 4 种农药）、0.05 mg/kg（涉及 18 种农药）、0.2 mg/kg（涉及 4 种农药）、0.5 mg/kg（涉及 3 种农

药）、1 mg/kg（涉及 3 种农药）。

其中，两种除草剂的最大残留限量分别为百草枯 0.05 mg/kg 和炔苯酰草胺 0.2 mg/kg。而 49 种杀虫剂（包括杀螨剂）的最大残留限量范围为 0.01 mg/kg 至 1 mg/kg，其中 0.01 mg/kg 至 0.05 mg/kg 范围的限量值占比 83.7%。限量值较高的八种农药为甲萘威、氯菊酯、乙酰甲胺磷（最大限量为 1 mg/kg）、保棉磷、杀螟硫磷（最大限量为 0.5 mg/kg）、敌百虫、敌敌畏以及灭多威（最大限量为 0.2 mg/kg）。这些限量标准有助于确保农药在生姜中的残留量在安全范围内，从而保护消费者的健康。

当前，在中国的生姜中，农药残留限量标准的数量相对有限，而且主要集中在杀虫剂残留方面。对于那些未设定限量标准的农药残留物，需要参照已有的限量标准（如其他蔬菜中的限量标准）或国际上已有的限量标准，用作对生姜中农药残留检测结果进行判定和分析的依据。

第三节 芦 笋

一、产业概况

据统计 2022 年全世界芦笋栽培面积约为 165 万 hm²，其中我国种植面积达 140 万 hm² 以上，约占世界总种植面积的 85%。我国芦笋年产量 700 万 t 以上，已经成为世界上最大的芦笋生产国和出口国。我国从民国初期开始栽培芦笋，最先在上海、天津等地尝试栽培，1956 年在台湾种植推广成功，并且进行芦笋罐头生产。20 世纪 80~90 年代，芦笋种植进入规模化快速发展期，在我国山东、安徽、福建、四川、天津、河南等地大规模推广。目前，除了西藏、青海两省区无规模化种植外，其余各省均有种植，特别是以山东、江苏、山西、河南、河北、福建、天津、四川等地栽培面积较多。我国芦笋种植规模较大的县（市）有山东省的单县、莒县、安丘市、曹县、利津县、莘县，福建省的东山县，江苏省的铜山区、丰县，山西省的永济市，河南省的宜阳县、周口市淮阳区，河北省的赵县、容城县，浙江省的富阳区，安徽省的砀山县等；其中以山东、山西和河北 3 个省份种植规模最大，占全国总栽培面积的 66%。山东省是我国主要的芦笋生产基地，山东曹县是全国优质芦笋生产最大的县，被誉为"中国芦笋之乡"，芦笋栽培面积 20 万 hm²，占全国总种植面积的近六分之一，在我国芦笋生产和加工出口中占有极为重要的地位。芦笋根据嫩茎颜色的不同可分为绿芦笋、白芦笋、紫芦笋等，我国约 70% 的地区种植的是绿芦笋，30% 为白芦笋，绿芦笋主要用于国内市场消费，而白芦笋主要用于加工出口欧洲国家。当前我国的绿芦笋种植品种主要以国外引进品种为主，如格兰德、UC、阿波罗、弗兰克列姆、达宝丽、阿特拉斯和吉列姆等系列品种，其中格兰德系列是目前较为高产的绿芦笋品种。白芦笋常见的种植品种主要包括 Gijnlim、UC142、台南选 1 号等。近年来，我国不断加大芦笋新品种研发力度，也陆续培育出了一批国产芦笋新品种，有效打破了国外品种长期垄断的局面。如潍坊市农业科学院成功选育出的鲁芦笋 1 号、硕丰、新世纪、格雷斯、冠军、金冠等，江西省农业科学院选育的井冈 701 等新品种，以及北京市农林科学院选育出的京芦 2 号、京绿芦 1 号等，均已在我国芦笋主产区广泛种植。但是当前虽然很多国内品种在品质上与国外品种表现相当，但种植面积仍较为有限，未来在品种更新和升级方面仍任重道远。

二、芦笋贮藏保鲜

芦笋作为一种劳动密集型、高附加值的多年生蔬菜产品，往往在高温季节采收，面临着采后温度高、呼吸旺盛、水分损失快、黄化、营养物质流失等难题。多年来，国内外学者通过研究芦笋在贮藏过程中的生命活动，旨在通过选择合适的物理、化学、生物等保鲜方法，降低新鲜芦笋生理代谢水平，减少有害微生物的侵染，控制贮藏环境相对湿度，保持芦笋食用价值和商品价值。目前芦笋贮藏保鲜的方法主要有低温贮藏、冰温贮藏、气调贮藏、化学保鲜剂处理、生物保鲜剂处理、变压处理、光照保鲜技术、超声波保鲜技术等（图 15 - 6）。但整体而言，技术应用及普及程度较低。

根据 GB/T 16870—2009 芦笋贮藏指南有关要求，芦笋具体贮藏条件如下：

1. 质量特征要求 芦笋应新鲜、洁净、完好、坚实、光滑、无伤痕和可见的病虫害；笋尖或顶部闭合；白芦笋嫩茎呈均匀的白色；贮藏前，应把没有捆扎的芦笋码放在包装箱里（例如，12 kg 嫩茎应放在 15 kg 容量的包装箱里）。

2. 预冷 芦笋采收后 5 h 内迅速运至冷库，进行预冷，采用强制冷风或喷淋冷水来快速预冷到 5 ℃以下，以控制其衰变。使用冷水或冰水可以达到有效的预冷，但芦笋在水中浸泡时间不应超过 1 h。

3. 贮藏条件

（1）温度。贮藏条件不适宜，芦笋容易受到伤害，应重视冷库的温度和贮藏时间。芦笋最适宜的贮藏温度为 1～2 ℃，建议最低温度是 1 ℃，因为温度的波动可能达到 0.5 ℃，且根据实际经验表明，嫩芽在低于 0.5 ℃贮藏时可能受损。

（2）相对湿度。相对湿度应保持在 90%～95%。

（3）空气流通。包装箱及其堆码方式应便于空气流通，以保证温度和相对湿度的稳定和均匀。

图 15 - 6 芦笋采后流通保鲜技术

三、芦笋加工

芦笋水分含量较高，质地鲜嫩，采后呼吸作用较强，常温下不易长时间贮存，易造成失水、黄化、老化等现象，降低其商业价值。同时随着消费者对芦笋营养和保健价值认可度的不断加强，对多元化芦笋加工产品的需求量激增，近年来随着芦笋产业的规模化快速发展，基于芦笋营养及保健价值保持的制备技术不断开发，加工产品可分为初级加工品、深加工产品和保健日化产品等品类。

1. 初级加工品 产品形式以芦笋罐头、鲜销或速冻芦笋为主。目前我国绿芦笋销售主要以国内消费为主，而大部分白芦笋及少量的绿芦笋用于加工芦笋罐头。中国以及秘鲁是世界最主要的芦笋出口国，两国芦笋出口量占全球芦笋出口总量的70%以上，同时两国的芦笋罐头出口量占世界芦笋罐头出口总量的85%左右。芦笋罐头的加工流程要经过原料分级、去皮、切笋等工序，我国芦笋罐头加工产业自20世纪90年代初开始起步，经过20多年不断发展，目前已经成为世界最大的芦笋罐头生产国。2022年全国芦笋罐头年出口量近7万t，其中仅山东曹县的芦笋罐头出口量就达5万t，占到全国出口总量的70%。鲜销芦笋通常以冷藏方式保鲜，常用方法有差压式通风冷藏法、气调贮藏法及自发气调贮藏法，芦笋冷藏前应按长度分级，切割成同规格进行称重、成捆、装箱。速冻芦笋的加工流程包括初级清洗、分选、高温杀菌、沥干、装袋、密封、速冻机贮藏。在−15 ℃速冻的芦笋可在不破坏营养成分的前提下保持原有风味和色泽。

2. 深加工产品 近年来芦笋精深加工产品也有所发展，产品类型主要包括芦笋粉、芦笋茶、芦笋饮料、芦笋面制品等。芦笋粉是对干燥后的芦笋进行粉碎，加工技术的关键工艺点是烫漂、复合酶解及干燥，芦笋粉可作为功能食品辅料加入面团中制作面条、果糕等面制品。芦笋茶主要参照绿茶加工工艺，流程为原料提取→晾摊→滚筒杀青→风凉→热风二次杀青→揉捻→晾摊→热风干燥→成品→包装，芦笋发酵茶又添加了萎凋、发酵流程。芦笋饮料主要包括芦笋果汁、芦笋醋、芦笋酒三大品类。芦笋醋饮料的工艺流程为原料→分选→清洗→热烫→榨汁→胶体磨→酶解→澄清过滤→调糖→酒精发酵→醋酸发酵→粗滤→离心分离→配制→预热→灌装→密封→杀菌→冷却→成品。芦笋保健醋饮料的最佳配方为原醋12%、冰糖8%、柠檬酸0.2%，饮料色泽透明，呈红褐色，具有芦笋香味和醋香味，酸味柔和。芦笋酒分为酿造类和调配类，两者的生产工艺不同，前者是用糖分较高的芦笋果实或根茎，压榨成汁液，对汁液进行发酵并酿制成酒；后者是将芦笋压榨汁或提取物添加到市面已有的酒品中，勾兑后调配成酒。

3. 保健日化产品 经大量试验研究和临床应用证明，芦笋中的活性成分能让机体增强免疫，并具有抗肿瘤、保护黏膜、抗衰老、抑菌及调控血糖等功效。当前市场上的高附加值产品主要是以芦丁、多糖、膳食纤维等芦笋活性成分提取物为原料，进而开发的各类芦笋保健食品、化妆品，如目前已上市销售的芦笋口服液、芦笋枸杞子胶原蛋白粉、芦笋胶囊等产品。芦笋口服液主要成分是新鲜芦笋，具有滋阴补气、生津润燥等作用，经实验证明，芦笋口服液可改善晚期非小细胞肺癌患者免疫功能，降低化疗后恶心呕吐及骨髓抑制的发生概率，一定程度上提高患者体能评分，达到增效减毒目的。当前芦笋医药保健产品的抗肿瘤机制主要通过有效成分直接抑制肿瘤细胞的生长、诱导肿瘤细胞凋亡、增强机体免疫力、提高抗氧化作用来实现。芦笋作为化妆品原料，被收录于《已使用化妆品原料名称目录（2015版）》，对其护肤功效的研究集中在抗氧化方面。此外，芦笋汁在低浓度下能有效抑制斑马鱼体内黑色素的合成和酪氨酸酶的活性，具有潜在的美白功效。

近年来我国芦笋加工产业进入快速发展期，加工企业规模由最初的几家逐渐发展壮大到数百家，但整体来看大部分加工企业普遍规模较小且分布较为分散。此外，产品类型单一、精深加工水平低等问题突出，产品以国际市场上价位较低的罐头产品和速冻产品为主，规模以上的加工龙头企业数量仍较少，且多数企业每年生产运转时间仅为3个月（芦笋收获期），无法常年连续化生产。今后需进一步加强产业规模化及精深加工水平提质升级引导，合理开发芦笋资源，创制高值利用产品，增加其附加值，进而形成良好的芦笋精深加工高值利用模式。

四、芦笋综合利用

在芦笋的栽培及采收过程中，会产生老茎、畸形笋、散头笋等外观、品质不佳的级外品；在芦笋的初加工及贮运过程中，基于芦笋不耐贮藏及原料利用率低的特性，也会产生大量的下脚料及废弃物，如芦笋罐头加工过程中经过原料分级、去皮、切笋后，产生的下脚料超过原料重量的30%。芦笋废弃物的研究集中于黄酮类化合物的提取分离方法、化学组成、含量测定方法及药理作用等方面（蒋丹，2014；宋佳，2012）。在芦笋废弃资源中还含有丰富的皂苷、多糖类化合物及膳食纤维等功能活性成分，具有清除自由基、免疫调节、降血糖和血脂等功效，可以通过肠上皮进入血液，到达靶器官，对预防肠道疾病、增强机体免疫力具有重要作用（黄家莉等，2022）。

1. 芦笋多糖 芦笋多糖的结构多样性和药理价值支撑其治疗潜力和保健功能，其提取多采用果胶酶分解经水浸提的芦笋原料，通过微滤和超滤膜可以把大部分的粗纤维、果胶类物质去除，达到提高芦笋多糖纯度的目的（张明等，2020）。一项复合酶解芦笋下脚料的研究表明：以1份原料为基准，添加2到5倍的纯水，调节pH至7.5～8.5，加入9 000～1 100 U/mL的α-高温淀粉酶90～110 mL，85～95 ℃水提0.8～1.2 h，冷却至55～65 ℃；调节pH至5.5～6.5，加入900～1 100 U/mL的蛋白酶150～250 mL，55～65 ℃水提0.5～0.8 h；保持55～65 ℃，加入2～4 mol/L的乙酸溶液3～6 mL；加入氢氧化钠溶液调节pH至4～5，加入4 000～6 000 U/mL的糖化酶90～110 mL，55～65 ℃水提0.8～1.2 h，过滤，烘干残渣并粉碎制得多糖含量丰富的芦笋粉（郭清坤等，2012）。

2. 芦笋膳食纤维 膳食纤维对人体具有重要的生理功能，被称为继水、碳水化合物、矿物质、维生素、蛋白质、脂肪之外的"第七大营养素"，芦笋膳食纤维是其中可食用植物细胞、多糖、木质素以及相关物质的总和。王崇队等（2020）以绿芦笋加工废弃物为原料，通过正交试验优化确定了蒸汽爆破对绿芦笋废弃物膳食纤维改性的最佳工艺：蒸汽爆破料腔比为5:8，蒸汽爆破时间为70 s，蒸汽爆破压力为1.0 MPa，在此条件下，可溶性膳食纤维含量提高92.5%。对蒸汽爆破绿芦笋样品进行理化研究发现，其水溶性指数为14.27%，持油力为2 mL/g，堆积密度为0.43 g/mL，松密度为0.29 g/mL，溶解度为91.63 g/100 g，比表面积为0.299 m²/g，与空白样品相比，均有所增加；而持水力、膨胀力、中位径、休止角、滑动角与空白样品相比，均有所下降。

3. 芦笋液态配料 有研究通过筛选纤维素酶、果胶酶等适宜加工生物酶品种，明确作用靶点及协同增效机理，优化酶解工艺，实现芦笋高出汁率；在原料破碎、榨汁等工艺阶段，采用低温、气体保护、蒸汽钝化等技术控制底物浓度、氧气和酶活，进而抑制褐变反应；采用分离融合、物性修饰等技术实现多酚等功效成分的预分、富集与稳定。集成采用湿法超细微粉碎等技术,解决芦笋老茎粗纤维制浆难问题;选用无机膜、有机膜等不同膜材质和膜孔径,进行超滤(UF)、纳滤(NF)、反渗透(RO)技术研究与设备配套,提高芦笋汁澄清度及稳定性;集成反渗透、分子蒸馏、MVR 蒸发器等解决能耗高,芦笋汁色泽、风味、功能成分损失严重的问题,最终得到芦笋清汁、芦笋浊汁/浆、浓缩芦笋汁、复合芦笋汁(浆)等。

4. 多元剂型功能产品 以富含功能成分的芦笋级外品粉体或汁浆为主基料,搭配益生菌、蛋白质、膳食纤维、多酚等营养功能组分,通过营养稳态化和量效需求精准设计,开发固体饮料、压片糖果等系列产品,充分满足年轻女性、中老年等特定人群对芦笋美容减肥、缓解便秘等加工产品的个性化需求,开发的多元化产品剂型具备方便食用、适口美味、剂型丰富、营养健康等需求。

5. 全植株综合利用 芦笋根、叶、芦笋秸秆等都能够有效回收利用,制成生物饲料和有机肥料。芦笋秸秆经发酵后柔软性和膨胀度有了很大提高,有机质被快速分解,营养价值明显增加,可作为草食性家畜饲料重要的来源。此外,蒸汽爆破、复合酶解技术在将老茎、秸秆转化为食用菌培养基质、沼气以及土壤改良中也有规模化应用。

芦笋作为一种质地优良、营养丰富的保健型蔬菜,在国外被称为"蔬菜中的人参"。芦笋除了新鲜食用外主要用于加工芦笋罐头和速冻芦笋,资源废弃率高,其营养价值没有得到充分开发。当前关于复合酶解、蒸汽爆破及低温真空油炸等技术在芦笋综合利用中的研究已引起广泛关注,今后应重点开展下脚料和级外品的功能成分提取,大宗功能配料及产品创制,动物饲料、栽培基料和生物有机肥加工等方向的技术研究及产业化应用,为拓展芦笋废弃物的生物转化与资源化利用途径提供理论基础及路线参考。

五、芦笋质量安全

《食品安全国家标准 食品中农药最大残留限量》(GB 2763—2021)中关于芦笋的农药残留限量见表 15-8。该项标准规定了芦笋中 32 项农残限量、茎类蔬菜中 83 项农残限量、蔬菜类产品 1 项农残限量。任鹏程等(2020)对啶酰菌胺在芦笋中的膳食摄入风险评估发现,芦笋在 0.01、0.1、20 mg/kg 添加水平下,啶酰菌胺在空白样品中的平均回收率为 79%～101%。

表 15-8 芦笋农药残留限量

农药名称	限量要求	农药名称	限量要求
甲霜灵和精甲霜灵	0.05	啶虫脒	0.8
甲基对硫磷	0.02	涕灭威	0.03
二甲戊灵	0.1	艾氏剂	0.05
乙酰甲胺磷	0.02	保棉磷	0.5
三氯杀螨醇	0.01	嘧菌酯	0.01
甲氧滴滴涕	0.01	烯唑醇	0.5
甲基硫环磷	0.03*	戊硝酚	0.01*
苯醚甲环唑	0.03	特乐酚	0.01*
异狄氏剂	0.05	乙拌磷	0.02

（续）

农药名称	限量要求	农药名称	限量要求
胺苯磺隆	0.01	硫丹	0.05
杀螟硫磷	0.5	抑草蓬	0.05*
啶酰菌胺	5	苯菌灵	0.5
吡唑醚菌酯	0.2	乐杀螨	0.05*
丙炔氟草胺	0.02	灭线磷	0.02
氟吡菌酰胺	0.01*	苯线磷	0.02
三氟硝草醚	0.01*	硫线磷	0.02
氟除草醚	0.01*	毒杀芬	0.05*
克百威	0.02	氟虫腈	0.02
丁硫克百威	0.01	甲萘威	1
地虫硫磷	0.01	多菌灵	0.5
氯苯甲醚	0.01	氯丹	0.02
特丁硫磷	0.01*	杀虫脒	0.01
烯虫乙酯	0.01*	毒虫畏	0.01
乙酯杀螨醇	0.01	草枯醚	0.01*
咪鲜胺和咪鲜胺锰盐	0.5	麦草畏	5
甲基硫菌灵	0.5	六六六	0.05
丙酯杀螨醇	0.02*	毒死蜱	0.05
氯酞酸甲酯	0.01	庚烯磷	0.01*
水胺硫磷	0.05	毒菌酚	0.01*
甲基异柳磷	0.01*	氯磺隆	0.01
烯虫炔酯	0.01*	吡虫啉	0.2
马拉硫磷	1	环螨酯	0.01*
代森锰锌	2	氯酞酸	0.01*
双胍三辛烷基苯磺酸盐	1*	敌敌畏	0.2
氯氟氰菊酯和高效氯氟氰菊	0.02	茅草枯	0.01*
氯氰菊酯和高效氯氰菊酯	0.4	滴滴涕	0.05
硝磺草酮	0.01	蝇毒磷	0.05
肟菌酯	0.05	巴毒磷	0.02*
代森锌	2	草芽畏	0.01*
灭螨醌	0.01	甲胺磷	0.05
杀扑磷	0.05	氧乐果	0.02
灭多威	0.2	百草枯	0.05*
狄氏剂	0.05	对硫磷	0.01
溴甲烷	0.02*	乐果	0.01
甲磺隆	0.01	消螨酚	0.01*

农药名称	限量要求	农药名称	限量要求
速灭磷	0.01	氯菊酯	1
灭蚁灵	0.01	甲拌磷	0.01
久效磷	0.03	硫环磷	0.03
二溴磷	0.01*	倍硫磷	0.05
磷胺	0.05	七氯	0.2
辛硫磷	0.05	治螟磷	0.01
抗蚜威	0.01	戊唑醇	0.02
草铵膦	0.1*	茚草酮	0.01*
内吸磷	0.02	杀虫畏	0.01
丙森锌	2	噻虫嗪	0.05
敌百虫	0.2	氯唑磷	0.01
灭草环	0.05*	福美双	2
三唑磷	0.05		

注："*"表示最大临时限量。

目前我国针对芦笋制定的农药最大残留限量的标准数量较少，且已有最大限量标准的农药主要为杀虫剂和杀菌剂。在实际工作中，对于在芦笋中未制定最大残留限量标准的残留农药，则需要按照国际上芦笋中已有的限量或我国其他蔬菜中已有的限量进行推广采用，并以此作为芦笋中农药残留结果的判定依据。

第四节 苦 瓜

一、产业概况

苦瓜，食之味苦，因此得名苦瓜，其属于葫芦科苦瓜属一年生攀缘状柔弱草本，苦瓜雌雄同株，苦瓜果实呈纺锤形或圆柱形，多瘤皱，待成熟后，色由青转为橙黄色，继而呈现黄红色。

苦瓜原产于印度尼西亚，宋元时期传入中国。因苦瓜生性喜温，耐湿，对土壤和温度要求较高，所以在中国的湖南、浙江、福建、河北等地种植量较大。苦瓜一般分为长圆锥形和短圆锥形两类，如长江流域的白苦瓜、广东滑身苦瓜和长身苦瓜都是长圆锥形的，一般这类品种果质量为 0.2～0.3 kg，早熟，品质好。广东大顶苦瓜是短圆锥形，其果重为 0.2～0.6 kg，适应性强，品质优良。《随息居饮食谱》载苦瓜清则苦寒，涤热，明目清心，研究表明苦瓜营养价值高，富含矿物质、维生素等营养物质，以及苦瓜多糖、苦瓜蛋白、苦瓜皂苷等生物活性物质，具有良好的促进健康功能。此外，研究表明苦瓜具有清热解毒、降低血糖和提升免疫力等功能特性。

二、苦瓜营养成分与活性物质

1. 基本营养成分 苦瓜含有多种对人体有益且可被吸收的营养成分。苦瓜中维生素 C

的含量比一般蔬菜要高，维生素 C 的含量是丝瓜的 10 倍、南瓜的 21 倍。每 100 g 苦瓜中的营养成分见表 15 - 9。

表 15 - 9　100 g 苦瓜中营养成分的含量

营养成分	含量	营养成分	含量
蛋白质/g	1.0	钠/mg	5
脂肪/g	0.17	锌/mg	0.80
灰分/g	1.10	硒/μg	0.2
糖类/g	3.70	维生素 C/mg	84
钾/mg	296	烟酸/mg	0.400
钙/mg	19	泛酸/mg	0.212
镁/mg	17	维生素 A/μg	24
铁/mg	0.43	β-胡萝卜素/μg	190
磷/mg	31	α-胡萝卜素/μg	185

2. 生物活性物质　研究表明，目前从苦瓜中已分离出苦瓜多糖、苦瓜蛋白及多肽、苦瓜皂苷等其他生物活性物质，这些成分具有降血糖、降血脂、增强免疫力等功效。

(1) 苦瓜多糖。苦瓜中的重要生物活性成分有苦瓜多糖，苦瓜多糖在苦瓜干粉中的含量约为 6%，属于杂多糖，其组成成分主要为半乳糖、葡萄糖、阿拉伯糖、鼠李糖、甘露糖等。苦瓜多糖具有降血糖、降血脂、增强免疫力等功效。

(2) 苦瓜蛋白。印度苦瓜中有一种苦瓜多肽最早被确认为是植物胰岛素的来源，苦瓜蛋白中研究较多的是核糖体失活蛋白，它是一类能够使核糖体失活从而抑制蛋白质合成的碱性糖蛋白，分为 I 型和 II 型。苦瓜蛋白 MAP30 就是一种 I 型（双链）核糖体失活蛋白，其分子质量为 30 kD，故名为 MAP30。M. Cy 蛋白也是一种 I 型核糖体失活蛋白，是 Rajasekhar 等从苦瓜果实水提物中分离出来的，其分子质量为 17 kD。苦瓜素则是一类 II 型（单链）核糖体失活蛋白，目前已从苦瓜中分离出 α、β、γ、δ 苦瓜素等。

(3) 苦瓜皂苷。皂苷是植物糖苷的一种，是多种药物的有效成分，可分为甾体皂苷和三萜皂苷。在苦瓜的根、茎、叶及果实中均含有皂苷，以三萜皂苷为主。实验表明，苦瓜籽中总皂苷的含量约为 0.432%。现已从苦瓜中分离出 40 多种皂苷类成分，包含有葫芦素烷型、齐墩果烷型、乌苏烷型、豆甾醇类、胆甾醇类及谷甾醇类皂苷等。

三、苦瓜贮藏保鲜

苦瓜又名癞瓜、凉瓜、红羊、君子菜等，《本草纲目》载"苦以味名"，因此得名苦瓜。苦瓜茎为蔓生，浓绿色，被茸毛；叶为互生，黄绿色，掌状深裂，叶柄细长；花为雌雄同株，黄色；果实大，多为纺锤形或圆柱形，多瘤皱，青绿、绿白或白色，成熟后橙黄色。肉质较厚，清爽脆嫩，口感特别。富含氨基酸、维生素等营养成分及多糖、黄酮、生物肽等活性物质，具有很高的利用价值（奚裕婷，2019）。

（一）贮藏特性

苦瓜的贮藏温度应控制在 10～13 ℃，温度不宜过高或过低，低于 10 ℃会发生凹陷、水渍等症状。苦瓜的贮藏湿度应控制在 85%～90% 之间，防止水分蒸发和产品腐烂。此外，苦瓜对乙烯较为敏感，在贮藏过程中需注意通风换气，用保鲜膜包装时，也应注意打孔或虚掩袋口。

（二）贮藏方法

1. 冷藏 一般选择无病虫害且新鲜的苦瓜进行冷藏，苦瓜采摘后会带有较多的田间热，若直接冷藏，则可能会使贮藏温度升高，贮藏效果下降，因此，苦瓜进行冷藏前先散热降温，强制通风或减压通风预冷，经预冷后放入聚乙烯膜袋中，冷藏温度为 13 ℃。不同温度贮藏会影响苦瓜的贮藏效果。不同贮藏温度下，苦瓜的贮藏效果如表 15-10 所示。

表 15-10 不同贮藏温度苦瓜贮藏效果

贮藏温度	贮藏效果
低于 10 ℃	会发生严重冷害
10～12 ℃	保证质量达 10～14 d
高于 13 ℃	后熟衰老迅速

2. 气调贮藏 气调贮藏一般指的是人为改变贮藏环境中氧气和二氧化碳浓度的贮藏方式，使大气组成始终保持在苦瓜贮藏所需的比例。气调可在常温下进行，也可与冷藏配合进行。由于苦瓜是易发生冷害的蔬菜，因此气调温度不能过低，一般在 10～18 ℃之间为宜，氧气控制在 2%～3%分压，二氧化碳控制在 5%分压以下。

（三）贮藏技术要点

1. 品种选择 不同品种苦瓜耐贮性差异较大，绿苦瓜较白苦瓜更耐贮藏。

2. 适时采收 影响苦瓜保鲜效果的主要原因是苦瓜的采收质量，一般在花后 12 d 左右及时采收嫩瓜，以保证品质，并以肩部瘤状突起粗大饱满，瘤沟变浅，颜色由暗绿转为鲜绿，果皮有光泽作为采收标准（黄航，2011）。过早采收产量低，导致苦瓜达不到标准，且色泽、风味等不好；过晚采收，严重影响品质，同时导致贮藏期缩短。

四、苦瓜加工

苦瓜营养丰富，含蛋白质、粗纤维、多种氨基酸、维生素、矿物质等多种成分，其中维生素 C 含量居于瓜类蔬菜之首。苦瓜具有利尿、清热、明目解毒、抗菌消炎、降血脂和提高机体的免疫能力的功效。而且苦瓜含糖和脂肪较低，是肥胖者理想的食品。因此，作为一种药食兼用的保健食品，苦瓜有极高的深加工开发价值。在食品方面，苦瓜被加工成苦瓜汁、苦瓜茶、苦瓜饮料、苦瓜酱和苦瓜脆片。

1. 苦瓜汁 将新鲜的苦瓜榨汁，可以得到营养丰富的苦瓜汁，苦味较浓。苦瓜汁含有丰富的维生素 C、钾、磷等营养物质，被认为有利于降低血糖和血脂，增强免疫力。

2. 苦瓜茶 将干燥的苦瓜片泡水冲泡即可饮用，具有提神醒脑的作用。

3. 苦瓜饮料 将苦瓜和其他水果或蔬菜混合榨汁，制成口感较为柔和的饮料。

4. 苦瓜酱 将苦瓜切碎制成糊状，加入各种辅料如盐、糖、姜、蒜等进行调味，可以制成口感独特的苦瓜酱，也可以作为添加剂用于烹饪。

5. 苦瓜脆片 将苦瓜切成薄片，腌制或烘干后制成的脆片，口感清新爽口，是一种健康的零食。

五、苦瓜综合利用

目前，苦瓜已有多个加工产品实现产业化，如苦瓜饮料、苦瓜果酱、苦瓜茶、苦瓜胶囊等，都取得了较好的经济社会价值。但苦瓜在加工过程中，会产生很多副产物。这些副产物由于没有得到充分利用，导致资源浪费严重。近年来，国内外研究者通过对苦瓜残渣的研究发现，苦瓜残渣中还含有丰富的多糖、皂苷、蛋白、脂肪、维生素、维生素等活性成分，具有抗氧化、抗炎、抗癌、降血糖和血脂和增强免疫力等功效。因此，对于苦瓜残渣的综合利用是实现苦瓜资源化利用的当务之急。

近年来，人们对苦瓜残渣中化学成分认识不断加深，苦瓜多糖具有抗氧化、提高人体免疫力和抑菌等作用，目前多采用超声波辅助提取、微波辅助水提醇沉法来提高苦瓜多糖的含量。袁媛等（2008）研究发现，在微波功率 600 W、萃取料液比 1：20（g/mL）下萃取 25 min，苦瓜的提取率较高。苦瓜残渣在制备乙醇、提取果胶中也有规模化应用。李江华等（2017）利用纤维素酶水解苦瓜残渣制备还原糖，利用商用干酵母作为发酵菌种发酵还原糖液制备乙醇，用化学法在酸性条件下对苦瓜二次残渣提取果胶，结果表明：在最佳工艺条件下，还原糖产率为 62.42%，乙醇产率为 11.60%，果胶的提取率为 3.55%。目前，利用苦瓜残渣制备乙醇、提取果胶，已实现了苦瓜残渣的资源化利用，为今后苦瓜精深加工产业的发展方向提供参考价值。苦瓜渣中的膳食纤维不仅能维持血糖、血脂和蛋白质含量等在正常水平，还可增加胃部饱腹感，因此具有减肥功效。中华全国供销合作总社济南果品研究院以苦瓜渣为原料，利用生物酶解、物理挤压、超微粉碎等综合技术研发的苦瓜膳食纤维，有效保留了苦瓜渣中的降血糖成分和营养成分，可预防肥胖、高血压、心血管疾病；同时，这款苦瓜产品中总膳食纤维含量在 60% 以上，其中水溶性膳食纤维的含量达到 16.5%，具有很好的持水性和分散性，容易被人体消化吸收，可作为功能性食品原料和药用原料。该技术不仅提高了苦瓜的综合利用价值，是农副产品深加工的新举措，也是发展果蔬类产业循环的有效途径。夏文宽等（2006）以 95% 的乙醇作为提取溶剂，生产苦瓜产品过程中废弃的鲜绿色苦瓜滤渣，在 3 g/mL，提取温度 45 ℃，pH 8.0，提取时间 2 h 的条件下，分离提取出天然叶绿素，结果发现苦瓜叶绿素稳定性较好，可以广泛应用于食品、医药、化妆品等行业，是优质的天然着色剂。通过从苦瓜废弃物滤渣中提取叶绿素，不仅有效地利用了苦瓜资源，还提高了苦瓜产品附加值，具有很好的市场发展前景。

苦瓜籽油中含有大量不饱和脂肪酸，具有抗炎、抗风湿性关节炎作用，还可降血脂、抗癌。郭宁平（2013）研究发现，在温度 40 ℃，萃取压力 37 MPa、CO_2 流量 40 L/h 条件下萃取 2 h，苦瓜籽油得率高达 97.2%，苦瓜籽油中不饱和脂肪酸含量高达 79.60%。另外，苦瓜籽中含有丰富的降血糖、抑制癌细胞和抗氧化等生理功效的蛋白和多肽。有研究发现，从苦瓜籽中分离出来的核糖体失活蛋白可用于白血病及淋巴癌的治疗，α、β-苦瓜素可抑制胃癌细胞，胰岛素多肽具有显著的降血糖生理活性等。广西北海苦瓜系列产品深加工产业化示范工程项目从苦瓜籽中提取的苦瓜多肽，加工生产降糖保健食品-唐美含片，并综合利用其副产品苦瓜肉，加工生产苦瓜汁、苦瓜肉洁净菜、苦瓜粉和苦瓜渣粉等产品，实现苦瓜系列产品深加工。然而，苦瓜籽油目前主要发挥其食疗作用，具有极大的发展空间。

将富含功能成分的苦瓜副产品与其他食品综合利用，可使其保健、药用和食用价值更加显著。如无糖苦瓜荞麦蛋糕是将苦瓜粉与荞麦粉混合加入蛋白糖制成的，既有保健作用，又美味可口；低糖保健饮料是以苦瓜、花生和木糖醇为主原料制成；苦瓜颗粒冲剂是以苦瓜为原料、葡萄糖酸锌为护色剂以及 β-环状糊精为苦味包埋剂加工制成；苦瓜泡腾片是以苦瓜粉、白砂糖、阿斯巴甜、碳酸氢钠等为原料，同时添加维生素 C、PVP 无水乙醇和 PEG 6000 作为黏合剂制成的，不仅消除了苦瓜苦味，还具有即冲即饮的优点，市场价值广阔。

六、苦瓜质量安全

1. 苦瓜中农药残留 根据中国农药信息网，截至 2023 年 10 月，在苦瓜中已登记农药涉及的有效成分共含 17 种，包括杀菌剂（13 种）：戊唑醇、苯醚甲环唑、百菌清、苯菌酮、啶酰菌胺、烯酰吗啉、吡唑醚菌酯、氟吡菌酰胺、肟菌酯、嘧菌酯、霜脲氰、噁霉灵、苦参碱（同时也可杀虫）；杀虫剂（4 种）：阿维菌素、多杀霉素、金龟子绿僵菌 CQMa421、甲氨基阿维菌素苯甲酸盐。中国食品安全标准 GB 2763—2021 中涉及苦瓜的农药残留最大限量，仅 18 项已登记农药有最大残留限量标准，分别是杀菌剂苯醚甲环唑（MRL 为 1 mg/kg），杀菌剂噁霉灵（MRL 为 1 mg/kg），杀虫剂阿维菌素（MRL 为 0.05 mg/kg），杀虫剂氯虫苯甲酰胺（MRL 为 2 mg/kg），杀菌剂百菌清（MRL 为 5 mg/kg），杀虫剂吡虫啉（MRL 为 0.1 mg/kg），杀菌剂吡唑醚菌酯（MRL 为 1 mg/kg），杀菌剂丙森锌（MRL 为 2 mg/kg），杀虫剂啶虫脒（MRL 为 0.5 mg/kg），杀菌剂多菌灵（MRL 为 0.3 mg/kg），杀菌剂氟啶胺（MRL 为 0.2 mg/kg），杀虫剂甲氨基阿维菌素苯甲酸盐（MRL 为 0.02 mg/kg），杀虫剂氯氟氰菊酯和高效氯氟氰菊酯（MRL 为 0.2 mg/kg），杀虫剂灭蝇胺（MRL 为 2 mg/kg），杀菌剂氰霜唑（MRL 为 2 mg/kg），杀虫剂噻虫嗪（MRL 为 0.2 mg/kg），杀菌剂代森锰锌（MRL 为 5 mg/kg）以及杀菌剂戊唑醇（MRL 为 2 mg/kg）。所以，我国目前针对苦瓜登记使用的农药数量较为有限，而且限量标准严重匮乏。

近年来，根据文献报道，丁运华等（2018）研究表明，氯氰菊酯在苦瓜中的残留量不会对人体造成危害。灭蝇胺在苦瓜中的残留也不会对消费者造成不可接受的风险（韩永涛等，2020）。

我国针对苦瓜作物制定最大残留限量标准的农药较少，目前仅有 18 种，其余农药均未制定在苦瓜中的限量标准，因此，对检出结果进行判定时，需参照其他蔬菜中的限量标准，这可能会存在采用不当的情况。若标准选用过于严格（最大残留限量值较低），则增加了样品超标的可能，若标准采用过于宽松（最大残留限量值较高），则在降低样品超标可能的同时，样品的安全隐患就会增大。因此，为准确评价苦瓜的农药残留安全状况，应对尚未在苦瓜中制定最大残留限量的农药标准进行研究分析，以提高标准采用的针对性、科学性和有效性。

2. 苦瓜中农药残留限量标准 中国苦瓜的农药残留限量标准主要来源于 2021 年 3 月 3 日发布，并于 2021 年 9 月 3 日正式实施的《食品安全国家标准 食品中农药最大残留限量》（GB 2763—2021）。根据标准附录中关于食品类别的说明："小型瓜类蔬菜包括西葫芦、节瓜、苦瓜、丝瓜、线瓜、瓠瓜等"；同时标准中还规定："如某种农药的最大残留限量应用于某一食品类别时，在该食品类别下的所有食品均适用，有特别规定的除外"。因此，苦瓜的农药残留限量标准主要涉及苦瓜、瓜类蔬菜和蔬菜三大类（共 134 项农药），其中包含 18 项针对"苦瓜"制定的限量标准、115 项农药针对"瓜类蔬菜"上制定的限量标准以及仅 1 项农药于"蔬菜"上制定的限量标准。GB 2763—2021 关于苦瓜的农药最大残留限量标准见表 15 - 11。

表 15 - 11　GB 2763—2021 关于苦瓜的农药最大残留限量标准

序号	农药名称	最大残留限量/mg/kg	农药类别	食品类别	注释
1	阿维菌素	0.05	杀虫剂	苦瓜	ADI：0.001 mg/kg bw。残留物：阿维菌素 B1a
2	百菌清	5	杀菌剂	苦瓜	ADI：0.02 mg/kg bw
3	苯醚甲环唑	1	杀菌剂	苦瓜	ADI：0.01 mg/kg bw
4	吡虫啉	0.1	杀菌剂	苦瓜	ADI：0.06 mg/kg bw
5	吡唑醚菌酯	3	杀菌剂	苦瓜	ADI：0.03 mg/kg bw
6	丙森锌	2	杀菌剂	苦瓜	ADI：0.007 mg/kg bw。残留物：二硫代氨基甲酸盐（或酯），以二硫化碳表示
7	啶虫脒	0.5	杀虫剂	苦瓜	ADI：0.07 mg/kg bw
8	多菌灵	0.3	杀菌剂	苦瓜	ADI：0.03 mg/kg bw
9	噁霜灵	1*	杀菌剂	苦瓜	ADI：0.01 mg/kg bw
10	氟啶胺	0.2	杀菌剂	苦瓜	ADI：0.01 mg/kg bw
11	甲氨基阿维菌素苯甲酸盐	0.02	杀虫剂	苦瓜	ADI：0.000 5 mg/kg bw。残留物：甲氨基阿维菌素 B1a
12	氯虫苯甲酰胺	2*	杀虫剂	苦瓜	ADI：2 mg/kg bw
13	氯氟氰菊酯和高效氯氟氰菊酯	0.2	杀虫剂	苦瓜	ADI：0.02 mg/kg bw。残留物：氯氟氰菊酯（异构体之和）
14	灭蝇胺	2	杀虫剂	苦瓜	ADI：0.06 mg/kg bw
15	氰霜唑	2	杀菌剂	苦瓜	ADI：0.2 mg/kg bw
16	噻虫嗪	0.2	杀虫剂	苦瓜	ADI：0.08 mg/kg bw
17	戊唑醇	2	杀菌剂	苦瓜	ADI：0.03 mg/kg bw
18	代森锰锌	5	杀菌剂	苦瓜	ADI：0.03 mg/kg bw。二硫代氨基甲酸盐（或酯），以二硫化碳表示
19	胺苯磺隆	0.01	除草剂	瓜类蔬菜	ADI：0.2 mg/kg bw
20	巴毒磷	0.02*	杀虫剂	瓜类蔬菜	
21	百草枯	0.05*		瓜类蔬菜	ADI：0.005 mg/kg bw。残留物：百草枯阳离子，以二氯百草枯表示
22	倍硫磷	0.05	杀虫剂	瓜类蔬菜	ADI：0.007 mg/kg bw。残留物：倍硫磷及其氧类似物（亚砜、砜化合物）之和，以倍硫磷表示
23	苯并烯氟菌唑	0.2*	杀菌剂	瓜类蔬菜	ADI：0.05 mg/kg bw
24	苯菌酮	0.5*	杀菌剂	瓜类蔬菜	ADI：0.3 mg/kg bw
25	苯酰菌胺	2	杀菌剂	瓜类蔬菜	ADI：0.5 mg/kg bw

（续）

序号	农药名称	最大残留限量 /mg/kg	农药类别	食品类别	注释
26	苯线磷	0.02	杀虫剂	瓜类蔬菜	ADI：0.000 8 mg/kg bw。残留物：苯线磷及其氧类似物（亚砜、砜化合物）之和，以苯线磷表示
27	丙炔氟草胺	0.02	除草剂	瓜类蔬菜	ADI：0.02 mg/kg bw
28	丙酯杀螨醇	0.02*	杀虫剂	瓜类蔬菜	ADI：—
29	草枯醚	0.01*	除草剂	瓜类蔬菜	ADI：—
30	草芽畏	0.01*	除草剂	瓜类蔬菜	ADI：—
31	敌百虫	0.2	杀虫剂	瓜类蔬菜	ADI：0.002 mg/kg bw
32	敌草腈	0.01*	除草剂	瓜类蔬菜	ADI：0.01 mg/kg bw。残留物：2，6-二氯苯甲酰胺
33	敌敌畏	0.2	杀虫剂	瓜类蔬菜	ADI：0.004 mg/kg bw
34	敌螨普	0.05*	杀菌剂	瓜类蔬菜	ADI：0.008 mg/kg bw。残留量：敌螨普的异构体和敌螨普酚的总量，以敌螨普表示
35	地虫硫磷	0.01	杀虫剂	瓜类蔬菜	ADI：0.002 mg/kg bw
36	啶酰菌胺	3	杀菌剂	瓜类蔬菜	ADI：0.04 mg/kg bw
37	毒虫畏	0.01	杀虫剂	瓜类蔬菜	ADI：0.000 5 mg/kg bw。残留物：毒虫畏（E型和Z型异构体之和）
38	毒菌酚	0.01*	杀菌剂	瓜类蔬菜	ADI：0.000 3 mg/kg bw
39	毒死蜱	0.02	杀虫剂	瓜类蔬菜	ADI：0.01 mg/kg bw
40	对硫磷	0.01	杀虫剂	瓜类蔬菜	ADI：0.004 mg/kg bw
41	多杀霉素	0.2*	杀虫剂	瓜类蔬菜	ADI：0.02 mg/kg bw。残留物：多杀霉素A和多杀霉素D之和
42	二溴磷	0.01*	杀虫剂	瓜类蔬菜	ADI：0.002 mg/kg bw
43	粉唑醇	0.3	杀菌剂	瓜类蔬菜	ADI：0.01 mg/kg bw
44	氟吡菌胺	1*	杀菌剂	瓜类蔬菜	ADI：0.08 mg/kg bw
45	氟虫腈	0.02	杀虫剂	瓜类蔬菜	ADI：0.000 2 mg/kg bw。残留物：氟虫腈、氟甲腈、氟虫腈砜、氟虫腈硫醚之和，以氟虫腈表示
46	氟除草醚	0.01*	除草剂	瓜类蔬菜	ADI：—
47	氟啶虫胺腈	0.5*	杀虫剂	瓜类蔬菜	ADI：0.05 mg/kg bw
48	氟啶虫酰胺	0.2	杀虫剂	瓜类蔬菜	ADI：0.07 mg/kg bw
49	氟噻唑吡乙酮	0.2*	杀菌剂	瓜类蔬菜	ADI：4 mg/kg bw
50	氟唑菌酰胺	0.2*	杀菌剂	瓜类蔬菜	ADI：0.02 mg/kg bw
51	格螨酯	0.01*	杀螨剂	瓜类蔬菜	ADI：—
52	庚烯磷	0.01*	杀虫剂	瓜类蔬菜	ADI：0.003 mg/kg bw（临时）
53	环螨酯	0.01*	杀螨剂	瓜类蔬菜	ADI：—
54	活化酯	0.8	杀菌剂	瓜类蔬菜	ADI：0.08 mg/kg bw。残留物：活化酯和其代谢物阿拉酸式苯之和，以活化酯表示
55	甲胺磷	0.05	杀虫剂	瓜类蔬菜	ADI：0.004 mg/kg bw

现代蔬菜工业

（续）

序号	农药名称	最大残留限量/mg/kg	农药类别	食品类别	注释
56	甲拌磷	0.01	杀虫剂	瓜类蔬菜	ADI：0.000 7 mg/kg bw
57	甲磺隆	0.01	除草剂	瓜类蔬菜	ADI：0.25 mg/kg bw
58	甲基对硫磷	0.02	杀虫剂	瓜类蔬菜	ADI：0.003 mg/kg bw
59	甲基硫环磷	0.03*	杀虫剂	瓜类蔬菜	ADI：—
60	甲基异柳磷	0.01*	杀虫剂	瓜类蔬菜	ADI：0.003 mg/kg bw
61	甲奈威	1	杀虫剂	瓜类蔬菜	ADI：0.008 mg/kg bw
62	甲氧滴滴涕	0.01	杀虫剂	瓜类蔬菜	ADI：0.005 mg/kg bw
63	久效磷	0.03	杀虫剂	瓜类蔬菜	ADI：0.000 6 mg/kg bw
64	抗蚜威	1	杀虫剂	瓜类蔬菜	ADI：0.02 mg/kg bw
65	克百威	0.02	杀虫剂	瓜类蔬菜	ADI：0.001 mg/kg bw。残留物：克百威及3-羟基克百威之和，以克百威表示
66	乐果	0.01	杀虫剂	瓜类蔬菜	ADI：0.002 mg/kg bw
67	乐杀螨	0.05*	杀螨剂、杀菌剂	瓜类蔬菜	ADI：—
68	联苯肼酯	0.5	杀螨剂	瓜类蔬菜	ADI：0.01 mg/kg bw
69	磷胺	0.05	杀虫剂	瓜类蔬菜	ADI：0.000 5 mg/kg bw
70	硫丹	0.05	杀虫剂	瓜类蔬菜	ADI：0.006 mg/kg bw。残留物：α-硫丹和β-硫丹及硫丹硫酸酯之和
71	硫环磷	0.03	杀虫剂	瓜类蔬菜	ADI：0.005 mg/kg bw
72	硫线磷	0.02	杀虫剂	瓜类蔬菜	ADI：0.000 5 mg/kg bw
73	螺虫乙酯	0.2*	杀虫剂	瓜类蔬菜	ADI：0.05 mg/kg bw。残留物：螺虫乙酯及其代谢物顺式-3-（2,5-二甲苯基）-4-羟基-8-甲氧基-1-氮杂螺[4,5]癸-3-烯-2-酮之和，以螺虫乙酯表示
74	螺甲螨酯	0.09*	杀螨剂	瓜类蔬菜	ADI：0.03 mg/kg bw。代谢物：螺甲螨酯与代谢物4-羟基-3-均三甲苯基-1-氧杂螺[4,4]壬-3-烯-2-酮之和，以螺甲螨酯表示
75	氯苯甲醚	0.01	杀菌剂	瓜类蔬菜	ADI：0.013 mg/kg bw
76	氯磺隆	0.01	除草剂	瓜类蔬菜	ADI：0.2 mg/kg bw
77	氯菊酯	1	杀虫剂	瓜类蔬菜	ADI：0.05 mg/kg bw。残留物：氯菊酯（异构体之和）
78	氯氰菊酯和高效氯氰菊酯	0.07	杀虫剂	瓜类蔬菜	ADI：0.02 mg/kg bw。残留物：氯氰菊酯（异构体之和）
79	氯酞酸	0.01*	除草剂	瓜类蔬菜	ADI：0.01 mg/kg bw
80	氯酞酸甲酯	0.01	除草剂	瓜类蔬菜	ADI：0.01 mg/kg bw
81	氯唑磷	0.01	杀虫剂	瓜类蔬菜	ADI：0.000 05 mg/kg bw
82	茅草枯	0.01*	除草剂	瓜类蔬菜	ADI：0.03 mg/kg bw。残留物：2,2-二氯丙酸及其盐类，以茅草枯表示
83	咪唑菌酮	0.2	杀菌剂	瓜类蔬菜	ADI：0.03 mg/kg bw

（续）

序号	农药名称	最大残留限量 /mg/kg⁻¹	农药类别	食品类别	注释
84	嘧菌酯	1	杀菌剂	瓜类蔬菜	ADI：0.2 mg/kg bw
85	灭草环	0.05*	除草剂	瓜类蔬菜	ADI：0.003 mg/kg bw（临时）
86	灭多威	0.2	杀虫剂	瓜类蔬菜	ADI：0.02 mg/kg bw
87	灭螨醌	0.01	杀螨剂	瓜类蔬菜	ADI：0.023 mg/kg bw。残留物：灭螨醌及其代谢物羟基灭螨醌之和，以灭螨醌表示
88	灭线磷	0.02	杀线虫剂	瓜类蔬菜	ADI：0.000 4 mg/kg bw
89	内吸磷	0.02	杀虫/杀螨剂	瓜类蔬菜	ADI：0.000 04 mg/kg bw
90	嗪氨灵	0.5*	杀菌剂	瓜类蔬菜	ADI：0.03 mg/kg bw。残留物：嗪氨灵和三氯乙醛之和，以嗪氨灵表示
91	噻螨酮	0.05	杀螨剂	瓜类蔬菜	ADI：0.03 mg/kg bw
92	噻嗪酮	0.7	杀虫剂	瓜类蔬菜	ADI：0.009 mg/kg bw
93	三氟硝草醚	0.01*	除草剂	瓜类蔬菜	ADI：—
94	三氯杀螨醇	0.01	杀螨剂	瓜类蔬菜	ADI：0.002 mg/kg bw。残留物：三氯杀螨醇（o，p′-异构体和 p，p′-异构体之和）
95	三唑醇	0.2	杀菌剂	瓜类蔬菜	ADI：0.03 mg/kg bw
96	三唑磷	0.05	杀虫剂	瓜类蔬菜	ADI：0.001 mg/kg bw
97	三唑酮	0.2	杀菌剂	瓜类蔬菜	ADI：0.03 mg/kg bw。残留物：三唑酮和三唑醇之和
98	杀虫脒	0.01	杀虫剂	瓜类蔬菜	ADI：0.001 mg/kg bw
99	杀虫畏	0.01	杀虫剂	瓜类蔬菜	ADI：0.002 8 mg/kg bw
100	杀螟硫磷	0.5	杀虫剂	瓜类蔬菜	ADI：0.006 mg/kg bw
101	杀扑磷	0.05	杀虫剂	瓜类蔬菜	ADI：0.001 mg/kg bw
102	霜霉威和霜霉威盐酸盐	5	杀菌剂	瓜类蔬菜	ADI：0.4 mg/kg bw
103	水胺硫磷	0.05	杀虫剂	瓜类蔬菜	ADI：0.003 mg/kg bw
104	速灭磷	0.01	杀虫剂/杀螨剂	瓜类蔬菜	ADI：0.000 8 mg/kg bw。残留物：速灭磷（Z型和 E 型异构体之和）
105	特丁硫磷	0.01*	杀虫剂	瓜类蔬菜	ADI：0.000 6 mg/kg bw。残留物：特丁硫磷及其氧类似物（亚砜、砜）之和，以特丁硫磷表示
106	特乐酚	0.01*	除草剂	瓜类蔬菜	ADI：— 残留物：特乐酚及其盐和酯类之和，以特乐酚表示
107	涕灭威	0.03	杀虫剂	瓜类蔬菜	ADI：0.003 mg/kg bw。残留物：特乐酚及其盐和酯类之和，以特乐酚表示
108	戊硝酚	0.01*	杀虫剂/除草剂	瓜类蔬菜	ADI：—
109	烯虫炔酯	0.01*	杀虫剂	瓜类蔬菜	ADI：—
110	烯虫乙酯	0.01*	杀虫剂	瓜类蔬菜	ADI：0.1 mg/kg bw
111	烯酰吗啉	0.5	杀菌剂	瓜类蔬菜	ADI：0.2 mg/kg bw

（续）

序号	农药名称	最大残留限量/mg·kg⁻¹	农药类别	食品类别	注释
112	消螨酚	0.01*	杀螨剂/杀虫剂	瓜类蔬菜	ADI：0.002 mg/kg bw
113	辛硫磷	0.05	杀虫剂	瓜类蔬菜	ADI：0.004 mg/kg bw
114	溴甲烷	0.02*	熏蒸剂	瓜类蔬菜	ADI：1 mg/kg bw
115	溴氰虫酰胺	0.3*	杀虫剂	瓜类蔬菜	ADI：0.03 mg/kg bw
116	氧乐果	0.02	杀虫剂	瓜类蔬菜	ADI：0.000 03 mg/kg bw
117	乙基多杀菌素	0.04*	杀虫剂	瓜类蔬菜	ADI：0.05 mg/kg bw
118	乙酰甲胺磷	0.02	杀虫剂	瓜类蔬菜	ADI：0.03 mg/kg bw
119	乙酯杀螨醇	0.01	杀螨剂	瓜类蔬菜	ADI：0.02 mg/kg bw
120	抑草蓬	0.05*	除草剂	瓜类蔬菜	ADI：—
121	茚草酮	0.01*	除草剂	瓜类蔬菜	ADI：0.003 5 mg/kg bw
122	蝇毒磷	0.05	杀虫剂	瓜类蔬菜	ADI：0.000 3 mg/kg bw
123	增效醚	1	增效剂	瓜类蔬菜	ADI：0.2 mg/kg bw
124	治螟磷	0.01	杀虫剂	瓜类蔬菜	ADI：0.001 mg/kg bw
125	艾氏剂	0.05	杀虫剂	瓜类蔬菜	ADI：0.000 1 mg/kg bw
126	滴滴涕	0.05	杀虫剂	瓜类蔬菜	ADI：0.01 mg/kg bw。残留物：p，p′-滴滴涕、o，p′-滴滴涕、p，p′-滴滴伊和p，p′-滴滴滴之和
127	狄氏剂	0.05	杀虫剂	瓜类蔬菜	ADI：0.000 1 mg/kg bw
128	毒杀酚	0.05*	杀虫剂	瓜类蔬菜	ADI：0.000 25 mg/kg bw
129	六六六	0.05	杀虫剂	瓜类蔬菜	ADI：0.005 mg/kg bw。残留物：α-六六六、β-六六六、γ-六六六和δ-六六六之和
130	氯丹	0.02	杀虫剂	瓜类蔬菜	ADI：0.000 5 mg/kg bw。残留物：植物源性食品为顺式氯丹、反式氯丹之和
131	灭蚁灵	0.01	杀虫剂	瓜类蔬菜	ADI：0.000 2 mg/kg bw
132	七氯	0.02	杀虫剂	瓜类蔬菜	ADI：0.000 1 mg/kg bw。残留物：七氯与环氧七氯之和
133	异狄氏剂	0.05	杀虫剂	瓜类蔬菜	ADI：0.000 2 mg/kg bw。残留物：异狄氏剂与异狄氏剂醛、酮之和
134	保棉磷	0.5	杀虫剂	蔬菜	ADI：0.03 mg/kg bw

注：— 含义为无；＊表示最大临时限量。

在上述134项可用作苦瓜判定的农药最大残留限量标准中，涉及20项农药限量值为0.01 mg/kg，14项农药的残留量为0.02 mg/kg，3项农药的残留量为0.03 mg/kg，16项农药的残留值为0.05 mg/kg，仅1项农药的残留量为0.07 mg/kg，1项农药的残留量为0.1 mg/kg，10项农药的残留量为0.2 mg/kg，2项农药的残留量为0.3 mg/kg，5项农药的残留量为0.5 mg/kg，1项农药的残留量为0.7 mg/kg，1项农药的残留量为0.8 mg/kg，6项农药的残留量为1 mg/kg，5项农药的残留量为2 mg/kg，2项农药的残留量为3 mg/kg，3项农药的残留量为5 mg/kg。其中5种杀螨剂的最大残留限量范围在0.01～0.05 mg/kg之间，以及3种杀螨剂的最大临时残留限量值在0.01～0.09 mg/kg范围内，其中杀螨酚、速灭磷和内吸磷也可作为杀虫剂，乐杀螨可作为杀菌剂；5 种除草剂的最大残留限量值为 0.01～0.02 mg/kg 以及 12 种除草剂的最大临时残留限量值为 0.01～0.05 mg/kg，其中，戊硝酚也可作为杀虫剂；20 种杀菌剂的最大残留限量值为 0.01～5 mg/kg 以及 9 种杀菌剂的最大临时残留限量值为 0.01～0.05 mg/kg。57 种杀虫剂的最大残留限量值为 0.01～2 mg/kg 以及 16 种杀虫剂的最大临时残留限量值为 0.01～2 mg/kg；此外，增效剂增效醚的最大残留限量值为 1 mg/kg；熏蒸剂溴甲烷的最大临时残留限量值为 0.02 mg/kg。

目前我国针对苦瓜制定的农药最大残留限量的标准数量较少，且已有最大限量标准的农药主要为杀虫剂和杀菌剂。在实际工作中，对于在苦瓜中未制定最大残留限量标准的残留农药，则需要按照国际上在苦瓜中已有的限量或我国其他蔬菜中已有的限量进行推广采用，并以此作为苦瓜中农药残留结果的判定依据。

■ 参考文献

陈洁艳，黄芳，羊超菠，等，2013. 高效液相色谱法测定生姜中的有效成分 6-姜辣素 [J]. 科技创新导报 (5)：116-122.

崔潇文，袁茂翼，叶发银，等，2021. 蒸汽爆破预处理对番茄皮渣膳食纤维组成及理化特性的影响 [J]. 食品与发酵工业 (21)：15-16.

方洲，窦文丽，孙奕烁，等，2022. 番茄红素的功能及其在动物生产中的应用 [J]. 畜牧与饲料科学，43 (5)：61-67.

弓德强，李敏，高兆银，等，2022. 1-甲基环丙烯处理对樱桃番茄果实低温贮藏品质的影响 [J]. 食品与发酵工业，48 (4)：116-122.

郭宁平，2013. CO₂ 超临界萃取法提取苦瓜籽油及其 GC-MS 分析 [J]. 广东农业科学，40 (11)：77-79.

郭清坤，范小华，王超月，等，2012. 复合酶法提取芦笋下脚料黄酮的工艺研究 [J]. 福建轻纺 (1)：30-34.

黄航，2011. 苦瓜贮藏技术 [J]. 农家致富 (3)：46.

黄家莉，唐红梅，凡彩凤，等，2022. 芦笋的营养保健作用及其加工研究进展 [J]. 食品安全导刊 (23)：122-125.

黄晓春，周禹，赵丽丽，等，2020. 番茄中农药残留现状调查与风险评估 [J]. 安徽农业科学，48 (23)：231-233.

蒋丹，陶凤云，李亚秋，等，2014. 芦笋中黄酮类化合物的研究进展 [J]. 食品工业科技，2014，35 (3)：357-362.

金绍黑，2022. 生姜综合利用技术 [J]. 四川农业科技 (4)：6.

李江华，雷诗雨，黄明，等，2017. 苦瓜残渣发酵制备乙醇和提取果胶 [J]. 广州化工，45 (16)：57-62.

刘洵妤，2011. 改性番茄皮渣膳食纤维理化性质及其应用 [D]. 重庆：西南大学.

刘玉红，孙彩霞，李勤锋，2022. 国内外芦笋农药残留限量对比分析 [J]. 浙江农业科学，63 (2)：222-225.

乔强，2022. 番茄红素保健功能研究及其应用进展 [J]. 现代食品，28 (13)：20-22.

任鹏程，王霞，高婧，等，2020. 啶酰菌胺在南瓜、芦笋、山楂、芒果和木瓜上的膳食摄入风险评估

［J］. 农药学学报，22（4）：693－699.

宋佳，2012. 芦笋废弃物中黄酮化合物的纯化及其性质研究［D］. 无锡：江南大学.

王崇队，张明，马超，等，2020. 蒸汽爆破对绿芦笋废弃物膳食纤维改性的研究［J］. 中国果菜，40（2）：28－34，43.

王春花，王丽英，翟国军，2022. 生姜贮藏主要影响因素及技术要点［J］. 乡村科技，13（18）：58－60.

王海峰，赵艳玲，2014. 超临界 CO_2 萃取番茄皮渣中番茄红素工艺的研究［J］. 科技视界（2）：182－183.

王小飞，吴国泰，牛亭惠，等，2016. 生姜的化学、药理及应用［J］. 中国果菜，36（6）：23－26，29.

王玉杰，乔立娟，赵帮宏，等，2022. 2021 年我国生姜价格波动特征分析与 2022 年展望［J］. 长江蔬菜（14）：1－4.

奚裕婷，2019. 1－MCP 对苦瓜、无花果采后贮藏特性的影响［D］. 南京：南京农业大学.

夏文宽，董英，2006. 从苦瓜滤渣中提取苦瓜叶绿素的研究［J］. 食品科技（2）：127－129.

于梓芃，黄泽天，崔文甲，等，2021. 生姜的营养成分及其加工产品研究进展［J］. 中国果菜，41（1）：15－20.

袁媛，张华，陈光英，2008. 微波萃取苦瓜多糖的研究［J］. 海南师范大学学报（自然科学版）（1）：44－46.

张卉，何诗意，张晓军，等，2016. 生姜的营养价值及其产品研发进展［J］. 广东化工，43（7）：89－90.

张明，王瑶，马超，等，2020. 芦笋老茎多糖体外抗氧化及降血糖作用研究［J］. 食品科技，45（2）：219－224.

张雪光，2023. 番茄红素的生理功能、提取方法及其在禽畜生产中的应用［J］. 新农业（11）：31－33.

赵文竹，张瑞雪，于志鹏，等，2016. 生姜的化学成分及生物活性研究进展［J］. 食品工业科技，37（11）：383－389.

周靖，孙静涛，刘灵针，等，2020. 酶法制备番茄速溶纤维粉的工艺研究［J］. 现代食品（1）：72－75.

朱丹实，王立娜，赵丽红，等，2016. 生姜粉加工技术研究进展［J］. 中国调味品，41（5）：150－153.

ELLER F，MOSER J，KENAR J，et al.，2010. Extraction and Analysis of Tomato Seed Oil［J］. Journal of the American Oil Chemists Society（87）：755－762.

MECHMECHE M，KACHOURI F，CHOUABI M，et al.，2017. Optimization of Extraction Parameters of Protein Isolate from Tomato Seed Using Response Surface Methodology［J］. Food Analytical Methods，10（3）：809－819.

SHAO D Y，ATUNGULU G G，PAN Z L，et al.，2014. Characteristics of Isolation and Functionality of Protein from Tomato Pom－ace Produced with Different Industrial Processing Methods［J］. Food and Bioprocess Technology，7（2）：532－541.

SHAO D Y，BARTLEY G E，YOKOYAMA W，et al.，2013. Plasma and Hepatic Holesterol－lowering Effects of Tomato Pomace，Tomato Seed Oil and Defatted Tomato Seed in Hamsters Fed with High－fat Diets［J］. Food Chemistry，139：589－596.